人民日报70年
新闻论文选

人民日报社研究部 / 编

人民日报出版社

图书在版编目（CIP）数据

人民日报 70 年新闻论文选 / 人民日报社研究部编 .
-- 北京：人民日报出版社，2018.6
ISBN 978-7-5115-5452-9

Ⅰ.①人… Ⅱ.①人… Ⅲ.①新闻工作－中国－文集 Ⅳ.① G219.2-53

中国版本图书馆 CIP 数据核字（2018）第 095269 号

书　　名：	人民日报 70 年新闻论文选
编　　者：	人民日报社研究部
出 版 人：	董　伟
责任编辑：	林　薇　梁雪云　张炜煜　陈　佳
封面设计：	主语设计
出版发行：	人民日报出版社
社　　址：	北京金台西路 2 号
邮政编码：	100733
发行热线：	（010）65369527　65369509　65369512　65369846
邮购热线：	（010）65369530　65363527
编辑热线：	（010）65369526　65369514
网　　址：	www.peopledailypress.com
经　　销：	新华书店
印　　刷：	北京中科印刷有限公司
开　　本：	710mm×1000mm　1/16
字　　数：	570 千字
印　　张：	33.75
版　　次：	2018 年 6 月第 1 版　2022 年 9 月第 4 次印刷
书　　号：	ISBN 978-7-5115-5452-9
定　　价：	88.00 元

总　序

人民日报社社长　李宝善

"人民日报70年作品精选"和读者见面了。

今天的新闻就是明天的历史。人民日报70年来的作品，记录的是我们国家和民族从站起来、富起来到强起来的辉煌历程。诞生于战争烽烟中的人民日报，始终以积极宣传党的主张、呈现社会的变化、报道中国正在发生的变革为己任。这套作品精选集，就是从《人民日报》创刊以来的无数优秀作品中遴选出来的代表作。

铁肩担道义，妙手著文章。70年来，无论是顺境还是逆境，一代代人民日报人担当使命、秉笔直书，为党的新闻工作奉献了青春和热血；一篇篇脍炙人口的精品力作，见证了我们党初心不改、矢志不渝，团结带领人民实现中华民族伟大复兴的历史担当。捧读这套精选集，就是在回顾我们党和国家走过的复兴之路。在这条艰辛而光荣的道路上，每一个重大节点，都能听到人民日报的声音。这其中，有要论、理论、评论文章的黄钟大吕，有消息、通讯等作品的时代足音，有散文、报告文学等文章的清雅之声。这些作品汇集起来，共同组成了70年国史报史的恢宏交响。

党的十八大以来的人民日报，站在了新的历史起点。2016年2月19日，习近平总书记到人民日报社考察，并在党的新闻舆论工作座谈会上发表重要讲话，强调要高举旗帜、引领导向，围绕中心、服务大局，团结人民、鼓舞士气，成风化人、凝心聚力，澄清谬误、明辨是非，联接中外、沟通世界。这一要求，正是党的十八大以来人民日报各类作品的创作方向。

近年来，人民日报进一步优化整体布局、集中优势资源，更好履行政治家办报的时代使命。面对新时代的要求，人民日报努力提升观点生产能力、议题设置能力、集成报道能力、话语创新能力，力争做到报道流程平台化、报道内容定制化、报道方式故事化、报道数据可视化；着力在思想内涵上做加法、在文章篇幅上做减法、在传播效果上做乘法、在思维定式上做除法，使新闻报道快起来、活起来、亮起来，让评论理论新起来、精起来、实起来。

翻开今天的《人民日报》，从评论到理论，从通讯到消息，从散文到报告文学，编辑记者们努力转作风改文风，采写编辑了大量有思想、有温度、有品质的作品，"沾泥土""带露珠""冒热气"的文章。大家于微末中寻真章、在朴素处见真情，贴近广阔的社会生活，让改变悄然发生，使温暖自然传递。而现实生活所发生的积极变化，正是对这个职业最崇高的奖赏。

70年风雷激荡一纸书，人民日报走过了不平凡的历程。70年来的每一寸光阴，都被记录在每天出版的报纸中，体现在每一篇新闻作品里。从河北平山县里庄村简陋的印刷排字架，到现代化的电子阅报栏，再到移动终端上收放自如的最新应用软件，时代在变，技术在变，传播形态也在不断改变，不变的是在党言党、为党立言的历史使命，是围绕大局、服务人民的党报精神。这一精神和追求，已经并将继续通过题材各异的优秀作品呈现给广大读者。

前　言
研究正成风化人

人民日报社副总编辑　张首映

在庆贺《人民日报》创刊 70 年之际，研究部编成《人民日报 70 年新闻论文选》，展示人民日报人在新闻传播实践中积累的优秀研究成果，弘扬人民日报社一以贯之的既重采编又重研究的优良传统，做成一件集成有后劲、"积善有余庆"的大好事。

从新闻研究看，如果说北京大学是中国新闻学的发源地，那么，人民日报社是中国新闻界较早开展新闻研究的。1957 年，人民日报社发起创办《新闻战线》杂志，对包括人民日报社在内的全国新闻界下决心抓新闻研究工作，起到推动作用。人民日报人"近水楼台先得月"，在《新闻战线》刊发大量新闻理论和新闻业务研究文章。20 世纪八九十年代，报社与中国社科院新闻研究所等联合创办新闻系，招录大量硕士生博士生，为全国新闻界培养大量优秀干部，出版一系列研究专著。2002 年成立新闻研究中心（2013 年更名为研究部），在新闻理论、新闻业务、媒体发展战略等的研究中，推出多篇有影响力的论文、多部有传播力的论著。人民网、新媒体中心、有关媒体相继开办研究院，精品力作不断涌现，推动报社向新兴主流媒体集团转型，为智库建设添砖加瓦。难能可贵的是，人民日报人在应对繁忙新闻事务、突出采编主体的同时，一手抓采编业务，一手抓新闻研究，或将研究融入采编之中，或将采编实践化为研究成果，促进采编与研究比翼齐飞，蔚然成风。

这本《人民日报70年新闻论文选》，是从几代人民日报人所写的众多论文中挑选出来的。研读其中的文章，好像在穿越历史、抚今追昔，集中翻检报社新闻研究史，感受作者与时俱进的铿锵步履，感悟他们开拓创新的心智心语，既获知识，又得启迪。

作为党的新闻工作者，人民日报人的新闻研究首先是积极传播马克思主义新闻观、宣传党的新闻思想的。1959年，邓拓同志在《新闻战线》杂志发表《马克思主义哲学和新闻工作》，全文一万六千多字，全面论述新闻工作者为什么必须通晓马克思主义哲学、怎样掌握新闻工作的客观规律、如何抓住唯物辩证法的核心、掌握辩证法对做好报道工作的意义等问题，文章最后部分从新闻报道的角度具体解释列宁在《哲学笔记》一书中提出的辩证法的十六个要素。这篇文章对人民日报人掌握马克思主义哲学、树立马克思主义新闻观起到重要作用。2008年，邵华泽任主编、于宁任副主编的《马克思主义新闻观及其在中国的运用发展》出版，50多万字，主要由人民日报人参与写作。2012年，新闻研究中心选编出版《马克思恩格斯列宁新闻思想研究文选》《毛泽东新闻思想研究文选》《邓小平新闻思想研究文选》《江泽民新闻思想研究文选》《胡锦涛新闻思想研究文选》，收录不少人民日报人撰写的研究马克思主义新闻观、阐释我们党的领导人的新闻思想的论文。这些书籍，对于新闻界深入学习马克思主义新闻观、推动马克思主义中国化时代化大众化具有重要意义。

党的十八大以来，习近平同志先后在全国宣传思想工作会议、党的新闻舆论工作座谈会等场合发表重要讲话，提出一系列新观点新论断新要求，形成一套完整的成熟的新闻舆论思想体系，成为习近平新时代中国特色社会主义思想的重要组成部分。人民日报编委会在习近平新闻思想指导下办好报纸和所属媒体的同时，撰文畅谈学习心得体会。杨振武同志在《把握好政治家办报的时代要求——深入学习贯彻习近平同志在党的新闻舆论工作座谈会上的重要讲话精神》一文中，提出守好舆论这个阵地、坚持正确政治方向、过好互联网这一关、用好创新这个引擎、讲述好中国故事，论述透彻，解读深入。李宝善同志在《挺起我们的精神脊梁——学习习近平总书记在党的新闻舆论工作座谈会上的讲话》一文中，提出新闻舆论有着鲜明的意识形态属性、要自觉抵制西方新闻观的影响、把马克思主义新闻观作为党的新闻舆论工作的"定盘星"，认识深刻，清醒坚定。今年，人民日报人参与编撰的《习近平新闻思想讲义》即将问世，必将推动新闻界学习宣传贯彻习近平新闻舆论思想掀起新高潮。

《人民日报》是中国影响力最大、世界影响力居前的报纸。人民日报人针对国内外新闻理论和实践中出现的重大问题、中国新闻传播的方向路径问题、报刊和其他新闻媒体的改革创新问题等深入思考、大胆探索，有些产生很大反响。有关新闻舆论属性论、党性与人民性统一论、舆论导向引导论、党风与文风关系论、新闻与宣传关系论，中国特色社会主义新闻事业成败得失和经验教训论，如何围绕中心服务大局论，怎样更好地成为党治国理政的重要资源和重要手段，如何面对市场经济挑战，构建国际一流媒体和建设新型主流媒体，揭批西方资产阶级新闻自由虚伪本质等的观点看法，澄清是非、摆明利害，有力引导新闻传播理论的发展。现在，仍有人提到艾丰同志于1991年发表的《正确处理经济政策宣传中的若干关系问题》，文章论述总政策和具体政策的关系、某一方面政策和其他方面政策的关系、政策稳定和政策调整的关系、政策宣传中的定性和定量的关系、轰动效应和实际效果的关系、政策宣传中的意图和事实的关系、经济理论和经济政策的关系等问题，就如何正确处理好经济政策宣传的若干关系问题进行探索，为做好经济政策宣传报道，提供有益启示。

新闻界流行业界与学界两分法。从事新闻传播活动的属于业界，学院派搞专门研究的被称为学界。虽然人民日报人在新闻传播理论研究上取得不俗成绩，有些居于领先地位，但毕竟把新闻采编和舆论引导工作放在第一位，被学界称为业界，即使是高出一等的理论研究，也归于业界探索一类。这就形成人民日报人新闻研究的又一个鲜明特点，就是采研结合、编研结合，理论指导实践、理论联系实际，烈火炼真金、实践出真知，由新闻实践得来的经验体会、理性分析、概括提炼等经常刷新新闻理论认知。人们常说，现在人民日报的优势主要在"三驾马车"，即评论、理论和深度报道。对于评论、理论来说，研究的水平决定它们的水平；没有研究会失去发言权，没有研究会失去话语权；深度报道，本质上是一种调研报道、研究报道，调查的宽度、研究的深度、思想的成熟度、话题的鲜亮度、叙述的新颖度等决定着深度报道的水准和品位、吸引力和感染力。可以说，人民日报这"三驾马车"能同时同步奔驰在新闻事业的快车道上，新闻研究、对新闻的研究、对相关政策和行业的研究、对主题、题材和表述的研究，功莫大焉。从深层次看，一切精神产品都是研究产品；研究并非外在于新闻业务，而是内化于新闻主业、寓于采制活动之中。收在这个选本中的有关篇什，对于从事新闻实践的同行来说，会得到感性和理性、真相同真理等的双重收获。也许，它们不是高头讲章，却高度适用；不那么深入系统，却深刻管用。

当今社会是信息社会，当代人与媒体的关系日趋紧密。关注、思考、探索媒体尤其是新闻媒体的现状走向，成为人民日报人经常谈论的话题。人民日报社是在国内较早创办新闻网站的，人民网声名远播，成为上市公司；报社大力推动传统媒体与新兴媒体融合，其融合的深度广度走在全国乃至世界前列。这给人民日报人的研究拓宽了领域，提供了新舞台。特别是近十年来，聚焦媒体融合的文章不仅数量多，而且讨论的程度也越来越深入，从2009年的《网络时代，报纸会消亡吗？》《人民网探索报网融合的实践与思考》等文章的初步探索，到2016年的《重新定义媒体:站在全面融合的时代——人民日报"中央厨房"如何炒出新美味》《人民日报"中央厨房":探索新闻生产新模式》等,再到2017年的《媒体融合:融到深处回归内容》《融媒体时代,摄影记者如何变身》等文章的深层追问,反映出包括人民日报在内的国内主流媒体在媒体融合道路上的探索与收获。本书收录的《好的标题就是内容的"广告词"——侠客岛取标题的六点经验》一文,介绍"侠客岛"的成功经验,相信喜欢微信公号和客户端的读者阅读这样的案例分析,当会"不虚此行"。媒体融合正走在"你中有我、我中有你"阶段,向着"我就是你、你就是我"的圆满融合阶段迈进,其中的研究课题堆积如山,新领域的研究成果将频频涌现。

人民日报人的新闻研究还有一个特点,就是产、研、用"三位一体"。众多研究成果,或作为报刊和新媒体的传播内容,或提升采编和媒体质量,或回答记者、编辑、经营者、管理者的关切和问题,或扩大传媒的社会效益和经济效益,或作为业务培训教材,或作为社史展陈资源,被直接而又广泛地用于新闻生产和媒体发展中,为报社的改革发展稳定发挥有益作用,为这个新型主流媒体集团可持续发展提供智力支持,也为大家的成长成才成功构建精神家园。许多老同志,离岗不离研,在探寻新闻传播奥秘和其他领域研治方面,孜孜以求、兢兢业业,笔耕不辍、键盘不歇,取得丰硕成果,为在职者供给学养,为后人树立榜样。有些年轻人,精力充沛、豪情满怀,心无旁骛、挑灯夜战,年年都有论文发,隔年会有论著出,汇聚于我,有目不暇接之感。他们以学养业、以研升业,不仅未给主业带来阻滞,反而使之发扬光大,在新闻事业上取得亮丽业绩。

不能不说,人民日报人的研究既有新闻研究,又有对相关专业领域或报道领域的深入研究,有些是"双料"、"三料"甚至是"多料"的研究。有些人原本在哲学、历史、国际、文艺等领域就是鼎鼎有名的专家。

与这个选本同时印行的还有两本系列书籍,即《人民日报70年理论文选》和《人民日报70年文艺评论选》。在那里,还能看到人民日报人研究的新领域、新见地、新风采。如果把人民日报人各项研究汇集在一起,再出500册甚至千册,不会有人摇头。有的个人文集,出到10卷,仍处于"待续"中。专家型记者,在人民日报社不只是一种提法或追求。

这个选本,只是"全豹"之"一斑",部分研究成果的一次集中展示。尽管研究部年轻同事付出很多心血,按照导向性、时代性、重要性、代表性、启发性等要求,显现人民日报人的新闻研究是什么、有什么,在70年浩瀚材料中淘洗清理,从数以千计文章中"探骊得珠",但毕竟第一次从事这种"从无到有"的艰辛工作,唯恐"遗珠之憾",仍不免挂一漏万,希望报社同仁理解谅解,期待方家指教指正。待到社庆80年,他们一定能编出更好选本。欲知"全豹",请大家多阅读人民日报人的新闻作品和研究著述,更铭记他们矢志不渝探索真相和追求真理的精神。

2018年5月20日

目录

Contents

总序 ·· 李宝善　001
前言：研究正成风化人 ·· 张首映　003

马克思主义哲学和新闻工作 ·· 邓　拓　001
题材·主题·报道形式 ··· 田　流　017
报刊知识性文章的写作问题 ··· 陈大可　024
记者工作随想 ··· 范长江　033
农业宣传二题 ··· 李克林　039
研究读者是一门学问 ·· 安　岗　044
记者怎样提高得更快一些 ·· 李　庄　052
新闻主题既要新又要深
　　——谈报纸一版的新闻报道 ·· 丁济沧　057
"两会"报道：新闻改革的实验场 ··· 范荣康　061
事件通讯的写作 ··· 纪希晨　066
正确处理经济政策宣传中的若干关系问题 ································· 艾　丰　079
诗文随世运　无日不趋新
　　——文艺宣传报道随感录 ·· 李德润　086

全面宣传党的基本路线是办好党报的根本	郑梦熊	093
在用建设有中国特色社会主义理论武装全党上下功夫		
——党的十四大以来人民日报理论宣传的问题	周瑞金	097
城市特色与晚报个性	万仕同	106
关于舆论导向问题的思考	范敬宜	111
历史的责任 时代的眼光		
——谈谈人民日报经济部的国有企业报道	班明丽	116
把握大势写宏观		
——谈谈宏观经济报道	皮树义	123
对经济报道讲政治几个问题的思考	刘学渊	128
继承小平同志遗志 做好新闻舆论工作	邵华泽	135
新形势下的国际评论写作	马世琨	141
辩证抓新闻		
——关于提高报纸宣传水平的几点思考	袁志发	147
新闻摄影与思想解放	蒋铎	155
从科索沃透视西方"新闻自由"的本质	张虎生	161
关注现实 记录时代 推进变革		
——新中国新闻摄影50年	许林	167
把握"五个统一" 力争"高出一筹"	许中田	177
思考的相机	李仁臣	183
把握大势 服务中心		
——新形势下的世界经济报道	陈特安	191
新闻网站的现状和未来发展	何加正	195
谈谈新闻稿的生命力	梁衡	203
脚"深"方能文不"浅"	庹震	207
坚持导向正确 努力贴近群众		
——党报头版头条新闻的选择思路	杨涌	209
用"三个代表"重要思想统领新闻宣传工作	王晨	214
用眼睛"写"新闻	范伟国	226

中国报业现状分析与发展趋势展望……………………徐如俊 231
全面理解政策 积极准确宣传
　——解读《人民日报》宏观调控报道…………………施明慎 234
加快建立科学高效的图片报道机制……………………于　宁 239
邓小平与人民日报
　——写在邓小平同志诞辰100周年之际…………人民日报编辑部 245
党报经济评论研究………………………………………曹瑞天 253
人民日报编采分开实践回眸……………………………朱竞若 263
为新农村建设营造良好的舆论环境……………………江绍高 273
国际科技报道刍议………………………………………吴迎春 279
谁的声音
　——全球传媒的话语权之争……………………………丁　刚 285
"任仲平"的特质和品格…………………………………米博华 293
网络时代，报纸会消亡吗？……………………………詹国枢 298
人民网探索报网融合的实践与思考……………………官建文 305
新闻宣传理论创新的典范
　——深刻领会胡锦涛总书记在人民日报社考察工作时的重要讲话精神…陈俊宏 311
对互联网与执政党建设的思考
　——网络给执政党建设带来的挑战和机遇……………马　利 318
纸媒依旧有春天…………………………………………余清楚 330
西方媒体并非终极模本…………………………………胡锡进 337
公共危机事件中主流媒体的社会责任…………………罗庆华 341
主流媒体应当成为社会舆论的稳定器…………………谢国明 345
主流媒体：治国理政的重要资源………………………吴恒权 352
以创新提升对外宣传影响力……………………………张德修 358
全媒体战略转型　党报必由之路………………………王　刚 365
掌握自媒体时代舆论引导主动权………………………丁　伟 370
权威声音　主流价值　清新表达
　——人民日报法人微博创办一周年……………………曹焕荣 374

巩固壮大主流思想舆论的科学指南
　　——学习习近平同志在全国宣传思想工作会议上
　　　重要讲话的体会……………………………人民日报编委会　377
坚持党性和人民性相统一…………………………………张研农　383
刘少奇与《人民日报》的批评报道………………………王爱民　389
为转型期中国提供辩证思维
　　——党报评论的突围与创新………………………卢新宁　394
关于推进媒体融合发展的若干思考………………………杜飞进　398
主流媒体如何实现"内容为王"
　　——说什么　怎么说　谁来说　如何传……………刘　畅　409
重新定义媒体：站在全面融合的时代
　　——人民日报"中央厨房"如何炒出新美味…………叶蓁蓁　417
美国媒体如何"讲故事"
　　——从近十年普利策特稿奖获奖作品谈起…………张天培　424
把握好政治家办报的时代要求
　　——深入学习贯彻习近平同志在党的新闻舆论工作
　　　座谈会上的重要讲话精神………………………杨振武　435
马克思主义新闻观中国化时代化大众化的典范
　　——学习领会习近平总书记在党的新闻舆论工作座谈会上的
　　　重要讲话精神………………………………………张首映　444
挺起我们的精神脊梁
　　——学习习近平总书记在党的新闻舆论工作座谈会上的讲话……李宝善　450
人民日报"中央厨房"：探索新闻生产新模式………何　炜　魏　贺　张　旸　456
争取国际话语权是我们这一代媒体人的使命……………王树成　464
关于思想评论及其写作……………………………………郑　剑　469
好文风不是"写"出来的……………………………………杨　健　474
思想、温度、品质：检验新闻作品的重要指标…………温红彦　478
媒体融合：融到深处回归内容……………………………崔士鑫　485
以科学评价体系促进媒体融合健康发展…………………丁　丁　493

党代会报道政治话语的解释力和表达力 …………………… 许　诺　497
融媒体时代，摄影记者如何变身 …………………………… 雷　声　504
好的标题就是内容的"广告词"
　　——侠客岛取标题的六点经验 ……………………… 张远晴　508
新时代开启中国报业新征程 ………………………………… 张建星　513
新时代呼唤构建良好网络舆论生态
　　——深入学习贯彻习近平同志"4·19"重要讲话精神 …… 王一彪　519

后记 …………………………………………………………………… 524

马克思主义哲学和新闻工作

邓 拓

一、新闻工作者不可不通晓马克思主义哲学

新闻工作是最经常的、最有力的思想工作和政治工作。党领导的新闻报刊是我们党动员广大人民群众实现党的路线、方针和政策的一个重要武器。党的路线、方针和政策是唯物辩证法在我国革命和建设过程中的具体运用。为了更好地掌握和宣传党的路线、方针和政策，为了更好地完成新闻工作的任务，我们新闻工作者必须认真地学习并且熟练地掌握马克思主义哲学，建立彻底的革命宇宙观，掌握正确的思想方法和工作方法。在这方面我们的任务是重大的。

学习马克思主义哲学的任务不是现在才提出的。长期以来，我们党中央多次关于新闻工作的指示和决议中都提到这个问题。这个任务在过去很长一个时期执行得不够好。现在应该进一步研究和总结新闻工作的经验，进一步提高业务水平和思想水平。新闻工作的经验要运用马克思主义哲学，按照唯物辩证法来总结。为什么要这样？这里要从新闻学上的一些根本问题说起。

自从新闻报刊产生以后，由于人们对新闻工作的理论和实践有了进行系统研究的客观需要，这就产生了新闻学。在阶级社会里，各个阶级都有自己的新闻学。资产阶级的新闻学历史较长，当它由于资产阶级的工商企业的发达而开始出现的时候，作为一种新兴的学科，它还有一定的进步性；但是随着资本主义的烂熟和腐朽的过程，资产阶级新闻学日益成为替垄断资本家欺世撒谎的专门技术，它甚至以诡辩论为基础而建立起来。这和我们所讲的新闻学理论根本不同。我们讲的是无产阶级的新闻学，它是运用唯物辩证法来

处理新闻报刊工作的一门科学。这门科学的对象就是研究广大读者所关心的政治、经济、文化等各方面的现象和它的前因后果。客观现象是非常复杂的,变化非常快。新闻报刊不但要正确地反映它们,而且要透过现象的表面,深入地挖掘它们的本质。我们报道一件新闻,如果停留在客观事物的表面现象上,读者是不会满足的。读者要求我们从表面现象进一步深入到事物的本质。只有这样,才算真正说明了客观事物。我们之所以需要唯物论辩证法,理由就在这里。

唯物论和辩证法,这两者是不可分的。唯物论必须是辩证的唯物论;辩证法必须是唯物的辩证法。辩证唯物论是无产阶级的宇宙观。如大家所熟悉的:物质是第一性的,精神是第二性的,客观存在决定主观意识,这些是唯物论的最根本的命题。这些命题表明了我们对于客观世界的一个根本看法,反映了普遍的真理。有了这样的宇宙观,自然就会产生与这个宇宙观相一致的认识论和方法论。宇宙观是什么样,思想方法也必然是什么样。唯心主义的宇宙观所产生的思想方法必然是形式主义的,是形而上学的,是静止的。辩证唯物主义的宇宙观,必然产生一种新的思想方法,这就是唯物辩证法。它把客观的东西看作是发展变化着的,是各个方面相互联系的,是矛盾统一的过程。新闻工作者要正确地报道客观的运动和事物发展的过程,如果不通晓马克思主义哲学,不通晓唯物论辩证法,那是不能胜任的。

为了正确地完成新闻报道的任务,新闻工作者不能不努力加强自身的思想锻炼和修养,这就是要站稳无产阶级的立场,运用正确的革命观点和方法,即唯物论辩证法,去观察一切事物,加以正确的分析和判断,做出正确的报道。

二、怎样掌握新闻工作的客观规律

在新闻工作中,无论是在编辑、采访,甚至出版、发行等工作中,我们都可以看到主观与客观之间的唯物辩证的关系。比如说,报纸工作为什么要有那么一套机构?为什么要有编辑部?为什么编辑部里要有那么多环节?这些难道不是根据客观的需要而设立的吗?不管这个机构是大是小,都是受客观的条件决定的。新闻工作有一套方法:采访工作有采访工作的程序,编辑部处理稿子要有一定的过程,资料工作也要有一套章法等,这些都是由客观存在的社会生产方法所决定的。

大家可以翻一翻旧的新闻学著作，里面讲的新闻业务，把资产阶级在上海十里洋场的那些宣传广告都搬上去了。它必然会有这些东西，这是由于当时的社会生产方法所决定的。当时资产阶级报纸的工作方法和组织机构也必然受资本主义商品市场规律的支配。现在不同了，在社会主义制度下，我们的工作方法和组织机构当然和过去资产阶级新闻学所记载的大不一样了。我们的工作方法和组织机构，是受社会主义生产方法决定的，是建立在社会主义经济基础之上的。而过去资产阶级的那一套方法则是建立在当时资本主义经济基础之上的。特别值得注意的是中国过去的新闻事业，乃是建立在半殖民地半封建的经济基础之上的。中国从来没有一个完全的资本主义，解放前的中国是半殖民地半封建的中国，在那个经济基础上就产生出那一套工作方法。

从技术上看，变化就更多了。现在的新闻传递方法、摄影技术、印刷设备等，反映了现在的社会生产力的水平。生产力发展的水平是什么样，我们的技术水平也就只能够是什么样。在生产力落后的情况下，记者的活动想搞得很快是不可能的，因为交通、电信等各方面的条件都很困难。现在记者可以在同一个时间很快地综合各方面的报道，因为现在的生产力发展了，各种物质条件不同了。上面所谈的生产方法是包含生产力的，这里为了着重讲技术方面，所以特别强调它和生产力的关系。

从新闻工作的内容说，我们天天作报道，写通讯，无非是为了正确反映客观事实，告诉广大读者国际、国内发生了什么新事情，政治、经济各方面发生了什么事情，一句话，为了充分地反映客观。但是我们反映客观不能仅仅是像拍照一样如实地把客观的东西照下来，而是要密切地和客观事物相结合，同时也要充分地发挥主观能动作用。报刊本身是动员广大人民群众实现党的路线、方针和政策的强有力的武器。做新闻工作，必须认识客观规律，因为我们要反映客观，而客观事物都是受一定规律支配的，正如新闻工作也受客观规律支配一样。其他社会现象同样受着客观规律的支配。因此，我们必须很好地认识客观规律。客观规律是完全可以认识的。所谓客观规律"不可知"的论点是不对的。康德派的哲学家不是讲"不可知论"吗？那简直是跟人的常识开玩笑。当然，如果把客观的东西看成是死的、命定的，主观毫无力量，无可奈何，丝毫不能影响客观，这种机械论的观点也是错误的，当然也要反对。整个世界，整个社会如果离开了人，那不是抽象的吗？如果千千万万的人发挥了能动作用，这本身是不是物质力量呢？应该说是物质力量,是一个很强大的物质力量!我们应该认识到客观规律中就有关于人的活动和主观因素的规律。我们要努力去认识客观规律,然后才能更好地掌握客观规律,根据客观规律办事。这样我们的行动才不是盲目的,而是主动的,自觉的。主动地按照客观规律办事,事情就可以办得顺利,人就自由了。

如果你不了解客观规律,和客观规律针锋相对地顶撞,它要向东,你要向西,而事实发展的结果,决不是按照你原来的意愿向西,它一定向东去了。你违背了客观规律的必然性,那你就被动了,就没有自由了,就变成了客观规律的奴隶。正确地认识客观规律和掌握客观规律,就能反过来使它为我们服务。好像水,你知道它从高处向低处流的这个规律,就可以利用它的冲力来发电,为我们服务。自由就是被认识了的必然。所谓必然,就是客观规律非这样不可的趋势。

我们在新闻工作中怎样起主观能动作用呢?有人认为无非是如实地报道客观。我以为不只是这样。新闻工作发挥主观能动作用,首先是要帮助读者正确地认识客观。客观事物的变化很大。我们要引导广大人民群众每天去分析客观事物的变化,看出它的发展趋势,决定行动的方向。

人的认识有一定的阶段和不同的水平。开头是感性认识,从感性认识得到很多材料,经过分析提到理性认识的高度。那么,新闻报道,究竟是感性认识的产物还是理性认识的产物呢?我认为它应该是理性认识的产物。我不承认纯粹感性报道的素材就是新闻。哪怕只写了二十个字的小动态,也是通过理性认识的结果。尽管思维过程非常短,从感性认识到理性认识的过程非常快,但不能说这里面没有理性认识。

理性认识是有阶级性的。同样的东西在不同阶级立场的人看来就会有许多不同。这是为什么呢?这是由阶级性所决定的。当然,还有种种原因可以使理性认识的结果不同,但是从根本上说,是社会因素居多。这里我们可以看到,在阶级社会里,新闻工作不能不为一定的阶级服务,不管是自觉的或者是不自觉的。在资本主义社会里,有很多新闻记者不承认为一定的阶级服务。他们可能真的没有认识到在为资产阶级服务,但是,实际上他们是在为资产阶级服务,不管他意识到或者没有意识到。而我们今天则是自觉地为无产阶级服务。既然新闻工作在阶级社会里必须为一定的阶级服务,那么,新闻工作者就不能不站在一定的阶级立场上。我们新闻报道中的每一句话,每一个字,只能代表无产阶级和它的先锋队的政治利益。政治贯穿在新闻工作的全部过程里。从这个意义上说,新闻工作的性质是很明显的,它是社会上层建筑的一种，是从属于无产阶级政治的，是为无产阶级服务的。从这个意义上说，我们的新闻工作是为实现社会主义和共产主义而服务的一种手段。我们所以坚决反对单纯技术观点，反对脱离政治和脱离实际的倾向，也就是这个道理。

为了使我们不脱离政治，为了使我们能够体现无产阶级的根本利益，就要求我们参加无产阶级领导下的社会主义革命和社会主义建设。如果没有经过社会主义革命和社会主义建设的实践锻炼，我们就不可能得到完全的知识，对客观规律和我们的社会生活就不可能有充分的了解。所以，培养新闻工作者的道路就是让大家参加实践。最近各个新闻机关下放干部参加劳动，就是我们取得实践知识的一个重要方法。

知识的来源总的说来都是从实际经验来的。"知识来源于实践"，这是真理。实践经验可以分两个部分。一部分是自己的直接经验，另一部分是间接经验。当然，我们所说的间接经验对原来实践的人来说还是直接经验。我们的知识中有很大一部分是从间接经验来的，不可能所有知识都是由自己实践的直接经验而来的。

自己直接参加的和亲身体验的东西当然可靠，是我们知识的重要来源；而间接经验也有许多是可靠的，仍然可以成为我们的知识来源。一般地说，间接经验需要经过判断，看它是否可靠。因为间接经验不可能是一个人的经验。间接经验大部分还是可靠的，应该成为知识中很大的一部分。但是，必须要有一部分直接经验作基础，不然的话，间接经验就不容易变成为自己的可靠知识。没有直接参加劳动的人，看到别人所写的事情，他的体会不会深刻；如果自己参加过劳动，就能有深刻的体会，就可以判别哪个人写得好，哪个人写得不好。因为你已经有了自己的实际经验作基础。直接经验虽然占的比重比较少，但是，这是非常重要的一部分。我们参加社会实践，参加劳动，取得直接经验，同时加上许多间接经验，就都成为自己的思想财富了。对知识问题必须要虚心，不能强不知以为知。不能自作聪明，也不能采取粗暴的态度。

新闻工作者特别需要多方面的知识。这些知识要慢慢地积累。新闻工作者除了要有多方面的知识以外，还有特殊的任务，就是要善于运用新闻工作所特有的各种表现形式。解决了立场、观点和方法的问题，也有了具体的知识，还要有特殊的业务技能，通过一定的新闻形式来表现它。这种新闻形式不是任何一般的形式，而是新闻工作所要求的一定形式。新闻工作的形式也是发展的。在各个历史发展阶段，都有变化。比如新闻中的特写、通讯、论文等。这些东西不是偶然出现的，而是在一定客观条件下出现的。在社会主义国家的新闻工作中，可以看到不少比较好的形式，是我们创造的。如综合报道，过去资产阶级的报纸没有这种形式。有人批评我们的综合报道不好，我认为还是好的，还是需要的。应该承认综合报道的新闻形式是我们创造的，这是新闻体裁上的一个发展。过去一般新闻写作的体裁中也没有特写。特写的出现也是近若干年的事，也是属于社会主义新闻领域中的一种新东西。过去只有像游记一样的通讯，没有现在这样的特写。还有，过去已有的若干新闻体裁也经过我们加以发展了。如编者按语也是一种新形式。有些形式还在创造过程中，没有最后确定下来，如评论性的新闻，报道性的评论等。有些同志认为这是"非驴非马"，其实这种看法是错误的，我们不要武断地否定新的形式。可以肯定将来还会有许多新的形式出现，这是客观的发展规律。

新闻工作中的各种形式和各种体裁是互相配合的。如果单纯地只用一种形式，没有其他东西配合，如画画一样，光画一朵孤零零的荷花，一点叶子都没有，这样就非常单调，所以还一定要有各方面的配合。

形式中有高级的，也有低级的。有的属于低级形态，但不是低级趣味；高级的是比较充实和完备的。对各种形态不能用一个尺度去衡量，应该承认各种不同的发展水平，这些都可以存在，而且越多样越好。形式要和内容相统一，什么内容就要求什么形式，同时形式又反过来影响内容，形式为内容服务，给内容发展以便利条件。这里边还有很多学问，有技术问题也有理论问题，需要我们努力去研究。今天，无论从政治上、理论上和技术上来说，都要求我们进一步武装自己，提高自己。我们要又红又专，就是要运用唯物辩证法。如果唯物辩证法运用得好，这对于政治上和业务上的提高，对于新闻专业技术上的提高，都会有很大帮助。

三、要善于抓住唯物辩证法的核心

我们所讲的唯物辩证法，更多的是属于方法论范畴的。辩证法的核心是什么呢？列宁的"哲学笔记"这样讲："统一物之分解为两个部分以及对其矛盾着的各部分的认识，是辩证法的实质"。辩证法是以矛盾统一律为中心的。这就是说，客观事物矛盾统一的关系，乃是最根本的关系；矛盾统一的规律是最根本的规律。毛泽东同志在《矛盾论》中给我们做了非常精辟的关于这些问题的说明。

辩证法的其他规律，都离不开矛盾统一律这个核心。比如，从量变到质变，这是什么意思呢？这无非是说，对立物的矛盾引导着它的发展变化，这种变化是慢慢地由量变然后进到最根本的质变。但是，如果离开矛盾统一这个基本规律，那么，量变到质变的规律也就不好理解。在新闻工作中，我们往往看到，事件是逐渐发展的，从量的变化慢慢到质的变化。当事件的发展已经出现了新的质的时候，它对原来旧的质来讲，是一个否定；这个新的质不断地发展，又产生新的质，这是否定的否定。这些都是事物的内在矛盾发展的结果。因此，辩证法的许多规律，中心是矛盾统一律。这三条规律密切结合在一起，不可分割，互相联系，但是，中心是矛盾统一律。

我们在新闻工作中，对所有一切新闻现象都要运用矛盾统一律进行观察。只有应用矛盾统一律才能找到客观现象发生的根本原因。我们从过去每一个运动的报道中，都可以找到矛盾的各个方面。如果不从根本的矛盾去寻找事物发展的根源，我们就无法进行报道。过去的三反、五反、镇反、反右斗争都是这样，都要从矛盾中去寻找它的主要发展线索，这是一方面。另一方面，一定要看到各种矛盾的特殊性，因为只有看到矛盾的特殊性，才能进行确切的具体的报道。否则，光看到矛盾的普遍性，到处都是矛盾，那么对这件事物的描写和对那件事物的描写又有什么不同呢？例如，对土改运动的报道和对三反、五反运动的报道是不是相同呢？不能相同，因为各个运动本身有它的特殊性。看到特殊性才能看到事物的相互差别。对于不同的矛盾要有不同的处理方法和解决方法。同是矛盾，如果不抓住各种矛盾的不同特点，而采用同样的方法去报道它，那就会犯错误，就不能正确地反映实际斗争。所以我们不能单从矛盾的普遍性着眼。我们要看到它的普遍性，同时还要看到它的特殊性。

事物中有那么多矛盾，其中必有一个主要的矛盾。要找到它，抓住它，集中力量去解决这个主要矛盾。对于实际斗争中的主要问题，我们要集中力量进行报道，不能分散力量。如下围棋一样，如果一个棋子走错了，结果全盘都会输的。因此，任何局部都要服从全局，如果你管一个方面的报道，这个方面目前是次要方面，主要矛盾不在你这边，那么，这时候你就要服从主要矛盾，这是很明显的。当然，作为一个领导干部，你不应该忽视局部问题，因为必须有各个局部才能构成全局。从领导全局的角度来说，不能忽视局部，但从各个局部来现，首先要服从全局。

不管是主要矛盾也好，次要矛盾也好，这中间还有个主要矛盾方面。我们不能一律看待所有一切的矛盾，不但要找出主要矛盾，而且要找出主要矛盾方面。新闻工作中遇到这类问题最多。我们要好好学习掌握哲学原理，善于发现矛盾和解决矛盾。在这一方面，我们应该向工农群众学习。现在，全国工人和农民不是都在学哲学吗？他们有很大的成绩，很多人都懂得了怎样对待矛盾，怎样分析矛盾。这一点是了不起的。

矛盾的性质有对抗性的，有非对抗性的，两者又往往会互相转化。例如，工人阶级和资产阶级的矛盾本来是对抗性的敌对矛盾，但是在一定的条件下，这种矛盾又可以变成非对抗性的人民内部的矛盾；反之，在另外的某种条件下，这种矛盾仍然会变成对抗性的矛盾。其他许多矛盾都是属于人民内部的矛盾，人民内部矛盾不是对抗性的，但如果处理不好，也可能发展成为对抗性的。矛盾不同，解决的方法也就不同，我们要用不同的方法去对待不同的矛盾。

工作中最难掌握的一个复杂问题，就是对立物的转化。在某一时候，主要的矛盾方面在这边；在另一时候，主要矛盾方面又转到那边去了。矛盾的各个方面经常互相转化，因此，要及时地分析和了解这种转化的复杂情况，要善于掌握运动变化的时机，掌握宣传的分寸和火候；否则就会犯错误。正如把好事办得过火了，转化成为它的对立面就成为坏事了。我们分析一件事情，总有许多有利条件，但在有利条件里面，有时还包含有不利条件。如果你对这个不利条件不注意，可能有利条件会减弱，不利条件会增加。反之，天天在喊不利条件，困难多得很，却没有看到不利条件和困难中也有有利因素。如果很好地发挥这种有利因素，就可以帮助我们克服不利条件。总之，我们要善于运用对立物转化的规律，这是我们工作中应该经常注意的。

事物的矛盾有时只是一种差别，如前进与后退等。在同一个方向行动，可以一个在前面，一个在后面。这个矛盾只是一种差别。任何东西都互有差别，把一般的原则变成公式乱套，就是不了解差别。比如学习马克思、恩格斯、列宁的著作，把他们的话都当成抽象的、一般的公式，搬到中国解决中国的具体矛盾，这就是不了解马克思、恩格斯、列宁写文章时的历史条件和现在有什么不同，不分析各个国家不同的历史发展阶段，也就是不分析它的差别性，只讲它的同一性，这样就不能不是教条主义的。反之，如果只看到差别性而看不到同一性，那也会犯经验主义的错误。经验主义的错误就是只看到差别性和特殊性的一面，马克思主义的具体运用尽管不同，但它的普遍真理却是不容篡改的。这是共同点，也是主要的方面。我们全面观察问题的时候，一方面要看到差别性，同时要看到同一性。这样，可以找出共同的部分作为我们的借鉴，而从不同的部分如民族性的不同，历史发展阶段的不同，时代的不同，工作条件不同等方面找到差别性，然后根据不同的具体情况加以变通运用。

对一切事物的矛盾统一的看法，这是一个最根本的思想方法。有了这一思想方法，就可以防止片面性，防止各种各样的偏差。我们在新闻工作中不常常说要防止片面性吗？今天要防止这样的片面性，明天又要防止那样的片面性。片面性的产生有许多原因。从思想方法上说，是由于对辩证法的核心——矛盾统一律缺乏理解。有时好像道理都懂得了，一接触具体问题又不懂得了。这种现象不奇怪。正如读书识字一样，有的人读了很多书，好像什么都懂得了，忽然间把什么都忘了，连字母也不认得。这种情况难道不是常有的吗？比如说，社会主义和共产主义的区别，这个谁还不懂得？可是有些同志对社会主义和共产主义有时竟然就不会区别了，就糊涂了。这就好像读书读了很久，忽然反生了而变成文盲一样。所以，不要以为什么都懂得了，其实会反生的。认识问题不是那么容易，那么简单的，还要经常锻炼。新闻工作倒有个很好的经验，我们每天对任何事物，都要有一个估计，对一个人的估计，对一项工作的估计，对形势发展的估计，无非是进步与落后，好与坏，左和右。这些不都是对立面吗？天天估计，那么你就会得到许多锻炼。比如"九个指头和一个指头"的关系问题，优点与缺点的两点论问题，这是合乎辩证法的估计方法。即对事物的估计，无论进步与落后，正面和反面，不能用折中主义的观点，而要用矛盾统一的观点。辩证法不是折中主义。这就是说，不能认为把右的一个片面和"左"的一个片面加在一起，一折中就是正确的。如果对于不管什么事情你都认为又好又坏，天天就是这么一个老调子，人家说好或者说坏，你都认为片面，那么，最后你还是没有说明问题，这不是辩证法。折中主义决不是辩证法。折中主义是把一切事物看成是由两个相等量的部分构成的；而事物的真实状态并不是好坏各占百分之五十。所以，不能用折中主义的办法来认识客观事物的真实情况。只有对各个矛盾的侧面作具体分析，才能对客观事物有全面的认识。这就需要我们经常加强思想方法的锻炼。如果能够经常锻炼，哪怕非常难学的东西也能学会。

有些同志对自己思想方法的片面性很苦恼，这有什么方法治疗吗？一个人的认识过程，常常是从不完全的片面认识逐步达到全面认识。认识为什么会产生片面性呢？它的原因是多方面的。阶级立场是一个重要的原因，阶级立场不同，看问题也就不一样，这是容易理解的。但是除了阶级立场以外，还可以有其他原因。比如工作岗位是否有影响？我认为也有一定的影响。假如长期在一个工作岗位上，只看到一个局部，而没有接触全面工作的机会，也很容易发生片面。再如缺乏实践经验也是一个原因。有些同志当编辑的时间很长，他所写的东西，有时就不能符合实际情况；有的同志做国际宣传工作的时间很长，不自觉地从外国人看问题的角度去看问题。这样的同志如果让他去搞一个时期的农村工作，扎扎实实地搞它半年或一年，这对他的思想方法的锻炼会有很大益处。了解了国内外形势的全面，再深入到一个点去体验，更会帮助他提高分析全局的能力。

要医治片面性。头一个药方是要亲身实践，要有自己的直接经验作基础。实践的经验越多方面，越丰富，就越好。有的同志在北京做报道工作做得好，调到边远地方就不能很好地完成报道任务，原因在于没有外出工作的经验。在家里一切情况很熟，资料也好找，不觉得有什么困难；出去以后资料不方便，找人有困难，写起东西来就慢，这些都是可以想象得到的。但是，更重要的是因为他没有看到客观事物矛盾统一的普遍性中有许多特殊性，不会抓住这些特殊性。其实，"生活是常青的"，有人的地方就有生活，有生活的地方就有新鲜的东西可写。为什么没有东西写呢？当然是因为没有深入到生活中去。这个病只要到生活中去就有可能很快治好。

片面性发生的原因是多方面的，每个人对自己都可以采取一种对症下药的治疗法：把自己的作品，采取唯物主义的方法分析一下，看看犯了什么样的错误和偏差，哪一次写了什么文章有什么片面性？原因何在？不妨仔细检查一下，像分析矛盾一样，找出矛盾在什么地方，也许是调查的材料不全面，也许是在推理和判断的过程中发生错误，也许还有其他原因。检查清楚以后，就能够"对症下药"，想办法纠正缺点。希望大家在实际工作中不断地加强锻炼，使自己能够通晓马克思主义的哲学，作为改进我们新闻工作的武器。

四、具体掌握辩证法是做好报道工作的关键

但是，日常的报道工作一刻也不能停，不能等待一切都锻炼好了再做工作。我们要提倡边学边做和边做边学。

那么，我们究竟应该怎样才能做好日常的报道工作呢？首先，要正确地研究和掌握党的政策。这些政策都充满了辩证法的精神，是辩证法的具体运用。只要好好地研究和掌握党的政策，就能做好报道工作，就不会在大的原则问题上发生差错。当然，在学习和运用文件中，怎样体会文件的精神，怎样研究客观情况并据以作出正确的判断，这是一系列思想方法问题。文件只能给我们指出一个原则，至于怎样判断客观的情况，还是我们自己的责任。我们应该把文件具体化，更好地运用辩证法去分析问题，判断问题，从而正确地反映现实。

怎样在具体报道中运用辩证法呢？这里向大家介绍一本书，就是列宁的《哲学笔记》。列宁在这本书中提到辩证法的十六个要素。这是他研究黑格尔的辩证法和逻辑学后所作的总结，他认为这是唯物辩证法在方法论上应该注意的要素，不是作为规律提出的。列宁指出这十六个要素是研究事物现象的程序。因此，我们把它作为方法论来运用是好的。如果说恩格斯提出了辩证法的三条规律，把辩证法的全部内容都已概括进去了，那么，列宁的十六个要素则是辩证法的三大规律的具体运用。在日常对客观事物作具体分析的时候，运用这十六个要素作为对客观事物的认识和分析的程序，是非常适宜的，我们应该充分地加以运用。以下我打算从新闻报道的角度来简要地解释这十六个要素，供同志们参考。

第一，"观察的客观性（不是实例，不是枝节之论，而是自在之物本身）。"这就是说，认识事物的程序，首先要客观地观察事物。事物本身是非常丰富的，不能只观察一些枝节就认为满足了。我们党的许多文件和毛主席的许多著作中经常用的方法，就是从大量的客观事物和材料中，举出最一般的、最典型的和最有代表性的例子。他们常常作了很多很多的调查，然后加以概括，写成文章。我们对客观事物应该观察清楚，要防止武断。同时要防止"先入为主"。有些人看问题有个"先入为主"的观点在那里，这是错误的。如果是"先入为主"或者只抽出个别的事实来观察，那就一定会作出错误的判断。有了"先入为主"的观点，就常常只抓个别的事实，牵强地去证明他的结论，这是违反唯物辩证法的。

第二，"这个事物对其他事物的多种多样的关系的全部总合。"列宁的意思是要把客观事物多种多样的千丝万缕的关系综合起来。比如要介绍一个新产品的制造，那就要作很详细的调查，原料是怎样来的，怎样生产的，市场价格如何，制造的工序等，不管怎样复杂必须经过全面的调查。马克思和恩格斯的通信集大家可以看看,特别是"关于辩证法的通信",他们都指出了这种方法的重要性。我们要学会从多种多样的关系中去观察事物。我们对一件东西,一个人的介绍,或者对于新的事物和新的问题进行论述,决不能把所要介绍的对象和周围的环境以及它与各个方面的关系分割开来,而应该把它和各方面的联系,把它的周围环境看成是整体的一部分来介绍。例如我们讲美国的经济危机,如果不去分析各个方面的现象,不把它的多种多样的联系加以分析,又怎么能够说明问题呢?

第三,"这个事物(或现象)的发展,它的自身的运动,它自身的生命。"为什么要观察事物的发展和运动,这是容易懂得的道理。对事物的观察如果离开了运动就不可能去描写它。如果你描写的只是抽象的、静止的死东西,那么你就没有多少文章好写,写不了几句就完了。从运动过程和发展中去写,那么话儿就多了。事物也只有在发展中才能表现它的特征。比如,只描写一个静止的人,又怎样去表现他的个性和特征呢?如果从他的工作、学习等各个方面去描写,从整个运动过程去描写,这就能充分地表现他。

第四,"这个事物中的内在矛盾的倾向(和方面)。"为什么必须观察事物内在矛盾的倾向呢?这就因为我们要对各个矛盾侧面的发展方向和相互转化的趋势,做出估计。每一件事有它的好的方面和坏的方面,究竟是向好的方面转化,还是向坏的方面转化,在我们的报道中,应该有所回答。你不能说它现在是向又好又坏的方面发展,这样读者就无法知道你在说明什么问题。究竟是向好的方面发展,还是向坏的方面发展?它的前途又怎样?这是每个人都关心的。你要研究和判断它,以便在进行报道的时候,心里有数,能够掌握分寸,能够决定这个报道应不应该突出,或者应该突出到什么程度,强调到什么程度。

第五,"事物(现象等)是对立面的总和与统一。"这就是对事物内在矛盾的具体分析,前面已经说得较多了,这里不再重述。

第六,"这些对立面的斗争或展开,各趋向的矛盾性等。"这在前面也讲得较多了。在新闻报道中,这是非常生动的部分。文章越是具体地分析了矛盾,越是把对立面展开在读者眼前,这文章就越生动,读者就越爱看。善于分析矛盾的文章一定是波澜起伏,引人入胜的。可惜在平常的报纸上,这类文章太少了。

第七,"分析和综合的结合——各个部分的分解和所有这些部分的总合、总计。"如果光是给人们讲各个方面的情况,最后会得到了什么结果呢?人们听了半天还会不满足。因此总得有个综合。综合或总和实际上是一样的，总和就是把分析的各个方面最后作一个总的计算，列宁把它叫作总合或总计。把各个方面总和起来，说明它的相互联系和最主要的结果是什么。这样做实际上就是一种概括。我们平常不是说客观的材料很多，情况很复杂，要善于概括吗？总和就是一种概括。这就是对各个方面作了分析和解剖，然后抓住最突出的、最关键的东西，说明问题的本质。

第八，"每个事物（现象等）的关系不仅是多种多样的，并且是一般的、普遍的。每个事物（现象、过程等）是和其他的每个事物联系着的。"这就是说，要进一步找出事物的普遍性，找出它们的共同的原则。比如解剖麻雀，先找出麻雀的共同点和普遍性，然后根据这个结果去认识所有的麻雀。

第九，"不仅是对立面的统一，而且是每个规定，质、特征、方面、特性向每个他者（向自己的对立面）的转化。"认识各个事物的特征和向它自己的对立面转化的过程，这是非常重要的。怎样才能抓住事物的特征呢？特征便是质的规定性，就是事物矛盾最突出的一部分。把事物的各个构成部分，和不同于其他事物的差别性突出地描写出来，就突出了它的特点。事物的特点还常常会向对立面转化。在某种新的条件下，原来的特点消失了，新的特点出现了，或者原来不明显的特点变成明显的了。这也可以说是事物的可变性。任何事物都是可变的，必须估计到这种可变性，对事物的发展变化的前途，不能看得太死，不能说得太死，而要留有余地。

第十，"揭露新的方面、关系等的无限过程。"新的事物是不断发生，不断变化的。以人民公社化为例，新鲜的问题一个接着一个地出现。当然，一个问题解决以后，又会产生新的问题，这些新的问题又不断引导我们前进，它是不会停止的。新闻报道恰恰是反映事物发展的这种无限过程的最活泼的形式。

第十一，"人对事物、现象、过程等的认识从现象到本质、从不甚深刻的本质到更深刻的本质的深化的无限过程。"人对客观事物的认识过程也应该是我们新闻报道的丰富内容。人的思维本身就是一个极复杂的过程。列宁在另外的地方曾指出，人的认识不但要从事物的现象深入到事物的本质，而且要逐步地由第一层本质深入到第二层本质。当我们发现原子的时候，认为它是最小的物质单位，这应该算已经抓住本质了吧，但是，还不能满足，最后还可以发现原子的本质，原子是由多少电子、中子构成的，再进一步还可以打开中子的秘密。这种认识过程是无穷尽的，是不断深入的。列宁的"唯物论与经验批判论"对于马赫主义者企图用现代物理学研究的一些成果来攻击唯物论,进行了反驳。列宁一层比一层更深入地分析了物质的形态,给我们运用辩证法认识事物的本质做出了最好的榜样。

第十二,"从并存到因果性,以及从联系和相互依存的一个形式到另一个更深刻更一般的形式。"对于一个形式到另一个形式的变化,我们要找出它的因果关系,找出各个现象中的相互依存和制约的关系。比如钢会不会生锈,为什么会生锈,这要看各种具体条件。不锈钢之所以不锈,是有它的特殊条件的。普通的钢因为缺少这种条件就不免要生锈。从这样不同的条件中,我们就可以找到钢与锈的相互关系,找出因果的关系来。报道任何事情,都应该注意因果关系的说明,这是读者所关心的。

第十三,"在高级阶段上重复低级阶段的某些特征、特性等。"一个东西发展到高级阶段,会重复低级阶段的某些特点。这对我们是一个很大的启发。如果不认识这一点,就还不能认识事物的真相。有些事物发展到高级阶段,可能有某些现象和低级的差不多,看来有某些重复,这在社会生活中是非常多的。

第十四,"仿佛是向旧东西的回复(否定的否定)。"这就是从旧的东西的重复现象中看出否定的否定和新的质。这个要素可以和上面联系起来看。上面讲高级阶段中似乎重复低级阶段的某些现象,现在就更进一步看出否定的否定,看出新的质。关于这个问题,列宁在另一篇文章《谈谈辩证法问题》中也讲道:"没有绝对的重复"。历史不会重演,它只是相对的重复,而在相对的重复中,一定有新的质,新的特征。所以,许多事物看来好像是重复的,但不能用简单的、呆板的公式去看。要注意看到新的质的产生,看到它的否定过程和新的特征。

第十五,"内容和形式以及形式和内容的斗争。抛弃形式、改造内容。"每一个事物都有一定的内容和与内容相适应的一定的形式。要分析这两者的关系,分析它的发展、变化以及新的内容和新的形式的产生。新的东西和旧的东西是不一样的,即使基本上相同,它的表现形式也一定有不同的特点。因此,我们不但要看到形式和内容的斗争,并且还要看到会有新的形式出现。新闻报道的各种体裁或形式一定要适应于生活的内容,这可以说是一条规律。我们现在的社会主义的生活内容,必然要求新闻报道方面有新的表现形式。如果我们现在还没有创造出完美的新形式,而仍然利用旧形式,那是不得已的。我们的生活内容已经产生了新的东西,这个新的东西对旧的形式是格格不入的，它总会有一天突破旧的形式。

第十六，"从量到质和从质到量的转化。"这就是说，任何新的东西在新的质的基础上，还会有量的变化。这个量变达到一定程度又要发生质的变化。这就说明质量互变是一个阶段向另一个阶段的发展。

以上十六个要素是作为方法论看的，大家可以找出原书加以研究。要仔细地领会它、掌握它、运用它。

列宁还有一篇文章是《谈谈辩证法问题》，不到三页，很短，但非常精辟。这篇文章讲道："一般辩证法的阐述（以及研究）方法也应当如此，从最简单的、最普通的、最常见的等等东西开始，从任何一个命题开始。如树叶是绿的、伊凡是人、哈巴狗是狗等。在这里就已经有了辩证法：个别就是一般。"这就是说，个别存在于一般中，一般在个别中都可以找到。在任何一个命题中，好像在一个基层"单位"（"细胞"）中一样，都可以（而且应当）发现辩证法一切要素的萌芽。这里，列宁引证了马克思写《资本论》的例子。马克思的《资本论》为什么从商品开始呢？这是因为资本主义社会的矛盾集中在商品问题上，商品是资本主义社会最普通的现象，因此，马克思抓住商品加以分析，把资本主义社会的全部矛盾都揭露出来了。列宁认为这个研究方法要普遍运用。我们应该努力把列宁所讲的关于辩证法的十六个要素，运用到分析问题中去，从最普通的、最简单的、最一般的命题开始，讲出很多道理，讲出辩证法最根本的许多问题。我们报纸上的文章应该有多种多样的题目，从一个非常具体的题目开始，可以讲出很大的道理。写一篇通讯，也可以说明我们建设社会主义的最根本的规律。这样的文章和新闻报道最能鼓舞群众，使人人鼓足干劲，不断地前进。

这里牵涉文风问题。文风不好不只是因为不懂得运用辩证法，还有一些是违背了初级逻辑规律。恩格斯说，"形式逻辑好比初等的数学"，虽然不是高等数学，但在日常对一般问题的判断、推理中，还是要运用它的。我们现在常常把形式逻辑也丢了。有的同志批评现在有些文章"牛头不对马嘴"，这个批评是很中肯的。这里面最大的问题就是逻辑问题。比如，我们常见有的人在讨论中转移论点，刚说到这个问题，忽然转到另外一个问题上去，叫人摸不清头绪。转移论点是诡辩论者常用的手法。还有些是把小范围的局部问题扩大为大范围的一般问题，或者把大范围的问题缩小为小范围的问题。这些在初级逻辑上也是站不住脚的。

还有是在三段论法上发生错误。三段论式有大前提，小前提，如果有一个前提错误，就不能得出正确的判断。有的大前提少一个概念，或者小前提中的概念在大前提中没有出现，忽然出现另一个概念，几个概念凑不拢来，这必然会使判断发生错误。

再就是推理上的错误。推理无非是由一个判断得出另一个判断。如果推理所依据的判断是不可靠和不正确的，那么，推理就等于没有根据，就是武断，不能令人信服。在这些方面我们都要注意，要使我们的新闻写作更加符合逻辑，完全站得住脚，避免那些可以避免的逻辑错误。

最后，我建议在新闻机关中展开评比，这是一个合乎辩证法的工作方法，是辩证法在工作中的具体运用。在工作方法上运用辩证法，通过多种多样的评比，就能提高我们的水平。辩证法原来的拉丁字义是互相讨论的意思。讨论问题就是符合辩证法的。你有那种意见，我有这种看法，互相讨论以后就把问题弄清楚了。我们应该多采取这种方法，更好地学习掌握和运用唯物论辩证法，学习掌握和运用马克思主义的哲学到新闻工作中去。

(原载《新闻战线》1959年第9期，本书有删节)

题材·主题·报道形式

田 流

一

新闻是客观实际的反映,报纸是当代国家生活、人民斗争的活的历史。

我们的国家生活是朝气蓬勃丰富多彩的,我国人民的斗争是轰轰烈烈惊天动地的。六亿五千万勇敢勤劳的人民,正在用自己的智慧和辛勤的劳动,改变着祖国"一穷二白"的落后面貌,建造着自己的幸福生活。一个具有现代工业、现代农业、现代科学文化的国家正在迅速成长。

真实地、正确地、及时地把这个伟大时代的风貌、把这个伟大事业的进展记录下来,传播开去,推动这个伟大的事业不断地前进,是我们新闻工作者的神圣任务。

同我们的时代比较起来,同我国人民的伟大事业的进展比较起来,应该承认,我们的新闻报道是大大落后了。它没有能够充分地反映出我们国家的丰富多彩的生活和轰轰烈烈的人民斗争。我们的新闻报道面很窄,不少新闻的内容很单调,报道形式也不够活泼。

以我们的农村报道来说,我们的祖国是辽阔广大、美丽富饶的,在密密的森林里,在茫茫的草原上,在一望无际的平原上,在峰峦起伏的山野间,各处有各处的美丽的景色,丰饶的物产,不同的风俗习惯和生活方式,为什么这一切很少能够进入我们的农村新闻的领域,难道这不是对人民进行爱国主义教育的好题材吗?

我国农民是勇敢勤劳的,他们正在用自己的双手建造着自己的幸福生活。他们在党的教育下,正在进行着自我改造,旧的小私有者的思想正在逐步地被克服,新的社会主义的思想正在成长,特别是他们中间的先进分子,爱劳动、爱集体、爱护公共财物的集体主义思想和行动，已经在现实生活中大量涌现出来，为什么不能把他们这一切作为我们的新闻题材，作为向广大农民进行社会主义教育的重要内容呢？

许许多多优秀的农村干部在勤勤恳恳、忠心耿耿地工作着。他们任劳任怨，不计个人得失。他们在工作中善于从失败中接受教训，勇于改正自己工作中的过错。为什么不应该把他们的高贵的品质、成功的经验，生动具体地写进我们的新闻报道中，帮助他们更好地工作呢？

目前，全国人民正在党的引导下，千方百计地克服连续两年特大的自然灾害给我们带来的困难，以农业为基础，努力发展生产，这里面有党组织的领导，有政府的关怀，有广大农民的辛勤劳动，也有各个战线对农业的支援。为什么不从各个角度，用各种形式，把这一切反映在我们的新闻报道里，使人们在争取农业好收成的斗争中，斗志更加昂扬、步伐更加一致。

从以上这些例证说明，我们的新闻报道大大落在客观实际的后面了。

为什么会产生这种现象呢？不少记者和通讯员同志对新闻工作中若干基本问题，比如生活和题材的关系问题、题材和主题的关系问题、题材和报道形式的关系问题，没有得到正确的解决，是造成这种现象的一个重要原因。

二

记者在出发采访以前，常常向编辑部提出这样一个问题：这次出去要报道些什么呢？报纸上需要什么材料呢？

出发前问编辑部这些问题，不是不可以的，甚至是必要的。问题是知道了编辑部的意见之后，怎样对待这些意见？是作为自己在进行工作时的参考呢，还是作为自己进行采访、选取题材的唯一准则？不少记者同志恰巧是用后一种态度对待编辑部的意见。他们把编辑部的意见看作是不可改变的决定，看作是没有伸缩余地的框子。如果现实中有合乎这个框子的东西，采访就"成功"了；没有，便"失败"了；甚至还有少数的记者硬把丰富的现实修修改改、添添减减塞进自己设计的框子中去。前一种做法，使我们漏掉了许多重要的有意义的题材，使我们的新闻报道面越来越窄；后一种做法，则直接违背了新闻必须真实的原则，走上了虚夸、捏造的道路。

客观实际是新闻的本源，新闻是客观实际的反映。先有事实，后有新闻，事实是第一性的，新闻是第二性的，这是无产阶级新闻理论的一个基本观点。记者可以询问编辑部需要什么新闻，但编辑部的意见只能作为自己工作中的参考。编辑部的要求能不能实现，得由客观情况决定。客观实际中有就可以实现，没有就不能够实现。记者应该按照编辑部的宣传意图去进行采访，但这只是记者采访工作的一个方面，不是全部。编辑部要什么就去采访什么的办法不能作为我们开展采访活动的唯一方法和主要方法。记者应该主动地根据现实生活的本来面目，把大量的新闻送往编辑部。正确的做法应该是，不是记者问编辑部要什么不要什么，而是编辑部问记者在采访活动中有什么新闻需要在报纸上发表。

记者应该成为党的耳目，党的喉舌，只有记者在树立起坚强的无产阶级新闻观之后，才能出色地完成这个光荣任务。所谓耳目，就是及时、迅速地把国家现实生活中的新的成就、新的经验、新的问题发掘出来，通过自己的新闻报道，告诉党、告诉人民；所谓喉舌，就是通过新闻报道真实地正确地把党的方针政策宣传出去，就是把群众的愿望、要求、情绪、需要等真实地正确地反映出来，引导群众，动员他们自觉自愿地走上党所指出的正确道路。如果记者的耳朵只听着编辑部的声音，眼睛只盯住编辑部的要求，怎么可能发现国家生活和人民斗争中的新的情况、问题、经验和成就呢？怎么可能把党的政策同群众的要求、愿望、需要、情绪有机地结合起来，而不是强拉硬扯地勉强捏在一起呢？怎么可能避免漏掉许多重要的有意义的题材，而使我们的报道工作不走上越来越狭窄的道路呢？如果不把自己的主要精力放在对客观现实的深入采访和细致观察上，而是放在所谓"领会"编辑部的意图上，怎么可能发现生活中正在萌芽的新生事物呢？如果不能发现生活中的新生事物，我们的报道面又怎么能够不断地扩大，我们的新闻内容又怎么能够日益丰富多彩呢？

生活是新闻的源泉。我们这里所说的生活，不是指人们日常生活中的身边琐事，而是指国家的生活，人民的斗争，指我们的伟大的社会主义建设事业。生活是题材的源泉，新闻是生活的反映，但新闻报道同生活的关系绝不是消极的，绝不是说我们在进行采访和报道的时候，可以不进行分析和选择，绝不是说我们的新闻报道只是对生活作纯客观主义的反映，这一点是必须分清楚的。

三

新闻题材孕育于现实生活中，新闻主题又是在题材的"土壤"中产生的。人们在了解了现实生活中的丰富的材料以后，才能确定自己该写什么。是主题决定于题材，而不是题材决定于主题。

但是，在我们的实际采访活动中，往往是先有了主题，然后才去找题材。这里要区别两种情况：一种是正确的，是从现实生活中产生的，比如关于广大农民千方百计争取农业丰收的主题思想、关于广大农民在争取农业丰收中的社会主义劳动积极性的主题思想等，这样的主题思想在记者开始采访之前，就可能已经有了，但是，这样的主题思想，归根到底，仍然是从客观实际的生活中提炼出来的，它的基础是记者过去的生活积累，是记者对当代生活和广大农民的基本了解。另一种则是错误的，主题思想不是在客观实际的基础上产生的，只是记者的主观想象或愿望。

在采访之前初步确定主题思想，是记者必须做的准备工作。每个记者在进行采访之前，都应该进行充分的准备工作：掌握党的方针、政策，掌握党委或有关部门已有的材料以及报纸上有关这个问题的报道等。研究党的方针政策，可以使我们弄清楚这一事物的报道思想；研究党委的总结报告等材料，可以使我们掌握背景情况，都有助于深入采访。有了这样的准备工作，有了这样的初步的主题思想，只要在采访实践中正确运用它，对采访活动是有益的。它会帮助我们更敏锐地观察生活，更深刻地理解生活，发现生活的本来面目。道理很简单，毛泽东同志曾经在《实践论》中告诉我们：理性认识要以感性认识作为基础——所以我们主张深入采访，首先占有大量材料，有了材料，有了丰富的题材，才可能产生深刻的主题；毛泽东同志同时也告诉我们：只有理解了的东西人们才能够更深刻地感觉它——所以我们也强调采访前的准备工作，以提高我们对客观现实的认识能力，使我们进行采访的时候观察得更准确、更深刻、更全面——也只有在这种前提下，我们才承认主题的"反作用"。

后一种办法，即记者凭主观想象产生主题的办法，是错误的。用不着列举例证，每个记者一定有这样的体会：当我们严格地从实际出发，正确处理题材与主题关系的时候，我们的题材就越来越宽广丰富，主题思想就越来越宽广深刻；当我们从主观设想出发，用自己猜想出来的主题为框子去套现实的时候，我们的题材就越来越狭窄单调，主题思想就越来越浅薄和枯燥无味。

因此，树立正确的新闻观，严格地从实际情况出发，正确地解决题材同主题的关系问题，是不断扩大报道面、丰富主题思想的根本途径。我们应该认真地进行采访前的准备工作，应该在认真研究已有材料和党的方针政策的基础上，产生报道计划和主题思想，但这样的报道计划和主题思想只能作为我们进一步了解现实、观察和分析现实的参考，而不应该让这样的报道计划和主题思想来束缚自己的手脚。

四

内容决定形式，但形式也在很大程度上影响内容。有怎样的题材，就应该有怎样的形式。生活是丰富多彩的，题材是多种多样的，新闻报道的形式也应该是丰富多彩和多种多样的。在我们的新闻报道中，出现过不少内容丰富、形式多样的作品。但是，也不可否认，同我们的现实生活比较起来，同我们的任务比较起来，我们不少新闻不仅内容比较单薄，形式也上比较呆板，缺少变化。

目前，大多数记者基本上采用两种写作形式：消息和通讯。消息和通讯是新闻报道中两个最主要的形式，这是毫无问题的。但是，仅仅只有消息和通讯两种形式，是不能充分反映我们丰富多彩的生活的。

问题还不只是如此。我们读到的很大一部分消息或通讯，虽然来自全国各地，出自不同记者之手，但它们的面目——从内容到形式，从选材角度到表现方法，甚至于用词用语都大同小异。写评工记分的消息，你是这样写，我是这样写，他也是这样写；写社员当家作主，这个地方和那个地方看不出有什么不同。另外，消息和通讯是两种不同的新闻形式，但现在看到的不少消息和通讯，在选材角度、表现方法、语言运用等方面，却很难找到有什么明显的区别，说通讯是拉长了的消息也未尝不可。

为什么会出现这种现象呢？

采访不够深入，掌握的材料少，因而写不出生动活泼的新闻报道，这是一种情况。但是，有些记者掌握了大量的材料，写出的消息或通讯，仍不免一般化，又是为什么呢，这里除了内容上可能有问题之外，写作形式上也可能有缺陷。形式对内容有很大的制约作用，不善于运用各种各样的新闻形式，就不可能生动地反映各种各样的题材。一个记者只会写消息，不会写通讯，硬要写通讯，便会写出不像通讯仍像消息的东西来。

对于一个新闻记者说来，掌握多种报道形式，不只是可以使他能够更好地反映丰富的题材，也有助于他发现更多的题材。常常遇到这样的情形：某位记者善于写游记形式的报道，他就善于发现适合于游记形式的题材，某位记者善于写人物特写，他就善于发现先进的人物和人物的先进事迹。可见，多掌握一种新闻形式，就是多了一条反映广大的现实生活的路子。每种报道形式都有各自的特点。记者为了使用某种形式，他的采访方法、选材角度、采访的深度、语言的选择等都需要同使用另一种形式有所不同。有人写的通讯和消息区别不大，主要原因之一是用采写消息的一套方法去采写通讯，没有从采访方法、选材角度等方面区别这两种不同体裁。

努力掌握各种新闻形式，学会熟练地运用消息、通讯、游记、特写、政论等形式，就能够帮助我们更宽广、更深刻地去观察生活，扩大报道面，丰富报道内容。

五

有人问，扩大报道面，会不会同新闻报道为当前中心工作服务这个根本任务发生矛盾，会不会削弱新闻报道的指导性？

不应该把丰富新闻题材同新闻报道为当前中心工作服务对立起来。当前的中心工作现在是、将来也是我们主要的报道内容。离开当前工作，专门去搞一些花花草草的题材，不是我们所说的扩大报道面，而是一种脱离政治、不问政治的倾向。现在的问题是我们的新闻报道如何更好地为当前的中心工作服务。我们现在所有的新闻报道，都是反映当前工作的，但是，反映得不太好。比如，我们写了很多关于按劳分配的报道，然而给读者的印象却仍然是不深刻的。为什么呢，因为我们的报道面太窄，又写得不深刻。这类稿子通常是这样写的：一开头是说某某生产队认真贯彻执行按劳分配政策，接着是写社员当家作主制定了劳动定额，建立了评工计分制度，每天根据社员劳动的质量和数量把他们应得的工分计入工分手册，劳动多的好的工分就多，劳动少的差的工分就少；最后是举两个社员（一好一差）作例子，说好的多得了工分，差的少得了工分，整个新闻就完了。难道报道这个问题，只能有这一个角度吗？为什么不可以从更多的角度去进行报道？比如，某队是如何具体贯彻这一政策的，他们遇到了一些什么问题或困难，又是怎样解决的，有些什么经验；社员在这一政策贯彻前后思想上、行动上有些什么变化，对生产的影响如何；这个政策认真贯彻后，产生了一些什么新的问题，又是怎样解决的，等等。还可以从很多别的角度，报道这个问题，但我们却很少看到这样的新闻报道。从上面这个例证中，我们就可以得出这样一个结论：我们所说的扩大报道面、丰富新闻报道的题材，首先是要扩大对当前中心工作的报道面、丰富以当前工作为主要内容的报道题材。任何一个事物都有它的正面和侧面，这一面和那一面，我们的新闻报道应该从各种不同的角度去进行报道。

扩大报道面，当然也包括扩大当前中心工作以外的题材，这些题材对读者同样是有教育意义的。

新闻报道不同于党的指示和政府的决定，对新闻报道的指导性的要求，同党的指示、政府的决定应该有所不同。新闻报道的指导性是靠我们的新闻写得真实、正确、生动，能够说服读者、感动读者，使读者自愿地接受你的主题思想，而不能强迫读者接受。为了解决当前工作中一个迫切问题而写的新闻报道，固然有指导性，写了一篇人物特写，如果写得好，写出了一个先进人物的崇高思想，使很多读者都愿意向这个人物学习，应该说，这篇新闻报道也具备了指导性。

总之，进一步扩大报道面，丰富我们的新闻报道内容，使我们的新闻题材更加宽广，使我们的新闻形式更加多样，是我们全体新闻工作者的任务，我们应该不懈地努力。

（原载《新闻业务》1961年第10期）

报刊知识性文章的写作问题

陈大可

近年来,知识的普及工作受到了许多报刊的重视。目前,知识性文章的数量还在不断增多,质量也逐渐有所提高。这是一种可喜的现象。但是,也还有一些问题需要加以研究。在这里,仅就管见所及,对于知识性文章、主要是科学知识文章中存在的若干问题,提出几点粗浅的意见,以供同志们讨论。

一

知识内容必须正确无误,这是对于知识性文章的一个最基本的要求。如果作为一篇知识性文章而其本身却包含了错误或缺点,那当然是很不好的。知识性文章的读者一般是准备从中接受绝对正确的知识的,包含有错误或缺点的文章,不仅不能提高读者的认识水平,而且很可能给实际工作带来意外的,甚至重大的损害。例如,在稀释浓硫酸时必须把浓硫酸缓缓地注入水中,而绝不应该把水注入浓硫酸中;如果说反了,那就必然会使读者遭到严重的灼伤。科学研究已经证明,草木灰水和石灰水等土农药对于小麦锈病是无效的,如果把这作为先进经验来介绍,那就必然会耽误时机并造成浪费。

科学知识文章发生错误或缺点的原因极其复杂,归纳起来可以分如下几个方面来谈。

掌握资料力求全面。特别是有关历史知识的问题,由于古籍的数量很大,每本书反映的情况不一定全面,如果材料掌握不足,那是很容易发生错误的。例如关于甘薯传入中国的时间和地点,有的说是明朝万历二十一年,即1593年传入福州(见《番薯史话》,《福建日报》1961年10月22日),也有的说是明朝万历二十二年,即1594年传入福州(见《甘薯是从哪里引入的》,《大公报》1961年10月31日；《漫画白薯》，《北京日报》1961年10月27日）。虽然它们都有所据，但是根据另外的资料，这些说法都是有问题的。万历间苏公琰写有《朱薯疏》，疏中就明确地说：甘薯在万历十二至十三年间，即1584—1585年间由洋舶带入泉州，并且在晋江五都灵水乡得到种植（见《亦园脞牍》）。可见，说甘薯传入中国在1593或1594年，实际上是说迟了七八年。但是，这只是根据《朱薯疏》得到的结论，仍不能肯定更早的时候就没有其他人从外国传入了。还有一篇文章谈到秋瑾创办的《中国女报》，认为它是"中国历史上第一份妇女报纸"（见《访秋瑾故居》，《人民日报》1962年3月4日）。事实上《中国女报》创办于1906年，早在1903年就已经有过《女学报》和《女子世界》等（见张静庐：《中国近代出版史料》二编）。

当然，如果要求所有作者都掌握全部有关的资料，那是不实际的。但是，有些资料并不难得，例如《中国近代出版史料》就是如此。只要稍稍广为搜集，不少错误就很可以避免。有些资料比较难找，如果找不完全，那也应该在文章中交代一下，而不可以遽然加以肯定。这一点，有的作者就做得很好。胡锡文同志也认为甘薯最初在1594年传入中国，但是他又说明"这是从《甘薯录》和乾隆《长乐县志》联系看来"的，不是定论（见《农业遗产研究集刊》第二册《甘薯来源和我们劳动祖先的栽培技术》）。尽可能地掌握丰富的资料，这是知识性文章写作的重要条件。这个工作需要长年累月来作，临渴掘井是不行的。

认真考核所掌握的资料。有了资料，还必须详加审核，否则仍然难免出错。例如在一篇《什么是防治害虫的有效途径？》的文章中，作者认为我国最早关于生物防治的记载见于1708年出版的《广群芳谱》，比欧洲约早一百八十年（《文汇报》1961年8月17日）。《广群芳谱》中确有这一记载，因此似乎这个说法很有根据。但是经查原书，原来《广群芳谱》中关于生物防治的记载是录自《南方草木状》等书的，而《南方草木状》则出版于304年前后。因此，我国关于利用生物防治的记载比欧洲不是约早一百八十年，而是约早一千五百多年。有些资料，甚至权威的资料自身也不正确，如果不假思索就加利用，那就必然以讹传讹。例如有一篇文章中说，"蔡伦发明造纸，这在历史上是有明确记载的"（《蔡伦家乡的造纸工业》，《羊城晚报》1962年3月26日）。所谓史书上有"明确记载"，想必是指《后汉书·蔡伦传》。但是《后汉书》中这个记载，历来就有人不同意。一般认为，造纸在蔡伦以前就已经开始了，蔡伦的功绩只在于改进和推广了造纸的方法。在现代出版物中，错误也是存在的。例如，马兰和马蔺是两种不同的植物，但是《中国造纸植物原料志》中误把二者混为一谈。有的文章不加辨别，援引其中关于马兰（实为马蔺）的描述，来说明马兰的素质，当然也就跟着错了（见《马兰》，《人民文学》1961年第一、二期合刊）。此外，无论在古代的还在现代的资料中，错写和错印的情况都很普遍。不少文章中的错误，就是因为对这一点注意不够而发生的。

了解科学最新成就。科学的发展是日新月异的，如果不是利用最新的资料，那就不能反映真实的情况，也就必然导致错误。例如有一篇文章中讲，电子计算机每秒钟可以运算一万次（见《谈谈机器翻译》，《人民日报》1962年2月25日）。这个说法是不正确的，原因就在于利用的数据是过于陈旧了，而现在电子计算机的运算速度每秒钟则不仅已经超过一万次，而且已经达到百多万次以上了。这篇文章中对于机器翻译速度的介绍也不正确，显然也是由于根据的是苏联最初实验的数据引起的。经常地了解科学的最新成果，是极其重要的；闭门造车，很难不出差错。

客观态度和全面观点。我们往往可以看到这样一些情况：介绍一个好的而也有缺点的东西，把它说得十全十美，甚至把缺点也说成优点；介绍一个坏的而也有优点的东西，把它说得一无是处，甚至把优点也说成缺点；对于一种复杂现象的解释，只说明一个或者几个方面的原因，不说明其他方面的甚至更主要的原因；对于一些尚在争论的问题，只谈自己所赞成的意见，不提甚至歪曲另外的意见；把一些还待证明的原理，说成已经成为定论；把一些还在实验中的东西，说成已经实验成功甚至已经投入生产，等等。这些都是片面的。

类似这种情况是比较普遍的。有一个《科学园地》的专刊，发表了一篇《豆腐和菠菜不宜共煮》的文章。为了强调菠菜的营养价值，文中竟把菠菜中所含的草酸也说成是人体所需要的（见《河南日报》1962年3月20日）。过了些天，这个专刊对于以上说法作了更正，同时发表了一篇《菠菜的吃法》的文章。但是，文中又笼统地认为，"一斤菠菜的蛋白质，相当于一个半鸡蛋的蛋白质含量"（见《河南日报》1962年4月3日）。这种对比当然是很不合适的，显然还是因为片面地强调菠菜的营养价值的缘故。其实，菠菜所含的是植物性蛋白质，鸡蛋所含的是动物性蛋白质；虽然一斤菠菜的蛋白质同一个半鸡蛋的蛋白质在数量上大致相当，但是其生理价值是并不相当的。关于这一点，我曾经在另文中谈过，这里就不详谈了（见《关于知识性文章的一点意见》,《人民日报》1962年3月6日)。还可以举一个例子。关于经络的本质,学术界一直存在着不同的意见。最近,朝鲜学者金凤汉等也对此提出他们自己的看法,认为经络是人体内一种独立于神经、血管和淋巴之外的特殊的系统。应该认为这个看法是有根据的,但是它也还可以作进一步的研究和讨论。而在一篇《人体内的无形通道》的文章中,作者却把它作为定论看待,肯定地宣称"关于经络的实质的结论就这样得出来了"(《羊城晚报》1962年3月7日)。显而易见,这是主观的。

不断充实科学知识。要传播一种知识,就要对这种知识有全面的和深刻的了解,这是不言而喻的。不能想象,一个作者把蜘蛛、蜈蚣甚至蚯蚓等都列入昆虫,而能够正确地介绍关于昆虫的知识;一个作者把马铃薯、荸荠和洋葱头等都列入块根,而能够正确地介绍关于植物的知识。但是在一篇关于香蕉的知识性文章中,作者竟认为果肉中的淀粉质也可以转变为蔗糖;在另一篇关于木屑的知识性文章中,作者竟认为木屑中的木质也就是纤维素。

这是不是说,知识性文章只有专家才能写呢?当然不是这样。问题并不在于作者是不是专家,而仅在于作者是不是经过刻苦钻研和亲身观察,比较透彻地懂得自己所要介绍的科学事实。由于知识性文章的内容是极其广泛的,即使是一个专家,他也还只有进一步熟悉自己所要写作的主题,才能写出关于这个主题的优秀作品。大家都知道,已故的苏联作家伊林是一位杰出的通俗科学读物的大师,他具有非常渊博的科学知识。但是在从事写作的时候,他总还是不断地吸取新的材料,进行大量的准备工作。例如,为了写作《人和自然》这本著作,伊林曾经花了两年的时间来研究气象学和天文学。在写作关于《人怎样变成巨人》这部书的时候,他曾经学习了好几年历史、考古学、语言学和其他科学。他还曾经到科学研究所和机床制造厂里待了不少日子,才写出《自动工厂》这样一本出色的作品。从这些例子中可以看出,为了求得知识性文章的内容既丰富又准确,应该付出多么巨大的劳动,耗费多少的心血。

二

顾名思义,知识性文章的任务在于正确地传播各种知识。但是这绝不是说,知识性文章只要简单地把一大堆知识塞给读者就算完事。知识性文章是社会主义—共产主义思想教育的一个重要武器。因此,它除了必须具有严格的科学性以外，还必须具有高度的思想性，即必须通过对于各种知识的介绍，激发读者热爱祖国、热爱人民、热爱社会主义的感情，帮助他们建立和巩固唯物主义世界观，教会他们以阶级斗争和生产斗争的知识来武装自己，以及引导他们向科学进军，等等。目前，有许多文章是起了这种作用的，但是总的说来，情况还难令人十分满意。在这里，再分别就以下几点来谈谈。

爱祖国、爱人民、爱社会主义。知识性文章一定要同中国历史和社会主义建设事业结合起来，充满着爱国主义和社会主义的精神。只有这样，才能够有力地把读者鼓舞起来，更奋发地投入建设祖国的伟大斗争。许多人都把伊林的作品视为知识性文章的典范，主要的一个原因就在于它们都是同对于社会主义祖国的过去、现在和未来的叙述紧密地联系在一起的。但是，我们有些文章却没有做到这一点。就以上面提到过的《谈谈机器翻译》一文为例。在那篇文章中，作者仅仅介绍了国外关于机器翻译的研究情况，而一个字也没有提到我国的情况。这就使人看来，似乎我们在这一方面什么都没有做。事实上，我们在这一方面不仅已经进行了大量的工作，而且已经获得了一定的成绩（见《机器翻译的研究》《俄汉机译初步实验成功》，《中国语文》1959年第十、十一期）。只谈外国，不谈中国，特别是不结合我国社会主义建设，这种情况在别的一些文章中也是存在的。

在这里需要提出，在宣传爱国主义和社会主义的时候，引用材料必须注意实事求是，而我们有些文章却写得不够实事求是。例如在一篇《最早的火柴》的文章中，作者竟认为"至迟在宋代，我国已发明了火柴（或火柴的类似物），比国外要早上六七百年以上"（见《解放日报》1961年12月10日）。但是，这种所谓最早的火柴（或火柴的类似物）究竟是怎样的呢？原来只是"批杉染硫黄"的易燃物而已。连作者也不能不承认，"那时候还没有懂得用红磷（火柴盒两侧涂的主要物）来摩擦取火，而仍是用火种或火刀火石来发火的"。在一篇《人怎样飞上天空》的文章中，作者把传说中我国鲁班制作的木鹊，也说成是"滑翔机的始祖"（见《中国青年报》1962年2月15日）。其实木鹊这东西是什么，查无实据。此外，我们所说的爱国主义必然是同国际主义相结合的。关于社会主义国家的、殖民地国家的和资本主义国家的历史、地理、政治、经济和文化等情况，在知识性文章中都应该有所反映。至于资本主义国家中的科学研究成果，我们要不要介绍呢？我认为是可以介绍的。这可以扩大我们的眼界，鞭策我们更好地努力钻研。

宣传唯物主义的观点。哲学知识文章应该在知识性文章中有一定的比重，而且许多科学知识的文章也可以结合唯物主义的宣传。有一篇《洞穴谈异》（见《光明日报》1962年4月14日）的文章，我认为就这一方面来说，是做得较好的。作者从新近在桂林发现的芦笛岩谈起，介绍了石灰岩区的洞穴、石钟乳和石笋的成因，说明了洞穴中碳酸气的由来，以及提出了防止因碳酸气而窒息的方法，等等。同时，作者还对于《聊斋志异》中"查牙山洞"和"龙飞相公"的神话给以科学的解释。这就起了既传播科学知识又破除迷信的作用。这只不过是任意举一个例子。科学知识文章结合唯物主义宣传，可以采取多种多样的形式。例如，在介绍文昌鱼时（见《文昌鱼》，《光明日报》1962年3月22日），能够谈谈生物界由简单到复杂发展的规律；在介绍人造金刚石时（见《人造金刚石的故事》，《解放日报》1962年3月17日），能够谈谈物质结构的学说；在介绍螟蛉蜾蠃问题之争时（见《细腰蜂的儿子》，《中国青年报》1961年11月12日），能够谈谈对于唯心主义化生学派的斗争等，这都是有可能提高文章的思想性的。

联系生产实际和日常生活。关于这一点，绝大部分报刊都是比较注意的，问题是如何使它们结合得更好一些。在这里，我只准备谈谈以下几点。一、要满足读者迫切的需要。知识的问题很多，方面也很广，知识性文章挑选的问题和侧重的方面必须是读者急于要知道的。例如有两篇关于豆腐同菠菜不宜共煮的文章，一篇只谈了二者不宜共煮的原因，而另一篇则不仅谈了这一点，而且提出了避免二者共煮所起的坏作用的方法（见《人体内的金属》，《科学大众》1962年第四期）。显然，后一点是读者更关心的，因此后一篇文章也更能够满足读者的需要。关于马铃薯的发青问题，读者关心的不仅是了解为什么会发青，而且更重要的是了解为什么发了青就不能吃。有两篇关于这个问题的文章，一篇只谈了前一点，而另一篇则不仅谈了这一点，而且说明了后一点（见《福建日报》1962年4月5日）。哪一篇文章更能够满足读者的需要呢？这也是不难看出的。二、要具有地方性和季节性。一般报刊都受地区和时间的影响，因此，注意地方性和季节性是很重要的。例如《河南日报》辟有《河南动物园》的专栏，结合本省特点经常介绍各种动物的分布、特性和经济价值等；《大公报》辟有《气象与农业》的专栏，结合不同季节经常介绍各种气象同农业生产的关系，这些都是较好的做法。当然，不仅是专栏的文章，就是别的文章也都要有这个特色。此外，还不应该把地方性和季节性理解得过于狭隘。有些重要的和带有普遍性的知识，各地报刊不论在什么时候也都应该介绍。这样才有利于扩大读者的思想领域。三、要重视基础技术和基础科学的知识。为了强调联系生产实际和日常生活，有些报刊往往忽视基础技术和基础科学的知识，这是一个偏向。虽然基础技术和基础科学的知识同生产和生活联系得不是那么紧密，但是它们却具有重大的和深远的意义。例如数学、物理、化学和生物等，对于掌握生产和生活的知识都是不可或缺的。

引导读者热爱和献身科学。知识性文章的一个重大特点在于，它必须是饶有趣味，引人入胜的。怎样才能够做到这一点呢？文字必须力求精确、简洁和通俗。此外，体裁的多样化，描写的形象化，故事的穿插，比喻的运用，独特的风格，新颖的标题，丰富的想象力，以及强烈的感染力等，都是很重要的。同时，不论采取什么表现方法，又都不应该损害主题的鲜明性和知识的真实性。有的同志一味追求"趣味"，于是东拉西扯，盲目讲究文辞修饰，这是一种哗众取宠的表现。总之，要把复杂奥妙的事物简单明了地讲出来，并且讲得丰富多彩，趣味横生，又不杂乱无章，浅薄庸俗。但是，更重要的还是内容问题。知识本身就是充满着趣味的。正是因为这样，许多研究者才甘愿那样不辞艰苦，为科学而鞠躬尽瘁。知识性文章的作者要善于从丰富的知识材料中，发掘新的问题，吸取新的滋养，让知识本身来吸引读者。伊林曾经说过："每一部叙述自然科学成功的著作，不是把过去的重复一遍，而是对于认识世界的一个新贡献。"这就是一切知识性文章最主要的趣味所在。

在这里，还有一个问题需要着重讨论一下。知识性文章在激起读者对于知识的爱好和研究兴趣的同时，还要培养他们对于科学工作的正确态度。高尔基说得好："描写科学和技术，不是把它当作既成的发现和发明底累积，而必须把它当作具体的活人克服物质和传统底抵抗的斗争来描写。"知识性文章的使命不应该止于叙述知识的成果，引导读者去热爱和探求知识，而还应该说明取得这些成果的艰苦历程，教育读者必须具有勤奋学习和刻苦钻研的精神。但是，这一点往往为一些作者所忽视。例如在一篇《一张纪录表》的文章中，作者是企图介绍人类"和传染病斗争的进程"的。然而读者看到的只是一连串的胜利，并且似乎这些胜利的获得都是一帆风顺的（见《人民日报》1962年4月1日）。事实当然不是这样。为了同传染病作斗争，许多科学工作者废寝忘食，不避艰险，甚至以自身作实验，以至牺牲生命在所不惜。就以文中提到的斑疹伤寒类疾病来说吧，在同它战斗的过程中，每一寸阵地的占得都付出过巨大的代价。最早发现其病原体的是克立次和普罗瓦斯克，他们两人就是因为研究这类疾病而被传染致死的。后来，又有许多人继续他们的工作，其中不少人也都牺牲。根据不完全的统计，从1910至1931年间，在同这类疾病战斗中阵亡的就有十多人。直到现在，这场战斗也还没有结束。说明获取知识的艰苦历程是极端必要的。我们应该通过这些说明告诉读者：知识是无穷无尽的，人的认识能力也是没有止境的；在取得知识的道路上有胜利的喜悦，也有失败的苦痛；探求新的知识是一桩崇高、光荣和艰难的工作，必须踏踏实实，任劳任怨，勤勤恳恳，为之献身。

思想性的内容是很广泛的，当然不止以上这些。知识性文章的思想性应该寓于知识叙述之中，而不应该脱离开知识叙述强加进去。另外，要使所有思想都在每篇文章中得到体现，这是不可能的。每篇文章往往只能体现一种或者几种思想。但是，认为知识性文章只限于知识的传授，这却不能认为是正确的。

三

为了进一步提高知识文章的水平，需要加强作者、读者和编者的密切合作。编辑工作是很重要的一环。目前，许多报刊上知识性文章的自发性很大，质量也不稳定，这说明不少报刊对于这一点还认识不足。广义地说，编辑工作包括制定选题、组织稿件和编审稿件等等。在这里，我只准备就编审工作方面谈一点意见。

编辑工作者对于稿件必须持有认真负责的态度。特别是知识性文章范围广，影响大，因此编辑工作者更要严肃对待。根据目前的情况来看，只要编审工作做得细致一些，文章的质量是肯定可以提高一步的。为了使内容正确无误并且加强稿件的思想性，编辑工作者有许多事情可做。例如对于上述某些文章中的错误和缺点，编辑工作者只要多想一想，多查一查书，就可以改正。对于上述某些文章中的思想性不足，编辑工作者只要多动脑筋，多加推敲，也就很可以作些补充。

但是，对于稿件也不可以采取粗暴的态度。任意不适当地增删稿件，是必须加以避免的。这不仅是轻率处理稿件的表现，是不尊重作者的表现，而且往往是造成错误或缺点的原因。不久前，一位作者同我谈起，有一次他写了一篇介绍原子知识的文章，编者却把其中关于原子发现史的部分删去了。他认为这是有损文章的思想性的。另一位作者对我说，他有一篇介绍大豆知识的文章，被编者改错了好些地方，发表后受到了读者的批评。这使他很感到为难。可见，修改稿件需要谨慎从事。重大的修改需要征求作者的意见，有的稿件还必须请求专门机关或专家帮助审查。此外，必要的文字加工是需要的。但是，每个作者有自己的风格，不能强求一律。

那么这是不是说，编辑工作者因此就可以不具备一定的理论水平和知识水平并不断地提高自己了呢？当然不是这样。否则，无论是取舍稿件，进行加工，还是提出修改意见等，都是不可能做得好的。因此，对于知识性文章，编辑工作者的理论水平和知识水平，必须有比较高的要求。报刊有必要配备或培养这方面的人才。从知识性文章的重要性及其现存的问题来看，这不能不是一个亟须解决的问题。

（原载《新闻战线》1962年第5期）

记者工作随想

范长江

在新问题面前

解放以后,我们的报纸工作、记者工作也和整个社会主义建设一样,碰到了新的问题。这就是如何反映和报道人民内部矛盾,反映和报道人与自然的斗争。

解放以前,我们的目标很单纯很明确:战胜敌人,准备胜利。当时社会的主要矛盾是敌我矛盾。我们对于处理敌我矛盾是有经验有办法的。试回想,中国有新闻事业以来,比较出色的记者,出色的报道,都离不开敌我矛盾问题。围绕着这个问题,我们看到了许多有声有色的通讯报道(包括毛主席所写的文章)。解放以后,出色的新闻作品也是写敌我矛盾的,诸如抗美援朝时期的魏巍,去年日内瓦会议期间的高集等,他们写的报道都比较受群众的欢迎。历史上在漫长的阶级社会中,其他的文学现象也相仿,流传千古的诗歌,也大多是被压迫者对压迫者的控诉,慷慨悲歌。而人民内部矛盾,人与自然的斗争,却是新问题。在新问题面前,报道对象变得很复杂,记者自己对这些现象也很生疏,而事物本身又在不断地发展变化,因此许多记者感到彷徨苦闷。从前在根据地里报道减租减息,斗争地主,一进城遇到的是高楼大厦,工业商业,五花八门,一时不知从哪儿下手。从前,敌我矛盾中我们只是其中的一方,对对方只管暴露它,打击它就是;现在,大量存在的是人民内部矛盾,人和自然的矛盾,我们对矛盾的双方都要负责任。这些,自然给我们的报纸工作,记者工作增加了许多新的困难。

其次,还应该看到,报纸的作用及其所担负的任务,在没有取得政权的时候和取得政权以后,是不同的。如苏联十月革命以前的《火星报》,国民党统治时期的重庆《新华日报》，那时候党的一切言论都登在报纸上，传递消息，联系群众主要靠报纸；现在我们在全国取得了政权，和群众的联系路子很多，书面文件，内部文件，传达报告等，不是一切都靠报纸的。因此，报纸的作用有增加的一面，也有减少的一面。不看到这一点，也会给我们的工作增加困难。

在这些新的问题面前，我们的许多记者是动过脑子的。不能说我们的记者不努力，他们在工作中有具体困难。不解决这些困难，记者工作就会感到很被动，不知道应该怎样才好，如同两脚都悬空了，没有着落。因此，我们必须认清面临的问题，认真地总结过去的经验，从中找出一条路子来，改进我们的工作。

基础在群众　前途在群众

一张报纸，一个记者，其基础在群众，前途也在群众。在资本主义社会，报纸销数一跌，整个编辑部都叫苦；我们的报纸公费订阅的居多，报馆的企业经营，记者的薪金虽然不受发行量的影响，但是看不看，喜欢不喜欢，还是广大读者说了算。我们总结经验要从群众观点出发，认真研究一下某个时期，某个版面，某些报道为什么受群众欢迎，哪些东西受欢迎，哪些又不受欢迎，哪些东西在一定时期受欢迎？毛主席说："成功是经验，失败是教训。总结经验，吸取教训，我们就有可能从中发现一个广阔的天地。"

我们的报纸首先应该面向群众。一张报纸，在大政方针、路线原则上，不能离开党的领导，但具体的报道就要考虑群众的需要。报纸不能仅仅考虑地方党委的反映，也要考虑广大群众的反映。报纸对领导负责和对群众负责是一致的，不是对立的。报纸办得好不好，要由群众来回答，群众喜欢或不喜欢，总是有道理的。要不然，就没有个标准。解决报纸工作中的各种困难，应该从这儿下手，从群众、读者那里想办法，找路子。

报纸要面向群众，记者当然也要面向群众。我认为，一个记者的最基本的锻炼就是群众观点的锻炼。一个记者好坏不是编辑部批准了就算数的，首先要由群众批准。正如一个作家，不是谁封的，而是由群众公认的，记者应该活动在群众中，他是人民群众中间的一个活动家，了解广大群众的动态、思想感情，熟悉群众的生活和问题，知道什么是群众懂的，什么是不懂的。懂得群众的心思，在写稿的时候，哪些地方该详该略，该用什么材料，就有根据了。

做记者工作，处处要依靠群众。首先，记者必须深刻地理解党的方针政策，而党的方针政策是从群众中来的。只要我们能在群众中扎下根，同群众有着广泛的联系，了解他们的生活和斗争，了解他们的思想和感情，那么我们就可以根据人民群众的要求、愿望去理解中央的方针政策，这样做大致上是不会错的。就是错一次，也不要动摇，因为这条路是正确的。做新闻记者，一定要翻很多跟斗，翻跟斗不要怕，只要方向对头了，翻一次跟斗也就能提高一步，与群众的联系也会更密切起来。领导也有糊涂的时候，领导糊涂的时候，群众是清楚的。如果和群众有密切的联系，你就会心中有底，不至于像赌钱一样，跟着别人押宝，别人输了，你也跟着输了。

其次，写好新闻也必须到群众中去。什么算是新闻呢？我觉得，新闻，就是广大群众欲知、应知而未知的重要的事实。这个说法不一定全面，但是，它贯穿了一个为群众服务的精神。所谓"欲知"，就是群众所关心的事物，这是从群众出发；所谓"应知"，这是从领导的角度考虑，群众应该知道的事物；所谓"未知"，记者还要考虑其未知的方面和程度；至于重要与否，那要靠记者的水平、敏感和对群众的熟知等条件去判断。

记者要学习，学什么呢？我认为应该学习和研究群众中提出来的各种重要问题，也就是报道什么学什么。甚至学习写作技巧，也可以拿群众作一面镜子：经常听听群众的反映，哪一篇、哪一段群众反映写得好或者不好，为什么？如果和群众没有联系，就听不到这些反映。

一个记者应该在群众中生根，应该到处都有朋友。现在有些记者去访问有点类似办官差，采访的方式也比较生硬，而不是朋友相处。记者一定要善于交朋友。交朋友要讲求方式方法，要作大量的工作，要生活在他们中间，很熟，有感情，彼此有交流，互相给予方便，互相服务。不单是要朋友帮你的忙，你也可以给对方提供消息、情况，互通有无。做到这一步，你随时都可以找人交谈，人家非但不觉得麻烦，日久不见，他还想你哩！

群众是源泉，报纸、通讯社应该想办法给记者提供一些方便的条件，使他们能密切地联系群众。记者的工作方式和生活方式，也应该相应地做些改变。现在记者的生活是机关化的，每天一上班出去采访，不到十二点就看表，考虑回来吃午饭；礼拜几的下午要学习，什么时候又要开会等。这种机关化的工作制度，不利于记者深入群众。而一个报纸长久和群众脱离，就会逐渐干瘪，也许一时看不出，久之就很危险。

抱负·学习及其他

一个记者，要有抱负。这抱负就是穷毕生精力研究一两个什么问题，而这些问题是从群众中提出来的。邹韬奋一生追求两个问题：世界的出路怎么样？中国的出路怎么样？这也是广大群众最关心的问题，所以有许许多多的群众和他站在一起，他和群众一起思想、受苦、追求。其结果是他自己提高了，群众也随着提高了。现在一些人写回忆录，都说当年他们曾经怎样受到了韬奋思想的影响。我自己当年到西北去采访，也是怀着两个目的的：一是研究红军北上以后中国的动向；二是当时抗战即将开始，抗日战争爆发后，敌人肯定会占领我们的若干大城市，那么我们的后方——西北、西南的情况怎么样呢？这两个问题，也是当时群众迫切需要回答的重大问题。现在的情况全然不同了，我们取得了政权，全国正在进行社会主义建设，作为今天的记者，不是更加需要有一个伟大的抱负么？抱负，这也就是理想，为了解决某一方面的问题而不避艰险的工作。在我们崭新的社会主义建设中，有许许多多重大的问题需要我们去研究，去考察，去解决！比如改造山区的问题，没有抱负的记者，可能拿着这个题目找李顺达访问一番，然后写一篇不痛不痒的报道，也就完了。有抱负的记者不这样做，他要先研究全世界改造山区的情况，研究中国历代改造山区的资料，（这些是他写报道的后盾，是重要的仓库！）有了自己对改造山区问题的看法；然后，去找专家分别请教有关的问题；最后再去找李顺达，那么，他的报道就可以顺手拈来，而又写得扎实，写得深刻。

改造山区问题如此，其他问题也如此。为什么有些人只能写就事论事的东西，报道很干巴，没有丰富的材料，主要是作者立脚点不高，缺乏远大的理想和抱负，对自己所要报道的问题，没有很深的感情，没有钻进去，而仅仅是为了完成任务。可见有抱负和没有抱负是很不一样的。

抱负，理想，不是个人主义，这是我们的国家，广大群众所要求希望于记者的。一个记者，如果能为一个伟大的理想工作，那是很值得"鞠躬尽瘁，死而后已"的。干记者是苦事情，但是如果有理想有事业心，对自己的职业有浓厚的兴趣，也就不会觉得苦了。理想可以帮助我们克服面前各种各样的困难。为了弄清一个问题，有时候甚至要搞它十年八年，而一旦解决了一个问题，就会感到无限的快乐，这是记者的快乐。

当然，光有一个抱负还是不够的。一个记者还需要具有一些基本的功夫。基本功多几条少几条没什么关系，也不必固定一些什么框框，因为知识修养是没有边的。重要的在于不间断地多方面地刻苦学习。对于一个记者，凡是需要的都应该不断地学，学那些自己在报道中感到特别缺乏的东西。记者的学习短期是不能收效的，这是一件长期的艰苦的事情，要慢慢积累，由点到面，逐渐达到广博。记者的学习有困难之处，也有优越之处，困难的是要学的东西太多，好处是接触的面广人多、老师多。你碰到的可能是最棘手的问题，而对于帮助你解答问题的人来说，则是他最拿手的。比如研究农业，如果闭门自学，面对复杂的类别科目，知道该从哪里下手呢？如果研究的是当前农业中的某一重要问题，如盐碱化问题，你就可以沿着这条线索，向有关的专家求教，这样学得的东西是活的，有目的，为了用，因而扎实。因此，一个记者主要应该在工作中学习。一个会在工作中学习的记者，提高得非常快。如果不是从群众的需要出发，没有目的，你研究的问题一定会不着边际。读书也一样，光是关起门来，今天念《古文观止》，明天念《东莱博议》，为读书而读书是不会有多少效果的。这一点非常重要，如同盖房子，虽然今天摆了一块砖头，明天摆了一块砖头，但有目的，有计划，摆得是地方，房子迟早会盖起来的；如果随便东摆一块西摆一块，一辈子也盖不成房子。

学问没有边，要不断地学，也只能不断地学，不可能一蹴而就。从实际工作和实际需要出发，慢慢积累，知识自然多起来了，也专了，也博了。因为学习是长期的事，因此要持之以恒，要抓得紧，不然一下子就晃过去了。

学习也要讲求方法。记者一定要多做各种各样的札记，读书、访问、观察、思索都要围绕着一两个大问题和无数个小问题不断积累。记录下的材料要准确，引录的原文要一字不差，养成一丝不苟的习惯。这些札记还要很容易查，分门别类，眉目清楚，用时一翻就能找到。不然，如同衣服料子乱堆在一起，一旦要做衣服，就像老太婆翻箱子一样，只记得有这么一块料子，翻来倒去找不着。得了，干脆再买一块吧——这就糟了。

如果平时有大量的积累，采访的时候就可以少记，好的记者采访时都不当面记录（必要的数字，名称除外）。和别人交谈主要是了解对方的观点，其他材料，你在研究积累的过程中都已经很熟了。美国记者斯特朗就是这样做的。

记者做到最后，一定要博。记者写一篇报道需要有广泛的知识，深厚的积累。报道的时候，别人提供的材料要尽量少用，只能占三分之一，其余的三分之二应该是记者自己的积累和观察。这样，才能写得深刻丰富，仅仅就事论事难免干巴巴的。不博，就很难做到这一点，而只好照录了。在博的基础上，然后专攻一两个方面。博总是要为一定的目的服务的，记者写一篇报道，不管他怎么样旁征博引，都是为了用来解决他所研究、报道的某一个专门问题。

广博的知识，丰富的思想，广阔的活动天地，这对于一个记者是非常非常重要的。一个记者如果到最后变得知识很干瘪，思想很闭塞，活动领域很狭窄，我想，这记者也就不大好当了。

（原载《新闻战线》1979年第1期，这是范长江同志1961年间写的一篇未经发表的文章）

农业宣传二题

李克林

当前农村形势很好,经济活跃,人心欢畅,有些农村繁荣景象为多少年来所未有。农业宣传如何反映和发展这种大好形势,促进安定团结,动员、鼓舞亿万农民和全国人民一道同心同德搞四化,这是我们新闻工作者的共同任务。

粉碎"四人帮"后,农村情况开始好转,真正的大变化,是在党的十一届三中全会后这一年。党中央有关农业的一系列方针、政策的贯彻落实,从根本上扭转了农村局面。"四人帮"那一套极"左"路线受到批判,长期禁锢人们的精神枷锁被粉碎了,人们的手脚放开了。农民中蕴藏的社会主义积极性大发扬,农村局面很快为之改观。去年一年,我们的农村宣传在贯彻三中全会精神、促进农业发展方面做了一些工作,进入八十年代,我们的农业宣传所担负的任务更重大更艰巨。根据去年的实践,结合当前的实际,对两个有关农业宣传上的问题,谈一点我的看法。

宣传思想上的一个重要问题

一年多来,我们农村宣传是贯彻党的三中全会精神,宣传的中心始终贯穿着批极"左"。我们曾经反复强调:农村拨乱反正,极"左"非批不可。落实党的政策必须肃清极"左"流毒。事实也正是如此。一年多来,有关社员家庭副业、自留地、农村集市贸易政策的落实,以及有关社队自主权问题、生产责任制问题,等等,每项政策的落实,都要经过对极"左"路线进行反复批判。事实说明,落实政策批判极"左"并不是那么一往顺利的,这是一场严肃的思想斗争。如河北沧州地区一些社员的自留地,就是经过反复斗争才落实下去的,"县委大还是宪法大?"就是农民向那些不落实政策的地方党委提出的质问。其实，责任也并不在县委，这与上级党委对极"左"的态度有密切关系。应该看到，粉碎"四人帮"后，在如何对待党的三中全会的路线政策上是有争论的，这种斗争，在党内生活中是不可免的。农村宣传中，也不可能不涉及这些斗争。就在当前，这种争论在少数地方也还存在着。

经过一年的实践，使我们更进一步看清了极"左"的危害和肃清极"左"流毒的长期性和艰巨性。长期以来，农村只反右不反左，"左比右好""宁左勿右"的思想，使得一些同志习惯于以"左"的眼光观察问题，对现行的方针政策，总是有些看不惯，想不通，明明是正确的政策，有些人总以为是"右"了，是"倒退"了。这种状况是历史形成的。有的同志曾多次把正确的思想当作右倾批判，把极左的东西当作"革命"来颂赞，这样批来赞去，是非颠倒，真假混淆。在当前落实政策中，一些同志常常迷惑不解地问：今天要干的，正是过去批判的，能保证以后不再批吗？所谓"干部怕右，群众怕变"的说法，就反映了这种状况。"干部怕右"，就是怕再来个"反右"又受批判；"群众怕变"，就是怕现在这些好政策，不定什么时候一反右又变了。实际上干部群众的顾虑是一回事，就是怕极"左"之风重新吹来。

对一些同志这种怕右怕变的心情及其形成过程和历史原因，我们做农村宣传的，一定要有足够的认识和体会。继续批极左，深入肃流毒，必须和农村干部特别是基层干部站在一起，教育、引导、鼓励他们，学习党的三中全会精神，总结历史经验教训，实事求是地观察思考问题。有个公社干部对全党工作重点转移到经济建设上来，不以阶级斗争为纲，总是想不通，看不惯，以为"丢了纲，离了线，工作没法干"。经过一年多的实践，他看到没批没斗，大家齐心抓生产，一年面貌大变，才恍然大悟地说："什么纲，什么线，都要实践来检验。"从此他思想上有了新的觉悟，努力抓生产，和群众的关系也密切了。从想不通到恍然大悟，这中间有个实践的过程。我们的农村宣传，就是要善于针对这些思想状况，分析问题，讲清道理，加速和促进这个由想不通到恍然大悟的转变过程，绝不能简单从事，概念式地批极"左"，随意给人戴帽子。

现实生活是十分复杂的。随着政策的落实，也出现了一些新的问题。农村活起来了，有少数地方有些"乱"。个别地方集体经济甚至有些解体。怎么办？有的地方遇到这种情况，不加分析地认为应该反右，甚至把刚刚落实的正确政策又当右吹掉了。在农村宣传中，对这种现象，特别要冷静观察，慎重对待，分析产生这些所谓右的情况的具体原因，采取具体措施，千万不能"吹风"。要知道,有些农民不相信集体的重要原因之一,是集体经济遭到严重破坏,对农民丧失了吸引力,而这正是极"左"路线造成的恶果。除极少数违法者外,主要靠加强领导、说服教育,引导农民心向集体。当前,集体经济的一个突出问题是管理水平太低,不论是劳动管理还是科学技术,许多干部不懂、不会。如果管理好,集体经济肯定比个体经济优越。当然,党的政策允许农民有一定的"小自由",但对农民的个体积极性发挥到什么程度;如何加强对农民的集体主义教育,发挥他们的社会主义积极性,解决他们的具体困难;如何通过有说服力的事实,来宣传社会主义的优越性;如何严格按照党的农村政策,做到内外有别,等等,这些都是我们在农村宣传中应该充分注意认真研究的问题。

在广大农村坚定不移地肃清极左流毒,继续落实党的政策,这是相当长期的宣传任务。具体工作中出现什么问题,就解决什么问题,对一些离开政策的行动,只有靠加强领导和说服教育来解决,绝不可半斤八两,左右开弓,轻易去提什么纠偏。历史的经验值得注意,极"左"的流毒源远根深,不能等闲视之。农村宣传中一定要分清什么是根本的长期起作用的问题,什么是派生的暂时出现的现象。引导农民走社会主义道路,这是我们的根本方向。在前进的路上出现这样那样的问题,不足为怪。在我们这样小农经济有悠久历史的贫困落后的国家里,在实现集体化的道路上又经过几次大的曲折,如何看待农民?什么是真正的社会主义?如何具体引导农民走社会主义道路?这是我们农村宣传中应该认真研究慎重对待的一个问题。

进一步扩大农业宣传的报道面

随着党的方针政策的继续落实,"调整、改革、整顿、提高"八字方针的贯彻执行,农业内部结构的逐步调整,农林牧副渔要全面发展,五业十二个字门路大开。不仅农业生产正在向深度和广度发展,农业与工业、商业和其他各业的关系也在发生新的变化。不仅种植业、养殖业、社队企业有新发展,农工商联合企业也将在一些省市试点推广。我们不仅要有发达的农业,还要建设富庶的农村;农业生产门路宽广,祖国大地繁花似锦,这是我们农业宣传面临的新形势。像广开生产门路那样扩大报道面,是我们农业宣传工作者应该担负起的新任务。我们要深入到这些生产活动和经济活动的各个方面,反映和报道广大农村出现的新形势、新风貌,反映农村干部和广大农民的新创造、新成就、新经验。通过宣传报道，贯彻中央政策精神，发现和支持新生事物，提出前进中的新矛盾和新问题，促进农业生产和整个国民经济的发展。

扩大农业宣传以至经济活动的报道面，同样有一个解放思想、开阔思路的问题。因为我们不仅要贯彻落实党的一系列方针政策，还要探索那些政策还没明确规定的、经济发展中出现的新问题。如国家与集体之间的关系，农业与商业财贸部门的关系，各种合同制的建立和推广，社队自主权的继续扩大，各种生产责任制的建立健全，等等，这些都是直接关系到进一步发挥农民积极性和发展集体经济的重大问题。对这些新问题的宣传报道，当然应该慎重从事，但不能因为慎重就裹足不前，不敢碰不敢问。我们农业宣传要站在党的立场替农民说话，也就是说要为党的政策切实兑现说话，因为党的三中全会有关农业的一系列方针政策，根本精神就在于充分调动农民的积极性，调整工农之间的关系，加速农业现代化的步伐。

全党全国工作重点的转移，必然给农业宣传以至整个经济宣传提出许多新问题。农业宣传要打破旧框框，开拓新局面，反映各个方面的新事物新成就，宣传各条战线的新人新事，树立千千万万个新的典型，鼓舞人们加快实现四化的信心。另一方面，农业宣传战线的同志们，要以高度的责任感去调查，反映农业生产和经济调整中出现的各种矛盾，采用各种宣传形式促进这些问题的解决。不宜公开宣传的，也要通过内部情况和各种渠道来反映。比如，农副产品的大量增加，必然和商业发生联系，商品流通环节如不能畅通，购销渠道发生问题，必然影响农业的发展。而我们当前的财贸商业供销系统，在管理体制和政策规定方面，与集体经济之间就有许多不适应不协调的地方。人民公社和生产队，作为集体经济的所有者，在完成国家任务之外，还没有自由处理自己产品和进入商品流通的自主权。这类问题不仅涉及现行体制的改革，还有许多理论问题要探讨、要学习。面对这些农业生产以及经济发展中的重大问题，这些涉及千万个社队和千家万户农民的切身利益的问题，我们怎么可以不闻不问呢？我们做农业宣传的新闻工作者，只有深入到生产和生活中去，才能反映新情况，提出新问题，支持新生事物。要充分估计党的政策在广大农村的威力，亿万农民发动起来了，将会发挥越来越大的创造力，在我们面前展开广阔的新闻天地，我们的思想要适应这种新形势，发掘农业宣传的新方面。大的问题诸如农业现代化如何走我们自己的路子？如何建设富庶的农村？农业现代化与农村工业化的关系如何？如何适应我国的特点搞农业机械化？等等。除一些大的报道方面以外，我们还要深入群众，深入生活，发掘一些与人民生活密切相关为群众所喜闻乐见的新鲜题目，来进行宣传报道。

在八十年代第一年里，我们的农业要有一个全面的发展，我们的农业宣传也要开辟新的领域，充分反映广大农村的大好形势，加速农业现代化的步伐。现代化是一个历史发展和生产力发展的概念，它不会也不可能停留在一个目标上。发展过程中必然会出现许多我们所不熟不懂的新事物。我们的宣传思想必须随着现实的变化和历史的发展不断前进。这是时代对我们新闻工作者的要求。

（原载《新闻战线》1980年第2期）

研究读者是一门学问

安 岗

我们办报纸,是办给谁看的?人们会毫不迟疑地回答:读者。报纸服务的直接对象,是自己的广大读者。报纸发挥舆论和宣传作用,是通过读者看报,并向别人讲说其内容,把党的声音、人民的意见和经验,带到全国各个角落去的。办党报,要有坚定的政治方向,这就是报纸的党性。方向问题不是抽象的。解决了方向问题以后,就要有一系列的编辑、采访等业务活动跟上去。这一切活动都贯穿着一个目的,就是从思想上、政治上、行动上为读者服务,并提高读者。要是我们心中没有读者,我们的报纸必然办不好。一篇报道写坏了,一张照片模糊了,都要引起读者的批评和责问。我们编报一定要反映读者的也就是广大人民群众的根本的和切身的利益,维护他们的权力和利益,反映他们的呼声和情绪。心中没有读者的编辑、记者,肯定完成不好党交给的宣传任务。读者是我们报纸的直接服务对象,研究读者,就是要解决我们怎样为读者服务得更好的问题。这无论是在新闻理论研究上还是在实践中,都是第一等的大事情。

读者问题,在世界各国报刊史上,从来都是个长期争论的大问题。资产阶级新闻学者,为了这个伤脑筋的问题,不知写了多少本书。可以说,资产阶级新闻学,就是一门站在资产阶级立场上为争取读者而进行新闻竞争的生意经,其中没有多少奥秘,但也确实提出了一些办报应该知道的技巧,那就是如何打动和吸引读者。在资本主义社会里,支配报纸存亡的是资本。报纸只有拥有读者,才能吸引广告,有了广告,才能维持报纸的生命。报纸如果失去读者,也就意味着倒闭。英国的《泰晤士报》在资本主义社会有着悠久的历史,不能说没有一点影响和权威,却几次停刊,如今又办不下去,被一个澳大利亚的大老板买去了。资本主义报纸的没落,明显反映了读者同它的关系淡薄了。美国的报业很发达,可是美国的报纸也都为读者的锐减深感头痛。跟任何一个报纸的老板谈话，他总说他遇到了可怕的威胁，这就是电视。有人说电视抢走了他一半读者。这话也许有些夸大，但从七十年代到现在，报纸的读者确实是大量减少了，原因不仅仅是电视发展，还有更深刻的社会因素，如经济危机，通货膨胀、报纸涨价以及人们为谋生而过度紧张无暇看报，等等。于是，资产阶级新闻学者便十分强调研究新闻读者心理学，认为报纸必须要抓住读者的心理特点。他们用心理学来解释读者和报纸的关系，结论就是怎样想办法用刺激的手段和方法去赢得读者，有的可以说成毒害读者。这种讲求用刺激的手段和方法以招徕读者的做法，贯穿在报纸出版的一系列环节中。他们的记者可以夸大甚至捏造事实。不久前，《泰晤士报》公然在社论中说什么中国官方报纸发布了一条禁令：中国的报纸只准许发表说好话的消息，不准许发表坏消息（指批评性报道）。我为此曾问过来中国访问的《泰晤士报》社论主编："你们的根据是什么？"他说那不是他搞的，他不知道有什么根据。他们的"新闻自由"就允许这样的"自由"，也就是说，允许搞政治性的造谣。他们的编辑可以制作耸人听闻的标题和版面，报纸的广告就更是充满了刺激性。资产阶级新闻机构如何从理论到实践利用刺激手段来争取读者，这个问题我们可以作为资产阶级新闻业的一种现象，或者是资产阶级新闻学的一个方面来研究。这种研究是必要的。应该承认，我们的这种研究，现在还没有真正开始。

中国的报纸都是社会主义报纸。目前报纸总发行量是建国三十多年来最高的，总的趋势是上升的。报纸的种类也多了。我国的读者跟报纸的关系，同资本主义社会完全不一样，不是建立在金钱关系上，而是建立在相互信赖的基础上。在正确路线的领导下，如果报纸办得好，读者就把报纸看作是自己的良师益友，报纸也把广大读者看作是自己的服务对象，所以我们不发生"读者危机"。但是，我们确实有研究读者问题的必要。我们要改变吃大锅饭、搞党八股的那一套官办的毛病。要研究如何更好地使整个编辑工作、发行工作、经营管理工作都为自己的读者服务，从多方面满足他们的需要。读者对象的研究，是新闻学研究的一个基本方面。我们研究社会主义新闻学，最好不要从抽象的定义出发。我们不要把新闻学这门最生动活泼的科学变成最枯燥乏味的几条公式。我们不要抽象地讲报纸的党性。我认为报纸党性的重要标志之一，就表现在正确处理同读者的关系上。我们要为读者服务，同时要从中引导和提高他们。读者问题是无产阶级新闻学中党性最强的一个问题，所以应该放在第一位。无产阶级新闻学的第一章就应当写读者。

从事新闻工作的同志都要根据各报不同的特点来研究读者。比如，现在有专门的青少年研究所来研究青少年问题，那么，对青年读者的研究也应跟上来。报纸的青年读者是青年中政治上最活跃的部分，青年是我们的未来。《中国青年报》在"文革"前发行一百多万份，现在增加到三百一十万份，这个数字大概是世界纪录。美国就没有以正确引导青年健康成长为主要目的的报纸。美国的一些青年杂志是充满色情，教唆青年腐化堕落和享受的。这些杂志中最坏的几种都不敢公开摆出来卖，懂行的买主要问报贩："有好东西没有？"什么"好东西"？就是那些污秽、下流的东西，而且卖得很贵。要是在我们这里，就构成犯罪行为了。当然，我不是一概否定美国的青年杂志，我更不想否定美国的青年。我看到许许多多真正好的青年。他们中间很大部分是在资本主义的毒害中逆流而进，自我奋斗。资本主义跟社会主义在这方面是不能相比的。我们的社会制度使我们拥有最大的政治的、思想的优势。现在的问题是我们对自己的青年读者研究不够，没有充分发扬社会主义新闻制度的优越性。这方面不研究透、干得好，我们就放弃了自己争夺青年的社会主义阵地。《工人日报》"文革"前发行仅四五十万份，现在增加到180万份。工人读者也是我们研究的主要对象。我们在城市办报，应该好好研究工人读者。现在许多工厂里有80%是青年工人。老工人的作用要很好地发挥。我们要给工人以思想武器。工人的要求是什么？工人的意见、情绪、兴趣怎样反映在报纸上？青年工人的要求同老工人是不一样的，我们要研究这个差别，个别地加以解决。《光明日报》的发行量现在比"文革"前也增加了两倍多。对知识分子读者，我们也要好好研究。过去没有全国性的农民报，现在创办了《中国农民报》，发行量增加得很快。还有《中国财贸报》《市场报》等，过去是没有的。现在我们有了财贸战线上的新读者，有了消费者的读者。我们还拥有世界上最多的少年儿童读者。《中国少年报》是全国发行量最大的报纸，拥有1100万订户。我们是十亿人口的大国，这是我们的国情。我们办报要从自己的国情出发，根据读者对象的各种差别去为他们服务，从而提高自己读者的水平。我们的好条件就是有一个大的、越来越大的读者层。我们要在党的领导下很好地下功夫去研究他们，要灵敏地反映读者的变化。要搞点准确的统计。我们在报纸读者问题上要做系统的研究，搞出点学问来。同样地，广播听众和电视观众，同报纸的读者一样，也是我们研究的主要对象。

关于读者问题的研究，我初步考虑有下列几个方面，也希望大家补充更多的问题，广泛开展研究工作：

一、怎样看社会主义中国的读者？报纸与读者是什么关系？

资产阶级新闻学一开头总是这么说：报纸是人民的公仆。其实，这是教授们讲的话。若要问报纸的编辑或其他从业人员，他们说自己是雇用人员，属于劳工阶级。每一家报纸都是属于一个公司的，这个公司属于某个财团；办一张报纸是为这个财团的利益服务的。编辑部的从业人员和他们办的报纸，都是大公司的私仆。这是资本主义的天经地义。我遇见很多编辑，记者自称是工人阶级，他们受聘于老板，随时有被解雇的危险。我同他们谈话，叫他们"雇员"，他们听着很舒服。老板是拿报纸作为一种生意来经营的，他不是靠发行赚钱，而是靠收入可观的广告。旧金山《纪事报》是张有一百多年历史的报纸，发行三十多万份。我问他们的总编室主任："你们老板管不管报纸？"他说："那是个拿报纸做生意的老板，对报纸抓得很紧，每天言论的调子都由他自己定。"我又问："你们有没有同老板在评论上发表不同意见的自由？"他耸耸肩膀说："当然没有。"我还看到过一些很神气的新闻记者，他们在老板面前都是毕恭毕敬的。在资本主义社会里，资本控制一切，这就是问题的实质。资本主义国家报纸同读者的关系，不能不受其社会制度、各自的阶级地位以及金钱的支配。

我国社会主义报纸同读者的关系，是同八亿农民的关系，同广大工人和知识分子以及爱国民主人士的关系，是同三千万共产党员的关系，同一千多万基层干部的关系。报纸要从思想上、政治上以至实际问题上为读者服务，引导读者正确地观察问题，分析问题。服务的方法是多方面的，一种是善于把党的政策同人民的要求和水平结合起来，向人民宣传党的主张，使党的主张变成力量。一种是通过报纸正确地发表读者的意见。一种是做多方面的工作，帮助读者解决问题，满足读者的需要。

为读者的问题，就是为什么人的问题。在我们总结三十二年报纸工作的时候，要把怎样对待读者的问题提出来。有没有这样一个规律？就是当错误路线占统治地位的时候，报纸上就充满八股，对读者不是满腔热忱地从他们的实际出发，引导他们前进，而是打棍子，扣帽子，装腔作势借以吓人。粉碎"四人帮"后，在正确路线领导下，人民群众掌握了舆论的力量，这是一种强大的政治力量，威力很大。当读者的意见反映了社会舆论的动向时，它必然会引起共鸣，起到互相促进以至推动社会改革的作用。因此有人说，犯了错误不怕上级批评，不怕人议论，就怕登报纸。因为一登报就"名扬天下"，就会受到舆论的监督。本来，在报纸上开展批评和自我批评是报纸的正常职能，是社会主义制度下的正当的现象，但由于多少年来搞"左"的一套，一登报就不得了，造成一种不应有的恐惧心理，以为上了报，人就臭了。报纸上开展批评和自我批评，不是要把人搞臭，而是要帮助人们提高思想，改进作风，推动社会前进。现在在正确路线的领导下，报纸反映的舆论力量正在健康发展，并将渗透到人们的思想和生活中去。

二、把读者问题作为客观的社会问题，从多方面加以研究。

比如读者的构成是哪些人？长时期来，我们总认为党报是办给干部看的。我这次下去作调查，发现有新的情况，农村中有文化的知识青年增加了，公社、县委的干部要是不执行政策，生产队长往往辩论不过他们，现在队长们有个办法，就是把知识青年组织起来读报，把《人民日报》上适合当地情况的东西剪下来，帮他辩论。有个农民订了七份报纸，他看报的目的不是为了评论报纸办得好坏，而是从政治上评论报纸在实际斗争中是代表群众还是脱离群众，从实际的社会效果来评论报纸是不是一个好的斗争武器。有的农民从1978年春天《人民日报》开始报道生产责任制时就剪报，直到现在，凡是有关生产责任制的报道他都剪贴起来，作系统的研究。为什么？因为当地党委当时还反对生产责任制，农民自发地搞，又怕被扣上什么"资本主义自发势力"的帽子，所以拿剪报作根据。当然，农民的这种积极性，决不是资本主义自发势力，而是在党中央正确路线指引下形成的自觉势力。党中央的正确路线和政策，要是没有这样自觉的群众基础，也是无法实行的。像这种读者中出现的新气象，应该引起我们的特别重视。

办好党报必须要深知自己的读者，我们的敏感首先就要表现在这方面。人民和党心连心，这不是一句空话，而是生活的现实。我们就是要研究人民的心，掌握他们的脉搏。政治气候往往是从这里露出风云的变化的。我们需要研究报纸的读者是些什么人？他们的年龄、职业和爱好是什么？他们为什么要看报？爱看什么样的报？他们对报纸有什么要求？

我们天天编报，但是对我们的读者的了解，还是一个新问题。当我们评报时说今天这篇稿子好，那篇稿子不好，光凭经验来判断是不对的。比如说把澡堂子包给职工经营，我们觉得新鲜，在报上发表了，中央领导同志把它提到原则的高度，说这个办法好，说它指出了一条道路。实际是农村实行生产责任制后，出现的一系列连锁反应。关于这个报道，我们还要听听服务行业，尤其是浴池职工们的反映。英文《中国日报》创刊后，人们对它的标题有两种评论，有人说严肃大方，有人说呆板。它的读者主要是外国人，就要从中国国情出发，结合外国人的实际需要。报纸要办得有政治的、艺术的吸引力。吸引力从哪里来？坐在屋子里挖空心思也是不行的，要能针对读者的需要。所以我们要向读者学习办报，学习编报，学习采访，学习写作，这比那几条新闻写作要诀要重要得多。我们不妨先在一个地方试试搞一次读者的社会调查，从农民、工人、干部到各种职业的读者，了解一下他们怎样看报纸？希望有什么样的报纸？喜欢看报纸上哪些东西？等等。各报搞群众工作的同志，都应该把研究读者问题当作最重要的事业来干。

三、在社会主义报纸读者问题的研究中，第一位重要的应该是研究读者来信。

马克思主义的经典作家把读者来信称作是从人民群众中来的政治文件，这是很有道理的。前些时候我看到一封农民来信，反映他们那里不搞生产责任制，社员自发地搞了，县委书记还去"纠偏"。他认为"纠偏"是不对的，在信里提出："县委书记你错了！"这就是一篇来自人民群众的政治文件，应该在报上发表的，但当时报纸没有发表，把信转回县里去了。这位社员坚持自己的意见，又把信交给记者站。等我看到这封信的时候，问题已经解决了，当地党委已经认为应该实行多种形式的生产责任制了。但从这位社员来说，为了同党中央在政治上保持一致，贯彻党中央的正确政策，他要求跟报纸合作，需要得到党报的支持。三中全会后，在农村政策上是有争论的，争论的实质是要不要坚持三中全会确定的正确路线和政策，同党中央在政治上保持一致？党报就要旗帜鲜明地为读者的正确意见撑腰，为他们提供斗争的武器和阵地，支持人民群众为坚持党的正确路线和政策而进行的斗争。

报纸的每一位读者都是生活在一定的社会环境中，他们会遇到各种各样的问题。当他想到他的问题需要经过报纸来解决的时候，我觉得这个读者已经不是一般的读者，他实际上是个政治家，是个社会活动家了。因为他已经懂得运用新闻手段诉诸舆论来进行政治的、经济的和文化的斗争，以求问题得到正确解决。因此，我们把读者放在什么位置上，怎样让读者在报纸上就政治的、思想的、经济的、文化的以及一切切身问题进行讨论，既是我国人民民主生活的重要组成部分，也是无产阶级报纸的重要特征。我们是把自己的读者看作报纸的主人，读者中大多数人的意见代表舆论的主流。我们要特别注意重视那些跟党的路线保持一致的来信，也要很好地研究那些意见不一致的来信。即使是提出错误意见的来信，也不要以粗暴的态度来对待；而是要实事求是地研究，要分析；对错误的意见，也要有一个充分说服的过程。

报纸是要教育人的，但也确实需要从读者那里吸取政治营养，受到教育。我们虽然天天编报，对于党的路线、方针、政策贯彻得怎么样，感受并不一定比干部、工人、农民、知识分子深。从读者来信中，却可以深刻地体会到党中央的路线、方针、政策的正确性。我们需要从理论上、实践上，对这个问题提出论证。

目前，最受读者欢迎的是读者来信版，这大概是各报共同的看法。就连那些资产阶级记者都不能否定这一点。打开任何一张资产阶级报纸，都不可能有我们这样质量高、内容丰富、真正从群众中来的读者来信版。美国《纽约时报》有时也在头版头条登读者来信，却没有人称赞它。因为它不像我们报纸那样解决人民群众感到最迫切的问题。这跟社会制度有关。我们的报纸要把人民迫切关心的政治的、经济的、文化的以及生活上的需要都反映出来，形成舆论的力量。可以说，我们报纸的读者来信版内容是最丰富的，形式也是最活泼的，充满人民的声音，有很大的吸引力。

我们的记者出去，经常会碰到这样的事：有人说他那里有什么什么问题解决不了，问能否往报纸上登一封读者来信？因为登一封信，比找公社、县委解决问题的力量大得多。我们要很好研究产生读者来信的社会原因和来信所造成的深刻的社会影响，研究写信人的动机，为什么要给报纸写信？最近我访问了一位写信人，问他为什么要给报纸写信？他说，为了房子问题，我向各个庙都烧了香，解决不了，无计可施，就想起了报社。这是一种情况。还有的是想通过一封信，解决一大片问题。我们要研究这些信是怎么写出来的，要做政治的分析和心理的分析。

有些人给报纸写信是担着风险的。他总要想：要是把自己的名字登出来而问题又解决不了怎么办？遭到打击报复怎么办？我国的宪法保障人民的言论自由，如果有人对写信人施行打击报复，不仅要受到社会舆论的谴责，还要受到国家法律的制裁。目前我们对于读者来信的精确度是否可以放宽些？如果要求每一件事从头到尾连细节都要完全准确，那只能扼杀读者的声音。

在报纸编辑部的队伍里，报纸群众工作的队伍是跟读者联系最密切，反映读者思想最灵敏，最活跃的队伍。粉碎"四人帮"以来，报纸群众工作部的同志与各部门做信访工作的同志互相配合，做了许多平凡而伟大的工作，处理了数以百万计的读者来信，密切了报纸和读者的关系，密切了党和群众的关系。胡耀邦同志在1978年8月间就曾热情地称赞过从事信访工作的同志们。他说："那些默默无闻，但每天每时都在点点滴滴为人民办好事的同志,是深深受人尊敬的,也是值得每个真正的革命者去爱慕的;而那些威风凛凛专说大话瞎话给人民造成损害的老爷或少爷,人民心里是痛恨的,每个真正的革命者也有权鄙视这种人。"

做报纸群众工作的同志,辛辛苦苦地处理读者来信的同志,是值得受到党和人民的尊敬的。但是,目前有一种与此不协调的现象,就是群众工作在一些报纸编辑部里的地位不高,一般排到第四、五位,甚至更后些;总编辑很少有时间亲自过问读者来信来访工作;编委会听取汇报时,往往把群工部排在最后,没有时间就不听了;报纸群众工作中以及从事群众工作的同志们遇到许多具体困难得不到解决;要从别的部调个干部到群工部工作也很困难。我们要从理论上、实践上,从报纸工作本身的规律出发,系统地论证读者、读者来信以及整个报纸群众工作在新闻领域里的作用、价值和力量。一个党报如果离开了自己的读者,没有读者的声音,就不能成为无产阶级的党报了。新闻机构应把读者问题放在重要位置,积极开展研究工作。对我们的读者(广播听众电视观众)研究得越深越透,我们的新闻工作的党性就会越强,报纸就会办得越出色。

(原载《新闻战线》1981年第8期)

记者怎样提高得更快一些

李 庄

记者部上半年的工作总结好,是因为同志们工作做得好。半年来的记者工作有目共睹,不再重复了。今天,我想说说长期以来经常思考而没有解决的一个问题,就是记者怎样提高,怎样提高得更快一些?这是个大题目,牵涉的方面相当多,文章可能一时作不完。相信大家一起动脑子,这个问题一定能够解决。

许多同志开始当记者时,很有锐气,很有信心,工作生龙活虎。但是,干上三五年、十来年后,好像疲乏了、停顿了,想再"跳一跳",有所突破,很不容易。有的同志说:"把现在写的东西同五十年代写得比一比,看不出很大的变化。"言下很急。我当过十几年记者,最初写东西相当多,相当快,当然水平不高。最后当记者,是在朝鲜战场上,想"跳一跳",没有跳上去。此后,做了三十年编辑工作,也深感提高不容易。

一

为什么会出现这种状况?不少同志在议论、在探索。原因,我想了三个:

第一,许多记者患有一种"职业病",或者说有某种优点兼弱点。他们腿勤脚勤,马不停蹄,夜以继日,劳而无怨。但相对来说,脑子没有腿脚那么勤。记者的工作方式,常常是"你做我写,你说我记",处于某种被动状态。当然,事实是第一性的,新闻是第二性的。群众、干部实践了,我们才有东西写。他们介绍这样那样的事物,我们老老实实记下来。这是正常的工作秩序,没有什么不对。在采访、写作的时候,记者有分析,有鉴别,有取舍,当然要用脑子,这种脑力劳动也是很紧张的。但这些思维活动,大体是为了表现别人的实践、经验和意见。记者的工作成果过于依赖被采访对象的工作水平和认识水平。人家做得、谈得好些，我们写得也好些。人家做得、谈得差些，我们写得也差些。总之，难以摆脱过于被动的状态。与腿勤脚勤比较，我们主动的、创造性的思考少一点。我们写稿可以减少一点什么，很难增加一点什么，这说明我们自己欠缺一点什么。需要指出，这里所说的"增加一点"，不是无中生有，不是编造"事实"，那是绝对不能允许的。而是说增加正确的观点、必要的议论，有的渗透于事物的分析、褒贬之中，有的概括于事物的是非、善恶之上，作为记者画龙点睛的发言。现在比较缺少的，我觉得正是这一点。

第二，缺乏长远目标，习惯于现贩现卖。经过紧张的采访，稿子写完了，登出去了，就完事了。计划性不够，长远的奋斗目标也不明确。至少我当记者时，长期犯这个毛病。诚然，记者应该服从工作需要，需要采访什么就去采访什么。但这并不妨碍自己有计划、有目标地积累材料，研究问题，经过长期的准备和酝酿，撰写某些著作。说得重一些，不少同志在工作中有急功近利倾向，忙于"赶任务"，除了采写当前的题目外，还应该有计划地积累什么材料、观点，则很少考虑，好像猴子掰包谷，掰一个丢一个。范长江同志是十分注意积累材料的。他写《中国的西北角》从四川出发就开始大量积累材料，每到一个县，详细查看县志，访问各方人士，系统了解当地古、今、人、物各种情况。县志是一个县的"百科全书"，对记者工作大有用处。我在这个问题上长期愚昧不觉悟。朝鲜抗美战争初期，我随朝鲜人民军在南朝鲜采访，到过不少地方。本来对当地情况毫无所知，得志书之助甚大。可惜不少材料未及利用，"文化大革命"时散失了。

第三，更重要的原因，是学习不够。记者的学习十分重要，这个谁也会讲，许多同志都曾发愤，但坚持搞好的不多。记者与编辑不同，他的工作容易表现。稿子发表了，又署上名字，别人再表扬一下，如不清醒，很容易满足，自以为凭着自己的水平，已能应付当前的工作需要，好像不着力学习也过得去。另一方面，记者工作紧张，难以主动安排学习时间。想在窗明几净的环境里，正襟危坐地按计划学习，很不容易。记者如果不学会挤时间学习，不善于在流动的环境中学习，今天没有学，明天过去了，岁月蹉跎，到真正有所觉悟，往往为时过晚了。

上面是从主观上讲的。从客观上讲，也有若干原因。

第一，在一个相当长的时间里，政治生活不正常。记者要写稿，要登报，我觉得受此影响更大一些。解放初期，记者工作是相当活跃的，当时大家热情高，框框少，敢写事实，敢发议论，不少同志很快显示了自己的才华，受到党和广大读者的支持和鼓励。反右斗争以后，政治生活逐渐不正常，禁区越来越多，记者工作走下坡路，一些事情无法写了，也不敢写了。紧接着"大跃进""反右倾"。当时，报社一位老同志出去采访，由于心直口快，回来说了一些实话，被大批特批，气得反问批判者："为什么调查的没有发言权，不调查的反而有发言权？"在这种气氛中，要么不写，要么说违心话，要么尽量同实际拉开距离。想实事求是而不可及，还谈什么提高？

第二，政治生活不正常，使得人不能"冒尖"。编辑是"无名英雄"。相比之下，记者是"有名英雄"，因为写文章署名，好文章多了，对内对外产生了好的影响，就成为名记者。本来记者"冒尖"是好事。有见地，敢直言，有文采，为党为人民作了较多的贡献，理应受到表扬。但当时情况往往相反，文章错了不行（这是难以完全避免的），对了有时候也不行。"文化大革命"中更彻底，"小报抄大报，大报抄'梁效'。"署名一律是"本报通讯员""本报记者"。姓名都没有，不让你发挥积极性、创造性，还谈什么"冒尖"？

第三，"大锅饭"的严重影响。不少记者没有完成采写的全过程，稿件的"后加工"过多地依靠编辑。并不是要求所有稿子都是一字不易的精品，但经常看到不少稿子编辑的加工量实在大。加工，有个别弄错、弄坏了的，多数加工得比原来好，但发表时仍署记者的名字。没有完成采写的全过程，而享受全部成果，这就是新闻工作中的一种"大锅饭"。一个同志写了稿子，如果从文字到逻辑甚至观点都依赖别的同志帮助整理、推敲，那很难表示本人的谦虚，而只能说明思想、工作中的某种懒惰，这对记者的成长很不利。记者以采写为主，同时熟悉一些编辑业务，特别是版面编辑业务，大有好处。有位同志当了几十年记者，有相当丰富的采写经验，最近搞了几个月夜班编辑工作，深有体会地说："当记者不懂编辑工作，好像少了条腿。为着当好记者，必须当好编辑。"记者部现在调记者轮流当编辑，为期半年到一年。这个办法好，建议定为制度。

二

记者提高不快的状况，需要尽快改变，也是能够改变的。我们首先看到，不利于记者提高的客观因素消失了。党的十一届三中全会确立了正确的路线、方针、政策，恢复和发展了党的实事求是的优良传统，整个国家生机勃勃，欣欣向荣，记者工作获得了建国以来少有的优越条件。说实话受鼓励，写好稿受表扬；为了人民利益同官僚主义、不良风气作斗争，受到我们党和千千万万读者的支持。以最近几年各报兴起的"记者来信"为例：介绍新事物，提出新问题，表扬先进，针砭时弊，有记者的议论，有的开始显露记者个人的风格，这在十年动乱期间不必说了，在五十年代末六十年代初也是很少见的。客观条件空前好，我们能否提高快一些，关键看自己的努力了。应该努力的方面很多。首要的如增强党性，注重职业道德，首先做一个好党员，才能做一个好记者等道理，胡绩伟同志过去讲话已说清楚，我不重复。这里着重谈谈记者的学习问题。

第一，坚持学习理论，学习马列主义、毛泽东思想。我自己，还有不少很熟悉的记者同志，对此觉悟甚迟，长期认为搞记者工作，一个政策，一个逻辑，一个文字，三者基本解决就能应付；至于马克思主义理论，那是需要毕生解决的事，于是放松了眼下逐日逐月一点一滴的努力。很有些同志读别的书相当勤奋，就是不注意学习理论，结果吃了大亏。在这方面我有教训。1941年在太行一分区采访，二十三岁，年少气盛，工作积极，深入接敌区、"拉锯区"采访，搜集了不少敌我斗争的材料，但是无力分析它，抓不住事物的本质，提不出正确的看法，文章总是写不好。一位负责同志来了，只用几天工夫，调查研究，分析形势，作出决策，确比包括地委、军分区负责同志在内的熟悉情况的"老冀西"们（一分区在冀西）高一筹，更不要说我这个年轻记者了。大家一致的看法，那位负责同志的理论水平高，总结经验的能力强。经过这件事情的启发，我一度重视了理论学习，可惜为时不久，参加整风，错误地把学理论同教条主义画等号，又放松了理论学习，成为难以补救的憾事。记者工作的优劣、高低，最终决定于自己的马列主义、毛泽东思想水平。没有正确的立场、观点、方法，鉴别事物没有标准，分析问题没有武器，坚持正确意见缺乏胆识。同不少老记者同志谈起这个问题，每每有认识恨晚之感，所以应该向在座的同志们，特别是青年同志大声疾呼：接受我的教训，注意学习理论！

第二，顽强地积累知识。前面说过，记者的工作方式，常常是你做我写，你说我记，有些像他长个葫芦，我画个瓢。当然，画好瓢也不容易，但不能到此为止。还要提到《中国的西北角》，那里面知识是非常丰富的，引人入胜，说服力也强。我们写新闻、通讯，多是从现实生活中找论据，用来说明自己的论点。这当然是头等重要的，我们应该特别重视这些活材料。但我们同时知道，在一定的情况下，知识也可以成为论据。运用得当，可以使论证更丰满、更生动、更有力量。知识包括逻辑。有些稿子逻辑混乱，稍加调理就增色不少，但这个问题似乎并未引起所有同志的注意。邓拓同志曾著文《欢迎"杂家"》。如果说"杂家"的优势之一是知识丰富，我们记者实在应该力求成为"杂家"，这是治疗文章干瘪通病的一个妙法。

第三，尽力提高文字表达能力。词能达意，文字清通，应该是记者工作的起码要求，可惜并非所有稿子都能达到这个要求。大文豪也有败笔。但我们有些稿件，实在粗陋到相当严重的程度。有的同志似乎忘记自己是记者，而不是办事员（这些同志办事能力第一，写文章比较起来就不那么重要），应该拿出读者愿意看的成品，而不能大笔一挥，好像观点无误就行了，文字区区小事，自有编辑帮助整理。多可怕的想法！是根绝这种现象的时候了。

学习主要靠自觉，真正认识到它的重要性，在工作中抽时间、挤时间，坚持八年十年，必能收到成效。当然，从发展的眼光看，作为记者工作的基本建设，还是应当把脱产学习的制度恢复起来，硬着头皮坚持下去。一年脱产学习一个月，或者两个月。特别是学习理论，更要从组织上、时间上给予保证。记者工作这个百年大计，再也不能放松了。

（原载《新闻战线》1983年第5期）

新闻主题既要新又要深

——谈报纸一版的新闻报道

丁济沧

我从人民日报一版的角度，谈谈新闻主题的新颖和深化问题。

一版作为要闻版，常常集中体现中心工作和指导思想，它在一张报纸上所处的地位和作用，同志们是清楚的。首都新闻学会（原北京新闻学会）关于人民日报读者情况的调查表明，读者拿到本报有58.8%的人先看一版。可见，精心经营好本报头版，多为头版提供要闻，编辑和记者都是责无旁贷的。

今年1至5月份，在新闻改革的推动下，一版的版面比较活跃，内容比较丰富，刊登了许多短而新的好新闻。这些短新闻，有的三四百字，有的不过一二百字，有的只有一两句话。最明显的特点是，时效性强，及时地反映了天下大事、经济形势、社会动态和自然现象。布票全国通用、工程师当组织部长、安珂勇斗歹徒、北方普遍降雨等短新闻，引起读者广泛的注意。

新闻要"新"，这是新闻的基本特性。什么叫新闻？胡乔木同志的解释是："新闻是一种新的重要事实的报道。"按照这个定义，对于新闻要"新"的理解，就不能仅仅限于时间上的"新"。新闻要"新"，应包括报道新近发生的重要事实和正在发展的事情，新发现的问题，新总结的经验，新涌现的人物等。这些新问题和新经验，只要有新闻"由头"，也可以成为有时效的新闻。如今年春节期间，万里副总理到天津郊区视察工作，发现静海县有个大队的领导，舍得花本钱培养自己的科技人员，取得了显著的经济效果。万里同志称赞说，这个大队的干部有远见，并指出发展农业要依靠科学技术。3月中旬，我们报道了这个大队办的这件了不起的事，就成为重要的新闻。又如，中国船舶工业总公司成立9个月来，发挥现有设备的潜力，取得显著的经济效益，说明了联合就是生产力。2月中旬，我们根据该公司总经理的总结加以报道，也成为一条重要新闻。

我们报上有不少新闻，是反映党的十一届三中全会以来的新成就的。有的同志单纯从时间上来评价这些新闻，认为已经经历了若干年，不是新闻而是"旧闻"了。这种看法对不对？我以为，这样划分"新闻"与"旧闻"的界限，未免太简单了。关键是，新闻要"新"在有时效上。只讲"时"不讲"效"，只图快不顾宣传效果，只求新奇不考虑对当前工作是否有指导意义，那不是我们党报所需要的新闻。今年2月份，我们报上一度连续刊登了一些部门负责同志谈改革的新闻，以及某省市、某地区、某行业宣布改革措施的新闻。单从时间和事情的重要性来说，确实既快又"新"，但有些谈话和措施不够准确，也不科学，还有的内容一般化。这反映了我们处理报道改革方面的新闻，一度存在一定的盲目性。党中央指出，宣传改革应以报道典型为主，用典型示范。既然是典型，就不可能是一两天内涌现出来的，而是要经过较长时间的艰苦工作和实践考验。记者对其进行总结、概括时，是要费些笔墨的。简单了，概念化了，公式化了，不足以反映事物的本来面貌。但不可否认，我们有些写成就、写经验的新闻，往往写得面面俱到，又八股调十足，读了实在给人以庞杂、陈旧之感，迫切需要加以改进。但问题不是要不要写这类新闻，而是要探索其成为"新闻"的契机、环节，挖掘和提炼有时效的主题。

　　新闻还要短，这是广大读者的普遍要求，而且要求得很强烈。新闻短了，版面的容量相对大了，有利于及时反映各个地区、各个方面的新鲜事、新情况、新经验，也方便了群众读报。但是，短并不等于简单化，也不是局限于写一些动态新闻。短，同样可以写出有鲜明观点，有相当深度，能够给人以启示的新闻。中宣部提出新闻应有理论色彩，短新闻同样可以体现这个精神。如支援重点工程建设问题，早在今年4月，南京化学工业公司刚成立，我们报纸在一版头条位置，突出报道了江苏省委、南京市委派干部深入基层，提前做好征地、拆迁等工作，加快了筹建进度，促使大型乙烯工程提前三个月破土动工。这则新闻仅300余字，但它及时提出了地方应支援国家重点建设以及怎样支援的问题，要求地方敢于负责解决扯皮、敲国家竹杠等问题。那么，对于先进人物的宣传报道，可以不可以写成短新闻呢？完全可以。《邵惠卿单人执教二十二载，偏僻小乡村成为无文盲村》，就是突出的一例。全文不过240多个字，把这位勤勤恳恳为农民服务的模范小学教师的事迹，基本上勾画出来了。在一版上，这种反映人物精神风貌的花边新闻，有生活气息，很受读者欢迎。

　　要求新闻主题既"新"又"深"，并不是说所有新事情、新问题，都能作为新闻来报道。记者和编辑不能也绝不允许编造"事实"，但对事实可以有所选择，根据事件的发展进程选取材料，提炼主题。选择的标准，首先要看它在理论上、政策上是否站得住，是否符合社会主义方向；其次要看它是否符合群众意愿，是否有利于人民，能否调动群众的积极性；最后还要看它是否合乎科学，符合实事求是的原则。如在宣传商业体制改革中，有一条安徽芜湖"傻子瓜子"的消息，曾经在新闻界和社会上轰动一时。经我们了解，发现绰号叫"傻子"的个体户年广久，雇工太多，作风霸道，打骂工人，欺压小贩，而且有偷税漏税行为。同时，我们考虑宣传的社会效果，这种人情况特殊，收入过大，一经宣扬势必影响企业职工的情绪，所以没有报道这件事。再如，一度有人说："应当让一部分知识分子先富起来"，"科技人员中也可以出万元户"。这些提法听起来很"新"，我们准备编发消息，但又有点"吃不准"。于是，向知识分子作了点调查，他们说："我们最关心的并不是赚钱，而是有一个心情舒畅的工作条件。"调查取得了发言权，我们没有宣传科技人员先富起来，成为"万元户"的事儿；而是将报道的重点，放在如何充分发挥知识分子的作用方面。处理这两件事说明，凡事要实事求是，新闻报道更要实事求是，来不得半点虚夸、盲目，尤其要防止一阵风。

挖掘、提炼新闻主题，要体现党性原则，突出新闻特点，运用新闻手段，真实地、准确地反映事件发展的客观规律。新闻报道与一般的经验总结有所不同，它完全用事实说话，应该具有内容新颖、篇幅短小、传播快速、针对性强等特点。它常常结合形势发展进程，随时选取新的角度进行连续报道，给工作以普遍的指导，或起到某种借鉴作用，无须等待做出全面的总结才去报道。当然，事物的发展是非常复杂的。我们作为党的新闻工作者，应尽可能周密地、多方面地调查研究，力求能准确全面地反映事实，避免片面性。

人民日报关于农业生产责任制的宣传，应该说是相当成功的。在组织这一报道中，我们比较好地运用新闻手段，如实反映了农业生产责任制发展的客观规律，充分肯定了在党的领导下我国农民的这一伟大创造。其间，也有过某些失误。最初，我们收到甘肃一位读者一封信。来信认为，实行责任制是从"队为基础"退回去了，搞"分田到组""包产到组"是脱离群众，不得人心的。当时我们考虑不周，在一版显著位置登了这封信，并加了编者按，肯定他的意见是正确的，在社会上引起人们对责任制的疑虑。接着，又收到一封读者来信，说实行农业生产责任制，农具不能下放给农户个人。这次，我们动了些脑筋，农民没有农具怎么种地呀？所以没有登这封来信。从此，我们把握时机，紧密联系实际，根据家庭联产承包制发展中出现的新形势、新情况、新问题，连续反映"大包干"从"三靠"（吃粮靠返销，花钱靠贷款，生活靠救济）和边远的山区开始，逐步遍及中心地带和经济发达地区。实行"大包干"比较早些的地区，粮食产量大幅度提高，农户口粮丰足，多种经营发展，社员收入增加，烈军属和五保户得到照顾，又超额完成国家征购任务，集市贸易活跃，社会秩序安定，充分显示了这种责任制的生命力和优越性。随着家庭承包责任制的广泛推行，报纸连续报道专业户、重点户的涌现，林牧副和加工业蓬勃发展。随后，农村又出现了多种形式的经济联合体和服务组织，报纸及时反映联户的优越性，强调提出要自愿联合防止捏合等问题。

深入才能真实。农业生产责任制的发展，不断向我们提出一些新问题，要求用马克思主义的理论和党的政策分析研究，回答群众中出现的各种疑虑。更重要的是，它还要求我们不断地解放思想，善于发现新出现的、能够推动责任制更完善的办法和措施，有重点地把它介绍出来，以促进政策的进一步落实。因为报道尤其是改革的报道是连续性的，记者从不同角度，运用各种新闻手段，可以写得短而新，短而深，既有特性，又有共性，起到指导和促进工作前进的作用。这就把新闻的主要特性和事物发展的客观规律，较好地结合起来了。

提倡新闻要"新"要"深"，要有指导性，要有针对性，要有理论色彩，必须遵循实事求是的思想路线。深，就是根据事物的发展，讲真话，讲真理，寓理论于事实之中，画龙点睛，一语破的。新闻必须完全真实。要坚决反对"文革"中"左"的思想指导下的那种"政治新闻"，那种背离事实、任意拔高的"假大空"新闻。同时，也不能就事论事，把新闻写成一般行政的或业务的指令。新闻只能通过典型报道，从思想上给读者以启示，从一定的理论、原则、政策的高度来指导工作。新闻写作既要肃清"左"的思想影响，又要克服单纯的业务观点。这是在当前的新闻改革中，如何把新闻写新写深，必须突破的一个重要问题。

我的这些看法不一定正确，提出来供同志们参考。完备的科学的经验，还是要靠大家在不断的实践中创造、总结。

（原载《新闻战线》1983年第6期）

"两会"报道:新闻改革的实验场

范荣康

龙年之春"两会",以其开放、民主、求实的精神,轰动一时,瞩目中外。与此相应的是,各大报刊对"两会"的议政活动,作了充分的报道,其坦率程度令人刮目。路透社说:"中国官方机构发表了全国人大代表对政府提出的批评意见,感到吃惊的西方外交官说:'过去我从来没有见到过如此直言不讳的讲话。'"联邦德国《法兰克福评论》说:"这次人代会的特点不仅是有大量批评意见,而且还有中国报刊对它的报道方式",中国报刊"通过人民代表为自己扩大了活动余地"。我国读者也发现,"两会"期间的报纸有看头了。不但会上谁谁谁怎么说,第二天能在报纸上见到,就连会下老百姓怎么说,甚至说的一些不中听的话,也能在报纸上看到,这是过去很难设想的。

"两会"报道是成功的。探讨其原因,第一条当然是会议开得成功,民主气氛浓,开放程度高。有了成功的"两会",才有成功的"两会"报道。第二条,那就是新闻单位的工作有所改革。拿《人民日报》来说,一开始就提出要在"两会"报道中体现新闻改革的意向。我们组织了20名记者(加上"志愿军",总数达30余人)。运用10种报道方式("两会寄语""两会日记""两会特写""两会花絮""两会小组发言摘编"、会议侧记、会外采访、图片、速写、评论),在长达20天的会议期间,每天以三个版的篇幅,进行了一次大规模的新闻改革实验。这个实验证明,在现有的新闻体制下,报纸的新闻改革是大有可为的,即便是人民日报这样的大报,在这样重要的会议报道中,也可以办得更灵活些,更引人些,从而起到更好的宣传效果。

提高开放程度——增加透明度

贯穿"两会"报道的指导思想,是党的十三大提出的"提高领导机关活动的开放程度,重大情况让人民知道,重大问题经人民讨论"以及各种新闻和宣传工具要"发挥舆论监督的作用"等极为重要的规定。根据这些规定,我们把这次新闻改革实验的重点,放在提高开放程度上,用一句流行的语言来说,就是"增加透明度"。因此,重要的不是开辟这样那样的栏目,变换这样那样的花样,这不过是报道的形式,而是把"两会"讨论的问题端到读者面前,引起他们的兴趣,激发他们的政治热情,唤起他们的参与意识,使会议的精神迅速传播到群众中去。

在这方面,我们的一个改革,就是废弃了过去"两会"报道中习用的"专访"方式,代之以现场特写和讨论侧记。过去的"专访",无非是两类。一类是访一些省、市的领导人,请他们谈谈当地某一方面的工作和会后的打算。这类"专访",有人称为"小政府工作报告",可读性较差。再一类是访一些有特殊贡献的代表和有特殊经历的委员,介绍他们的生平事迹。这类"专访"有一定的可读性,但同会议关系不大,放在什么时候发表都可以。无论是前一类还是后一类"专访",最大的缺陷是不能反映"两会"议政的水平。人代会不是劳模会,是国家最高权力机关的会议;政协会不是联谊会,是各界人士的政治协商会。增加透明度,首先要增加的就是会议是怎么议政的这个透明度。为此,我们强调记者要抓会议议政中最精彩的镜头,要写出现场的气氛,使读者看了你的报道,仿佛置身会议之中,亲耳听到代表和委员们的发言,这就是后来大量采用的"实录报道"。

另一个改革是改变了两会小组发言摘编的编辑方法。过去的"发言摘编"突出了编辑意图,用通栏大标题和小标题,把代表和委员的发言编进去。如六届人大五次会议的"发言摘编(一)"以《发展大好形势抓好两件大事》作通栏题,下面又分五个小题《充分肯定成绩 清醒认识不足》《集中力量办好两件大事》《切实把农业放在重要战略地位》《深入开展"双增双节"运动》《重视建设"老、少、边、穷"地区》。尽管代表们也提了很多很中肯的意见,也有很尖锐的批评,但是都被框在这五个常见的标题底下,读者首先看到的是编者的观点,而不是代表的发言。今年我们改变了这种"精加工"的编辑方法,让它粗放一点,一个发言、一个标题,代表怎么说的,题目上就怎么标。编辑的意图不见了,代表的原意突出了。这也是一种透明度。

发表不同意见——增加客观报道

"两会"是议政的会。议政就要有议,就会有不同的意见,包括一些很尖锐的批评意见。"一致拥护""热烈赞同",或者从不同的方向和角度对政府工作报告作些补充,固然也是议政,也要透明;但是,在我国长期以来民主生活不健全,新闻单位惯于"报喜不报忧"的大背景下,不同意见、批评意见,更加珍贵,更要透明。

新闻报道的开放程度高不高,透明度够不够,关键就看敢不敢如实报道不同意见,特别是批评意见。这次《人民日报》"两会"报道的重大突破,就是敢于发表不同意见和批评意见,政协会前,《人民日报》发表的第一篇两会特写,就报道了千家驹委员对去年《人民日报》没有发表他在政协大会上的发言提出的批评。在报道政协港澳组召开的第一次小组会时,我们又报道了徐四民委员对大陆报纸的批评意见。以后,代表和委员们对物价问题、教育问题、农业问题、党风问题等的意见,我们都作了比较充分的报道。

从这些改革中可以看到,随着开放程度的提高,随着透明度的增加,报纸的功能正在发生变化:宣传性淡化了,客观性增强了;"工具"的职能减弱了,"媒介"的职能增强了。如果我们固守"工具"的职能,那就只能按照宣传口径的需要,对代表和委员的发言进行筛选,凡是符合宣传口径的就发表,凡是不符合宣传口径的就不发表。这还有什么开放程度,还有什么透明度?

要提高开放程度,增加透明度,只有发挥报纸的新闻媒介作用,作客观报道——代表和委员们怎么说,就怎么报道,报道的是代表和委员们的意见,并不是编辑部的意见。比如,对电影《红高粱》及其所代表的一种艺术追求,潘虹持肯定态度,她说:"只有一部《红高粱》还不够"。马烽则批评有些人"专门挑拣人民群众中贫穷落后、愚昧无知的一些现象加以渲染,以取悦外国人"。于彦夫又是另一种看法,他肯定"《红高粱》《老井》是不错的影片,在艺术上很有特色,在国际上获了奖,这是件大好事",又指出"外国人往往出于猎奇心理看中国,我们应该冷静地做些具体分析"。对这些不同意见,我们都作了客观报道,统统开放,见诸报端,这就叫透明度。

也有主观意图——掌握适当的"度"

客观报道是不是就完全没有主观意图了呢？那当然不是。任何报道都是有选择的，都蕴含着主观意图。客观报道并非有闻必录，敢于发表不同意见也不是一股脑儿把各种不同意见都端到报上来。不仅报纸篇幅有限，不可能有闻必录；新闻工作者的社会责任感也不允许我们不考虑社会效果，更不用说党报还有一个党性的要求。这就需要掌握一个适当的"度"。

一般说来，代表和委员的发言不管多么尖锐，多么激烈，他已经注意了"适度"。编辑需要掌握的，就是忠实于发言者自己定下的这个"度"。不要着意去渲染其中的某一个观点或某一句话。这种渲染，常常"过"度，有时连发言者本人也难以接受。

至于记者采写的稿件，其中的分寸，则是需要编辑格外注意的。比如，对于本届人大代表的素质如何，读者中是有议论的。这种议论，表明了历史的进步。人们关心的已经不是谁谁当了人大代表，而是谁谁有没有议政能力，能不能代表人民行使管理国家的权力。要讲透明度，这也是需要透明的。我们不回避这个问题。在《人大代表剪影》中，反映了各个层次的人大代表的素质。它是一种客观报道，又是一种适度报道。说它客观，因为它不加任何主观断语；说它适度，因为它既不拔高也不贬低。如果拔高的话，每一个代表都有这样那样的优点，集中起来都是一朵花。如果贬低的话，每一个代表也有这样那样的不足，拼凑起来可能就是豆腐渣了。

从这种适度掌握中，可以看到客观报道并不是没有主观意图的。我们不必担心由于客观报道增加了，报纸的宣传作用就减弱了，也不必担心"媒介"的职能强化了，"工具"的职能就消失了。相反，由于增加了客观报道，强调了"媒介"的职能，报纸可读、可亲、可信，能够更有效地进行宣传，更好地发挥"工具"的作用。

不足之处——评论的缄默

这次"两会"报道，作为新闻改革的一次实验，在新闻方面，通过客观报道，适应了提高开放程度的需要，有较多的突破。不足的是，在新闻评论方面，还是老面孔，改进不大。

本来，提高开放程度应该包括新闻也包括评论。新闻要开放，评论也要开放。"两会"期间，代表和委员们议政，群众也议政，会内会外都议政。作为舆论单位，报纸也应当通过自己的评论参与议政，发挥舆论监督和引导社会舆论的作用。

在国外，议会讨论的问题，也就是报纸评论的问题，越是争执不下的难点、热点，越是报纸评论的好题目。而我们的困难则在于，报纸的评论通常被认为是代表党和政府发言的，这就不得不有许多考虑。以致同国外形成完全相反的局面：越是有争议的问题，报纸越是不好发言。

当然，有些有争议的问题，报纸不发表自己的评论也可以。像上面提到的对电影《红高粱》的评论，有各种不同意见，无关国计民生，客观报道足矣，无须报纸说话。有些问题，比如物价、教育等，事关全局，看法不尽相同，仅仅作客观报道，读者很难满足，甚至会产生某种困惑不解。这时候如果报纸的评论能够介入，发表一些很有权威的意见，就可以起到引导的作用。可惜，我们还不能这么做，如果人民日报就"两会"议论的一些热点问题发表评论，阐述自己的观点，难免会被有些人认为是"定框框""禁锢言论"，若是就某位代表或委员的观点提出商榷，甚至会被认为是要"批判某某某"，于是，评论只好缄默。这种情况不能认为是正常的。

随着开放程度的提高，客观报道的增加，各种不同意见将越来越多地在报纸上发表，人们终究会认识到即便是党报评论也并非中央文件，不可能每一篇、每一句都代表党中央，让报纸发表评论阐述编辑部的看法，比不发表评论好得多。它也是一种声音，尽管并不代表党和政府，并不起一锤定音的作用，但确实可以起到影响舆论、引导舆论的作用。

"两会"结束了，作为新闻改革的一次实验也结束了。但是，中国建设社会主义民主政治的进程并没有结束。我们国家处在改革、开放的大潮中，不可能走回头路。我们的报纸也处在改革、开放的大潮中，也不能走回头路。如果"两会"结束，民主收场，报纸又回到昔日的封闭状况中去，那就是大倒退。正因为这样，就很有必要认真研究"两会"报道的经验和不足，把它融化到今后的日常报道中去，使我们的报纸办得更有生气、更有光彩，更好地担负起它的历史使命。在这方面，"两会"报道作为一种战役性的"规模报道"，有其特殊性，它的经验未必条条普遍适用，这是需要注意的。

（原载《新闻战线》1988年第5期）

事件通讯的写作

纪希晨

什么是事件通讯

事件通讯,是以写事为主的,报道新闻事件发展过程的通讯。这类通讯,比较详尽而形象化地报道事件的真相,发生事件的前因后果,来龙去脉,问题的解决,通过具体情节,把事件如实地反映出来。

事件通讯,能够帮助广大读者认识社会主义建设进程中的矛盾和斗争。透过事件富有感染力的细节,加深读者对事物的了解,从中吸取经验教训,受到教育,感受到时代的脉搏,听到时代的声音,看到时代前进的步伐,鼓舞人民振奋精神,建设新的生活。

社会生活很复杂,生活中发生的事件也必然是复杂的,充满着矛盾的交错和斗争。任何一件政治的、经济的或其他事件,都有自己内在的联系,有其事件本身发展的规律。因之,采访事件通讯,必须努力探讨每一事件的不同特性,找出它的矛盾的特殊性。只有注意了这一点,才有可能写好具有不同个性的事件通讯。

事件通讯的特性

第一,事件通讯要有强烈的新鲜性

读者都想知道新鲜事物。如果说真实性是新闻的生命,同样,新鲜性也是新闻的生命。我们的目光,应该集中到人们想要知道,但是还没有知道的新事物上去。

事件通讯像其他新闻报道一样,最重要的是,要有新鲜的内容,新鲜的事实，新鲜的角度，新鲜的手法。没有新鲜内容的新闻，即使是真实的，读者也是不爱看的。

新闻一定要有时间性，把新近发生的或正在进行的事实，快速地报告给读者。"今日"新闻是人们欢迎的，过了今天，到了明天，这则新闻就可能变成旧闻，不太为人们所关心了。

但是，新闻只有时间性还不够。在一定条件下，新鲜性比时间性更重要。新的创造，新的成就，新的人物，新的问题，新的事件，是人们经常所关心的问题，能引起读者广泛的兴趣。调查林彪、江青反革命集团罪行，是在事实发生之后很久才进行报道的，但是仍然为国内外广大读者所关心。《林彪反革命政变破产记》——写了"九·一三"事件的过程。这个事件发生在1971年，报道在1980年，相隔多年，可是人们仍然急于想了解它的真相。由此可见，新鲜性应是事件通讯的首要特性。

我们社会生活中经常发生着各色各样的事件，但是并不是所有的事件都能成为事件通讯的题材，都可以把它当作一件典型来写。事件通讯所要报道的事件，应该是当前党和人民最关心的问题，而这些问题又具有较强的新闻价值，能够引起人们的广泛注意，直接推动和教育群众去完成党的中心工作。

一般情况下，事件通讯都是新闻（消息）的发展和补充，能够系统地向广大读者报道事件的详情，引起人们的共鸣。实现四个现代化是我国现阶段最大的政治，是人民生活中最主要的内容。经常关心并反映有关现代化建设中的情况和问题，发掘有新闻价值的重大新闻事实，除了运用新闻（消息）的报道形式，还要以事件通讯去详加描述。

1981年3月3日，《人民日报》除在一版发表《衡水铁厂草率下马损失大》的新闻，还在二版发表《应该从中吸取教训！》的通讯。记者经过深入调查，在这篇事件通讯里详细报道了河北省衡水地区铁厂遭受严重破坏的情况，分析了发生事件的原因和教训。随后，记者又陪同中央纪律检查委员会调查组、省委和地委调查组，察看了"一片瓦砾"的现场，提出严肃党纪国法，对肆意破坏国家财产的行径要追究刑事责任的问题。对于在这场斗争中先后告状73次的共产党员李海成，在通讯《一个共产党员的信仰》里，通过具体生动的形象，反映了他为党的原则而斗争的坚定性，在全党全国引起广泛的反响。8月23日，中纪委还就处理衡水铁厂下马事件，向全国发了通报。

衡水铁厂下马事件为什么能震动人心，引起全党的广泛注意呢？从根本上说，它提出了贯彻执行国民经济调整方针中令人深思的问题，揭露了一起典型的、严重的违法乱纪事件和犯罪行为。

报道衡水铁厂下马事件的通讯事实，来自群众，来自基层，深刻地反映了调整时期国民经济生活中发生的问题。这篇报道的新闻事实尽管不是1981年春天新近发生的，而是发生在1979年10月，但是它仍有很强的新闻性。这是为什么呢？重要原因之一，就在它提出的是关系端正党风、转变领导作风的问题，而这又是一个具有普遍意义的，为广大群众急于想了解的问题。

由此可见，新闻性决不是简单的时间性。新闻报道一定要讲究时效，对新近发生的重要事实，有新鲜内容的事实，要迅速及时地报道。但是绝不能片面地强调新闻的时间性，忽略了新闻事实本身的重要性。

事实是一切新闻的基础。一件新闻是否有新闻价值，决定的关键是新闻事实本身的价值，即新闻事实本身所含有的社会意义，是否关系党、国家和广大人民的切身利益，是否深刻触及了贯彻党的路线、方针、政策中的问题，是否代表了群众的要求与呼声，是否抓住了群众普遍关心，而又是当前实际工作迫切需要解决的问题。我正是在这个意义上，强调新闻性对事件通讯的重要。

事件通讯报道的事实内容，越能代表党和人民的利益，反映党和人民的意志，它在社会上所起的教育、指导意义越大，新闻价值也就越大。这样，新闻的社会效果也就越好，它的社会价值也就越大。

第二，事件通讯要有鲜明的战斗性

这是由党报的性质，无产阶级报纸的性质和任务所决定的。党报作为党的喉舌和群众的代言人，要在政治上与党中央保持一致，通过各种新闻报道的事实，反映贯彻执行党的路线、方针、政策的问题。它不但要同敌对的反动力量作斗争，还要同革命队伍和人民内部的错误思想和行为作斗争。毛泽东同志在《对晋绥日报编辑人员的谈话》中指出：

"我们党所办的报纸，我们党所进行的一切宣传工作，都应当是生动的，鲜明的，毫不吞吞吐吐。这是我们革命无产阶级应有的战斗风格。我们要教育人民认识真理，要动员人民起来为解放自己而斗争，就需要这种战斗的风格。用钝刀子割肉，是半天也割不出血来的。"

新闻报道的战斗性，首先表现在要态度鲜明，敢于接触实际工作中存在的问题。不但敢于提出和揭露问题，而且积极协助党组织解决问题，帮助读者了解真相，辨明是非，引导群众认识什么是真善美，什么是假恶丑，教育动员群众为实现党的任务而斗争。

大家都还记得，1980年7、8月间，《人民日报》《工人日报》关于"渤海二号"钻井船翻沉重大事故的报道吧。1979年11月25日发生的这次死亡72人，直接经济损失3700万元的事故，在世界海洋石油勘探历史上是少见的。

渤海二号钻井船翻沉事故说明了什么？对此记者进行了深入全面的调查，证明这次事故的发生是由于石油部领导不按客观规律办事，只要生产，不要安全，冒险蛮干，不讲科学，不重视职工意见和历史教训造成的。

但是石油部领导却不接受教训。他们为了推卸责任，在"渤二"事故上采取了"丧事当成喜事办"的恶劣手法。为了严肃党纪国法，维护人民和国家的利益，国务院作出严肃决定，解除宋振明的石油部长职务，给康世恩副总理记大过处分，其他有关直接责任者受到法律的制裁。

这一事件的处理，震动了国内外，受到了广大人民的热烈拥护，不仅使石油战线的广大职工，而且使全国各条战线的同志受到深刻的教育和极大的鼓舞。它使人们认识到，肃清"左"倾思想、家长制作风和形式主义，对于改进领导作风是一项多么紧迫的事情。

《工人日报》等报刊连续就"渤海二号"为什么会翻沉的问题，发表了尊重科学、尊重群众、认识和尊重客观规律，扫除封建家长制作风，共产党人要讲真话，反对唯意志论，记取高指标的教训等问题的评论，引导广大职工从事件中吸取教训，鼓励大家振奋精神，大干四化。正因如此，所以"渤海二号"这一事件的报道，自始至终充满着鲜明的战斗性，吸引了广大读者的注意。

第三，事件通讯要有连续性

任何事物都有一个发生，发展的过程。一切事物发展的过程自始至终都存在着矛盾。在进行事件报道的时候，我们要认真研究事物的发展过程，抓矛盾，抓事物发展过程中各个阶段的特点，进行连续性的报道。在这方面，1983年春天，中央人民广播电台关于黑龙江双城堡车站野蛮装卸事件的报道，为连续报道提供了成功的经验。

1983年2月9日，中央人民广播电台广播了双城县青年商店，写信揭发哈尔滨铁路局双城堡车站野蛮装卸洗衣机事件。这事件一公之于众，立刻得到社会的广泛支持。新闻单位通过报刊、广播，不仅发表了各地读者的支援信件，又综合报道了齐齐哈尔、济南、郑州等地发生过的类似事件，说明野蛮装卸，敲诈勒索货主的行为，在铁道运输部门是个带有普遍性的问题。

接着，铁道部负责人为此发表谈话，并且和国家经委一起派出调查组前往调查。但是，哈尔滨铁路局领导采取了敷衍应付的态度，推脱扯皮，纠缠细枝末节。从北京去的调查组，也不敢正视现实。他们住在远离双城堡的铁路招待所里，写出一个模棱两可的"报告"，是非不明，致使这个问题拖了很久得不到解决。

3月30日，中央领导同志批评了这两个调查组，说"他们都不负责任"，对这样的车站作风，为什么不能大张旗鼓地处理？还要求"抓此典型以教育全国各行业的工作人员"。

这一掌，推动了铁道部。4月1日、2日，铁道部严肃批评了铁道部调查组和哈尔滨铁路局的错误态度，并且提出彻底整顿双城堡车站的五点意见。

4月15日，中央领导同志又一次指出："我看你们的态度，是逼一步前进一步。像这样的恶劣作风，不是一般的野蛮装卸。你们搞敲诈勒索……"在中央负责同志直接干预之下，哈尔滨铁路局在4月21日对双城堡事件进行了重新处理，对有关人员进行了处分。

从事件的连续报道中，可以看出端正党风和争取社会风气根本好转，要经过一番尖锐的斗争。对于一般见不得人的阴风，要有勇气敢顶敢斗。对这类事件，不是消极等待事件的处理，而是积极支持受害者，对事件进程中的每一个重大矛盾，都及时告诉读者。当双城堡车站接受教训，改进货运工作之后，报纸也作了宣传，体现了治病救人，经过批评达到新的团结的精神。

从这一事件的连续报道中，我们吸取什么经验呢？凡是关系群众利益的事，党中央都会给予大力支持，新闻单位更应该给予大力支持。正面表扬固然是主要的，但有选择地揭露一些坏人坏事，通过揭露坏的典型，从反面教育群众，也是推动转变社会风气的重要方面。双城堡车站六名装卸工摔坏货主大批洗衣机事件，从基层到中央都惊动了。事情虽然不大，却产生了全国的影响。这次，中央台打破过去等待"严肃处理"后再写综合报道的"老框框"，从事件一开始就连续进行报道，直接推动了双城堡事件的圆满解决。

第四，事件通讯的历史性

新闻是历史事实的一面镜子。今日的新闻，是明天的历史。我们把当前丰富多彩的社会生活记载下来，实际就是书写着未来的历史。无数历史事实，不正是这样记载下来的吗？

司马迁写的《史记》被称为"千古绝唱"。它以"纪传体"写了上下两千四百一十三年的历史，在史学上、文学上都有很高的价值，很高的艺术水平。它们既是历史的记录，也是人物的传记。如《项羽本纪》，既写了当时的历史，又写了项羽本人的事迹。可否这样说，这些传记，就是当时事件、人物的通讯、报告呢？

古代史、近代史、现代史上，有许多关于历史事件、事变的记载。回忆一下，单是从1925年的第一次国内革命战争以来，我国政治生活中发生过多少次重大历史事变啊！随着这些事变的发生、发展，历史常常出现新的局面，"双十二事变"不正是这样吗？

1981年十一届六中全会通过的《中共中央关于建国以来的若干历史问题的决议》，对于党的若干历史问题作了科学的系统的总结。决议在谈到"文化大革命"的十年的时候，对于所谓"二月逆流"问题，作了以下的论断：

"一九六七年二月前后，谭震林、陈毅、叶剑英、李富春、李先念、徐向前、聂荣臻等政治局和军委的领导同志，在不同的会议上对'文化大革命'的错误做法提出了强烈的批评，但被诬为'二月逆流'而受到压制和打击。朱德、陈云同志也受到错误的批判。"

"二月逆流"从它发出的那天起，就成为全国广大干部和群众议论的中心。在林彪、"四人帮"统治的黑暗年月里，"二月逆流"被作为一股所谓反动的"政治逆流"，在全国进行声讨和批判，从中央到基层，从地方到军队，许多单位都因"二月逆流"受到冲击和牵连。武汉、成都、福建、内蒙古等地揪开了本地的"黑老谭"。许多老干部、老军人在反击"二月逆流"中惨遭摧残，有的甚至牺牲了生命。

这一遍及全国的冤案，它的真相终究怎样呢？凡此种种都是全党同志和全国人民急于想了解但是还没有了解的问题。

1978年11月，在十一届三中全会开会之前，召开了中央工作会议，为全会工作做了充分准备。这次工作会议，认真讨论了"文化大革命"中发生的一些重大政治事件。这些历史事件如果得不到正确的评价，就不能巩固安定团结的局面，就不能动员全党实现全党工作重心的转变，即从1979年起，把全党工作重点转移到社会主义现代化建设上来。

1978年11月12日，陈云同志在中央工作会议东北组小组会上有一个发言。他建议中央应该"对有些遗留的问题，影响大或者涉及面很广的问题"，给予考虑和决定。例如，薄一波同志等61人所谓叛徒集团案，陶铸、王鹤寿同志的案件，彭德怀同志的案件，以及天安门事件等，都应该作出实事求是的决定。邓小平同志在中央工作会议闭幕会上的讲话中也指出："这次会议，解决了一些过去遗留下来的问题，分清了一些人的功过，纠正了一批重大的冤案、错案、假案。"

工作会议进行中，有许多同志提出关于给"二月逆流"平反的问题。陈云同志说，不是二月逆流，是二月正流。根据中央拨乱反正、平反冤假错案的精神，人民日报编委会才决定派我采写关于所谓"二月逆流"的真相。

中央工作会议期间，我先后访问了谭震林、徐向前、聂荣臻、谷牧、江一真等同志，他们都热情地接待了我，详细谈了当时他们亲身经历的情况。特别使我感动的是老一辈革命家们的革命精神。他们在同林彪、"四人帮"的尖锐斗争中，不仅体现了党和人民的意志，也表现了中华民族威武不屈的高风亮节。而他们那种平易近人、谦逊谨慎、视同志如手足的作风，也深深教育了我。有些同志问我，你访问党和国家领导人时精神紧张吗？我的感受是，既紧张又不紧张。未见到他们以前，总以为这些"大人物"架子一定很大，高不可攀，心情在刹那间曾紧张过。可是，这种紧张很快就被他们的迎面春风吹散了。同志式的交谈，立刻把我们引入共同的思想感情的交流中。我是他们的晚辈和学生，采访是我学习老一辈革命家的好机会。

当时，徐向前同志刚从医院动手术回家，他不顾年老体弱，激愤地回忆着斗争的情景，并亲自修改初稿。聂荣臻同志一边服药，一边谈话，两次接见记者，审查初稿时，还要秘书详细写了书面意见。李先念同志看了初稿，要秘书打电话补充材料。谭震林同志两次接见记者，详细讲了当时与江青之流的斗争。他特别谈到写信给中央揭发江青"真比武则天还凶"的事。2月17日，他在这封信中慷慨悲愤地写道：

"昨天碰头会上是我第三次反击。第一次是前天在电话中，第二次是昨天一早写了一封信。我所以要如此，是到了忍无可忍的地步。

"他们不听主席的指示，当着主席的面说，我要造你的反。他们把主席放在什么地位，真比武则天还凶。

"……大批老干部、省级以上的高级干部，除了在军队的，住在中南海的，几乎都挨了斗，戴了高帽，坐了飞机，弄得妻离子散，倾家荡产的人不少，谭启龙、江华就是如此。我们党被丑化到了无以复加了……

"我想了很久，最后下定决心，准备牺牲……但绝不允许他们再如此蛮干。总理已被他们整得够呛了……难道等到所有老干部都打下去了再说吗？

不行，不行，一万个不行！这个反我是造定了。下定决心，准备牺牲，斗下去，拼下去……"

老一辈革命家在同林彪、"四人帮"的斗争中，表现了力挽狂澜的英雄气概。这次斗争，由于受历史条件的限制，没有能够纠正"左"倾错误，并且连他们自己都受到了"左"倾错误的迫害。尽管如此，二月的这次反击仍然是一次伟大的斗争，它将在党的历史上永远焕发光辉。

报道"二月逆流"真相的通讯——《一场捍卫党的原则的伟大斗争》，1979年2月26日在《人民日报》发表以后，在全国引起强烈反响，收到几百封来信。有的读者在信中称赞通讯是了解"文化大革命"灾难的又一份可贵史料。后来的《二月逆流始末记》，就是根据这篇通讯改写而成的。

我们已经明白了事件通讯的主要特性。按照这些特性的要求，应该怎样进行事件通讯的写作呢？

第一，到事件发生的现场去

辩证唯物主义的认识论的根本原理是实践第一，"把实践提到第一的地位，认为人的认识一点也不能离开实践"（《实践论》《毛泽东选集》第一卷第273页）。

运用这个原理指导我们的采访实践，最重要的，就是要到发生事件的现场去，投身到发生事件的周围生活气氛中去，亲自和发生事件有关的人物，以及当地的环境（包括自然景象），进行广泛而深入地接触，听到他们的声音，看到他们的景状，甚至呼吸到当地的那种特有的空气，例如，煤矿区和石油采区的空气，就存在多么大的差别啊！

前面谈到的河北衡水铁厂事件的通讯，如果记者只是道听途说，而不是亲自到发生事件的现场，目击铁厂惨遭破坏的景象，广泛深入地访问了参与事件的各种人员，既采访铁厂的职工，也采访铁厂的上级，能写出生动具体的关于事件的调查报告吗？显然是不可能的。

采访进行中，对一件事物的印象，初步的感觉，都属于感性认识的阶段，即采访认识的第一阶段。这个阶段是采访写作的基础，是吸取生活营养的源泉，是决定采访胜败的关键。

"一切真知都是从直接经验发源的。"这个马克思主义的真理，如同阳光那样照耀着采访的每一进程。采访，只有直接同那个事件接触，我们才能了解事物的真相，才能具体生动地再现现场的景象。中外许多新闻名篇，都是记者来到现场，经过耳闻目睹，亲身感受之后写成的。

1947年6月30日晚，刘邓大军在鲁西南地区三百余华里的正面横渡黄河，在解放区战场上揭开大反攻的序幕，这是解放战争中扭转战局的一个重要历史事件。李普同志在《横渡黄河即景》的这篇四百五十多个字的电讯中写道：

"水手们兴奋地谈说三十号晚上的动人情景：那天第一次载运突击队的时候，大家悄悄地紧张动作着。河这边看着表，从开船到突击队抵达对岸放信号枪，恰恰是五分钟。有许多渡口是在猛烈的炮火下强渡的。我经过的这个渡口由部分蒋军和还乡团防守，那晚上蒋军们逃得很快，蒋介石的忠实走狗还乡团们还在做梦。等到他们晓得的时候，已经做了俘虏。解放军就是在这样的五分钟之内粉碎了蒋介石吹嘘的黄河天险等于四十万大军的神话。当记者和水手们谈起蒋介石这个神话的时候，他们都哈哈大笑起来。"

如果记者不亲自与战士们一同横渡黄河，怎么能写出充满战斗生活气氛的新闻呢？

第二，向事件的当事人调查

做采访工作，我们要经常选择有重大现实意义和历史意义的事件，选择全党全国人民最关心的事件，选择在生活地平线上新冒出的事件，进行报道，抓住不放，一追到底。这些事件之所以能够牵动千百万读者的心，是因为这些事件体现了党和人民群众的意志，体现了他们的要求和呼声，有强大的生命力。

任何事件的发生，都离不开人物的活动，人是事件各种因素中最活跃的因素。而事件的当事人，则是事件的主人翁和见证人。这些当事人直接参与了事件的发生和发展，最熟悉事件的内部联系和经历，是最有权的发言人。我们应该在深入调查研究的基础上，仔细研究每个当事人在事件进程中的地位与作用，而要做到这点，必须向当事人访问。

八届十二中全会闭幕后，林彪、"四人帮"为迫害几位老帅，曾制造许多陷害他们的谎言。例如，他们曾在一份简报中故意披露，一九四八年四月中旬，毛主席经晋绥边区进到晋察冀边区，暂时住在阜平县陈南庄军区司令部时，毛主席的驻地曾遭到国民党飞机的扫射轰炸。妄图给聂荣臻同志戴上通敌的帽子，置他于死地。

事实怎样呢？聂荣臻同志为了保护毛主席的安全，亲自布置警卫工作，他把自己住的两间套房腾出来，让毛主席住，而自己则搬到紧挨毛主席的另一间屋里住。有时,深更半夜,他还亲自去检查周围的安全警卫工作。

有天清晨,三架敌机突然袭击司令部驻地,投下五枚炸弹,其中有两枚落在离毛主席住房几十米远的地方,房子的门窗全都炸掉了,房内用具震得七倒八歪。

在轰炸中,聂总为了保护毛主席的安全,几次催促主席进防空洞。他并且命令警卫人员,与赵尔陆同志一起动身,用担架把毛主席抬到防空洞里。刚进防空洞,炸弹就在洞外响起了。

事后查明,这次敌机轰炸事件,是司令部的一个内奸作案引起的,并且经过正式审判,把这个内奸枪毙了。可是,江青却血口喷人,诬陷聂荣臻同志是杀人灭口,蓄意谋害毛主席!如果我们不亲自向聂帅调查这个情况,怎么能弄清这段历史的真相呢?对此,《二月逆流始末记》中作了补充。

在有些情况下,事件的当事人不在了,而要弄清情况,就要向当事人周围熟悉这一事件的人进行调查。例如,陈毅同志在文化大革命中曾同林彪、"四人帮"进行过多种斗争。为了保护老干部,他愤怒痛斥"四人帮"残酷折磨广大干部的罪行,用幽默的语言,揭破他们的阴谋。但是,陈毅同志已经离我们而去了,要了解当时的斗争,只有同熟悉他的人,熟悉周围同他一起生活的人来谈。他的秘书和外交部同志,给我讲了不少这方面的情况。

唐朝有一个太守,他在审问案子的时候,先不问原告被告,而是先去了解原告被告周围的人和周围的情况,然后再问原告被告。后来,人们称呼这种侧面调查的方法为"勾推法"。这种方法,就是比较法,同周围的环境与周围的人,进行相互比较。在相互比较,相互调查中,认识事物与人。我们要运用这种方法进行事件采访。

第三,事件通讯以写事为主

事件通讯,是写新闻事件发展过程的通讯,是以写事为主的真实事件的通讯。在这一点上,它不同于速写或其他人物通讯。

读者读事件通讯,最感兴趣的是,什么地方发生了一件什么事件?这事件是怎么发生的?它的前因与后果怎样?读者急于要了解的是它的经过与变迁。因之,我们在采访时,必须了解事件发展的全过程,力求把整个事件的过程,以及这一事件的细节,摸得清清楚楚。

毛主席在一次关于调查研究的指示中说:"到一个学校去了解情况,要了解运动的全过程,开始怎样,后来怎样,现在怎样,群众是怎样搞的,领导是怎么搞的,发生过一些什么矛盾和斗争,这些矛盾后来发生了什么变化,人们的认识有什么发展，从中找出规律性的东西。"

采写事件通讯，一定要把整个事件摸清楚，搞准确，否则我们就无法描述事件的全过程和细节，也无法从中选择精彩的横断面。

事件通讯，也可以说是这一事件的传记。传记是什么？传记就是记述人物思想和从事重大活动的通讯。一个人一生中干了许多事，我们不能眉毛胡子一把抓，事无巨细，都写进传记，而只能抓住足以表现人物性格的，或者对社会事业发生了重大影响的事情来写。同样，写事件通讯，也必须选择事件发展全过程中的几件主要事情来写，否则，就不能突出事件的特色了。

写事件通讯的大忌，是不分主次，把事件的过程，平铺直叙，没有斗争，没有波澜起伏，我们看电影，最难忘的是其中的几个特写镜头，给人留下深刻印象，终生不能忘怀。例如，《列宁在一九一八》，华西里冒着生命危险搞到四大批粮食，而他自己却饿得昏倒在沙发上。又如《夏伯阳》，在指挥部里，夏伯阳拿着随手抓来的烟头、土豆，讲述指挥员在战场上应该站立的位置。夏伯阳被敌人突袭时，跃起射击机枪，令人感动的不是机枪的射击，而是机枪怎样射击，为什么射击，通过射击把人物表现出来。

我们写事件通讯，也可学习电影的手法，努力抓住几个典型的情节，穿插到事件通讯中。如能这样，通讯就能写活，就写得波涛起伏了。

同志们还记得六十年代《为了六十一个阶级兄弟》的通讯吧！这篇记述一九六〇年二月三日抢救六十一个阶级兄弟的"平陆事件"，是一件震撼人心的事件，这件事闪烁着崇高的共产主义思想光辉，风靡全国，推动全国人民学习和发扬这种崇高的共产主义风格。

"平陆事件"场面大，地区广，单位多，从首都北京到一个小县，许多情节齐头并进，同时在同一时刻进行。对于这样一个新生事物的典型，《中国青年报》采访组的同志，采取双管齐下、两路进军的方法，紧紧围绕抢救阶级兄弟这条路线，从各个侧面、各个角落反映人们的活动。

这篇通讯，采取类似影片镜头的跳动灵活的表现方法，运用记者的抒情表白，反复抓住"就在同一个时间内"的这个扣人心弦的红线，展开一个个一颗颗红心相连、大家同呼吸、共甘苦的画面。这样，就使读者对事件的全过程，通过许多层次明显的场面，有了深入细致的了解。读通讯令人感到鼓舞。新时代的人民，风格多么高尚，生活多么丰富多彩！

第四，事件通讯中的人物描写

任何事件都不是孤立的，都是和各种人物的活动紧密相关，血肉相连的。

"事因人生，人以事显"，事实不正是这样吗？

通过事件通讯，要抓住与事件有关的人物，通过写人物在事件进程中的活动，表现和刻画人物形象。这样，人物和事件就会水乳相溶，犹如红花和绿叶，交相辉映。

在事件通讯中写人，要注意正确处理人物与事件的关系。这就要善于表现推动事件发展的人物，在事件发展中展现人物。

写人物当然要写人物的性格。而他们所穿的衣服、容貌和动作，都是为了衬托和表现人物性格。

写"二月逆流"的通讯时，我写了发生在京西宾馆的那次斗争。叶剑英同志愤怒地警告妄想搞乱军队的阴谋家。他气愤地用拳头敲打桌子，以致小手指都敲骨折了。

徐向前同志随即也愤怒地站起来说，我们搞了一辈子军队。人民的军队，难道就叫他们几个毁掉吗？他一气之下，推倒了跟前的桌子，恨不得跟林彪、江青之流拼个你死我活。

叶帅、徐帅怀着这种无产阶级的义愤怒火，来到二月十四日的中央碰头会上，点燃了怀仁堂的斗争烈火。

三天之后……

二月十六日下午之时，前来参加碰头会的谭震林同志，在怀仁堂门口碰到操纵上海"一月夺权"黑风的张春桥。谭震林同志问他：

"陈丕显同志来了吗？"

张春桥听了，铁青着脸，打官腔说：

"群众不答应呵！"

"群众？"谭震林同志严肃地说，"党组织可以做工作么！"

"党？党不管用了。"张春桥翘起戴眼镜的脸孔："在上海，科长以上干部统统靠边站了！"

说得多轻巧！千万干部的命运就这样被他们决定了？一股怒火在谭震林同志胸中燃烧着。他激愤地指着张春桥：

"原来靠边站，打击一大片，都是你领导的啊！？"

这些都是老一辈革命家们进行斗争时的真实记录。

由于事件通讯主要是写事而不是写人，只能画龙点睛地写一些人物活动的主要情节，使读者对事件的重点环节有一个了解。

事件通讯中的人物描写，不是死板地照抄实际事物，不是事无巨细地把各种见闻都记录下来。如果不加选择地照实记录，读者虽然知道了琐屑的事物，结果事与愿违，达不到描写的目的。

写事件通讯中的人物，必须抓几个主要关键情节，特别用功夫着力描写。用适当的文字，把事件的外貌和内在的联系表达出来，帮助读者认识事件的本质。

介绍二月逆流真相的通讯的最后，有一个地方写到周总理。写他在"文化大革命"中日夜辛劳，身体一天天瘦弱了。

有一天，一个曾经被周总理、邓大姐抚养过的烈士子弟，前来探望总理，他恳求总理为全国人民保重身体。总理听了，在黄昏的庭院里，停下脚步，两道浓眉下，闪着炯炯目光，深情地望着这个烈士子弟，激动地说："在'文化大革命'中，我只有八个字：鞠躬尽瘁，死而后已！"

鞠躬尽瘁，死而后已！这就是老一辈革命家在暴风雨里所表现的崇高品质，是伟大共产主义杰出战士的光辉写照。它多么感人肺腑啊！当烈士子弟谈到这里的时候，禁不住失声痛哭了。

通讯中的这个镜头，不是这次采访中得到的，是粉碎"四人帮"以后，在鞍钢采访时得到的。如今把它用在通讯里，是写作时从难忘的记忆里，直接蹦跳出来的。我的意思是"养兵千日，用兵一时"。即使写一篇事件通讯，我们也要动员自己的全部经验和知识，把藏存于仓库中的后备材料统统动员起来，为第一线的战斗服务。

生活，新时代的生活，永远是奔腾多变的大海。记者，一个热爱生活的记者，必须满腔热情地投身于新的生活。而只要你热爱生活，你就会从生活中吸收营养，洞察生活中发生的各种事件，观察到我们世界上的许多新鲜事物，而记者一旦脱离生活，记者就不再成为记者，记者的生命也就停止了。

我们常说，记者是建设新生活的不疲倦的战士！让我们努力担负起战士的职责吧！

（原载《新闻界》1989年第5期和第6期）

正确处理经济政策宣传中的若干关系问题

艾 丰

许多兄弟报纸在经济报道上搞得很活跃，他们的经验很值得我们学习。

人民日报编委会是很重视经济宣传报道的。但由于我们工作上的不足，以及版面的限制，在这方面与其他报纸比还有不少差距。

这里想谈谈我们在经济政策宣传中的一些体会。

毛泽东同志早就说过，报纸的作用和力量就在于它能够使党的政策最迅速最广泛地和广大读者见面。作为党中央机关报的《人民日报》，自然更应该把宣传好党的政策作为自己的中心任务。

什么样的经济政策的宣传才算是好的宣传呢？我认为至少应该是：

传达准确及时。中央的重要政策必须通过我们的报纸准确地传达出去，还要及时，不能贻误了时机。

传播广泛适度。一般地说，传播得越广泛越好，但是不能一概而论。有的传播的范围就要适度。

讲求政策宣传的时效。即不仅满足于说出去了，还要看看实际的效果如何。例如经济宣传的稳定性就很重要，稳定才会有实效。

注意政策宣传的反馈。这种反馈包括两个方面：一方面是对政策本身的，刘少奇同志说过，新闻工作者有宣传党的政策和检验党的政策的双重任务；另一方面是对经济政策宣传的，看看我们的宣传是否达到了预期的目的，还应该做怎样的调整，等等。

为了达到上述的要求，我们需要做很多工作。但集中起来，我认为关键是要正确处理好经济政策宣传的若干关系问题。

一、总政策和具体政策的关系问题

党的基本路线是我们的总政策,改革开放是我们的总政策。但总政策要有具体的政策来实现。有些报道是直接宣传党的总政策的,但日常的大多数的报道还是宣传具体政策的。这就要求我们在宣传具体政策的时候,不忘记总政策,并以总政策为指导来宣传具体政策。

例如,改革开放之初,针对过去平均主义和大锅饭的现象,中央提出了允许一部分人先富起来的政策。有的同志就没有很好地把它和总政策统一起来理解和宣传。一部分同志觉得这不是提倡两极分化吗?因而在宣传上表现了迟疑,另一些同志则孤立地宣传这一点,而忽略了共同富裕的宣传,也在群众中造成了不必要的顾虑和执行政策上的某些偏斜。一个时期不加分析地争相报道农村万元户就是一个表现。这样的报道不仅夸大了农村的富裕程度,使得一些人向农民伸手,而且造成了城市里的人的不安定,增加了工人提高工资的压力。最近中央特别提出,共同富裕是社会主义的最大优越性,在某种意义上是对这个问题的矫正。当然我们也不能把共同富裕宣传成同步富裕和同等富裕。如果这样,也是不符合改革开放总政策的。

二、某一方面政策和其他方面政策的关系问题

我们在宣传某一方面的政策的时候,不能仅仅考虑到这一方面,还必须把它放到整个的经济环境中去考虑,并在我们的宣传中采取正确宣传方法和分寸。

首先在实际工作中,某一方面的改革或政策都是不能单独突进的。例如我们宣传企业的优化组合,在目前的情况下,就要注意分寸。因为我们在社会保障制度上还没有解决失业的社会安排问题,你如果把这项政策宣传过分了,就会给企业造成被动。优化这个政策同其他的政策是紧密联系的。

在宣传中也要注意这一项宣传对其他宣传的影响。例如我们在一个时期对个体户的宣传较多,而且在个别的宣传中甚至有这样的味道,仿佛对个体户的态度就是对改革的态度。在宣传个体户的收入的时候也没有注意横向的影响。其实它和搞活大中型企业是有内在的联系的。这方面不适当,就会影响其他方面。我们在如何搞活大中型企业上的报道应该说是不够的。

三、政策的正作用和政策的副作用的关系问题

在一段相当长的时间内，我们对改革开放有一种理想化的理解和宣传，仿佛一切好事都是改革开放带来的，一切坏事都与改革开放无关。一切好事都是我们的政策带来的，一切坏事都与我们的政策无关。实践证明，这种看法是不符合实际的，因为任何政策都是有其正作用也有其副作用的。但由于这种片面的认识，就不仅使我们的宣传片面，而且使我们的决策者对副作用失去警惕，反而影响到我们工作的顺利进行。

例如，我们实行了价格双轨制，从一开始我们就对它的副作用认识不够。在宣传上，我们开始更没有指出它可能引发腐败的作用，为此我们付出了很大的代价，包括政治上的代价。

例如承包制，我们宣传它是完全正确的。但是对它的局限性，它需要不断地完善则注意得不够。这就造成两个方面的问题：一方面在实际工作中，忽略了把承包做得更完善些，另一方面也就给不同意承包的观点提供了"依据"。这样反而不利于承包制的发展。

我们知道，从辩证法来讲，任何事物都是对立的统一。在经济工作中，只有好事没有坏事的事情是没有的。我们要得到某一个指标往往是需要牺牲另一个指标的。注意了速度往往要出现经济过热，治理整顿也会牺牲一定的经济速度，出现一定程度的生产滑坡。

四、政策的正确和对政策的期望的关系

此关系是上述关系的引申又不完全是它的引申。

正确的政策当然是有效的。问题是我们对它的有效应该进行实事求是的宣传，不应该进行理想化的宣传。一个时期在报刊上充满了"一包就灵""一改就灵""一租就灵""一抓即灵"的宣传报道。在某一单位的某一个阶段，从某一个角度说确实是有这种情况，但是由此把它作为一种思想来宣传就会出现问题。那就是造成了对政策的过高的期望，而过高的期望是不能兑现的。一旦不能兑现，它带来的则是更大的失望。我们在10年改革中已经看到这个问题了。

工资改革的宣传可以说这个问题最突出，以致国家花了钱还要挨骂。

政策的贯彻是复杂的，政策的效果也是复杂的。因此我们在宣传政策的效果方面一定要相当地慎重，考虑得尽量全面。这里面至少有这样几种因素不可忽略：1.正确政策的作用是有一个过程的；2.正确的政策也是需要完善或有一个完善的过程的；3.再好的政策也是有副作用的；4.即使是好的政策在贯彻的时候也是有阻力的，也有变形的情况的，因此在估计全局情况时尤其要慎重；5.正确的政策的作用也往往不是单独的，还有其他因素的作用，不可把多因硬说成一因。

五、政策稳定和政策调整的关系

政治稳定、经济稳定、社会稳定，中心的问题是政策稳定。没有政策的稳定，这一切稳定都是难以实现的。但是稳定又不是凝固不变，尤其是经济领域，为了经济的正常的运转，也经常需要调整。不做必要的调整，实际上也没有稳定。

根据我们工作中的体会，感到需要注意以下几个问题：

1.在形势变化的时候要根据群众中的疑虑，有针对性地多做"重申性"的宣传工作。

2.不要把完善宣传成改变。比如农村发展社会化服务体系、加强集体经济的发展，等等，都是需要宣传的。这实际上是农村改革的发展和完善，并不是推倒重来。因此我们在宣传这些完善措施的时候，都不忘记说"在稳定家庭联产承包制的基础上"这样一句话。这实际上不是一句话的问题。

3.不要把全面贯彻某项政策的措施看成是政策的改变。例如对个体户的政策，在学潮以后并没有改变。但过去在管理上确实存在着一些问题，个体户偷税漏税的情况也比较严重。在这种情况下，宣传上适当加强对他们管理的一面，应该说是对的，但也必须把这个问题说明白。

4.日常经济工作中的宏观调控不要在宣传上使人误解为政策的改变。比如最近利率调整了好几次，我们在宣传上都注意了这个问题。

5.把新出台的措施或新强调的问题和过去的政策有机地衔接起来，不要使他们打架。例如近来提出党组织是企业的核心问题，强调全心全意依靠工人阶级的问题，我们在宣传上都注意把它们和厂长负责制统一起来。在这方面我们发表了不少的评论。

6.在某项政策遇到一些批评的时候，或者有某种议论的时候，我们应该慎重，在这方面不要"闻风而动"，在中央没有新的正式的决定之前，还是应该以中央的现行的政策为依据。例如承包制的宣传就遇到了这个问题，我们就是这样掌握的。实践证明这样做是对的，不然很容易造成混乱。

六、政策宣传中的定性和定量的关系问题

党的政策一般来说都是应该宣传的，但是这里有一个宣传的分量和力度问题。我们的宣传体制有它的好处，也有它的短处。好处是宣传精神集中统一，要宣传什么政策，一下子就宣传出去了。短处是它往往是单向单一放大的，要宣传什么，全国的报纸和新闻宣传工具都是这一句话。这就往往产生单向放大的叠加效应，而且是难以控制的。但是宣传应该是分层次放大的，有的需要放得很大，有的需要放到中等，有的有一点声音就可以了。

有的是在试点阶段，可以出一点声音，但是不能声音过大。

与此相联系的有一个重点和一般的政策宣传的关系问题。没有重点就没有政策，政策的宣传自然也应该有重点的。但是重点也应该有一定的分量的概念，也不是一哄而起就好。我们的宣传常常出现这个问题，这是我们给人以政策多变印象的原因之一。因此，我们对量的问题一定要有足够的注意。在我们的这种宣传体制下就更加需要注意。要解决这个问题，还有一个建立合理的宣传结构的问题，各个新闻单位有明确的分工也有助于解决这个问题。

七、轰动效应和实际效果的关系问题

我们的经济政策的宣传是为了推动经济工作的，因此我们的宣传最终是要考虑宣传的实际效果的问题，并以此为标准。

例如，有一个时期，破产法的宣传在我们的新闻媒介上可以说是有了轰动效应的，但是实践证明我们在沈阳的一个只有70多人的小厂上花这么多笔墨是不值得的。为什么，因为它对我国的经济不会起到和我们的宣传分量相对应的作用的。这样的宣传过后，人们会对我们的宣传提出疑问的。事实也正是如此。

《经济日报》提出了搞好难点和热点的报道，这是新闻改革中的一个很重要的突破。他们的经验也证明对难点和热点也要做分析。如何进行宣传报

道的一个重要的标准就是实际的效果问题。从实际的效果出发，有的热点要突出，有的热点则要分散。有的虽然很热但是一时难以解决的问题，则不可过分突出，有的热点，类似1988年秋天的抢购就应该分散了。

八、政策宣传中的意图和事实的关系问题

在政策宣传中，在意图和事实之间似乎有一个不可解脱的矛盾：新闻报道要求记者必须通过一定的事实来宣传我们的某个政策，因此必须寻找合乎政策的事实来集中加以报道；但是，一个政策之所以有生命力就在于它的针对性——所谓针对性，就是因为在生活中存在着大量的不符合政策的事实。

比较容易出现的问题，是把生活描绘成我们的政策所要求的那样。

解决的办法是多用典型说话，在使用综合报道的时候要慎重。也不要回避落实政策中的矛盾和问题。人们说我们的报道不说真话，也往往是因为这个问题。读者在生活中感到身边有许多的不符合政策的事实，而我们的报道全是符合政策的事实。这可以说是一个永远不可解脱的矛盾，但是我们可以争取到一个最佳的度。

九、落实政策中的方向和阶段的关系

上一条我们讲的是政策和事实的静态的关系问题。实际上事物是在不断发展的，他们都是动态的。这就要求我们在宣传政策的时候也要有动态的观念。

宣传政策并不仅仅是说政策，它的目的是落实政策，而落实政策是有一个过程。因此，在落实政策的不同阶段，我们的政策宣传还应该有所不同。即使是同一个政策的宣传也是如此。

例如厂长负责制的宣传，在开始的时候，我们就要考虑它是从原来的体制下过渡过来的。因此必须给大家一个认识的过程。现在再宣传厂长负责制就是如何坚持和完善的问题了，等等。

十、经济理论和经济政策的关系

经济政策是经济理论和经济实际工作的联接点，是理论见之于操作的东

西。经济政策的宣传应该是具有理论色彩或具有理论性。但是,政策不等于理论本身,经济政策的宣传毕竟还不是经济理论的宣传,因此两者之间还必须保持一定的距离。这里有方向和现实的区别,探讨和确定的区别,不同意见的争鸣和必须执行的区别等。承包制、股份制、国有资产、企业集团等等都有这个问题。

(原载《中国记者》1991年第4期,本书有删节)

诗文随世运　无日不趋新
——文艺宣传报道随感录

李德润

我给自己出个难题，力图用自己的新闻实践来回答。算不上是什么经验，目的是进行交流，求教于同行们。

一

文艺宣传报道，是新闻工作的有机组成部分，它最有群众性，拥有广大读者（听众，观众）群。不管是办通讯社，办报纸，办广播、电视，都把做好文艺宣传报道工作当作自己的重要任务之一。一条文艺动态、一条简单的文坛轶闻趣事，都将引起读者兴趣。一篇有分量的文艺报道特别是典型报道，针对性较强的评论员文章、文艺短论、调查报告，不仅会在文艺界产生巨大影响，而且会引起社会的广泛关注。也正因为这样，我们应该进一步搞好文艺宣传报道工作，不断满足读者的需求和愿望。

当然，本文所强调的文艺宣传报道，就其主要而言，不是一般的文艺动态或简单的文艺信息，不是简单地从新闻发布会上得来的东西，而主要是具有一定深度的、针对性较强的报道或典型报道。也就是要凭借记者的新闻敏感，经过认真的调查研究，去发现很有针对性、很有新闻价值的文艺新闻。

二

作为文艺记者，应该树立深度报道意识，努力增强文艺报道的新闻价值。

这里所说的深度，是指反映文艺界实际情况的深度，反映人民群众的意见呼声的深度，是指联系文艺界实际的深度、揭示问题的深度，等等。

说到深度意识，我也确有些从实践中得来的体会：

——胸中要有全局观点。

这里所说的全局，概括起来有两点：第一，熟悉党的方针政策，掌握宣传方针。对文艺记者来说，就是要熟悉党的文艺方针政策和掌握文艺的宣传方针。当然，党的文艺方针政策也不是一成不变的。随着时间的推移和客观的变化而变化，或发展，或修正，或补充。因此，我们要不断地学习，努力领会。就说关于文艺方向的提法，四次文代会以前和以后就有历史性的变化。对党的文艺方针政策的学习掌握，至关重要，它涉及文艺宣传的目的性问题，涉及文艺宣传的导向问题。当前，最重要的是学习领会江泽民同志的"七一"讲话精神，牢牢掌握讲话中关于建设有中国特色社会主义文化的基本要求，并努力在文艺宣传报道中体现出来。第二，对文艺界实际情况的了解掌握。不是片面的、道听途说的，而是比较全面的、实事求是的，经得起检验的情况。这是搞好报道的前提，是基础。这两点，也就是我们常说的"吃透两头"。"吃透"不容易，但应该这样要求自己。有人曾问我：作为文艺记者，你长期采访文艺界，文艺界那么复杂，那么敏感，经过那么多曲折斗争，特别是在精神污染严重、资产阶级自由化泛滥那一段时间，你的报道为什么没有跟着摇摆、犯错误？我说：靠两点，一是对党的最根本文艺方针政策不动摇，坚信不疑；二是对文艺界的情况，对作家、艺术家的思想情绪，有比较真实的了解。与此同时，对群众对文艺界的意见和愿望比较了解。正是靠这两点，才能站稳脚跟，不随波逐流。

——针对性是新闻报道的出发点。

实践一再证明，加强文艺报道的针对性，是增加新闻采用率和提高新闻价值的关键。当然，针对性是由客观情况决定的。随着客观情况的不断变化，我们报道的针对性也在不断变化，有的放矢。

为了说明问题，这里不妨举些事例。

无可否认，我们新时期的文学艺术取得了令人瞩目的成绩。但同时也应该清醒地看到，我们的文艺在相当的一段时间里存在着疏远乃至脱离群众的现象，文艺的"二为"方向不怎么讲了，在相当的一部分文艺工作者中间，对工农兵的感情淡薄了。反映在文艺创作上，为广大群众所喜闻乐见的东西少了。有些人以搞"雅文学"自居，追求所谓"高雅""全球意识"，"雅"到了令人不可企及的地步，读不懂、看不明白的作品成了少数人赏玩的和寡之曲，还自以为这是"高层次"。还有一些人搞"庸俗文学"，以低级趣味迎合部分群众，对人们特别是青少年的思想起了严重的腐蚀作用。诸如此类，群众意见很大。其实这些问题正是毛主席《在延安文艺座谈会上的讲话》中所阐述的核心问题，即文艺为什么人服务的问题。正是在这种情况下，我采写了两条消息：《电影工作者的头脑里要装着三个数字：八亿农民，两亿青年，三亿少年儿童》《农民反映："文艺进城了！"》。前一条新闻播发后，被《人民日报》《光明日报》等21家报纸在显著位置采用。后者也受到报纸欢迎，特别是农民这个批评意见，被当时文艺界的一些领导在有关讲话中反复引用，引起了文艺工作者的重视。

前些年，在文艺采访中，我感到普遍地存在一个问题，即文艺工作者倾听人民的呼声很不够。有些文艺领导机关、文艺刊物编辑部，也经常召开座谈会，征求意见，但参加的人都是文艺圈里的，甚至每次参加的也就是那么几个经常出头露面的人（其实，这个问题现在仍然存在，甚至比过去严重了）。中央领导同志曾多次提醒文艺界多听听群众的意见。正好，国家电影局带着《喜盈门》《月亮湾的笑声》等影片到京郊放映，召开座谈会，听取农村干部、群众对电影的意见和要求。我抓住这个契机，既发了新闻，又借题发挥配了一篇评论员文章《倾听人民的呼声》。这组报道经《人民日报》等报纸广泛采用后，在文艺界产生很大反响。评论员文章受到同行们赞誉，被评为当年全国优秀新闻。之后，又采写了一些类似的稿件，也被报纸广泛采用。

"人民需要艺术，艺术更需要人民。"艺术和人民的关系问题，永远是一个崭新的、带有根本性的、具有实践意义的问题。我们的文艺只有植根于人民大众的沃土，花枝才能繁茂艳丽。但是，前些年，有人不赞成深入生活，有些人把文艺创作看作纯粹是作家、艺术家个人的事情，把作品看作是作家、艺术家的"自我表现""自我宣泄""自我意识"。有人甚至公开提出："创作不要生活，只要艺术感觉好。"于是，轻视和远离正在进行的伟大社会实践的倾向愈来愈严重。正因为这样，我们重提艺术和人民的关系，强调文艺家深入生活问题。在文艺报道中，我们围绕作家艺术家深入生活问题已作过不少文章，但报纸采用率不高。分析其原因，是报道缺乏新意。我们总结这方面的经验教训，选取了新的角度，反映的是同样的思想。1987年，我们曾有意识地组织了这样一篇报道：《创业史》主人公"梁生宝"等人呼唤：请作家艺术家到农村谱写新的创业史。我又配了一篇千字的评论员文章《艺术更需要人民》。这篇报道角度新、感情真、语言好、形式活，受到报纸欢迎，被《人民日报》等20多家报纸采用。评论员文章也被十几家报纸采用。"诗文随世运，无日不趋新"。这组报道的成功，说明新闻贵在"新"、贵在新鲜感。不断研究变化着的客观实际，认真选取新角度、新侧面，有针对性地组织采写一些内容、形式新颖的报道，是非常重要的。而要做到这一点，又特别需要我们对实际情况的深入了解，开动脑筋，别出心裁。这是一种本领，也是一种竞赛。

三

在实践中我体会到，广大读者最关心的新闻是与社会、与群众、与实际生活密切关联的东西，而不是什么猎奇之物。谁抓住它，谁就能赢得广大读者。

在一次中影公司召开的经理会议上，我听到有的经理讲，现在农民反映：我们的生活好了，可是电影队跑了。

这句话引起了我的注意。建议中影公司邀请几位有代表性地区的经理，专门举行座谈，听他们介绍情况，分析原因，提出对策。后来，我根据座谈会了解到的情况，写了一篇"记者来信"稿，题目就是：《农民反映：我们的生活好了，电影队跑了！》。

稿件发出后，不仅被《人民日报》等报纸广泛采用，而且引起有关领导部门高度重视，进而采取措施，解决农民看电影问题。与此同时，编辑部收到群众来信，包括农村电影放映队，都认为反映了他们的呼声。

也是前两年，同行中的一位同志对我说："你是搞文艺报道的，现在电视太脱离群众了，电视新闻，电视节目，许多群众都不愿意看，甚至反感，你敢不敢反映？"我说："有什么不敢反映呢！"但怎样反映，选取什么角度，用什么方法反映呢？我开始思索这个问题。后来我同另一位记者到京郊一个电视比较普及的农村去召开座谈会，征求基层干部、群众意见。经过认真分析，写了一篇特写式的新闻报道，作为专稿发给《人民日报》，题目是：《电视村农民谈电视》。见报后，颇受好评。广播电影电视部部长艾知生同志还打电话来说，那篇报道，我们看了，研究了，认为意见很好，力求改进。

四

这些年来，批评与自我批评的风气有愈来愈淡薄之势，似乎无论谁，无论哪个部门，都批评不得。一批评就会招来许多麻烦，就连讽刺艺术相声界也呼吁社会各个方面对他们多给予理解，创造一个民主氛围。可不论怎么说，批评性新闻很重要，但很难搞，这是社会现实。面对这种情况，我们要变换一种宣传方法，少采取直接揭露批评的方式，而多从正面出发，多采取正面报道方式，以正压邪，以扬善来贬恶，以表现美来揭露丑。上面提到的《倾听人民的呼声》一组报道，《"梁生宝"老汉等呼唤作家艺术家到农村谱写新的创业史》消息等，就是这样做的。这里我想举一个非文艺方面的例子，进一步说明这个问题，因为这个实践很成功，很富有启发意义。

1986年3月18日，新华社曾播发长篇报道《京华名医谈医德》和评论员文章《呼唤白求恩精神》。这组报道可以说是产生了"轰动效应"。大家都知道，这些年来，医德问题已成为广大群众，包括医务界同志在内普遍关心的问题。这组报道所以一炮打响，除文章内容切中时弊外，与采取的正面报道方式也不无关系。请10位名医从与群众身心健康紧密相关的各个侧面现身说法，令人感到亲切自然，感人肺腑，容易为人们所接受。如果只选些典型事例，单纯地批评揭露，效果不会如此好。以前，这方面的文章不是没有过，对医疗事故、服务态度进行批评的文章不时见诸报端，但效果一般。

当然，也不能一概而论。采取什么方式进行报道，都是要从实际出发，从实际效果出发。以正面报道为主，并不排斥"为辅"部分。有些就是要直接揭露批评。

五

新闻记者要特别锻炼自己的新闻敏感。有人说，记者应该像雷达一样，始终张开一个转动的接收天线，敏感地接收生活中传来的任何一个信号，进行分析，判断。新闻广泛存在于日常生活中，要我们去发掘、去捕捉、去思考。一个新闻记者如果守株待兔，只靠别人向你提供新闻，而不自觉地锻炼自己寻找"新闻"的本领，是找不到写不出好新闻来的。生活中常常有许多为人们普遍关心的、有重要现实意义的事情，但许多人往往视而不见，充耳不闻。等人家报道了，才恍然大悟，这就是缺乏新闻敏感和社会责任感的表现，丧失时机，让好新闻从身边溜掉了。

我们在采访中会接触遇到各种各样的人和事。有时候，说者无意，但作为记者，不能听者无心。有一次，一位新华书店的同志谈到这样一件事：浙江大学一位老教授在杭州书店自费为学生订一份教材，但迟迟拿不到书。一天，他到书店向一位营业员询问，这位营业员却瞪起眼，拍着柜台和教授吵了起来，并抓住教授的胳膊，硬是拖上三楼去找书店经理，把教授的脸都气白了。原来这位营业员是激发性神经病患者，是有关领导部门硬塞进来的，书店经理拿他也没有办法。

这件事刺激了我的神经，引起我的重视。于是我作了点调查，结果发现一些地方有关领导部门对书店工作很不了解，认为书店工作清闲、简单，不需要专业知识，什么人都能干，因此什么人都往书店里塞，你不要就给你脸色看。通过调查研究，我写了篇文章《从疯子站柜台说起》，书店系统认为对他们的工作很有帮助，很感谢记者。

还有一次，一位电影演员对我说，"我真怕记者，尽给我们瞎吹，弄得我们很被动！"这是批评我们同行的，也引起了我的敏感。经过进一步了解，写了篇《影坛新人的苦恼》发表在报纸上。文章开头写道："在电影界采访中，我深切感到近年来在银幕上崭露才华的一些年轻演员，有一种不被报纸杂志编辑记者和电影评论者所理解的苦恼，有必要为他们呼吁一下……"

还有一件事使我难以忘怀。作家李瑛在一次座谈会上说，他曾收到一封老山战士的来信，向他请教一首诗的含义。战士说，实在看不懂，特向您这位著名诗人请教。可是李瑛也看不懂。会上他没有念信，也不知是什么诗。会后我马上请李瑛找那封信，并拟下题目：从一封战士的来信引起的思考——作家李瑛谈文艺创作要为广大群众所接受所利用。当时很有现实意义，有较强指导性。可惜，信没找到，文章没写成。

六

诗云："看似平常最奇崛，成如容易却艰辛。""云里烟村画里滩，看之容易作之难。"可以说，任何一个比较成功的报道，一个具有一定深度的报道，都要付出艰辛劳动，都是作者心血的结晶。

对一个记者来说，采写新闻如同吃饭。有关部门的新闻发布会，提供现成材料的各种会议，根据这些进行新闻报道，可以说是吃"现成饭"，你有我也有，尽管写法上有些不同，但就其新闻价值来说，大体是一样的。当然也有的人善于动脑筋，选取角度比较好，从"现成饭"中提出精品。消化好"现成饭"是对记者的起码要求。第二种是靠记者自己去跑，去调查研究，从中发现提炼出有价值的新闻，这种完全靠自己劳动寻找饭吃，已比吃"现成饭"难了,苦了,这是对记者的进一步要求。第三种是不仅找饭吃,而且要找好饭吃,吃"精米细粮"。这一种是最难的。要深入实际调查研究,有时还要读有关书、查阅资料,费时费力费脑筋。但可以说,有耕耘就会有收获,汗水和收获总是成正比的。这方面的事例就更多了,许多记者都有这方面的切身实践体会。

(原载《中国记者》1991年第10期)

全面宣传党的基本路线是办好党报的根本

郑梦熊

如何办好党报？我认为，办好党报首要的根本的一条，就是要全面地、准确地、生动地宣传党的基本路线。

正确处理好三个关系

全面准确地宣传党的基本路线，并不是一件轻而易举的事情。根据两年多来办报的实践，我认为需要正确处理好三个关系：

第一，正确处理经济建设为中心的宣传和其他方面宣传的关系

经济建设是党的基本路线规定的中心任务。能否把经济搞上去，直接关系到社会的稳定，关系到社会主义制度的巩固发展，也关系到我国的长治久安。所以我们各项工作都要服从和服务于经济建设这个中心，不能离开这个中心，更不能干扰这个中心。既然经济工作是中心，党报就应该把它作为宣传的重点。党报要牢牢抓住这个中心，研究这个中心，宣传这个中心。党的十三届七中全会、八中全会和中央工作会议作出的决策，为党报的经济宣传指明了方向。在当前和今后一个长时间内，我们要把加强农业和农村工作的宣传、加强搞好国营大中型企业的宣传，作为经济宣传的重点。现在，有一种看法，认为经济宣传不能吸引人，经济报道版面可以减少，多搞一些其他可读性较强的报道或专栏。这种看法是不正确的。今天，全党全国都忙于经济建设这个中心，党报应该对此充分地报道，这样才能显出时代的特点。现在经济报道和评论占的分量虽不少，但是同经济工作实际状况相比，很不相称。当前，加强经济宣传要努力做到三句话："质量要提高，版面有保证，大家齐动手"。经济宣传能否搞好，关键在于提高报道质量。经济报道只要针对性强，见物又见人，内容新鲜，形式活泼，就一定能够吸引读者。经济工

作既然是宣传的重点,就要有足够的版面来体现。不仅一、二版要突出经济宣传,而且科教文和理论宣传也要注意面向经济建设。经济宣传不仅是报社经济部的任务,也是全编辑部的共同任务。评论、理论、科教、文艺等各部都要关心经济宣传,大家齐动手搞好以经济建设为中心的宣传。

当然,报纸宣传抓住经济建设这个中心,不能丢掉其他方面的宣传。江泽民同志说:"有中国特色社会主义的经济、政治、文化,是有机统一、不可分割的整体。"作为党的报纸,不能只讲经济,不讲政治、文化。在政治方面,关于坚持马克思主义理论的宣传,关于坚持人民民主专政的宣传,关于坚持和完善人民代表大会制度的宣传,关于坚持和完善中国共产党领导的多党合作和政治协商制度的宣传,关于加强党的建设的宣传,关于不断加强社会主义民主法制的宣传等;在文化方面,关于坚持"二为"方向和"双百"方针的宣传,关于大力发展教育、科学技术、文化艺术、新闻出版、广播影视、卫生体育等各项文化事业的宣传,关于开展多种形式的群众文化娱乐活动的宣传,关于持续开展扫黄、除"六害"的宣传,等等,都要认真组织报道好。有些重要报道,还应当放在显著位置刊登。

第二,正确处理四项基本原则宣传和改革开放宣传的关系

坚持四项基本原则和坚持改革开放,是党的基本路线的两个基本点,两个基本点是辩证的统一,是互相促进、相辅相成、缺一不可的。

四项基本原则是立国之本,必须毫不动摇地始终一贯地加以坚持。国内外敌对势力搞"和平演变",搞资产阶级自由化的根本目的,就是颠覆共产党的领导、推翻社会主义制度。这是一场你死我活的、长期的、尖锐的、复杂的阶级斗争。对这一点,我们要保持清醒的头脑,任何时候党报都不可放松坚持四项基本原则的宣传。在宣传中,一要旗帜鲜明,党报工作人员应该成为捍卫四项基本原则的坚强战士,坚守马克思主义的思想理论阵地。在对待事关四项基本原则的重大问题上,在对待诸如多党制、私有化、非意识形态化、马克思主义过时论、民族虚无主义、崇洋媚外等错误观点上,党报要明辨是非,旗帜鲜明,毫不含糊,毫不吞吞吐吐。二要正面引导,宣传四项基本原则不能抽象,不能空喊口号,应通过具体生动的事实报道,通过有说服力的文章(包括批评文章),来进行正面引导。三要抓住苗头,党报要经常注意社会动向、思想动向,及时抓住那些违背和反对四项基本原则的苗头,有计划地认真进行批评,绝不能让资产阶级自由化思潮泛滥。四要讲究方法,严格执行宣传纪律,不乱批判,不乱点名,注意团结大多数。

改革开放是强国之路，也必须坚定不移、一如既往地贯彻执行。应当看到，不搞好改革开放，社会主义制度就难以不断完善，经济就不能发展，国家就没有希望。因此，宣传改革开放，是党报紧迫的、长期的任务。如果党报不宣传改革开放，同样要犯严重错误。现在，各行各业都面临着改革的任务，经济体制要改革，政治体制要改革，科技、教育、文化、卫生等各方面都要改革。我们要经常宣传改革开放取得的成就和经验，宣传坚持改革开放的先进典型、先进事迹，同时对改革开放中出现的困难和问题也要适当报道，特别应注意报道克服困难、解决问题的办法，以增强人们搞好改革开放的信心。改革开放是个复杂的系统工程，需要有计划、有领导、有步骤地进行。党报对改革开放的宣传，既要积极，又要慎重。对每项重大改革措施的出台，要按照党委的部署进行宣传。既不能超前，又不能落后，要恰到好处，避免引起社会震荡。

两个基本点同样重要，两者的宣传都不能忽视、不能偏废。有的同志提出，根据形势的发展，在某一段时间侧重宣传某一个基本点的时候，党报怎样掌握？我认为，在这种情况下，党报宣传要坚持两条：一是坚持两个基本点不可分离的原则，在侧重宣传某个基本点的时候，不应该出现这个基本点的宣传倾盆大雨，而另一个基本点的宣传无声无息的状况。也就是说，在版面上力求做到，一个基本点有所侧重，另一个基本点也要有所反映，尽量做到两者不截然分离。二是要坚持两个基本点有机结合的原则。两个基本点是有内在联系的，改革开放要坚持社会主义方向，四项基本原则可以通过改革开放的实践来体现，宣传报道中要注意把两者有机地结合起来。任何时候都要严格防止用一个基本点否定另一个基本点的倾向。

第三，正确处理具体政策的宣传和总路线总政策的宣传的关系

党的各项具体政策，是在党的基本路线指导下制定出来的。因此，在宣传党的具体政策的时候，要同党的基本路线的宣传联系起来，不能违背总路线总政策。否则，就会左右摇摆，发生偏差。比如，我们在宣传私营企业、"三资"企业时，就要联系党的基本路线，认清我国经济是以社会主义公有制为主体的，私营企业、"三资"企业是公有制经济的有益的必要的补充，是允许发展的。因此，在宣传中既不能造成"私有制就是好"的印象，也不能把私营企业说得一无是处。又如，宣传加强对个体户的管理，也要根据党的基本路线，注意不要给读者造成要砍掉个体户的错觉。要讲明，我们加强管理是允许个体经济存在，引导他们依法纳税和正当经营。只有这样的宣传，才能避免片面性。

在两个结合上下功夫

宣传党的基本路线，既要做到全面、准确，又要努力做到生动活泼，吸引读者。要做到这一点，就要在两个结合上下功夫，就是：把党的路线、方针、政策同各地的具体情况相结合；把中央文件的精神同干部群众的思想实际相结合。

"有的放矢"，这是党的宣传工作的优良传统。党报如果只是照搬照抄党的文件，不与实际相结合，而作图解式的宣传，那就不可能生动活泼。还要看到，宣传党的基本路线是长期的任务，宣传报道要做到"常讲常新"，也就非结合每一时期的实际不可。报纸总是要提出各方面的问题，才能引起反响。那么，问题从哪里来？把中央的路线、方针、政策同各地具体情况相结合，把中央文件的精神同干部群众的思想实际相结合，在两个结合的过程中，必然会有各种各样的新情况、新问题、新经验、新事物。抓住这些来做文章、搞报道，就能把基本路线的宣传搞得生动活泼。两年来，党报有三条抓得很成功：一是抓出一批真正提出和回答实际问题的好新闻，这些报道针对性强，并且提供了解决问题的经验和办法，推动了实际工作，受到了读者的欢迎。二是抓出一批各条战线涌现的好典型，报道有血有肉，先进事迹感人，体现了时代精神，起到了振奋人心、扶正祛邪的作用。三是抓出一批干部群众现身说法的好文章，通过"笔谈会""征文""问题讨论"等形式，针对现实思想，讲亲身经历，谈切身体会，明辨是非，提高认识。这些做法，宣传效果都比较好。

要把两个结合搞好，关键在于编辑部要形成深入基层、深入群众、调查研究、探讨问题的好风气。党报如果脱离实际、脱离群众，是十分危险的。我们要遵照江泽民同志最近提出的两点希望：学习、学习、再学习，深入、深入、再深入，切实改进作风。记者要下去，部主任要下去，报社领导也要下去，调查了解两个结合的情况，从中抓住有新意、有深度、有特色的报道。我相信，只要大家齐心协力，不断改革创新，党报是能够办得生动活泼、引人入胜的。

（原载《新闻战线》1991年第12期，本书有删节）

在用建设有中国特色社会主义理论武装全党上下功夫

——党的十四大以来人民日报理论宣传的问题

周瑞金

一

党的十四大明确提出用邓小平同志建设有中国特色社会主义理论武装全党，这是一项具有全局意义和长远意义的战略任务。在改革开放和社会主义现代化建设的第二次伟大革命中，邓小平建设有中国特色社会主义的理论，作为毛泽东思想的继承和发展，是我们党领导第二次革命的指导思想。我们应当使这个理论掌握广大群众，成为全民族的精神支柱。因此，为用这一理论武装全党服务，为坚持党的基本路线一百年不动摇服务，坚定不移地、认认真真地学习和宣传这一理论，是我们党报理论宣传工作的根本任务和头等大事。

党的十四大以来，人民日报以坚持不懈地宣传建设有中国特色社会主义理论为主线，在用这一理论武装全党上下功夫，不断增强宣传这一理论的力度，把对建设有中国特色社会主义理论的宣传不断推向高潮。具体地说，十四大以来人民日报对这一理论的宣传，大体经历了四个阶段。

第一阶段，结合学习和落实党的十四大精神，全面地宣传建设有中国特色社会主义理论，系统地阐述这一理论的形成和主要内容。

人民日报除了发表社论和重要报道予以阐述外，在理论版专门开设了《用建设有中国特色社会主义理论武装全党笔谈》专栏，在不到一年的时间里，先后发表了42篇学习宣传这一理论的文章。其中，《学习党的十四大报告的几点体会》（丁关根）、《党的十四大与中国社会主义的前途》（郑必坚）、

《中国社会主义的命运》（龚育之）、《用建设有中国特色社会主义的理论统一全党思想》（逢先知）、《全面推进有中国特色社会主义事业的伟大纲领》（滕文生）等文章，都具有较高的理论深度，对全面学习、落实党的十四大精神、全面领会建设有中国特色社会主义理论的精神实质，起到了有力的导向作用。在这期间，我们还组织力量撰写了九篇重点系列文章，简称"九论"，对十四大报告概括的建设有中国特色社会主义理论九个方面的主要内容逐条进行阐发和论述。

第二阶段，《邓小平文选》第三卷出版发行，党中央作出《关于学习〈邓小平文选〉第三卷的决定》，通过学习、宣传《邓小平文选》第三卷，使建设有中国特色社会主义理论的宣传掀起一个群众性的新热潮。

人民日报连续发表社论和评论，深刻阐述了学习《邓小平文选》第三卷的重大历史意义，以及领导干部带头掌握建设有中国特色社会主义理论的极端重要性和紧迫性。同时，按照中央《决定》提出的五个"紧紧抓住和深入领会"的要求，结合宣传《邓小平文选》第三卷中的重要篇章，进行"重点突破"，着重宣传了邓小平同志关于解放思想、实事求是，社会主义本质，社会主义初级阶段，三个有利于的标准，社会主义市场经济和两手抓、两手都要硬等论述。这些内容在新开设的《认真学习〈邓小平文选〉第三卷》专栏发表的40多篇文章中得到了体现，其中有影响的文章有：《论〈邓小平文选〉第三卷的政治意义和理论意义》（郑必坚、龚育之、逢先知）、《建设有中国特色的社会主义理论是怎样在实践中产生的》（冷溶）、《"总设计师"怎样设计中国的"形象"》（施芝鸿）、《邓小平同志在社会主义经济理论中的创新》（厉以宁）、《社会主义的根本任务是发展生产力》（贺光辉）等。

第三阶段，党的十四届三中全会作出《关于建立社会主义市场经济体制若干问题的决定》，结合宣传《决定》，使建设有中国特色社会主义理论的宣传向纵深发展。

人民日报开设《认真学习党的十四届三中全会〈决定〉》专栏，把宣传建设有中国特色社会主义理论与宣传《决定》结合起来，发表了《建立社会主义市场经济体制的行动纲领》（王梦奎）、《略论建立现代企业制度》（刘国光）、《进一步发挥货币政策在宏观经济调控中的作用》（赵海宽）等文章。这些文章着重帮助人们认识建立新经济体制的必要性、必然性和重大意义，帮助人们正确理解这一改革的方针、政策和措施，帮助人们解放思想、更新观念，把认识和行动进一步统一到党的十四大和十四届三中全会的精神上来。

第四阶段，今年初全国宣传思想工作会议以来，按照宣传思想工作会议的精神和全党全国20字的大局要求，坚持"以科学的理论武装人"，排除各种干扰，把宣传建设有中国特色社会主义理论推向一个新高潮。

在这一阶段，人民日报对改革、发展中的热点、难点问题，主要是如何处理改革、发展与稳定的关系，全局利益与局部利益的关系，中央与地方的关系，如何坚持公有制为主体，如何遏制通货膨胀，如何实现共同富裕等，运用建设有中国特色社会主义理论，进行重点阐发，使建设有中国特色社会主义理论的宣传深入一步。其中《什么是社会主义，如何建设社会主义？》（胡绳）、《坚持公有制为主体是社会主义的根本原则》（苏星）、《谈谈遏制通货膨胀》（易之）、《全面历史地看待我国目前的"贫富差距"》（朱光磊）、《正确认识和处理经济体制转型期中央与地方的关系》（胡鞍钢）等文章，受到读者的好评，有的还得到中央领导同志的赞扬。此外，我们还就反腐倡廉、加强社会主义精神文明建设，以及经济发展新思路、正确处理新形势下人民内部矛盾、党的建设、力戒虚夸等问题，发表一系列文章，联系实际全面系统地宣传邓小平建设有中国特色社会主义的理论。

二

党的十四大以来，人民日报的理论宣传最大的特点，是指导思想明确、主题鲜明、内容集中。我们运用各种新闻形式，突出地高扬邓小平建设有中国特色社会主义理论的主旋律，决不搞什么"变奏曲"。为了把建设有中国特色社会主义理论的宣传引向深入，搞得更加扎扎实实、富有成效，我们体会必须在报纸理论宣传中坚持"四性"，即方向性、针对性、科学性和层次性。

关于方向性。理论宣传是报纸的旗帜和灵魂，在舆论导向中起主导作用。作为党报，它的理论（包括评论）是各个时期党的路线、方针、政策和各项中心工作最直接、最迅速的体现，也是报纸倾向性的最鲜明的载体。在社会变革和转型时期尤其突出。毫无疑问，它应当与党中央在政治上、在基本理论和基本观点上保持高度的一致，无论在什么情况下都应当有正确的大方向和鲜明的主旋律。

党的十四大以来，以江泽民同志为核心的党中央提出了用邓小平同志建设有中国特色社会主义理论武装全党的战略任务，并作出了关于建立社会主义市场经济体制,反腐倡廉,加强宏观经济调控,推进金融体制、外贸体制、投资体制和财税体制改革,正确处理发展和稳定的关系等一系列重大决策,对我国改革开放和现代化建设事业产生了重大而深远的影响。围绕党的这些中心工作开展理论宣传,对这些重大决策的提出以及实施给予理论的说明和舆论支持,就是党报理论宣传的大方向和主旋律。

在改革开放和现代化建设的过程中,我们会遇到各种困难,会有各种风云变幻的严峻考验,也会有这样那样的干扰。无论遇到什么困难、考验和干扰,党报的理论宣传都要坚持邓小平建设有中国特色社会主义理论不动摇,坚持党的基本路线不动摇。实践证明,只有思想上对建设有中国特色社会主义理论坚信不疑,才会在政治上对党的基本路线坚定不移。党报理论宣传工作者应该牢牢把握住这个大方向,以更大的热情、更努力的工作,使这一理论作为精神支柱在全党全民族中深深扎根,教育和帮助全国各族人民,包括我们的下一代、下几代,在任何时候、任何情况下对党的基本理论和基本路线都不动摇。

关于针对性。宣传邓小平建设有中国特色社会主义理论,要让广大干部和群众容易接受,一定要十分注意针对性,就是要明确回答人们对理论的认识问题和普遍关注的现实问题。

党中央要求各级领导干部系统地而不是零碎地、实际地而不是空洞地学习和掌握这一理论,这既是对理论学习提出的要求,也是对理论宣传提出的要求。深入改革开放和现代化建设的实际,深入到广大群众中去,有针对性地解答热点、疑点、难点问题,并给予理论的说明,这是报纸理论宣传工作者义不容辞的责任。被我们说明和解答的实际问题越多、越普遍、越深刻,我们的成绩就越大。

建设有中国特色的社会主义,是前人从未干过的事业,新问题层出不穷,没有任何经验可以借鉴,而这些问题又关系到广大群众的切身利益,为亿万人民所关注。比如,怎样建立社会主义市场经济体制,怎样深化企业改革和建立现代企业制度,怎样看待部分国有企业亏损、收入分配差距拉大,怎样认识公有制为主体,怎样看待反腐败成效不够理想以及社会治安状况不好的问题,等等,这些问题都需要有针对性地给予回答。

理论宣传要有针对性,有两个环节要抓住。一是要善于从群众关心的热点问题切入,捕捉、提炼实际提出的理论热点来作相应的理论文章;二是组织刊发联系各地改革开放和经济建设实际的理论文章。

人民日报理论版刊登的关于金融体制、外贸体制、投资体制和财税体制改革，关于宏观经济调控，关于建立现代企业制度，关于粮食购销体制改革，关于遏制通货膨胀，关于正确看待贫富差距，关于建立健全反腐倡廉制度，关于力戒虚夸等方面的文章，都是群众关心、实际生活提出的理论热点问题。在组织论述建设有中国特色社会主义理论的九篇系列文章时，我们专门约请部分省委和有关部门的在实际生活中有切身体会又有专门研究的同志参加撰写。这些文章在系统论述建设有中国特色社会主义理论的同时，注意联系当地的实际，从而加强了文章的针对性。再如，《建设有中国特色社会主义在苏南的成功实践》（苏萱）、《邓小平开放、开发思想与上海浦东开发》（黄奇帆）、《邓小平经济特区建设思想在深圳的成功实践》（彭立勋）、《切实加强沿边开放地带精神文明建设》（杨光洪）等文章，也体现了这一精神。这些文章受到读者称赞，其中三篇文章还入选中宣部1993年度精神文明建设"五个一工程"奖。

关于科学性。科学性是理论宣传的生命。建设有中国特色社会主义理论是对社会主义基本规律全面和整体性的认识，是一个完整的科学体系。对科学理论的宣传要采取科学的态度和科学的方法，力求做到全面、系统，力戒片面性。要融会贯通，不能只强调某一方面，而不顾及其他方面，不顾及整体，更不能符合自己观点的就宣传，不符合自己观点的就不宣传。

创立建设有中国特色社会主义理论，是改革开放15年来我们党在理论上的最大收获。在纪念毛泽东诞辰100周年的时候，我们发表纪念文章特别注意全面科学地阐述邓小平建设有中国特色社会主义理论同毛泽东思想的继承与发展的关系，澄清了在这个问题上的一些模糊认识。另外，我们发表的有关以公有制为主体问题的文章，也很注意既回答了不能削弱公有制为主体的问题，也阐述了要改革公有制的实现形式和公有制在多种经济成分中的配置方式问题，这就引导读者全面地科学地认识这个问题，避免片面性。

关于层次性。随着信息传播的多元化，随着市场经济体制逐步建立而带来的利益调整、观念撞击，人们对理论宣传越来越有自己的选择性，要求理论充实，有层次性，讲究宣传艺术。这是提高理论宣传效果的一个重要课题。

首先，内容要有层次性。建设有中国特色社会主义理论是一个系统的体系，它从各个不同层面阐述了各种理论和现实问题，就是说，它本身就有层次性。因此，我们应该按照这一理论的原貌，分层次、有重点地进行宣传。

比如，新时期的思想解放，从根本上说，是围绕搞清楚"什么是社会主义，如何建设社会主义"这个首要的基本理论问题来进行的。"什么是社会主义"，主要解决的是社会主义本质问题，"如何建设社会主义"，主要解决的是社会主义发展道路问题。这是我们理论宣传的重点问题，要反复抓住这个主题，从不同侧面、不同层次展开。这是一个层面，是主要的层面。另外，在建设有中国特色社会主义理论指引下，社会科学各个领域的新发展、新观点、新动态，也应在理论版上得到适当反映，这有利于建设有中国特色社会主义理论的宣传。这又是一个层面。从去年10月起，人民日报新开辟了《理论·学术》版，报道社会科学各个领域新的学术成果，发表了有关主体性、价值观、民族文化、传统中国文化与未来文化发展、冷战后的文明战略、信息化等问题的一系列文章，受到各界读者的欢迎。

其次，宣传形式要多样化，这是"层次性"题中应有之义。真理是不怕重复的，但对真理的宣传确实需要讲究方法，特别是报纸的理论宣传，要有自己的特点。要把十八般武艺都运用起来，开动脑筋，在宣传形式和手法上不断创新。人民日报理论版在这方面进行了一些尝试，如开辟了一系列栏目：《思想纵横》《学者访谈录》《改革热点纵横谈》《调查报告》《报刊文摘》《学术动态》《书刊评介》等，从而活跃了版面，适应了不同层次读者的需要。

在如何改进理论宣传的形式方面，常常碰到两个老问题。一个是文章的长短问题。应该说，长文章中确实不乏好文章，所以不能说长文章都不好，该长则长。但理论版上的文章，应该长短结合，以短为主，以便让读者以有限的时间、在有限的版面上得到更多的东西。现在的关键是要反对那种长而空的文章。

还有一个是版面美化问题。时下的流行说法，"得改一改'包装'"。理论是严肃的深刻的，但这并不意味着理论版的标题就该"傻大黑粗"，版面就非得"大平正方"，老是"老三篇"或"老两篇"，一个模式，面目可憎。"包装"不精美，不吸引人，表现形式不讲究，就不可能达到宣传的目的。所以，理论宣传要想达到入脑，首先要做到入眼。要重视版面的美化工作，给人一种亲近愉悦的感觉。

总之，党报的理论宣传，首要的是抓好方向性、针对性和科学性，同时也要下功夫抓宣传的艺术性，要使读者愿意看，感到可亲、可信、可读。这方面本报的改进尚不尽如人意，需要进一步努力。

三

从党的十四大以来人民日报的理论宣传实践来看，要比较好地坚持理论宣传的方向性、针对性、科学性和层次性，必须切实遵循下面几条原则：

（一）坚持不搞争论的原则。邓小平同志指出，不争论，是为了争取时间干。一争论就复杂了，把时间都争掉了，什么也干不成。他还强调，不搞争论是他的一个发明。可见，不搞争论，是邓小平同志经过深思熟虑郑重地提出的一个很重要的原则。不搞争论不仅是对思想理论界的要求，也是对报刊理论宣传的一条重大原则要求，体现了重在建设、重在探索的精神。党的报刊在理论宣传中要紧紧把握这一点，坚持不搞争论，不挑起争端，不搞"大批判"那一套。抓住一篇文章的只言片语，断章取义，无限上纲，动不动就批人家，甚至搞人身攻击，这绝不是党的报刊理论宣传应有的风格和态度。不搞争论，并不是一概反对讨论。对某些理论观点有不同看法，是正常的，作为学术问题也可以在学术刊物上展开争鸣，这是符合双百方针精神的。但是，在党的报刊上，是不能对中央决定了的方针、政策和重大举措进行争论的。况且，改革在深入，在建立社会主义市场经济体制过程中，许多改革举措带有探索性质，理论宣传也应体现探索的精神，不断对改革实践中提出的问题作有创意的理论阐述与指导。在这个过程中，即使某些文章有不恰当的观点，也不要轻易地挑起争论，而可以摆事实，讲道理，正面论述，充分说理，通过实事求是的科学分析来阐明正确的观点。这不是不讲是非，不是削弱理论宣传的战斗力，而是持这种平心静气讨论式的态度，比较有利于理论界的探索和团结，比较有利于改革、发展、稳定的大局，也比较有利于把大家的认识逐步地统一到邓小平建设有中国特色社会主义理论上来。《人民日报》近年来发表的有关什么是社会主义，有关坚持公有制为主体等文章，就是通过正面论述，澄清了在生产力标准、公有制和党政关系上的一些模糊和错误的观念，没有摆出争论的架势，没有去批人家，读者反映这样做效果比较好。

（二）坚持"要警惕右，但主要是防止'左'"的原则。邓小平同志在南方谈话中强调，中国要警惕右，但主要是防止"左"。这是对我国革命和建设长期历史经验的总结，也是对今后我们坚持党的基本路线，正确进行两条战线斗争，提出的战略指导方针。因此，它也是党的报刊理论宣传的一条重要指导原则。我们要在理论宣传中把握正确方向，排除各方面干扰，必须要警惕右，但主要是防止"左"。这里，关键是把握好"警惕""防止"四个字，而不是动不动就反什么，批什么，更不要轻易给人家乱戴"左"和右的帽子。报刊上出现几篇有这样那样倾向不好的文章，我们要见微知著，运筹机先，加以警惕和防止，予以正确的引导。而切不要听到风就是雨，加以夸大，加以渲染，说成是这个"风"那个"风"的，制造"批判"气氛。

（三）坚持不搞形式主义的原则。邓小平同志在南方谈话中指出，文章太长，内容重复，新的语言不多，这是一种形式主义。形式主义问题，是一个党风问题，也是一个学风问题、文风问题。理论和实践的统一，是马克思主义认识论的一个根本原则。报刊理论宣传要不搞形式主义，就要坚持理论和实践的统一。

具体地说，报刊理论宣传一是要对建设有中国特色社会主义理论中理论性比较强的问题，不空泛而论，而是联系现实去分析，而且要尽量分析出新的思想、新的角度、新的语言来，不要老是重复人们耳熟能详的话。二是要对改革开放和现代化建设中提出来的大量实际问题，不就事论事，而是上升到建设有中国特色社会主义理论的高度去概括和总结。这样，理论宣传就可以离现实更近一些，更扎实一些。人民日报在理论版开辟《改革热点纵横谈》《思想纵横》《经济效益论坛》等栏目，就是基于这样一种认识。当然，现在一般理论文章存在的两大毛病也不容忽视，就是有的文章有理论，但失之空泛；有的文章虽然结合实际，但又太实，像工作总结，缺少理论性。因此，理论文章要做到现实针对性与理论性结合好，应该是我们努力的方向。

（四）坚持教育者要先受教育的原则。邓小平同志经常告诫我们，教育者要先受教育。他在谈到马克思主义理论学习和思想文化界要多出好的精神产品时，要求全党各级干部，特别是领导干部，首先自己要掌握马克思主义的基本理论，从而加强工作中的原则性、系统性、预见性和创造性。理论宣传工作者肩负着宣传建设有中国特色社会主义理论的重任，首先自己要进一步深刻认识邓小平同志建设有中国特色社会主义理论和用这一理论武装全党的重大意义。要真正认识到邓小平同志的理论是我国改革开放和现代化建设的伟大旗帜，是我国民族振兴和发展的强大精神支柱，是我们党和人民最可珍贵的精神财富。在当代中国，坚持这一理论就是真正坚持和发展马克思列宁主义、毛泽东思想。这样，我们就能充满深切的感情和追求真理的热情，去认真研读和掌握当代中国的马克思主义，提高自己的马克思主义理论水平。这样，也才能掌握理论宣传工作的主动权，满腔热情地投入到这一伟大的工作中去，更加自觉地搞好这一理论的宣传。

（五）**坚持理论宣传和队伍建设并举的原则。**邓小平同志在南方谈话中指出，中国的事情能不能办好，从一定意义上说，关键在人。要很好地发现人才，果断地起用人才，广开进贤之路。这一点对理论宣传工作也非常重要。理论宣传工作"重在建设"，一是理论建设，二是队伍建设。没有一批有真才实学而又脚踏实地的人才，没有一支经得起考验、能打硬仗的队伍，党赋予我们理论宣传工作的战略任务就难以胜任。应该说，我们报纸理论宣传队伍是一支好的队伍。要发挥这支队伍的积极作用，把大家更好地组织起来，形成合力。要搞五湖四海，在大方向一致的前提下，团结的人越多越好，而不是越少越好。要注意把使用和培养结合起来，加强队伍成员自身的学习，不断更新知识和观念，不断提高政治和业务素质。另外，还要在理论宣传中不断发现和培养基层涌现的理论工作的积极分子，包括理论界涌现的跨世纪的中青年新生力量。这样，我们的理论队伍才会越来越壮大，做好理论宣传工作才有了坚实的基础。这方面工作是本报的一个薄弱环节，今后需要下功夫切实加强。

人民日报的理论宣传工作，中央和中宣部的领导同志都十分重视。丁关根同志多次要求人民日报要发挥优势，办得高出一筹，着重要抓好"三论"，即社论、理论和评论。他要求我们不断提高理论文章的质量，力戒长而平，要多登内容切实，生动活泼，有一定理论深度而又有新意的文章。我们深感，作为党中央机关报的理论宣传，离中央领导的期望和要求差距还很大。党的基本路线要坚持一百年不动摇，宣传邓小平同志建设有中国特色社会主义理论也要坚持一百年不动摇。我们一定要按照中央的要求，学习学习再学习，努力努力再努力，不断提高水平，加大力度，在用邓小平同志建设有中国特色社会主义理论武装全党上下大功夫、下真功夫、下韧功夫。

（原载《新闻战线》1994年第9期）

城市特色与晚报个性

万仕同

城市与晚报的因缘

据《市场报》今年2月28日报道，1994年全国广告营业收入名列前茅的三家报纸是《广州日报》《羊城晚报》和《新民晚报》。这三家城市报纸的辉煌，从一定意义上说明了报纸，特别是晚报（其中两家是晚报）与城市有着无法割舍的联系。

最早的城市一般都是一个地区的贸易市场与货物集散地。从城市的形成和发展过程看，其突出的功能是促进商品交换和经济交往。但城市发展到今天，就不仅仅是经济实体了。城市已经成为人类文明的标志，是一个时代经济、社会、科学、文化的渊薮和焦点，代表着一个社会的经济文化发展的高峰。美国城市经济学家贝利在60年代就指出："一个国家的经济发展水平与城市化程度之间存在着某种联系。"有意味的是，中国晚报近些年从量的增加到质的提高跟中国城市的发展也几乎同步。广东的经济奇迹和广州的城市繁荣让《羊城晚报》羽翼大丰，上海的重振雄风和浦东的开发开放使《新民晚报》如鱼得水。同样，苏锡常宁的经济发展也使《扬子晚报》迅速崛起，郑州的发展和"商战"使《郑州晚报》的广告收入远远超出了《河南日报》。

有人概括城市必须具备三个条件，即密集性、经济性和社会性。人口的集中和商品的流通与经济的发展是相互关联、互为因果的。而社会性则是这两者的必然结果。正因为此，有人说城市也是人们社会交往的中心。而沟通的桥梁之一就是新闻媒介，而从晚报的内容选择、版面编排到销售方式（大都有相当数量的零售）等各方面，晚报又最大限度地去满足城市市民的需求，这就自然使城市和晚报之间的联系越来越紧密。经济的发展带来了城市的繁荣，晚报服务于城市，晚报也受惠于城市。可以说，如今的晚报热是以城市的繁荣为背景的。

晚报个性与城市特色之间的联系

改革开放以来，我国城市进入了一个新的发展时期。但在我国幅员辽阔、人口众多、历史悠久、经济落后这个背景和条件下发展起来的各类城市，又具有各自不同的特征。地理环境的复杂性，使城市结构、布局形式、建筑风格，千差万别。而因各地经济开发的早迟、资源分布的多寡、生产条件的不同，北方平原地区和南方丘陵山地，沿海港口和内陆腹地，特点不同，水平各异，从而使我国城市的社会经济职能也复杂多样。

各个城市的不同特色和类型，又自然使置身其间的晚报打上不同的烙印。同时，各家晚报应该主动地寻找自己最突出的、能够区别于其他城市晚报的"亮点"。报即风格，每一家晚报置身于一个独特的环境中，它有必要也完全有可能办出自己的特色，自己的风格，显示出自己独特的个性来。

城市特色跟它所担负的职能是联系在一起的。首先是城市的经济职能，如区域或全国性经济中心，工业、商业、金融、交通、农业等的发展情况。其次是它的社会职能，如首都或地方行政中心，国防上的战略要地及军事重镇、军港等，文化教育、科技领域的地位。还有些旅游、边境及综合性中心城市则具有经济与社会的复合职能。对于一家晚报来说，它的个性首先体现在对内容的选择上。而这种选择又制约于对自己所在城市职能的把握上。作为以上海为创办地的《新民晚报》，它跟辽宁《抚顺晚报》在报道内容上必然有着巨大的差异。上海这个东方大都市需要《新民晚报》在为上海市民服务的同时，报纸跟"大上海"一起"辐射"。而抚顺的经济、地理环境等决定了《抚顺晚报》不能好高骛远，而首先应为本市市民服务好。

高度商品化的现代都市，现代都市中日益丰富的市场，是晚报迅速发展的根本动因。晚报首先必须"吃透"自己所在的城市。

一是城市的经济社会发展和历史传统。"城市是一本打开的书"，经济发展是城市的内在动力，城市的规划、布局、生态环境、市政设施、建筑文化等所构成的人文景观,是城市的面貌和仪容。这些本身就内化于晚报的日常报道之中。

二是城市的社会管理结构。城市的权力结构、自主程度、决策和管理、城市的政治生活和公共生活、社会分工和专业分化、社会团体和组织程度等,反映出城市是充满活力的、高效和有机的、以人为中心的,还是僵硬而低效、非理性的、见物不见人的两种不同的管理和制度。生活运作于其间的晚报是不能对自己城市的这些方面视而不见的。

三是城市的文化建设和市民的生活方式。晚报在报道城市的经济、物质层面建设的同时,自然也应关注城市文化产品的数量和质量、价值和功能、风格和特色、品位和层次等。而对于晚报来说,也许更能体现自己况味的是所在城市的风俗民情、人际关系、人格心理、行为特征、价值观念、婚姻家庭、闲暇生活等。因而,不同城市的市民对生活的不同态度及市民的世俗生活、日常表现,成了各晚报一个永久的话题。

制约甚至决定晚报个性的另一个重要因素是晚报的读者群。一张晚报办得有没有特色,有没有个性,读者群的欢迎程度是一个重要标尺。从另一种意义上说,晚报从内容到形式需要考虑主要读者群的文化品位和素质。城市的人口构成和文化素质、教育程度、流动情况等,既是晚报的报道内容之一,也是晚报品位和个性的重要制约因素。作为晚报来说,所在城市市民在其整个读者群中总是占有很大的比重。《北京晚报》《今晚报》《新民晚报》《郑州晚报》《武汉晚报》《兰州晚报》等自不待言,就是由省委机关报主办、覆盖全省的《扬子晚报》《钱江晚报》等,所在地南京、杭州的读者也占了很大的比重,如《扬子晚报》,它在南京地区的发行量便有40多万份,刚好是"半壁江山"。当然,由于晚报的类型多种多样,读者覆盖面有大有小,比如《扬子晚报》这样的报纸,它就不但要研究报纸主办地的南京,还要兼及苏州、无锡、常州、扬州、徐州、南通等城市及其市民。总之,办好晚报必须悉心研究地域文化的活力和个性,研究当地城市读者群的口味和需求。

改革开放以来,晚报发展迅速。尤其是90年代以来,晚报数量更是呈直线上升趋势,1990年为46家,1993年跃升至102家,1994年为128家,目前已达到140余家。晚报发展之速、效益之好、影响之大是许多其他报种难以比拟的。但在晚报热的同时,每一家晚报怎样创造性地形成自己独有的风格,在晚报的群体特色中突出自己的个性,就成了各家晚报应该着力解决的问题。从城市特色这一角度探讨晚报个性，是希望能提供一个创造和增强晚报个性的新的视角。

市场是一个变数，城市与晚报也随着市场的变化而变化

城市作为一个极其复杂和敏感的生态系统，人口的流动，战争和革命，交通和通讯，资源和经济等许多环境和条件的变化都会破坏它原有的平衡状态。党的十四大提出建立社会主义市场经济体制，给各类城市的发展带来从未有过的契机。有了市场才有了现代意义上的城市，现代化的都市为晚报的发展繁荣提供了宽广的空间和舞台。市场走向，市场变化，市场价格，大市场与小市场，初萌的市场与成熟的市场，正是这种种的市场，使城市流光溢彩，也构成和壮大着晚报的服务对象。

一般来说，城市的特色与性质是相对固定的，但在社会主义市场经济条件下，这些特色与性质又不可能一成不变。市场是一个点，城市是另一个点，晚报个性也随之而确立和变化，经历一个由相对固定到变化再固定的循环。比如十几年来，广东创造的经济奇迹引起了世界的关注和尊敬，以至有人称广东的一大反差就是历史上的南蛮之地与今天的现代化先锋角色。以广州为中心，向东西南三个方向扩展，珠江三角洲成为广东经济奇迹的"明星演员"，成为中国最繁华富裕的地区和城市化程度最高的区域。与此相对应，《羊城晚报》成为中国最具经济实力的报纸之一，深圳晚报等也以不俗的表现而引人注目。

因而，我们应以变化发展的而非僵化教条的眼光去考察城市特色和晚报个性。确定晚报个性和定位时，首先是要满足所在城市信息传播和人们精神交往的需要。市场经济体制的确立使城市的信息需求大大增加。作为以城市居民为主要对象的晚报，它首先应该更好地成为沟通政府与市民、商店与消费者、商情与用户、老板与雇员等社会成员之间的桥梁与纽带。其次，要尽量满足对外沟通的需要。城市是人们社会交往的中心，是推动社会交往发展的枢纽。正因为如此，城市不是一个封闭的信息聚集中心，也是向其他地区传播信息和资讯的辐射中心。作为现代都市报纸的晚报，应该适应市场经济和现代化都市发展的需要，不断拓宽信息渠道和报道视野。同时，还要考虑晚报本身扩展的需要。晚报依托城市而生存与发展，晚报应根据所在城市的职能与性质，确立自己的活动空间，并进而拓展自

己的生存空间,不切实际难免招损,作茧自缚也同样不利于自身的发展。《今晚报》总编辑曾坚定地表示:只要有一个外埠读者,报纸就不实行自办发行。《扬子晚报》面对《新民晚报》的强大压力,不仅向苏南进军,而且打入上海,其目标、目的都是扩大自己的影响,拓展晚报本身的功能。当然,像西部某些欠发达地区的晚报,也许这样做就得不偿失了。重要的是因地、因时、因事制宜。

(原载《新闻战线》1995年第9期,刊发时作者署名为余卜文)

关于舆论导向问题的思考

范敬宜

9月26日,江泽民总书记视察人民日报并发表重要讲话。这是人民日报历史上的一件大事,必将对人民日报以至整个新闻工作的发展产生重大影响。最近,人民日报编委会和全社同志反复学习领会江总书记的讲话,研究如何按照中央要求,真正把人民日报办得高出一等。这里我只想就如何坚持正确的舆论导向问题,谈一点粗浅体会。

第一,在舆论导向问题上没有一劳永逸,一定要时刻居安思危,保持清醒的头脑

江总书记视察人民日报的讲话讲得很全面,涉及新闻工作的方方面面,是新时期新闻工作的纲领性文件。总书记讲话的核心是坚持正确的舆论导向。在讲话中,总书记把坚持正确舆论导向的重要性、紧迫性,提到了前所未有的高度,特别指出舆论导向正确是党和人民之福,舆论导向错误是党和人民之祸,确实是语重心长,振聋发聩。

人民日报的同志听说江总书记要视察人民日报,都特别高兴,特别振奋。大家最想听的是总书记对人民日报工作的评价,特别是对人民日报近几年来的舆论导向问题如何评价。从我来说,不敢有更高的期望值,只希望总书记说一句这几年来人民日报在重大政治性问题上没有发生导向性的错误,就非常满足了。没想到总书记对人民日报给予了那么高的评价,他说,人民日报在改革开放和社会主义现代化建设中发挥了重要的舆论引导作用,中央对人民日报的工作是满意的。人民日报的同志对此感到特别振奋,特别欣慰。

人民日报在舆论导向问题上是有深刻教训的。江总书记关于"舆论导向正确,是党和人民之福;舆论导向错误,是党和人民之祸"的论断,是对人民日报历史经验的深刻总结。1958年大刮浮夸风时期,"文革"当中在"四人帮"把持之下的时期,人民日报都有过导向错误。在1989年的政治风波中，人民日报犯了严重的政治导向错误。这几年来，人民日报在党中央的领导下，认真总结经验教训，编委会始终把坚持正确的舆论导向放在一切工作的首位，天天讲，时时讲。编委会的同志在讨论中一致认为，这几年人民日报在舆论导向上没有发生重大错误，原因有三条：第一是中央的路线正确；第二是整个社会环境，特别是舆论环境稳定；第三是中央有关部门领导有力。当然人民日报的同志也做了很多努力。客观地说，这几年虽然没有像1989年那样的惊涛骇浪，但也不是在风平浪静中度过的。在这段时间中，国际形势错综复杂，国内也有许多矛盾、困难，我们既要顶住外部错误思潮的冲击，也要排除内部错误思想的干扰。在如何正确宣传邓小平建设有中国特色社会主义理论，如何处理改革发展和稳定的关系，如何处理物质文明建设和精神文明建设的关系，如何正确认识和评价政治经济形势，如何正确认识社会主义市场经济体制，以及在国际报道中如何正确分析形势、坚持有理、有利、有节的斗争等问题上，人民日报常常面临各种各样的考验，也出现过各种各样的险情，但都在党中央的正确领导下顺利度过。尽管如此，我们还应该清醒地认识到，在舆论导向问题上，不可能一劳永逸，一定要保持清醒的头脑。一个时期舆论导向正确，不能保证永远正确；在某个问题上头脑比较清醒，不能保证在所有问题上都能保持清醒的头脑。导向问题在不同时期会以不同的形式出现。总书记对我们工作的肯定，应该使我们感到肩上的担子更重，一定要居安思危，加强学习，提高认识。当前主要的是要把学习党的十四届六中全会精神和学习江总书记在人民日报的重要讲话紧密地结合起来。

第二，要把导向问题放在大背景中来认识

江总书记在人民日报发表重要讲话之后，许多同志打电话问我，人民日报出了什么事？江总书记讲话有什么背景？我怎么解释没有什么他们认为的那种"背景"，他们总有点不信。我只好说："如果一定要说背景，那就是我们今天的大背景，必须把总书记的话放到大背景中来认识。"这个大背景是什么？从总的来看，是要坚持党的基本路线不动摇，要紧紧围绕经济建设这个中心，服从、服务于全党全国这个大局；从近期看，明年要召开党的十五大，香港要回归。这是举世瞩目的大事，关系到党和国家命运的大事。在这种情况下，我们比任何时候都需要稳定，稳定是压倒一切的任务。创造一个有利于稳定的良好舆论环境，是摆在我们新闻队伍面前的头等大事。从这个意义上讲，总书记的讲话绝不是仅仅对人民日报讲的，而是对整个新闻队伍讲的。我们必须在大背景中，从全局的高度，了解讲话的长远意义和现实意义。新闻舆论工作要时刻不忘"稳定"两个字，有利于稳定的事就做，不利于稳定的事坚决不做。我们在社会主义现代化建设中，会遇到许多涉及根本的问题，比如，如何正确处理物质文明和精神文明的关系，如何正确处理在发展社会主义市场经济中出现的问题，如何正确处理宏观调控和微观搞活的关系，这些问题都关系到稳定，稍有疏忽，就会出现误导，就会影响大局的稳定。明白了这一点，就会懂得为什么江总书记把舆论导向问题提到那样的高度。

第三，如何正确把握舆论导向

思想认识提高了，并不意味着就能把握好舆论导向，还需要研究怎样才能把握好的问题。我的体会是：一要分出层次，二要总结规律，三要探索办法。

（一）分出层次。新闻舆论导向也有层次问题。所谓错误的新闻舆论导向，就是对一个时期社会舆论、社会行为、社会心理，能够产生错误引导和影响作用的新闻舆论，而不是什么错误都可以称为导向错误。我们现在讲的导向，主要是指政治导向；讲导向错误，主要是指在重大政治性问题上直接错误的引导，像1989年的政治风波时那样。我们要防止的首先是这类重大政治性的导向错误。但是，也不能忽视某种非政治性的导向，如思想导向、经济导向、消费导向、生活导向、行为导向、知识导向等。这种导向虽然是非政治性的，但对人们的思想、意识、世界观可能产生重大影响。还有的可以从非政治性的转化为政治性的。比如否定宏观经济调控，鼓吹通货膨胀无害，鼓吹高消费，提倡"向钱看"，以及美化西方腐朽文化和生活方式等。我们把新闻舆论导向分成若干层次，为的是提高警惕。

（二）总结规律。什么情况下最容易发生导向错误呢？第一，对基本理论、基本路线、基本方针似懂非懂的时候；第二，对全局情况了解若明若暗的时候；第三，在形势出现错综复杂局面的时候；第四，对有些新闻背景不清楚的时候；第五，在感情冲动的时候；第六，在众说纷纭，特别是在小道消息盛行的时候；第七，不遵守宣传纪律的时候；第八，对中央的态度不了解的时候。

（三）探索办法。第一，学通理论。全面领会邓小平建设有中国特色社会主义理论，切忌片面性、随意性，要做到融会贯通。第二，通晓政策。政策很多，新闻工作不可能对所有的政策都非常精通，但是，我们的职业要求我们起码要了解最基本的一些东西，不但要了解政治、经济政策，也要了解文化、科技、法律等方面大的方针政策。第三，把握大局。特别是要审时度势，正确估计形势。第四，了解实情。第五，保持冷静。就是在宣传报道方面保持常势，保持连贯，保持一贯性。第六，讲究艺术。这六点都有它的具体内容，这里我想着重讲一下了解实情和讲究艺术。

了解实情是保证我们的报道不出大的偏向的一个重要方面。了解实情主要是指了解人民群众赞成什么，喜欢什么，意愿什么，反对什么，厌恶什么。因为我们的一切政策都是以人民群众赞成、喜欢、意愿为归宿的。违背大多数人民群众的意愿，最终是站不住脚跟的，会犯导向性错误。但现在我们的记者恰恰是了解实情做得很不够。由于对实情、特别是对基层实情不了解，容易出报道上的偏差。一般说来，真理往往在最基层，离基层越近，离真理也就越近。任何事情都不能离开绝大多数人民群众的意愿去做。最近举办的穆青同志作品研讨会，许多人认为，穆青同志最大的特点是他始终和人民群众打成一片，深知人民群众在想些什么，处处想到要为他们说话。所以，他和普通群众、老百姓结成了血肉关系，是非常令人感动的。能够做到这一点，就不容易犯导向性的错误。

讲究艺术，就是讲究宣传艺术、引导艺术。有些导向上的错误，是由于不讲究宣传艺术，没有把握好"度"而造成的。陈云同志曾讲过：在某种情况下面，战术问题比战略问题更重要。因此掌握宣传艺术不是个单纯的技巧问题。掌握艺术的核心问题是掌握"度"。绘画艺术，无非是处理好大与小、远与近、疏与密、简与繁、浓与淡、虚与实等这些矛盾。宣传和艺术有相通的关系。这次总书记讲了"五个根底""六个作风"，归根到底是要我们提高综合素质，假如综合素质不提高的话，光是作风艰苦、深入也未必能写出好的作品。有的同志不能说作风不艰苦、不深入，就是写不出特别能打动人心的好作品来。为什么？其中就有一个综合素质问题，我把它简称"学养"。关于新闻工作，总书记反复地讲要读政治理论，要读经济、科技、法律，同时一再讲要读文艺作品，包括好的小说，要懂艺术，这主要也是为了我们掌握处理矛盾的艺术。人民日报前不久为一位记者开了一个作品研讨会，这位同志写的文章在某一个专业方面特别内行。新闻记者能够做到这一点，是非常不容易的。往后再如何提高，需要他更深厚的学养，这里包括他去掌握各种综合的学问。现在正举办的穆青摄影作品展是很值得一看的，我认为在他的摄影作品中，政治家的思想底蕴和艺术家的美学修养得到相当完美的结合。作为一个政治家，他赋予摄影作品以一种深沉的、凝重的思想内涵；反过来，作为一个艺术家，他又赋予新闻作品以一种非常耐人寻味的诗情画意。这不是光靠学习钻研专业知识或者单纯地去搞研究能够得到的，而是需要他本身的"学养"的积累。所以，坚持新闻舆论导向和我们新闻队伍的高素质是密不可分的。没有高素质的新闻队伍，也就不能保证我们时时刻刻地保持正确的舆论导向。

(原载《新闻战线》1996年第12期)

历史的责任　时代的眼光
——谈谈人民日报经济部的国有企业报道

班明丽

"搞活国有企业宣传，就像搞活国有企业一样难！"这是多年从事国有企业报道的切身体会。我们虽然在努力探索，但不敢说对"搞活"二字有了足够认识和实践。根据近几年人民日报经济部对国有企业的宣传情况，谈一点感想。

宣传中的主要难点及矛盾

从新闻业务角度说，搞活国有企业宣传，可以采取许多形式、手段，可以借鉴许多传统经验和做法。比如，解剖典型，树榜样；反映动态，行进式报道；采写现场感强的新闻，抓"鲜菜""活鱼"；宏观报道与微观报道结合，等等，这些都很重要，但我认为，这些都是形式，是第二位的。第一位的内容是最重要的。就是首先要解决到哪里去抓"鲜菜""活鱼"？解剖什么样的典型？就是如何正确分析认识客观实际，如何判断、选择。一句话，需要时代的眼光。要搞好国有大中型企业宣传，这是最重要的。

报道依托于实践。实践丰富，才有报道的活跃。国有企业是国家经济命脉和财政的支柱，它的举足轻重的地位告诉我们，不能忽视对国有企业的宣传。但是，改革开放以来，随着社会主义市场经济体制的建立，改革力度加大，为国有企业创造了发展的条件，同时也使国有企业遇到许多前所未有的新问题。企业不像改革初期承包制从无到有阶段那样，"一包就变""一包就活"，到处是冲破旧体制束缚后的勃勃生机，到处是企业得到自主权后激发出来的热情和积极性，新闻报道也很活跃，改革与发展的典型比比皆是。党的十四大以后，企业改革进入了制度创新时期，旧体制下产生的深层次矛盾日益明显，阻碍着企业的发展，解决它又非国有企业自身所能左右。在这个阶段利益格局调整中，国有企业的利益已经不像改革初期那样得大于失，它们处在新旧体制激烈交锋的夹击之中，确实有"越改越难"的趋势。

面对这种局面，报道常常觉得矛盾重重，进退两难。矛盾何在？一是个性与共性的矛盾。如何抓典型、树榜样，不是不能报道，但偌大的中国，任何时候都能找出一批搞得比较好的企业，总结它们的经验并不困难。但是，如果抛开现实环境的总体困难，一味说这些企业做得如何如何好，报道不易服人，还可能使人反感。二是督促与公平的矛盾。选择解剖一些本应搞好却未搞好的典型，加以督促，会有较大影响，甚至可能有轰动效应，但外部环境制约企业，许多不公平竞争的存在，把问题仅仅归于企业，有失公平。这种报道不仅难以通过，即使发出也不利于大局的稳定。三是新闻性与导向性的矛盾。不少企业在探索改革中创造了一些行之有效的做法，作为新闻报道应及时抓住予以宣传，但常常会碰到两个问题：一个是与红头文件、领导讲话要求不完全相符，不能及时地、淋漓尽致地宣传；另一个是实践的成熟性不够，需要时间考验，有关部门不希望宣传。诸如此类的矛盾，把国有企业的宣传挤到了一条很狭窄的路上，组织报道往往在一个思维定式中抉择："抓不如不抓"，"多说不如少说"，"鲜活"不如"稳妥"，"抓深"不如"保险"。这样怎么会搞活国有企业宣传呢？

怎么办？我想，报道依然要遵循新闻规律。第一，要正视现实，在此基础上反映现实。第二，正视现实不仅是客观反映真相，还要讲明现实的成因，引导读者正确认识现实，为推动现实向好的方面转变创造良好的舆论环境。做到这一点，要站在时代的高度，从社会主义市场经济的角度，正确认识国有企业。

信心和理解是搞好宣传的前提

市场经济条件下，国有企业的地位和作用是什么？这是搞报道的人首先要予以回答的。

与蓬勃发展的乡镇企业、个体私营及三资企业相比，从表面上看，这几年国有企业的状况形成了较大反差。经济效益下滑，改革步履艰难。因此社会上有人断言："国有企业不行了"，"是发展的障碍"。面对这些说法，宣传报道如何进行，成败取决于什么？我看主要取决于我们自身的判断。

如果我们认为国有企业行，有信心，报道一定会有办法，否则，报道无从下手。

我们人民日报经济部负责国有企业宣传的大多数同志，对企业比较熟悉，有较深厚的感情，经常能从企业界的朋友那里听到不少真实情况。面对社会上的议论，自己首先不服气。我们认为，尽管国有企业遇到了前所未有的困难，但它们的元气未伤，潜力很大，仍然是国家经济发展的主力军。我们看到，尽管企业干部也喊困难，但更深层的原因是对政企不分、不公平竞争、自主权受到干预不满。他们喊困难、要政策，不一定都是要求国家给予保护，更主要的是需要新机制。国有企业的困难症结何在，他们最清楚。如何搞活，他们也最有办法。因此，作为宣传国有企业的部门或编辑记者，要深入下去，认真调查研究，搞好报道。如果此时因为难而回避问题，不积极宣传，也不会有什么"失误"，但却是"失职"。我们有责任面对困难抓好国有企业的宣传。

1995年元旦起，我们推出了系列报道两套：《正名鼓劲篇》和《理清思路篇》。其中《正名鼓劲篇》发表了四篇文章，就国有企业的地位、作用、贡献、矛盾、困难、任务、措施、前景等，作了深入剖析。理直气壮地为它们正名、鼓劲，反响较好。开篇《国有企业：功不可没》一文中，记者以翔实材料描述了改革开放以来，国有企业所扮演的不寻常角色，澄清了有人认为"国有企业增长率最低，不如三资、乡镇、个体企业"，"国有企业拖了中国改革和发展的后腿"等不正确说法。文章指出，国有企业是"改革开放成本的承担者""国家财政收入的支柱""社会安定的基石""市场经济的主体"，有很强的说服力。比如，有人说"三资企业发展快"，其实，改革开放以后，各地首先是拿出最好的国有企业与外商合资，否则，难以把外资吸引进来。此外，许多企业还把最好的车间拿出来合资，所谓"一厂两制"，就是把本企业的优势集中于合资企业，而把退休职工、生活后勤服务的负担留给了未合资的老厂。再往大处说，为了吸引外资，且不说给了外商多少国有企业享受不到的优惠政策，就是合资所需要的水、电、油、气、交通、通讯等投资环境"硬件"，政府也都是交给国有企业，让它无条件加以承担和保证的，甚至是"指令性"的牺牲。改革开放以后，我们所以能够由过去单一的国有经济发展为多元化的经济成分并存的格局，得力于国有经济的支撑。仅仅从国有企业为此付出的成本一点看，就已经说明了它们效益下滑、出现困难的重要原因。

采访了部分现代企业制度试点后,我们还以谈体会的形式集体写了《国有企业好戏在后头》的文章,展望改革和发展的前景,满怀激情和信心地为国有企业鼓劲。这两年,我们所以能够发自内心地为国有企业说公道话,原因正如一位厂长所比喻的,他说,国有企业好比一个困难家庭的老大,小小年纪就承担起上帮父母、下养弟妹的责任,自己做出很大牺牲。试想,如果弟妹长大成才后,却埋怨大哥不行,"老大"心里是什么滋味?当然,新闻舆论的支持毕竟是有限的,搞活国有企业需要全社会支持,我们只是一个"啦啦队"。既然是"啦啦队",我们就不管一时的赢输,就要为我们热爱的"国家队"放开喉咙呼喊"加油",不能责怪、埋怨他们。

宣传要跟踪解难过程

国有企业改革是复杂的社会系统工程,每前进一步很难,许多问题是全新内容,不易弄懂。这就意味着国有企业的宣传不能离开研究难点。通过研究难点认识中央的方针政策,通过研究难点向读者介绍或传播市场经济知识,以求得读者对国有企业改革的理解。难点的突破有艰难的过程,对难点的报道就不能坐等一个最终结果、最终成就。我们采取的办法是:坚持全程跟踪,珍惜点滴进步。

实行现代企业制度,是国有企业深化改革的方向,是公有制与市场经济接轨的突破口和桥梁。把社会主义与市场经济融合一体,建立新的体制,在当今世界上是前所未有的探索,中国实行这一改革意义深远。但这一改革需要明晰产权关系,实行政企分开等实践,需要具备一定条件,不是短期内就能见效的。毫无疑问,这样的大事应该及早报道。我们改变了过去对试点旁观、等有了结果才报道的老一套做法,中央关于百户试点企业实行现代企业制度的消息传出后,试点企业还没开始运作,我们即启动了这方面的宣传,然后分阶段跟踪试点。

第一,报道试点的思路和政策要点。先后发表了《一百户的来历》《试点有"偏饭"吗?》《总经理与打工先生》《"婆婆"与"妈妈"》等七篇述评,向读者介绍了现代企业制度的纲目和关节点。

第二,剖析部分试点企业的改革方案。一百户企业从被确定为试点到改制方案诞生,是经过一番艰苦努力的,方案绝不仅是一本文字材料,其中蕴含着解决改制过程中几大难点的改革和办法,这几大难点是历史债务、企业办社会的负担及富余人员安置等。它不是可以随便写在纸上的，是政府、部门及企业共同商定出解决办法的结果，包含着双方各自所应有的付出和承担的代价。因此，试点方案诞生就是现代企业制度试点实施向前迈了一步。为此我们开辟了《百户试点方案探析》，目的是想就"方案"普及现代企业制度改革知识，为试点创造舆论环境。

第三，跟踪进程报道进展情况。试点进行一年以后，今年 6 月我们又开辟了《百户试点在探索中前进》的专栏，报道部分试点企业实施改革方案的成果。最近我们又在酝酿试点企业突破难点的专题报道。这种关注改革过程和点滴进展的做法，有助于拓宽企业深化改革的报道面，帮助读者认识改革之艰难，从而对国有企业给予更多的理解。当然，还有许多难点尚待跟踪报道。

解放思想拓宽视野提高引导水平

我们对国有企业的宣传，与读者要求还有较大差距。最近，报社专门召开了"加强国有企业宣传报道座谈会"，40 多家国有大企业的同志对宣传提出了许多中肯意见，这是我们进一步搞好报道的一个新起点。根据企业与读者的意见、要求，我们还要解放思想，开阔思路，加大对国有企业宣传报道的力度。

第一，要提高国有企业的"版面地位"，使其成为经济宣传的主体。许多企业的同志反映，人民日报虽然对国有企业有不少报道，但总觉得"不够劲"，"不解渴"。总结起来，这主要是许多重要内容的宣传只是扫描性的，停留在表面做文章，没有很强的针对性；有些报道虽然文章不短，但开拓内涵不够，缺乏气势和力度，因此未在社会上形成较大反响。报道的气势和力度，不能靠一般性稿件的数量多占版面，不能靠文章块头大壮声势，而是要有鲜明的针对性，深入研究矛盾，在此基础上考虑如何采用多种形式加强版面宣传效果，在社会上打得"更响"，形成气候。

第二，站在两个高度选题。一个是中央方针政策的高度，一个是普通群众关心或与广大群众切身利益有关的高度。过去我们比较注意从前一高度选题，对中央的重要方针政策基本做到及时宣传，但企业反映，报道"离我们太远"，对报道有"高不可攀"的感觉。当然，报纸有它的读者定位问题，任何报纸不可能做到吸引所有读者，但要尽可能地引起更多读者关注，宣传才是有效的。如何从普通群众体会的角度看中央方针政策的落实,从普通群众的看法、处境看国有企业如何深化改革等,我们还需要寻找更多切入点。

大庆油田党委的一位负责同志不久前对我们说,报纸对大庆的宣传不够,许多人心目中现在的大庆还是60年代的老样子,住"干打垒",很落后。其实,大庆有很多高楼大厦,现在需要适当控制了。他的意见使我想到,去年我们发表过反映大庆改革、发展、稳产石油30年的较长报道,还配发了言论,规模不算小了,为什么企业认为宣传不够,读者对大庆的了解还停留在60年代?这件事启发我们要拓宽报道领域,选择更多、更好的突破口。以往我们报道大庆,没有脱离一般工作总结的写法,没有离开专业性内容,没有离开从领导角度报道的思路,这样报道虽然是完全可以的,但往往只有少数专业人士或领导机关关注,对更多读者的吸引力不大,因此在社会上难以留下深刻印象。如果变换角度,从今天大庆人生活的各个侧面报道大庆,比如写"大庆人的住房",大庆人生活习惯改变,大庆的福利,大庆人的文化修养等,或把90年代与60年代对比地写,追寻这些变化与改革、发展是什么关系,显然,会吸引更多读者。这说明,写工作成就,不一定就是写工作,也可以写生活;写面貌也不一定都是全貌,也可以是侧貌,只要是读者想知道的、感兴趣的,就会收到较好的宣传效果。贴近广大读者,对我们来说,面临着如何从报道思路到采写模式的突破与超越。

对于人民日报搞经济报道的同志来说,如何更多地面向实践,自下而上地选题,对提高报道水平尤为重要。过去我们围绕中央的方针政策自上而下地选题较多,这是不可少的,但不能就此止步。如果再深入一步,关注中央的方针政策在下边贯彻落实中出现了什么新问题、新矛盾,政策的可行性如何,有没有需要完善之处等,就可能自下而上地发现许多产生于基层和广大群众中的好题目。这个领域内容是丰富的、生动的,有待我们去积极开垦。

第三,典型要多样化。抓典型是报道的常规做法。面对国有企业尚未搞活、改革困难还不小的局面,停留在老一套的抓典型思路上,显然不能满足读者需要。要拓宽典型领域,可以有大而全的综合性典型,也可有反映一个侧面、一种趋势、一种观念、一种现象等的典型;可以有成功的正面典型,也可以有不成功而值得总结教训的典型。总之,只要是有典型意义的事,不论大小,都可以按照典型报道的规模去组织,这样,报纸上的典型就不会显得单一化,就会比较丰富多彩。

今年上半年，我们就黄岩人到哈尔滨打工赚钱，而哈尔滨市职工待业、宁可吃救济也不愿走出家门谋生的现象，做了典型报道。对出现这种现象的原因，我们采取既不简单肯定，也不简单否定的态度，而是从市场经济观念、体制要求的高度，对比性地分析是非，既有情况的介绍，又有记者的点评。这种抓典型的做法，在宣传报道上也取得了很好的效果。

(原载《新闻战线》1996年第12期)

把握大势写宏观
——谈谈宏观经济报道

皮树义

政府为什么要降低银行储蓄存款利率？在降低利率的情况下，我们是把钱继续存入银行，还是用来买股票、买债券？

通货膨胀为什么会发生？通货膨胀加剧、降低会对我们的收入和生活造成什么影响？

现在全国经济状况如何？今后会如何发展变化？面对目前的经济形势，企业和个人应该如何决策？

诸如此类的问题，正越来越引起人们的关注。人们希望从新闻媒体上获得有关信息，了解情况，消除疑问，为自己的经济决策提供参考。宏观经济报道也就因此大有作为。

宏观经济是指整个国民经济。所谓宏观经济报道就是对国民经济整体发展变化情况的报道，它要从新闻的角度，描述、追踪经济发展变化趋势，分析这种发展变化的原因，尽可能多地提供有关信息。

宏观经济报道的特点

严格意义上的宏观经济报道，只是指有关国民经济整体情况的报道，比如，一个时期国民生产总值的增长快慢，物价涨幅的高低，居民收入的增减，就业、失业情况，进出口额的多少等总量指标的变化；社会再生产中消费、生产、流通、分配各环节整体情况的变化以及对这些总量指标和整体情况变化原因的分析和发展趋势的预测。从广义上说，国民经济中各行业整体情况的报道，市场中各类商品和要素市场整体情况的报道，也属于宏观经济报道范围。因为这些行业和市场状况如何，对宏观经济状况影响很大，是宏观经济的重要组成部分。

宏观经济报道有着不同于微观经济报道的特点：

1. 全局性。宏观经济报道不是着眼于一个村、一个企业，也不是一个县、一个市，甚至也不是一个省，而是着眼于全国，着眼于整个国民经济。是站在全局的高度看经济，是从整体的角度反映经济的发展变化趋势。

2. 复杂性。宏观经济的范围大，影响宏观经济发展变化的因素非常复杂，国家政治、经济政策、改革开放、国际市场、各行各业、企业状况、居民心理等方方面面的变化，都会对宏观经济形势产生影响。仅从经济角度看，就涉及财政、金融、外贸、外资、生产、消费、投资、流通等众多领域。面对这样复杂的报道对象，要及时反映其发展变化，透过现象，准确把握其发展趋势，深刻剖析其变化原因，自然不会是轻松的事，要求记者对全局有更多的了解，有更多的经济知识，有更强的分析问题的能力。

3. 经济性。对企业的报道，可以写企业的生产经营，也可以写企业的精神风貌；可以写企业的经济效益，也可以写企业的先进人物，不一定是纯粹的经济内容。宏观经济报道是对经济发展变化的追踪、描述，更关注经济本身的内容，经济专业性更强。

社会主义市场经济需要宏观经济报道

在计划经济体制下，宏观经济报道的地位并不突出。适应高度集中的计划经济体制的要求，那时的经济报道主要是对微观经济单位生产活动的报道，体现计划对企业活动的指挥，虽然也对国民经济整体情况作一些报道，但主要是对计划完成情况、建设成就的报道，而且缺少媒体自己的分析判断，与今天内容多样、有新闻、有分析、有评论、有预测的宏观经济报道有很大不同。

随着改革开放的进展，我们从高度集中的计划经济体制走向社会主义市场经济体制，市场在资源配置中起基础性作用，宏观经济环境对国家、企业和个人的影响越来越大，宏观经济报道的重要性也越来越突出。

在市场经济条件下，经济主体多元化，经济决策分散化，经济关系市场化，经济利益多样化，企业和消费者个人都要独立决策，决定自己的经济行为。一个时期，市场整体的发展趋势、国家经济政策的走向、宏观经济环境的变化，都会影响企业和个人的利益和行为，都是企业和个人决策的重要参数。因此，人们对宏观经济信息有了强烈的需求。作为大众信息传播工具的新闻媒体，提供更多的宏观经济信息自然责无旁贷。

从计划经济走向市场经济，人们面临着许多新的问题，市场本身的风险也带来了人们预期的不确定性，人们需要更多的思考。比如，股市为什么红火？这种红火正常还是不正常？又比如，政府采取了抑制通货膨胀的措施，政府为什么要这样做？这会给我们带来什么影响？作为以读者为服务对象的新闻媒体，有义务对宏观经济问题进行分析探讨，与读者一起思考，解惑释疑，给读者以启发。

社会主义市场经济不是完全自由放任的经济，国家的宏观调控起着非常重要的作用。国家通过经济的、法律的、行政的手段，对市场加以调节，促进经济稳定发展。把国家的经济政策、调控意图及时传播出去，让人们了解国家经济政策的意义和经济发展的成就，推动实际工作，是社会主义新闻媒体的重要任务，也是宏观经济报道的重要方面。

正是客观需要决定了宏观经济报道的重要性。可是长期以来，新闻媒体比较重视对微观经济情况的报道，记者对企业、乡村等微观经济单位比较熟悉，也习惯于报道微观，而对宏观经济却不大熟悉，对宏观经济报道比较生疏。为了适应社会主义市场经济的需要，媒体在继续搞好微观经济报道的同时，从报道思想、领导指挥到版面安排，都要重视宏观经济报道。特别是对全国性的媒体来说，宏观经济报道是体现其权威性的重要方面。如果缺少宏观经济信息，对大家关注的重要的宏观经济问题没有自己的声音，怎么能体现其权威性？有的同志认为，宏观经济不像微观经济那样有事件性，宏观经济报道算不上真正的新闻。其实，宏观经济同样有许多事件性，许多宏观经济信息都是重要的新闻。比如，我国外汇储备超千亿美元，人民币实现经常项目下的可兑换，国家一些重要经济政策的出台，都是重大的经济事件。我们对新闻信息的理解也应该更宽一些，不仅事件性新闻是新闻，那些非事件性的新闻同样也是新闻。比如，每个月的经济情况统计结果，宏观经济指标的重要变化，对重要宏观经济问题的探讨，一些新的经济思想、经济观念，都是人们所关心的，都有新闻性，都应成为媒体的报道对象。

值得欣喜的是，改革开放以来，宏观经济报道越来越受到重视，报道内容更加丰富，形式更加多样，深度不断开掘，受到读者的关注，出现了"放眼看天下，争相说宏观"的活跃局面。

提高宏观经济报道的科学性

宏观经济报道是反映全局的报道，有很强的政策性、科学性，对经济全局有很大的影响。要搞好宏观经济报道，就要讲究新闻性、政策性、科学性。当前，特别应重视提高宏观经济报道的科学性。

宏观经济报道是对经济发展变化规律和趋势的描述、追踪，是对重要经济问题的探讨，本身就带有很强的科学性，要求记者认真学习国家的经济方针政策，学习经济理论知识，深入调查研究，勤于思考，透过现象抓住实质，逐步把握经济发展变化规律，不能人云亦云，不能以偏概全，不能作表面文章。否则，不仅不能给人有益的启示，还会以讹传讹，谬误流传，误导舆论，给实际工作造成困难。

提高宏观经济报道的科学性，要注意这样几点：

一是把握好宏观和微观的关系。微观是宏观的基础，宏观是微观的整体，一般来说，宏观与微观是相一致的。但是，由于它们之间存在着差异，所以在报道中，一定要正确对待，不能绝对化。比如，经过三年多的宏观调控，我国经济成功地实现了"软着陆"，既有效地抑制了通货膨胀，又保持了经济的较快增长，宏观经济形势比较好。但是也应当承认，现在微观形势与宏观形势相比，确实存在着一定差异，如相当一部分国有企业比较困难等。我们既要看到这种差异，又不能否定宏观经济的好形势。因为，微观毕竟是宏观的基础。不能设想微观形势很糟，宏观形势会一路凯歌。宏观也不是微观的简单叠加，而是一种整体效应。虽然一部分国有企业比较困难，但也不是全都困难，况且其他类型的企业增长较快，这样，在一部分国有企业困难的情况下，整个国民经济仍保持了较快增长，宏观经济形势仍比较好。当然，对一部分国有企业的困难，也要高度重视，事实上我们正在想法解决。

二是要透过现象，把握经济发展的大趋势，不能摇摆不定。经济发展有其内在运动规律，有客观的发展趋势。我们要不断认识这些规律，增强理论的坚定性，保持报道的连续性。比如，利用外资是我国对外开放的一项重要政策，对弥补建设资金不足，引进先进技术和管理经验，增加就业和财政收入，支撑经济增长都起了重要作用。在利用外资中，也出现了种种问题，有的还相当严重，对这些问题，我们不能掉以轻心，必须认真解决，提高利用外资的质量。但是，我们在报道中，不能因为讲问题就造成一种否定利用外资的印象。中国作为发展中的大国，要加快实现现代化，利用外资将是一项长期的方针。

三是宏观经济报道要用事实说话，以理服人，不能情绪化。比如，对市场中出现的某些混乱现象，就需要认真观察，深入分析，在以扎实的调查、准确的统计数字作依据的基础上，透过现象，分析并得出本质的、正确的结论，指导市场健康发展；不能就事论事，罗列现象，就得出市场混乱的结论，就大声疾呼"整顿市场，严加管理"。这样的报道难以令人信服，也不符合社会主义市场经济发展的要求。因此，对市场发展中出现的各种情况和现象一定要坚持实事求是，一定要具体情况具体分析。在宏观经济报道中，文风要朴实平和，以科学的态度来说话，不要情绪化地渲染。比如，把外资企业叫作"假洋鬼子"，把外资企业进入国内市场叫作"制霸"，把内外资企业的市场竞争叫作"搏杀"，都不是准确的科学的语言，也不利于积极合理有效利用外资。至于一些道听途说的事情，更不能作为报道的依据。

四是分析一种宏观经济现象，要恰当分析其原因，不能简单化。宏观经济现象成因比较复杂，往往是多种因素相互交织、共同作用的。要全面分析这些因素，不能抓住一点不及其余，对各种因素所起作用的大小也要有恰如其分的估价，分出轻重，不能夸大或缩小某些因素。

要搞好宏观经济报道，归根结底是要加强记者的理论学习、政策学习，培养一支讲政治、懂经济的记者队伍。对宏观经济问题要有政治敏感、新闻敏感，要看得清，说得明白，首先记者自己要清醒，要明白。以其昏昏、使人昭昭，是不行的。这方面，没有什么捷径，只有老老实实地学习，学习党和国家的经济方针政策，学习经济理论知识，深入实际，调查研究，不断探索，不断提高认识问题的能力，不断提高报道水平。

（原载《新闻战线》1997年第2期）

对经济报道讲政治几个问题的思考*

刘学渊

经济报道是新闻报道的重要组成部分，讲政治的要求同样应当贯穿于经济报道采写编评过程的始终。有一种说法："搞经济报道，离政治远些，比较保险。"对此要作具体分析。如果指的是经济报纸时政报道较少，在这方面不容易出大问题，则可以理解；如果认为经济报道与政治无涉，则认识上是错误的，行动上是有害的。"政治是经济的集中表现"，以经济建设为中心"是当前最大的政治"。从这个意义上说，经济报道也天天在和政治打交道。

社会主义的根本任务是发展生产力，党和国家工作的重点是经济建设。毫无疑问，社会主义的根本任务决定了经济报道的根本任务，那就是要为发展社会主义的生产力摇旗呐喊，鼓劲加油。宣传政策、传递信息、解答疑问、介绍知识等，都紧紧围绕着一个目标，就是为促进生产力的发展服务。像《市场报》，既是经济报纸，又不是一般意义上的仅仅传递供求信息的经济报纸，由党中央机关报《人民日报》主办这一特点，决定了其从业人员必须有正确的政治观点和良好的政治素养。这张报纸办得好，可以起到促进生产力发展的积极作用；如果办得不好，"谬误出于口，则乱及万里之外"，会产生涣散斗志、影响生产力发展的消极作用。基于此，我们从事经济报道的同志，必须牢固树立党性观念，时时刻刻把坚定正确的政治方向放在第一位。

经济报道如何体现讲政治的要求呢？联系实际学习江泽民同志的重要讲话，我想到了如下三个方面：

---

* 本文获第七届中国新闻奖新闻论文三等奖。

一、熟悉政策——经济报道坚持正确导向的基本前提

毛泽东同志1948年6月3日在中共中央转发的华东局来电《华东一年来的办报情形》上写的批语中指出："中央局（分局）及区党委（省委）对于自己的报纸，必须于每天出版之前，由一个完全懂得党的正确路线和正确政策的同志，将大样看一遍，改正错误观点，然后出版。"毛泽东同志在这里强调以严肃科学的态度对待宣传工作，为报纸把关重要的一条是要有"完全懂得党的正确路线和正确政策的同志"看大样。"完全懂得"，要求很高，不是浅尝辄止似懂非懂，不是随心所欲一曝十寒，更不能是寻章摘句各取所需，甚至为找"对策"有意曲解。

经济报纸要把握正确的舆论导向，其从业人员了解和熟悉党的方针政策至关重要，这是大前提。没有较高的理论水平和政策水平，把握正确导向则无从谈起。熟悉正确政策应当包括如下几个方面：（1）要十分熟悉党的总路线和总政策；（2）要熟悉党在每一个阶段的工作部署和政策规定；（3）要熟悉党和政府具体工作部门为完成党的总体工作部署而制定的适应于本地区、本部门、本行业的具体政策规定。不了解总路线和总政策，会迷失方向；不了解具体的工作部署和政策规定，则难以组织落实。由此可以看出，善于学习、了解、掌握党的正确路线和正确政策，是经济报道从业人员应当和必须具备的基本功。

了解和熟悉党的方针政策，经济报道在宣传上应当坚决排除"左"的和右的干扰，坚定不移地宣传党的主张。比如：

关于公有制和非公有制经济：要积极宣传以公有制经济为主体，多种经济成分共同发展——认为越大越好搞"穷过渡"是不对的，反之主张搞私有化也是错误的；

关于宏观调控和市场调节：要宣传我们发展的是社会主义市场经济，既要运用市场调节的长处，又要发挥宏观调控的优势——把宏观调控等同于计划经济从而否定市场调节是不对的，反之认为搞市场经济不能再宏观调控也是错误的；

关于学习借鉴国外经验与自力更生：要宣传敢于大胆吸收和借鉴当今世界各国包括发达资本主义国家的一切反映现代社会化生产规律的先进经营方式、管理办法，以增强社会主义的经济实力——狭隘理解自力更生而拒绝学

习借鉴是不对的，反之认为月亮也是国外的圆而我们自己什么都不行的观点也是错误的；

关于先富和后富：要宣传允许和鼓励一部分地区、一部分人先富起来，逐步达到共同富裕——片面理解共同富裕而否定差别是不对的，反之听任贫富悬殊而不管不问也是错误的。

经济报道坚持正确的舆论导向，需要把关和把握的方面远不止这些。从根本上说，努力学习好邓小平同志建设有中国特色社会主义理论，是确保舆论导向正确最有力的武器。比如，关于速度和效益，经济报道经常要涉及，实际工作中，常常公说公有理，婆说婆有理，到底应当怎样看待二者的关系呢？邓小平同志有过一系列很精辟的论述，概括起来可分为六个方面：

（1）能快则快——着眼大局看速度。速度问题不仅是经济问题，而且是政治问题，小平同志从发展战略的高度来看速度问题，提出"能发展就不要阻挡，有条件的地方要尽可能搞快点……"

（2）讲求效益——决策和评价速度问题的重要前提。讲究速度与效益的辩证统一，是小平同志的一贯思想。1992年他在讲到速度时又进一步明确指出："只要是讲效益，讲质量，搞外向型经济，就没有什么可以担心的。"

（3）因时制宜——速度的发展呈波浪式，不可能直线上升。小平同志有过一段很精彩的论述："可能我们经济发展规律还是波浪式前进。过几年有一个飞跃，跳一个台阶，跳了以后，发现问题及时调整一下，再前进。"

（4）因地制宜——速度的决策与评价不能脱离地域条件。各地情况不同，发展速度也不能强求一律，分类指导非常重要。小平同志说："比如广东，要上几个台阶，力争用二十年的时间赶上亚洲'四小龙'。比如江苏等发展比较好的地区，就应该比全国平均速度快。又比如上海，目前完全有条件搞得更快一点。"

（5）拧掉水分——速度的决策、统计和评价应当坚持实事求是。早在1979年10月，小平同志就指出："以后要求的速度、数字是扎扎实实的，没有水分的，产品要讲质量的，真正能体现我们生产的发展。"

（6）共同发展——速度发展的结果也要体现社会主义的本质。"可以设想在本世纪末达到小康水平的时候……发达地区要继续发展，并通过多交利税和技术转让等方式支持不发达地区。"

如上所述，只有完整地、全面地、准确地掌握邓小平同志建设有中国特色社会主义理论，经济报道对包括速度和效益在内的一系列经济问题的宣传才能把握正确的导向。就一张经济报纸来说，"完全熟悉党的正确路线和正确政策的干部"越多越好。"完全熟悉"是一个很高的要求，我们应当用毕生的精力去学习、去追求。

二、科学思维——经济报道坚持正确导向的一把钥匙

科学思维，就是唯物辩证法的思维。是用唯物辩证法的观点指导报道，还是用形而上学的观点指导报道，这是能否保证我们的经济报道坚持正确导向的关键所在。毛泽东同志曾经说过：我党历史上"一切大的政治错误没有不是离开辩证唯物论的"。党史如此，新闻报道也是一样，可以说，报纸上重要报道出现政治方面的错误，也没有不是离开了辩证唯物论的。经济报道的从业人员一定要努力学习和善于运用唯物辩证法，这是坚持经济报道正确导向的一把钥匙。

第一，用全面的观点去组织和审视经济报道，防止片面性。事物即是矛盾，对立和统一是矛盾的两种基本属性，只讲对立不讲统一，或只讲统一不讲对立，都无法正确地认识和反映客观事物。新闻作为新近发生的事实的报道，要具有新闻价值，但在实际工作中，一些编采人员为突出和拔高新闻价值，往往只讲其一不讲其二，其结果很容易犯片面性的错误。总结历史经验，强调和引导新闻工作者学会全面地看问题，具有十分重要的意义。

比如，关于引进外资问题，一直争论较大，正确的观点是要看到对立和统一两个方面。首先，要看到利用外资对促进我国经济发展的积极作用。邓小平同志 1979 年在《关于经济工作的几点意见》中就指出："我认为，现在研究财经问题，有一个立足点要放在充分利用、善于利用外资上，不利用太可惜了。"同时，也要看到，外商投资是要赚钱的，这中间也有一个如何正确把握的问题，如果盲目地以牺牲品牌和市场为代价，那就会出现损害民族工业发展的消极作用。因此，小平同志在同一篇讲话中又明确提醒："特别吃亏的我们不干"，"引进项目必须是能够带动我们自己的"。他在这里讲到了事物既对立又统一两个方面，体现了关于"两手抓"的一贯思想。据此，我们的报纸对利用外资问题就应当全面、真实地进行报道，不能以一种倾向掩盖另一种倾向。

第二，用联系的观点组织和审视经济报道，摒弃孤立性。唯物辩证法是关于普遍联系的科学。普遍联系是指一切事物都不能孤立地存在，都同其他

事物联系着。注重事物的普遍联系，是科学世界观和方法论的重要特征。根据这一原理，在经济报道中，编采人员应自觉坚持用联系的观点来观察和研究报道对象。

局部与全局就是普遍联系着的，在日常稿件阅审中常常会碰到这对矛盾。有的稿件完整地、准确地体现了中央的精神，又有结合当地实际的措施，无疑应当及时刊发。有的稿件内容从局部讲有一定道理，但妨害或不利于保护全局利益，遇到这种情况，则小道理要服从大道理，不能刊发。比如，沿淮地区不少地方兴建小造纸厂，从局部讲增加了经济收入，但因严重污染环境，不利于全局的发展，故对此类小造纸厂不宜从正面进行报道。

第三，用发展的观点组织和审视经济报道，避免死板和僵化。列宁曾经称赞唯物辩证法是"最完整深刻而无片面性弊病的关于发展的学说。"客观事物处在不断运动变化之中，不可能停留在一个水平上。面对变化发展的事物，如果我们还用静止的、僵化的观点去看待，那就无法按照事物发展本身的实际情况去真实客观地组织报道。举例来说，经济报道少不了典型，典型人、典型事、典型企业、典型地区的报道会经常出现在版面上。对这样那样的典型，也有一个要用发展的观点去看待的问题。一方面，典型的产生有其具体的时间、条件的因素，甲地产生的典型，不一定就适合于乙地，更不能放之四海而皆准"一学就灵"；另一方面，典型本身也在发展变化，总结经验有了进步，会成为新的典型，反之故步自封，会成为相反意义上的典型。因此，报道典型应当注意：一要讲明典型产生的具体条件，二要准确把握留有余地，三要追踪报道反映发展。

第四，用定性分析和定量研究的方法组织和审视经济报道，不搞绝对化。唯物辩证法告诉我们，要真正了解事物，必须把质和量统一起来。对情况和问题一定要注意到它们的数量方面，要有基本的数量分析。胸中有"数"，有利于新闻报道掌握"适度"的原则，调控是否得当，领导水平高低，常常在这方面体现出来。根据实际情况决定报道方针，而不是仅从概念出发，或简单拍脑袋办事，这是我们搞经济报道应当牢牢记住的一条原则。

改革开放以来，我国包括啤酒业在内的饮料业有了长足的进步，新闻对这个行业的报道也经历了一个逐步深化的过程。初期合资困难重重的时候，报道及时给予支持是应该的。情况在不断地发展变化。近年来，饮料业合资成为一股潮流，在不到两年的时间内，国内就出现了近五十家合资啤酒厂。在这些合资企业中，外方控股的占百分之九十，控股比例一般为百分之六十或百分之五十五。国内名牌大厂,除燕京、青岛、珠江等有数的几家外,其他都合资了。这些数字不能不引起我们搞经济报道的同志的注意。在认真分析的基础上,今年五月份,《市场报》推出了《静观啤酒合资潮》的重点报道,既讲现状,又讲政策,引起强烈反响,《经济日报》《光明日报》《中国青年报》等接着做了大量文章,主题作在要努力提高对外开放水平上,对统一认识起了很好的舆论引导作用。

我国正大力发展社会主义市场经济,经济生活从来没有像今天这样丰富多彩,经济报道从来没有像今天这样领域广阔。可以肯定,新闻从业人员科学思维能力的提高,将大大有助于改进报纸宣传,使报纸增强针对性,富有预见性,更具吸引力。

三、综合平衡——经济报道坚持正确导向的调控手段

考察经济报道工作的过程,其环节可以从不同角度进行划分:从新闻业务的角度分,可分为采、写、编、评诸环节;从报纸构成单位分,又可分为一篇稿件、一个版面、一天报纸、一个时期等环节。就领导工作的角度看,坚持正确的舆论导向,从后者四个方面进行综合把关和把握,更为切实可行。

一篇稿件:稿件是组成版面的基本单位。正像建筑高楼大厦离不开好的基础材料一样,好版面也需要好稿件来支撑。就政治标准来说,稿件可分为三大类:一是较好地体现了党的方针政策,并且有本地区、本部门特点的,无疑应当刊发;二是稿件整体观点较好,但中间若干段落、若干提法错误或经不起推敲的,应予认真修改(这是目前编辑工作中的一个薄弱环节);三是稿件内容不符合宣传要求,则坚决不能刊发。

一个版面:版面既是若干稿件有机组合编排的结果,又是构成整张报纸的版次单位。版面编辑工作有很强的政治性,决不是稿件的简单相加与堆砌。作为把关者,重要的一条是要注意版面的综合平衡:登什么不登什么,哪些突出强调,哪些点到为止,字号线框如何搭配,相邻稿件协调与否,发表时机是否适宜,如此等等,都要善于从政治的角度去考虑。比如,批评报道是需要的,但若一个版面上有三四条批评报道,则容易给人以压抑和沉闷之感,也不符合客观实际,应当调整。再比如,1995年以来大型商场效益滑坡的问题比较突出,《市场报》及时提请注意是必要的,但若仅仅停留于消息报道是不够的,我们配发了评论,既讲重视商业网点的建设是好事,又讲要注意

大中小网点的合理布局，消息与评论互为补充，就收到了较好的宣传效果。

一天报纸：一天的报纸，既是当天若干版面集合的结果，又是一个时期宣传特点、宣传倾向以天为单位的出版载体。如果认为每天的报纸不过是若干版面的简单罗列，那是幼稚和错误的。版与版之间如何结合和配合，综合平衡也很重要，要着眼大局，善于从政治的角度去考虑。举例来说，个体和私营经济是需要报道的，但如果某一天报纸的两三个版面的显著位置都是这方面的内容，或者把关于国有企业的报道放在了很不显眼的次要地方，那也是失当的。随着报纸版次的增多，目前很多版面实行包版制，版面编辑之间事先互不通气，这更增加了看大样时综合平衡的难度。同类稿件数量的增减比较好办，最难的是要从整张报纸的宣传上准确地体现党的方针政策。重点稿件放在了次要位置、一般内容突出失当、版面之间自相矛盾、字号运用偏轻偏重等，在看大样时都应当果断调整，来不得半点优柔寡断。

一个时期：报纸是连续出版物，以一张一张的形式与读者见面的。这种方式容易使编采人员忽视从整体上对一个时期宣传倾向的把握。1958年11月，毛泽东同志对吴冷西谈话时就强调："报纸一个时期要有一定的方向，把大家的注意力集中过来。"我国新闻界一些富有经验的领导，都很注意对一个时期宣传倾向的研究和把握。1991年底，市场报正筹备从小报改为大报，当时担任人民日报总编辑的邵华泽同志和市场报领导成员曾有过一次谈话，他要求大家善于总结，注意把握好每个时期的宣传导向，这样有助于提高领导水平。他曾提醒说，如果你天天宣传高消费，那导向就有问题了。这个提醒非常及时。市场报近年来在政治上把握得比较好，和注意研究每个时期的宣传导向有密切关系。

综上所述，熟悉政策，科学思维，综合平衡，做到了这三点，则经济报道讲政治的要求就可以得到较好的体现。要做到这三点，是很难的，难在于此也贵在于此。党信任我们，人民在期待我们，我们应当扎扎实实朝这个方向努力。

（许中田主编：《学理论 打基础 坚持政治家办报——学习邓小平建设有中国特色社会主义理论体会文章选编》，人民日报出版社1997年2月版）

继承小平同志遗志　做好新闻舆论工作

邵华泽

敬爱的邓小平同志离开我们了。小平同志把毕生心血和精力献给了中国人民,在革命和建设的各个历史时期作出了重大贡献,为中华民族的独立和解放、为中国的社会主义现代化事业建立了不朽的功勋。可以说,如果没有小平同志,中国就不可能有今天改革开放和现代化建设的新局面,就不可能有社会主义的光明前景,中国人民就不可能有今天的新生活。同党的整个事业一样,我们的新闻事业,今天之所以这样繁荣兴旺,我们的新闻舆论对于我国经济建设和社会发展,发挥出越来越大的作用,产生这样重大的影响,都是因为邓小平同志确立了十一届三中全会的路线、方针、政策,由于小平同志建设有中国特色社会主义理论的指引,由于小平同志的关心和支持。作为一代伟人,小平同志的逝世,对我们党我们军队我国各族人民是不可估量的损失,对我们新闻工作也是不可估量的损失。

一

小平同志生前非常关心、支持新闻工作,在各种谈话、讲话、报告、文章中对新闻工作有过许多重要论述,还曾亲自从事党的重要的新闻工作。小平同志二十年代在法国时就编辑过旅欧共产主义青年团机关刊物《赤光》,从1933年8月到1935年1月遵义会议召开前,又负责主编红军总政治部机关报《红星》报。由于对新闻工作很熟悉、很了解,小平同志在长期领导革命和建设的过程中,一直非常重视新闻工作,重视发挥新闻舆论的作用,对党的新闻工作有许多精辟的思想,包括党报的地位和作用,报纸的党性原则,报纸和党的关系,报纸和党的中心任务的关系,报纸和群众的关系,党报工作者应有的品德和作风等,都有重要的阐述。

小平同志1950年5月16日《在西南区新闻工作会议上的报告》，是一篇很重要的新闻工作历史文献，对我们党的新闻工作有长远的指导意义。小平同志在报告里特别强调"拿笔杆的重要、新闻工作的重要"，强调"逐步解决领导机关、领导同志运用报纸、领导报纸的问题"。小平同志在这个报告里讲到办好报纸的三个条件，即"结合实际、联系群众、批评与自我批评"，将党的三大优良作风运用于党报工作之中。这些在今天仍然具有很强的针对性。

党的十一届三中全会后，我们国家进入改革开放的新时期，小平同志作为党的第二代领导集体的核心，十分重视舆论工作和新闻宣传工作，在论述党和国家形势、任务时，在对思想战线的工作作指示时，常常谈到新闻工作，还对人民日报、新华社和广播电视方面的工作作了许多重要的具体的指示。

小平同志关于新时期新闻工作的论述，有些最重要的内容是我们必须牢牢记住、时刻遵守的：

第一，"党的报刊一定要无条件地宣传党的主张"。党报党刊作为党的事业的一部分，它的重要任务就是要结合实际，系统、全面、准确、深入地宣传党的基本理论、基本路线和各项方针、政策、主张，使之最迅速最广泛地同干部群众见面，为广大干部群众所理解、掌握和运用，推动我们的事业顺利发展，并在实践中不断丰富和发展党的理论、路线、方针、政策、主张。如果报刊不无条件地去宣传，党的主张就不能及时、准确地和群众见面，那样的话，即使党的主张再正确，也无法发挥它的威力。因此，作为党的舆论工具，一定要把宣传党的理论、路线放在第一位。十一届三中全会以来，党的理论、路线是完全正确的，这是我们实现现代化的根本保证。我们"必须按照党的决定发表意见，不允许对党中央的路线、方针、政策任意散布不信任、不满和反对意见"。在党报党刊的性质、地位、作用等问题上，我们不能在认识上有丝毫模糊，在行动上有丝毫动摇。

第二，"要使我们党的报刊成为全国安定团结的思想上的中心"。小平同志反复强调的一贯思想就是，"整个社会主义历史阶段的中心任务是发展生产力"，要"一心一意搞建设"。拿什么来保证呢？最重要的条件之一就是必须保持安定团结的政治局面。全党和全国人民在党的基本理论、基本路线基础上团结一致，是社会主义现代化建设的坚实基础和可靠保证。党的报刊的宣传应该和我们进行现代化建设的要求相适应，要对安定团结的必要性进行经常的思想理论上的解释，同时通过我们每天的包含各方面内容的宣传，达到提高认识，统一思想，化解人民内部各种矛盾，增强团结，调动积极性。我们在考虑报刊宣传的内容、方式、时机时，都要有大局观念，都要有利于全党的团结，全国各族人民的团结，有利于社会的稳定。因为党的报刊最经常、最广泛地影响着人们的思想，因此，正如小平同志说的，"可以在保障、维护和发展安定团结的政治局面方面起非常大的作用。"

第三，"思想战线上的战士，都应当是人类灵魂工程师。"小平同志把新闻工作者列为"人类灵魂工程师"，对我们提出了很高的要求。新闻工作者是通过新闻宣传影响人的思想、行为的，如果本身没有高尚的品德和风格，就很难始终站在党和人民的立场上，满腔热情、认真负责做好新闻工作，发挥新闻工作的巨大作用。在社会主义市场经济条件下，新闻工作者不能成为"唯利是图的商人"，而应该加倍地努力，模范遵守职业道德，自觉抵制拜金主义、享乐主义、个人主义等腐朽思想的侵蚀，以不辜负党和人民的期望。

小平同志对党的新闻事业、党报工作的论述，是邓小平建设有中国特色社会主义理论的重要组成部分。小平同志总是把新闻工作和党的中心任务联系在一起，把发挥新闻工作的作用和完成党在每一时期的历史任务联系在一起。我们一定要以邓小平建设有中国特色社会主义理论及其重要组成部分的邓小平的新闻思想为指导，做好新时期的新闻工作。

二

我们悼念小平同志，最好的办法就是在以江泽民同志为核心的党中央坚强有力的领导下，更加努力地做好新闻宣传工作，坚持正确舆论导向，把邓小平同志开创的建设有中国特色社会主义的伟大事业继续推向前进。

现在正处在世纪之交，党中央根据小平同志"三步走"的发展战略，不失时机地制订了"九五"计划和2010年远景目标，在经济体制改革、党的建设、社会主义精神文明建设等方面分别作出了重要的决议和决定。摆在全国人民面前的任务是团结一致，艰苦奋斗，开拓进取，全面落实，把有中国特色的社会主义事业胜利地推向21世纪。在完成这些任务当中，新闻工作者肩负着重要使命，也可以大有作为。

建设社会主义的伟大事业，首先需要我们统一思想，用马列主义、毛泽东思想和邓小平建设有中国特色社会主义理论武装干部群众。新闻媒体要运用各种方式宣传小平同志的丰功伟绩，宣传小平同志建设有中国特色社会主义理论及这一理论在改革开放和现代化建设中产生的强大力量,从而使全国人民更加珍惜这个理论的来之不易,更加理解这个理论的精神实质,为我们高举邓小平建设有中国特色社会主义理论的伟大旗帜,奠定更加坚实的思想基础。

实现小平同志设计的振兴中华的宏伟蓝图,需要全国人民明确我们的目标,增强信心,团结奋斗。新闻工作者要通过自身的宣传工作,把党提出的任务和奋斗目标解释得很清楚,把人民群众在奋斗当中的精神风貌反映出来,把各条战线在前进过程中创造的成功经验传播出去,把改革开放和现代化建设中涌现的英雄模范人物介绍出去,使全国人民受到鼓舞和激励,同心同德,意气风发,满怀信心地去完成党提出的各项任务。

当然,也要清醒地看到,我们在前进中还会遇到很多困难、矛盾和问题。社会主义市场经济体制正在建立之中,经济体制改革有待深化,政治体制和其他方面体制的改革需要深入下去,精神文明建设也还有许多复杂问题要去处理。新闻工作者要通过深入的调查、了解,通过同各方面的接触,分析各种矛盾,反映党和政府在探索中提出的新的思路,人民群众克服困难、不断开拓的新的经验。

邓小平同志为第二代中央领导集体向新的中央领导集体顺利过渡,保持党和国家的稳定,发挥了决定性的作用。实践证明,以江泽民同志为核心的第三代中央领导集体赢得了全党全军和全国各族人民的信赖和拥护,完全能够继承邓小平同志的遗志,领导全国人民把邓小平同志开创的事业进行下去。维护这个核心,团结在这个核心周围,全党特别是领导干部在思想上政治上同以江泽民同志为核心的党中央保持高度一致,坚决贯彻党中央提出的各项方针政策,这是我们事业取得胜利的根本保证。新闻工作要旗帜鲜明地宣传以江泽民同志为核心的党中央按照邓小平建设有中国特色社会主义理论和党的基本路线、根据新的形势作出的决策,宣传党如何站在全局高度正确处理各条战线遇到的问题和矛盾,推进各项事业;宣传党如何关心群众、团结和领导群众不断开创社会主义事业的新局面。我们要努力通过新闻宣传工作不断增强党的凝聚力、向心力和战斗力。

三

邓小平建设有中国特色社会主义理论和党的基本路线是我们新闻工作的

基本指针。1996年江泽民同志视察人民日报社时的重要讲话，以马列主义、毛泽东思想和邓小平建设有中国特色社会主义理论为指导，全面、准确、深刻地阐述了新闻工作的方针、原则、目标和任务，具有很强的指导性和针对性，是新时期党的新闻工作的纲领性文件。我们要以邓小平建设有中国特色社会主义理论及其新闻思想为指导，按照江泽民总书记视察人民日报社时的讲话精神，坚持党性，努力改进新闻宣传工作，切实加强新闻队伍建设。

首先要充分认识新闻工作的意义。江泽民同志视察人民日报社时强调："党的新闻事业与党休戚与共，是党的生命的一部分"。每一个新闻工作者要真正理解这一点，深刻认识这一点，以对党和国家的前途和命运高度负责的精神，加强党性锻炼，增强历史使命感，踏踏实实地把这一政治性很强、意义非常重大的关系全局的工作做好。

要深刻理解坚持正确舆论导向的重要性，把舆论导向问题放到新闻宣传工作的首位来考虑，来研究。江泽民同志指出："舆论导向正确，是党和人民之福；舆论导向错误，是党和人民之祸。"坚持党的基本路线要一百年不动摇。首先我们宣传上不能动摇，否则就会导致思想混乱，要旗帜鲜明地宣传邓小平建设有中国特色社会主义理论，宣传党的基本路线，保持新闻宣传的连续性和稳定性。要把理论和实际结合起来，把党的基本路线和每个阶段的新的形势、新的任务、新的问题结合起来。保持舆论导向正确是一项艰巨复杂的任务，不是一天到晚喊几句口号就可以解决的，需要我们付出辛勤的劳动，进行创造性的实践。要把正确舆论导向和生动性、可读性一致起来，在生动实际的宣传中贯彻正确的舆论导向，正确的舆论导向可以也应该在生动实际的宣传中体现出来。要防止舆论导向问题上的简单化做法。对思想动向和各种带倾向性的问题，要善于辨别，善于分析。宣传上要掌握好时机、分寸，把握好度。要努力把坚持正确舆论导向和提高新闻宣传艺术有机地结合起来，使我们的新闻宣传越来越受到广大群众的欢迎、喜爱。

做好新闻舆论工作，还要解决好怎样为人民的问题。小平同志说："我是中国人民的儿子。我深情地爱着我的祖国和人民。"新闻宣传要时刻想着人民群众，实事求是，始终不渝地坚持联系实际、联系群众。要通过舆论宣传反映我们国家前进的情况，反映人民群众的愿望、要求和呼声，这样我们的新闻媒体就能真正成为党联系群众的桥梁和纽带。新闻媒体不仅是向广大群众提供信息、进行宣传教育的工具，也是党了解实际、了解群众的重要渠道；不仅是党的喉舌，也是人民的喉舌；不仅党运用这个舆论工具启发群众、引导群众、鼓舞群众，群众也通过这个工具反映自身要求，贯彻党的路线，推进社会发展。

小平同志一直重视人的教育，重视人的素质的提高。做好新闻工作，关键在人，必须把队伍建设好。新闻队伍建设牵涉到方方面面，江泽民同志提出新闻工作者要打好思想政治和业务素质的"五个根底"，坚持发扬党的新闻工作的"六个作风"，为我们在新的历史时期建设高素质新闻队伍指明了方向，当前重点要抓两条：一条是思想理论的武装。对邓小平建设有中国特色社会主义理论，新闻工作者要认真学习，努力掌握。这是做好新闻舆论工作的最重要的保证。只有用这个理论武装自己的头脑，指导自己的思想和工作，才能使自己有坚定正确的政治立场和政治方向，才能有大局意识、全局观念，才能在迅速变化的时代面前跟上形势，真正写出有分量的稿件。另一条是良好作风的养成。改革开放的大潮给广大新闻工作者提供了更加广阔的施展才能的舞台，用武之地更大了，同时也对我们提出新的考验。在新的形势下，要坚持把最好的东西奉献给人民，我们就要保持高尚的情操和良好的作风，像党的许多优秀新闻工作者那样，为了党的新闻事业，不怕牺牲，不怕吃苦，坚持深入社会生活，坚持同人民群众打成一片。

小平同志永远离开了我们，但他的理论、事业、风范永存。悼念小平同志，继承小平同志的遗志，我们要化悲痛为力量，把新闻事业不断地、全面地推向前进，圆满完成以江泽民同志为核心的党中央交给我们新闻工作者的各项任务。

（原载《新闻战线》1997年第4期）

新形势下的国际评论写作*

马世琨

我们讲新形势下的国际评论写作，新形势主要指什么？我概括为这样三点：

一是我国对外政策做了重要调整。随着党的基本路线由以阶级斗争为纲转变为以经济建设为中心，我国对外政策也由搞世界革命转变为执行独立自主的和平外交政策，并提出了一系列崭新的策略思想，像广交友，不树敌；不以意识形态划线；不看别国的脸色行事，根据事情本身的是非曲直判断问题，作出决定；韬光养晦，有所作为；寻求与西方国家的利益汇合点，等等。

二是国际形势和我国所处的国际环境发生重大变化。冷战结束后，国际形势总体趋向缓和，多极化加速发展，大国关系进行深刻调整，纷纷建立伙伴关系，无论是周边还是国际大环境对我国空前有利。

三是国内各部委先后建立发言人制度，中央又加强了对国际评论的原则指导，减少了具体的要求，使人民日报国际评论为官方立言的色彩和机会减少，作为新闻媒体的讲话余地增大。

在这种新形势下，人民日报国际部就如何搞好国际评论的问题进行了探索，有一些体会。

要更加重视国际评论

第一，新形势，新任务，使国际评论肩负的责任更重了。国际评论，一直是人民日报的优势，发挥着两方面的作用。对内，帮助国内读者了解国际事件发生的原因、背景和影响，加深对国际形势的认识，增强国际意识；对

---

* 本文获第九届中国新闻奖新闻论文一等奖。

外,向各国表明我国政府对国际事务和具体国际事件的立场和态度,增进外部世界对中国的了解,扩大中国在世界事务中的影响力。随着综合国力的增强和国际地位的提高,中国应当发出与大国地位相称的声音,国际评论对扩大我国影响和打破西方媒体控制国际舆论的局面负有义不容辞的责任。另外,国外媒体在中国的受众越来越多,也需要国际评论更好地发挥引导舆论的作用。

第二,在新形势下,在各种新闻媒体的激烈竞争中,书面新闻的国际评论将扮演更加重要的角色,大有用武之地。在与广播电视的竞争中,评论作为报纸的灵魂,显示出空前的优势。就信息迅速传播形象而言,报纸是竞争不过广播电视的,但在深度报道特别是评论方面,广播电视又比不上报纸。据了解,在1991年海湾战争中,尽管CNN消息既快又多,大出风头,但世界大报的发行量不但没有下降反而上升。这说明,人们对国际事件传播数量和速度的要求与对质量和深度的要求是成正比的,声像新闻和书面新闻各有强势和弱势,竞争激烈而不会相互取代。当然其前提是各自发挥其特长和优势,而报纸的最大优势是深度报道和评论。

这几年我们在评论的数量、品种和质量方面作了些努力,并取得一定成效。为保证数量,我们对一些评论栏目的见报量作了硬性规定,像《国际论坛》每周两次,雷打不动,一年就是100多篇。《大千絮语》《经济札记》每周至少一篇,一年也有100多篇。如果加上本报评论员、短评和驻外记者述评,这几年各类评论每年都不少于500篇。我们要求评论品种大中小结合,以保证不大题小做,也不小题大做,使各类评论互相配合,相得益彰。目前,我们大的评论如观察家文章,小的如国际札记,时断时续,数量也太少,主要是抓得不够,也有评论力量不足的原因。在提高评论质量方面,我们下功夫比较大。部里专设了评论组,具体负责一般评论的选题、组织和写作。重大的评论,我们投入更多的力量,通常是领导参与并自己动手。为争取评论质量高一点,常常是两三个人一起从政策性、准确性到遣词造句,一遍遍磨,一句句抠,一篇重点评论总要花几个小时,甚至十来个小时。

要正确把握政策体现政策

政策性、准确性、思想性是国际评论写作的三要素,而政策性又是决定性因素。评论要不要写,能不能写,怎么写,都取决于政策的衡量。

第一，要特别注意政策的变化，并要在评论中予以准确的体现。如1996年六七月间，日本围绕我国领土钓鱼岛采取了一系列挑衅行动。一个右翼团体悍然在岛上竖起一块画有太阳旗的牌子。日本外相公开说钓鱼岛"是日本固有领土"。日本首相扬言日本要为"不测事件""做好准备"，必要时"用武力排除"。领土问题寸步不让，日本的嚣张气焰必须打一打。我们为此发表评论员文章《日本别干蠢事》。该评论通篇围绕钓鱼岛和领土问题做文章，用词之严厉，是近年评论中所罕见的。其中一段是："时至今日，谁要是指望12亿中国人民放弃哪怕一寸领土，那是痴心妄想；谁要是幻想中国人民会屈服于强权，那是白日做梦；谁要是企图在海峡两岸关系上打什么牌，那是错打算盘。可以断言，事关国家主权，炎黄子孙的心是一致的。任何一个中国人都不愿或不敢将领土拱手让人，留下万世骂名。"不少读者给报社来电话，认为评论很解气。

日本在钓鱼岛问题上的表现激起我国广大群众的极大愤慨，北京一些青年准备上街游行，冲日本使馆。在这种形势下，主要是做群众的工作。我们在纪念"九一八"事变65周年评论中，既敲打日本又疏导舆论，把人民群众的爱国热情引导到搞好经济建设、富民强国上。评论除了揭露日本近百年来的侵华罪行，批判日本某些人在历史问题上作翻案文章之外，强调我们今天纪念"九一八"事变，就要维护国家的政治稳定，争取和平的国际环境，集中力量搞建设，使国家尽快强大起来。这篇评论受到李鹏总理的表扬，他说评论写得很好，讲政策，讲道理，话也讲得很有特点。中央主要负责同志表扬人民日报国际评论，多少年来这还是第一次。写这篇评论的甘苦使我们更加认识到，作为党中央的喉舌，人民日报的评论一定要坚定不移地体现中央政策，贯彻中央意图，积极引导舆论，决不能为一时的气氛所左右，感情用事，否则要酿成大错。

第二，要用大政策管小政策。如香港回归前，中央强调要创造一切条件，包括舆论，确保香港平稳过渡。当时西方媒体在香港问题上的噪音很大，谬论不少，应予以批驳，我们也列出了一系列评论题目。但经过学习政策和反复研究，认为对种种谬论还是不予理睬为好，否则我们不断发表批驳文章，反而给香港、给内地、给国际社会造成香港回归障碍重重、问题很多的印象，与平稳过渡的总方针不符。所以我们取消了写系列批判评论的计划。这一做法得到了外宣办、外交部领导同志的肯定。搞国际评论经常会遇到这种情况，一件事情出来，按照某一政策规定可以写，根据另一政策又不能写。我们体会,解决这种矛盾的办法就是让大政策管小政策,大原则管小原则。维护国家主权、领土完整和民族尊严等就是大政策、大原则,是压倒一切的。

要进一步拓宽评论面

要做到进一步拓宽评论面,第一,要更加解放思想。要以积极进取和勇于负责的精神去开拓,切忌自捆手脚,自我束缚。近年来,我们各新闻媒体的国际评论进步幅度较大,成绩也很显著。但与西方舆论相比,我们的国际评论数量还是太少,声音还不大,影响也有限,与我国不断提高的国际地位很不相称,同国内外读者的要求有相当大的差距。各新闻媒体,尤其是人民日报从事国际宣传的同志应加把劲,扩大评论面,增加评论量。我们认为,除了由中央直接掌握和特别敏感的问题之外,都是可以评的,关键在于我们的政策水平、理论修养、斗争艺术和写作技巧。

第二,要正确处理新闻与外交的关系。新闻要为国家总体外交服务,但新闻不能等同于外交。新闻应运用自身特点的优势,充分发挥作用。这几年,我们一直这样处理与外交部的关系:从政策、原则方面争取多得到他们的帮助。但具体到就某件事要不要写评论,除特别敏感的问题征求意见外,一般不麻烦他们。难题自己解,责任自己负,不把球踢给人家。

第三,评论的重点应作相应转变。以往的评论多是论战性、批驳性的。为适应形势变化,应多写些正面论述性的评论,解释我国政府的政策思想,分析国际形势中的重要现象和趋势,对具体国际事件进行客观分析。这方面,我们作过尝试,像《中国就是中国》《中美关系面临历史性机遇》《构筑新世纪的新型国家关系》等就属这一类。《中国就是中国》论述了中国是"一个发展中国家","一个热爱和平的国家","一个负责任的国家","一个不信邪、不怕压的国家"。我们通过论述,借题发挥,批驳"中国威胁论",为江主席访美作舆论准备。外宣办领导对这篇评论给予肯定,认为这实际上是为中国在当今的国际棋盘上定位。第三届中国国际新闻奖的评委,还把这篇评论评为一等奖。我们知道,这既是对我们的鼓励,也是对今后评论重点转换的一种倡导。

要强调时效性

一讲到时效性,我们往往想到消息。其实,从某种意义上说,国际评论的时效性更重要（对某些事不评或晚评另当别论）。评论时效性强，可以起到先声夺人、先入为主的作用，具有逐步打破西方媒体垄断国际舆论局面的意义。我们曾提出，观众头天晚上看到的国际重大新闻，我们能让他们在第二天报纸上读到有背景、有深度的评论文章，使报纸同广播电视形成既竞争又协作的关系。如可能，力争评论同消息同日见报。为此，许多大的评论我们是连夜赶出来的，经常为能第二天见报写到凌晨一两点钟。夜里赶稿子是很辛苦的，但大家明白，评论早一天发表，绝不是早24小时的问题，其政治意义是难以估量的。

要改进评论写作

评论质量高低，和评论写作有直接关系。为了提高评论质量，一定要认真提高评论写作水平。从评论写作本身来说，第一，气度要从容。评论应心平气和，摆事实，讲道理，不要剑拔弩张，疾言厉色。要做到这些，很重要的一点是必须克服某种思维定式，切忌脸谱化、概念化、简单化。国际形势变化很快，邓小平同志提出广交友，不树敌，不以意识形态划线。江泽民同志不久前提出寻求与西方国家利益的汇合点。我们应好好学习这些重要指示，以端正评论写作中过时的思维方式。

第二，语言要平实。要尽量少说套话，少说现成的话，多讲些新鲜的容易让人记住和打动人的话。在这方面我们也作了不少努力。比如，在1996年发表的《日本政要必须补课》一文中有这样一段话："看来，如何正确认识那段历史，日本政要还得'补课'。这一课不补不行，晚补不如早补。自己不补，别人会逼着补。只有补好这一课，日本才能取信于亚洲各国人民和国际社会，才能确保走和平发展之路，才能在国际事务中发挥与国力相称的作用。否则，一切都无从谈起。"这种说法近似大白话，但读者很喜欢。

第三，应注意写作技巧。最近看了报社几位同志回忆胡乔木同志五六十年代如何修改、撰写国际评论的文章，颇有感慨。"言而无文，行而不远"，一点不错。乔木同志三四十年前在文章中评的事情，早已时过境迁或昨是今非，但今天读他的评论，依然兴味盎然，原因就在于他的写作技巧高，有文采。如1958年7月，伊拉克人民奋起推翻了费萨尔王朝，宣布成立伊拉克共和国，使总部设在巴格达的巴格达条约组织不得不到别国开会，坚持美英的侵略政策。人民日报为此起草了一篇社论，题为《制止美英扩大侵略的野心》。社论开头说:"伊拉克革命后已经陷于支离破碎的巴格达条约集团,从7月28日起在伦敦举行理事会。以所谓观察员身份参加会议的美国国务卿杜勒斯实际上是这次会议的主宰。会议公报表明,美英竭力保持和控制这个集团来充当它们扩大侵略的工具,这不能不引起世界人民警惕。"

对这种很常见、老一套的写法,胡乔木同志作了这样的修改:"没有了巴格达的巴格达条约集团,从7月28日起在距离巴格达五千公里以外的伦敦举行了两天的理事会会议。这个会议的主宰是离巴格达更远的、同土耳其、伊朗、巴基斯坦隔了一个洋又一个洲的地球另一面的美国客人观察员杜勒斯。这个会议上有的是美国人、英国人和美国人英国人的走狗,仅仅缺少中东人民的代表参加,而它的任务却正是反对中东人民,首先是反对这个条约的命名地巴格达——伊拉克共和国。"标题也改得很生动:《招不回来的魂——没有了巴格达的"巴格达条约"》。评论要写到这个水平是太难了,但我们可以从中得到启示,得到鼓舞,力求做到把评论写得有点技巧、有些文采,这还是应该的。

(原载《新闻战线》1998年第6期)

辩证抓新闻[*]

——关于提高报纸宣传水平的几点思考

袁志发

全面贯彻落实党的十五大精神，迫切要求我们努力提高新闻宣传水平，在坚持正确舆论导向的基础上，总结经验，开拓创新，心系人民，把握大局，更好地为两个文明建设服务。

邓小平同志关于"两手抓"的思想具有普遍的指导意义。我国改革开放和现代化建设要"两手抓"，作为反映改革开放和现代化建设的新闻宣传也要"两手抓"。新闻宣传"两手抓"，有利于调动各种新闻手段，实现新闻资源的合理配置。

新闻宣传"两手抓"，就是用辩证的观点认识和把握新闻宣传中的一系列基本关系。辩证抓新闻，涉及的内容极为广泛。本文仅就其中的几个侧面，谈一些粗浅的看法。

既抓"三强"新闻，又抓"三贴近"新闻
——增强可读性　提升指导性

所谓"三强"新闻，就是思想性强、政策性强、指导性强的新闻；所谓"三贴近"新闻，就是贴近实际、贴近生活、贴近群众的新闻。"三强"新闻与"三贴近"新闻，既有联系又有区别。一般地说，前者主要反映和体现党和国家的大政方针，后者主要反映和体现人民群众生产、工作、生活的实际情况，二者各有优势，互为补充，缺一不可。

随着人们思想文化素质的提高，今天读者对报纸宣传的要求比过去"苛刻"得多了。好的报纸宣传已不仅仅意味着舆论导向正确，它还意味着：必

---

[*]　本文获第九届中国新闻奖新闻论文一等奖。

须有较强的可读性。即使是严肃的主题,也要善于运用群众身边的人和事去阐发。只有观点而没有事实,只有结论而没有过程,或只有平面排列而没有立体展示的报道,读者是不乐意读或读了也不会口服心服的。经验告诉我们,只有舆论导向正确,同时又有可读性,才能有效地实现以正确的舆论引导人的目的。

实现新闻的指导性与可读性的有机统一,要讲究写作技巧,但最主要的是抓准问题,把握火候。在我们国家,党和政府的大事,也就是人民群众的大事;人民群众普遍关心的事情,也就是党和政府关心的事情。党和政府与人民群众的利益是一致的。这是新闻的指导性与可读性能够有机统一起来的客观基础。不论是抓"三强"新闻还是"三贴近"新闻,都要善于审时度势,善于从党的方针政策和人民群众实际利益的结合处寻找问题,从党和政府与人民群众共同关心的问题上选择题目。从总体上讲,只要问题抓准了,抓在了火候上,指导性和可读性就会很好地凸显出来。两年前《人民日报》发表的《一位母亲的呼吁》,就是一个极好的例子。实践证明,真正的"三强"新闻常常也就是"三贴近"新闻,而好的"三贴近"新闻,往往也就是思想性、政策性、指导性强的新闻。"三强"新闻与"三贴近"新闻不仅是一致的,而且可以融为一体。

毋庸讳言,不能要求每一篇"三贴近"新闻都成为思想性强、政策性强、指导性强的新闻。有一些"三贴近"新闻虽然没有较强的思想性、政策性、指导性,但由于它具有明显的服务性,群众是欢迎的。如北京日报开辟的《每天帮您办好事》《这事儿给您问了——赵红短波》等专栏。发表这样的新闻,不仅有利于密切党报与群众的联系,同时也有助于党报逐步进入家庭。

从一定意义上讲,新闻的可读性是为指导性服务的。抓好"三贴近"新闻,有利于在循循善诱中强化报纸对读者的影响力。我们要努力做到在密切与群众的联系中增加报纸的吸引力,在增强新闻的可读性中提升新闻的指导性。

既抓深度报道,又抓信息快报

——强化信息功能 适应时代需求

深度报道是近年来报纸宣传的一种新形式,它有观点、有材料、有分析,思想性、说理性、战斗性较强,是报纸宣传的"重型武器",很受读者欢迎,应继续努力抓好。与此同时,要十分注意抓好信息快报,不断扩大报纸宣传的信息含量。

读者看报，不仅要从思想、理论、政策方面获取营养，而且要了解政治、经济、文化等各方面的信息。随着社会主义市场经济的发展，特别是信息时代的到来，人们对信息的需求无论在数量还是质量方面都有明显的提高。今年，人民日报在改进版面中新增的《经济周刊》《社会周刊》和《大地周刊》，很受读者欢迎，效果要比预想得好。一个重要原因，就是信息含量比较大。

人们在农业时代梦想的是土地，在工业时代追求的是资本，在信息时代看重的则是信息（包括知识）。我们千万不要低估了信息的价值和信息的时代意义，千万不要低估了广大群众对信息的渴望和热切追求。在当今，报道信息、开发信息和提供信息服务，已成为报纸工作的一项极为重要的内容，并为一些报纸带来了可观的经济效益。下一个世纪，信息的功能更会渗透到社会生活的各个方面，信息（包括知识）将成为不可忽视的重要资源和财富。在这种情况下，新闻媒体传播和开发信息的功能将会进一步加强，新闻媒体间的竞争也将越来越聚焦在"信息"这个点上。对此，我们必须有清醒的认识，并积极付诸行动。要努力开拓信息传播渠道，扩大信息传播范围，加大信息传播数量，提高信息传播水平，及时、准确、广泛地为两个文明建设提供信息服务。

应当说，深度报道也是一种信息。目前有些深度报道的一个缺陷，就是信息含量偏小。扩大报纸信息量，要包括增加深度报道的信息含量。

既抓独家新闻，又抓他家新闻

——共享新闻资源　增加宣传"亮度"

人无我有，就有竞争力。在新闻竞争中，独家新闻的魅力是显而易见的。在今天新闻媒体林立的形势下，独家新闻的价值显得尤其突出。而且，随着时代的发展，读者对独家新闻的要求也更高了：不但追求时间效应，同时也追求质量效应。这就决定了我们的报纸宣传不仅要努力抢到新闻的"第一落点"，同时要努力获得"第一效应"：报道材料是独家的，报道视角是独家的，报道方法也是独家的。

为了使读者在一张报纸中尽可能多地看到自己想要知道的东西，作为综合性的报纸，特别是全国性的综合性大报，将各家报纸独有的重要新闻及时选择刊登，或以其为线索进行深入采访，然后发表出来，是非常必要的。它既有利于开发和利用各种新闻资源，也有利于强化报纸的信息功能。一张报纸既有自己的独家新闻,又有从其他新闻媒体报道中挑选来的具有重要价值的新闻,其整个宣传"亮度"和力度就会增加,因而会更有吸引力和影响力。

自然,面对时代的挑战,增加报纸宣传的"亮度",已不仅仅停留在"人无我有"这一点上了。哪家报纸的宣传"亮度"更大一些,常常取决于对同一新闻事件的报道,谁能做得高出一筹——挖掘得更深一些,与群众贴得更紧一些,可读性更强一些。

既抓近日新闻,又抓当日新闻

——追求第一时间　激活新闻生命

时效是新闻的生命。在信息传播速度日益加快的新形势下,我们不仅要抓好近日新闻,而且必须下气力抓好当日新闻,努力改变目前当日新闻数量偏少、质量偏低的状况。

先睹为快,这是人们的普遍心理,在现代社会更是如此。在通常情况下,新闻报道能快就不要慢。慢了就要丢分,时间久了就会失去读者。如果打开我们的报纸,除了国事新闻、会议新闻和国际新闻外,找不到一条其他当天的新闻,看不到广大群众关心的新近发生的事件,读者就有理由不订这张报纸。有无当日新闻,有多少当日新闻,当日新闻的质量如何,应当成为衡量一张报纸宣传水平的重要标尺。

当日新闻,贵在"当日"二字。近日发生的新闻事实,运用当日的新闻由头发表出来,也值得提倡。但严格地说,这样的新闻还不是当日新闻。当日新闻追求的是"第一时间",报道的内容应是当日发生的新闻事实。对于广大群众普遍关心的新闻事件,如果一篇当日新闻难以全面深入地作出反映,可以依据新闻事件的发展情况,采取滚动的方式连续进行报道,从而揭示新闻事件的全貌和本质。

抓当日新闻是确有难度的,但我们必须去努力。关键是要建立健全这方面的工作机制,调动和发挥广大采编人员的积极性。

既抓正面宣传,又抓舆论监督

——表达群众意愿　密切党群关系

在通过言论、先进典型报道和理论阐述等方式,继续大力宣传邓小平理论和党的基本路线，宣传爱国主义、集体主义、社会主义，宣传人民群众从事改革开放和现代化建设的创造精神，宣传中华民族的传统美德等的同时，认真搞好舆论监督，具有重要的意义。

新闻报道中的正面宣传和舆论监督，是一个有机的整体。舆论监督是党和国家整个监督体系中的重要组成部分。舆论监督的目的是扶正祛邪，改进工作，解决问题。积极正确开展舆论监督与坚持团结、稳定、鼓劲、正面宣传为主的方针是一致的。党报积极正确地开展舆论监督，既有利于推动实际工作，也有利于增强报纸宣传的权威性和可读性。根据近些年来的经验，报纸开展舆论监督，除了应继续努力办好读者来信专版之外，还可经过试验，在要闻版上开辟这方面的专题栏目。

要善于从"领导重视、群众关心、普遍存在"这三者的结合点上寻找典型，抓住那些既能反映事件本质，又有法可依、有政策可循的倾向性问题进行舆论监督。舆论监督也有个正面引导的问题。既要反映群众呼声，又要帮助政府做工作；既让群众看到解决问题的希望，又不让有关部门感到是给他们出难题；既有利于某一具体问题的解决，也有利于同一类问题的解决；即使批评报道，也要给人以启发、给人以希望、给人以信心，能够起到举一反三的作用。要积极依靠领导机关和有关职能部门，坚持用事实说话，坚持以理服人。报纸不像电视那样声像俱在，难以辩驳，更要十分注意获取第一手材料，注意现场取证。要把握好时机和度，什么时候提出问题，从什么角度提出问题，以什么方式提出问题，都要从有利于推进实际工作和维护团结稳定的大局出发。要强调以质取胜，讲求效果；既表达群众意愿，又密切党群关系。切忌搜奇猎异，追求轰动效应。

既抓文字新闻，又抓图片新闻

——巧用报纸语言　展示个性魅力

文字新闻和图片（包括图表、美术）新闻是报纸宣传的两翼，缺一不可。没有图片新闻的报纸，宣传是很难"飞"起来的。

图片的价值绝不只是美化版面，也绝不只是文字报道的一种补充或延伸，它本身就是报纸宣传的一个重要组成部分，能起到文字新闻起不到的作用。如果说文字新闻能够使读者从字里行间了解事物的来龙去脉，那么图片新闻则可以使读者用眼睛看到事物的真实面貌；如果说好的文字新闻能够传神,那么好的图片新闻则不仅能够传神,而且能把事物的形也凸显出来,做到形神兼备。正因如此,有时一张好的图片新闻,它的宣传效果要超过长篇文字报道的作用。也正因如此,有经验的夜班编辑总是乐意把最有价值的图片安排在一版显著位置。去年1月,新疆阿勒泰地区连续遭受特大暴风雪袭击,雪山深处的300名采金工人被大雪围困,新疆军区闻讯紧急出动直升机前往营救。对这样一个党中央、国务院和全国人民都关心的新闻事件,人民日报没有发文字新闻,而是以《雪封阿勒泰 战鹰解危难》为题,在一版头条位置发了三张新闻照片,配以简短文字说明,效果非常之好。事实表明,图片新闻之妙,就在于它不仅能把新闻事实形象、鲜明、生动地告诉读者,而且能够为文字新闻提神,为整个版面提神。而且,从一定意义上讲,在报纸上适度增加图片新闻,也是构建视觉强势,强化报纸与电视竞争能力的重要途径之一。

要努力建设一支宏大的新闻摄影队伍。这支队伍既有专业新闻摄影记者,也包括驻地文字记者和广大业余新闻摄影工作者。要强调每个文字记者都有提供新闻照片的责任,强调每个摄影记者要联系一批业余新闻摄影工作者。

既抓国内新闻,又抓国际新闻

——关注世界大事 提高发言水平

随着改革开放的深入和现代化建设的发展,我们的国际报道也在不断地加强。进一步加强国际报道,既是我国改革开放和现代化建设的需要,也是国际新闻传媒竞争的需要。可以想见,随着信息时代的到来和全球经济一体化的加强,人们对国际信息的需求会与日俱增,随之而来,国际新闻宣传的竞争也将会是异常激烈的。我们的新闻宣传要更好地为国内建设和国际交往服务,就必须从现在起作出新的努力。特别是一些全国性大报和世界性大报,更要积极迈出步伐。

今年2月,在伊拉克武器核查危机趋于白热化的关键时刻,人民日报果断作出决定,派出记者前往巴格达,与中央电视台、新华社、中国国际广播电台及世界其他各大新闻媒体,同步对这一重大国际事件进行报道,效果是很好的。经验表明,一些重要的国际事件,不仅具有无可置疑的新闻价值,而且其本身就具有重要的政治意义。作为一张大报,在国际新闻聚焦的关键时刻，应该有自己的声音，应该有自己的影响力。

对外开放是我们要长期坚持的基本国策。无论从政治、经济、文化的角度考虑，还是从国际新闻传媒竞争的角度着眼，我们都有必要进一步增强国际意识，不断提高在重大国际问题上的发言水平。要认真学习我国外交政策，准确把握国际斗争脉搏，积极参与国际重大事件的报道。应逐步增加在一版的国际报道分量，努力为广大读者提供有价值的国际信息。

既抓改进内容，又抓改进形式

——搞好版面定位　优化版面配置

为了增强宣传效果，不断改进报道内容无疑是十分重要的，但也绝不可因此而忽视版面形式的改进。一般地说，改进内容难度较大，收效较慢。改进版面则相对比较容易，见效也快，它一方面能给读者以新鲜的感觉，另一方面也能促进内容的改进。版面是衡量报纸质量如何的一个综合性指标。当版面形式落后于时代要求，滞后于读者欣赏水准，不改进版面就直接影响到宣传效果的时候，就要下决心把改进版面提到议事日程上来。改进版面不是把报纸变得花花哨哨，而是要有利于突出宣传导向，有利于体现时代精神，有利于增强美学魅力。

要搞好版面定位，优化版面配置。一张报纸要让所有的人都看尚且难以做到，何况是某一个版面。一个版面，它的读者主要是哪一部分人，主要报道哪一方面的内容，要有基本的定位。版面定位科学、准确，也相对容易办出特色。各个版面都有自己的特色，整张报纸的面貌就会有新的改观。

报纸间的互相学习和借鉴是很重要的，但不能偏离自己特定的位置，为了赢得读者，大家都向某一类报纸靠拢的做法是不可取的。版面形式的任何改进，都是在原有基础上进行的，改进版面要注意保持自己的特色和风格。

既抓宣传报道，又抓队伍建设

——创造良好环境　培育优秀人才

新闻工作是一项政治性很强的业务工作，也是一项业务性很强的政治工作，抓宣传报道必须抓好队伍建设，努力建设一支政治强、业务精、纪律严、作风正的队伍。要坚持不懈地抓好政治思想建设，不断增强新闻队伍的政治意识、大局意识、责任意识，在思想上政治上与以江泽民同志为核心的党中央保持一致。要创造有利于优秀人才脱颖而出的环境，努力培养一批名记者、名编辑、名评论员、名专栏作家。要把调动好和发挥好广大新闻从业人员的积极性、创造性，贯穿于新闻工作的全过程。

一个人的潜能有多大，不但别人很难估计，有时连自己也并不清楚。我们要尽可能地挖掘这种潜能。人有各种各样的资本——政治资本、经济资本、知识资本、身体资本，等等，但有一种资本却常被人们忽视，那就是——勤奋。从某种意义上说，勤奋是人生最大的资本，是一切资本的资本。它既是一种最廉价的资本，也是一种最昂贵的资本。人人都可以拥有这种资本。而要把大家的潜能挖掘出来，使每一个人都真正拥有这种资本，就一定要多做调动和保护积极性的工作。

(原载《新闻战线》1998年第9期)

新闻摄影与思想解放*

蒋 铎

改革开放使我国各方面的工作都出现了生机勃勃的局面。新闻摄影事业也获得了进步。

从政治说教到按新闻摄影规律办事

改革开放以前，在"左"的阴影下，新闻摄影规律遭到了践踏，早在1958年"大跃进"年代，新闻摄影就变成了一些不切实际的政治口号的宣传机器，致使报纸上出现不少虚假浮夸的照片，新闻摄影报道严重失实。到了十年动乱期间，这种状况发展到登峰造极的地步，当时就有通讯员背个包到报社来，拿出照片问编辑需要写什么文字说明，是要批判的，还是要学习的。同一幅照片，为了某种需要，可以由作者随心所欲地"写"出不同内容的文字说明。新闻摄影已经走进了死胡同。

党的十一届三中全会重新确立了实事求是的正确思想路线，实现了建国以来党的历史上具有重大现实意义的伟大转折。这是新闻摄影能够从多彩的生活实际出发，按新闻摄影规律办事的理论依据和根本保障。

按新闻摄影规律办事，从摄影记者角度讲，一是要增强新闻意识，从实际出发，深入到生活中去发现和选择新闻线索；二是要尽可能选择适合形象表现的题材；三是要抓取能够表现新闻事件本质瞬间的形象信息。从编辑角度讲，一是要善于辨别新闻照片与非新闻照片；二是要善于使用新闻照片。

改革开放20年为新闻摄影事业创造了良好的舆论环境，带来报业的发

---

* 本文获第九届中国新闻奖新闻论文二等奖。

展壮大，新闻摄影从业人员的新闻意识也不断增强，他们遵循新闻摄影规律，使摄影报道的题材面大大拓宽，新闻摄影园地出现了繁花似锦的局面，产生了一批本来意义上的新闻摄影佳作，如江式高的《邓小平南巡》、王东的《小平您好》、胡武功的《洪水袭来之际》、邓维的《祈望和平》、郑鸣的《倒闭后的滋味》、乔天富的《渎职者》、高秀峰的《民主的权利》、刘占坤的《9·23不眠之夜》、朱大伟的《生命的最后瞬间》、田飞的《防假之心》、邓佳的《人工繁殖大熊猫》，等等。这些照片为宣传改革开放和社会主义现代化建设，起到了很好的鼓舞和激励作用。

从说大话到讲真话

"四人帮"把持舆论大权时期的一个禁区是不准报道困难、问题、失误。形势再严峻，也总是被说成"一片大好"；物资再匮乏，也总是宣传"市场繁荣"。弄得谁都不敢说实话。"一朝遭蛇咬，十年怕井绳"，这种影响一直延续到粉碎"四人帮"以后的一段时间——在1980年的一次新闻照片评选会上，有两三幅反映小学教室屋顶破了不能挡雨之类的照片，就有评委忧心忡忡地提出："哎呀，这么多反映阴暗面的照片获奖合适吗？"教室漏雨也成了"阴暗面"！这不是自己给自己扣大帽子么。现在看来很可笑，而在当时却是千真万确的。

报道成就能鼓舞士气，新闻摄影应当以正面报道为主，这是丝毫不能动摇的。20年来，新闻摄影满腔热情地讴歌了改革开放取得的辉煌成就，从重点工程的进展到市场由短缺走向丰盈；从城乡百姓衣食住行的改善到价值观念的更新；从生产力的发展到生产关系的改善……我们报纸上90%以上属这一类。如贺延光的《风雨太旧路》、赵连勤的《解放军给咱打出幸福井》、周立新的《大江截流——合龙后的握手》，等等。同时，我们也不回避工作中的困难、问题和矛盾。因为新闻摄影也是舆论监督的有力手段。报纸要发挥舆论监督作用，就要敢于讲真话。

讲真话，就要敢于反映工作中的矛盾与问题。过去大呼隆年代，地里种啥不种啥由上面安排，如今有了自主权。这时很容易产生"一窝蜂""一拥而上"，于是出现了卖兔子难、卖红果难、卖苹果难……这时用新闻照片给农民兄弟传递个信息，提个醒，引导他们尽早认识和适应市场，不是比那种传统的大姑娘笑嘻嘻摘苹果式的所谓正面报道照片更切合实际、更有益？一段时间以来,有些地方的牧民为眼前的蝇头小利而无限地增加牲畜头数,致使大大超过草原承受力,不容草结籽,就被吃光了,草场焉有不退化之理?我国草原总趋势是在缩小,沙漠在扩大。这关系到整个国家的生态环境和牧民子孙后代的生存。这时的新闻摄影,是无视现实,依然停留在对蓝天白云下密集羊群的赞颂,还是报道沙漠化在逼近?报纸要发挥正确舆论导向作用,当然是报道后者,帮助政府发现和反映现实生活中的矛盾和问题,给人以警示,促进矛盾和问题的解决。

生活中的这些矛盾、问题,远非一个"阴暗面"所能概括得了。20年来,这类融入作者思考的作品也很多,并且起到了很好的舆论导向作用。如王文澜、郭建设的《春天的烦恼》、周晓晖的《"生"与"死"争地》、卢北峰的《望子成龙》、王杰的《徐虎太累了》、鲁少河的《母亲的乳汁还有多少——黄河断流的思索》等。

讲真话,就要敢于揭露消极、丑恶现象。一个外地来京女人因吸毒负债累累,便将自己3岁多的儿子丢丢当抵押放在债主——贩毒兼吸毒者那里,债主则将丢丢当作发泄的对象,残忍地用烟头将孩子烫得遍体鳞伤,惨不忍睹。法制日报女记者居扬拍成系列照片《救救孩子》发表,后来又在全国禁毒展览展出。这组照片像一份控诉书,通过视觉形象,揭露了毒品的巨大危害,从而激发人们同贩毒吸毒现象作坚决的斗争。这组照片给人心灵上以极大的震撼。

这些消极、丑恶现象是真正的"阴暗面"。我们的报纸不应回避矛盾,袖手旁观。但在报道时应当把握一定的度。有选择地揭露某些老百姓普遍厌恶的丑恶现象,目的正在于促进"阴暗"向"光明"的转变,促进社会健康发展,这是积极的而不是消极的。敢于在报纸上揭露这类丑恶现象,正是党报坚持党性原则的体现。

从见物不见人到以人为主

人为万物之本。我们的一切工作,目的都是为人民谋幸福。我们所有任务的完成又都必须依赖人民群众同心协力的奋斗。但多少年来许多照片中却见物不见人。

"见物不见人"本来是指有些表现生产劳动的照片往往停留在表现生产劳动场面上,或停留在一个技术过程上,即所谓"机器加人""设备加人""产品加人""庄稼加人"。笔者所说见物不见人,并非照片里没有人物形象,有些照片里不但有人,而且有很多人,但这些人物大都是为拍照片而故作的虚假表情,像一个个无生命的符号。这个"老大难"问题,改革开放以来终于有所突破,出现了一批关注普通人的命运和生存状态,表现人物喜怒哀乐的动人佳作。如卢琰源的《热泪抒怀》、张新民的《深圳股潮》、周晓晖的《新婚诀别》、王福顺、刘洪军的《冉文群笑了》等。

在那假话、空话、大话盛行的年代,有关编辑审查照片时,见有人穿补丁衣服、牛拉犁而不予通过,说这有损社会主义形象。至于反映民间疾苦,那就更谈不到了。现在不同了。我们党以科学的态度宣布:当前中国仍处在社会主义初级阶段,还有几千万农村人口尚未脱贫。帮助这几千万同胞解决温饱、摆脱贫困,已成为全党本世纪末的一项战略任务。目前,城市里大量下岗、失业人员的生活困难,引起党、政府和社会各界的高度重视。这就为新闻摄影打破了又一个禁区,关注困难者命运的新闻摄影作品应运而生。

解海龙拍摄的《希望工程》在我国已家喻户晓,是关注贫困农村儿童读书问题拍摄最成功、影响最广泛的系列照片。可以毫不夸张地说,世界上从来没有一幅照片能像《希望工程》中的"大眼睛"那样,与上亿读者见面,让亿万人感动。

有人不理解,为什么新闻摄影除了表现英雄行为、生活改善之外,还要去表现人的困境?于是有人认为表现困境是消极、悲观,这至少是对新闻摄影功能认识上的片面性。在今年的抗洪报道中,笔者曾去中华慈善总会采访,在回答"为什么捐款"时,许多老人激动地说是看了电视里播出一个小孩被滔天大水困在树上的镜头。其实这个镜头在电视里只一闪而过,最多一秒钟。然而,这一秒钟的图像传播竟有如此巨大的感召力!多么令人深思啊!

陕西三秦都市报记者杨小兵拍摄的《上学》,反映的是陕北安塞县谭家营乡龙安村12岁的刘小花和她的同学们,每天不得不往返4米高的"钢丝桥"冒险求学,1994年以来,已有9名小学生先后从上面掉入水中。照片于1996年6月12日在《陕西日报》和《三秦都市报》发表,很快引起省、地、县各级领导高度重视,全国各地的单位和个人也给当地写信或打电话,伸出援助之手……值得一提的是,这幅照片荣获1997年中国新闻作品的最高奖——中国新闻奖一等奖!倒退20年,此片有可能被当作丑化社会主义的典型而加以批判。

上学　杨小兵摄

从摆拍成风到抓拍为主

新闻照片的拍摄到底应以抓拍为主还是以摆布为主，这个本来不成问题的问题，在我国新闻摄影界却争论了20年！1958年前后出现的高指标、浮夸风，致使一个比一个玄乎的"高产卫星"相继问世，报纸上充斥着摆布导演的虚假照片。那时，有同志明确提出"政治挂帅，该摆就摆""事实为政治服务，不摆行吗？"形成了不摆布就拍不出照片的可悲局面。

当时，谁提出不同意见，谁就有可能被扣上"右倾"帽子。在这种情况下，时任新华社摄影记者的蒋齐生挺身而出，明确提出新闻照片应以抓拍为主，应"坚持新闻摄影真实性原则及深入选择的摄影采访路线"。他因此而吃了许多苦头。到了阶级斗争"必须年年讲、月月讲、天天讲"的岁月，他更被"上纲上线"为"资产阶级代理人""修正主义分子"。值得庆幸的是，这场旷日持久的争论终于随着"实事求是"思想路线的重新确立而告一段落。经过新闻摄影理论的拨乱反正，现在已逐步形成了新闻摄影应以抓拍为主的共识。1992年6月30日通过的《人民日报组版要则（试行）》中规定："优先选用抓拍照片，杜绝明显摆布的照片"，可作为这场争论的结束语。

如何从审美角度审视新闻照片？长期以来，这个问题被弄得混乱不堪。真实性是新闻照片的生命，只有真实可信，才能谈得到其他。但这一点常被所谓"漂亮""好看"，甚至"赏心悦目"所取代。编辑挂在嘴边上的一句话是："找张好看的、漂亮的照片！"其实，新闻照片并不都是"好看的""漂亮的"。摆布导演的照片所以有市场，显然与这种认识上的误差有关。抓拍的照片可能光线不理想、构图不够完整甚至还有欠缺，但没有矫揉造作，没有雕饰，具备一种朴素自然的美。很可喜，这20年来记者在拍照片，编辑在选照片的审美眼光在逐步地起变化，更讲究真实而不是表面的漂亮，许多明显摆布的照片被拒之门外，许多看来并"不漂亮"但却感人的抓拍照片，今天被理直气壮地登在版面上。

20年来，我国新闻摄影所取得的可喜成就，所发生的巨大变化，有目共睹。但也并非一切问题都解决了。上述四个方面，有的变化比较明显，有的当在变化之中。多少年来形成的旧观念、旧框框还时隐时现。对新闻摄影事业来说，解放思想永远是一个鲜活的课题。

（原载《新闻战线》1998年第12期）

从科索沃透视西方"新闻自由"的本质

张虎生

震惊世界的"科索沃危机",既是美国图谋建立单极世界的霸权主义野心的一次大暴露,也是西方国家打着"新闻自由"旗号实行"新闻侵略""传播侵略"的反动本质的一次大暴露。以美国为首的北约集团在这场肮脏的不义战争中,既运用了各种可以精确制导的新式武器搞霸权,也动用了它们可以操纵的各种新闻传媒搞霸权。设在华盛顿的"美国国际行动中心"负责人坎侬直言不讳地承认:美国宣传机器也是美国战争机器的一部分。西方国家主流传媒露骨的丑恶表演,震惊了我国新闻界和各国新闻界的正直人士。

从刚刚写进世界新闻传播史中的这份不可多得的反面教材中,我们再清楚不过地看清:西方主流传媒是西方垄断资产阶级发动侵略战争、对别国进行干涉、颠覆和"和平演变"的忠实帮凶。正如美国著名政论家苏姗·艾森豪威尔指出,在"言论自由"的招牌后面,是滚滚流动的金融资本,以及这些金融资本对民意无所不能的操纵。

一

资产阶级"新闻自由"作为"出版自由"的一部分,原本是人类社会进步的产物。17世纪,以英国诗人和思想家约翰·弥尔顿为代表的新兴资产阶级代言人,提出了"出版自由"的口号,它作为反封建的思想武器之一,具有重大的进步意义。

然而,资产阶级夺取政权以后,凭借其经济、政治、文化和社会联系诸方面的优势,独占了"新闻自由"。但是,资产阶级又虚伪地把"新闻自由"装扮成全社会的公共财产,赋予它抽象的普遍性的形式,企图使人民相信它的"新闻自由"是超阶级的、全民的,从而掩盖其阶级本质。

历史证明,资本主义国家的"新闻自由",在它诞生后不久便被资产阶级摆弄成贴在自己裤兜上的徽号。早在19世纪中叶,马克思主编的《新莱茵报》被德国资产阶级政权勒令停刊。以此为开端,100多年来,西方资本主义国家采取政治查禁、舆论围剿、经济扼杀等手段,强行压制甚至关闭了数以万计的反对资产阶级统治的新闻媒体。在西方世界,"新闻自由"已经成为对"客观、公正、真实"等新闻原则的亵渎和讽刺。

在滥用"新闻自由"践踏真正的新闻自由方面,美国是当之无愧的"带头羊"。美国等西方国家的新闻从业人员中,不乏具有职业道德的正直之士。在越战期间,正是一批有良知的新闻工作者,比较客观地向美国人民报道战争真相,从而激起了声势浩大的反战浪潮。慑于这种压力并防范日后新闻传媒的失控,从70年代中期,美国就开始制定"兼顾新闻界与政府利益政策",即战时新闻政策;80年代海湾战争期间,美国政府已将新闻媒体完全置于自己的控制之下,推行记者团制度,限制记者个人的自由采访,记者团的所有新闻稿件都必须接受严格的"保密"审查,并建立新闻发布制度来统一报道口径。战时新闻管制下的"新闻自由"没有任何自由可言,西方的"新闻自由"为其统治阶级效劳的本质昭然若揭。

1966年12月16日,在世界各国的强烈要求下,联合国大会通过了对缔约国有约束力的《公民权利和政治权利国际公约》。该公约第19条、第20条对"意见和发表之自由"做了具体限制,如:尊重他人的权利或名誉;保障国家安全或公共秩序,或公共卫生或道德;对任何鼓吹战争的宣传,应以法律加以禁止;对任何鼓吹民族、种族或宗教仇恨的主张,构成煽动歧视、敌视或强暴者,应以法律加以禁止。由于这一国际公约对滥用"新闻自由",挑动别国民族矛盾、宗教冲突、鼓吹侵略战争、破坏世界和平作了明确的制约,美国直至26年后的1992年才加入该公约,并宣布对公约中上述两条做了"保留",即不承认、不接受这两条。这是因为它掌握着强大的、能覆盖全世界的宣传工具,它要为所欲为地滥用"新闻自由",煽动别国民族仇恨或宗教冲突,干涉别国内政,鼓吹侵略战争。一向以"自由国家"自诩的美国,竟然拒绝接受140多个国家加入的包括捍卫新闻自由、反对滥用"新闻自由"在内的国际公约,还有什么资格侈谈"新闻自由"?!

二

这次以美国为首的北约集团制造的"科索沃危机",像一面照妖镜,彻底暴露了西方"新闻自由"的阶级性、反动性、虚伪性和欺诈性。他们口口声声叫嚷的"新闻自由",原来不过是"新闻霸权"的同义词。

歪曲事实,颠倒黑白,为发动侵略战争鸣锣开道

科索沃问题是南联盟的内部事务。然而,以美国为首的北约为了推行其"新战略",以"避免人道主义灾难"为借口,悍然对南联盟进行武力干涉。西方国家主流媒体罔顾事实真相,卖力地为其政府的武力干涉进行舆论准备,提供舆论支持。以"拉察克事件"为例,当美国等西方国家借欧安组织驻科索沃观察团团长沃克尔之口,在毫无证据的情况下,把这一事件定性为南联盟政府军"对阿族平民的集体屠杀",西方舆论随即围绕这个明显带有"传播者意图"的结论大肆炒作。后来芬兰法医小组证实"拉察克事件"不能证明是南联盟军队"对阿族平民的集体屠杀"时,西方主流媒体则在看不见的手的指挥下,对事实真相采取自欺欺人的"鸵鸟政策",一律以"冷处理",与喧嚣一时的"热炒"形成鲜明对比。6月15日无国界记者组织发表的《南斯拉夫战争与北约的虚假宣传》,以大量事实揭露了北约是如何歪曲事实,炮制假新闻的。西方国家的多数民众在科索沃危机中之所以对北约空袭南联盟一直无法获取客观、公正、真实的报道,一个重要的原因是铺天盖地的西方主流媒体已经完全堕落成为北约战争机器的造势工具。

制造谎言,误导受众,只许州官放火,不许百姓点灯

人们不难忘记,北约官员曾公然多次面对新闻界散布谣言。4月14日,北约飞机在科索沃贾科维察地区轰炸了一支阿族难民车队,造成75名难民死亡。北约官员随即矢口否认,谎称这些难民车队是伪装了的塞族人的军车。4月18日,塞尔维亚电视台播放了4月14日贾科维察附近地区上空,一架北约预警飞机和一架北约战斗机飞行员之间的对话录音,证明后者明确地告诉前者——他看到的是拖拉机车队,前者仍秉承上级命令丧心病狂地下令开火。这充分暴露了杀人狂的残忍与专横。塞尔维亚电视台揭穿谎言的这有力一击,使以美国为首的北约恼羞成怒,于4月23日凌晨轰炸了塞尔维亚广播电视大楼,造成数十名新闻工作者和平民伤亡,广播电视节目中断。4月26日,北约再次轰炸南联盟广播发射塔,使南联盟多家电台、电视台停播,企图以此封住南斯拉夫人民的嘴巴，并向全世界人民封锁正义的声音。北约秘书长和新闻发言人无耻地宣称，北约之所以要炸毁南联盟电视台是因为它"鼓吹战争"。这哪里是什么"新闻自由"？是地地道道的新闻霸权。

回避事实，掩盖真相

美国主流传媒为了替本国政府的政治目的和战争政策推波助澜，居然对占本国人口总数35%—48%的公众的反战声音基本予以忽略。面对以美国为首的北约野蛮袭击我驻南使馆，造成人员大量伤亡、馆舍严重毁坏的铁的事实，西方传媒先是一反常态，迟迟才报，美国有线电视台的报道不到一分钟；继而"鹦鹉学舌"，异口同声地、顽固地硬把这一蓄意制造的暴行说成是"误炸"。事实终归是事实，随后它们又几乎同时改口说"中国使馆被导弹击中"。是谁制造的导弹，是谁发射的导弹，为什么要袭击中国驻南使馆，对这些作为新闻必须交代的常识性问题，则讳莫如深。美国CNN、ABC的电视还费尽苦心，播放我驻南使馆被炸较轻的一角，而不播放美国导弹残骸和弹坑，也不播放我遇难记者、受伤人员的图像。更为恶劣的是，它们连续播放我国学生、群众在美驻华使馆、领事馆门前抗议示威的愤怒场面，暗示中国人小题大做，群众抗议活动是政府组织、支使的。这种宣传完全违反了新闻真实的原则，完全丧失了职业道德的起码要求。为了30个银币可以出卖灵魂。请听一贯以"公道、正义"自居的德国国际问题专家穆勒在接受记者采访时的自白：西方国家首先考虑的是本国的利益。对南联盟实施打击，符合西方的利益。我本人支持北约也就是从维护这利益出发的。

对"新闻自由"搞双重标准

表面上看，美国的新闻媒体敢对美国政府的某些政策评头品足，敢把总统的绯闻曝光，似乎很自由。但是一旦涉及垄断资产阶级统治的根本利益，主流媒体的报道就一下子变得那么乖从，不敢有丝毫冒犯。在国际上，由金融大亨及其政治代理人牵着鼻子的主流媒体，对别国的新闻报道百般挑剔，横加指责，不符合美国意愿和利益的，一概斥之为"新闻受控制""没有新闻自由"。在这次科索沃危机中，英国有记者真实地报道了一则消息，美国当权者居然打电话给英国当权者，对该记者提出警告。我国中央电视台派出的战地记者，客观地报道了事实真相，并实事求是地揭露了以美国为首的北约的暴行。4月14日，美国驻华使馆临时代办麦克海写信给中央电视台台长，无端指责中央电视台有关北约空袭南联盟的报道"有失新闻职业的基本准则"。

在以美国为首的北约5月8日悍然袭击我驻南使馆、杀害我新闻记者的残暴事件发生的第二天,美国《纽约时报》《华盛顿邮报》、CNN等主流媒体,仅予以不能再简单、不能再淡化的报道,随之煞费心机地配发了北约开始轰炸南联盟后8次"误炸"的背景资料。而对中国三位新闻记者不幸遇难,西方主流媒体则不予报道,毫无同行应有的良知和同情。这同他们对被南联盟俘虏的三名美国士兵进行连篇累牍的渲染和叫嚷,形成强烈的反差。他们在人道主义上采取"双重标准",在"新闻自由"上同样采取"双重标准"。

西方主流传媒这样做是毫不足怪的,这是因为:作为由几大财团供养和控制的传媒,自然要为主人的私利效犬马之劳,必然要为强权政治和霸权主义服务;眼睛盯着老板的钱袋,哪里还有什么真正的新闻自由。资产阶级的"新闻自由",只能是为少数人服务的"新闻自由",不会也不可能为多数人服务,为真理、正义、进步服务。

三

学习马克思主义新闻观,认清西方"新闻自由"本质,是这次"科索沃危机"给我们广大新闻工作者的最大教益。从历史和理论的角度,在理论和实践的结合上,很好地研究"新闻自由"的问题,将是对有中国特色社会主义新闻学的丰富和发展。

马克思主义新闻观告诉我们,在有阶级的社会里,新闻媒体总是为一定的阶级、党派和集团服务的,超阶级的新闻媒体是不存在的。江泽民同志说过:"在国际上还存在资本主义和社会主义的对立,在国内阶级斗争还在一定范围内存在的情况下,自由就不能不带有阶级性。"江泽民同志的这一论断,无论是从理论上,还是从实践上看,都是颠扑不破的马克思主义真理。

马克思主义新闻观告诉我们,自由是具体的而不是抽象的,是相对的而不是绝对的。正如江泽民同志所指出的那样,在任何一个国家中,都不存在绝对的毫无限制的"新闻自由"。

马克思主义新闻观还告诉我们,共产党领导的社会主义中国是人民当家作主的国家,新闻媒体是党和人民的喉舌耳目,已经并将继续实现社会主义的新闻自由——这是人类历史上迄今出现的最广泛、最切实的新闻自由。真正的新闻自由是属于一切为了人民、一切造福于人民的共产党人及其领导下的全国人民的。我们拥有并且正在发展的社会主义新闻自由,主要表现在:

第一,由于国体所决定,当家作主的人民群众是各种传媒报道的主体,来自第一线的英雄模范占据主要版面。第二,不断得到重视和加强的舆论监督,在反映群众呼声、帮助政府改进工作、化解矛盾、正确引导方面发挥着越来越重要的作用。第三,我们的舆论开放度不断扩大。《人民日报》刊登的美国消息是美国《纽约时报》刊登的中国新闻的几倍。当同美国同行交谈时,我们自豪地告诉他们:"我们中国人民对美国的了解,要比你们美国人民对中国的了解多得多。"第四,社会主义新闻传媒主持公道,伸张正义,揭露霸权主义,维护世界和平。邵云环、许杏虎、朱颖等烈士以及仍在战斗的新闻同行的行动就是最好的证明。

学习马克思主义新闻观,坚持党性原则,尊重新闻规律,加快新闻改革步伐,以新闻实践发展社会主义新闻事业,揭露西方"新闻自由"的反动本质,用事实戳穿谎言,用真理的光芒驱散阴霾,是我们广大新闻工作者庄严的职责和任务。

(原载《新闻战线》1999年第8期)

关注现实　记录时代　推进变革[*]
——新中国新闻摄影 50 年

许　林

从开国大典的新闻照片见报至今，新中国新闻摄影事业已经走过 50 年的历程。50 年来，中国新闻摄影事业有了长足的进步，我们的新闻摄影机构建立起来了，摄影记者队伍不断壮大，摄影装备已今非昔比，摄影报道题材丰富多彩，我们已初步形成了有自己特色的新闻摄影理论。当前，"图文并重，两翼齐飞"已经成为新时期报纸工作者的共识，报纸上刊登新闻照片的走势，正在向着多、大、彩色的方向发展。新闻摄影在新时期的新闻宣传中正逐渐发挥着更大的作用。

摄影记者队伍发展壮大

在抗日战争和解放战争时期，中国共产党领导的人民军队所办的一些画报，只有屈指可数的少数随军摄影记者（据被我们称为"随军摄影记者"的老同志说，那时候不叫摄影记者，只叫摄影干事或者摄影员，或者叫"照相的"）。那时解放区的报纸没有摄影记者。新中国成立时，全国新闻出版界除画报社外，专职新闻摄影记者几乎没有。

新中国刚一成立，中央人民政府新闻总署就筹备建立新闻摄影局。当时，新闻总署从东北画报社调来朱丹和陈正青，从华北画报社、晋察冀画报社调来石少华、邵宇，筹建工作由他们具体负责。1949 年 12 月底，他们从上海华东新闻学院抽调 11 名大学生，连同来自部队的摄影干事总共 20 多人（摄影记者只有 10 多人），开始了新闻摄影的采访、编辑、发稿和展览照片工作。1950 年 3 月 25 日，新闻摄影局正式挂牌成立，地点就设在原国民党中央通

---

[*] 本文获第十一届中国新闻奖新闻论文三等奖。

讯社北平分社旧址石碑胡同甲22号，由副署长萨空了兼任局长，石少华任新闻摄影处处长。这是新中国第一个负责全国新闻摄影事业的领导机构，也是第一个肩负对内对外发稿的新闻摄影机构，编制有新闻摄影处、记者室、制作科、通联科、资料科，并编辑出版《人民画报》。

新闻摄影局发给摄影记者采访时佩戴的臂章。　陈之平供图

两年后，中央决定撤销新闻摄影局，把《人民画报》并入人民美术出版社和外文出版社，把新闻摄影处、记者室等部门划归新华社，担任对内对外的发稿。1952年4月1日，新华社正式成立了新华社摄影部，当初只有几名图片编辑、不到20名摄影记者，而现在仅摄影记者就有170人之多，这些记者分布在总社和全国、全世界的各个分社。

新华社摄影部的建立促进了全国新闻摄影事业的发展，许多报刊社也相继从无到有地配置了摄影部（组、科）、图片组，在编采人员中增加了摄影记者的比例。例如人民日报图片组在50年代中后期，就已有七八位摄影记者。

改革开放以来，全国报刊业大发展，据1998年新闻出版署公布的数字，全国共出版报纸2053种，其中全国性报纸有211种，省级报纸824种，地市级报纸858种，县级报纸160种，全国发行期刊7999种。笔者做了一个粗略统计，全国性报纸按每报5名摄影记者估算，大约有1055名，省级报纸按每报4名估算，大约有3296名，地市级报纸按每报2名估算，大约有1716名，县级报纸按1名估算，大约有160名，期刊（包括画报）平均按每刊0.5人估算，大约有3999名，加上中国新闻社的20多名，这样算下来，全国总共大约有摄影记者10200名。应当说，虽然在55万新闻从业人员中，摄影记者人数同文字记者相比还不成比例,但是,这已经是一支比较强大的队伍了。现在,摄影记者已成为报刊社编采人员的基本构成之一。有许多报社还根据自己的经济条件,为文字记者配备了照相机。正在发展壮大中的摄影记者队伍,是我国社会主义建设和改革开放新时期新闻宣传中的一支生力军。

1950年5月,新华社摄影记者陈之平在新闻摄影局门口留影。　　陈之平供图

摄影装备今非昔比

战争年代,随军摄影记者使用的照相机很简陋,有一些是通过在敌占区的地下党组织购买的,有一些是从敌方缴获的。正是这些简陋的摄影器材,为我们留下许多珍贵的历史镜头。1949年10月1日,在新中国成立的庄严时刻,以画报社随军摄影记者为主组成的开国大典摄影报道组,又用这些简陋的照相机记录了中华人民共和国成立的历史篇章。

但是,新中国成立初期,毕竟百废待兴,量少而简陋的摄影器材早已跟不上社会主义建设中报纸宣传的步伐。于是,老报社、新报社、画报社和新华社摄影部在增加摄影记者的同时,逐步添加摄影器材。开始时,有的是经过香港转口的德国造"蔡司"单镜头折合式相机、"禄莱"120相机和"徕卡"135相机,也有的是从"苏联老大哥"那里进口的"卓尔基"135相机。后来,有一些报社从日本进口了"卡侬",就是现在的"佳能"。60年代到70年代中期,又有一些报社和画报社从德国、日本进口了"哈苏""林哈夫""玛米亚""尼康"等相机。这时,我国照相机业也有了一定的规模,许多报刊社从上海、江西、北京等照相机厂购买了"海鸥""凤凰""东风""红旗"等国产相机。

改革开放以来,摄影装备更是今非昔比,绝大多数报刊社,包括新华社、中新社已经更新了摄影器材,照相机从单纯的机械结构转向机械加电子装置,从手动操作发展到自动程序。现在,有许多摄影记者已经用上了数码相机,摄影装备的数字化时代正在向我们大步走来。数字化摄影装备极大地解放了摄影记者后期制作的繁重劳动,大大提高了新闻摄影报道的时效。

摄影报道篇幅大大增多

新中国成立初期,我国报纸很少使用新闻照片。翻开那时的《人民日报》,除重大节日外,平时很少见到新闻照片。到了50年代中后期,报纸上新闻照片才逐步多起来。笔者以《人民日报》为例做了一个统计,请看下表:

类别 年月	每天版面	总版面	无照片版面	无照片的一版	刊登照片总数	平均每版刊登照片
1949年11月	6块	180块	134块,占总版面的74.4%	10块,占总版面的5.5%	125幅	0.69幅
1956年11月	8块	240块	128块,占总版面的53.3%	20块,占总版面的8.3%	226幅	0.94幅
1965年11月	6块	180块	78块,占总版面的43.3%	11块,占总版面的6.1%	193幅	1.07幅
1979年11月	6块	180块	76块,占总版面的42.2%	9块,占总版面的5%	180幅	1幅
1998年11月	12块,双休日为8、4块	300块	36块,占总版面的12%	0块	518幅	1.73幅

从上述统计中我们看到，《人民日报》在新中国成立初期，一个月才刊登 125 幅照片，平均每块版刊登 0.69 幅，没有照片的版面有 134 块版，占总版面的 74.4%。而 50 年后的 1998 年，还是这张报纸，月刊登量已达到 518 幅，比 1949 年增长 414.4%；平均每块版刊登 1.73 幅，比 1949 年增长 250.7%；没有照片的版面比 1949 年下降了 62.4%，没有照片的一版已经不存在了。需要说明的是，新中国成立初期报纸上刊登照片的常见尺寸是一栏、一栏半宽，两栏、两栏半宽的照片就算是大照片了，并且在 125 幅照片中，还有许多是一英寸大小。而现在，两栏半的照片算是小字辈，常见尺寸大多为三栏、四栏、五栏。从《人民日报》看全国，报纸在刊登新闻照片的量和尺寸上，变化是非常巨大的。

初步形成有自己特色的新闻摄影理论

新中国成立初期，由于对战争年代随军摄影记者深入生活、深入新闻现场，在观察中发现、选择、抓拍的优良传统没有及时进行总结，加上新中国的新闻摄影刚刚起步，采访拍摄的实践尚处在摸索阶段，还谈不上有什么系统的新闻摄影理论。

后来，为了大学新闻系学生学习摄影知识的需要，一些战争年代的随军摄影记者和懂摄影的大学教授自己编写了一部分摄影教科书，但多是基础性的摄影常识、一般摄影艺术的技术技巧分析和暗室制作等，真正涉及新闻摄影理论的部分并不多。在教学中，虽然教师在理论方面也讲新闻摄影要注意真实性，不要摆布导演，不要搞"客里空"，但是，这些理论与实际却是脱节的。在实际采访拍摄中，相当一部分摄影记者受到在画报社的前苏联专家"先定选题，按主题需要设计画面，然后下去组织拍摄"的理论影响，走了一条组织加工、摆布导演的路子。据新华社《摄影业务》1956 年第 2 期披露，新华社发稿照片中有 80% 是经过摄影记者摆布导演、组织加工拍摄的。针对这种情况，新华社于 1956 年夏天召开第三次摄影报道会议，并作出"反对虚构和摆布，新闻摄影必须完全真实"的决议，但不幸的是，这个决议并没能阻止虚构和摆布的现象。

由于"大跃进""文化大革命"等"左"的错误影响，致使本来就不成熟的新闻摄影理论出现了混乱。有人宣扬"政治挂帅，该摆就摆""事实为政治服务""不受真人真事限制"，于是，新闻摄影盲目地服从于不切实际的政治说教，报道中的假大空风行一时，采访中的"客里空"现象时有发生，新闻摄影的真实性原则遭到严重的干扰和破坏，摆布导演、印证政策、标语口号式的照片一度充斥着报刊版面，给党的新闻事业造成了不良影响。

中国新闻摄影学会成立以来，多次召开理论年会、全国报纸总编辑新闻摄影研讨会。图为1990年8月在银川召开第一次全国报纸总编辑新闻摄影研讨会期间，代表们在一起。左一为人民日报社总编辑邵华泽，左三为中国新闻摄影学会会长蒋齐生。　　沈进摄

党的十一届三中全会以来，全党进行拨乱反正，"解放思想，实事求是"的思想路线重新得以落实，新闻界开始了改革。1981年，首都新闻学会组建了新闻摄影学术组。1983年，中国新闻摄影学会成立。经过总结正反两方面的经验，学会的有识之士切实感悟到"理论的基础是实践，又转过来为实践服务"的重要意义。学会成立16年来，每年进行一次全国优秀新闻摄影作品评选，全国新闻摄影理论年会已经开了7届，全国报纸总编辑新闻摄影研讨会也已经开了4次。在我国新闻摄影理论的先驱者蒋齐生大力倡导下，经过广大新闻工作者的努力，新闻界、新闻摄影界逐步在摄影采访、摄影报道、报纸版面、办报方针等理论方面达成共识，初步形成有中国特色的社会主义新闻摄影理论。它们包括：

新闻摄影是党和人民的喉舌，是社会主义新闻事业的重要组成部分，是报纸和通讯社起飞的一翼，是具有独立报道功能的、直观的、形象的新

闻载体；新闻摄影要坚持正确的舆论导向，以正面报道为主，加强舆论监督作用；报纸编辑要坚持"图文并重，两翼齐飞"，在重大新闻或重要报道任务中，要把文字新闻和摄影新闻放在同等重要的位置上通盘考虑，统一部署，统一指挥，统一安排版面；在摄影采访方法上坚持深入生活，在对生活的观察中选择、抓拍瞬间的新闻形象；在采访内容上坚持真实、准确的原则，在报道上坚持客观、公正的原则；在照片的使用上，坚持抓拍的新闻照片优先上版面；在报纸版面评比中，坚持没有照片的版面不能参评，等等。这些理论及方法对新闻摄影的采访、编辑和报道实践起到了指导作用。

涌现出大批优秀新闻摄影作品

50年来，我国新闻摄影园地呈现出百花争艳、姹紫嫣红的喜人局面，大批优秀新闻摄影作品破土而出。例如《开国大典》《重庆解放》《解放舟山群岛》《中国人民志愿军跨过鸭绿江》《斗地主》《上甘岭战役》《修筑康藏公路的军工们风餐露宿》《周恩来在万隆会议上讲话》《画家古元下放农村》《志愿军回国》《志愿军与阿妈妮难舍难离》《第一口油井试喷成功》《毛泽东、刘少奇等检阅军事训练》《中国第一颗原子弹爆炸成功》《毛泽东与李宗仁》《周恩来机场迎接尼克松》等。这些作品是共和国历史的真实写照，是中国新闻摄影史上的骄傲。

1976年4月5日，在全党、全国人民与"四人帮"的斗争中，以中青年为代表的摄影爱好者和摄影记者，拍摄了一批沉痛悼念周恩来总理的好照片，例如《广场祭奠周恩来》《首钢工人发表演说》等，受到新闻界、摄影界的高度重视，为以后的新闻摄影改革奠定了良好的基础。

改革开放20多年来，宽松的舆论环境为新闻摄影提供了广阔的舞台，优秀新闻摄影作品层出不穷。例如《小平您好》《人民的代表》《当选总理朱镕基》《董建华开锣"赛马"》《面向新世纪》等，从不同角度切入，准确地报道了中国人民坚持改革开放，坚持"一国两制"统一祖国大业的坚定信心和精神风貌；《三峡大坝在崛起》《黄河小浪底工程截流成功》《京九通车》等，讴歌了我国重点工程建设的新成就；《深圳特区的生活节奏》《找信息》《麦客换上新装备》《倒闭后的滋味》《民主的权利》《大学生卖报》《学京剧的孩子》《希望工程》《上学》《身残与心残的撞击》《唉，凭票！》《深圳"8·10"

股潮》《传销噩梦》等,向读者传递了由计划经济向社会主义市场经济转变时期涌现的新事物、出现的新问题;《渎职者》《哭诉》《那金子般的鳗鱼苗》《致命的假药》《云南禁毒》《救救孩子》《防假意识不能无》《掀起你的盖头来》《新婚诀别》等,用形象新闻加大了舆论监督的力度,对于协助政府部门揭露腐败,打击犯罪,保障人民的合法权益,提供了有力的证据;《春天里的烦恼》《黄河断流的思索》《申城空气怎么了》等,通过直观形象向人们发出了保护环境的呐喊;《出征》《人间自有真情在》《山村娶来新媳妇》《"父母官"途中救群众》《优秀班主任任小艾》《雪域亲情》等,反映出处在变革时期中人与人之间的丰富情感,以及由此产生的新思想、新风貌;《热泪抒怀》《中华健儿勇闯"虎跳峡"》《祖国在我心中》《"9·23"的不眠之夜》《中国女足》等,表现了我国体育健儿为国争光的搏击精神和人们的爱国主义情怀;《洪水袭来之际》《洪水来了》《生死簰州湾》《'98生命面对洪水》等,歌颂了我国军民在自然灾害面前表现出来的不屈不挠的斗争精神。这些作品形象、生动、准确,鼓舞士气,引人思考,催人奋进。

在重大新闻事件报道中成绩卓著

50年来,新闻摄影日益受到报纸总编辑的重视。在历次重大新闻事件的报道中,各报都非常重视发挥新闻摄影独到的形象宣传作用。

1949年8月,中宣部就委托全国政协会议筹委会新闻处成立新闻摄影科,专门负责全国第一次政治协商会议和开国大典的宣传。《人民日报》1949年10月1日在一版刊登毛泽东等7张中央人民政府领导人的大照片,二版刊登50张中央人民政府委员的小照片;10月2日一版刊登毛泽东主席宣读中央人民政府公告、朱总司令阅兵和升国旗3张照片,二版刊登4张照片,四版刊登6张照片;10月3日四版《人民画刊》刊登12张照片;4日一版刊登4张照片,四版《人民画刊》刊登17张照片,大规模地、形象地报道了开国大典的盛况和与之相关的重要活动,给全国各族人民以极大的鼓舞。

在抗美援朝战争期间,当时的新闻摄影局派出曹兴华、钱嗣杰、葛力群、袁苓、杨溥涛等组成的战地记者组,赴朝鲜前线采访。他们为国内报刊发回大量的战地实况新闻照片,揭露了美帝国主义的侵略行径,弘扬了我志愿军英勇无畏的斗争精神,歌颂了中朝两国人民用鲜血凝成的战斗友谊。

在1997年香港回归祖国的新闻报道中,内地各报刊、新华社、中新社相继派出精兵强将,组成多个临时报道组、报道团,其中摄影记者占相当大的比例,而且许多摄影记者还带去数码相机和笔记本电脑,以前所未有的传输速度,把回归时刻的世纪经典瞬间和庄严、隆重的场面,在第一时间从现场传回国内各媒体,并通过网络传到全世界的各个角落。那张升起中华人民共和国国旗、同时降下英国国旗的"政权交接"的照片,已成为世界历史和中国历史的永久写照。

在1998年抗洪斗争中,全国各报刊派出许多摄影记者奔赴长江沿线和东北、内蒙古抗洪前线,以顽强的抗洪精神采访拍摄战斗在第一线的抗洪军民。各报刊不惜篇幅地突出刊登照片,运用新闻摄影告诉人民抗洪前线的真实情况,极大地激发了全国人民的斗志。

在1999年关于科索沃的新闻报道中,新闻摄影更显示出它特有的魅力。从战争序幕起,新华社就批准了驻德国的年轻女摄影记者黄文的请求,进入南联盟采访,后来,他们又增派了胡海昕,同时将刘宇派到阿尔巴尼亚在外围摄影采访。人民日报社驻贝尔格莱德文字记者吕岩松,在完成文字报道任务的同时,也拍了许多照片。特别是5月8日以美国为首的北约袭击我驻南使馆、炸死我3位新闻记者后,吕岩松和新华社的摄影记者,冒着生命危险,怀着极其悲愤的心情,把侵略者的野蛮暴行统统拍摄下来,并及时传回国内。全国报纸以空前的速度和篇幅,大量、详尽地报道了这一严重事件以及全国、全世界的反映,尤其是刊登的大量现场新闻照片,以及《目击暴行——人民日报记者吕岩松战地新闻摄影展览》,强烈地震撼着人们的心灵,使人们对侵略者的真面貌有了清醒、深刻、彻底的认识,激发了人民奋发向上的爱国热情。

展望未来,竞争是新闻摄影发展的推进器

50年来,新闻摄影是在与报纸文字报道、电视图像报道的无数次碰撞、竞争中发展自己的。其中电视对新闻摄影的冲击最大。中国电视新闻自60年代以来就开始对新闻摄影产生影响,到了80年代中后期,电视在中国大地上迅速普及,电视新闻直接冲击着新闻摄影。全国新闻摄影界在感受到这种强大冲击的同时,扬长避短,知难而进,拍摄出大批的优秀新闻摄影作品,为新闻宣传增添了光彩。

90年代以来出现的网络媒体,使全世界的新闻从业人员和新闻研究人员在振奋的同时,也感到了不安。融文字、声音、图像为一体的网络媒体技术迅猛发展，它的传播速度之快，传播范围之广，以及它的实时性、参与性、交互性等特点，对传统媒体造成新一轮的、更为强大的冲击。新世纪即将到来，新闻媒体之间的竞争会愈演愈烈。面对这种强大的冲击和竞争，新闻摄影工作者应加紧学习，更新知识，提高自身的学养和综合素质，把激烈的竞争当作功率强大的推进器，在竞争中求得发展。

50年来，我们虽然取得了很大的成绩，但应当清醒地看到，同党和人民对我们的要求与希望相比，还有许多差距和不足。主要表现在一些摄影记者的综合素质还不够高，竞争意识还不够强，深入生活还不够扎实，提供的好照片还不够多；同时，也表现在有些版面编辑的图片意识、竞争意识还不够强，好图片新闻的处理还不够大胆，不够突出。这些问题有待在今后的实践中逐步解决，以适应新时期报刊新闻宣传的需要。

"便觉眼前生意满，东风吹水绿参差。"当前，我国社会主义市场经济蓬勃发展，日益完善，新事物、新风貌、新成就不断出现。我们新闻摄影工作者要进一步深入生活、深入实际，以强烈的社会责任感去关注现实，记录伟大的时代，用新闻摄影去推动社会的变革和发展。这是历史赋予我们的责任。

（原载《新闻战线》1999年第10期）

把握"五个统一" 力争"高出一筹"*

许中田

为进一步做好宣传报道工作,迎接新世纪的到来,我们必须明确一个重要的指导思想,就是要以江泽民总书记提出的"三个代表"重要思想为指导,进一步办好《人民日报》。

《人民日报》作为党中央机关报,积极宣传好、贯彻好党中央制定的一系列方针、政策,就是认真贯彻落实"三个代表"重要思想的集中体现。以"三个代表"重要思想为指导,是在新的历史条件下进一步办好《人民日报》的根本保证,是确保舆论导向正确的需要,是丰富和深化宣传内容的需要,是全面提高质量、真正办得高出一筹的需要,是衡量和检验我们的宣传工作效果的需要。编辑部各部门都要自觉地以"三个代表"重要思想为指导,大力宣传先进生产力,弘扬先进文化,反映和维护最广大人民的根本利益,在坚持正确舆论导向的前提下,进一步提高宣传质量和引导水平,加强宣传报道的权威性、针对性、实效性、贴近性和服务性,提高报纸的吸引力和竞争力,更好地完成党中央交给我们的任务,满足广大干部群众对我们的期望。为此,我们必须注意处理好几个关系:

一、党中央机关报的特殊性与新闻媒体的普遍性的统一

《人民日报》是党中央机关报,是党的事业的重要组成部分,是党同人民群众密切联系的桥梁和纽带。《人民日报》担负着宣传党的理论、路线、方针、政策的重要任务,必须始终把坚持正确的舆论导向放在首位,坚持政治家办报。《人民日报》的特殊地位和作用,决定了其特殊性。同时,《人民

---

* 本文获第十一届中国新闻奖新闻论文一等奖。

日报》又是一份公开出版发行的报纸，是大众媒体，具有媒体的普遍性。作为报纸，《人民日报》必须以引人入胜的版面和标题，以准确、及时的新闻报道，以入脑入耳、生动活泼的深度报道和评论、文章吸引读者。报纸又称新闻纸，新闻是报纸赖以生存的根本。党报的政策宣传必须通过可读性很强的新闻、评论和理论文章发挥教育和引导的作用。

处理好党中央机关报的特殊性和新闻媒体普遍性的统一，就是要处理好共性和个性的关系。我们必须把机关报的特殊性和媒体的普遍性统一起来，在继续努力做好党的理论、路线、方针、政策宣传的同时，大力强化新闻意识，抓好新闻报道，特别是独家新闻，提高新闻的时效性。要把政策宣传与新闻报道结合起来，把发挥评论、理论宣传的优势与抓独家新闻、提高新闻时效结合起来，加强政策宣传的针对性和实效性，提高《人民日报》的吸引力和竞争力，增强《人民日报》的影响力和号召力。

在这两者关系问题上，有两种倾向值得注意：一种是过分强调《人民日报》作为新闻媒体的普遍性，由于不适当地强调新闻技术、新闻技巧，在某种程度上影响我们认真体现党中央机关报的政治性要求，这种情况曾有发生。有的照片确实很有艺术性，有的标题很具有文学性、新闻性，可是，从背景上看，从其他因素上看，涉及政治方面的问题，我们宁可不要这种技巧，不要这种艺术，不要这种所谓的新闻性，我们必须突出政治性。第二种是过分强调党中央机关报的特殊性，导致官话连篇，官气十足，忽视读者需求，形成了等稿办报的懒惰作风，抢新闻的意识不强。

二、对上负责与对下负责的统一

作为党中央机关报，《人民日报》首先必须对中央负责。中国共产党是全国人民根本利益的忠实代表，以全心全意为人民服务为最高宗旨。江泽民总书记提出："始终代表中国先进生产力的发展要求、中国先进文化的前进方向、中国最广大人民的根本利益，是我们党的立党之本、执政之基、力量之源。"我们党除了代表全国最广大人民的根本利益，没有任何私利。党的理论、路线、方针、政策，代表了全国最广大人民的根本利益、愿望和要求。党的利益、愿望和要求，与人民群众的利益、愿望和要求是一致的。作为党中央机关报，《人民日报》对中央负责，也就是对人民群众负责。对上负责与对下负责是一致的。

我们必须在宣传报道中把对上负责与对下负责统一起来，既要大力宣传中央的重大决策和部署，又要大力反映广大基层干部和群众对中央决策和部署坚决拥护和贯彻落实的情况；既要大力宣传中央决策的正确性、科学性，也要大力反映广大基层干部和群众在贯彻落实中央决策过程中的自觉性、坚定性；既要大力宣传中央善于总结广大基层干部和群众在改革开放和现代化建设实践中创造的成功经验，又要大力宣传广大基层干部和群众善于并勇于实践的主动性和创造性。如果把对上负责与对下负责分割开来，甚至对立起来，只对上负责或者只对下负责，那是错误的，不是党的新闻工作者应有的立场和态度，是背离"三个代表"要求的。

要做到对上负责与对下负责的统一，我们必须"吃透两头"：既吃透中央的精神，又吃透实际工作情况和群众的愿望、要求。江泽民总书记要求新闻工作者"学习、学习、再学习，深入、深入、再深入"。我们要"吃透两头"，就既要抓学习，又要抓深入。从当前的情况来看，我们对党中央的路线、方针、政策和重大决策部署的传达、阐述和宣传，是比较主动的、自觉的，但相比之下，深入采访，充分地、深入地反映民意民情，反映贯彻落实中央精神过程中的情况，工作做得还是比较有限的。我们要鼓励记者深入实际、深入群众、深入基层，到人民群众中去，到火热的实践中去，了解中央决策的正确性，反映广大基层干部和群众贯彻落实中央决策的坚定性和自觉性，反映广大基层干部和群众在改革开放和现代化建设中的主动性和创造性，反映人民群众的意见、愿望、要求和呼声，用大量来自实践、来自基层、来自群众的新闻事实，生动有力地宣传党的理论、路线、方针、政策和重大决策部署，在宣传报道中做到对上负责与对下负责的统一。

三、权威性、指导性与贴近性、可读性的统一

权威性是我们报纸的地位之所系，指导性是我们报纸的职责之所在。党中央要运用《人民日报》的宣传报道来指导全国的工作，对各种问题发表权威性意见。失去了权威性和指导性，《人民日报》也就失去了作为党中央机关报存在的理由。对于权威性和指导性问题，我们必须高度重视，要把权威性和指导性视作《人民日报》的生命。这是《人民日报》的特殊性所决定的。同时也要认识到，《人民日报》毕竟是一张公开发行的报纸，其权威性和指导性，要通过媒体的普遍性要求，通过宣传报道的贴近性和可读性来实现。

为了更好地发挥《人民日报》的宣传效益，充分发挥《人民日报》的宣

传报道对实际工作的指导作用,进一步提高《人民日报》的权威性,我们必须把权威性、指导性与贴近性、可读性统一起来,认真研究新闻规律和读者阅读心理,从最贴近群众的角度入手,用引人入胜的内容、题材、语言和版面安排,吸引读者阅读可读性强的具有重要指导作用的宣传报道。我们近年来创办的几个周刊,宣传效果比较好。但是,也还有一些专版显得不够活泼,标题呆板,图片平淡,行文不活,版面编排不够引人注目。大家要积极研究读者的口味,针对读者的需要,积极想办法,改进我们的宣传报道。

四、认真完成"指定题目"与积极做好"自选题目"的统一

为了充分发挥社会主义新闻事业的整体优势,更有成效地实现以正确的舆论引导人的重大任务,为改革开放和现代化建设创造良好的舆论环境,近几年来,中宣部每年都要选择几个重大事件和重要典型,组织中央各大新闻媒体统一行动,集中进行宣传报道。作为党中央机关报,我们一定要带头执行中宣部的统一部署,全力以赴完成"指定题目",绝对不能敷衍了事、推托应付。近几年来,我们对上级的有计划的"指定题目"完成得是好的,工作是有成绩的,得到了中宣部领导的充分肯定。

在积极完成"指定题目"的同时,我们还应加大做好"自选题目"的力度。改革开放和现代化建设实践丰富多彩,新生事物随时随地都在涌现。新闻竞争日趋激烈,增加独家新闻、强化新闻时效,是提高报纸竞争力的重要手段。丰富多彩的社会实践需要我们增加"自选题目",激烈的新闻竞争需要我们增加"自选题目"。领导机关对于我们增加"自选题目"是肯定和支持的。

我们要把认真完成"指定题目"与积极主动策划"自选题目"统一起来。完成"指定题目"要发挥积极性、主动性、创造性,全力以赴,力争做到高出一筹;主动策划"自选题目"要有大局观念,合乎唱响主旋律的要求。如果认为是"自选题目",就没有原则,就可以任意乱来,那是不行的。关键是要把两者统一起来。两者本质上是一致的,是相互促进、相互补充的。"指定题目"具有导向性,各大媒体统一行动,竞赛性很强;"自选题目"要充分发挥我们的主观能动作用,体现我们的特色。这就是两者的辩证统一。

五、高度的政治责任感与扎实深厚的业务根底的统一

江泽民总书记在视察人民日报社时的重要讲话中指出:"为了更好地担负起以正确的舆论引导人的任务,新闻工作者,特别是共产党员和领导干部,必须努力提高自己的思想政治素质和业务素质。"总书记的这段讲话,为我们加强队伍建设指明了努力的方向。

《人民日报》是党中央机关报,是一份政治性非常强的报纸。人民日报的工作人员,必须具有高度的政治责任感,必须善于从政治上观察问题、提出问题、分析问题、处理问题。政治上的任何疏忽和轻视,都有可能造成舆论导向上的闪失,给党和人民的事业造成难以挽回的损失。高度的政治责任感是对人民日报工作人员的第一位的要求。对于这一点,全社同志认识上是清醒的、坚定的。

高度的政治责任感与扎实深厚的业务根底的统一,归根结底是要建立一支高素质的编采队伍,与人民日报的地位相匹配的、称职的编采队伍,一支政治强、业务精、纪律严、作风正的队伍,也就是江泽民总书记提出来的打好"五个根底"的队伍。概括地说,第一是责任。作为党的新闻工作者,政治上要负起责任来。要明确我们所肩负的政治责任。第二是品格。党的新闻工作者品格要高尚,要具有良好的职业道德。第三是本领。要有过硬的新闻工作本领,能够写出好稿来,能够拿出精品来。人民日报应该出名记者、名编辑、名评论员。大家要争做名记者、名编辑、名评论员,报社要为同志们创造成名成家的条件,编采人员自己要努力,特别是年轻的编辑、记者要努力,要真正下功夫,真正深入实际,与老百姓打成一片,体验老百姓的生活和感情,了解老百姓真实的情绪、愿望和要求,写出经得住时间考验的好作品来。

目前影响我们报社的编辑、记者成长的因素还有一些。一个是有偿新闻的问题。为了制止有偿新闻,我们要继续开展"加强党中央机关报记者形象建设"活动。再一个是"老大"作风问题。老大作风要不得,你在人民日报社工作,人家尊重你,不是尊重你个人,而是尊重党中央机关报。所以,人家越是尊重你,你就越应该谦虚谨慎,决不能有傲气,更不应该有霸气。你越谦虚,就越会受到尊重。你越严谨,就越能够进步。这是一个客观规律。第三个是少数人精力用在社外,不认真完成本职工作,没有全心全意地投入

工作。我们不反对编辑、记者业余时间搞些个人爱好方面的研究工作。但是，不能影响工作，不能任凭其他工作占据本职工作的时间和精力。第四是个别人无所用心，得过且过，做一天和尚撞一天钟。对于这四种影响干部成长的因素，同志们要提高警惕，不要因小失大，影响自己的成长。作为党的新闻工作者，特别是作为党中央机关报的编辑、记者，必须在政治上过硬，真正达到政治家办报的要求；同时要有扎实的、深厚的业务本领。具备了这两条，你就有可能成为名记者、名编辑、名评论员。

正确处理"五个统一"的关系，归根结底是要统一到真正以"三个代表"重要思想为指导，坚持正确舆论导向，把《人民日报》办得高出一筹上来。高出一筹，是中央对《人民日报》的要求，是广大读者对《人民日报》的期望，是集中精力办报和从严治社的体现，也是我们处理好"五个统一"关系的目的。能不能处理好"五个统一"的关系，真正做到高出一筹，关系《人民日报》能不能真正担负起党中央机关报重任的问题，能不能名副其实地成为全国报纸排头兵的问题，能不能提高报纸的吸引力、影响力和竞争力的问题，能不能适应社会主义市场经济要求的问题。在这个问题上，我们要有忧患意识，要有紧迫感。如何在社会主义市场经济条件下办好党中央机关报，我们没有现成的经验，需要在实践中探索。这里提出"五个统一"，就是为了引导全社同志积极探索，把《人民日报》办得更好。

新的世纪正在临近，人类将迎接新的挑战。我们要抓住机遇，努力工作，积极创造适应形势发展需要的新机制，进一步坚持正确舆论导向，提高报纸质量，以新的面貌、新的姿态，胜利迈入新的世纪。

（原载《新闻战线》2000年第12期）

思考的相机*

李仁臣

"笔墨当随时代","相机"当随时代。如同"笔墨"象征诗文书画,以"相机"象征新闻摄影,也当随时代的变化而变化,追求时代精神,体现时代气息。时代需要思考的相机,时代需要新闻摄影工作者思考。

思考之一:站在跨世纪的坐标上思考新闻摄影的明天

当21世纪到来的时候,新闻摄影将会遇到哪些新情况,发生哪些新变化?作为一个新闻摄影工作者,需要思考在先,准备在先,因为机遇总是厚爱那些有准备的头脑。

让我们来回顾一下历史——新闻摄影的发展过程,存在渐变和突变两种形态。渐变,是由量变到质变,由日积月累到日新月异的变化。而突变,则产生飞跃。飞跃,往往因两种因素的出现而导致。

——一种是物的因素。照相器材的革命,带来摄影技术和表现形式的突飞猛进。玻璃底片被胶片取代,双镜头反光被单镜头反光取代,镁光灯被电子闪光灯取代……直到傻瓜相机的出现、数码相机的问世。科技是第一生产力,技术的进步,使梦想变为现实,使不可能变为可能。

——另一种是人的因素。人的观念的变革,带来新闻摄影的创新和繁荣。用照片,是为了美化版面、留一方"气眼",还是报道新闻的重兵器、"图文并重"的两翼之一?一张报纸从传统走向现代,一个重要标志便是对新闻图片的重视和运用。注重运用新闻图片,已成为当今新闻竞争的重要举措。由于报纸版面向图片倾斜,使新闻的现场感大大增强,使读者与新闻事件、新

---

* 本文获第十一届中国新闻奖新闻论文一等奖。

闻人物的距离大大拉近。以图片形式出现的直接新闻的增多，增强了报纸的说服力、冲击力、感染力，就能赢得更广泛的读者群，尤其是赢得看电视长大的青年读者。

让我们来看一下现实——新闻摄影从载体和队伍两个方面，都面临着新的挑战。

载体——摄影艺术杂志的挑战。传统的摄影艺术杂志正在改变单纯重视摄影技巧的倾向，像南京出的《光与影》，转而重视新闻性和社会风情。国内、国外的类似杂志，像美国的《国家地理》杂志，以及一些新闻周刊，都把图片新闻作为"当家菜"。

队伍——摄影爱好者的挑战。随着摄影、摄像器材的普及，在突发事件现场的任何一位普通人都可能比记者更早地摄下图片资料，可以直接交给报社，也可以通过一台电脑和调制解调器自行在网上发布。报纸吸纳这部分力量，将大大开阔自己的视野和稿源。摄影爱好者的挑战，不是要取代报纸的摄影记者，而是摄影记者要思考在众多的摄影爱好者面前如何为自己定位。

让我们来展望一下未来——在数字化电子传播时代，新闻报道的载体多样化，网络媒体熔文字、图片、声音、图像于一炉，日益显现其竞争性。传统的媒体划分不再那样泾渭分明，报纸、杂志、电台、电视台、网络在采用多种报道手段方面将互相借鉴，日益趋同。如果把文字报道比作"文本"，那么最古老的新闻媒体——报纸的记者也要学会"超文本"报道，不光善于码方块字，还得兼通图片乃至音像报道手段。报纸上网后，记者文图音像并举就显得十分必要。从这个意义上讲，传统的文字记者、摄影记者的区分必然淡化，一专多能将会成为对所有记者的要求。

时代变化，环境变化，读者变化，市场变化，必然要求新闻摄影发生相应的变革。21世纪可能由于数码相机、互联网等现代科技新成果的出现，使新闻图片的拍摄、传输方式和覆盖范围发生重大的变化。在21世纪，新闻摄影将更加体现其重要性。尽管我们现在还无法预计这场变革的广度和深度，但无疑这将是一个新闻摄影工作者大有作为的世纪。

思考之二：近年来新闻摄影的发展趋势

近年来新闻摄影的变化巨大，进步明显。这里仅举两点，来作为这种变化的注解。

第一点是"新闻跟着图片走"。在一些重大事件和突发事件的报道中，新闻摄影已担当主角。1997年的香港回归，1998年的抗洪救灾，1999年的北约袭击我驻南联盟使馆，在这连续三年的重大报道中，新闻图片突显了其形象、直观的特点，版面处理突出，毫不逊色地担当起"领着新闻走"的重任，给读者留下深刻的印象。为了出色完成这些重大报道任务，各报在派记者时，往往是一个摄影记者加一个文字记者。这种"1+1"的兵力配置，已成为完成重大突发事件报道的模式。过去那种派记者只想到文字记者，而常将摄影记者遗忘的做法已显得不合时宜。

第二点是"图文并重"已成为我国报业的时尚。如果说10多年前中国日报的编前会先定新闻图片，再定文字稿的做法，开了重视新闻图片的先河，那么，现在在编前会上讨论新闻图片，在夜班组版时先考虑上新闻图片的报社，远不止中国日报一家。有的报社形成了编前会上审定照片的制度，设立了《图片故事》《摄影报告》《镜头监督》等图片栏目，这些栏目开在哪里，就是图片的"安居工程"，保证图片在版面上有"窝"可落。

现在，从中央报纸到各省市报，新闻图片作头条已屡见不鲜。新闻性强、载负信息多、冲击力强的图片，经常占据要闻版的主要位置。新闻图片身价日高，在整个新闻媒体竞争的强势下，在市场经济的杠杆作用下，作为报业的老总和新闻从业人员对此再也不敢懈怠，这充分说明"图文并重"已成为我国报业的时尚。

思考之三：新闻摄影的差距和对策

近年来新闻摄影有长足的进步，但也仍有不小的差距。最大的差距仍然在人，在于反映现实生活的速度、广度和深度上，概括起来是：时效性不够，广泛性不够，深刻性不够。

1. 不快，时效性、动态性不强。改进的关键是建立和完善采访、处理突发事件的快速反应机制。

新闻摄影是用真实的典型瞬间形象传播新闻信息的一种独特表现形式。这种形式决定摄影记者必须"身临其境"，直接面对新闻事实，补拍是不可能的。一个快字，成了能否获得报道权的关键。造成不快的原因，有硬件方面的，比如交通工具没有保障，通信设备落后，使记者的快速出击能力受到制约，等等；有软件方面的，比如见事迟，缺乏预见性，信息来源不畅通，等等；有属于记者个人方面的，比如努力程度不够，社会交往不广，认识水平限制，等等；有属于报社采编机制和领导指挥方面的，比如调度不力，编发图片的指令不强，等等。其中，最关键的是建立和完善采访、处理突发事件的快速反应机制，调动记者捕捉重大、鲜活新闻的积极性，保证记者有精力、有兴趣、有责任去精心培育自己的新闻信息源。解决不快的问题，报社的老总应该是"第一责任人"，既要抓具体的选题，点将派兵，更要抓报社内部建立和完善采访、处理突发事件、重大新闻的机制，拓宽新闻源，提高社内外两支摄影队伍（记者和通讯员）的快速反应能力，甚至包括重视数码、远程传输等先进摄影器材的配备和高新技术的采用，从制度上保证摄影记者交通、通信、传输工具的使用和采访权利的取得。

2. 不广，题材面窄，稿件结构单一。改进措施之一是树立"大图片"观念，各报联手开拓图片稿源，实现图片资源共享。

随着社会生活的多元化，以及社会主义市场经济的不断发展，科学技术的全面进步，精神文化生活的丰富多彩，对新闻信息的广泛性提出了更高的要求。而摄影报道队伍相对文字报道队伍要小得多，摄影报道比文字报道的自由度要小得多，以图片形式反映有些方面的题材，比如说经济报道，对不少摄影记者而言仍然是自己的弱项，这些原因容易造成报纸图片稿件结构的单一。解决这个问题，除了摄影记者个体奋斗、报社编辑部全体努力之外，还应树立"大图片"观念。所谓"大图片"观念，就是各报利用自身的有利条件，联手开拓图片稿源，做到资源共享，取长补短，互通有无。这样，在有些报纸之间也许会出现采用同一稿件的情况（有些重要新闻图片，媒体竞相采用，也是常例），但由于各报的任务不同，定位不同，覆盖范围不同，共享资源还是利多弊少，更重要的是对提高报纸的图片报道的整体地位大有好处，对解决图片稿源不足、选材面窄的问题大有帮助。

3. 不深，对新闻事实的实质缺乏准确的把握。关键是摄影记者提高自身素质，强化精品意识、"大片"意识，拍出无愧于时代的新闻摄影"大片"。

深刻性不够，比之时效性、广泛性不够更值得认真对待。有些新闻图片虽然见了报，但其中并无多少读者需要的信息。无新闻或新闻信息少的图片的见报，是一种浪费。拍摄题材陈旧重复，思维方式单一循环，技巧手法老套呆板，都是深刻性的大敌。

在国内外许多重大新闻的采访中，许多记者身临其境，也发了不少稿，但不少是"易碎品"，回首审视，究竟留下了多少有永久保存价值的东西？

当一个世纪过去了，有几幅可以拿出来作为百年回眸的经典之作？这从某种程度上反映了我们摄影记者在采访上的一个误区：长于追逐新闻事件突发性的某些表面瞬间形象，而对许多看似寻常但又最能反映新闻事件的本质瞬间形象缺乏思考，缺乏发现，缺乏表现。要判定题材的重大与否，要捕捉形象的典型性瞬间，这就要看记者的综合素质了。

拍照片，实际上是在"拍脑子"。"你抓住本质了吗？"面对转瞬即逝的新闻事实，摄影记者在采访中必须时时自问。在'98中国新闻奖评选中，海南日报记者王军的照片获了一等奖，这幅作品生动地表现了"东方硕鼠"——海南东方原市委书记戚火贵夫妇被宣判的一瞬。这张照片通过《贪官瘫了》这个典型瞬间反映了我国1998年大规模反贪的决心和力度。

近年来，在世界新闻摄影比赛的评选中，屡屡获奖的不再是以往那些反映灾难的"直陈式"照片，而是重大新闻事件中能够深化主题、反映和关注人的命运的非突发性新闻题材，如1998年世界最佳新闻摄影奖和世界新闻摄影儿童奖分别被授予《葬礼上悲痛欲绝的妇女》《一名塞族警察递水给阿尔巴尼亚族老人》等作品。这些照片以重大新闻事件为背景，通过截取可以深化主题的非突发性题材，运用抒情与象征的手法，曲折而又直白地表现主题。这些反映作者深刻思考的作品，为我们提供了很好的借鉴。

在日常生活中，新闻性强，新闻价值大的事件，并非天天发生，报纸上大量出现的还是非突发性的、非事件性的日常新闻。日常生活中同样存在价值大的新闻，关键在于记者能否发现和选择。只有善于发现和选择，哪怕是风雪雨雾、生活琐事，只要记者慧眼独具，也能在平凡的生活中挖掘出具有时代感和典型意义的新闻，揭示新闻内涵，深化其主题思想。

优秀新闻摄影作品闪现着思想的光彩，蕴含着丰厚的思想内涵，应是作者深入生活、深入采访、深入思考的产物。尤其是表现主旋律的作品，更能检验作者的功力。增强精品意识，拍出无愧于时代的"大片"，是摄影记者追求的目标。所谓新闻摄影的"大片"，就是用视觉语言，通过瞬间新闻形象反映时代本质特征、有较强冲击力的新闻摄影佳作。"大片"不是遇见的。树立"大片"意识，深入生活，潜心琢磨，才有可能拍出"大片"。

思考之四：摄影记者所面临的竞争与挑战

传统的摄影记者至少面临以下几方面的冲击。

1. 两栖记者的出现。

近年来，国内涌现出一大批优秀的年轻记者，其中不乏"两栖型"的。像人民日报驻南记者吕岩松。吕岩松是一名文字记者，在北约空袭我驻南使馆时，幸免于难的他，以一个记者强烈的责任感和新闻意识，在生死攸关的瞬间不忘抓起相机和海事电话，作为现场唯一幸存的记者，第一个向国内发回我驻南使馆被袭击的消息和8幅照片，当天见报5幅，引起国内外极大震惊和关注。在北约对南联盟轰炸期间，他拍摄了1000多张照片。他的《目击暴行》战地新闻摄影作品在全国巡回展出，反响极大。随着现代科技的发展，相机的自动化、智能化水平的提高，拍照变得越来越简单，新闻图片已不再是摄影记者的专利。可以预见，以后还会有更多像吕岩松这样具有良好素质的文字记者拿起相机，由于他们本身训练有素，有相当高的新闻敏感，对新闻事实有较强的把握能力，一旦拿起相机这个表现形象的工具后，无疑会大大丰富图片新闻，也对传统的摄影记者形成挑战。两栖记者的出现，代表了记者知识和技能构成调整的方向。

2. 新的自由撰稿人的产生，网络照片的使用，使版面刊用的重要新闻图片"非本报记者莫属"的情况发生改变。

市场经济的发展，新闻媒体的竞争，使报纸版面不断增多，图片需求量增大，加上不少报社的稿酬较以往大幅度提高，使不少好照片大为畅销，有不错的社会效益和经济效益。因此在一些报业比较发达地区已出现部分自由撰稿人。摄影爱好者是一支不容忽视的力量。近年来，网络照片已大量出现在报纸版面上，如'98世界杯、'99科索沃战事的报道。网络照片可以随时从网络上下载，选择余地大，内容也丰富。摄影记者如果拿不出让人眼睛为之一亮的好作品，而总是拍摄那些不经看的照片，就会相形见绌，甚至被淘汰。

思考之五：摄影记者应该具备的素质

摄影记者是记者中的快速反应部队。他们像一个猎人，追逐每一丝有价值的新闻线索；像一个侦探，分析、判断、预见每一个新闻现场的各种可能；像一个武林高手，一招即可攫取决定性的瞬间。他们要有运动员的体魄，能携带二三十公斤重的器材南征北战，要有政治家的敏锐，要有社会活动家的沟通能力，要有过硬的心理素质和吃苦精神，等等。这样要求摄影记者，似乎是苛求，实际上这是成功的摄影记者所需努力的方向。

1. 摄影记者要有一定的学养。

所谓学养，是一种综合素质，是反映一个人思想水平、知识容量、生活阅历、品德修养、审美情趣的总和。邹韬奋、范长江、邓拓等新闻界前辈之所以成为大家，绝不只是因为他们有很丰富的新闻理论和新闻实践，更重要的是他们还有丰富的学养。新闻摄影记者应如是。

"学养"的修炼，在于摄影记者自觉自为的学习、思考和积累，这是一个过程，既不能急于求成，又不能抓而不紧。

2. 摄影记者要"五会"：会拍照、会写作、会电脑、会外语、会开车。

当然，首先是要有坚定、正确的政治观点，要有良好的思想修养，要牢固树立为社会主义服务、为人民服务的观念。政治上合格，业务上精通。作为现代摄影记者，应该是"双枪将"，摄影主业要精，文字表达要准，能独立完成图文两种形式的报道。这是前"两会"。后"三会"也很重要。特别是电脑，在图片拍摄、贮存、传输都逐渐数字化的今天，已成为摄影记者不可或缺的工具。至于外语和开车，是自己交往领域和活动范围的延伸和扩展。会外语、会开车就会创造更多的机会，像吕岩松那样。

3. 摄影记者应该有编辑意识和全局意识。

许多摄影记者在拍摄时，常常是下意识的，只注意到照片的视觉变化，而来不及深思照片如何表现新闻实质的问题。拍什么？怎么拍？怎么用？组片还是独幅？在按动快门之前，摄影记者应该对照片以什么样的形式出现在报纸版面上心中有数，要学会从一个版面编辑的角度对自己的摄影采访实践作一番审视，为"推销"自己的作品作一番谋划。在按动快门之前，摄影记者还应该对自己在捕捉什么、记录什么、表达什么、说明什么，有一个理性的思考，这个思考应该站在全局的高度，即使是拍小事，也要想大事。这是一个成熟的摄影记者应该努力做到的。

思考之六：不仅是摄影记者的思考

1. 总编辑要从重视图片新闻上升为懂得新闻摄影。

一张报纸图片用得好，不仅是记者或通讯员拍摄得好，其中更包含老总的决策和编辑的辛劳。反之，即使记者送来了好图片，老总不重视、编辑不识货，也是徒劳。尤其是在报纸已经到了竞相发挥图片报道作用的今天，总编辑一定要从重视图片新闻上升为懂得新闻摄影,因为新闻摄影有其独特的形象语言和自身的表达形式。总编辑懂得它,就能选好、用好照片,更重要的是能作出高明的决策,策划出好的摄影专题,为摄影记者出好的点子,这对图片报道及报纸的整体质量的提高作用很大。总编辑还要像自己提倡的那样,端起相机,深入实际,率先垂范,争做"两栖记者",尝试进行摄影报道,拍出合格的以至于优秀的新闻摄影作品。过去一年一度的全国优秀新闻摄影作品评选之所以设立总编辑摄影奖,其用意也在于此。

2. 编辑要从对新闻照片来稿照登上升为对新闻照片进行二次加工。

当今的读者已不满足报上对新闻照片那种图解式的编辑手法,他们不但需要从中获得新鲜有用的信息量,还需要版面表现形式明了大方、可视可读,甚至要求有审美价值。编辑本身是一门学问,是编辑人员学养的沉淀和释放,是经验的积累和运用,是才能的发挥和检验。好的编辑应该有学问、有经验、有才能,具备一定的摄影专业知识,并要有强烈的责任感,缺少这些,就很难鉴赏照片、编好照片。编辑的二次加工,是对新闻照片内涵的再度挖掘,是对新闻照片的包装打扮,使之在版面上"亮"起来。是编辑的呕心沥血,才使记者和通讯员的千辛万苦在版面上得到比较完美的体现。是记者、通讯员和编辑共同创造才使一幅新闻摄影佳作有更大的价值。这也是摄影记者、通讯员对遇上一个好编辑无限感激的原因。

3. 关注使用新闻照片的新变化,感受新闻摄影的新"亮点"。

新闻摄影是不甘平庸的,总是不断进步、发展,不断出现新的"亮点"。报纸的图片编辑工作也总是长江后浪推前浪,不断有新的创意、新的经验。无论是摄影记者还是图片编辑,关注各处使用新闻照片的新变化,就能不断掌握新闻摄影发展的新动向,强化对新闻摄影的新认识,新感觉,就能对自己的工作标准、工作状态有一个准确的评定,就会在学习和竞赛中前进。

新闻摄影天地广阔,大有作为。

(原载《新闻战线》2000年第12期)

把握大势　服务中心
——新形势下的世界经济报道

陈特安

人类在20世纪90年代迎来了以信息技术革命为特征的新的产业革命，迎来了经济全球化加速发展的时代。密如蛛网的"信息高速公路"（互联网）延伸到世界的各个角落，昔日万水千山之遥，如今仿若咫尺之间，偌大的世界成了"地球村"。随着经济全球化的加速发展，地球上原本联系较少的独立经济体之间的相互联系、相互依存日益加深。

随着改革开放步伐的加快，中国经济也正逐渐融入世界经济，读者对世界经济报道的需求也在随之提升。这几年，人民日报国际部就如何在新形势下做好世界经济报道作了一些探索。

一、世界经济报道要为国内经济建设中心服务，力求成为配合国内经济活动正确的舆论引导。这是做好世界经济报道的基本出发点。

几年来，《人民日报》国际版的世界经济报道一个明显的特点，就是紧紧围绕国内经济建设这个中心，在深入领会中央有关经济工作文件精神、密切跟踪国内外经济形势的基础上，根据不同时期不同的侧重点，适时策划推出各种主题的世界经济专版。比如，为配合国内解决职工下岗的经济难点问题，推出"国外再就业"系列报道；为配合国内实施西部大开发战略，推出"他山之石"系列报道，介绍不同类型国家的相关经验；配合我国"十五"规划中加强信息化建设的精神，推出"IT聚焦"系列报道，介绍国外发展信息产业的成功经验；国务院提出把规范市场经济秩序作为今年经济工作的重点后，我们在"3·15"国际消费者日推出了国外打假专版；配合国内加强农业的基础地位，推出《世界农业》专版；配合国内建立和完善社会保险制度，推出《国外社会保险》专版；配合国内促进发展服务业，推出《国外窗口行业》《仓储商店》等专版，突出点明商海竞舟重服务的哲理；配合国内大中城市解决居民吃菜的"菜篮子工程"，推出国外解决菜篮子问题的专版；等等。

这些报道贴近实际，贴近生活，贴近读者，开阔了读者的视野，为投身国内建设提供了思路。有关新闻业务评论文章称赞这种报道是"拿来了可以攻玉的他山之石"。人民日报原总编辑范敬宜在《国外社会保险》专版上批示："这个专版很及时，很好。对我国正在建立和完善社会保险体制很有借鉴作用。我们的报纸不但可信、可读、可亲，而且要有用。"他认为，国外《窗口行业》专版"很有借鉴意义"；他还认为，《世界农业》专版很好，"为国际经济报道如何配合国内需要作了很有意义的探索"。

二、世界经济报道要紧紧抓住读者高度关注的世界经济"热点"问题，力求让读者读后有"解渴"之感。

1998年，东亚金融危机在世界联动蔓延，金融安全问题成了当时各种重大国际会议的重要议题，成了广大读者高度关注的"热点"。形势要求对世界经济中这一关乎全局的重大问题作出回答，尤其是新兴市场经济国家和发展中国家在当时这个最新的热门话题上的愿望和要求需要得到反映。在国内媒体尚未把目光聚焦于此之际，我们基于对一个时期来的形势跟踪、研究和积累，有感而发，写成《经济全球化呼唤金融安全》一文，经人民日报副总编辑周瑞金审改、总编辑许中田审定后，以"观察家"文章在头版发表，得到多方好评。国务院新闻办有关部门负责人打来电话说，世界金融安全是当前全球关注的焦点，这篇"观察家"文章发得很及时，而且写得很有气势，说理清楚，对过度投机给新兴市场国家、发展中国家带来的危害说得很透彻。他说，这篇文章较准确地反映了中国在维护金融安全方面的观点，可以说是反映发展中国家声音的力作。此文获第四届中国国际新闻奖评论类一等奖。

又如，几年前，我们抓住了举世瞩目的乌拉圭回合谈判在日内瓦最后达成协议这一读者关注的"热门"经济新闻事件，在达成协议后仅几小时，就推出了深度专题报道《满川风雨看渐生——乌拉圭回合谈判始末》，并配评论，多侧面、多角度，较深刻、完整地反映新闻事件的来龙去脉，揭示读者十分关注的内在意义。比如，这轮跌宕起伏、历时7年的乌拉圭回合谈判，如何在规定时限的最后一刻才一锤定音？为什么说协议对20世纪末和21世纪初的世界经贸格局与发展趋势将产生重大影响？这一回合谈判与中国关系何在？这篇深度专题报道系统地作了回答，言之有据，论之成理，行文顺乎逻辑，水到渠成。这个专版获得了报社内外的一致好评。当晚值班社领导在审阅版面时，就表扬这块专版组织得及时，图文并茂。读者评论这个专版时说：这样的专版专文看着解渴，一口气读完，可不再看其他文章，就基本弄清了乌拉圭回合谈判这么一个庞大而复杂的国际问题。外经贸部国际司的同志，在专版见报第二天下午打电话到报社，赞扬这块专版很及时，材料翔实，观点鲜明，有分析，有深度，有气势。《国际商报》、中国银行等单位的负责同志也都给予好评，认为同日一版上的《乌拉圭回合谈判终于结束》是"全国独家新闻"，国际七版的乌拉圭回合谈判专版也堪称"全国独家专版"，二者配合默契，相映成辉。《满川风雨看渐生——乌拉圭回合谈判始末》一文获人民日报好新闻一等奖和全国首届国际经济好新闻一等奖。

三、世界经济报道要密切跟踪世界经济的走势，力求及时传递经济信息，正确把握经济形势，准确分析经济现象，不断提高报道的科学性。

我们要求编辑记者要眼光四射，植根现实，把握大势，迅速、准确反映现实，服务中心。我们时时提醒自己要注意对世界经济活动进行观察和分析，注意发现细微变化与经济大势的联系，见微知著，以小见大。《人民日报》国际版上坚持多年的《经济札记》栏目，就经常发表这类言论性的文章。

在报社编委会的指导下，我们注意以宏观的、全局的、发展的眼光来审视分析世界经济生活。人民日报国际经济报道中的年度世界经济形势述评，就试图进行这样的探索，比如《动荡中有亮点 调整中求发展——'98世界经济形势述评》《走出低谷 平稳增长——'99世界经济形势述评》和《增长强劲 创新发展——2000年世界经济形势述评》等，这些文章把握大势写宏观，力求从整体上勾勒出当年世界经济形势发展变化的轨迹，揭示这种发展变化的特点，分析这种发展变化的原因，从而描摹出世界经济发展的历史线索。这种尝试的成功不仅使国际经济报道的新闻价值因丰富的历史内涵而得以提升，而且经济新闻作品本身也因丰富的历史内涵而增强了生命力。

这些宏观的世界经济报道有新闻、有分析、有评论、有预测，我国发展社会主义市场经济，很需要了解这方面的情况。世界宏观经济环境的变化，世界市场的整体发展趋势，会影响到国家、企业乃至个人的利益和行为，都是国家、企业和个人决策的重要参数。作为全国性的报纸，为读者提供更多的宏观经济信息和分析，既责无旁贷，又是体现权威性的重要方面。这些年度世界经济形势述评均得到广泛好评，《新华月报》《新华文摘》等权威刊物予以转载，并获人民日报好新闻一等奖，有的还获中国国际新闻奖专题类一等奖。

其实，每一篇世界经济报道，都反映出编采者的知识、理论积淀和文字功底。只有平素勤于耕耘，注意知识积累，加速知识更新，届时才能厚积薄发。

纵观世界各大媒体的发展轨迹，加强世界经济报道已成为增强其市场竞争力的重要手段。我们深感要使《人民日报》的世界经济报道呈现应有的权威性，依然任重道远，还需要继续努力。

（原载《新闻战线》2001年第6期）

新闻网站的现状和未来发展[*]

何加正

2000年是我国新闻网站发展史上值得大书一笔的一年,许多对未来发展具有重要影响的基础性工作,在这一年有了比较正规的开端。中央和地方传统媒体对网络给予了前所未有的关注,使新闻网站在短时间内发生巨大变化,整体性亮相在国际互联网舞台上,成为中国互联网发展史上一大亮点,引起世人瞩目。

关于新闻网站的现状

2000年新闻网站的发展主要表现在两方面:一是实现了规模性的跨越;二是出现了创造性的突起。前者以人民网、新华网等中央重点网站为代表,不仅在技术层面上实现了跨越(比如带宽由几兆变为100兆),而且一改往日依附性较强的网络版式的面容,纷纷以独立网站的形象出现在国际互联网舞台上,从形式到内容都发生了跨越式的变化。后者以东方网、千龙网等为代表,它们依靠其主管部门有力的协调能力和较强的经济实力,通过对数家传统媒体资源的有效整合,高起点地异军突起于世人面前,成为我国新闻网站的几支劲旅,并为我国新闻网站的发展开辟了一条新路。

出现新闻网站"两大发展"趋势的原因,可以概括为"五个因素"。首先,是互联网业在我国高速发展所产生的自然引力发挥了作用。无论出现什么样的困难,互联网的发展势头不可阻挡。新闻网站在去年出现迅速发展,是适应这种"力"的结果,其中包括网民对网上新闻信息日益强烈的需求。其次,信息产业技术条件和基础设施突飞猛进的发展,为新闻网站

---

[*] 本文获第十三届中国新闻奖新闻论文一等奖。

的生长和壮大提供了物质保障。第三，社会支持发挥了积极的推动作用，特别是政府部门的重视和支持，其中包括规范网上行为的一系列做法，减少了网上新闻生产和传播的无序性，为新闻网站创造了比较好的生长环境。去年，颁布了六个相关的管理规定。第四，国家决策者对信息时代的敏感认知和强烈意识，起了决定性的推动作用。党和国家领导人曾多次对互联网发展作出重要指示，有的指示非常明确具体。第五，传统媒体领导者出于抢占信息时代制高点的自觉意识和使命感，以及自身事业延伸发展的需要，加强了网络建设的力度。

如果说，2000年之前我国新闻网站总体上是"生长发芽期"，那么，2000年则可称为新闻网站奠定基础之年。从网站方面看，数量增加，一批领头的网站已经站在了互联网的前沿，这是对新闻网站基本规律有所掌握的结果；从管理部门看，也初步掌握了网络和网络新闻宣传方面的一些基本规律，一些规范化的管理措施相继出台就是明证。

当然，说新闻网站在这一年已经走向成熟尚为时过早。如果要对新闻网站现状做一个描述，只能说还是一个"正在读书求学的孩子"，幼稚仍是它明显的特征。这还是就网络自身的生长发育阶段来说的，至于在它的外部，更面临着严峻的挑战和沉重的竞争压力。

关于新闻网站优劣势的分析

国际互联网业普遍不景气，而我国的新闻网却呈现出蓬勃发展势头，这说明我国新闻网站具有一定优势。

资源优势。产生于传统媒体母体之中的新闻网站，一开始就具有"鼠标加水泥"这样一种潜在的素质。它从属于传统媒体，背靠着这棵大树，既是传统媒体追随现代化脚步，向信息技术领域的一种拓展和延伸，又是新兴的网络信息技术向传统传播业的渗透。这种互相依托的成长架构，如果得到深刻的认识和充分合理的利用，必然对新闻网站的发展产生积极的作用。经过纳斯达克风暴，人们看到，"鼠标加水泥"将是互联网发展的一种必然趋势和选择。当然，如果不能用现代的发展的眼光来看待和理解这一优势，旧的体制、机制、观念等众多固有因素也会起反弹作用，使优势变成劣势。目前，在新闻网站奠定基础之际，其优势作用发挥明显。比如，新闻母体对网站的人才支援、技术支援、物质支援、资金支援、管理力量支援，等等，都是很大的，使得新闻网站能够在成本相对较低状态下运作。更重要的是，新闻信息资源的共享和原有新闻采集力量的利用，为新闻网站的成长发展提供了重要的前提。

信誉优势。新闻网站的母体，尤其是国家重点网站的母体，是我国一流的新闻媒体，长期以来，在社会上和读者中形成了较高的权威性和影响力。这种信誉自然会惠及其网站。人民网今年4月推出旨在架起政府和人民群众之间桥梁的专题性栏目《人民热线》，很快便收到很多读者来信，反映地方领导不正之风的有之，反映当地村民委员会选举存在问题的有之，反映地方一些部门侵害群众利益的有之。所有这些来信，无不蕴含着网民的信任和期盼。这是新闻网站的一种无形资本，一种建立在传统基础之上的信赖以及由此而产生的群众基础这样一种资本。

政策优势。去年以来，为了应对互联网迅猛发展的局面，做到积极发展，主动出击，趋利避害，为我所用，政府在加大互联网管理的同时，加强了对重点新闻网站的支持力度。无论是对互联网市场秩序的规范，还是舆论上的支持，都为新闻网站发展提供了良好的外部氛围。

新闻网站的劣势也很突出，一定程度上说，目前的劣势更加值得关注。

体制上的劣势。新闻网站虽然产生于传统媒体之中，但实行的是不同于传统媒体的新体制，比如，人员以招聘为主，分配也不按等级制度进行，管理自有一套新方法。但这种力求向高新技术、信息产业企业靠拢的努力，并未完全摆脱传统体制的束缚。无论是以母体一个部分的方式存在的网站，如在传统媒体之下成立一个中心，还是独立于母体之外成立的有数家媒体控股的网站，都会或多或少地受传统体制的影响。这些影响，有些是有形的，有些是无形的；有的轻些，有的重些。和商业网站相比，明显缺少灵活性。实行全新体制是新闻网站发展的必然要求，但必须看到，在传统媒体体制改革没有重大突破之前，这种影响不会完全消除，很难完全实行商业化操作。更重要的是，新闻网站受历史使命和所担负责任的驱使，它的双重身份和双重职能决定了企图完全市场化运作是不可能的，它必须为自己所担负的责任负责。我们不能把目标定位在商业网站同等位置上。

能力上的不足。这里所说的能力，包括资金满足程度，人员素质的高低，高层次人才的多寡，跟踪新技术的能力，技术开发能力，市场拓展能力，经营管理能力，现代管理水平，等等。这些方面，新闻网站都存在着不同程度的差距。尤其突出的是人员素质的不适应和高层次人才的缺乏以及技术开发能力的不足,这常常使新闻网站难以摆脱被动局面。即使属于传统媒体长项的新闻采编,在网上往往也难见其优势。原因是网络从业人员基本上是个全新的队伍,缺少基本训练。至于在新技术跟踪和技术开发能力方面,同以技术起家的网站相比,难免显得反应迟钝,力不从心,劣势明显。反映在网络页面上,则显得呆板,生动丰富不足。

传统媒体优势连带产生的劣势。比如,有传统媒体作依靠是新闻网站一大强项,但在享受优势成果的同时,又不能不受其负面影响的重累。如传统媒体从体制到观念、方式、方法中长期积淀下来的负面的东西,就有形无形地影响着网络,成为网络媒体发展的一种拖累。现在,不少新闻网站新体制都还没有建立起来,还在苦苦的探索当中。又如,新闻网站有来自于传统媒体新闻采编方面的丰富经验,可一旦沾沾自喜于这种经验,往往又会成为网络创新的障碍,使网络新闻难于尽快走出自己的路子。再比如,权威性是传统媒体的骄傲,但如果新闻网站把它强调到不恰当的地步,不重视普及性、大众化,就会削弱其亲和力、影响力。此外,传统媒体严肃的个性,也容易使一部分不了解网站的人远离网站。显然,这是一种因优势而连带产生的劣势,是一种因为不能正确认识自身优势而产生的劣势。

认识自己,是发展自己的前提。发展,从一定意义上说,就是发扬优势、规避劣势的不间断过程。正确认识优势劣势,认真分析优势劣势,是新闻网站今后发展的重要前提。

关于新闻网站的发展

新闻网站要发展,必须树立四个意识,即危机意识、竞争意识、创新意识和赶超意识。这里关键还要明确几个指导思想:第一,和谁比,是和自己的过去比,还是把自己放在全球性的互联网世界里比?第二,拿什么来衡量,是用自己现有的技术水平来衡量,还是用互联网业界已具有的水平来衡量?抑或用互联网未来发展的水平来衡量?第三,拿什么来要求,是用占有网上新闻一席之地来要求,还是用网上新闻主阵地来要求?第四,以什么为目标,是以国内知名网站为目标,还是以国际知名网站为目标?这几点,指导思想不同,定位不同,要求不同,出台的战略就会不同,努力的程度就会不同,最终的结果也会不同。高度的责任感、使命感的确立,是新闻网站发展不可缺少的动力。

危机意识。劣势的分析已使我们看到，新闻网站还不是一个成熟强大的躯体。和过去比，当然有进步，而且是巨大的进步。新闻是媒体网站的主体，即使从网站自身角度看，网络新闻的规律也还没有完全掌握；网络特性在新闻生产的运用上还是初步的，一定程度说还停留在大容量集纳式的方法上，缺少更多方法的运用；在时效性方面虽然有所成就，但更大多数还是在沿用传统媒体的方法，搬用传统媒体新闻的做法普遍存在；网络新闻如何更能适应读者的需要，它的采集、编辑有什么特殊要求，都还没有总结出一套成功的经验；新闻信息的内容也没有达到覆盖社会生活方方面面的要求，量上仍有差距；网上新闻的可读性要求和它的宣传性职责如何有机结合，还没有探索出有效的途径。

和商业性的门户网站比，现实的危机更会加重。本应成为媒体网站最强项的新闻，在一些比较成功的门户网站面前，优势也没有完全凸显出来。商业网站利用其经济实力，通过合作、购买等途径，能够获得比任何一家单个媒体网站都多的新闻信息。加之其早期大规模的投入、市场推广和平民化的风格、卓有成效的整合以及在网民中先入为主的影响等，使得媒体网站面临着沉重的压力和严峻的挑战。

媒体网站在内容上，单一化现象比较突出；在表现手法上，总体上还显单调；在体制上，缺少商业网站那种灵活性；在内部管理上，大多数还在"事业"和"企业"之间摸索着，试图找出一条适中的路子。这不可避免地在工作中要造成一定的影响，削弱其竞争力。

竞争意识。媒体网站在这样几个领域必须展开竞争：

第一个是新闻领域，这是媒体网站的本行、强项，这方面没有输给任何人的理由。媒体网站在互联网领域必须像其母体一样赢得新闻的主导地位。去年下半年以来，这方面已经有了很大改观，今年以来媒体网站的竞争劲头愈显强劲，人民网、新华网等中央重点网站和东方网、千龙网等地方网站，各出招数，成效明显。下一步的竞争，最根本的在于充分挖掘优势，规避劣势。尤其要挖掘传统媒体的资源优势、人才优势、信誉优势等各种优势，注意在特色上做文章。媒体网站最终成功与否，取决于对这些优势的挖掘程度，取决于对传统优势和互联网现代技术互相结合的领会程度、利用程度和整合能力。当前特别要做到"三个结合""两个开掘""一个整合"。

"三个结合"：一是将强大的传统媒体采编力量和互联网巨大的信息容量相结合，增加网络新闻的原创性。二是将成熟的新闻队伍的专业水平和网络的即时性特性相结合，增强网上新闻的即时性、快速性。三是将传统媒体的信誉优势和网络的交互性特点相结合，增加网上新闻的服务性，增强与网民的联系，提高网站的权威性。

"两个开掘"：一是在新闻的内容上向广度开掘。首先要从广义上理解新闻，拓宽报道面，加强积极健康的、广大群众喜闻乐见的内容报道；其次是增加花色品种，不仅要有文字报道，更要加强图片、漫画、声像等多种形式的报道，并力求使多种形式相结合；在文字报道中，要适应网络特点，实现体裁的多样化，特别要加强网络的服务功能。二是在新闻事件的报道上努力向深度开掘。策划是传统媒体加强深度报道的重要武器，网络不能拒绝策划。策划的关键在于人才。吸引、培养一批有理论水平、思想敏锐、业务全面的策划人才，是媒体网站当前要务之一。

"一个整合"：要特别重视新闻信息的整合工作。整合是一些优秀的综合性门户网站取得成功的最重要方法。媒体网站比较偏重于原创新闻，然而，不重视整合，则有可能丢掉自身的优势，化优势为劣势，在这方面要学习门户网站整合的方法。总体构思、科学结构尤为重要。

以上行为，最终要达到把新闻做全、做细、做精、做活、做专、做深、做透。唯有如此，媒体网站在新闻竞争上才有可能立于不败之地。

第二个领域是论坛。媒体网站既具有理论传统方面的优势、权威方面的优势，又具有把握、引导、判别能力等方面的优势。人民网《强国论坛》就是成功的一例。至目前，《强国论坛》的注册用户已超过8万，每天仍以数百户的量增长。新华网、东方网、千龙网等论坛同样取得成功。但论坛不能在原有的水平上踏步不前。论坛的潜力远没有挖掘出来，进一步摸索其规律，总结其经验，提高其水平，扩大其规模，加强其管理，是当务之急。对媒体网站来说，论坛的发展还有很广阔的空间。媒体网站要毫不迟疑地举起这面大旗。同时，媒体网站也可以开一些健康的聊天室等服务。

第三个领域是文化教育，媒体网站在这方面普遍还没有做足。中国传统文化底蕴深厚，源远流长，网上天地非常广阔。媒体网站通过联合和合作，能够大有作为。关键要善于利用优势，要有较强的竞争意识，要找到有效的表现形式。远程教育将是互联网时代最有特色的教育方式，媒体网站同样有条件在其中占有重要一席。

第四个领域是新闻信息服务，这是媒体网站的又一个强项。人民网开展新闻订阅以来，在网民中反响热烈。目前，免费邮件用户和新闻订阅用户已达20万,网民可通过人民邮局免费订阅17种电子杂志。然而,这种开发利用还是初步的,水平不高。媒体网站具有传统媒体长期积累的和自身开发的丰富的新闻信息资源,这是其他类型的任何网站都无法比拟的,科学合理地开发这一"富矿",是媒体网站得天独厚的条件。按专门化的路子进行加工整合,是其发展的方向。根据不同读者的不同需要,量体裁衣,进行定制加工,市场前景广阔。

创新意识。媒体网站需要全面的创新,包括网站内容、形式、网络结构、表现手法、技术手段、内部机制、管理体制、经营模式以及方式方法的创新,等等。

在内容、形式和表现手法上,要特别重视技术的引领作用。和传统媒体不同,网络发展的每一步都离不开技术,日常的每一个发布,也和技术息息相关,离开技术的支撑,可以说寸步难行。技术一方面要适应和满足内容及形式的需要,为内容服务;另一方面要成为创新的"引领者"。网络内容、形式、表现手法的创新,在一定程度上是编辑思路的创新,是技术的创新。而要做到这一点,就需要加强网站内部人才和知识的融合。现在,媒体网站编辑和技术两张皮的现象普遍存在。大部分媒体网站都有一批较有新闻从业经验的专门人才,但他们相对缺少的是网络方面的知识和技术方面的运用,容易在传统的思维框架内考虑问题;而技术人员往往对新闻编辑方面的知识知之甚少,甚至一无所知,无法在技术领域内考虑内容的生产问题。这种脱节,势必大大削弱网络的创新能力。没有知识和人员两者的紧密融合,便很难有从内容到形式到表现手法的创新。所以,媒体网站必须加大这种融合的力度。

经过融合,最终是要造就一批既懂网络、了解技术,又懂编辑的复合型高水平人才。

至于机制、管理体制等方面的创新,对媒体网站来说更为紧迫。没有与网络发展需要相匹配的灵活机制和一套全新的管理体制,其他各种创新都无从谈起。需要明确的一点是,目前媒体网站的双重身份和它所担负的社会责任是难以改变的,一方面它要面对千百万网民的检验和选择;另一方面它要担负起引导网上舆论的作用。因为有社会责任和宣传任务而拒绝或不重视体制改革和创新,是错误的;同样,因为网站的特殊性,希望实行完全独立的商业化操作模式,也是不切实际的。我们必须在中间找到结合点,而这正是需要我们创新的地方,也是改革创新难度之所在。

赶超意识。赶超什么,主要是赶超国际国内一流的网站。树立这样的目标和志气十分必要。网络本无国界，竞争本来就是一场国际性的较量，我国加入 WTO 以后，更面临国际国内竞争压力。没有这样的目标，将无以立足互联网。只有紧盯国际最先进水平，树立赶超意识，才能在危机和压力中不断自我奋进。

目前，中国媒体网站和绝大多数传统媒体一样，无论是其工作的目标、工作范围，还是其影响力，基本上还是局限于国内，至多扩大到华人圈。虽有外文站点，但总体上看，在国外影响力还很小，远未打入一些国家的主流社会，无法称其为国际性网站。所以，赶超的路还很长，任务也很艰巨。实施国际化战略，要有国际眼光、战略思维、现代观念。需要从内容、形式、体制、模式、品牌、战略等方方面面综合考虑，整体安排。目标不可能一朝一夕达到，但必须要有清醒的认识，要有这方面的准备。

(原载《新闻战线》2001 年第 9 期)

谈谈新闻稿的生命力

梁　衡

一、信息定格——新闻是流动中的一瞬

当记者总是希望自己的稿子发表后能被人记住，最好被人永远记住，即稿子能有最长的生命力。这是人之常情，也是一种崇高的追求。

但是，严酷的事实告诉我们，绝大多数新闻稿是读后即忘，它并没有长久的生命。这是新闻的信息本质所决定的。信息的特征是稍纵即逝，传递信息的新闻当然也就是"易碎品"了，这是基本规律。要想作品难忘，就要在"易碎品"中寻找"耐用品"，这就注定了当名记者是一件多么不容易的事。

虽然新闻是易碎品，但也不是每一件作品都要被时间之锤敲碎。我们读新闻史，回忆自己几十年间的阅报经历，还是发现会有一些新闻作品留在记忆里，挥之不去。这也说明一个规律，新闻作品易碎，但其中也会有极少数能经得起时光的打磨，永存不灭。怎么掌握规律，寻找这样的作品，追求这个高度，是我们要研究的课题。

因为稿件是新闻工作的一部分，研究稿件的生命，可先简略研究一下新闻的运转规律。新闻包括它的载体（传媒）和在这载体里工作的人（记者），永远是处在动与静、变与不变的矛盾体中，这种矛盾性也决定了稿件易碎或不易碎的两重性，从而又决定了大部分记者只能碌碌一生，只有少数人才有幸与他不碎的作品名垂青史。所谓名记者，有两重含义，一是他的作品与众不同，发表之时就木秀于林，引人瞩目，引起轰动；二是当别人的作品潮来又潮去、无踪无影时，他的作品却如被留在岸边的一块礁石，永远屹立，永远难忘。

由于生活的需要，特别是现代生活方式的需要，人们每天必须接受大量

的信息。报纸和记者就是专门提供信息的媒体和职业人。管理学上给报纸下的定义是：散页的连续出版物。这里的关键是"连续"二字。只印一张，不是报纸，只能叫传单。偶然写一条新闻的人也不是记者，只能叫通讯员。只有当报纸和它的记者连续向某一固定层面的受众输送某一类信息时，才被承认是新闻纸和新闻人。就像河里的水不停地流动，才称其为河。这河水第一是不停顿，不干枯，第二是平静地、正常地流动。但是也有百年不遇的大浪。要在大量的、平常的、流动的信息中捕捉到少数特殊的能够定格下来的信息，这是一件很难的事情，所以名稿、名记者总不会太多。

二、目光转换——今天的新闻是明天的历史，名稿则是历史的坐标

新闻是记录每天发生的事情，而今天的生活就是明天的历史，现在登于报上的信息，明天就是史料。但是这之间却有一个本质的转换。时间是一只大筛子，它要筛掉很多细碎之物，浮屑之尘，只有沉甸甸的东西才能载入史册。我们讨论"生命力"这个词，一定是指它的明天或后天，就是说这事件能经得起历史的筛选。今天新闻所传播的绝大部分事件、人物将不会留存下去，只有极少数的可载入史册。所以我们不妨从历史角度来预测新闻稿的生命力。

如果一篇稿子，所写的人或事，被历史留存，它就是历史进程中的一个坐标点，这个事件总是占据着一个转折点的位置，或者因为是"第一"而具有开创性的色彩，或者因为是"最后"而有句号的味道。总之，是两个阶段的连续点。我们可以把这种记录称为"坐标效应"，有"坐标效应"的稿子就有生命力。

正如新闻是信息流动的连续运动一样，历史则是由时间之线穿起来的一连串事件的珍珠，其中那些最具光彩的事件就特别珍贵，特别有标志性。

比如，1949年的开国大典，1997年香港回归，这都标志着一个历史阶段的结束和开始。再小一点的，比如1984年我国重返奥运会，许海峰拿到第一块金牌的消息，还有2001年11月，我国终于加入世界贸易组织的消息，等等。新闻记者每天都在追踪这些第一，但历史只能保留那些最大的"第一"。许多在一定时间内还存在的第一，以后就被人们渐渐淡忘。

诚然，记者不是史家，他的第一责任是传播而不是修史，但是当他记录眼前最新发生的事情时，他还要能观照未来，用历史的眼光回看过去，审视

现在。历史是奥运会的领奖台，它只要金牌，最低也是铜牌，余皆不要。历史只记录第一，你看一部科学史，都是第一个发现、发明了某事的人；一部社会发展史上都是一些打了第一枪或第一个发表宣言的人。一个记者如果采写到这一类的人和事，就正好是新闻和历史的重合，是当时的轰动和以后的永恒的重合，是易碎品向永久性物品的转化。所以，稿件的生命力，其实就是事件在历史长河中的分量。历史的记录者和历史的创造者是两条并行的红线，他们都同被历史所记录，一名记者虽不能成为创造历史的英雄或伟人（如果能这样他肯定不当记者），但可以记住他们及他们的事件，他和他的稿件一样可以不朽。所以记者总是瞪大眼睛捕追这种百年一遇的机会。机遇虽然少，但总会被有心人撞到。生物学家法布尔有一句著名的格言："机遇只给那些有准备的人。"必然寓于偶然之中，这也是规律，掌握这个规律，当一个名记者就不再是高不可攀的事了。

三、笔走中锋——稿件的生命力主要是指它的政治生命力

一张报纸，作为大众传媒，它反映着全社会的舆论民情、记录着社会发展的大事。虽然每天也会登些各类其他的信息、花边新闻，但真正能牵动最多人心的还是上升到政治这一层次的事件。政治是什么？是某一时期某一范围的最大之事，是关系全局影响久远的事。所谓政治家办报，就是从全局的、历史的、本质的角度来报道新闻、分析形势、引导舆论。许多著名的政治家本身就是著名的报人，而许多著名的报人都具有政治家的思维和眼光。作为一名记者只有抓到一件能够影响全社会、影响最大多数受众的稿件，甚至影响历史的稿件，才算是写出了最有生命力的稿件。一篇这样的稿件，顶得过百篇、千篇奇闻、趣闻之类的小新闻。

书法家写字，讲究笔走中锋。虽然也会用到偏峰、逆锋、飞白等笔法，但最基本的，支撑这一艺术的是中锋。记者观察社会，先要分清社会发展的主流。我们可以把这称作永恒的主题。比如，爱国主义、社会道德、民主与法制、经济建设、环境保护与可持续发展、党的建设等。任何一个社会发展时期又都有它的阶段性的任务，我们可以称之为阶段性话题。如经济建设这个大主题中现阶段就有加入世贸、国企改革、农民增收、西部大开发等阶段话题；环境保护与可持续发展中就有退耕还林还草，防止沙漠化等阶段话题。记者在每日每时眼花缭乱的信息中，首先要抓住两题：永恒主题和阶段性话题。

阶段性话题是永恒主题的进一步具体化，这就像学生答卷，把握了总的方向，起码不会跑题。但是光有这一点还不够，还要再具体一步。新闻不是文件，它是以事件为载体，以受众为对象，寻求有一定信息冲击波和影响力的文体。它要求在体现主题时，必得有一个有个性的事件为载体。事实上围绕主题，我们会观察到生活中有两类事件，一是程序性事情，如各种工作会议，考察访问，春种秋收，节日慰问等。我们可以称之为日常话题。严格说，这类日常话题中许多不是新闻，当然也就更易碎。第二类是重大事件，包括突发事件。这种事情最具影响性，因为它有冲击力。但是，只有当这事件与时代主题，即永恒主题合拍时，它才有意义，这样的稿件才不易碎。所以，记者的稿件要有生命力，说到底是围绕时代主题去捕捉一个典型的事件。先收事件的冲击之效，再求其内涵和思想的长久释放，求那个坐标点的永恒。一般来讲，符合这个条件的事件就肯定具有了这个时代的政治含义，有了足够的政治分量。因此在记者的采访本里，永远是首选那些关系到时代变革，同时也关系到受众最大利益的大事。只有实在找不到这种事件时，他才笔走偏锋退而选取一些小事，去写奇闻、趣闻、花絮之类的稿子。

（原载《新闻战线》2002年第6期）

脚"深"方能文不"浅"

庹 震

在记者生涯中,有一件事在我心中打下了深深的烙印。

10年前的夏天,我采写了关于一位村支书的报道,讲的是他竞职上任后带领群众致富的事迹。为了解更多的情况,我在村里住了一夜,与几位村干部聊天。我以为这就够"深入"了。报道见报几天后,有位当地的知情人给我打了一个电话,电话中说:"你写的报道内容没什么出入,可这只是他这个人的一个层面,也就是好的一面。你知不知道,这位村支书前不久为家里人的事与人打架,差一点就'进去'了?"我说:"真的不知道,这个典型是乡领导推荐的,村里的干部介绍的都是正面的素材。"这位知情人叹了口气说:"这也不能怪你们当记者的,你们那么忙,怎么也不如本地人情况熟呀!不过,你要是能在村民中多走走问问,报道肯定能客观了,话就不会说满了。这个人,优点很多,可也有明显缺点。"

放下电话,我想了很久:深入生活这一基本功,自己还差得远呢!20年来,无数酸甜苦辣的体验里,这件事我永难忘怀。在内疚和自责中,我收获了这样一"悟":与许多年前相比,如今记者的工作条件,如交通方面,如通信方面,如采访装备方面,如信息渠道方面,的确是强多了。但在优越的条件下,新闻工作者深入社会生活和发现发掘新闻的基本功不能弱化。现在不少地方都在提高"接待水平",这种"提高",对新闻工作者来说未必是一种幸运。我想到了孔子。在一个动荡的年代里,孔子坐着牛车,过着颠沛流离的生活。就在那样一种生活里,碰撞出了《论语》这部著作里的一簇簇思想火花。孔子在牛车上所谈论的话,被弟子们记录下来,能够流传千古,这其中还有很多东西大家尚未完全理解。那时的物质条件如何?当时的物质条件和现在的物质条件能比吗?可以说有天壤之别。但是,孔子对生活之悟之思之想之见,千百年来,影响着中国人的思想行为。

新闻界老前辈谈新闻工作的体会,我印象最深的有四句名言:

穆青同志说:在生活中,并不缺少新闻,缺少的只是发现。

安岗同志说:脚底板下出新闻。

范敬宜同志说:陌生地方新闻多。

南振中同志说:采访不仅是记者的工作,而且是记者的生活。

这四句话,看似简短,实则深刻,是新闻采写经验的高度凝练。分析历来的新闻名篇佳作,成功的原因皆可在其中寻得。

脚底板下是什么?是泥是土。泥土者何?百木秀气之本,百花香气之源。万木千草,浓绿厚荫,姹紫嫣红,无泥无土,如何来?营养在泥土里,记者"深"不下去,新闻作品也就没有了"活力"和"魅力"。记者不深入基层,不知大众所需所求、喜怒哀乐,如何能写出动人心弦的好作品?

新闻的发现,需要勤奋,需要实践,需要聪敏,也需要智慧。丰富的现实生活,如山川江海,善发现者,能探得宝藏;不善发现者,入宝山而常空手归。

陌生的地方,不是不出新闻的地方。王安石《游褒禅山记》上有:"夫夷以近,则游者众;险以远,则至者少。而世之奇伟瑰怪非常之观,常在于险远,而人之所罕至焉。"常人不去处,万宝待人识。对新闻记者而言,"人之所罕至"的地方,往往有"非常之观"。

新闻是一门学问。这门学问的课堂在现实生活里。整天坐在舒适的办公室里,记者是得不到磨炼的,也是难以成才的。优秀的新闻作品,不会产生在高档宾馆饭店里,不会产生在被采访单位打印好的"材料堆"里。

物质条件的改善,应该是做好新闻工作的助力。而过于看重物质条件,甚至被物质条件牵着鼻子走,这助力就变质了,就变成了阻力。有了这样的阻力,人如何快跑前行?

"抱薪趋火,燥者先燃;平地注水,湿者先濡。"这里讲的是"外因"与"内因"的相互作用关系。作为新闻工作者,外在条件的变化是不容忽视的,但最关键的,是自己的事业心和价值观。人生的价值,不在于从"外物"中吸取了什么营养,而在于吸取营养后开了什么花、结了什么果,为社会、为人类留下了什么,奉献了什么。

老一辈新闻工作者留给我们的最大财富,就是严谨细致的工作态度和深入扎实的工作作风。这一点值得我们用一生来学习。

(原载《新闻战线》2003 年第 1 期)

坚持导向正确　努力贴近群众

——党报头版头条新闻的选择思路

杨　涌

头版好比是报纸的"面孔",头条好比是这张"面孔"的"眼睛"。这可能不见得是一个很贴切的比喻,但一个反应及时、策划精心、制作用心、打磨细心的头条,一定是这块版的"魂"——对此,似乎是不会有争议的。

一篇稿件能否上头版头条位置,因素很多,关键取决于新闻事件本身,取决于编辑部的策划,取决于编辑的敏锐,等等。作为党中央机关报的《人民日报》十分重视选择好头版头条新闻,坚持把体现党的意志同反映人民群众的心声统一起来,坚持导向、服务大局、宣传基层、贴近群众,摸索出一定的规律,形成自己的风格。

重大事件、重大活动、重大战役的新闻报道,是党报头版头条最重要的内容。近年来,我们国家大事喜事不断,宣传报道一浪高过一浪,头版头条内容丰富多彩。九七香港回归、九九澳门回归、国庆50周年、建党80周年、党的十六大召开、党和国家主要领导人频繁出访、北京申奥、中国加入WTO、上海申博、神舟号升空和三峡工程、青藏铁路、西气东输、南水北调等重大工程的开工……《人民日报》在历次重大新闻的报道中,都取得了突出的成绩,受到中央的肯定,百姓的称赞,起到了全国报纸排头兵的作用。《人民日报》头版头条从策划到见诸版面,以其鲜明的主题、耳目一新的冲击力,受到各方的称赞。

在重大事件和重大活动的报道上体现出权威性、指导性。这是由《人民日报》作为党中央机关报的性质所决定的。重大事件和重大活动是指足以影响我们党和国家政治、经济、社会、文化的事件及活动,如党和国家的重要会议、党和国家领导人的重要出访活动、党和国家重大政策的出台,等等。这些重大事件和重大活动,成为党报头版头条的重要内容。在头条位置安排好这类新闻(包括占据版面的篇幅、标题的拟制、字体字号的选择、新闻摘要的撷取及相关稿件的配套等),成为衡量一张报纸政策水平、办报人政治敏锐性的基石。《人民日报》处理这类新闻有其优势和特色,体现出无可比拟的权威性和指导性。如随着我国改革开放的不断发展,就业和再就业问题凸显出来。扩大就业,促进再就业,解决困难群众的生产生活问题,关系改革发展稳定的大局,关系国家的长治久安,不仅是重大的经济问题,也是重大的政治问题。党中央对做好这一工作十分重视。党报如何贯彻中央精神,做好宣传工作?人民日报除在日常报道中开辟栏目,介绍各地在做好就业再就业工作、解决困难群众的生产生活问题好的经验、好的做法外,对中央研究部署就业再就业工作和解决困难群众生产生活问题的会议、决定均在头版头条位置予以突出处理。如2002年2月4日中央政治局常务委员会研究进一步安排好困难群众生产和生活的工作的会议,9月12日中共中央、国务院在北京召开全国再就业工作会议,12月12日中央政治局常务委员会研究进一步解决好困难群众生产生活问题的会议,一年之中,三上头版头条。

在重大战役的报道中体现出策划性、示范性。在重大战役的报道中,头版头条往往担当的是总体战役报道的"龙头",是阶段性战役的"关节"。多年来,《人民日报》在重大战役的报道中,总结、掌握了一定的报道规律,形成了自己独特的风格,显示了高出一筹的水平,在同行中起到了示范作用。如2001年纪念建党80周年的宣传报道工作,《人民日报》从一开始的宣传动员,到进一步的整体策划,再到形成报道高潮,最后圆满结束,一浪紧推一浪,很好地配合了中央整体部署,给读者留下了深刻的印象。年初,总编辑办公会议就对宣传报道方案进行了研究,5月中旬,全国宣传部长座谈会一结束,编委会又召开扩大会议,进一步部署工作,并成立了人民日报纪念建党80周年宣传报道领导小组。6月1日,头版头条发表综合消息《全国各地掀起纪念建党80周年热潮》,拉开了宣传报道序幕。6月18日,报社编委会召开扩大会议,再次进行了动员部署。6月20日至6月24日头版头条连续发表《没有共产党就没有新中国》《没有共产党的领导就没有中国的现代化》《"三个代表"指引我们党永远向前》3篇述评。6月25日,头版头条发表任仲平文章《沧海横流 人间正道》。6月27日,头版头条发表人民日报举行纪念建党80周年座谈会《学习贯彻"三个代表"重要思想 永葆党的蓬勃生机和活力》的消息。7月1日,头版头条发表社论《光荣属于中国共产党和中国人民——庆祝中国共产党成立80周年》,把《人民日报》策划的宣传报道工作推向高潮。这些头条,都是不同时段高扬主旋律的力作,得到中央的肯定，受到读者的高度赞扬。1999年《人民日报》对国庆50周年的宣传报道也是这样。由于策划早，动手快，取得了很好的效果。报道从8月下旬开始，到10月中旬结束，历时50多天，围绕中央确定的宣传重点，分为五个阶段，每个阶段突出一个主题或主要内容，以头版头条为"龙头"，环环紧扣，梯次推进，大力宣传新中国成立50年来的伟大成就，充分展示改革开放和现代化建设的丰硕成果，热情讴歌党中央三代领导集体带领全国人民在革命和建设中建立的丰功伟绩，唱响了祖国颂、社会主义颂、改革开放颂，受到中央领导同志和国庆筹委会宣传组的表扬，许多读者也纷纷来信来电给予高度评价。

在突发事件的报道中体现出大局性、导向性。党报如何应对突发事件，特别是作为头条处理的重大突发事件？《人民日报》多年来积累了丰富的经验。简单说就是要有冷静的头脑、准确的判断和"政治家办报"的观念，在版面上严格体现中央精神、真实反映人民意愿。《人民日报》近年来对一些重大突发事件的处理，在对大局的判断与把握上、在版面语言的准确运用上，展示了党中央机关报的风范。一些版面的处理，被兄弟报纸全盘"拷贝"。

"头条工程"及时反映各地、各部门在实际工作中贯彻中央精神的新举措、新做法、新成就。 "头条工程"是《人民日报》近年来头条报道十分成功的一个做法。连续几年，人民日报都实施了"头条工程"。"头条工程"紧密配合中央在各个阶段的方针政策，反映各地方、各部门在实际工作中贯彻落实中央精神的新举措、新做法、新成就，大处着眼，小处入手，由点及面，贯穿全年，成为《人民日报》一版的一个亮点。"头条工程"的体裁以消息为主，篇幅一般千余字，编辑部门加配两百字左右的"编辑点评"，立意好、起点高，自成一体，每年发40余篇，颇受各方好评。加之头版头条的特殊意义，各地方、各部门又很重视，"头条工程"中所采用的稿件，无一不是驻地记者和联系各行业各部门记者下功夫、动脑筋采写的精品。这些稿件也得到各地新闻媒体的重视、关注和好评，大部分稿件在第一时间被各省区市的主要媒体转载、摘播。

历数近年的"头条工程"，可以一窥《人民日报》在做好重大事件、重大活动和重大战役的宣传报道之外，日常报道有组织、有策划、有重点、有明确思想性的轨迹。1997年的《省区市的"得意之笔"》，1998年的《省区市的"务实之笔"》，1999年的《省区市的"奋进之笔"》，2000年的《迈向新世纪》，2001年的《十五开篇》，2002年的《在"三个代表"指引下》，一条与时俱进的红线贯穿其中，报道及时有效，反响热烈。2003年是举国上下全面贯彻落实党的十六大精神的第一年，为报道好各地各部门各行业高举邓小平理论伟大旗帜，全面贯彻"三个代表"重要思想，努力完成党在新世纪新阶段全面建设小康社会这个奋斗目标发展的新思路，改革的新突破，开放的新局面，各项工作的新举措，从2月11日起，《人民日报》推出今年"头条工程"的栏目：《新思路　新突破　新局面　新举措》。

"头条工程"中的精品、力作很多。去年是大力宣传贯彻"三个代表"重要思想的一年，《人民日报》的"头条工程"以《在"三个代表"指引下》为栏目，各地各部门记者把握好"三个代表"重要思想与各地丰富实践的结合点，选准选好切入点，抓出了一批特色稿件、优质稿件，这些稿件在各地引起热烈反响，从基层百姓到省区市党委、政府及中央有关部门对这个栏目均给予很高评价。首篇报道《云南：面向山村建设"民心工程"》及"开栏的话"刚一推出，读者即纷纷来信给予肯定，认为栏目的设置本身就是人民日报办报高出一筹的具体体现。《云南：面向山村建设"民心工程"》《海南：大力创建生态文明村》《北京：为中低收入家庭圆安居梦》等稿件被评为报社好稿一等奖、好头条。

关系全局的重要言论是头版头条的重要组成部分。评论是报纸的旗帜，体现报纸的深度。党报的评论具有旗帜鲜明的政治优势。紧密呼应中央精神，及时发表的具有全局影响力的重要评论是《人民日报》头版头条的重要组成部分。《人民日报》在头版头条发表的评论，主要可以归纳为如下几类：针对重大事件发表的评论；针对具体问题发表的系列评论；其他重要评论。以2002年为例，《人民日报》在头版头条位置共发表社论及评论员文章30多篇，篇篇关乎大局，对进一步阐明党中央的方针政策、指导全局工作具有重要的指导意义。年初岁尾，中共中央政治局常委会两次召开会议，对进一步安排好困难群众生产生活的工作作出重要部署，《人民日报》分别在2月6日、12月15日头版头条发表评论员文章《扎扎实实地做好扶贫济困工作》《切实解决好困难群众生产生活问题》，有力地呼应了常委会工作会议精神。配合江泽民同志"5·31"讲话精神，6月26日，头版头条刊登了评论员文章《弘扬与时俱进的精神》，进一步阐明了与时俱进的重要意义。10月8日，头版头条发表社论《新的伟大工程的光辉篇章》，拉开了《人民日报》迎接党的十六大召开宣传报道新阶段的序幕。10月22日，社论《在"三个代表"重要思想指引下阔步前进》把十六大的宣传报道引向高潮。两篇社论，主题鲜明，论述有力，既有所侧重，又互相贯通，层层递进，成为不同阶段宣传报道工作展开的标志。2001年年底，中央经济工作会议召开，会议要求全党同志在新的一年里，必须统一思想、坚定信心、沉着应对、趋利避害、转变作风、扎实工作，做好2002年全党全国各项工作，1月7日、1月9日、1月14日《人民日报》拆分这24字为题，在头版头条连续发表评论员文章。十六大闭幕后，《人民日报》在一版发表6篇系列评论员文章，论述认真学习贯彻十六大精神，有的安排在头版头条位置，有的安排在一版其他重要位置，这些评论员文章，配发及时，论述精当，产生了深远的影响。

典型报道和"三贴近"报道丰富了头版头条的内容。典型报道是宣传报道工作的一项重要内容，也是头版头条的重要选择。典型报道富有感染力的指导意义、借鉴意义、教育和启迪意义是它独有的特色。近年来，《人民日报》十分重视对中央有关部门推出的重大典型的宣传，一些重大的人物、群体典型在头版头条突出处理，影响深远，有力地促进了社会主义物质文明和精神文明建设。历数近年来头版头条刊登的典型报道，稍远的如孔繁森、韩素云、李国安、徐虎、李素丽、陈观玉、吴天祥、王廷江、邱娥国、王启民，近的如郭秀明、尹锡勋、吴登云、范匡夫、汪洋湖、廷·巴特尔、叶景林、方工、郑培民等人物典型的报道，张家港、济南交警等典型群体的报道，树起高扬社会主义精神文明和物质文明的一面面旗帜，无一不在社会上产生了重大影响。

报社编委会还特别强调要在头版头条位置安排那些贴近实际、贴近生活、贴近群众的稿件。对记者提供的来自基层的稿件、来自发生在百姓身边故事的稿件，力争在头版头条位置予以突出处理。如2001年6月7日刊登的《县委书记刹"三风"》，成为当时全国农村广泛开展"三个代表"学教活动中的典范报道；2002年3月23日刊登的《希望在田野上》，将一个村民小组组长的先进事迹摆上了头版头条位置；今年开年，在编委会的大力提倡下，"三贴近"的稿件明显增多，如1月11日，《人民日报》头版头条安排了一组图片报道，题目是《"我们有房了！"》，反映了特困户拿到廉租房钥匙后的喜悦之情；1月14日，北京市向市民承诺的60件实事全部兑现，1月15日，辽宁出资补贴改善劳模生活，2月7日，山东威海市个体业户杨正权的先进事迹，均在头版头条作了突出处理。这些报道，拉近了党报与人民群众的距离，在读者中产生了良好的影响。

（原载《新闻战线》2003年第3期）

用"三个代表"重要思想统领新闻宣传工作*

王 晨

党的十六大把"三个代表"重要思想同马克思列宁主义、毛泽东思想、邓小平理论一道确立为党必须长期坚持的指导思想，实现了我们党指导思想上的又一次与时俱进。作为党的事业的重要组成部分，新闻宣传工作必须坚持以"三个代表"重要思想为统领，把"三个代表"要求贯彻到新闻宣传工作的各个方面、各个环节和全部过程。

用"三个代表"重要思想统领新闻宣传工作，具有丰富的内容，主要包括：坚持马克思列宁主义、毛泽东思想、邓小平理论和"三个代表"重要思想在意识形态领域的指导地位不动摇；坚持把学习宣传贯彻"三个代表"重要思想作为新闻宣传工作的重中之重，把"三个代表"重要思想贯穿于党的全部新闻宣传工作之中；坚持以"三个代表"重要思想为观察、分析和研究问题的理论武器，把是否符合"三个代表"作为检验新闻宣传工作的根本标准；坚持以全面贯彻"三个代表"重要思想为核心建设一支政治强、业务精、纪律严、作风正的新闻队伍，努力推动党的新闻宣传事业的繁荣和发展。作为党中央机关报，《人民日报》应当在用"三个代表"重要思想统领新闻宣传工作中带好头，既做"三个代表"重要思想的积极宣传者，又做"三个代表"重要思想的自觉实践者，不断提高新闻宣传工作的水平，为全面建设小康社会、开创中国特色社会主义事业新局面营造良好舆论氛围做出应有的贡献。

如何把用"三个代表"重要思想统领新闻宣传工作的要求落到实处，是一个重大而紧迫的课题。从《人民日报》的实践来看，坚持用"三个代表"重要思想统领新闻宣传工作，就要正确认识和处理好以下几个方面的关系。

---

* 本文获第十四届中国新闻奖新闻论文一等奖。

根本指针与检验标准

在新世纪新阶段,我们高举的旗帜,就是马克思列宁主义、毛泽东思想、邓小平理论和"三个代表"重要思想的旗帜。"三个代表"重要思想是马克思主义中国化的最新成果,也是十六大的灵魂,是贯穿十六大报告的一条主线。坚持马克思主义在意识形态领域的指导地位,就必须坚持用"三个代表"重要思想统领新闻宣传工作,把"三个代表"重要思想作为新闻宣传工作的根本指针,把是否符合"三个代表"作为新闻宣传工作的检验标准。

把"三个代表"重要思想作为新闻宣传工作的根本指针,是指新闻宣传工作以"三个代表"重要思想为主心骨,并据此解决好自己的地位作用、根本任务、基本方针、重要原则等一系列基本问题。具体来说,就是新闻宣传工作必须坚持用贯穿"三个代表"重要思想的马克思主义的立场、观点、方法来分析形势和把握方向,理清工作思路、拓展工作内容、改进工作方式,贴近实际、贴近生活、贴近群众,唱响主旋律、打好主动仗,促进改革发展、维护社会稳定,为发展中国的先进生产力和先进文化服务,为实现好、维护好、发展好中国最广大人民的根本利益服务。坚持以"三个代表"重要思想为新闻宣传工作的根本指针,这是不断发展的改革开放和社会主义现代化建设实践对党的新闻宣传工作提出的根本要求,也是在新世纪新阶段做好党的新闻宣传工作的根本保证。

以"三个代表"作为检验新闻宣传工作的根本标准,是指判断党的新闻宣传工作的成效如何、成绩大小,归根结底要看其是否能够促进中国先进生产力和先进文化的发展,是否能够实现好、维护好、发展好中国最广大人民的根本利益,并且发挥了多大作用。把是否符合"三个代表"作为检验新闻宣传工作成效的根本标准,这是用"三个代表"重要思想统领新闻宣传工作的题中应有之义。它要求我们必须不断增强贯彻"三个代表"重要思想的自觉性和坚定性,时时刻刻、事事处处把是否做到"三个代表"作为衡量标准,看看我们所采取的各种措施、所做的各项工作是否符合"三个代表",符合的就毫不动摇地坚持,不完全符合需要调整补充的就积极地加以调整补充,不符合的就实事求是地加以改正,以使党的新闻宣传工作始终体现时代性、把握规律性、富于创造性。

用"三个代表"重要思想统领新闻宣传工作,必须实现根本指针与检验标准的统一。根本指针与检验标准的统一,是理论与实践的统一、思想与行动的统一。只有坚持这个统一,才能使"三个代表"重要思想贯彻到新闻宣传工作的各个方面、各个环节和全部过程,才能使"统领"落到实处;只有坚持这个统一,才能保证新闻宣传工作舆论导向的正确和引导水平的提高,才能保证新闻宣传工作任务的完成和作用的发挥。

服务大局与服务群众

服务大局、服务群众,是党的新闻宣传工作性质的根本体现,也是用"三个代表"重要思想统领新闻宣传工作的内在要求。我们的新闻媒体是党和人民的喉舌,从一定意义上讲,服务大局与服务群众是党的新闻宣传工作的两大根本任务。

服务大局,就是新闻宣传必须服从并服务于全党和全国工作的大局,而不能影响或者干扰这个大局。在我国社会主义初级阶段,这个大局就是以经济建设为中心的改革发展稳定的大局。服务群众,就是新闻宣传必须牢固树立群众观点,坚持一切为了群众,一切依靠群众,以人民群众为服务对象,以人民利益为价值取向,以不断满足人民群众的需要为第一选择。在我国,服务大局与服务群众,就其实质来说是一致的,二者互为前提、相互依存。因为党和政府的大事就是人民群众的大事,人民群众普遍关心的事情也就是党和政府关心的事情。这种党和政府与人民群众之间在利益上的高度一致性,为新闻宣传坚持服务大局与服务群众的有机统一提供了客观基础。当然,就具体内容和实现方式而言,二者又各有侧重、各具特点。这在党报的宣传报道中表现得尤为突出。服务大局是就总体、宏观而言的,反映到实际工作中,就要围绕党和国家的中心工作来把握宣传报道的方向、谋划宣传报道的思路,强调权威性和指导性;服务群众则是直接的、具体的,反映到实际工作中,就要围绕群众的所思所想、所盼所需来确定宣传报道的选题、选择宣传报道的角度,强调针对性和实效性。用"三个代表"重要思想统领新闻宣传工作,必须实现服务大局与服务群众的有机统一。

实现服务大局与服务群众的统一,是理论问题,更是实践问题。要把这个问题解决好,必须牢固确立全局观念、战略思维,坚持深入实际、深入群众,统筹兼顾、精心谋划。长期以来,人民日报坚持新闻宣传工作的党性原则,坚持团结稳定鼓劲、正面宣传为主的方针,牢牢把握正确的舆论导向,积极、全面、准确、深入地宣传党的基本理论、基本路线、基本纲领、基本经验，宣传改革开放和现代化建设的巨大成就，宣传各条战线的先进典型，以大局为重，为大局服务。在宣传报道中，注意处理好经济报道与其他报道、中央报道与地方报道、国内报道与国际报道、长期报道与短期报道、一般报道与重点报道等的关系，力求比例协调、力度适当，既紧紧围绕中心，又合理兼顾各方，取得了很好的效果。

但也毋庸讳言，不论是服务大局还是服务群众，我们的工作都还存在着缺点与不足，尤其是在服务群众方面还需做出更大努力。今年以来，我们紧紧抓住《人民日报》改版扩版的机遇，围绕服务群众这个相对薄弱的方面，按照"贴近实际、贴近生活、贴近群众"的要求改进宣传报道，在"两会"、伊拉克战争和防治非典型肺炎的宣传报道中取得了较好的效果。最近，胡锦涛同志要求包括新闻宣传在内的整个宣传思想工作"总结经验，深化改革，在'三贴近'上取得新进展"，鼓舞和推动我们进一步加强和改进新闻宣传工作。实践证明，坚持"三贴近"，是用"三个代表"重要思想统领新闻宣传工作的必然要求，也是新闻宣传工作增强针对性、实效性和吸引力、感染力的重要途径。坚持"三贴近"，才能把更好地服从服务于全党全国工作大局和最大限度地激发广大人民群众的积极性创造性统一起来，把体现党的意志和反映人民心声统一起来，把坚持正确导向和增强可读性统一起来，使我们的报纸充满生气、富有活力。《人民日报》作为党中央机关报、全国的综合性大报，怎样做到"三贴近"，以更好地服务群众？其中无疑有自己的特点。我们应当通过进一步增强服务意识、拓宽服务领域、改进服务方式来强化报纸作为新闻传媒的服务功能，在满足读者在获取信息、认识形势、了解政策、接受教育、愉悦身心等方面的需求上下功夫，更好地实现服务大局与服务群众的有机统一。

党的主张与人民心声

与服务大局、服务群众的任务相对应，新闻宣传必须将体现党的主张与反映人民心声有机统一起来，旗帜鲜明地宣传党的主张，及时如实地反映人民心声。这同样是用"三个代表"重要思想统领新闻宣传工作的内在要求。

新闻媒体作为党的思想文化阵地，作为宣传、教育、动员人民的重要载体，任何时候都必须积极准确地宣传党的主张，传达党的声音，使党的主张为人民群众所掌握,变为他们的自觉行动,鼓舞他们为实现自己的利益而奋斗。对此,毛泽东、邓小平、江泽民同志都有深刻的阐述、明确的要求。这是新闻媒体作为党的喉舌存在的重要依据。与此同时,实现最广大人民的根本利益是我们党一切工作的出发点和归宿,这就决定了新闻媒体必须充分反映人民群众的心声,反映人民群众的意见和要求,维护人民群众的利益。这是新闻媒体作为人民喉舌存在的重要依据。

我们党是中国工人阶级的先锋队,同时是中国人民和中华民族的先锋队,是中国特色社会主义事业的领导核心,是中国最广大人民根本利益的忠实代表。党的主张,包括党的理论、路线、纲领、方针、政策等,是党为了实现一定目标、完成一定任务而形成和制定的,代表了最广大人民的根本利益、长远利益、整体利益,反映了人民群众的愿望与要求。党的主张与人民根本利益的一致性,决定了新闻媒体宣传党的主张的过程实际上就是从整体上反映人民心声的过程。但是,人民群众的整体利益总是由各方面的具体利益构成的,人民群众虽在根本利益上一致,但在具体利益关系上有时难免出现矛盾现象。随着改革开放的不断深化和社会主义市场经济的不断发展,随着社会经济成分、组织形式、就业方式、利益关系和分配方式的日益多样化,经济社会生活中各种深层次的矛盾和问题将进一步凸显,人民群众的实际感受和具体需求将更为复杂。这就决定了新闻媒体在宣传党的主张与反映人民心声之间并不必然始终是同步的、一致的。因此,中央提出将体现党的主张与反映人民心声统一起来,可谓切中肯綮,对于加强和改进新形势下的新闻宣传工作具有重要的指导意义。

新闻媒体如何在积极宣传党的主张的同时,更好地反映人民心声,以真正实现体现党的主张与反映人民心声的有机统一,这是一个需要我们进一步探索的课题。从实际工作看,需要在宣传报道的内容上进一步增加群众的分量,在宣传报道的形式上进一步适合群众的需要,努力做到充分体现群众意愿,满足群众需求,把握群众脉搏,说群众想说的话,讲群众能懂的话,不断增强新闻宣传的针对性、实效性和吸引力、感染力。同时也需要在宣传党的主张方面从内容和形式上进一步加以改进,比如作为宣传党的主张的重要途径——会议和领导同志活动的新闻报道就是如此。党的十六大以来,以胡锦涛同志为总书记的党中央明确要求把进一步改进会议和领导同志活动的新闻报道工作,作为全面贯彻党的十六大精神和"三个代表"重要思想,改进思想作风、工作作风和领导作风,密切党同人民群众联系的一件大事来抓,并制定了《关于进一步改进会议和领导同志活动新闻报道的意见》。按照中央的这一要求，我们必须在多报道对工作有指导意义、群众关心的内容和力求准确、鲜明、生动等方面下功夫，努力使新闻报道贴近实际、贴近生活、贴近群众，更好地为人民服务、为社会主义服务、为党和国家工作大局服务。既要宣传大好形势，维护团结稳定，又要开展舆论监督，推动解决问题；既要加强舆论引导，解疑释惑，又要让群众说话，为群众反映问题提供机会和途径。为此，我们的新闻报道应当在内容上正确地把握来自上层、中层、基层报道的比例，把版面更多地让给基层和群众，更多地报道基层干部群众在改革开放和现代化建设中的生动实践和新鲜经验，更多地报道振奋人心的成就，更多地报道群众中的典型和群众关心的问题，更多地反映群众的要求与呼声，更多地为干部群众的工作、学习、生活提供健康有益的信息；我们的新闻宣传工作者应当深入地研究层面、角度和笔法问题，认真倾听群众呼声，运用群众身边的事例，反映群众的切身感受，采用群众熟悉的语言，使宣传报道为群众喜闻乐见、欣然接受。

正确导向与宣传艺术

面对丰富多彩的大千世界，复杂多变的社会生活，新闻媒体哪些可以报、哪些不能报，可以报的东西怎样报、报多少，都有一个取舍和选择的标准问题。其中，重要的标准就是把握好舆论导向。事实反复证明，舆论导向正确，是党和人民之福；舆论导向错误，是党和人民之祸。因此，正确导向是新闻宣传工作的生命线，在这一点上，什么时候都不能有任何动摇、不能有丝毫含糊。用"三个代表"重要思想统领新闻宣传工作，体现在宣传报道中，一个极其重要的方面，就是必须牢牢把握正确的舆论导向。《人民日报》作为党中央机关报，是全国报纸的排头兵，其舆论导向如何，举国关注、举世瞩目，更应当把坚持正确的舆论导向贯穿于所有宣传报道中。

导向是具体的，而不是抽象的，它包含着丰富的内容，不能孤立、片面地理解。坚持正确的舆论导向，首先是坚持正确的政治导向，但也不能忽视经济导向、文化导向、生活导向等。"三个代表"重要思想，是坚持正确舆论导向的灵魂、主心骨和标尺；坚持正确的舆论导向，必须始终坚持用"三个代表"重要思想统领新闻宣传工作。怎样才能坚持正确的舆论导向？就是必须按照"党和人民的意志、利益进行舆论导向"，按照"中国先进生产力的发展要求""中国先进文化的前进方向""中国最广大人民的根本利益"来进行舆论导向,形成江泽民同志所说的"五个有利于"的舆论,即有利于进一步改革开放,建立社会主义市场经济体制,发展社会生产力的舆论;有利于加强社会主义精神文明建设和民主法制建设的舆论;有利于鼓舞和激励人们为国家富强、人民幸福和社会进步而艰苦创业,开拓创新的舆论;有利于人们分清是非,坚持真善美,抵制假恶丑的舆论;有利于国家统一、民族团结、人民心情舒畅、社会政治稳定的舆论。

导向是一个政治问题,也是一个社会问题。社会舆论作为一种客观存在,其形成、反映、传播和引导有自身的规律。"以正确的舆论引导人",就表明舆论导向具有很强的政治性——方向必须正确,具有很强的社会性——效果必须作用于全社会;如果导向仅仅是正确的,还不能自然而然地发挥引导人的作用。也就是说,坚持用"三个代表"重要思想统领新闻宣传工作,做到"以正确的舆论引导人",不仅要保证舆论导向正确,而且要讲究宣传艺术,提高引导水平。现在,随着社会主义市场经济的蓬勃发展和各种传媒特别是互联网的兴起与信息传播渠道的多元化,干部群众的实际需求和接受方式发生了巨大变化,如果仅仅把正确的导向停留于号召和要求上,满足于注意了和提倡了,则很难达到"以正确的舆论引导人"的目的。江泽民同志指出:"强调讲政治,并不意味着简单地重复一些政治口号,搞一些空洞的东西。要讲究宣传艺术,增强吸引力、感召力和说服力,把报纸办得生动活泼,喜闻乐见。"只有适应时代的需要,采取有效的措施,克服政策宣传的简单化、工作报道的格式化、会议报道的概念化、新闻语言的文书化等"老毛病",变训导式为引导式,变灌输式为启发式,使宣传报道为广大干部群众爱读爱看、乐于接受,才能使他们在潜移默化中受到正确思想的熏陶、正确舆论的引导。

如果说坚持正确的舆论导向是一个永恒的课题,那么讲究宣传艺术、提高引导水平,作为实现"以正确的舆论引导人"的重要保证,同样需要我们进行不懈的探索和努力。概括地讲,就是既要得力,又要得当,还要得法,就是不刮风、不炒作,把好关、把好度。引导要掌握火候,把握时机,讲究分寸,做到适度而不失度;宣传要讲究策略,正确把握报道规模、报道数量和报道频率,研究读者的心理、心态和情绪,使宣传报道为干部群众爱读爱看,达到入耳入脑的效果。同一事件,不同的写法会产生不同的效果。如果我们的报道,只有观点而没有事实,只有结论而没有过程,只有平面的罗列而没有立体的展示,那么,干部群众是不会爱读爱看的,即使读了看了,也是不可能达到入耳入脑的效果的。因此,我们要努力改进文风,多运用群众的鲜活语言,多联系群众身边的生动事例,多采取群众喜闻乐见的方式,多反映群众的切身感受,多撰写深入浅出、简洁明快的报道。对社会热点、焦点问题,既要敢于触及,又要善于疏导,既把握来龙去脉,又弄清前因后果,力求用鲜活的语言解开思想的困惑、用身边的事例说明深刻的道理,把严谨与生动、科学与趣味结合起来,真正起到解疑释惑、活血化瘀、化解矛盾的作用。

讲究宣传艺术、提高引导水平,不仅要求在内容上改进宣传报道,而且要求在形式上改进报纸版面。版面是衡量报纸质量的一个综合性指标。如果版面形式落后于时代要求,滞后于读者欣赏水平,就会直接影响报纸的宣传效果,影响正确舆论的引导作用。因此,我们要把改进报纸版面作为落实用"三个代表"重要思想统领新闻宣传工作、不断在"三贴近"上取得新进展的一项重要举措来抓。改进版面,不是为了把报纸搞得花里胡哨,而是为了体现时代精神,增进美学魅力,增强吸引力、冲击力,做到既庄重大方又引人入胜,不断提高报纸的宣传效果。

正面宣传与舆论监督

坚持正面宣传为主,是党的新闻宣传工作的一条基本经验。无论什么时候,新闻媒体都要积极宣传科学理论,传播先进文化,弘扬社会正气,倡导科学精神,唱响主旋律,打好主动仗;都要积极宣传人民群众在实践中的新成就、新创造、新经验,不断激发他们建设社会主义的积极性、主动性和创造性;都要有利于党的团结和人民群众的团结,有利于人们奋发向上,把促进改革、推动发展、维护稳定作为自己的准则和目标。

开展舆论监督是新闻宣传工作的重要职能,是用"三个代表"重要思想统领新闻宣传工作的重要体现。改革开放20多年来,我国社会主义现代化建设取得了举世瞩目的伟大成就,整个社会的风貌健康向上。但也不容否认,在我们的工作中还存在着这样那样的问题,社会上还存在着不正之风和消极腐败现象,人民群众对现实存在的形式主义、官僚主义现象还不满意。这就决定了新闻媒体在坚持正面宣传为主的同时,必须积极开展舆论监督。由于舆论监督具有形式的公开化、手段的现代化和传播的快速化等特点,因而它在推进工作、解决问题、加强党和政府同人民群众的联系等方面具有重要的作用。实践证明，舆论监督是实现民主监督的重要形式，是反映人民心声的重要渠道。如果正面宣传抓得很紧，而舆论监督抓得不力，就很难说真正做到了体现党的主张与反映人民心声的统一，就很难达到让党和政府满意、让人民满意的效果。

怎样开展正确的舆论监督？这其中既有立场问题，也有方法问题，关键是要把"三个代表"重要思想贯彻到舆论监督的过程中去。江泽民同志指出："舆论监督应着眼于帮助党和政府改进工作，解决实际问题，增进人民团结，维护社会稳定。""对于人民内部的缺点和错误，也应进行揭露和批评，但这种揭露和批评是'恨铁不成钢'，目的是以同志式的态度帮助克服缺点、纠正错误。对于党和政府工作中的缺点、错误的批评，只要是善意的、有益于改进工作的，我们都应该热忱欢迎。重要的批评报道，要同有关的主管单位联系，听取他们的意见。批评报道发表以后，还要报道处理的结果，这也有利于提高报纸的威信。"学习这些重要论述，结合《人民日报》的实践，我们认为，开展正确的舆论监督，需要把握好这样几条：一是以建设性的态度从事舆论监督。开展舆论监督，要以实现好、维护好、发展好最广大人民的根本利益为出发点，着眼于维护改革发展稳定的大局，对党对人民负责，目的是化解矛盾，解决问题，改进工作。批评也好，揭露也好，都应该是建设性的，要着眼于解决问题、改进工作，而不能满足于摆问题，不能立足于"找岔子"，不能为图一时之快。一个事件出来以后，要搞好后续报道，问题解决了，给予说明或肯定；问题没有得到解决的，紧抓不放，进行追踪报道。二是以求实的精神开展舆论监督。舆论监督的力量来自事实，因而舆论监督的基本原则必须是用事实说话，坚持实事求是。开展舆论监督，必须进行深入采访和调查研究，充分听取各方面的意见，掌握准确、全面、翔实的第一手材料，决不能偏听偏信，更不能仅凭道听途说。要辩证地观察和分析问题，坚持"两点论"，切忌片面性，不仅对事实本身负责，而且对事实使用的准确性负责，不夸大、不缩小，既不说过头话，也不搞绝对化。三是以恰当的方法开展舆论监督。恰当的方法，包括选择好典型，把握好时机，掌握好力度等。典型选择要注意代表性、针对性，善于从党和政府重视、人民群众关心、实践中普遍存在这三方面的结合点上发现典型，抓住那些既能反映事件本质，又有法可依、有政策可循的倾向性问题进行舆论监督。时机把握要坚持有理有利有节，注意火候节奏，讲究策略艺术，注重实际效果。力度掌握要坚持具体问题具体分析，数量适度，密度调控，既运用公开报道的手段，又运用内参反映的形式，切忌一味追求轰动效应。四是必须遵守严格的纪律。开展舆论监督，必须遵守党纪、国法和新闻宣传纪律，坚持必要的送审制度，严守职业道德，不能打着舆论监督的幌子进行打击报复或者牟取私利。总之，舆论监督一要坚持，二要改进，要特别重视在舆论监督中正面引导的问题，既要坚决惩治腐败现象，反对不正之风，又要使人民群众看到光明，看到希望，对党的领导和社会主义制度充满信心；既要反映人民群众的呼声，又要帮助党委政府做好工作；既要有利于某一问题的解决，也要有利于同一类问题的解决；既要对工作中的缺点与错误进行揭露与批评，又要实事求是，不以偏概全。

发扬传统与开拓创新

55年前，在人民解放战争伟大胜利的凯歌声中，在党中央和毛泽东等老一辈无产阶级革命家的亲切领导下，作为党中央机关报的《人民日报》在西柏坡诞生。伴随中国革命、建设和改革的伟大实践，《人民日报》同人民共和国一起成长，跨入全面建设小康社会、开创中国特色社会主义事业新局面的新的历史征程。今天，面对新世纪新阶段、新形势新任务，《人民日报》要做到不辱使命、不负重托，就必须坚持用"三个代表"重要思想统领新闻宣传工作，正确处理发扬传统与开拓创新的关系，既保持优势、发扬传统，又与时俱进、开拓创新。

作为党中央机关报和中国第一大报，《人民日报》在长期的新闻宣传实践中形成了自己独特的优势、鲜明的特色和优良的传统。《人民日报》的特色和优势主要表现在：具有很强的指导性、权威性；广泛深厚的群众基础、较大的国际影响；突出的评论理论优势和深度报道优势；等等。《人民日报》的编采队伍是一支具有优良传统的队伍，能够坚持党性原则，忠诚党的事业，遵守宣传纪律；坚持实事求是，讲真理，说真话，报实情；坚持群众路线，深入实际、深入生活，与人民群众同呼吸、共命运；坚持敬业奉献，潜心钻研业务，遵守职业道德；等等。对于这些优势、特色和传统，一定不能丢，而且要在新形势下发扬光大。但是，我们要在激烈的新闻竞争中赢得主动，实现办报高出一筹，决不能故步自封，决不能僵化停滞，必须按照"三个代表"要求，既大力发扬优良传统，又不断研究新情况、解决新问题，既坚持被实践证明的好做法、好经验，又不断探索创新，增创新优势，做到在保持优势的基础上与时俱进，在发扬传统的过程中开拓创新，使《人民日报》始终走在时代前列，各项报道、各个版面都自觉服务于促进先进生产力发展，推动先进文化繁荣，实现好、维护好、发展好最广大人民根本利益的目标。

从2003年1月1日起，《人民日报》进行了改版扩版，由原来的12个版扩为16个版。报社编委会以这次改版扩版为契机，融保持优势、发扬传统同与时俱进、开拓创新为一体，明确提出，全面贯彻党的十六大精神，高举邓小平理论伟大旗帜，用"三个代表"重要思想统领宣传报道，进一步落实中央关于《人民日报》工作的一系列指示精神，适应新世纪新阶段的新要求，坚持正确舆论导向，增强《人民日报》的权威性和指导性；坚持新闻的改进创新，把体现党的意志和反映人民心声统一起来；坚持贴近实际、贴近生活、贴近群众，努力把《人民日报》办出新水平、新优势、新特色、新面貌。为此，我们采取了三项措施：一是积极改进和创新宣传报道。从内容和形式的各个方面，进一步加强和改进典型宣传、热点引导、舆论监督，进一步改进对会议和领导同志活动的报道，多刊登时效快、新闻价值高、生活气息浓、现场感强、能打动人的新闻。二是调整版面结构，新增加的版面主要用于增设新闻版，不断扩大信息量，对专刊设置也做了调整，使版面设置更加科学合理，报纸特色更加鲜明。三是倡导编辑记者改进作风、改进文风，深入实际、深入生活、深入群众，倾听群众呼声、反映群众要求，努力增强报道的可读性、服务性；倡导多写独家新闻、当日新闻、基层新闻，不断增强版面的策划意识、版面对记者的引导意识、创名牌栏目的意识和为读者服务的意识。从半年来的实际效果看，改版扩版基本达到了预期目的，得到了广大读者的肯定和好评。当然，改版扩版的工作还是初步的，要真正实现党中央机关报的地位作用与"三贴近"要求的有机统一，进一步办出党中央机关报的新水平、新优势、新特色、新面貌，更好地起到全国报纸排头兵的示范作用，还必须解放思想、实事求是、与时俱进，进一步在深入人心、开拓创新、力求实效上下功夫。

坚持用"三个代表"重要思想统领新闻宣传工作，对于新闻单位来说是一项综合性、全局性的系统工程，其中的关键是按照"三个代表"要求，切实加强新闻队伍的思想、作风、业务建设，不断增强新闻队伍的政治意识、大局意识、责任意识，努力培养和造就一支政治强、业务精、纪律严、作风正的新闻队伍。1996年9月26日，江泽民同志在视察人民日报社时指出："新闻事业能不能办好，关键在有没有一支高素质的新闻队伍。"他要求新闻工作者必须努力提高自己的思想政治素质和业务素质，打好理论路线根底、政策法律纪律根底、群众观点根底、知识根底、新闻业务根底，发扬党的新闻工作的优良作风——敬业的作风、实事求是的作风、艰苦奋斗的作风、清正廉洁的作风、严谨细致的作风、勇于创新的作风。这些要求，反映了"三个代表"重要思想在新闻宣传领域的基本内涵，揭示了作为党的新闻工作者必须具备的基本素质，具有很强的针对性和指导性。在这次抗击非典的斗争中，包括人民日报记者编辑在内的广大新闻工作者，不顾安危，恪尽职守，兢兢业业，始终坚持正确的舆论导向不动摇，努力在落实"三贴近"的要求上取得新进展，为我国防治非典工作取得阶段性重大胜利做出了自己的贡献，这是实践"三个代表"重要思想的一次生动而具体的体现。我们要围绕培养和造就一支政治强、业务精、纪律严、作风正的新闻队伍的目标，从战略的高度继续抓好新闻队伍的思想建设、作风建设和业务建设。要按照以胡锦涛同志为总书记的党中央的部署和要求，在采编队伍中深入开展"三个代表"重要思想的学习教育活动，努力使广大记者编辑在对"三个代表"重要思想的时代背景、实践基础、科学内涵、精神实质和历史地位的认识上有新收获，在学习实践"三个代表"重要思想的自觉性和坚定性上有新提高，在运用"三个代表"重要思想指导实践、解决问题、推动工作上有新进步，从而真正把用"三个代表"重要思想统领新闻宣传工作这一要求落到实处。

（原载《人民日报》2003 年 6 月 26 日）

用眼睛"写"新闻

范伟国

有前辈说,新闻是用脚板"写"出来的。意思是说,要多跑,多到事实发生的现场去。在这个前提下,我认为,新闻更是用眼睛"写"出来的。

用眼睛"写"新闻,不是一览无余地看到什么报什么。而是要把你在现场的亲眼所见,有机地组合成一个个画面展示给读者,给人以身临其境的感觉。这样的现场新闻才是灵动的、充满生气的。

在人民日报社领导、总编室和记者部的支持下,三峡工程135米蓄水给了我一个尝试用眼睛"写"新闻的机会。6月1日起,在二版《来自三峡的报道》专栏连续刊用的12篇现场特写或通讯,是一次用眼睛"写"新闻的实践。

1. **用眼睛"写"新闻,精心选择题材和内容最重要**。新闻采访,由于截稿时间的限制,必须在最短的时间内获取这一报道所必需的正确无误的材料。除了在第一时间到达现场,除了尽可能多地获取第一手材料,文字记者所拥有的手段,只有他的观察力;而要让观察到位,切入点一定要选择好。

蓄水现场见闻这一组报道的开篇是《行看三峡初涨水》,中间有《移民安居看潮起》《巫山旧城半入水》,结尾是《一条大河波浪宽》,用了"记者的眼光看""他人的眼光看""变化的眼光看""宏观的眼光看"等多个角度,用一个动态的"看"贯串于蓄水的始终。这样的多角度切入点的选择,就使蓄水报道不仅仅是每天水位上涨数字那么呆板的报道了。

2. **用眼睛"写"新闻,学会积累和比较很要紧**。记者采访有极大的局限:一是长时期发生的新闻事实需要在极短的时间内厘清头绪并概括它,二是在没有其他辅助或技术手段的情况下得到新闻事实。记者与可能的事实提供者只有平等的关系。人与人对话如果有以下关系或许会比较主动,如上级与下级、老板与雇员、店主与顾客、医生与病人、警卫与居民、法官(律师)与嫌疑犯。而记者却不同,他与事实提供者往往连平等的关系也没有,只有被动的求助关系。因此,在现场采访中,有时敏锐的观察力是记者手中唯一的武器。

在采写这次蓄水报道前,我在三峡库区已上下跑了好几个来回,注意收集与蓄水相关的资料,并专门坐了一趟慢船(相对于飞翼船而言),从重庆到巫山走了两天一夜,沿途拍了几个主要城市的港口、大桥及拆迁的照片,以供日后对照参考。在奉节,在巫山,我都到了清理库底物和建筑防洪大坝的现场。先看一眼,以提高自己的观察力。有了这样的准备,再写蓄水后的现场,底气就比较足了。

3. **用眼睛"写"新闻,还要抓住机会不放**。我在5月30日下午4时到达重庆万州区,预先安排自己到巫山的碚石镇看涨水后的情况。因为那边是重庆与湖北交界的地方,也是重庆范围内能最早感受涨水情况的有标志性的地方。当天晚上10点半后,接到了参加蓄水报道的电话通知。当时有几种选择:返回重庆,综合采访面上的蓄水情况;原地不动,在万州等地采访地质灾害防治等题目;深入现场,在三峡看蓄水、写水情。

我想,三峡大坝蓄水,读者最关心的是三峡江流水情的变化,最关心的是三峡地理风貌的变化,最关心的是他曾经到过或听说过的名胜古迹蓄水中的情况,最关心的是生活在三峡中人的变化,我应该在蓄水的现场。于是,向记者部主任杨振武作了汇报,并由他向值班总编作了汇报,取得了领导的支持,就有了这一组报道产生的前提条件。

4. **用眼睛"写"新闻,能否打动读者,关键在观察**。观察,是仔细察看事物或现象。新闻是客观事物在作者头脑中能动反映的产物,这里还有一个捕捉和把握事物的具体特征和内在本质的能力问题。

记得艺术大师罗丹说过,生活中并不缺少美,而缺少发现。同理,要让现场新闻有新闻,关键在找出新闻的所在!虽然,在理论上已认识到三峡水情是读者关注的热点,但具体到要写哪一个点或哪一类人,也是颇费周折的事。

第一篇报道是自己根据现场情况决定写的。5月31日从万州坐快船下三峡,到码头一看,与半个月前的印象一对比,就觉得水已涨了,一问船工果然如此。船越往下游开,水涨得越厉害。当时,不少媒体都说这是自然蓄水(其实,为确保三峡工程135米蓄水如期完成,蓄水在几天前已经开始了,6月1日的下闸仅仅是仪式而已)。眼看着水涨起来了,这就是事实,记者只对事实负责，而不管是什么蓄水。一路上，我就抓住几个有特色的地方认真看，如作为重庆门户的万州码头的情况，雄称天下的夔门的情况，风光秀丽的小三峡入口的情况，西陵峡名镇茅坪港的情况，都一一作了记录。沿途还采访了快船的驾驶员、码头上的搬运工。一到住地，顾不得吃饭就写了起来。观察到位，将几个现场镜头一串起来，新闻也就一气呵成，打响了头炮。

后续的报道就没有那么轻松了，我在蓄水这10余天中天天想的第一件大事是——什么才是可以写的具体事和人。法国作家福楼拜曾对莫泊桑这样说："才能就是持久的耐心。对你所要表现的东西，要长时间很注意去观察它，以便能发现别人没有发现和没有写过的特点。任何事物里，都有未曾被发现的东西，因为人们用眼看事物的时候，只习惯于回忆起前人对事物的想法。最细微的事物里也会有一点点未被认识过的东西。让我们去发掘它。"

听说云阳为保证蓄水成功，头几天每天要炸一座大桥，就驱车数百里赶到炸桥现场目击，同时仔细看了云阳老渡头的水情，了解了新河道开发的情况，又找现场群众交谈，就有了《云阳渡头潮已平》的一动一静的现场报道。听说小三峡在往纵深发展，蓄水后有了新美景，就车船兼程到云起水生处打望，向一些开发小三峡的老一辈人请教，就有了《高峡平湖生美景》的主干材料。在采访移民新居时，推窗见到长江和他们的旧居，在详尽询问他们新旧居的对比和生活的变化后，就有了《移民安居看潮起》的特写。在乘船的长时间看江中，红的白的航标不断扑入眼帘，于是回忆起了年轻时看电影时听过的歌，想起了自己写过的海上航标工的生活，就有了《巴阳峡上护航人》的产生。长时间和有目的的思索与观察，是用眼睛"写"新闻的基本功之一。

5. **用眼睛"写"新闻，要跳出来看一看。** 加拿大当代摄影家弗里曼·帕特森在《摄影与观察艺术》中说："一旦我们的生活理出了头绪，我们便会维持已建立起来的现实……我们的头脑形成了一种框框，它使我们只能看清框框以内的事物，却妨碍了我们观察框框以外的世界。"蓄水第二天，我又坐船在三峡上看水情，边看边想这蓄水后的三峡究竟同蓄水前有什么大的改变呢？如果从空中俯瞰会有什么视觉效果呢？我试着将自己"拔高"了往下看，这就发现了"糖葫芦现象"。三峡蓄水后，水涨成湖，可它同别的水库不一样，它是一条江，一条在群山中穿行的江，这就有宽宽窄窄的变化，就有了大小不一的湖面。在本组报道的最后一篇《一条大河波浪宽》中，就有了充满诗意但又切合实际的描绘："蓄水后的长江重庆段，横看，宽如平湖，烟波浩渺；纵看，白练飘逸，百里蜿蜒，串起了重庆、万州一个个大中城市。"

这"跳出来看看"的第二层意思是，涉笔要广，点到即止，不拘成法。由于在采写上下数百公里的蓄水现场，又由于每天只有数百字的篇幅，而蓄水期间又是新闻的集中发生期，这就要求记者不局限于一事一时一地的报道，而应或以线——（长江）串点，或以点——人文、风景、名胜带面。《瞿塘波宁水清》是写长江瞿塘峡到巫峡这一段的水情，点到了奉节城外八阵图遗址的水情，夔门摩崖石刻的水淹情况，瞿塘峡中的水速、水质，巫山云雨的情况，等等。用四五幅动态的画面组成了一篇报道，读来就生气盎然了。

6. 用眼睛"写"新闻，就要实看实说。三峡蓄水了，大家都在报道高峡出平湖的壮丽景象，这自然是对的，但更应关注的是蓄水后如何保持水质的问题。因此在第一天现场报道中就直言，江上漂浮物太多，"迫使飞翼船减缓了航速"。在后续的报道中，也时不时地提到清漂治污的情况。在采访移民时，陪同的人问：看好的还是看差的？我说，好的、差的都看。在写的时候，我特意挑了一个情况一般的一家写。关注民生、实事求是，而不应回避、沉默，这是一个大报记者负责任的立场。

在三峡蓄水前，各方人士大都在说，高峡出平湖，三峡成了静水，这会给水的自洁带来很大影响。在蓄水初期，三峡也确是这样，江水清了，波浪静了。但蓄水一到135米，江流又奔腾起来了，我在现场发现涪陵与丰都的回水与来水的交接处水流湍急，这是别的媒体所未涉及的。我立马连写了两篇《巫峡浪遏飞舟行》《一条大河波浪宽》，报道了三峡的最新变化。贴近实际，贴近生活，看真相，说真话，这最有力量也最出新闻，我算是尝到了一点甜头。

7. 用眼睛"写"新闻，要有吃苦的思想与身体准备。有个战地摄影记者说过，你的照片拍得还不够好，是你离前线还不够近。写新闻，何尝不是这样？你写得不够好，是因为离现场还不够近。因此，现场是对记者的第一要求。我写的蓄水报道读来还不觉枯燥，是因为靠近了现场。

但这是要付出代价的。重庆虽说是直辖市，但各区县之间的交通情况较差。有时要以船代车，有时要以车代船，这不是在城市中的车船转换，由于江岸陡峭，由于水涨后码头经常更换，走一段泥泞没脚的烂路是极平常的事，而一次上下船，单趟就是500多级台阶，无异于爬一个山坡。这对腿脚正常的人来说，也许不是难事，但对我股骨胫骨骨折陈伤未愈、腿上还打着三根钢钉的人来说，每一次都是考验，都是挑战。有天清晨起来，坐车5小时赶了200多公里山路，中午12时才到奉节，立马下了700多个台阶上船再赶往巫山。下台阶时，驾驶员都走得腿发软了，我就更不用说了，最后几个台阶是一步一停一喘气才走下来的。

蓄水报道的最后一次从巫山回重庆，飞翼船开出丰都码头后就"飞"不起来了，只能慢速行驶。为保动力，空调也停了，封闭的船舱中的气温达38℃以上。这样在"火炉"中熬了一个多小时，才到涪陵货运码头。但这个码头没有直接上客的阶梯，要用一条小船摆渡。水急船小人挤，船在江中摇摆不停，极为惊险。我挨到最后一船过渡才稍空一些。一上船又是500多级的台阶，爬得汗流浃背，两腿直打哆嗦。

在现场采访是艰苦的，等于是野外作业，雨淋日晒，靠方便面充饥，更是寻常的事。但是，现场发生的事情在第二天就能见报，特别是登出了人所未写的独家新闻，这心情是无比的欣慰，任何辛苦也就烟消云散了。这也许就是用眼睛"写"新闻的魅力所在吧。

(原载《新闻战线》2003年第9期)

中国报业现状分析与发展趋势展望

徐如俊

改革开放 20 多年来，特别是近 10 年来，中国报业积极报道国内外重大事件，关注民生，教化社会；力倡贴近实际、贴近生活、贴近群众，积极推进我国的改革开放进程和经济社会全面协调发展。同时，报业作为文化产业的一部分，在国民经济中的地位不断提高，报业经济越来越受到重视，中国报业获得了长足的发展。这主要表现在：报纸数量、结构发生了深刻的变化；报业经营方式和资金来源发生了根本的变化；报社经济实力得到很大增强；报纸发行工作正在向市场化推进；信息量正在成为报纸生存、发展、竞争的基本条件；报业技术进步取得了历史性突破，报业经济取得了举世瞩目的飞速发展，报业市场也得到空前的扩展，丰富了世界报业发展的实践经验。

据统计，中国现在共有报纸约 1800 多种，比 20 年前增长近 10 倍。中国报业资产总量大约为 1000 多亿元人民币，平均期印数约 18700 万份，报纸年发行总份数约为 360 亿份，流转金额约为 220 亿元人民币，报业实际发行收入约为 110 亿元人民币。报业已成为中国经济高速发展的重要力量。

一、中国报业的市场化发展、集团化发展都跃入了一个新的层面

市场化发展是中国报业得以长足进步的基础。市场对资源调配的影响更加明显，激烈的市场竞争迫使报纸产品的品质不断升级换代并保持优胜劣汰的局面，报纸的内容变得更加贴近市场、贴近读者。外来资本的进入，使报业竞争进一步加剧。竞争主要集中在对报纸分销网络的控制和对优秀专业人才的争夺方面。市场中的报刊不论先来后到，都经历着一场在变化中的市场重新适应和重新洗牌的过程。

集团化发展是当前中国报业面临的主要课题。从 1996 年《广州日报》

率先开始报业集团建设的试点工作后,目前中国已组建报业集团 39 家,由报业集团所统领的报纸已在中国报纸市场上占据了三分之一的份额。报业集团化的发展加快了中国报业市场的整合,提高了中国报业市场的集中度。其中 39 家报业集团所占有的总资产共计 379.33 亿元.已经超过了报业资产总量的三分之一;年广告收入约 100 亿元人民币以上,占据报业广告的近五成;年创利税约 30 亿元人民币以上。报业集团成为报业经济的顶梁柱。目前,各报业集团还在通过兼并、重组、新创办、跨地区、跨媒体、跨行业经营等形式,积极在传媒领域里"做大做强"。

二、中国报业对采用高新技术一直保持着高度的热情

近年来中国许多家报纸在广泛采用先进照排技术、引进先进印刷设备的同时,积极创办网络版,取得了很大的成绩,据统计,目前连接国际互联网的中国报纸数量约有 300 种,占全国报纸种类的 16%左右。北京、上海、广州等报业发达地区的绝大多数报纸都已登上"网络快车",其中,由 18 家实力雄厚的报业集团创办的网站,正在向大型综合性网络发展。中央级主要新闻媒体创办的网站,如"人民网""新华网"等发展更为迅速,已经成为国际互联网上较有影响的综合性中文新闻网站。

中国报业在国民经济产业结构中占有重要位置。中国报纸广告经营额 2003 年达 243 亿元人民币,比 2002 年增长 28.9%。20 多年来我国广告业发展迅猛,年均增长速度近 40%,占国内生产总值的比重上升到 0.92%,成为全球广告业增长最快的国家之一。

三、作为一个朝阳产业,中国报业正在谋求更大的发展空间

中国已经进入全面建设小康社会的新阶段,可以预见,未来中国的经济将继续保持健康、快速、协调发展的良好势头。这为中国报业的发展奠定了良好的基础。

目前中国平均千人拥有日报的数量为 60 多份,远远低于国际平均水平,这一方面说明中国报业同经济发达国家报业相比还有差距;另一方面也说明,中国报纸的发行市场远未饱和,报业还有很大的发展空间。巨大的潜在读者群体和广告市场为中国报业的发展提供了前提条件。因此,中国报业在

未来几年里必将取得更大、更快的发展:

1. 中国报业市场将更趋完善,运行秩序进一步规范,为报业发展创造更加公开、公平、公正、透明的竞争环境。

2. 中国报业结构会产生很大变化,机关报办子报、大报办小报、办系列报、报业内兼并、重组、联合,都市报快速崛起,发展迅猛的出版格局,将把报业资源优化配置的探索推进到一个新的层面。

3. 集团化建设将进一步完善。一些报业集团跨媒体、跨区域经营步伐加快,提高产业集中度和规模化水平,最终形成集报纸、广播、电视、网络于一体的大型新闻传媒集团。

4. 报业资本运作会有新的突破,媒体间的合作将进一步加强。

成立于20世纪80年代末的中国报业协会,是全国报纸行业的非营利性组织。它的成立,适应了我国改革开放的新形势.适应了中国社会主义市场经济体制的进程.可以说是在计划经济向市场经济转型过程中应运而生的。中国报协目前拥有1500多家会员单位。中国报业协会成立以来,充分发挥其行业服务、行业自律、行业代表、行业协调的基本职能,在全行业开展行业培训、技术咨询、信息交流、会展招商等,团结广大会员单位。研讨共同关心、关注的行业内重大问题,在广大会员单位和政府之间发挥桥梁和纽带的作用,共同应对中国特色的市场经济对报业提出的挑战,为推进报业不断发展做出了贡献。

(原载《中国报业》2004年第7期)

全面理解政策　积极准确宣传
——解读《人民日报》宏观调控报道

施明慎

宏观调控是国家运用财政、货币、信贷、税收、产业等宏观经济政策以及经济、法律和必要的行政手段影响、引导经济运行的全局性举措，宏观调控宣传是经济报道的重要内容。在各个经济发展时期，宏观调控的对象、方向不同，采取的政策和力度也不一样。此轮宏观调控，是在国民经济好不容易摆脱通货紧缩阴影，总体形势向好，但部分行业过热、投资需求过旺、信贷投放过多、通胀压力加大等影响经济健康平稳发展的矛盾显现的情况下，党中央、国务院为防止经济大起大落而实施的果断对策。我们面临的经济形势更加复杂，宏观调控的难度更大，深化改革的任务更加艰巨，《人民日报》作为党中央机关报，全面、准确、积极地理解和宣传宏观调控政策方针措施的责任十分重大。在此次宏观调控中，我们坚持服务大局，牢牢把握经济建设这个中心，树立和落实科学的发展观，在经济宣传中高度重视宏观调控报道，突出抓贯彻中央精神、贴近经济工作实际和群众生活的重大经济问题，提高了报纸经济宣传的权威性和影响力。

研究经济问题，吃透中央精神

搞好宏观调控宣传，一定要密切关注经济动向，研究经济问题，准确领会政策意图。去年以来，我国经济在快速发展中出现了一些新的现象、新的苗头，例如投资增长迅猛、物价由负转正、煤电油运出现紧张状况、环境资源压力加大等，有关部门及时发出警示信号，并采取了一些宏观调控措施。对此，我们给予密切关注，及时进行报道分析，体现了与中央政策的合拍和经济宣传的超前性。

针对去年以来货币信贷投放过猛、前7个月新增贷款已超过上年全年水平的情况，我们的记者及时采写了分析性报道《怎样看待货币信贷猛增》；当央行自1999年以来首次动用存款准备金这一货币政策工具，从9月21日起将金融机构存款准备金率上调一个百分点时，又写出经济时评《金融调控的必要之举》，指出货币信贷的高速增长是几年来扩大内需政策作用的结果，是国民经济持续快速发展的外在体现，从总体上看是正常的。同时强调货币信贷在高速增长中也有可能埋下一些经济、金融风险。如果不综合运用多种货币政策工具，给予适时、适度的调控，消弭风险于未然，将不利于经济的持续快速健康发展。通俗而深刻的见解，为读者起到了很好的解疑释惑作用。

针对电力紧张问题，我们多次分析报道缺电现状，推出专题报道探讨煤电价格之争；针对铁路运力紧张问题，推出了关于铁路跨越式发展的思考重点报道；在12月初中央经济工作会议后，又推出了缓解瓶颈制约系列报道，对当前电力、煤炭、运力紧张问题作了深入具体的分析，提出了重视资源对经济发展的制约作用。

去年年底和今年年初，就分别推出了年终经济形势系列报道和系列经济时评《数字看经济》，正确地评价了经济形势，宣传了促进经济协调、全面、可持续发展的观点。

今年中央一号文件发表后，及时采访有关专家，全面准确地阐述了中央一号文件的精神。

今年两会期间，宣传中国处在关键时期，结合经济运行中的现状和突出矛盾，反复宣传树立和落实科学的发展观。

3月，根据国务院发展资本市场的九条意见，及时组织宣传解释文件精神的系列述评和高层访谈《答股民九问》。

4月，分析首季经济形势，针对经济运行中固定资产投资规模过大、增长过猛、信贷投放过多、物价上涨较快、消费疲弱、外贸出现逆差、粮食供求发生变化等突出矛盾和新的动向，提出解决问题的建议措施，与国务院形势分析会上的判断和措施基本吻合。

5月，发挥《人民日报》的评论优势，就中央加强和改善宏观调控的总体要求，发表系列评论员文章，深入阐述"统一思想、狠抓落实；明确重点、区别对待；深化改革、完善机制；统筹兼顾、协调发展"32字方针。

6月，就进一步贯彻加强宏观调控政策措施再次撰写系列评论员文章，有针对性地阐述实施宏观调控是发展经济的积极举措，加强宏观调控必须坚持"果断有力，适时适度，区别对待，注重实效"的原则，宏观调控虽已初见成效，但仍须坚持不懈、再接再厉以及抓住契机，推进经济结构调整、体制改革和经济增长方式的转变等观点。两组评论阐述政策准确，发表时机与中央的部署一致，发挥了正确的导向作用，受到各方好评。

回顾去年以来的宏观调控报道，我们深切体会到，宏观经济问题错综复杂，涉及因素众多，政策性强，事关群众切身利益。记者首先要学习政策，吃透中央精神，深刻理解中央意图，才能在思想认识上与中央保持一致，才能打下较为扎实的政策和理论基础，才能不断提高报道的准确性和权威性。

其次记者要熟悉经济情况，掌握经济运行特点，要注重调查研究，对事物有自己的基本判断，这是发现新闻、写好新闻的重要基础。只有熟悉政策、熟悉经济，宏观调控报道才能做到既全面、准确地传达了中央的声音，又用自己消化了、感悟了的语言说话，而非一字一句地照搬文件；既有鲜明的观点，又有充分的事实依据；既立足解决当前突出矛盾，又着眼宏观经济发展变化具有周期性、不确定性的特点将眼光放长远些，注意报道的连续性、灵活性和前瞻性，以争取主动，不断适应变化的形势，掌握报道的力度和时机。

不拘一格，多种新闻形式并用

对党的重大经济方针政策和重大经济问题的宣传报道，我们一直坚持两手抓：一方面运用述评、综述、评论等形式，从宏观角度进行宣传报道；另一方面运用消息、通讯、典型报道等形式，从微观角度进行报道。二者相互配合，效果更佳。

比如，在宣传宏观调控政策方针的同时，以专题形式分析粗放经济增长方式对资源的掠夺、对环境的破坏，宣传建设资源节约型社会。4月12日《人民日报》13版发表通讯《一个电厂总经理的自白》，批评现实中的浪费现象；刊登分析性报道《资源为啥亮起红灯》，指出经济增长方式粗放、盲目投资、低水平重复建设是造成资源紧张的重要原因之一。4月26日13版以《加快建设资源节约型社会》为专题，刊登《能不能别关废品回收站》《这里的"废物"成了宝》《小水泥厂目击记》《你了解这些法规吗》《想起那位可爱的小姑娘》等文章，从生产者角度宣传节约资源的必要性。5月17日14版以《资源节约型社会，我们如何消费》为专题，发表《我的节约妈妈》《朱建斌的省油秘笈》《废旧物品谁来收》《袁大妈的"抠门"生活》《环保经理说环保》《美国人的节水意识》《正确消费莫浪费》等报道，从消费者的角度贴近日常生活，宣传增强节约意识，传播节约经验。

再如，用多种形式宣传宏观调控的重要性，反映宏观调控的成效及对基层的影响。其中较重要的评论有：5月中下旬发表"加强宏观调控 解决经济运行中突出矛盾和问题"的系列评论员文章。6月中下旬又发表"论进一步贯彻中央加强宏观调控方针政策"的系列评论员文章。

专题形式。5月31日13版以"宏观调控给企业带来啥"为题刊出《调控的好处实实在在》（通讯）、《把好信贷投放关》（观点）、《电力运力为我们加力》（通讯）、《还是要多研究市场》（言论），从实际工作出发宣传宏观调控的必要性和成效。

此外，还借助专家学者的论述，增强宏观调控宣传的深度。如5月10日13版刊出国土资源部部长孙文盛的署名文章《遏制盲目建设大量圈地现象》。5月25日14版刊出国家统计局局长李德水的署名文章《当前经济形势和宏观调控》。5月26日6版刊出国家发展和改革委员会主任马凯的署名文章《加快建设资源节约型社会》。6月21日13版刊出国务院发展研究中心宏观经济研究部部长卢中原署名文章《宏观调控要注意统筹兼顾——合理引导需求优化供给结构加快改革步伐》，等等，多层次、多方位地增加读者的理性和感性认识。

宏观调控报道范围广阔，内容丰富，既包括对党和国家的宏观经济政策报道，也包括对宏观经济运行的状况和变化趋势的报道，既包括对生产、流通、分配、消费环节的总体情况的报道，也包括对经济全局有重要影响的部门、行业情况的报道。这些报道，不仅党和政府重视，广大人民群众也十分关心。因此要进一步解放思想，在坚持正确舆论导向的前提下，从读者需要出发，进一步扩大宏观经济报道面；要坚持"三贴近"原则，不仅重视对经济政策的解读宣传，也要重视宏观经济运行情况的分析报道，及时给读者提供有关信息和参考。要根据报道内容的轻重缓急"量体裁衣"，大胆创新，使宏观调控宣传更加迅速及时，通俗易懂，真实可信。

跳出经济范畴写报道

宏观调控宣传涉及方方面面，经济运行中新问题、新情况不断出现，对记者的专业知识、报道技巧都提出了更高要求，需要一支有较高的政策、理论素养，善于研究问题的专家型记者队伍。人民日报鼓励记者探索把新闻学知识和经济学知识结合起来，支持记者承担报道重任，深入实际采访，多出精品，为记者成材提供广阔的舞台。

在此轮宏观调控报道中，人民日报调动了各个专业部的力量，发挥记者在经济、科教、法律、理论等方面的专业优势，使宏观调控的宣传更加完整、全面、有力。例如，虽然经济部是宏观调控报道的主力军，但其他部门的配合相当重要，可以弥补单一部门在人手、知识上的不足。6月9日16版刊出《严守"不可逾越的红线"——全国人大常委会〈土地管理法〉执法检查组赴豫工作纪实》（通讯）、《土地岂能是地方政府"钱袋子"》（言论）就是由国内政治部组织完成的。《绿色照明，我们还能做什么》《待机能耗：我们忽略了什么》《请把空调上调1度》等则是科教部记者从普及科技的角度宣传节能的报道。这些都使宏观调控报道跳出了经济的范畴。再如，以往有些重要评论主要由部主任动笔，今年以来有关宏观调控的评论基本上是经济部各组组长承担的，这对他们在形势分析和政策把握上都是一个锻炼和提高。过去有些重要述评多由资深记者完成，今年大胆起用年轻记者，包括才来一年的新同志，帮助他们在写作中研究经济，在对经济问题的分析中学会运用多种新闻体裁。

（原载《中国记者》2004年第7期）

加快建立科学高效的图片报道机制

于 宁

去年 11 月，在深圳召开的全国报纸总编辑新闻摄影研讨会上，我们提出了报纸要建立科学的图片运作机制的想法。7 个月来，许多报纸迈出了可喜的步伐，比如，上海的《东方早报》建立起由副总编辑主管的视觉中心，下设摄影部、图片编辑部、美术设计部、后期制作部，构建了图片采访、编辑、后期制作的完整架构；广东南方日报报业集团旗下的《南方都市报》，建立起编委会直管的图片部，设图片总监一人，下辖采访、编辑、版面设计三大块，人数共达 59 名，实际上成为与文字并行的另一个采编体系；最近，《深圳商报》也建立起由编委、版面设计中心总监统筹统管的全新的图片报道采编体系。

图片报道机制在报业内部变革中的突出变化，是大势所趋。目前，图片与文字共同担当报纸的主角已是多数老总的共识，而且不少市场化运作较好的报纸，其图片报道在数量上和受众的关注程度方面，已与文字报道平分秋色。尤其是近两年，图片在国际、国内许多重大事件的报道中，更是异军突起，发挥出文字报道难以替代的作用。在此情况下，作为报纸总编辑，我们应该顺势而进，进一步明确图片与文字并行的报纸载体地位，并相应地建立起科学的图片报道机制，把"图文并重，两翼齐飞"的理论与实践推向一个新阶段，保证报纸在传媒一体化的发展态势下，在与电视、广播、网络等媒体日趋激烈的竞争中，在读者决定媒体市场的现实里，焕发生机，永葆活力。

图片与文字并行的报纸载体地位是时代发展的必然

目前在新闻研究领域，有关报纸图片报道与文字报道载体地位关系问题的文章尚不多。从新闻理论角度讲,应该说图片报道与文字报道,一个是视觉形态的新闻,一个是文字形态的新闻,分属不同形式的新闻表现载体,既没有轻重之别,更不应有薄厚之分,在统一的报纸平台上,两者之间存在着既竞争又合作的关系。表现在竞争方面的不是载体展现的自身形式,而是载体所承载信息的新闻价值,图片与文字谁的价值大,报纸就选用谁。表现在合作方面的主要是反映在内容上的相互补充和版面上的相互依托,图片与文字的编排要有利于报纸整体传播的吸引力、影响力。但由于过去长期存在着重文轻图现象,把图片当配角的观念也一直在束缚着相当一部分报人,图片报道的地位偏低,似乎随便拉一个人来都能当摄影记者。从唐代有邸报算起,文字报道在我国经过千百年的锤炼已极为成熟,而摄影图片报道只有百余年的时间,尚待丰满。这两种载体之间存在的发展时间上的差异带来的成熟度差异在所难免。但新闻传媒随时代的发展,明确图片与文字并行的报纸载体地位已刻不容缓,因为这是报纸尊重新闻事业发展规律的要求,也是报纸积极面对日趋激烈的媒体竞争的必然选择。

1. 拍摄技术与传输技术的革命为提升图片报道的地位提供了物质技术基础。

时代的进步与发展有时会出人预料。当数年前照片的发表必须要过暗房关的时候,谁能想到整个传媒界会有今天的便捷和海量?

揭露于今年5月的美国"虐俘门"事件,仅仅数幅美军在巴格达一所监狱虐俘的照片,就使美国极力粉饰的民主、自由、人权的虚假面目,彻底地暴露在世界人民面前。而且,这个"虐俘门"事件,留给人们的记忆及其历史影响,有可能远远超过当年洋洋数十万字揭露的美国"水门"事件。

透过"虐俘门"事件,我们进一步看到了新闻图片作用于现代报纸的巨大张力。这些震惊于世的照片里包含着照相机技术的进步,其拍摄者不是摄影记者,而是普通的美国士兵,是他们用数码相机拍的照片,通过计算机刻录成光盘输出的。

由于拍摄技术和传输技术出现了革命性的进步,照片的拍摄和传输已变得十分简单,受众与任何新闻事件的发生地都不再遥远,报纸刊登的照片是短短几小时甚至几分钟前刚发生的事也不再新鲜。因此可以说,时代的发展为图片报道提供的这些坚实的物质技术基础,在数字化逐步到来的今天,新闻的视觉传播实现了历史性的飞跃,图片与文字并行的载体地位,将是报业发展的必然。

2.传媒一体化迫使报纸正视图片应有的地位。

当今世界,传媒一体化(在组织结构、运作方式以至传播手段上的互通有无、强强联合)的发展趋势已经很明显,报纸要做大做强,保证在媒体间的激烈竞争中不被淘汰,已成为报纸总编辑首先要考虑的问题。

当前传媒在信息资源上的共享化趋势,已经呈现出鲜明的特点:信息总量剧增,传播速度加快,表现形式层出不穷,技术手段不断翻新,而且不受地域疆界限制。目前,信息总汇式的电视、网络以"信息流动快、手法变化多"的优势,直接形成了对传统纸质媒体的极大冲击,在这样的背景下,报纸靠什么取胜?自然是既要拿出比"新"比"快",比"独家新闻"式的"快餐",更要烹调出比"质"比"量",尤其是比"眼球停留时间"的"精餐""特色餐"。随着时代的进步,人们的工作节奏在加快,对生活质量的追求在提高,在信息的选取方面也更讲究。以视觉冲击力强为特色的图片报道,已经成为受众首选的信息载体之一。但在媒体竞争十分激烈的态势下,依靠质量一般的图片报道,难以吸引读者挑剔的目光。这就迫使我们的总编辑要顺应时势,像《东方早报》《南方都市报》《深圳商报》那样,改革报社编辑部运营机制,为图片报道配人、配马、配鞍,建立起科学高效的图片报道机制,明确图片与文字并行的载体地位,做出图片报道的"精餐""大餐",来满足受众的需求,赢得媒体间的竞争。

3.市场化加速了图片地位的提升。

随着我国市场经济的发展,应运而生的摄影自由撰稿人逐渐多起来。目前我国的摄影自由撰稿人虽然不像国外那么多,但各省区都活跃着这样一批人,而且在他们当中,有些人的涉猎面比我们的摄影记者还要宽,有些涉及的专业触角,甚至比我们跑线的专业记者还要专。专事销售图片的公司也多起来,现在北京、上海、广州、西安、成都等一些大的城市,这类公司相互竞争已很激烈,他们都把网络铺到了报社的门前。可以断言,随着他们的扩容,自由撰稿人队伍将会形成更大规模,他们之间将会围绕着扩大图片源这一共同目标,形成专业性的伙伴关系,直接按报业市场的需求采稿、供稿,有一部分人还可能受雇于图片公司,为一些报社提供专稿。这样,报纸的图片报道将从中获得极大的空间,其作用和地位也必将随之更加明显。

随着传媒一体化的发展和技术的进步,任何一家报社都可能与电视台签约或联姻,图片编辑可直接从电视流动的画面中定格、下载其最精彩的瞬间,使图片报道的空间延伸得更大、更宽。另外,图片市场的形成,也会促进整个报业内部图片报道人才的竞争，其竞争的最终结果就是图片报道人才素质的提高和图片报道质量的提升。近几年，一批文化素质高、创新意识和能力强的新人加入图片报道的行列，使一些报纸的图片报道呈现出令人耳目一新、赏心悦目的景象。这一切都为从认识到实践的两方面明确图片与文字并行的载体地位提供了极好的条件。

论及市场竞争，我想提出一个问题：为什么目前市场化程度高的报纸对图片报道的定位就比较高，而其他报纸比较低？这里有各种报纸自身定位的原因，但主要是相当多的报社还没有意识到图片报道对提高报纸核心竞争力的重要意义。形势的发展尤为逼人，可以肯定，随着市场化进程的加速和读者对"三贴近"的要求呼声越来越高，报社必将认识图片报道的地位是多么重要。

建立科学高效的图片报道机制是体现图片与文字并行载体地位的保障

在报纸、广播、电视、网络四大媒体中，报纸是最老的媒体，要使它在激烈的竞争中永葆青春，不致衰败，很重要的一条就是振兴图片报道、强化图片报道、改进图片报道。我建议我们各报社的领导同志充分重视图片与文字并行的载体地位，建立科学高效的图片报道机制，构建起可以充分发挥其作用的、完整的图片报道体系。

1. 设立专职负责摄影的副总编辑或摄影总监，从领导体制、组织机构上保证科学高效的图片报道机制的完善，充分发挥其作用。

自从 20 年前蒋齐生同志和穆青同志提出"图文并重，两翼齐飞"的办报理念以来，各报的总编辑在实践中逐步认识到了图片报道的重要性，在工作中采取了许多有效措施，广大新闻摄影工作者也为繁荣新闻摄影事业付出了极大的努力，因此出现了今天图片报道的可喜局面。但由于传统办报观念的局限，我们不少报纸在对图片报道的重视程度方面，还是落后于客观形势发展的需要。例如，有些报社的领导也承认图片报道的重要，但在布置对一些重大事件的报道时却没有想到安排摄影报道；在选拔任用报社的领导骨干时，负责图片报道又有一定领导才干的摄影行家里手也很少进入候选人的行列。形势发展到了必须明确图片与文字并行的载体地位的时候，我们应该看到这是一种滞后。

这里，我建议设立专职负责摄影的副总编辑或摄影总监，这是根据建立图片采编体系的需要提出的。

因为整体负责图片报道的人，工作上需要了解全面情况，需要参与报道的整体决策，如果他不能站在编辑部领导的层面上，那他的视野和作用就有很大局限性。现在各个报社都有好几位副总编辑，他们主要是围绕文字报道而分工，报社的摄影工作往往只是某位副总编辑分管的诸项工作中的一小部分。如果认同图片与文字并行的载体地位，就可以考虑设置专职主管图片报道的副总编辑或图片总监。因为摄影这种载体的形式，往往更需要组织者加强策划，靠前指挥。只有有了专职专责的抓总的人，队伍才会有可靠的依托，体系的完善才能落到实处，整体作用才能发挥得更好。当然，现实中各报有各报的情况，不能强求一个模式，但无论如何，从总体来说，我们应当从领导上从组织上提供保证，把图片报道提到与文字报道并重的地位。

2. 建立图片报道"一条龙"运作机制。

明确图片与文字并行的载体地位必须落实到建立科学高效的图片报道机制上来，没有科学高效的图片报道机制，就不能保证图片与文字并行的载体地位。

目前在建立科学的图片报道机制方面，先行一步的报社也处于尝试阶段，根据他们提供的经验，至少应该从采、编、版面设计等几个通常的工作程序方面考虑机构的设置，同时要根据各个报社报道的定位不同，考虑机构设置的侧重点。但总体上是要按照客观需要来设置机构。我对这方面还没有更深入的了解，今天就这个问题提点建议，借以抛砖引玉。

当前报业传媒呈现图片与文字并行载体地位的需求，可大多数报社内部的运营体制还不适应这种需求，暴露出先进的传播方式与固有的运营体制相互矛盾的不平衡状态。不打破这种状态，科学高效的图片报道机制就无从建立。所谓建立科学高效的图片报道机制，重点在"科学"二字上。机构的设置应有利于形成图片报道运作"一条龙"，同时还应有利于与文字的协同作战，这两方面缺一不可。因为，缺少运作"一条龙"，图片报道就成了散兵游勇，不成阵势；缺少与文字的协同作战，图片就不能与文字报道形成强大的传播合力。机构的设置要考虑图片报道"一条龙"，就要从策划、采集、编辑（包括编辑过程中资料的充实）、版面设计、后期制作等方面来考虑，同时还应考虑市场调研反馈（包括在同一题材的报道中，与各媒体的报道的比较）。因为图片报道自身的个性比较突出，尤其是摄影专题的报道颇见功夫，而图片报道各机构中的人员又比较新，往往会因素质不同、见地不同，协同作战中会出现很大差异,因而对报道成败的影响也很大。因此,在机构设置时要考虑整体需要的因素和图片报道自身特色的因素。设置"一条龙"式的图片报道机构,对很多报社来说是个新课题,我相信,一旦大家形成共识,积极实践,好的经验将会不断出现。

　　机构设置后,还要建立并执行科学规范的工作制度。近年来,新闻摄影界涌现了相当一批骁勇善战的摄影记者,据了解,这批记者几乎都是在竞争中冒尖的。原因是许多报社建立了鼓励冒尖的制度。可见,制度的建立和完善对新成立的机构作用的发挥至关重要。比如,培训制、奖惩制、淘汰制和相应的目标管理责任制都是应该及时建立的,其中目标管理制度的建立和完善尤为重要。新闻摄影业务的专业性比较强,而像图片编辑这样的重要岗位,在我国也只是近几年才逐渐设置的。因此,我们在明确图片与文字的载体地位的时候,应建立起图片报道"一条龙"的运作机制,扎扎实实地发挥图片载体的新闻传播作用,为提高报纸的竞争力而努力。

(原载《新闻战线》2004年第8期)

邓小平与人民日报*

——写在邓小平同志诞辰 100 周年之际

人民日报编辑部

在纪念邓小平同志诞辰 100 周年的日子里，人民日报的几代人抚今思昔，缅怀伟人，更加深刻地认识到，邓小平同志是伟大的马克思主义者，是我国改革开放的总设计师。我们深情回忆邓小平同志在人民日报发展历程中给予的亲切关怀和指导，体会邓小平同志关于新闻工作重要指示的丰富深刻的思想内涵，领悟邓小平同志严谨的工作作风和高尚的情操，大家生发无限思念，倍感振奋鼓舞，激发巨大动力。

一

邓小平同志高度重视《人民日报》对党和国家工作的指导作用。据统计，他先后对《人民日报》的 106 篇社论和文章进行过批阅修改。这些修改虽然文字不多，但字里行间渗透着政治家的智慧，映照着马克思主义者实事求是的思想光辉，充溢着他对党的无限忠诚和对人民的无限深情。

从这些修改中，我们可以深切地感受到：邓小平同志不愧为伟大的政治家，总是从政治上观察和处理问题，总是胸怀大局，着眼长远，深谋远虑

1954 年 6 月 4 日，《人民日报》发表社论《从严惩治贪污罪犯》。社论发表前的送审稿中提到，有些干部与奸商勾结，"已经堕落成为盗窃国家财产的人民公敌"，邓小平同志看了以后，把"人民公敌"改成了"罪人"，并在文中加上了"应该进行公审"几个字。这一修改，用语更加准确，政策更加清楚。

1954 年 6 月 18 日，《人民日报》发表《全力保证实现一九五四年国

---

* 本文获第十五届中国新闻奖新闻论文一等奖。

家预算》的社论。社论发表前的送审稿上有这样一段话:"预算支出的原则就是集中使用资金来建设社会主义的工业,它完全符合过渡时期总任务的要求和全国人民的根本利益。"邓小平同志审阅送审稿时,在"工业"二字的后面加上了"相应地发展农业、手工业、商业和交通运输业"。此外,他还作了几处修改,既肯定了当年预算的稳妥,也指出了可能存在的困难。他写道:"一九五四年预算是巩固的,过去五个月的执行情况,也是良好的","而我们在信贷计划和现金周转方面,也还可能遇到一些困难。"这体现了邓小平同志总览经济建设全局,重视产业平衡发展、协调发展的思想。

1965年5月30日,《人民日报》在"答读者"专栏刊登《关于勤俭节约和改善生活问题》的文章,讨论了人民群众"置花衣服、出去游玩、下饭馆"等现象。该文发表前送邓小平同志审阅时,他在其中加了一句话:"对于人们力所能及的正常消费,是不应当加以干涉和非议的。"邓小平同志当时在生产与消费的关系上就作出这样的论断,实在令人钦佩。

1978年8月28日,《人民日报》拟于9月8日发表的社论《把整顿财经纪律当作一场大斗争来抓》送邓小平同志审阅时,他明确批示"很有必要",表明了对财经工作的高度重视。此时,正值党的十一届三中全会前夕。邓小平同志作出这样的批示,表明了他对经济工作的高度重视。

从这些修改中,我们可以深切地感受到:邓小平同志是实事求是的典范。他一贯坚持党的实事求是的思想路线,客观、全面、辩证地分析问题,解决问题,具有见微知著、洞察矛盾、揭示规律的敏锐目光和理论勇气,具有讲真话、说实话的非凡胆略和政治勇气

在1953年10月29日《人民日报》社论《加强旺季征收工作,保证完成国家税收任务》的送审稿中,邓小平同志加了一句话:"纠正那些只顾任务不顾政策的错误观点和错误做法"。在1954年1月31日《人民日报》社论《踊跃购买经济建设公债》的送审稿中,邓小平同志也加了一句话:"必须切实照顾到购买者的经济能力"。这简洁朴实的语言,蕴含着唯物主义者的思想魅力。

1954年6月20日,《人民日报》发表社论《庆祝全国基层选举的完成》。文章初稿中曾写道:"各地所选出的代表中,妇女的名额平均在百分之二十左右","参加投票的选民达到了选民总数的百分之八十以上……"邓小平同志在审阅时,根据相关统计资料把前一数字改成了"百分之十七以上",把后一数字改成了"百分之八十五以上",使数字更加具体准确。这充分展现了邓小平同志实事求是的思想作风和严谨的工作作风，至今仍在教育和激励着人民日报的同志。

1957年，为配合全国性的整风运动，《人民日报》于5月19日发表社论《继续争鸣，结合整风》。在社论发表前的送审稿上，邓小平同志特地加上了一段话，强调党外人士对于我们党和国家工作的批评，"绝大多数意见是正确的、有益处的。只要各部门、各地方的领导机关和领导同志善于接受一切有益的批评，认真研究各方面所提的意见，切实纠正工作中的缺点和错误，就一定可以达到拆除党内外之间的深沟高墙，加强人民内部的团结和大大改进工作的目的。近来，有的地方开始这样做了，已经发生良好的效果。"这一修改，表现了我们党对待批评的正确态度，揭示了通过党的团结实现全国人民的大团结的道理。

1962年10月1日，《人民日报》发表社论《为争取我国社会主义事业的新胜利而奋斗》。社论发表前的送审稿提到："连续几年的严重的自然灾害，造成了农业的歉收，而且给工业生产和城乡人民生活都带来了许多困难。"邓小平同志把这一句话改为："连续几年的严重的自然灾害，造成了农业的歉收，加上我们工作中的一些缺点和错误，给工业生产和城乡人民生活都带来了不少困难。"实事求是地分析产生困难的原因，严格地检查工作中的失误，这就是邓小平同志作为一个伟大的马克思主义者的宝贵品格。

1963年1月1日，《人民日报》发表元旦社论《巩固伟大成绩　争取新的胜利》。社论发表前的送审稿中谈及1962年农业生产的形势时写道："鸡鸭鹅等也增加很多。"邓小平同志把"很多"改成了"较多"。一字之改，实事求是的作风跃然纸上。

1964年10月1日，为庆祝中华人民共和国成立15周年，《人民日报》发表《鼓足干劲、力争上游、多快好省地建设社会主义的总路线万岁！》的社论。社论初稿中曾写道："我国人民提前两年在一九六〇年完成了第二个五年计划的工业主要指标，在抗御连续三年（一九五九年到一九六一年）的严重自然灾害的斗争中取得伟大胜利……"9月28日，邓小平同志在审阅社论送审稿时把这一段文字改成了"……在抗御连续三年（一九五九年到一九六一年）的严重自然灾害的斗争中，在克服外来的强加于我们的困难的斗争中，在纠正我们自己工作中的缺点和错误的斗争中，都取得伟大胜利……"这就纠正了原文单纯强调自然灾害的片面性，指出了形成灾害的人为因素，引导全党和全国人民正确地看待困难，战胜困难。

从这些修改中，我们可以深切地感受到：邓小平同志时刻关注最广大人民的根本利益。他眼里有群众，心中想着群众，凡是涉及群众利益的地方，总是强调体恤民情，为民着想，反对损害群众利益；在改进党的作风问题上，总是强调相信群众、依靠群众，认真听取群众的批评和意见，坚持党的群众路线

1957年，邓小平同志在《人民日报》的送审稿件上作过三次重要批示，强调听取群众意见的重要性。9月30日，《人民日报》发表社论《下决心整顿作风改进工作》。文章发表前，邓小平同志审阅该文时，在"听取群众的批评和意见"这句话的后面加上了"反复地征求群众的批评和意见"。10月21日，《人民日报》发表社论《大胆地改，坚决地改，彻底地改》，目的在于配合搞好当时的整风运动。邓小平同志在审阅发表前的送审稿时，加了一句话："群众对于意见的是否正确，是能够辨别清楚的"。针对有人害怕群众发表意见的情况，他写道："如果发动群众，彻底揭露，大胆批评，认真辩论，是非就可以弄得非常明白，问题就可以按照'团结—批评—团结'的公式得到妥善的解决。既然问题已经得到解决，那还会出什么乱子呢？""把这种毛病经过批评纠正过来，是一件极大的好事，而没有任何可怕的地方。"一个彻底的唯物主义者无所畏惧的气概展现在世人面前。11月1日，在《人民日报》社论《全民整风是社会主义民主的重要形式》的送审稿上，邓小平同志又明确提出，要采取"群众性的批评和自我批评"的方式来对待整风运动。

在1963年的元旦社论《巩固伟大成绩　争取新的胜利》的送审稿中，邓小平同志在文章末尾加了一段话："我们的任务是艰巨的，我们每走一步都会遇到不少的困难，我们必须自力更生地把我国建设成为一个强大的社会主义国家，我们在国际事务中还会遇着不少的逆流与风浪。但是，以马克思列宁主义和毛泽东思想武装起来的中国人民，不会被艰巨任务和各种困难所吓倒，他们将在党和毛泽东同志的领导下，以坚定的信心和雄伟的步伐，迎接一九六三年的新胜利。"紧紧地依靠人民，就有力量，就有希望，就无坚不摧、无往不胜——这是邓小平同志一生的信念。

从这些修改中，我们可以深切地感受到：邓小平同志是伟大的马克思主义者，也是伟大的爱国者。在关系民族尊严与国家利益的问题上，他坚持原则，敢于斗争，善于斗争，生动地展现了一个伟大的爱国主义者的精神风貌

1961年11月25日，美国总统肯尼迪对苏联《消息报》总编辑阿朱别依发表谈话，在谋求改善美苏关系的幌子下，提出了一系列荒唐的要求和条件。人民日报于12月8日发表观察家评论《肯尼迪的"如意算盘"》，文章初稿曾经这样开头:"这是一个重要的谈话;其所以重要,是因为……"邓小平同志在审阅送审稿时把两处"重要"都改成了"值得注意";文中还提到"肯尼迪更进一步提出了二十年和平的条件",邓小平同志改成"肯尼迪更进一步提出了他所谓'二十年和平'的条件"。他对庞然大物的藐视可见一斑。

1965年5月30日,《人民日报》刊登《关于勤俭节约和改善生活问题》一文。文章发表前的初稿中曾提及:"两三年前,由于连续三年的严重自然灾害,由于苏联当局的背信弃义,给我国经济建设和人民生活带来了极大的困难……"邓小平同志在审稿时,把"苏联当局"改成了"赫鲁晓夫修正主义者",把赫鲁晓夫与苏联人民、苏联政府中的友好人士区分开来。

1964年1月29日,《人民日报》发表《祝贺中法建交》的社论。该文发表前送邓小平同志审阅,其中写道:"美帝国主义千方百计想要孤立中国""美帝国主义以为它不承认中国,中国就会陷于孤立,这完全是妄想。"邓小平同志把前面一句话中的"想"字去掉了,又把后面的一句话改为:"美帝国主义自以为是庞然大物,高人一等,只要它不承认中国,中国就会陷于孤立,这完全是妄想。"文中还谈到,"在中法建交前后,美国报刊大肆鼓噪说什么中国已'缓和'反对'两个中国'的态度,中法建交将为'两个中国''打开大门',这完全是别有用心的歪曲。"邓小平同志在这段话的最后加了"也是白日做梦"。这一修改,表达了中国人民坚决维护"一个中国"原则的严正立场,表现了邓小平同志在国际斗争中原则的坚定性和策略的灵活性,展示了站起来的中国人民的大无畏精神。

二

人民日报几十年的发展历程,倾注着邓小平同志的心血和智慧。不论是作为党的第一代中央领导集体的重要成员,还是作为党的第二代中央领导集体的核心,他都始终关心着人民日报的发展;不论是人民日报宣传报道的大政方针,还是人民日报发展过程中的具体问题,他都给予明确的指示;不论是人民日报工作取得成绩的时候,还是人民日报工作出现失误的时候,他给予的都是信任、帮助和殷切期望。人民日报的同志怀念他,怀念的不仅是党的领袖,也是一位党的新闻工作的杰出领导人,人民日报一位可亲可敬的导师和朋友。

邓小平同志对人民日报的宣传报道一贯高度关注、高度重视。改革开放之初,他就明确指出:当代中国的根本任务是集中力量进行社会主义现代化建设。可是,"没有一个安定团结的政治局面,就不能安下心来搞建设。"他明确提出:"希望报刊上对安定团结的必要性进行更多的思想理论上的解释……总之,要使我们党的报刊成为全国安定团结的思想上的中心。"

1979年是党的十一届三中全会召开后的第一年,全党按照"实事求是,有错必纠"的原则,开始平反历次政治运动中的冤假错案。但由于当时"两个凡是"还没有彻底冲破,很多政策还没有来得及具体落实,以致出现了一些矛盾,很多群众来京上访。为此,中央紧急抽调干部,协助当地有关部门解决上访者的问题。同时,中央还对信访部门的一些同志提出了严厉批评。在这种情况下,《人民日报》9月17日发表了一篇评论员文章《切实解决上访问题》,其中用了一些不很妥当的说法。比如"他们被压在阴山之下,蒙冤受屈,无处申诉""省里有些机构的负责人,甚至包括省委的负责人,更不用说地区、县、公社,都有那么些负责人,办错了案,办错了事,硬是不认账,领导一再催促,群众一再找上门来,硬是不予理睬,不予平反"等等之类的句子。文章发表后,上访人员以此为据,大量涌进北京,甚至出现了在中南海新华门等地静坐、请愿的情况,对社会的安定造成了影响。

针对这一情况,《人民日报》于10月22日又发表了评论员文章《正确对待上访问题》。文章首先肯定了做好群众来信来访工作的重要意义,然后提出对待上访人员要具体问题具体分析,"凡属冤假错案,要根据'实事求是,有错必纠'的原则,给予平反""凡属违法乱纪、甚至制造新的冤假错案的,一定要认真查明、严肃处理""凡属合理的要求、按现行政策规定又是能够解决的问题,各地区、各部门就应当认真负责地、积极地加以解决""凡属无理取闹、蓄意捣乱的,要根据情节轻重,分别严肃处理"。这篇评论克服了前一篇评论的片面性,既为上访者说了话,也阐明了相关的政策,起到了很好的宣传效果和社会效果。

1979年11月2日,邓小平同志在中央党政军机关副部长以上干部会上做报告,在谈到"切实关心群众生活"时,就讲到了上面这个事例。他说:"我们的宣传教育工作是很重要的,也有很大的成绩。但是,最近在有些问题的宣传上,确有考虑不周和片面性的地方,使我们下面工作的同志遇到一些困难。举例来说,《人民日报》对上访问题发表过两篇文章,时间相隔不久。第一篇是九月十七日,文章一出去,上访人员呼啦呼啦地都上来了;第二篇是十月二十二日,文章把道理讲清楚了,上访人员很快就减少了。这说明什么呢？说明单单是报纸的舆论就可以发生这样大的影响。"邓小平同志这段话，人民日报的同志铭记在心，成为我们坚持正确舆论导向、围绕中心、服务大局的生动教材。

邓小平同志对人民日报工作的关心、支持，还体现在他总是在人民日报最需要的时候帮助解决最需要解决的问题。

邓小平同志四次为人民日报题词。第一次是1946年5月15日，晋冀鲁豫《人民日报》（中共中央机关报《人民日报》的前身之一）创刊之际，时任晋冀鲁豫中央局书记和晋冀鲁豫军区政治委员的邓小平同志把毛主席提出的"为人民服务"五个大字题赠予报社，指明了《人民日报》的办报宗旨。第二次是晋冀鲁豫《人民日报》创刊一周年时邓小平同志题词："集中意志，集中力量全力击败蒋介石，争取民族解放和人民解放事业的最后胜利！祝贺人民日报一周年。"第三次是1985年7月1日，人民日报海外版创刊之际，邓小平同志题写了"向海外朋友问好"。第四次是1988年6月15日，人民日报创办40周年之际，邓小平同志题写了"人民日报四十周年"，表达了对人民日报的厚爱和期望。

邓小平同志多次帮助人民日报解决具体问题和具体困难。1956年，我国社会主义改造取得决定性胜利，人民日报的发展步入一个新阶段。这一年的7月1日，时任国务院副总理的邓小平同志批准《人民日报》由4版扩为8版，批准为《人民日报》在计划外增加卷筒纸5500吨，以供扩版之需。因扩版增加人员，人民日报原本紧张的宿舍更加拥挤，"有些编辑和编委同志，每逢星期六和星期日爱人、小孩回家后，全家四五口人挤在一个床上；有的夜班工作同志和白班住在一起，休息时间不同，彼此睡眠都有影响"。针对这一情况，邓小平同志批准人民日报在北京市购买或暂时租用了150间房屋，解了报社的燃眉之急。1963年，我国国民经济在经历了严重困难后，出现了恢复的势头，广大干部群众对《人民日报》的需求不断增加，报纸发行量由原计划的135万份扩大到150万份。根据这一情况，邓小平同志批准《人民日报》1964年的发行量再增加10%，提高到165万份，并指示有关部门千方百计满足报社的用纸需要。

邓小平同志对人民日报既严格要求，又关心爱护。1953年3月5日，斯大林逝世。3月8日，《人民日报》发布《苏联共产党中央委员会、苏联部长会议、苏联最高苏维埃主席团联席会议的决议》，并刊登苏共中央委员会主席团成员的照片。但是，《决议》中第一项和第十一项所排列的主席团成员名单次序不一致，因为时间紧张来不及请示，《人民日报》便根据新华社第〇七三二号图片稿进行登载，导致排名次序发生错误。为此，时任总编辑的邓拓同志于3月9日给邓小平同志写信说："这就等于我们擅自做了次序上的改变"，"此事应由我负全部责任"，"请求给我以应有的处分"。邓小平同志收到邓拓的信后，立即进行查证，发现《决议》原文中的名单确有不一致的地方，遂于3月10日在邓拓同志的信上作了批示："此事可作为教训，不必予以处分。"这一批示，既要求吸取教训，杜绝类似事件，又坚持实事求是，体现了对干部的关心和爱护。

1957年，针对人民日报工作中的失误，邓小平同志还发表过一篇重要谈话。他指出：人民日报8年来的工作中，成绩是基本的；但是，有缺点也有错误。我们对整个国家工作做这样的估计，对人民日报的工作也是做这样的估计。人民日报工作中的主要缺点是对一些重大的政治事件、新的形势变化的反应不敏锐。编排方面也有缺点，不生动不活泼。不过这些都是次要的缺点。对重大的政治事件的反应不敏锐，使我们的报纸常常落在形势的后面，而受到中央的责备。当然，要办报就不要怕犯错误，不要怕受批评，而应该接受批评，及时改进我们的工作。这篇谈话，语重心长，至今对我们正确看待工作中的失误，及时纠正工作中的失误，进一步改进《人民日报》的宣传报道，具有深刻的教育和启迪作用。

伟人已逝，风范永存。

邓小平同志离开了我们，但他留下的思想财富却与江河同在。他关于党的新闻工作的一系列重要指示，是邓小平理论的一个重要组成部分；他指导人民日报的理论和实践活动，是一笔弥足珍贵的财富。人民日报的同志将永远牢记邓小平同志的教诲，始终坚持以邓小平理论和"三个代表"重要思想为指导，决心在以胡锦涛同志为总书记的党中央领导下，坚持服从服务于党的中心工作，服从服务于改革发展稳定的大局，努力把体现党的意志与反映人民心声统一起来，把增强指导性、权威性与增强知识性、可读性统一起来，不断提高政治意识、责任意识、大局意识，贴近实际、贴近生活、贴近群众，不负邓小平同志的期望，以人民日报改革发展的新成果，以党中央机关报的新面貌，为建设中国特色社会主义的伟大事业，作出应有的贡献。

（原载《人民日报》2004年8月18日）

党报经济评论研究

曹瑞天

党报经济评论，是以经济工作问题为题材的新闻评论。

党报经济评论是报纸经济宣传的旗帜和号角。经济宣传如没有评论，只有消息，就缺乏方向。二者的作用是相辅相成，不能互相代替的。经济报道着重于叙述客观事实，传播经济信息，以事实的真实性赢得读者信任；经济评论着重于表达意见，直接阐发党的经济指导思想和方针政策，以意见的正确性建立自己的权威。相比之下，经济评论要求具有更为鲜明的思想性和普遍的深入指导意义。

党报经济评论，是与经济发展紧密联系在一起的。经济发展促使经济评论不断提高，经济评论也对经济发展发挥指导作用。党的长期办报实践和经济工作实践也证明了这一点。

追溯到第二次国内革命战争时期，党在第一个农村革命根据地瑞金，创办了第一张刊期较长的铅印报纸《红色中华》。其中的《社论》专栏，经常刊登经济评论，围绕党的中心任务——建政运动，指导着根据地的经济建设。抗日战争时期，党在延安创办了革命根据地的第一张大型日报《解放日报》，截止到1947年，共发经济评论140多篇（其中包括其前身《新中华报》）。当时经济评论不但受到重视，而且许多中央领导同志如毛泽东、朱德、李富春等还亲自动手撰写经济评论，经济评论围绕党的中心任务——建立和巩固抗日民族统一战线，为粉碎敌人的经济封锁，实行减租减息，开展大生产运动，做了大量深入的思想动员和宣传工作。

在革命战争年代，处于一边打仗，一边生产的困难条件下，经济评论虽然是在初创阶段，仍发挥了重要作用。在和平建设年代，尤其是党的中心任务已转入社会主义现代化建设以后，报纸的重点也转向经济宣传，必然会对经济评论提出更高的要求，继续发挥更大的作用。

党报经济评论的历史回顾和新发展

新中国成立以来的 30 多年，随着经济工作所走的曲折道路，经济评论也经历了一条曲折的道路。

新中国成立到第一个五年计划期间，党的工作重点刚刚转向经济建设。这个时期党的指导思想是正确的，国民经济也在迅速恢复和发展，经济战线先后经历了土地改革；争取国家财政经济状况的根本好转；农业、手工业和资本主义工商业的社会主义改造。经济评论密切配合宣传了中央的一系列重大经济政策，对于组织和鼓舞全国上下，齐心协力投入经济建设起了重要作用，至今给人留下深刻印象。这个时期经济评论在数量上也占有很大比例，因为没有数量的保证，也就谈不上内容质量的提高。从 1950 年到 1957 年，《人民日报》社论中的经济评论平均每月都占 30% 以上。

这个时期的经济评论，毕竟处于新中国成立以来的开创阶段，又面临着艰巨的经济宣传任务，也不可避免地存在某些不足或不成熟之处。尤其是工业评论，常常业务性较强，就生产论生产，谈问题过于详细，纠缠具体业务较多，因而显得思想性不够突出。当时建设重点是重工业，重工业的重点又是东北工业基地，东北的重点又是鞍钢的生产。这对于评论的题材范围、内容要求也有影响，使得一些评论常像生产通报、业务公报。以致外行看不懂，内行不爱看。此外，尽管也有不少经济评论表现了很高的写作技巧，但更多的经济评论行文呆板，活泼不足，严肃有余。

到了 1958 年"大跃进"时期，经济工作的指导思想发生了以高指标、瞎指挥、浮夸风和"共产风"为主要标志的"左"倾错误。而经济评论又常常处于"左"的旋涡中心，一些好的传统非但未被发扬，却走向了反面。

中央纠正经济工作中的"左"倾错误，从 1958 年 11 月的郑州会议，12 月的八届六中全会，1959 年 2 月的第二次郑州会议就已陆续开始。一些经济评论也开始冷静下来，例如 1959 年 4 月 1 日社论《论合理密植》，文中引用《百喻经》的一则寓言，说有个人吃饭嫌淡，加点盐后立刻感到味道很好，就认为盐越多越好吃，结果事与愿违，又苦又涩。以此引伸到把密植吹得神乎其神是不符合实际的："知道了密植能增产就一味讲密，超过一定限度，反而会减产。"并对敢想敢干作了中肯分析："打破陈规，是一件大好事。可是，并不是说，就不再需要一定的规矩了，适应新条件，必须立新规。"但是,"左"倾错误刚刚开始有所触及,又很快被1959年庐山会议的"反右倾"所中断。直到1960年冬,中央决定实行"调整、巩固、充实、提高"的方针,才实现了这一历史阶段的重要转变。经济评论也恢复了实事求是的作风,在压缩基建规模、降低重工业指标、支援农业、发展轻工业、整顿生产秩序、稳定市场、降低积累率、保证人民生活需要等方面,做了大量宣传。《人民日报》发的不少经济评论也能够注重实际,关心群众疾苦。如《春节前抓紧增产日用轻工业品》(1956年1月16日),《从全局出发积极安排轻工业生产》(1961年1月12日),《化学工业要更好地为"吃穿用"服务》(1963年3月11日),等等,积极地促进国民经济的迅速恢复。

就在国家经济形势好转,元气刚刚恢复之际,从1966年到1976年,又发生了"文化大革命"。"左"倾错误重新抬头,而且登峰造极,把国民经济拖入崩溃边缘。经济评论也濒临绝境。整个经济战线仿佛无经济规律可循,提倡穷过渡、穷光荣,以批判"业务第一""利润挂帅""物质刺激""唯生产力论"为名,行空头政治之实。全国工农业只要学习大庆、大寨这样一两个样板就够了,而且永远学不完,也学不到手。谈发展经济、发展生产是犯忌的。《人民日报》实在要讲点经济问题,也只能以《抓革命,促生产》《抓理论学习,促工业生产》这样的形式出现,十年一贯制。这种贴政治标签、一切服从政治需要的写法,也是"左"倾错误肆虐和高压下的畸形产物,只能使经济评论公式化、简单化,名存实亡。

直到党的十一届三中全会后,全党的工作重点才真正转移到现代化建设上来。党总结了新中国成立以来正反两方面的经验教训,拨乱反正,清除了"左"的错误,提出经济建设要注意综合平衡,制定了对于国民经济的"调整、改革、整顿、提高"的方针。并首先从农业入手,恢复和扩大社队自主权,逐步实行各种形式的联产计酬的生产责任制,解决了多种经营的方针问题;接着又在调整经济结构中着重解决轻重工业、积累消费之间的比例失调问题,压缩基建规模。与这一形势相适应,经济评论也完全进入了一个崭新时期,出现了可喜的新局面。

三中全会以来的经济评论有了新的发展,是与新中国成立以来各个不同时期的经济评论相对而言的。因此,它应该有所发展,而且必须发展。在社会主义现代化建设的新形势下,经济评论必然还有许多不适应的地方,就是已经出现的新局面,也还远非完善。正因如此,及时总结和研究,就显得尤为必要。

思想性——经济评论的灵魂

　　思想性是经济评论的灵魂。经济评论的长期发展和反复实践在不断地证明这一点。进入三中全会以来新的历史时期后，经济评论更加注重增强思想性，又是一个很好的证明。从三中全会后的 1979 年，我国新闻界连年举办全国好新闻评选活动。据评选活动的主办者北京新闻学会和《新闻战线》编辑部在 1981 年回顾，评选中"特别强调思想性，指导性""评选的方向虽然是提倡短新闻。但强调'短'要服从思想性、指导性，着眼于新闻的社会效果。有的稿件尽管长了一些，但因内容扎实，思想性、指导性强，仍被评为好作品。"就是说，看一篇新闻的优次，首先要把思想性放在首位。经济评论也是如此，从新闻评论三次参加评选中，看获奖和受表扬的经济评论，有社论、有署名文章，字数长短不一，内容各有千秋，都有一个共同优点：思想性强，在经济工作中起了较强的指导作用。

　　强调增强经济评论的思想性，也是党报的性质和作用所决定的。党报作为无产阶级新闻事业的重要组成部分，首先是无产阶级的言论工具，是党和人民的喉舌。它要运用新闻手段对人民群众进行思想工作，统一思想，改造社会。邓拓说："报纸的评论工作应该被看成思想工作的主要表现形式。"经济评论作为经济宣传的旗帜，同样担负着重要的思想工作任务，主要也是从思想上影响读者，因而要有鲜明的思想性。

　　党报对经济问题发表评论，尤其是社论和评论员文章，不是代表个人意见，而是代表有关领导部门阐述党的经济指导思想和方针政策。它虽然不具有法律和命令的强制力，也没有纪律和规章的约束力，但有舆论的影响力。它支持什么、反对什么，孰是孰非，思想应该十分鲜明，并且以理服人。它要求做到的，就应该做到，要求改正的，就应该改正，所以，又常常起着法律、命令、纪律和规章等无法起到的作用。

　　党的经济指导思想是事关国计民生的根本大计。在今后，它更决定着四化建设的成败。如何把党的经济指导思想深入人心地传达到经济工作中去，从而使人们自觉地用以指导自己的思想和工作，这是党报经济评论责无旁贷的任务。三中全会基于我国社会主义改造基本完成后，国内主要矛盾是人民日益增长的物质文化需要同落后的社会生产力之间的矛盾这一科学分析，首先作出了全党全国工作重点转移到社会主义现代化建设的战略决策。紧接着又提出对国民经济的"调整、改革、整顿、提高"的八字方针。这对于彻底清理长期存在的急于求成的"左"倾错误指导思想，使今后的经济建设走上正确轨道具有深远意义，也标志着党的经济指导思想发生了根本变化。党报经济评论先后围绕社会主义生产目的展开了发展生产逐步改善人民生活、满足社会需要的宣传；围绕经济调整展开了量力而行指导思想的宣传；围绕经济改革展开了不吃"大锅饭"的宣传，等等，比较系统地阐述了党的经济指导思想，体现了很强的思想性。

1980年4月7日，《人民日报》刊发社论《量力而行的指导思想十分重要》，此后，又连续四论量力而行的指导思想，就压缩基建规模问题阐述了积累与消费的比例关系；就经济发展速度问题阐述了经济要保持稳定、持续的发展；就制定计划问题阐述了计划要留有充分余地；就国家财力、物力有限的问题阐述了有计划按比例发展。这次连续性评论具有较强的思想性：

立足点高。评论着重从经济指导思想上说明问题，而不是就某些具体的政策规定做文章。不仅面向广大读者，而且面向党的方针政策。当时正召开的全国基建工作会议上，代表们联系实际领会量力而行的指导思想，很快达到了认识统一。同时对当年正着手制订的国民经济计划也不无影响。

指导面广。这些评论对全国上下，各条战线都有很强的指导意义。不仅对广大干部和群众的认识是一次大提高，而且对受"左"倾影响的人也是一付清醒剂。正如一位教育战线的读者来信说："文章虽然是从全国经济计划角度来说的，但从实际出发的量力而行的指导思想，对各个领域，各条战线，每个人都是十分重要的，它真正体现辩证唯物主义思想。"

问题抓得准。论的都是经济工作中长期存在的重大问题，抓住了要害。如高指标、急于求成，计划留缺口、基建战线过长等，都是阻碍有计划按比例发展的严重障碍。然后集中围绕量力而行的指导思想一一进行剖析。

道理论得深。抓得准也就有可能论得深，尤其是针对只顾主观需要不顾客观可能的认识和表现，几篇评论中都连续反复地揭露其主观唯心主义实质，并全面地分析了需要与可能、主观与客观、尽力而为与量力而行。主观能动作用与客观经济规律之间的辩证关系，把人们的认识步步引向深入。

增强经济评论的思想性，还表现在能够抓住经济工作中的重大思想问题，有针对性地从多侧面、多角度、多层次、多途径反复地进行深入细致的宣传。由于经济工作是错综复杂的，它会从各方面反映出问题；经济工作又是发展变化的，也会不断遇到新问题，因此一篇经济评论往往很难做到一次就全部解决问题。如果想包罗万象、四面出击，就会分散经济评论的战斗力，削弱思想性。所以一篇评论解决不了的问题，就分成几篇写；一次解决不了的问题，就需要多次写。每次抓住一个思想中心，针对一个要害，集中火力，论深议透，力求有的放矢，真正解决思想问题。

《人民日报》在经济体制改革的宣传中，就是抓住不吃"大锅饭"的问题，4个月中连发7篇社论，分别从企业的经济责任制、按劳分配原则、商业的经营责任制、职工的生产积极性、自负盈亏的优越性、不合理的现行劳动制度、落后的经营管理方式等不同方面、不同角度，有针对性地进行宣传的。

针对性加强了，是否会影响广泛的指导面？经济工作专业性强，常有隔行如隔山之说。首先，普遍的指导意义并不是抽象的、不可思议的，而是具体的，并且有一定条件和范围的，并不能要求任何一篇经济评论都适用于经济工作的任何方面。硬让农民去对提高企业素质的工业评论发生兴趣，或硬让工人去对选育良种的农业评论产生热情，就未免强人所难。就是同行业中的认识水平，理解能力和熟悉程度也不尽相同。正如胡乔木所说："评论并不是演戏，能人人看了都有兴趣。我们的国家是复杂的，分工也是复杂的，不能要求每一篇社论都要照顾到各个方面，如果硬要这样照顾，反而会使人人都不喜欢看了。"可见，也只有加强了针对性，彻底解决问题，才谈得上具有普遍指导意义，体现出隔行不隔理来。

综上所述，三中全会以来经济评论在增加思想性方面取得的进步，首先是由于党的经济指导思想走上正确轨道，并且日臻成熟。没有这一前提，经济评论增加思想性，就毫无意义，而且也不可能真正增强思想性。其次是积30年经验教训，各方面工作都在调整自己的步伐，以适应新的形势需要。经济评论也不例外，也从实践中认识到增强思想性的重要意义。再次是客观经济形势对经济评论提出了迫切要求，不注重增强思想性，就无法胜任日益艰巨的经济宣传的旗帜这一重大使命。

紧密结合经济工作实际

实事求是，一切从实际出发，理论联系实际的思想路线得以恢复后，三中全会以来的经济评论与经济工作实际的结合也更加紧密了。经济评论要紧密结合经济工作实际，正是为了正确指导实际。很难想象，一篇经济评论如果和实际经济工作毫无关系，或关系并不很大，还有什么存在价值和实际意义。因为这只能给实际经济工作帮倒忙。"大跃进"时期的一些经济评论，就是因为严重脱离实际，为浮夸风、高指标、瞎指挥推波助澜，对经济工作帮了倒忙。

经济评论既然要正确地指导实际，就要紧密结合实际，而紧密结合实际就要正视矛盾，不是回避矛盾。这并不仅仅是业务水平问题，还有认识水平和革命胆略问题。1982年10月18日《人民日报》发表了社论《回答一个问题——翻两番为什么是能够实现的》，摆事实，讲道理，先用比较法，同新中国成立以来不同时期的经济发展速度比，同国外发达国家的经济增长速度比，肯定了这次是从实际出发，翻两番不是"高指标"，更不是"冒进"。接着又从不同历史条件论证翻两番的现实可能性，解除了人们鉴于1958年"大跃进"和1978年"新跃进"而产生的疑虑。论证到此又深入一步，从经济规律出发，分析了不同历史条件下经济工作方法的四点质的不同，令人信服地提出了翻两番的重要根据。这篇社论比较雄辩而透彻地回答了实际提出的尖锐思想问题，社会反映和客观效果也很好，许多地方以此作为学习十二大文件的辅导材料。

党报不仅是党和人民的喉舌，而且是党和群众相联系的桥梁和纽带。党报不仅为群众而办，而且要依靠群众来办，从而引导群众认识自己的根本利益，并为之而奋斗。密切联系群众，已成为党的新闻工作基本方针和指导原则。经济评论能够正确地反映群众的意见和要求。经济评论要密切联系群众，就要深入群众的经济活动。摸准群众的思想脉博，反映群众的切身利益，为群众说话。比如，农村实行联产承包责任制后，不断遇到各种问题。吉林省伊通县多数生产队在执行这一政策中，因生产资料变价款规定偿还期过短，统筹款项繁多、数额大、干部补贴和奖金额多，造成农民经济负担过重。1983年3月28日《人民日报》评论《把不合理的负担减下来！》，就是抓住这件事，向整个农业战线提出了带有普遍性的问题："许多同志脑子里为农民着想的观念淡薄起来。""古人尚且懂得'百姓足，君孰与不足；百姓不足，君孰与足'的道理，我们难道不是更应当做到爱农、利农、支农吗？"这些情真意切的话，正说在了农民的心窝里，维护了公民的切身利益，也生动地宣传了党的方针政策。

经济评论应敢于扶正祛邪，为群众撑腰。实行经济改革以来，一些地方的专业户常常受到刁难和勒索。1983年3月10日《人民日报》评论《保护专业户》，一针见血地指出："对一些地方出现的侵犯专业户利益的'红眼病'，倘若任其蔓延开来，很不利于搞活经济，甚至败坏党风、民风。"这篇评论理直气壮，为专业户壮了胆，也给歪风邪气抖了底，使广大群众对党政策更拥护，对党的领导更信赖了。同时，经济评论自身的威望也得以提高。

  回答群众关心的问题，要抓住重大的、政策性强的问题。党的对内搞活经济的政策推行后，一些地方的业务部门和社、队不认真履行同农民的合同，甚至撕毁合同。执行政策中遇到阻力怎么办？农民来信说："光让我们农民尽义务，他们却对合同不负责。想咋干就咋干，还叫什么经济合同？这不成了我们单方面的义务保证书了吗？"问题提到了点子上，也很有普遍意义。1983年4月4日，《人民日报》为此发表评论《合同不是农户单方的义务保证书》。明确地回答了这个问题："合同是把国家、集体、农户三者联系起来的纽带，就合同的内容来说，签约双方是互有权利和义务的。它不是农民单方面的义务保证。"并重申："合同具有法律效力，任何一方单方面变更或撕毁合同。都负有法律上的责任，要依法赔偿损失。"一席话无异于给承包合同农民吃了定心丸。因为有了政策和法律的依据，心明了，眼亮了，勤劳致富的信心更牢固了。同时，群众敢于和愿意向党报提出问题，就是对党报满怀信任的表现；而党报也能够毫不含糊地回答群众提出的问题，正是与群众密切联系的表现。

  回答群众关心的问题，贵在及时。经济评论要不要及时？这里牵涉到了时效性的问题。经济评论同样要讲时效，当然不仅限于在回答群众关心的问题时。三中全会以来，许多经济评论比较注意了时效问题。例如，1981年4月29日《运城报》社论《不要见苗起意》。是抓住小麦正值抽穗时节，个别生产队见麦苗长势好就想修改同农民订的包产合同这件事，指出这种失信于民的念头为党的政策所不容，及时回答了农民感到焦虑不安的问题，被誉为"及时雨"。如果错过这个时机，事态的发展就可能使农民和国家都会遭到损失。及时，包含两层意思，即"抢"和"压"，都要做到不失时机，恰到好处，从客观效果出发。

  积极把群众引向正确的思想轨道，也是经济评论密切联系群众的表现。党报和群众的根本目标是一致的，但在一定条件下出现某些不一致也是正常的。比如读者也会有一定的局限性。作者与读者之间在认识上也有一定距离等等，但这种不一致不是根本性的，是可以缩小的。这就需要报纸能把群众引向正确的思想轨道，而不是消极地反映读者需要。读者需要正是群众的社会需要在新闻中的反映。

正确引导，体现在善于把党的政策交给群众。党的政策正是群众切身利益的集中表现和可靠保证。群众需要政策的指导，政策也需要在群众的实践中不断得到检验、完善和发展。但是，政策的正确还不等于宣传的成功。在经济评论中，全面、准确地体现政策精神，让群众真正理解和掌握政策，也是关系到经济建设成败的大事。正如列宁说的："一个国家的力量在于群众的觉悟，只有当群众知道一切，能判断一切，并自觉地从事一切的时候，国家才有力量。"

改进语言表达技巧

经济评论有了扎实的思想内容，还要与完美的表达形式结合起来才能充分地发挥它的宣传效益。经济评论如果不讲究表达技巧，一味干巴巴地谈经论道，即使它谈论的是重要的问题，发表的是正确的意见，阐述的是深刻的思想，也会由于不能紧紧地把读者吸引过来而使宣传效果大打折扣。季米特洛夫曾说过："一个共产党员在演说时不懂宣传的要领而吸引不了群众，得到是听众的哈欠和失望，而一个希特勒法西斯分子花言巧语居然赢得掌声雷动。"这里当然不是说内容就不重要，因为花言巧语终究会被戳穿，而是说内容和形式应该是统一的。因此，写经济评论尤其要多下功夫，尽量采取群众喜闻乐见的表达形式，熟练掌握方法技巧。使之引人入胜，才能真正打开读者的心扉，从思想上影响读者。

"大跃进"时期经济评论走了弯路，由于指导思想是错误的，内容又是体现错误指导思想的，写作技巧就变得意义不大，而且越是极力渲染，越显得华而不实，仿佛是在搞一次吹牛比赛。正如毛泽东当时指出的："经济工作和写诗不一样，要切实，浪漫主义有一定限度，反对虚夸。运用群众语言有进步，但有些滥。将群众语言变成文学时，一定要求正确性、准确性、科学性。"例如"拳打保守思想，脚踢落后指标""让高山低头，河水让路""人有多大胆，地有多大产""跑步进入共产主义"，等等，这已不是准确与否的问题，而是直接为"左"倾冒进呐喊助威了。并且常常滥用军事术语，搞得风马牛不相及。甚至以词害意，言过其实，宣传效果适得其反。

经济评论究竟能不能改进表达技巧，怎样改进表达技巧？目前的不少经济评论正在作出回答，也提供了启示。例如《人民日报》1982年植树节评论

《大家都来描绘绿色画卷》，开头说："当你知道我国是全世界森林最少的国家之一时，你会感到与我们国家的地位是那么不相称；当你知道万里长江已成为世界含沙量最多的四大河流之一时，你会为水土的严重流失，自然生态的破坏而担忧；当你听说吞噬着肥美草原的黄沙正从西北地区向东逼进时，你会感到再也不能让这种情况继续下去了。"像是近在咫尺的娓娓谈心，听者不免为之心动。湖南岳阳师范学校的许青同志，还专门为这篇评论写来一篇题为《文辞优美，情理感人》的评论。

正如恩格斯所说："党的政论家需要更多的智慧，思想要更加明确，风格要更好一些，知识也要丰富一些。"党报的评论员就应该有清醒的头脑，敏锐的思想，清新的风格，渊博的知识。一篇好的经济评论也应该是融智慧、思想、风格、知识于一炉的精品。列宁说："最高限度的马克思主义＝最高限度的通俗和简单明了。"通俗简明、深入浅出地说理，正是为了广大读者乐于接受，便于接受革命的思想理论，也正是对提高经济评论水平的高标准要求。一位高明的评论员应该善于用最浅显、最简明的文字表达最复杂、最深刻的道理。如庖丁解牛，得心应手，而不是把复杂的问题讲得越发复杂，更不是把简单的问题反而复杂化。这正是目前的经济评论工作者努力的方向。

总之，经济评论应该把它的思想内容和表达形式统一起来，从而以理服人，而不高谈阔论；平等待人，而不居高临下；推心置腹，而不拒之门外；和风细雨，而不盛气凌人；循循善诱，而不发号施令。使读者或顿开茅塞，或深思回味；或触类旁通，或潜移默化。让正确的道理像春雨注入读者心田，指导思想和行动。

反复深入地阐述党的经济指导思想和方针政策，不断鼓舞群众的建设热情，旗帜鲜明地发表意见，是经济评论义不容辞的责任。因此，经济评论要不断调整自己的步伐，改进自己的工作，充分发挥它在经济工作中的指导作用，无负于时代赋予的重任。这也是广大经济评论工作者的责任。

（曹瑞天：《我信我行——曹瑞天新闻笔谈》，中国文史出版社2004年8月版，文章写于1983年，本书有删节）

人民日报编采分开实践回眸

朱竞若

从 2005 年起,《人民日报》新闻版全部实行编采分开。这是在 2003 年创办"视点新闻"版、2004 年改进"体育"版并探索编采分开的基础上,人民日报编委会推出的一个重要举措。

编采分开的目的,就是要通过由报道工作向报道新闻的转变,更好地实现中央要求的"三贴近"(贴近实际、贴近生活、贴近群众),报社倡导的"四个结合"(导向性与新闻性结合、指导性与可读性结合、权威性与群众性结合、思想性与服务性结合),增强党中央机关报在现代报业中的竞争力。编采分开后,《人民日报》的版面由要闻版、新闻版和专版三部分组成,格局更加明确了。

此次实行编采分开的"经济""政治""文化"版,与"视点新闻"版、"体育"版一起,形成了《人民日报》独具特色的新闻版块。实践 3 个多月来,发生了 6 个方面的变化:新闻多了,时效强了,版面活了,图片质量高了,可读性提升了,一般的经验总结稿大为减少了。

这 6 个变化的核心是:把新闻做快、做好、做强、做得有吸引力!

头条变了:
新闻版真正让新闻当家

编采分开后,读者的第一个反应是新闻版的头条变了。过去由通讯或深度报道当家,现在变成了消息当家。这个变化看似寻常,却来之不易。实质是编辑思想的转变,工作方法的转变。

消息当头条,提高了新闻的时效性。过去深度报道做头条,时效的要求相对不高,版面习惯于做些储备粮,备好两三天的头条,心里才踏实。现在讲究的是新闻当天发生，当天盯住，当天采写，当天上版，要"现炒现卖"，新鲜热辣。夜班平台有句熟悉的对话："今天的头条呢？""新闻在发生中，头条在路上。"

消息当头条，改变了编辑和记者的工作作风。每天凌晨下班时，主编和编辑们对于下一块版的头条到底是什么，心中是不知道的。因此主编和编辑们常常是做梦都在抓头条，虽然也有一些新闻线索的储备，但需要记者去摸实了；更盼望的是，今天有重要的新闻事件发生。一觉醒来，来不及洗脸，先与有关记者联系，看看有何"活鱼"，然后是上网、看电视新闻、听广播新闻、翻报纸，看看有何报道线索，一通忙过，才是洗脸、吃饭、往办公室跑。而记者，特别是驻站的年轻记者，也常常是上午跑、下午跑，有时傍晚了，接到编辑部十万火急的电话，还要接着跑。有时是记者与编辑接力写新闻，记者口述，编辑记录，主编全程"收拾"。总之是动起来，编辑与记者一起进入做新闻的状态！

消息当头条，带来的另一个变化是，新闻版整体上要以硬新闻为支撑。也就是在整体格局上新闻版以新闻为主，深度报道作为一个品种、另一个主角，一般安排在下面，处于基础一些的位置。消息做头条，带来的又一个变化是，新闻短下来了。一是写的时候，就要求记者写短新闻，头条800字左右，二类稿400~600字；深度报道1500字左右。二是以新闻为主的版面格局，必须带来短风。

党报新闻改革的抓手：
由报道工作转向报道工作中的新闻

新闻版的主编和编辑们说，3个月的实践，是苦练"化功大法"的过程。"化"什么？五个方面的转化：工作性报道如何转化为新闻？专业性报道如何转化为可读性强的新闻？时效性差的报道如何转化为时效性强的新闻？一般性新闻如何转化为亮点新闻和卖点新闻？同质性新闻如何转化为独家新闻？

这五个转化中最核心的一个，就是要实现报道工作向报道工作中的新闻的转变。把工作性报道转化为新闻，抓工作中的新闻，是首要。

1月4日，是新的三块新闻版第一天亮相的日子。"政治"版头条推出了一条不错的新闻，肩题是"中央地方上下联动　三大机制应对灾害"，主题是"3天内中央资金到位　24小时内物资到位"。

这条新闻就是从工作报道中"化"出来的。最初记者送到版上的是一篇民政部2004年年终总结式的成绩稿，大体是一年中发放了多少钱物，做了多少救济工作等，是年末岁初常规式的工作回放。不过，其中提到"建立起了应对灾害的新机制"，这句话里有新东西，主编一下就抓住了。于是，与记者细细探讨，这话的背后有什么没报出来的东西，记者抓住这个新闻由头，重新采访，果然有了新收获。与主编再作沟通、提炼，编辑再作细细打磨，一篇好新闻就"化"出来了。这篇报道获得了高转载率，并被评为社内好新闻。

3个多月来，这样的转化工作，在各版上时时都在进行着，抓工作中的新闻，也渐成记者的共识。

做强独家新闻：
编辑与记者合力抢第一落点

3个多月来，新闻版的另一个明显的变化是独家新闻多了。转载率由此显著提高，每天各版被网站和兄弟媒体转载的新闻，平均在两条以上，多的时候达到五六条。

独家新闻从哪里来？

独家新闻是抢出来的，体现了抓新闻的竞争意识。前3个月中，有两条有影响力的重要新闻，人民日报以编辑记者合力，抢到了第一落点。一条是国家环保总局依法叫停13个大项目，一位年轻记者凭着他的钻劲和良好的人际关系，提前一天拿到了这条新闻。经过夜班编辑掂量，决定立即在头条刊发，实现了报新闻领先一天。另一条是圆明园湖底铺设防渗膜的新闻，记者获知此事后，立即赶往现场，随即赶写出了4000字的报道，当晚送到版上时，已是9点，头条已安排完毕。经过仔细商量评估后，"视点新闻"版当即更换头条，把这条新闻第一个抢了出去！

独家新闻是慧眼独具发现的，体现了思想的深度。如2月3日"经济"版刊出的头条消息《河南九成工业企业"零专利"》，是一条从常规会议上发现的新闻。记者从会议材料中发现线索，立即采访相关部门和人员，提炼成一条好新闻。像这样从会议挖出来的新闻，还有不少。

做强独家新闻，要有比较高的站位。《周小川十答记者问》，应该说是3个月来刊发在新闻版影响最大的一篇稿件，全球有211家媒体和网站转载。

周小川独家接受人民日报记者专访,回答关于利率、汇率、房价调控、相关案件等热点问题,"视点新闻"版以接近整版的篇幅推出。这次采访本是一次例行公事,记者接受了中宣部的指令性任务"展望与回眸",要请周行长出来宣传好形势。但这位记者以其深厚的专业功底和高度的敬业精神,打动了这位金融家,使他愿意敞开心扉,谈一谈举世关注的热点问题和敏感问题,成就了一个成功采访的典型案例!

独家新闻还是记者长期积累后抓的"活鱼",是对有关部门或地方提供的新闻稿取舍提炼再深入采访后的结果。抢新闻、挖新闻的背后,是记者作风的转变。3个月的实践告诉我们,如果人民日报记者既能当政府要员的座上宾,进行深入交流,又能当吃苦受累的"跑街的",深入基层、深入新闻现场,同时发挥有思想深度的新闻和脚底下跑出来的新闻两种优势,何愁《人民日报》没有强势的独家新闻呢?

事件新闻连续报道:
营造不一样的影响力

在吸引读者的新闻中,有一类新闻独具魅力。它不仅仅是有趣的、内涵丰富的新闻事件,是信息、观点、思想的传递,它还是媒体与新闻事件的互动。媒体通过它的报道,带动着事物一波一波地向前走,直到有一个让读者或舒心,或惊奇,或愤怒的结果。它如一部连续剧,让读者有悬念,有企盼,有情感投入,有不同观点的争论,追着报纸读下去。这就是新闻事件的连续报道,新闻版作了几次这方面的尝试,值得一提。

如"文化"版2月份关于伪书问题的连续报道;3月份关于北京"天地日月"四坛保护问题的连续报道;"视点新闻"版1月份关于印度洋海啸救援的连续报道;3月份关于珠峰科考的连续报道,关于圆明园湖底该不该铺设防渗膜的连续报道,都成功地吸引了读者的眼球。连续报道时间长、影响大,要妥善把握,需要在报道的前期、中期、后期,对选题、动态做全方位的评估。

第一,评估该新闻是否适合做连续报道,其新闻含量、思想含量、情感含量,是丰富,还是单薄?圆明园铺设防渗膜事件,就是一个三者含量都丰富的好新闻。

第二,研究题材,适合做大还是做小?

如海啸救援，是不惜篇幅地做大，"视点新闻"版连续10多天报道，并在两个高潮段两次用了接近整版的篇幅。因为这是一个国际行动，是全球新闻热点，报道既配合国家外交走向，又切合读者的愿望和期待。

而圆明园事件，基调把握是做成一个中等偏轻的连续报道。报社领导对这一报道的指示是准确、客观、平实。《人民日报》"点火"在先，但当其他媒体狂炒时，《人民日报》却始终保持平稳的态势。第一天的报道在五版头条竖两栏安排，此后，始终在这个位置表达。因为整件事情虽然吸引读者，但从国家的大局来看，毕竟算不上大事。

第三，研究报道的发力点在何处？支持力量有哪些？阻力有哪些？从什么地方切入，提升到什么高度，会产生什么效果，改变什么事态？如北京四坛保护的报道，第一个发力点是四坛合一，把四坛放在北京古城格局核心支撑这样一个高度，来看保护的价值；第二个发力点是提到人文奥运的高度；第三个发力点是专家和广大读者的意见。媒体自身并不强大，强大的是它引动的社会舆论。

第四，研究报道的落点在哪里？考虑在哪里开花易收善果？如四坛报道，假如落点放在恢复原貌上，一定不会引来回应，难度太大。最后把报道的落点缩小，放在内坛清理上，就好办多了。两级文物局都作了表态，北京市市长王岐山还作了处理此事的相关批示。

第五，评估效果，报道所指向的结果有了会怎样，没有会怎样？带批评、剖析色彩的报道，须评估相关方面的承受能力。总之，连续报道是要给读者一个交代的。由于连续报道需要多方面把握，往往需要参与者进行多角度的讨论。我们在报道中有个体会，凡是大家讨论充分的选题，做起来比较顺手；讨论不够充分的选题，容易遇到障碍。

探索开放式新闻：
抓住新闻的绿叶

党报的版面上，总结工作式的经验报道，颇为常见。它常常从材料到材料，少有记者深入的采访；它跟在事物发展的后面，等一切有了定论，才见诸报端。而这个时候，往往已失去了"新"的味道。这类报道，相关部门和地方愿意"上稿"，但读者腻烦。

此次改革中，新闻版舍弃了这类报道，代之以一种新形式，称为"开放式新闻"。这样的尝试，始于"政治"版。

　　处在改革的年代，改革的新举措、工作的新方法、思维的新理念层出不穷，成为新闻富矿。这些新闻，往往大方向正确，但切入层面不同，利弊取舍不同，角度方法不同，效果反应不同。对此，怎样既保持正确的导向，又能够尽早抓住新闻的绿叶，"政治"版进行了探索，2月18日的《昆明　节后第一天市委书记乘公交上班》、2月24日的《资兴　公务接待改革能否管住公款吃喝》等一批报道，得到了意想不到的好评。开放式新闻大体由这样几部分组成：对新闻事实的客观报道，专家的评说，读者和各界的反应，国内外同样举措的对比等，构成了对一条新闻的多角度观照，而观点的引入，增添了事件的思想含量，增加了新闻的深度；同时，消息、言论、点评、来信、反馈等多种形式的运用，活跃了版面，读者阅读更加轻松和方便。

　　这种报道样式出现在各新闻版上，新闻由此鲜了、活了。

多方位调动新闻资源：
部委与地方、国内与国外形成合力

　　与市场类报纸比，党报的弱点是机制不活，奖惩乏力；它的一个优势是拥有的资源多、人才多。因此，在编采组合中，扬长避短，就能发挥优势。

　　对《人民日报》来说，同时拥有中央与地方两个大的新闻源。跑口记者说，部委出新闻，因为它是制订规则的，它还是各种游戏的裁判；驻站记者说，地方出新闻，因为规则的突破才是新闻，是改革。两者都对，但两者需要结合，结合好了，就有了新闻的强势。

　　新闻版在探索中，一方面是尝试组合两种优势，一方面是尝试嫁接两种优势。如"经济"版，过去亮点很多，但总体来说，是部委新闻唱主角，而来自经济活动的主体——地方与企业的有影响的新闻偏少。今年以来，"经济"版在组织地方新闻上下了功夫，推出了不少有影响的报道，如关注首钢搬迁的报道等。现在"经济"版来自地方的新闻要占到近一半的比例，丰富了经济报道的内容。

　　嫁接优势，是指一篇新闻中容纳了两方面的信息。如地方发生的新闻，让相关部委的负责人来进行评点，或者部委发布的信息，倾听基层的回应。这样的新闻，由不同地方的两位记者采访，然后由编辑进行组合。这样的嫁接，增加了新闻信息的深度与广度，也成为转化同质新闻的一个好方法。

资源多的另一个方面，也指大报具有雄厚的驻外记者力量，记者素质较高，又有与高层直接对话的渠道。这样的资源，是一般报纸无法比拟的。随着我国对外开放水平的提高，越来越多的国内新闻，与国外发生了直接或间接的联系，这时，调动海内外采访力量进行组合报道，就能高出一筹。如伪书的报道，就调用了驻美国记者的力量。对伪书穿洋装骗人，别的媒体只是靠网站检索的内容作为证据，而《人民日报》刊发的是记者从大洋彼岸发回的第一手调查报道，自然成为强势出击。

多方位调动新闻资源，让地方与中央、国内与国外的新闻源在同一新闻上形成合力，是党中央机关报独有的优势，如何形成强势，还可作进一步的探索。

调整稿件流程管理：
由一级责任制，调整为主任、主编两级责任制

人民日报今年实行编采分开后，新闻版的稿件流程管理，在原有基础上进行了调整。"视点新闻""经济""政治""文化"新闻版的稿件选用，由过去部门主任负责制，调整为主任与主编两级责任制。

这一调整，增加了主编对版面的主导作用，增加了版面对稿件选择的机会，一定程度上也加大了稿件的淘汰率，提高了版面质量。在新的机制下，部门主任对本部门记者采写的稿件，进行政治、理论、业务等多方面的把关，作同意版面刊用的签发，发往总编室夜班；然后由主编根据版面的需要，对稿件进行再选择（特别重要的稿件，则由各部主任提交分管副总编辑或总编辑签发，版面按指令刊用）。

新机制的运营，是一个探索的过程，重点探索主编对版面的主导作用、编采之间的沟通与互动。

主编不再仅仅负责晚上组版，其新职责是全方位的：整体布局，策划选题；抢抓当日重大新闻、独家新闻、鲜活新闻；组织稿件，与记者沟通；组织或撰写言论；精心处理组版各环节；保证出版时间。

主编与记者的沟通也是全方位的：提前了解记者将采写什么，对新闻价值进行整体把握；对重点稿件，在采写过程中与记者保持多次联系，提出采写要求；记者采访时，版面编辑开始考虑处理方法、版面安排、背景资料准备、评论的配写等。这种沟通可以理解为编指挥采，也可以理解为

编服务采。

主编对稿件质量直接、具体负责，总编室值班主任则对头条、深度报道、言论等重要稿件和版面安排提出要求，进行把关。

新机制新要求，使稿件质量提高了。一些应酬性的稿件、程式化的稿件，经过二次打磨，成了可读性强的新闻。

今年1月，一位驻站记者写了篇业务探讨文章。说的是他在1月4日傍晚接到记者部电话，要他写一篇关于海南文明新农村建设的新闻稿，他凭着多年的积累，数小时内一挥而就，写了一篇综合稿发回。没想到，内容虽属上级的指令稿，但稿件到了夜班，相关版面的主编都不想采用，理由是写得太程式化，不鲜活。版面上对稿件提出了新要求：新闻要色香味俱全，表达对象要有海南的个性，落笔要有记者的个性。第二天，这位记者重新找点进行了体验式采访，当天即以散文式的笔法写成《林昌　一个文明生态村的感动》一稿，稿子传回编辑部，版面当即刊用，此文后来被评为人民日报好新闻。

擦亮标题：
帮助读者完成2分钟阅读

精彩的标题，是吸引阅读的法宝。

《环球时报》有一条宝贵经验：在吸引阅读方面，标题起到60%的作用。这条经过市场检验的定律，对新闻版的编辑产生了重要的影响。制作好标题，成为新闻版每天的一个重要追求。值班主任也提出目标要求，一个版上有吸引力的标题，不得低于两个。现在新闻版上，好标题越来越多。

过去十分严肃的政治新闻，在编辑的巧思下，插上了形象的翅膀：

"叫醒工程"实施一年　部分网站"沉睡"如故（肩）

郑州：14家政府网站评估得零分（主）（1月31日，十版）

不见炊烟起　但闻饭菜香（肩）

我军野战饮食"想吃就吃"（主）（3月17日，十版）

事业单位"无事业"，撤！（3月28日，十版）

独立统计：为"注水数字"脱水（4月28日，十版）

"经济"版在这方面体会也颇独到。1月中旬，"经济"版主编统计发现，自己版上新闻的转载率不够高。分析原因，主要是标题做得太规矩，不够抓人。于是他们狠下功夫。当天有一条消息，原题：中央企业全面推进分离企业办社会职能工作。编辑反复打磨后，改成"央企不再办社会（主），今年全面推进，财政部已安排专项资金（副）"，主题只有7个字，十分抢眼（1月14日，六版）。第二天各大门户网站纷纷转载。经济类标题如何做得更精彩一些，"经济"版在继续探索。

编辑为了做好标题，可谓千方百计。2月23日，著名出版家、翻译家冯亦代去世，记者快速反应，当日发回人物特写，稿子写得漂亮，就是标题不到位——冯亦代：欢乐照亮前程。为了改个准确、有吸引力的好标题，"文化"版夜班三位编辑折腾了一个小时，还是不到位。分管主任说：标题不满意不签字。后来编辑上网去看相关文章，发现了一个精彩的细节，冯老曾留下遗言，他要笑着迎接黑的美。编辑忙把这个细节加入文中，做了一个这样的标题：冯亦代——笑着迎接黑的美（2月24日，十一版），赢得大家一致叫好！

标题的另一个作用，是帮助读者浏览新闻，获取信息。

快节奏的工作和生活，已经极大地改变了人们的阅读习惯。一份城市抽样调查表明，读者看一份日报的时间，一般不会超过半小时。《人民日报》16个版，分到每个版上，读者给的时间，只有2分钟。因此，我们编辑有责任服务读者，完成2分钟的有效阅读。

新闻版在标题上做的另一个努力是，一般消息重视厚题薄文，长文章精心做丰富的小插题，尤其是"视点新闻"版，让一般读者看完标题和插题，就可了解基本信息。而这个时间，不应超过2分钟。

用醒目、到位的标题方便读者了解信息；用生动、鲜活的标题尽量吸引读者作深度阅读，这是努力的目标。

重视视觉传播：

为版面注入更多现代元素

打开1月11日的"文化"版，在悦目的版面上，可以看到多种视觉元素的精心组合：大幅的精彩照片，构成视觉冲击中心；上方有南极洲的地图和南极科考队冲顶的图示，下部有漫画家的插图；另外还有刊头、"延伸阅读"的有色区块……图示、漫画的篇幅与大幅新闻照片的比例正好为1∶4。研究者认为，这是一个对读者有感召力的比例。

对改革中的新闻版来说，图片的观念正悄然改变。过去常在编辑那里听到的词是"图文并茂""两翼齐飞"，现在常听到的词是"视觉传播""图文总体设计""视觉冲击中心"……这样的改变虽然还不成熟，还在渐渐进行中，但已经展示出活泼的生命力。

版面上形成引人注目的视觉冲击中心，是衡量现代报纸的一个重要标志。"视点新闻"版从诞生之日起，就推出了新闻图片专栏《瞬间》，以抓拍的事件性新闻的精彩画面为定位，大幅刊出，形成整版的视觉冲击中心，给版面带来了焕然一新的现代感。新闻版今年实行编采分开后，各版把精选新闻图片放到与头条同等重要的位置，在剪裁布局上打破3栏宽、20行高的常规模式，舍得版面，突出处理。而小幅的新闻图片，则灵活运用。"政治"版有影响的《声音》专栏，从3月下旬开始，配发小型人物图片，进一步增强了吸引力。

第二个明显的变化是编辑的图片观念变了。过去的图片常常特指新闻照片，现在编辑心中的图片概念，既有新闻照片的核心意识，更有大图片的视野：地图、图示、图表、漫画、文物拓片以及与文字相关的美术作品如人物肖像、话剧海报、图书封面、舞台剧照、邮票……皆在图片概念之列，构成视觉传播的丰富元素。

第三个变化是编辑眼中图与文的关系变了。过去说图文并茂，常常是图从属于文，图在版面的整体设计中处于附属地位，文都安排完了，找张图片来安排上。现在说的图文总体设计，是在版面设计时，把图与文放到一个协调共处的同等重要的位置上。

对非彩色报纸来说，视觉的重力是由黑白色差构成的，因此，从视觉传播的概念出发，在设计版面时，"图"的意味又延伸了，实际上把标题、标题字体轻重的运用、题区的留白，也当作图的视觉效果来处理。在这个意义上，全面考虑图文的协调安排。

《人民日报》经过50多年的发展，形成了庄重大气、清新美观、舒展流畅、简洁明快的总体风格，受到广泛肯定。新闻版对版面形式的探索，是在传承这一总体风格的同时，为版面注入更多的现代元素，使《人民日报》版面跟上时代的脚步，更具现代风，增强吸引力。

（本文以上下篇形式在《新闻战线》2005年第5期和第6期刊登，原标题分别是《寻找党报的新闻优势——人民日报编采分开实践回眸（上）》和《管理调整与版面创新——人民日报编采分开实践回眸（下）》，入选本书时，经作者同意，将上下篇合并，以《人民日报编采分开实践回眸》为题刊登）

为新农村建设营造良好的舆论环境

江绍高

建设社会主义新农村，已经得到全社会的普遍认同，全国上下积极行动，热情参与，广大农村热气腾腾，形势喜人。新农村建设的进展情况如何？最近，中央农村工作领导小组办公室副主任唐仁健在接受记者采访时概括了三句话："开局良好、进展顺利、总体健康。"农业和农村出现了一些新的变化和积极趋势：农村经济取得新发展，农村基础设施建设和社会事业取得新进展，村容村貌出现新变化。

同时，他提出在推进新农村建设过程中有"急""偏""冒""同"的倾向。

所谓"急"，主要是对建设新农村任务的长期性、艰巨性认识不足，把新农村建设作为短期工作目标来要求和部署，在工作推进上操之过急，缺乏长期奋斗的思想准备。

所谓"偏"，主要是对建设新农村目标的全面性、完整性认识不够，把新农村建设片面理解为新村建设，在工作中偏重于新村规划和村庄整治，对发展生产、增加收入、深化改革的任务重视不够。

所谓"冒"，主要是脱离当地实际，超越经济社会发展水平，盲目攀比发达地区，把新农村建设的目标标准定得过高。

所谓"同"，主要是没有突出乡村特色、地域特色、民族特色，不区分轻重缓急，一张图纸，一种模式，一个步调。另外，少数地方在新农村建设试点过程中，存在违背农民意愿调整承包地、宅基地以及集中资金"垒大户"等倾向。

应该说，这四种倾向是带苗头性的，是前进中的问题，不仅在新农村建设中要注意克服，同时也提醒我们新闻媒体，提醒我们新闻工作者，要坚持正确的舆论导向，去粗取精，去伪存真，为新农村建设营造良好的舆论环境。

一、加强学习，认真理解中央精神，不断深化对新阶段农业农村发展特征和规律的认识

中央作出建设社会主义新农村的战略决策，是总揽全局、顺应潮流的历史选择，是符合国情、利国强农的重要部署，是加强农业、繁荣农村、富裕农民的重大举措。近些年来，党中央、国务院立足于经济社会发展全局，在宏观调控中着力加强农业这一薄弱环节，采取了一系列具有里程碑和划时代意义的重大举措，制定了一系列更直接、更有力的支农惠农政策，连续出台了3个中央1号文件。这些重大政策举措，内容丰富，具体明确，操作性强，其力度之大、含金量之高、受益面之广，是多年来所没有的，有些重大举措还开了历史先河。中央关于加强"三农"工作的新理念和新举措，形成了新时期比较完整的"三农"工作的指导思想、基本原则和政策体系，充分表明了中央解决好"三农"问题的坚强决心，深刻反映了全面建设小康社会、加快推进现代化的客观要求，集中体现了尊重农民物质利益、保障农民民主权利的一贯准则，真正代表了全国亿万农民群众的根本利益，对统筹城乡经济社会发展、做好"三农"工作，具有重大的现实意义和深远的历史意义。

随着国家经济社会的全面发展，今日的中国农村，的确有很多重大变化，比如，农村发展的外部环境、农业生产经营方式、农村经济社会结构、农民就业和收入结构正在发生重大变化，现在的农民已不完全是传统意义上的农民，正在快速发生分层和分化。农民的思想观念和就业方式、经营活动和生活方式正在发生深刻变化，独立性、选择性、多样性日益增强。从事农业的比重下降，从事非农产业的比重上升；单一务农的减少，兼业经营的增多；在农村就业的人员减少，外出就业的人员增加。1/3以上的农村劳动力已转移到非农产业，农民工已成为我国产业工人的重要组成部分。农民收入构成不断变化，来自非农产业特别是外出务工的收入比重提高，农业收入中来自养殖业的比重提高。随着城乡交流的扩大和信息沟通的便捷，农民的视野得到拓展，民主法制意识、参与意识明显增强，对缩小城乡差距、加快农村发展、改善生产生活条件的愿望更加迫切。他们渴望能像城里人那样，收入不断增加，生活不断改善，享受现代文明，全面提高自身素质。

农村变化很大，但面临的困难和矛盾也不少，突出的是资源短缺与提高

农业综合生产能力的矛盾；农户小规模生产与实现农业集约化经营的矛盾；农村劳动力大量富余与提高农业劳动生产率的矛盾；农业投入不足与农村要素外流的矛盾。在看到重大变化的同时，更要看到农村的另一面，不少地方的农村，农业生产基础设施依然薄弱，农田水利设施建设滞后，耕地数量逐年减少、质量下降，农业科技和物质装备水平不高，农业科技研发和创新能力不强，技术集成度不足，成果转化率低，农业抗灾减灾能力不强；农民生产生活条件落后，农村饮水安全问题不容乐观，农村道路问题还没有得到很好解决。有资料表明，目前全国还有近100个乡镇、近4万个建制村不通公路，近1万个乡镇、30多万个建制村不通沥青路和水泥路，缺桥少涵的问题比较普遍，农民生活燃料结构不合理，还有相当数量的农村人口用不上电；农村社会事业欠账较多。总的看，我国经济社会发展"一条腿长、一条腿短"的问题，在农村表现得尤为突出，农村社会事业发展是短腿中的短腿。

农村里的情况如此，如果把农村和城市连起来看，许多方面还存在巨大反差，如城乡居民收入和消费水平方面，城乡社会事业发展方面，城乡基础设施和面貌方面，城乡财政支出方面，城乡信贷方面，城乡投资方面等。城乡之间存在的这些巨大反差，已经对经济社会发展产生了很大的影响。如果任其发展下去，后果将更为严重。起码有这样几点：一是严重影响国民经济的平稳较快发展。对于我们这个拥有13亿人口的大国来说，扩大国内需求是经济发展的长期战略方针和基本立足点。农村人口是我国数量最多、潜力最大的消费群体。如果农民的收入没有较快提高，农村基础设施和消费环境得不到较大改善，扩大国内需求就缺乏长期可靠的市场支撑，经济发展就缺乏持久的动力。二是严重影响全面建设小康社会和现代化建设的顺利推进。我们正在全面建设的小康社会，是惠及十几亿人口的小康社会；我们要推进的现代化，是整个国家的现代化。如果农村不能摆脱落后面貌，农民生活得不到大的改善，全面建设小康社会的目标就不可能真正实现，我国就不可能成为真正意义上的现代化国家。三是严重影响和谐社会建设。农民安居乐业、和睦相处，农村安定有序、充满活力，是构建和谐社会的基础。如果城乡差距继续扩大，就容易引发和加剧各种社会矛盾。因此，我们在推进工业化、城镇化的过程中，必须更加重视工农城乡的协调发展，通过推进社会主义新农村建设，切实加快农村发展步伐，尽快遏止城乡差距扩大的趋势，逐步创造条件缩小城乡差距，努力形成工业与农业相互促进、城市与农村共同繁荣的新局面。这也说明，我国正处于工业化、城镇化快速推进的发展阶段，处于体制深刻转换、结构深刻调整、社会深刻变革的历史时期。在中央加强"三农"工作新决策、新举措的推动下,我国农业农村发展正在发生重大而深刻的变化,呈现一系列明显而积极的趋势,经历一场广泛而持久的变革。

从新闻报道的角度来说,越是对比反差大、深层次矛盾多、面貌变化大,触及矛盾、反映变化的新闻报道,感染力就愈强,影响力就愈大。我国农村发展已进入一个新的阶段,这对农业和农村工作提出了新任务、新要求,也对我们新闻工作者提出了新任务、新要求,我们应当不断深化对新阶段农业农村发展特征和规律的认识,要看到,农村问题的解决,既要发展农村生产力,又要调整和完善农村生产关系;既要加强农村物质文明建设,又要加强农村政治文明、精神文明与和谐社会建设;既要促进农村经济社会发展,又要促进农民自身发展。要正确认识、准确把握农业农村发展变化的新趋势,因势利导地把农村各项工作有机结合起来。中央审时度势提出建设社会主义新农村的重大历史任务,它涵盖了农村发展的各个方面,为进一步做好"三农"工作提供了一个总的抓手,为促进农村经济社会全面进步提出了一个新的目标。新闻工作者要深入学习、全面把握中央的战略意图,进一步把思想统一到中央加强"三农"工作的要求上来,把目光聚焦到中央建设社会主义新农村的部署上来,为加快农村经济社会的全面发展出力。

二、新农村建设宣传报道中要处理好几个关系

社会主义新农村建设是个系统工程,要营造良好的舆论氛围,必须紧密联系实际,一切从实际出发,从反映农民的真实意愿、保护好农民的切身利益出发。近一段时间来,在中央主管部门的部署下,建设新农村的宣传报道开展得有声有色,较好地发挥了反映实践、指导实践、推动实践的作用。进一步做好新农村报道,要处理好几个关系。

一是"热"与"冷"的关系。也就是,心要热,头脑要冷静。近几年,"三农"问题不断得到重视,"三农"工作不断得到加强,广大农民群众高兴,从事农村工作的同志高兴,从事农村报道的新闻工作者也高兴。这对从事农村报道的同志来说,机遇难得。我们要不辱使命,为改变农村的面貌,改变父老乡亲的命运鼓与呼,为扎实推进新农村建设创造良好的舆论氛围。但是,特殊的职业,要求我们在任何时候都必须保持理性的、冷静的头脑。越是问题重大,我们越要小心谨慎;越是面对火热的实践,我们越要保持冷静的头

脑；越是激动人心，我们越要心态平和；越是眼花缭乱，我们越要去伪存任务，不可能一蹴而就，农村这么大，农民这么多，农村的条件千差万别，不可能"日新月异"。因此，我们一定要立足实际，心中有数，实事求是。否则，报道就可能盲目"刮风"，舆论发烧就会把人们的认识引到偏离实际的方向上去，那样，就是给农民帮了倒忙。

二是"上"与"下"的关系。 既要把党中央关于社会主义新农村建设的总的要求和方针政策宣传出去，又要把基层干部和群众的实践的现状反映出来，把他们的真实意见表达出来。这样才有利于我们全面地掌握情况、分析问题、研究对策，更有利于决策者从群众中来，到群众中去，保障新农村建设沿着科学的道路前进。宣传中央政策，要准确、全面、及时。比如对种粮农民补贴，究竟是什么范围、有哪些项目、补贴渠道是什么？农机补贴又是什么情况？比如，对中西部农村义务教育阶段的学生究竟有哪些优惠政策？实际效果如何？这几年，中央出台的支农政策很多，许多基层干部、特别是农民群众，不见得都很清楚，这要我们不断宣传、广为宣传、反复宣传，把中央的精神和政策原原本本地告诉农民。另一方面，基层的实践究竟是怎样的，他们有哪些发明创造，又有哪些实际困难，遇到哪些新的情况？我们要选择那些带有普遍性的问题进行报道，贴近读者、贴近群众、贴近生活，传达基层呼声，为决策服务。

三是重点与全局的关系。 生产发展、生活宽裕、乡风文明、村容整洁、管理民主，这五句话是对新农村建设的整体要求，从统筹城乡发展、实现全面小康和构建和谐社会的角度来说，每句话都很重要，都不能有"短腿"。但是，我们在宣传报道的时候也要有个轻重缓急。这五个方面，"生产发展"是基础，只有"生产发展"了、"生活宽裕"了，才能更好地开展其他几个方面的工作。当前和今后一个时期的宣传重点，仍然是进一步解放和发展农村生产力，通过新闻舆论，引导各地关注制约农业和农村经济发展的突出问题，比如，加强农村基础设施建设，增强粮食综合生产能力，大力发展农业产业化经营，推进现代农业建设；改善城市务工环境，转移农村富余劳动力等。同时，也要关注农村基层民主建设、农村教育、科技和文化、卫生事业、培育新型农民等。总之，要以农民群众最关心、最直接、最现实的利益问题为新闻报道的着力点，促进农村和谐社会建设。

四是典型与一般的关系。 为了有力推进新农村建设，各地、各部门都扶持和推荐了一批好的示范村、典型村。宣传他们的典型经验，为更多的地方提供借鉴，也是行之有效的工作思路，很有必要。我们在宣传典型的时候，要特别注意典型的代表性。有的典型是好，但别人学不了。我们抓典型、宣传典型是为了促进面上的工作；剖析特殊是为了启发一般。因此，我们报道的典型，要讲求实效，不搞形式主义的；要考虑自己的承受能力，不是盲目攀比的；要坚持民主协商，不是强迫命令的；要突出特色，不是千篇一律的；要引导扶持，不是包办代替的。要避免"高大全"，避免把话说满。

五是当前与长远的关系。在建设新农村的新闻报道中，要立足全局，放眼长远，正确对待和处理农村改革、发展与稳定的关系。建设社会主义新农村，我国农业和农村发展到了一个崭新的阶段，农村工作面临着许多新的问题和矛盾。比如，以前农村基层工作的"老三难"是要钱、要粮、要"命"。现在，随着农村的改革和发展，"老三难"不那么突出了，"新三难"又出现了：失地农民问题、环境污染问题、农民工权益保障问题。我们新闻媒体有责任及时抓住农村发展、改革中出现的新问题、新现象，给予适当的报道，以保护农民利益，推动农村改革和发展。但是，我们一定要处理好当前与长远的关系。农村深层次的矛盾是长期积累下来的，改革和发展也需要一个渐进的过程。新农村建设特别需要一个稳定的环境，舆论的正确引导非常重要。新闻报道提出问题，也要考虑解决问题；关注农民群众的现实利益，也要考虑到他们的根本利益和农村的稳定、持续、长远发展。

建设社会主义新农村的伟大实践已经展开。新农村建设有丰富的新闻资源，只要我们走进农村，贴近农民，就会有写不完的新闻。

（原载《新闻战线》2006 年第 8 期）

国际科技报道刍议

吴迎春

国际科技报道是关于国际科学技术方面的报道，涉及天文学、地理学、生物学、化学、医学、物理学、航空航天等内容广泛的领域。如果下定义，能否这么说：国际上新近发生的科技事件及其新成果的报道。国际科技报道有与其他报道题材的共性，但它的专业性较强，不同于国际政治、外交、经济新闻，报道对象是科技事件和新成果。这就是它的个性。

国际科技报道所具有的共性和个性造就了它独特的地位，在党报中成为一个颇具特色的报道领域，发挥着不可替代的引导作用。

国际科技报道的地位和作用

多年的国际科技报道实践使我感到它是媒体报道的重要内容之一，说它重要，是因为科学技术作为第一生产力，在国家经济建设、社会各项事业发展以及日常生活中所产生的巨大作用和深远影响。

在当今科技最发达的美国，电视台科技节目平均占节目量的20%，日本占15%；平面媒体中，《纽约时报》除日常报道外，每周二推出8个版的科技专刊，至于科技新闻上头条不是新闻。日本的《朝日新闻》《每日新闻》等大报，从一版到后面各版，经常刊登科技新闻以及有科技含量的新闻，如发生重大科技事件，还及时推出专刊。至于《人民日报》，有专门负责科技报道的部门和编辑，每周四推出《科教周刊》，遇有重大的国际科技事件，及时推出科技专版，查阅《人民日报》科技报道数量，输入"科技"两个字，每年显示的文章数量为4000篇左右。

2006年8月25日，《人民日报》刊登了国际天文学联合会24日召开第二十六届大会的新闻报道，报道指出，来自各国的2500多名科学家经过辩论达成一致,决定将昔日错误列入太阳系"行星家族"的第九大行星冥王星逐出,太阳系只剩下八大行星。这篇报道披露了重要的信息,经过长时间的探索,冥王星的地位终于被确认,这标志着人类对太阳系认识的飞跃,反映的是实事求是,有错必纠的科学精神。从新闻学的角度讲,这篇科技报道有着同其他报道一样的基本功能,传播科技信息,普及科学知识。

国际科技报道的作用不只是"传播"。第三世界科技记者大会通过的《巴西宣言》认为,科技新闻在提高全社会的科学素养方面具有关键的作用。有关调查显示,有六成多的中国人从报纸获取科技信息,八成多的中国人从电视上获取科技信息。因而可以说,弘扬科学精神、普及科学知识、增强公众科学素养,促进社会经济发展和科技事业进步,是国际科技报道的重要使命。

推出新栏目——《科技大观》《系列报道》

常言道:好马配好鞍。随着科学技术迅猛发展,新成果、新产品、新材料、新工艺与日俱增。国际科技报道除用消息、通讯、专访、评论这些传统表现形式外,还需要推出新的栏目以适应报道的需要。《科技大观》《系列报道》是近年来《人民日报》推出的新栏目。

《科技大观》的前身是《院士园地》,这在当时是很有影响的权威栏目,因为刊发的均是中国科学院院士和中国工程院院士撰写的文章,受到读者和有关部门的广泛好评。这个栏目经营了近两年半时间(1998年3月—2000年8月),共刊出43篇文章。后来发现有局限性,《院士园地》只能刊登院士的文章,其他不是院士但有发明成果和建树的中青年科学家的文章,不能上这个栏目,应搞一个大点的框子,院士的文章和青年科学家的文章都能装,《科技大观》应运而生。

为什么叫《科技大观》?当时运作时,起了10多个栏目名字:"科技园地""科技大世界""科技万花筒""科技创新园""科技天地""科技生活""科技社会"等,觉得平,一般化,最后选中"科技大观",朗朗上口,意思不错。大观即"美好繁多、蔚为大观"。

时至今日,《科技大观》已6岁多,每年刊登20多篇,迄今为止共刊发了120多篇文章,内容涉及物理学、气象学、天文学、电子信息、生物学、计算技术、医学、地震、环境等广泛的领域,国际科学界重大科研成果和科技事件几乎都有反映。《科技大观》成为《人民日报》一个有影响的科技报道栏目，形成自己的特色和定位。可以概括为如下几点：

第一，以新近发生的科技事件为由头，进行介绍评说。

第二，题材内容介于新闻和评论之间，有述、有议、有评，是言论文章的一种。

第三，有科技知识方面的介绍和解释，这是《科技大观》有别于其他栏目的个性、特色。许多科学家、发明家的稿子荣登这个专栏。

《系列报道》有鲜明的目的性和很强的指导性。

比如：2001年1月1日起，《人民日报》刊登15篇系列报道，介绍各国开发使用信息技术的情况，如何在工业、旅游、金融、商业、教育、交通管理和政府等部门普及和使用信息技术，以提升本国经济和社会发展水平。2005年1月，刊登的国外节水、节电、节油、废物利用以及开发节能技术情况等10篇，以配合国内建设节约型社会。

《系列报道》因为连续不断地推出、全方位多角度强调一个主题并挂上专门的刊头，所以特别引人注目。需要说明的是，《系列报道》这种形式不可随意用，一般的报道主题不可用这种形式，所谓"杀鸡焉用宰牛刀"；此外，主要用于配合国内的改革、发展和科技发展大战略的推出和实施。比如：上面所说的信息技术系列报道，其背景是2000年下半年，中央在关于"十五"计划建议中提出，要"努力实现我国信息产业的跨越式发展"，"加快国民经济和社会的信息化"，而2001年1月是"十五"计划的第一年，所以策划了这个系列，介绍国外发展信息技术的情况，为国内提供参考。再如，2006年8月初《人民日报》开始推出的"外国提高公民科技素质系列谈"19篇文章，是配合2006年2月中国政府制定的《全民科学素质行动计划纲要》的公布和实施，介绍美国、日本、欧洲以及一些发展中国家通过科普提高本国公民科学素质的举措和经验，中国科普专家予以充分肯定，认为这些报道使用第一手材料，具体翔实，对国内有借鉴作用。随后，这些系列报道扩编成书，以便进一步发挥作用。

《系列报道》有其要求，开篇要发编者按，告诉读者为何发这个系列报道，结束时要告诉读者，系列报道结束，有始有终，每篇报道挂专门制作的刊头并标明序号，使读者了解是一个系列报道而不是单篇文章。

准确性、通俗性、趣味性、贴近性的统一

国际科技报道要注意"准确性、通俗性、趣味性、贴近性"四性的统一，

这是报道实践经验的总结,也是时代发展的要求。

准确性:准确真实是新闻的生命,国际科技报道也不例外。韩国的黄禹锡造假,克隆人体干细胞的数据和实验均是捏造的,其造假"论文"在国际上有影响的美国《科学》杂志和英国的《自然》杂志上分别发表,后被揭露,两杂志名声大为受损,公信力下降。各国报纸杂志纷纷从中吸取教训,采取措施,确保报道来源的准确性,从报道的源头上杜绝错误。此外对一些发明和成果的报道,要准确把握,慎用"世界第一""最先进"等最高级词汇。一篇报道,要做到事实准确、名字和数字准确、概念准确、科学原理准确。很多人写的稿会出错,科学家也不例外。作为编辑,不迷信,不盲从,只尊重科学、尊重事实;对报纸负责,对读者负责,也是对作者负责。在编稿中遇到比较多的问题是译名问题,译名要标准化。另外就是科学概念问题。比如:2006年12月18日《人民日报·科技大观》刊登的一篇讲月球探索的文章,里面提到在月球建立种子库,把农作物种子以及人类和动物基因存放在上面,以防不测。文中一句话表述为"将人类动植物种子备份存放在月球上,充当'诺亚'角色"。当时文章已经发到夜班,后来考虑这句话不妥,植物种子是对的,人类和动物不能说种子,但是分开做两句话说,又觉得累赘,最后请教科学家才解决了这个问题,这句话改为"将人类动植物种质资源备份存放在月球上,充当'诺亚'角色"。

通俗性:国际科技报道必须通俗,怎么叫通俗?读者能看懂就是通俗。要想读者看懂,作为编辑,你首先要能看懂,你懂了,读者就懂了。科学家写的稿子,涉及科技术语、原理和知识,比较专,难懂。所以在约稿时,要反复强调,写科普文章,而不是学术论文,一定要通俗。收到稿子后,在编辑的过程中,将那些难懂的内容"翻译"成读者懂的语言和术语。有时为了"翻译"一个概念或原理,和科学家多次商量,找对应的通俗词语表达。

举一例,2006年5月,人类最大的染色体第一号染色体的测序和分析完成,历时16年的国际"人类基因组计划"终于完成"生命之书"的最后一个章节。这期间,各家媒体发了许多相关报道,但没有介绍什么是"基因组"这个重要的概念,它和碱基对、染色体等是什么关系?读者来信曾问及这个问题。

我们采访了国际"人类基因组计划"中国协调人、中国科学院基因组研究所所长杨焕明教授后,草就一篇《人类揭启自身奥秘》回答了这个问题:"人类基因组计划"就是要了解我们整个基因组,把基因组所有基因的基本结构 DNA 序列搞清楚，最终解读关乎人类生老病死的遗传密码。

那么什么是人类基因组呢？人类遗传物质 DNA 的总和就是人类基因组，由大约 30 亿碱基对组成。为了便于读者理解，找到对应的词语，通俗地进行比喻：人类基因组就像地球那么大，一个染色体就像一个国家那么大，一个基因就像一幢楼那么大，搞清楚 30 亿碱基对（核苷酸）就像搞清楚地球上 30 亿人各姓什么，"制图"就像在高速公路上标路标。

这篇文章因为"通俗易懂"获得人民日报好新闻奖。

趣味性：国际科技报道是写给读者看的，如果读者因为报道难懂、干巴而不愿意看，报道就失去价值。报道要吸引读者，内容通俗、生动活泼。比如：《人民日报》1957 年 11 月 5 日刊登的《苏联的人造地球卫星》科普文章，解读当年 10 月 4 日苏联成功发射世界上第一颗人造地球卫星重大科技新闻。当时，人们还不懂什么是人造地球卫星，文章这样介绍："自然界的卫星是围绕着某一行星周期性地转动着的小星体。月球就是地球的天然卫星。人造地球卫星就是和月球相似的人造小星体"；"人们会问，卫星怎样能绕着地球转，既不飞开去，又不掉下来。首先我们看一下月球。月球绕地球旋转的速度是每秒一公里（每小时 3600 公里）。由这样大速度所产生的离心力正好等于地球对它的吸引力，二力平衡，卫星就沿着轨道转动，既不飞开，也不下落。正如用手牵着一根前端系有石子的绳索转圈子的情况一样。这时石子在作环绕运动，有离心力在使石子向外飞；而绳索有拉力，拉着石子不让它飞开，二力平衡，于是石子只能沿着轨道不断地兜圈子。由此可见，创造卫星的一个首要的条件是必须有足够的速度……"这篇报道通俗、有趣，读者爱看。

上述三性如能做到，一篇国际科技报道基本是成功的，但如果有贴近性，报道就更加到位。

贴近性：国际科技报道要贴近中国、贴近读者，让读者感到科技不神秘，就在身边；让中国读者感到，国际科技与中国息息相关。比如：2006 年 2 月 15 日《人民日报》一版刊登的全球快餐业巨头麦当劳公司首次承认，其炸薯条含有小麦和乳制品成分，这些成分可能会给那些对这些物质敏感的顾客带来过敏反应……之所以会引发过敏现象，主要原因在于其含有可能导致过敏的蛋白质。这属于食品科学，涉及千百万人的健康问题，见报后读者关心，打电话来了解进一步的信息。

现在，《人民日报》很多国内的报道含有国际内容，我们称国内报道走向全球化。同时，国际报道涉及更多国内的内容，这是中国开放、参加国际合作的必然结果。国际科技报道贴近中国是必然的。去年3月2日见报的《能源新秀可燃冰》，介绍一种被称为"可燃冰"的蕴藏于海洋深水底和地下的碳氢化合物，各国的开发战略及其进展，文章说：中国从1999年起开始对可燃冰开展实质性的调查和研究，并取得重大进展。目前，中国海域内已经发现大量可燃冰储量，仅南海北部的可燃冰储量估计相当于中国陆上石油总量的一半左右。在未来10年里，中国将投入8.1亿元进行勘探研究，2010年到2015年实行试开采。这一报道满足了读者全方位的求知欲，对于我们这样一个能源紧缺的国家意义尤显重要。

（原载《新闻战线》2007年第5期）

谁的声音
——全球传媒的话语权之争

丁 刚

一、谁在控制着当今世界的新闻报道

全球传媒现状的一个突出特点是失衡。世界的现实情况是，综合实力强大的国家就掌握着更多的话语权，唯一的超级强国美国因具有相当强大的软、硬实力，在许多方面已经占据了"话语霸权"的地位。这就造成了现有的全球信息传播的不平等秩序。在相当大的程度上，全球信息的传播是单向的，是从强者流向弱者。如果单从新闻的角度看，许多重大事件，甚至包括那些发生在发展中国家的重大事件，其解释权都掌握在以美国为首的发达国家的媒体手里。他们怎么报道、分析新闻，对发展中国家的受众产生着重大的影响。这是全球化带给发展中国家的一个重大挑战。

新闻传递的不仅仅是信息，也是一种文化，一种思维方式。长期的信息传递失衡，会潜移默化地影响人们对事物的准确判断与把握，会扭曲人们衡量一些事情的尺度。这也是为什么现在很多人都自觉或不自觉地将美国视为中国现代化标尺的一个重要原因。北京大学袁明教授在《全球化中的文化自觉》一文中谈道：单一话语霸权这一全球化的现象所涉及的，已远远超出学术领域，它已经影响到大众的生活。它不仅以语言（英语）的优势主导着人们的交流，而且还以主导的姿态挤压着人们的心灵。这种单一话语霸权的出现不仅是一种思想现象，也是一种国际政治现象。

在谈到美国CNN（有线电视新闻网）对世界的影响时，英国《简氏外事报道》周刊这样描述："法国和俄罗斯的政治家们惊恐地看到，世界媒体的议题已经被CNN这个开创了在全球范围内全面报道新闻的电视台所主宰。更为可怕的是，媒体给美国政策所作的宣传：美国国务卿一次演讲可以在几

秒钟内现场转播到世界各地。法国和俄罗斯的外交部长的演讲只有在走运的时候才会被转播。"对于有关中国的新闻报道，不仅是CNN，许多西方媒体的做法也大体相同。

与此同时，大量西方的新闻产品正在涌进发展中国家。不久前，加拿大"世界媒体协会"会长凯恩斯先生对笔者说，西方的新闻产品像可口可乐、辣鸡翅一样，大量投入，大量生产，大量推销，其他国家很难抗拒。在中国，这样的新闻产品的影响也在加大。比如，近年来一些西方主流媒体纷纷开设了中文网络版。英国《金融时报》的中文网站于2003年开办，到2005年注册用户不足10万，目前已经达到了100万。《环球时报》驻外记者有关中国形象的调查也表明，世界上大多数受众心目中的中国形象与西方主流媒体的报道相关。

二、从速度的竞争走向观点与导向的竞争

由于以互联网为代表的现代传媒技术的发展和全球化的不断加速，一个"信息爆炸"的时代已经来临。有媒体专家形容这样的时代是"内容为王"的时代，意思是说，媒体在内容的选择和引导受众关注点方面发挥着更为重要的作用。传统媒体，特别是平面媒体正面临前所未有的挑战。要想在激烈的竞争环境中生存，重要的已经不只是如何快速地报道一个新闻，而是怎样才能让受众关注你所报道的新闻。美国著名学者约瑟夫·奈在《美国霸权的困惑》一书中这样说："当被面临的大量信息所淹没时，我们就很难知道该关注什么，注意力而不是信息就成了稀缺的东西，那些能够把有价值的信息与虚假信息区分开来的人就取得了优势……对于那些能告诉我们该关注什么的人来说，这就是一种实力来源。"英国《金融时报》的专栏作家沃尔夫认为，一个好的新闻机构，不仅可以为成年人提供快速的、经过精心包装的、完善的信息，它还可以提供一种判断——由新闻机构提供的专业性的判断。（见《数字商业时代》2006年6月）

全球媒体正在出现分层化。所谓分层，主要表现在两个方面，一是一家媒体的受众群体相对固定，他们的新闻喜好决定了媒体的倾向；二是就报道倾向而言，媒体已经很难保持纯粹的中立，要么是偏右，要么是偏左。这种变化也导致了美国媒体这些年来不再像以往那样特别强调新闻报道的客观性（objective），而是要求反映"多种多样的观点"（diversity of opinion）。比如，

福克斯电视台提出的报道口号就是"公正和平衡",而不是"客观"。所谓平衡,实际上就是要有不同的、独特的观点。

伊拉克战争开始后,福克斯台的脱口秀"欧莱利效应"以鲜明的政治立场、尖锐的语言风格成为收视率最高的节目之一。在一次节目中,主持人非常激烈地批评了法、德、俄等国出现的反战热潮。他说,每年到法国旅游的美国人就有250万人,只要这一数字降到150万人,法国就会陷入经济衰退。福克斯正是用这种偏激的观点吸引了受众。它使得在伊拉克战争期间,福克斯的收视率大幅提高,甚至一度超过了CNN。

在消息写作中也很容易看到这样的变化。按照以往的理念,记者是不应在消息中直接阐明自己的观点的。但是,如今在西方通讯社播发的消息、通讯和综述等报道中,主观的分析常常会出现,有时甚至是不可或缺的。这样的例子俯拾即是。比如,美国总统布什去年年初发表国情咨文后,世界各国的主流媒体都做了报道。德新社的报道在导语中开门见山地写道:"布什总统的国情咨文表明,他比以前更处于守势地位,跟去年那种强有力的演讲和提出大量行动建议的做法形成鲜明对比。"随后,这篇报道才讲述了国情咨文的主要内容。显然,德国记者在这篇消息的开始就使用了新闻分析的手法,提纲挈领地点明了今年布什总统国情咨文的独特之处。法新社就此事所发的消息则在导语之后写道:"媒体认为,布什昨天发表的年度国情咨文让人们看到,一位受到削弱的总统偏离了他在过去岁月里采取的那种强硬态度。"这段话采用了典型的新闻分析的句式。按照传统的新闻写作理论,上述两则消息中的"直接表态"是十分忌讳的,但是,这种"现象"如今却越来越普遍,而且也满足了读者的需求。

三、利益集团的影响在加大

商业化是目前全球媒体的一个突出特征。当媒体业成为增长最快的行业之一时,商业力量也在史无前例地对媒体产生巨大的影响。美国著名学者麦克切斯尼说,商业至上原则已经从经济领域渗透到当代新闻事业中来,多数记者和编辑就是以此作为主导价值观的。这种商业至上的原则,导致利益集团对媒体的影响在不断加大。这主要表现在三个方面:

一是媒体对广告的依赖在加大。媒体业发达的国家也是广告业发达的国家。对广告依赖的加大使得媒体的发展必须更多地依赖于一些特定的利益集团，特别是在发布新闻时照顾到这些集团的利益。

二是媒体追逐更高的赢利水平。从美国媒体的赢利水平看，一般美国企业大概有10%的利润就非常高兴了，但媒体企业认为15%~20%的利润才是最低水平。对利润的追逐使得媒体必须考虑与一些利益集团的关系和合作。

三是媒体整合速度加快。西方媒体近年来不断加快整合速度，实力不断增强。比如，加拿大汤姆森集团与路透集团进行整合，默多克的新闻集团成功收购道琼斯集团等。整合后的大型跨国媒体公司发布新闻的成本大幅降低，但发布的信息量大幅增加，对国际舆论形成重要影响。在很多国家内部，这种垄断地位也在不断加强。近年来，美国媒体市场早已被几家大公司所瓜分。比如纽约时报公司，它的旗下有4个报业、广播电视和数字化媒体集团，仅其中的一个地区报业集团就拥有14家地方报纸。而这些报纸的国际新闻主要靠纽约时报公司的新闻社供稿。地方电视台也大体是这种模式。绝大部分地方电视台都与NBC、CBS、ABC和FOX这四大电视网建立了合作关系，由这四大电视网提供国际新闻。这样的整合使得大媒体集团和大利益集团对政府决策和舆论的影响力越来越强。许多地方报纸都是靠大报集团或是美联社提供国际新闻。

四、政府的声音并没有减弱

从表面上看，媒体的商业化趋势更不利于政府的干预，但是，实际上它也给政府的干预提供了更多的新条件。当美军攻占巴格达的消息传来时，许多美国人都在电视新闻中看到了这样的镜头：堪萨斯城一个伊拉克裔美国人欢欣鼓舞地对摄制小组说："谢谢你，布什，谢谢你，美国。"这几秒钟的画面胜过许多长篇大论，它肯定会让美国人感到激动与自豪，也会让布什总统心满意足。普普通通的观众当然不会想到，这段看起来很真实的电视新闻竟是美国国务院精心创作的"新闻作品"。

像这样预先编制好的新闻片段当然还有很多。新政策出台需要民众支持，就让"记者"出面唱唱高调，或干脆花钱雇一些高手、名家来撰写专栏文章……在过去几年里，至少有20家联邦机构（包括国防部和人口普查局）制作并发布了数百条这样的电视新闻。其中许多新闻在全美各地的地方电视台播出，并没有提及这是政府制作的。

《纽约时报》2005年发表了题为《布什当政：一个预先包装电视新闻的

新时代》的文章，称布什政府已经把这些"正面新闻"报道看作影响公众舆论的"强有力的战略手段"。"舆论秀"已经成为布什政府的拿手好戏。布什政府在第一个任期内，就花费了2.54亿美元与公关公司签订合同，这差不多是克林顿最后一个任期在这方面花费的两倍。政府各部门向新闻机构发送的"电视新闻"片段的数量更是大幅增加。政府"制造"的新闻就这样神不知鬼不觉地走进了千家万户，成为美国舆论的引导。

在《至关重要的新闻：电视与美国民意》一书中，作者艾英戈和金德认为，美国电视新闻表现美国社会和政治时有四个特点，其中之一就是作为"政府和主流意识形态的速记员"。为了追求客观公正和获得固定的官方信息，新闻界往往不愿意惹麻烦，多数时候仅转述政府信息。虽然美国媒体仍然将客观性奉为职业意识形态，但在实际工作中，新闻界的人员与政府成员之间越来越熟稔。记者变得更加依赖于政府官员和机构，后者变成了他们的重要信息来源。对于政府官员来说，也需要记者帮助他们与公众和其他精英相互沟通。这样的变化也为政府的"隐蔽宣传"在制度上提供了可能。

"预制新闻"的出现有两个因素。一是布什政府的官员比以往更善于同公关公司和媒体打交道，更善于应用隐蔽手段来"调控"媒体，以达到宣传自己政策的目的；而受雇于政府的公关人员更有许多就是记者出身，他们不仅会写新闻，而且懂得媒体的喜好和不同媒体的不同需求。布什政府委托一些公关公司预先制作的大量录像片段绝不亚于电视台拍摄的电视片。"在这里，公关与新闻报道之间的传统界限已经含混不清"（《纽约时报》）。

二是由于美国媒体公司近年来受市场影响越来越大，经营者如果想快速增加利润以提高自己的收入，特别是股票上涨就能拿更多的期权，他们只有不断减少开支，裁减人员。因此，管理层不断打破以往对编辑部门不干预的原则，不断加大"砍人"的力度。许多媒体，特别是地方媒体由于人手缺少，只能大量采用政府提供的"新闻"。《纽约时报》的文章分析说，地方上的新闻机构省去了挖掘原始材料的开支。公关企业获取了价值数百万美元的政府合同。帮助发行这些新闻的大型新闻网络向制作新闻的政府机构和播出新闻的地方电视台收费。与此同时，政府打着传统报道的旗号推出了未经过滤的信息。

五、受众对媒体的影响加大

所谓市场化、商业化的影响，实际上在一定的程度上就是受众的影响。

西方媒体在对"9·11"和美国对伊拉克战争期间的新闻做反思时认为，美国和欧洲媒体的新闻价值取向更多地是受来自两个方面的影响，一是官方立场，二是本国民众对国际事务的基本看法。在美国，后者往往表现为所谓的爱国主义。美国德克萨斯大学学者罗伯特·延森认为："盲目地依赖官方消息来源和爱国主义的意识，使得多数记者被局限在想象中的世界。在这个世界里，他们相信美国的战争目的是正义的。"德国艾尔福特大学教授哈菲对美国媒体所作的调查表明，在伊拉克之战进行时，美国主流媒体的信源中有71%的人对战争表示赞成。收看电视节目的人看到等同战争信源的机会是看到反战机会的6倍。哈菲教授将此称为"通过事实来'制造同意'的机制"。

但是，究其实质，美国记者之所以会这么做，是由媒体的生存环境所决定的。媒体既可以引导受众，但也往往只能在受众的价值取向的环境中求得生存。在一个多种媒体竞争的时代，媒体报什么不报什么在相当大的程度上受到受众需求的限制。

受众对媒体的报道倾向不断增大影响力的主要原因：

1. 受众选择的市场扩大，多种媒体的竞争构成了新闻的买方市场。为了吸引住特定的受众群，媒体必须在报道倾向上向其靠拢。

2. 受众表达自己态度、立场的方式和机会增多，比如，通过BBS或博客等，媒体必须在这样的互动中求得生存。

3. 受众独立思考能力提高，而一家媒体对一个事件不大可能提供全方位的报道，只能从某一个角度去满足特定受众的需求。

4. 对绝大多数受众来说，最重要的仍然是与他们生活相关的新闻，也就是我们中国人常说的民生问题的新闻。有学者将"重视民生新闻"列为中国近年来新闻报道的十大变化之一，可见中国受众的阅读倾向与国际是同步的。

未来媒体发展面临着以新形式表现出来的老问题，即如何在受众、政府和利益集团之间保持平衡，更准确地传递、解读和评析新闻。

六、全球媒体的话语权竞争在加剧

在谈到当前全球媒体的话语权竞争时，西方媒体已经开始使用"军备竞赛""战争""反击"等词汇。《亚洲周刊》的分析称，那些从前被西方传媒巨头轻视的媒体，正利用低成本的传播工具，包括卫星电视和个人网站等来进行反击。这也是对2001年"9·11"事件后，西方新闻视角需求增大的一种回应。

自从联合国于20世纪80年代初发表《一个世界 多种声音》的报告，越来越多的发展中国家开始重视这个问题。而全球化和传播技术的发展，在加大西方国家传播优势的同时，也给发展中国家创造了"反击"的条件。

变化最明显的是近两年有两件大事，一是阿拉伯国家的半岛电视台开始进入国际市场，设立了英语频道。1999年2月1日，阿拉伯半岛电视台推出卫星电视频道，每天24小时不间断地向世界各地传播信息，从2006年11月16日开始向欧美地区播放英文节目。半岛电视台正在不断扩大自己的覆盖范围，目前半岛已经在马来西亚设立了新闻中心，通过电缆和卫星可以覆盖8000万用户。其报道理念被美国媒体称作是"美国政府越是不愿意听的，半岛就越是会加强报道"。

另一个是法国要打造"法国人自己的CNN"。2006年12月6日，法国首个24小时国际新闻电视网络"法国24"正式启播，其创办宗旨是向全球宣传法国的价值观。2003年2月，当时的法国总理德维尔潘在联合国安理会发表了反对美国攻打伊拉克的讲话，他强调，应当继续对伊实施武器核查，而不是战争。当时，德维尔潘的讲话博得了热烈的掌声。但是当天晚上，当他在所住酒店的房间里看到美国电视上出现的这场讲话的场面时，却被激怒了，不仅他的讲话被掐头去尾，鼓掌的场面也没有了。许多法国媒体人士认为，这是德维尔潘后来努力推动建立"法国的CNN"的一个重要原因。2005年11月，作为总理的他与法国公共电视台的负责人签署了一个协议，决定建立一个新的电视台，来传播法国的声音。政府提供3000万欧元的启动资金，每年的预算估计将达到6500万欧元。

另一个大国俄罗斯也于2005年宣布，准备拨出巨额资金，模仿CNN的模式，开办全球电视台，全天播放新闻。同年，在拉丁美洲，也出现了第一家国家拥有的电视台，由委内瑞拉（占51%）、古巴（占14%）等国联合投资建立。

电视台	首次开播时间	覆盖范围
CNN International	1985，英语为主	200余国家或地区1.86亿家庭
BBC World	1991，英语为主	200余国家或地区2.79亿家庭
DW-TV	1992，德语、英语为主	全球2.1亿家庭
Al-Jazeere 半岛	1996，阿拉伯语	中东4000万人，欧洲800万人，美国20万人

在旧有的国际秩序下，全球和平要么是靠两大集团对峙保持的平衡换取的，要么是靠霸权来维持。前者是恐怖的平衡，后者容易引起新的分裂，而且很难持久。未来理想的全球秩序应当是建立在多种力量合作基础上的和平。在全球传媒领域也存在着同样的发展趋势。过去是对立的声音，现在是由一种声音正在向多种声音转变，运用地区语言进行的传播将会出现激烈竞争的局面。但是，非西方新闻视角的兴起，可能会使全球传媒的竞争平台更趋公平，却也会带来新的挑战。媒体的倾向性更强，对信息的选择性更强，媒体声音之间会出现更多的冲突，这也有可能会导致过于侧重于突出观点而影响了准确信息的传递。

（原载《新闻记者》2007年第12期）

"任仲平"的特质和品格

米博华

就传统而言，人民日报编委会历来重视评论工作，多位社领导，如原社长邵华泽同志、原副总编辑谢宏同志直接创作"任仲平"。进入新世纪8年多以来，张研农同志作为副总编辑、总编辑、社长，始终领导任仲平写作小组，主持策划、选题、修改、定稿的全过程。

就优势而言，言论历来是《人民日报》的强项。报社集中了多个部门的业务骨干，历时十多年反复历练，培养了一批评论人才，形成了一套工作机制，创造了一种清新文风，赢得了为数众多的热心读者。"任仲平"展现了舆论引领的独特作用。

"任仲平"是一个创作集体。作为这个集体的一员，我参与了其中的工作。这里，从评论业务的角度作一点赏析，谈一点体会。

政治性和工作性

"任仲平"选题广泛，政治、经济、文化、历史、科技、体育等方面都有论述，但"任仲平"有一个共同特点，这就是政治的视角。孙中山说，政治就是众人的事。毛泽东同志曾多次引用这个说法。这虽然不是完整定义，却道出了政治的本质。"任仲平"关注国际国内大事，关注改革发展稳定，关注干部思想和群众切身利益，选题和立意的方向毫无例外地是社会思潮、改革进程、发展战略等时代课题。现实针对性是"任仲平"最鲜明特色。

"任仲平"的选题中有不少为人们所熟知的话题，如《论讲礼貌》《论服务》《论责任》《论诚信》《论奉献》。这类选题过去、现在和将来都可以做，也做不完。古今中外的理论家、学者也无数次讨论过类似的话题。"任仲平"之所以选择这些话题，背景源自社会现实，理由来自工作生活，针对干部群众的思想困惑，针对改革建设中的突出矛盾，针对社会生活中某些值得注意的倾向。选题之确定，首先要问，此时此刻，我们提出这个问题的现实依据是什么；讨论和修改，大家的注意力往往是，我们讲的道理是不是"搔"到了干部群众的"痒处"。因而，此时"论诚信"，并非全是"一言既出，驷马难追"之古训，而是直指制假造假、商业欺诈、欺世盗名等丑恶现象，意在推进国家诚信建设。此时"论服务"也不全是探讨一种产业的发展思路，而是揭示新时期道德建设的重要性和紧迫性。可以说，准确切入当下的工作和思想实际，鲜明地阐述党的主张，是"任仲平"的基本遵循。

政治性和工作性（业务性），始终是党报政论要处理的一个关系。不见工作和业务的政治，是空头政治；只有工作和业务而不见政治，是书生之见。从一定意义上说，"任仲平"观察和分析问题的着力点，是从政治看经济、看文化、看历史、看社会。即使是奥运、抗灾等政论也不例外。当然，这不是为讲政治而讲政治的"泛政治"，而是说这是《人民日报》政论的责任所在，使命所在，作为所在。"任仲平"讨论区域协调发展，当然要涉及区域专业化分工、产业梯度转移等学术问题，但着力点是全国经济社会发展这盘大棋局。"任仲平"讨论建设节约型社会，当然要涉及诸如资源制约、发展模式等专业性问题，但着力点是指明科学发展的新思路。"任仲平"大多有一个主题和一个副题，主题相对较大，副题相对较实。这不是写作时刻意为之，却显示了思考问题、构思文章的路径，这就是从具体问题入手，从改革发展稳定更高层面揭示论题的意义。

理论性和说理性

"任仲平"是报纸政论，兼有理论性和说理性两个特征。这是因为，任何具体的道理都离不开基本原理。没有基本原理的阐明，说理往往流于肤浅和琐碎。同样，只有一般原理的论述而缺少具体分析，难免空泛和抽象。在创作实践中，大家逐步形成共识：其一，"任仲平"应该有一定的学理性，从世界观和方法论的高度对现象作出分析，呈现事物发展变化的规律性。其二，"任仲平"应该遵循从个别到一般的论述方法，尤其注重研究问题的特殊性，尽可能做到打开思想之锁的钥匙更加精准，开启观念之门的道理更具靶向性。

理论与实践相结合是辩证唯物论的根本方法，反映了人类科学思维活动的一般规律。这个道理为大家所熟知。问题是能不能自觉做到结合，结合得好不好。"任仲平"文章的写作往往要经过多次反复，这种反复其实就是找到、找准理论和实践的结合点。

2000年发表的《努力培育适应社会主义现代化要求的"四有"公民——论世界观、人生观、价值观》，是一篇兼有理论和说理优长的政论。显而易见，"四有"是要求，"三观"是基础。

文章分三节，三节的题目分别是：

世界观——并非虚无缥缈，而是具体实在的思想指南；

人生观——并非空洞乏味，而是无法回避的选择；

价值观——并非可有可无，而是时刻发挥作用的准则。

论述的方式遵循着从虚到实、从抽象到具体、从一般到个别的思路。"指南、选择、作用"三节论述多从人们最熟悉的生活、最熟知的道理入手，把"三观"和普通人的生活、事业、学习联系在一起，既有哲学的睿智，又有生活的朴素。由此想到：理论和实践相结合，不仅是推进各项事业的正确原则，也是做好宣传思想工作的重要遵循。

全面准确和生动活泼

改进党报政论，一直以来是评论工作者苦苦思索的一个问题。读者反映较多的是，党报政论空话多、大话多、套话多、官话多，希望观点更新颖一些，文风更清新一些，形式更活泼一些。从多年实践来看，这并非是一个写作技巧问题。文风是党风的一个反映，说服力、感染力归根结底是舆论引导能力。主客观原因比较复杂，不必一一展开。这里要说的是，"任仲平"始终把清新文风作为努力方向。

一方面，"任仲平"意谓《人民日报》重要评论，必须全面准确地宣传党的理论、方针、政策，因而在重要观点表述上不能随意率性，整体风格也应庄重严肃。另一方面，全面准确不等于空泛枯燥、套话连篇，说一些永远正确的废话，讲一些大而无当的道理。因而必须贴近实际、贴近生活、贴近群众，力求使读者在愉快、轻松的阅读中受到教育和启发。其实，全面准确与生动活泼并不矛盾。没有全面准确，花里胡哨的文字只能是持之无据的游谈；没有生动活泼，再大的嗓门、再正确的道理也不会入脑入心。论点全面、表达准确，感情充沛、文字生动，在一篇好文章中都是缺一不可的要素。

"任仲平"在两者统一方面进行了探索,尤其在改进文风这个相对薄弱环节进行了大胆尝试。这可以概括为几个意思:

一、**有创新的思想才有新颖的表述**。比如在纪念改革开放30周年的《历史的契机等待我们把握》一文中,对30年巨变的论述就很有新意。"任仲平"采取了完全不同于平铺直叙的发问:"我们从哪里来?我们到哪里去?——我们从短缺经济来,到充裕经济去;我们从温饱不足来,到全民小康去;我们从计划经济来,到市场经济去;我们从封闭经济来,到开放经济去;我们从'斗争'年代来,到和谐社会去……"

有时仅仅是论述的角度或说话的语气发生些许的变化,阅读的感受就发生微妙变化。这五个"一来一去",展开了发生在人们身边的许多亲身经历的故事,犹如一条红线穿起了散落的珍珠,是一种观察问题的新视角。尽管定稿时对内容作了很多修改,但"一来一去"得到大家的一致赞赏。

二、**内心感动才能传达感动**。汶川大地震是一场震惊世界的大灾难,举国同悲,举世瞩目。在《灾难中挺立伟大的中国》中讲述中国人民抗击天灾的英雄壮举:我们看到为同胞罹难的极度悲痛,看到在危难时刻众志成城的强大凝聚力,看到这场灾难所唤起的高尚品德和伟大情怀。修改这篇稿子的时刻,大家都沉浸在情感的波涛中,没有遇到任何认识上的隔膜,感动传递着感动,激情引申着激情,思考接续着思考,这些都化作有声有色、有情有义的文字。

三、**深入的探讨才有深刻的见解**。大多数情况下,"任仲平"的初稿并不是一个供修改的文本,而是一个供参与者讨论的草图。有的稿子一开始就被颠覆,但被颠覆的不是作者的劳绩,而是大家一起继续着的探讨接力,一棒接着一棒。相当多的时候,"任仲平"是在研讨,而不是在写稿,或者说修改过程也就是集思广益的过程。个人的认识总是有局限的,大家一起讨论也不是人数的简单相加。讨论是思想的互动,是观点的激发。这种工作方法的最大好处是,思想传递不是加法而是乘法,往往使人们对问题的认识更加深入。探讨的深度往往就是认识的高度。

四、**诵之朗朗上口才能读之怦然心动**。细节关乎整体,文章需要锤炼。"任仲平"始终把拆除阅读障碍作为一个追求。正确的道理只有被读者以一种愉快的心情所接受才会有更好的效果,这也是对读者应有的尊重。"任仲平"的创作理念是:文章要有优美的韵律,要有明快的节奏,要有个性化的文字。因而修改不是大而化之的"通过",而是咬文嚼字的"细抠"。语意含糊的句子要改，不够有亮度的句子要换，不够简洁的句子要删。改、换、删之后还要朗诵，直到文字达到比较完善为止。

研农同志在为任仲平结集出版的一书的序言中用了一个意味深长的题目：《任仲平在路上……》。我理解，有两层含义：其一，党和人民的事业路还长，人民日报的宣传报道工作路还长，"任仲平"的工作刚刚开始。其二，"任仲平"还要坚持不懈地往前走，因为人民日报改进创新宣传报道的工作不会停步，党和人民的事业任重道远。

（原载《新闻战线》2009年第3期）

网络时代，报纸会消亡吗？

詹国枢

自打网络在全球勃兴，一天比一天红火，"报纸终将消亡"之说，不绝于耳。前些年似乎消停些，近段时间，随着美国《基督教科学箴言报》停刊改出电子版，《纽约时报》陷入亏损大幅裁员之类"利空"消息频频传来，"报纸消亡论"再度升温。甭说其他媒体，就是报纸自身，亦大多谈网络而色变，对前途颇感忧虑。

网络时代，报纸真会消亡吗？

且让我们慢慢分析。

讲两个故事

说到报纸网络之争，不由想起一个故事。

若干年前，电视在全球迅速普及蹿红，一时间对广播形成极大冲击。"广播终将消亡"之说，亦曾风行一时。乍一看，电视既有"声"，又有"像"，一身兼二任，边看边听，广播怎么是它对手，不消亡往哪里逃！

但是且慢，地球围着太阳转了一圈又一圈，广播非但没有消亡，反而渐渐回过神来，找准自身定位，扬长避短，高歌猛进，竟然一天比一天红火，一年赛一年兴旺！有的电台（如北京交通台）还创出低投入高产出、人均创利数十万元的良好业绩，令同行既羡慕又吃惊！

啥原因呢？说穿了，一句话：只要有需求，就会有价值。

换句话说，广播因其固有特点而能满足特殊受众之特殊需求，它也就有了立身之本。

特殊受众者，"移动"一族也。特殊需求者，"走路、开车、干活"之信息接收也。

广播的一大特点是收听方便。不但睡觉前躺在床上可以边眯边听，在家里洗碗扫地可以边干边听，甚至在上班途中，开车路上，别的啥事都不能干了，唯独一双耳朵不必闲着，"嗒"的一声将广播打开，收听新闻，欣赏音乐，听刘兰芳讲评书，听侯宝林说相声，真可谓优哉游哉，其乐无穷。当此之时，报纸当然没法看了，网络也不能够上，至于那洋洋得意不可一世的冤家对头电视嘛，更是既不能打开也不敢打开，可不只有任凭广播匣子自个儿在那里叽里呱啦说个不停，唱个不休？

就这么着，小小一便利，简单一需求，让广播不但免于一死，而且凤凰涅槃，浴火重生，潇潇洒洒活到如今。

再讲一故事，发生在洗手间。

列位想必都上过洗手间。凡高档一点的洗手间，方便完毕，皆有水龙头可以洗手。洗手毕，可以使用吹风机吹手，或者扯纸一张，将手擦干。按理说，用吹风机与扯纸相比，有两大好处，一是双手不必接触任何物体，比较卫生；二是任暖风徐徐轻吹，比较舒适。但你只要仔细观察就会发现，洗完手的人，十有八九，不爱用吹风机却喜欢扯纸擦手。

为什么？因为吹风机比较麻烦，先出冷风，再来热风，呼呼呼呼，费时较长；而扯纸则非常方便，哗的一声，扯下两张，左右一擦，前后一抹，完事得了！

就因为这小小一点方便，短短一两秒钟，扯纸机战胜了吹风机！

如今，你再到新建洗手间看看，几乎只设扯纸机而不再安装吹风机。两个简单故事，说明一个道理：世间事物，只要有其特点，只要具备哪怕一点点方便之处，便有生存价值，便能立足于世。

论一番短长

讲完两个故事，再论一番短长。

报纸与网络相比，有三大短处。

其一，时效性差

报纸一天出版一次，周期24小时；网络呢，每分每秒都可更新，新闻报道非常及时。

其二，容量有限

报纸一天顶多一两百版；网络呢，海量信息，无限库存，成千上万条稿子也装得进去。

其三，费用较高

订报是要花钱的；网络呢，上网费并不算高，实行包年包月，费用几乎可以忽略不计。

以上三大短处，成了报纸三大致命伤。

正因为如此，人们认为，报纸迟早要被网络打败。

果真如此吗？倘若报纸只有短处而无长处，当然必死无疑！然而苍天有眼，报纸亦有若干优点，而且这些优点，恰恰为其他媒体尤其是网络所不具备。

一是阅读舒服

读报比上网看新闻舒服，这是不争的事实。乍一看起来，网络花花绿绿，五彩缤纷，既有文字，又有图片，看起来不也挺舒服吗？但你且多看一会儿试试，不到两个小时，眼睛就会发涩。再看两个小时，脖子僵了，眼也红了，同事见了奇怪，喂，老兄，你咋成了兔子？长期与网络打交道，易患干眼症，这是医生得出的结论。至于颈椎病、腰肌劳损啦，键盘手、网球肘啦等，并非笔者杜撰，也不是要说来吓你，去问问网络公司天天黏在网上的白领们，没哪个不晓得。

二是携带方便

报纸轻且软，电脑重又硬，这也是事实。买一份报纸回家，躺在床上，靠着沙发，甚至如厕坐在马桶上，都可以看。此时用电脑就很不方便了，而且也没听说哪个白天上班用电脑，下班回家还要抱着个电脑看新闻的。报纸不但可以随身携带，而且集纳文章，剪存资料，也挺方便。

三是信息精粹

电脑内存巨大，可以容纳海量信息不假，但恰恰其所长，正是其所短。由于信息太多，也就太滥，上网者要获取信息，就会遇到麻烦。键盘一敲，嘟嘟嘟嘟，什么信息都潮水般喷涌出来，长长短短，真真假假，让你目不暇接，眼花缭乱，不知到底看什么才好，更不晓得信什么才对。报纸呢，只若干张，容量有限，但恰恰其所短，正是其所长。因为版面有限，报纸刊登的信息，大都经过也不得不经过记者编辑乃至总编辑的认真筛选加工。有选择的精粹信息，自然要比网络上那些铺天盖地而来的粗糙信息，更方便为受众所接受。

前已述及，世间事物，只要有其特点，只要具备哪怕一点点方便之处，便有生存价值，便能立足于世。

报纸具备以上三大特点，其方便之处，岂止"一点点"而已！

就凭这，报纸就不会消亡，就不会被网络打败。

就像当年电视没有打败广播，电视兴起电影也不曾消亡一样。

说三种趋势

报纸不会被打败，是不是就可以高枕无忧，马马虎虎对付下去呢？

当然不是。

恰恰相反，报纸因其局限，受网络致命打击，必然产生大动荡、大分化、大改组，肯定会有相当数量被无情淘汰——此过程已经开始且将愈演愈烈——只有那些懂得积极应变、扬长避短以适应市场的报纸，才能生存下来。

哪些报纸能生存下来呢？换句话说，报纸要采取哪些对策，才能应对这一场前所未有的危机和挑战呢？笔者试就报纸发展的三种趋势，作一分析。

◆ 趋势一：读者分众化

分众者，细分读者而指向特定受众也。

过去，报纸生存环境尚不算严峻，不少报纸，读者定位既宽泛又模糊，机关公务员可以拿起来翻一翻，市民百姓也可以买张来瞅一瞅，既有为六七十岁退休老人开辟的专栏，也有专为中学生小青年设置的选题。泛泛办报，针对性差，报纸"单位产出效益"很低，对读者的吸引力也就不强。你看我也看可买可不买的报纸，读者最终很可能就不看也不买了。你这报纸也就可能要被淘汰。

正因此，报纸就得认真考虑考虑，你到底是办给哪些"特定受众"看的？撰写此文时，笔者正在欧洲考察，对当地报纸市场顺带做些调查，发现一个现象，在一般报纸萎缩淘汰的同时，免费报市场却是如火如荼，参与者众，单是巴黎一地，就先后新办了6份免费报纸。报纸发送地点大都集中在地铁站口，潮水般涌来的上班族，随手取走一份，地铁中或站或坐，聚精会神，看得津津有味。出了站，揣进包里或者随便一扔，急匆匆又赶路去也。此类报纸，因为专为地铁上班族"定制"，针对性非常强，内容既短小，版面又生动，颇受读者喜欢。读者一多，广告就多，报纸生存发展也就不成问题。

报纸的分众化，其实就是读者定位的重新细分和明确。具体说来，你这报纸到底是办给哪些人看的？你的这些特定读者，最需要从报纸上获得的究竟是些什么？如何才能更周到更高质量地满足这些"上帝"的种种需求，让他们一旦爱上了你就离不了你，天天都得和你亲密接触形影不离？这都是老总们得静下心来认真思考的问题。报纸分众化，意味着一些报纸要调整甚至缩小自己的读者对象，但是，有所失方能有所得。报纸细分了，指向明确了，你的"单位产出效益"才会高，对读者也才会有足够的吸引力。

既然报纸分众化是一趋势，所以笔者预测：今后，综合性报纸将会按照低端与高端、大众与精英、青年与老年、知识分子与普通百姓、上班途中匆匆一览与晚饭之后细细阅读等不同角度，进行再度分化与归类。专业性报纸则会指向越来越明确，界限越来越分明，会出现一些针对性非常强，业内人士看得津津有味而旁人如读天书一点儿也不感兴趣的报纸。

笔者在欧洲五国考察，发现各地华文报纸非但没有感受到网络的冲击，而且逆市而上，发展势头不减，原因就是这些报纸受众明确，服务性强，为所在国或所在区域的华人不可或缺。这大概也可以作为报纸分众化发展趋势的一个佐证。

◆ **趋势二：内容精致化**

分众化指的是对象，精致化说的则是内容。

对象不同，需求不同，报纸内容，当然也应不同。大体说来，报纸将会从以下几方面扬其所长，实现精致化。

一是做背景。做背景就是抢"第二落点"。报纸与网络比，最大劣势是时效。既然如此，我们为什么还要在"第一时间发布新闻""千方百计争取时效"上去投入那么多人力下那么大功夫呢，为什么还要抱着"新闻必须短些短些再短些""一个版必须容纳20条以上新闻"这样一些规矩不肯改变呢？新闻发生以后，读者早已得知，报纸再登一遍，还有什么意思？此时，你就得在背景上大做文章了。即不但要让人们知道"是什么"，更要让他们搞清楚究竟"为什么"，到底"怎么办"。既要知其然，更要知其所以然。

二是做深度。做深度，主要是指对新闻的去粗取精、去伪存真，即对信息的筛选和加工。前已述及，网络的海量信息，常常一上来就会给受众来一通眼花缭乱的狂轰滥炸。亦正因此，人们越来越形象地把网上大量涌出的劳什子称为"信息垃圾"。谁来做"垃圾"的淘洗、筛选和加工的活儿呢？当然是报纸。当读者从网络那里东一榔头西一棒槌弄得真假莫辨心烦意乱之际，翻开报纸，经过加工整理，条分缕析脉络清楚的精粹信息就摆在面前，他能不产生再细细一读的欲望吗？即使上班没有时间，拿回家去，晚饭之后，泡上一杯清茶，靠在沙发椅上，细细品，慢慢读，不也是人生一难得的享受吗？在做深度上，报纸的整体质量、水平和格调，必然显现出来，这或许将成为今后报纸竞争的一个焦点。

三是做专题。世间事物不管怎样纷繁复杂，千变万化，大抵逃不出政治、经济、社会、文化这么几大类。各大类中，又可以按领域从横向细分，或者按时间从纵向细分。就这么一刀一刀切下去，宏观世界、中观世界就会变成一个又一个被媒体称为"专题"的微观世界。如果说做深度是对一个个刚刚发生不久的新闻作出筛选加工的话，做专题则是要对人们感兴趣却又一时未能搞清楚的某一类现象、某一种问题或者某一事件、某一人物进行阶段性的梳理和总括。其实这也是对读者的一种服务，一种比过去更周到更深入细致的信息服务。

有人或许会说，做背景、做深度、做专题，网络不也做吗？怎么竟成了报纸的专利和所长？此话固然有理，但别忘了，网络之做，乃海量信息的归拢与集纳，做与不做，差别不大。报纸之做，则是精粹信息的提炼与加工。一粗一精，一浅一深，孰优孰劣，不言自明。

四是做服务。分众化后的一些报纸，由于指向明确，受众特殊，很可能不再以新闻取胜，而以服务等其他内容见长。京城一向卖得挺火，专为年轻人和时尚人士服务的《精品购物指南》，就因服务做得专业、做得到位，虽然市场竞争激烈，至今仍旧势头不减。

精致化的手法，或许还有一些，但无论怎么做精，如何做细，都得紧紧围绕"需求"二字。经济学最基本的规律叫价值规律，即有需求就会有价值。此乃人类社会亘古不变的真理。

故，判断一张报纸能否生存发展，使用一把尺子足矣：谁把"需求"吃透，谁就能稳操胜券。

◆ **趋势三：人员精英化**

将来的办报人员，从总编辑、副总编辑、部门主任到编辑、记者，其水平要求必然越来越高，其人员必然越来越精英化。精英化，既是办一张精致化报纸的必然要求，也是减少人力资源成本以应付激烈竞争的迫切需要。总编辑或编委会的某一意图，要及时准确地变为现实，需要从执行层到具体编辑记者有能力有水平不折不扣地贯彻下去，甚至能够创造性地加以发挥，否则，再好的策划创意也会逐层衰减，甚至打了水漂。既如此，过去那些徒有其名的南郭先生式的混饭吃者、闲着无事干反而经常爱找事的"刺儿头"、庞大臃肿的行政后勤管理人员，将愈来愈为报纸所不容而逐渐被淘汰。近来西方一些老牌主流报纸如《纽约时报》纷纷做出裁员之举，大概也是形势所迫，自觉不自觉地向着人员精英化的道路迈进吧。

网络是个疯狂怪物，仅仅那么短短几年，就以人类几十几百年未曾想过也没能做到的速度，摧枯拉朽，横扫全球，改变着人类的生活方式、思维习惯乃至行为准则。是的，无疑，网络十分强大，非常厉害，网络时代的报纸，确实面临前所未有的严峻挑战。

但是，报纸会就此消亡吗？

我看不会，肯定不会。

我这样说，并非自己是报业中人，偏袒一方。其实在下也是一网民，此文的首发之地，不就在网络吗？

(原载《青年记者》2009年3月上)

人民网探索报网融合的实践与思考

官建文

先有报，后有网。报与网的关系，大致有四种状态：一是只有报纸没有网络，这涵盖了20世纪90年代以前古代、近代、现代报纸的漫长时期；二是报纸的网络版时代，网是报的影子，报上有什么网上就有什么，这个阶段不长，一两年至三五年不等；三是报网差异较大、网络既相对独立又依存于报纸，目前报纸与网络正属此状态；四是报纸与网络相依相融状态，这是未来时。

"报网互动"的概念产生于第三种阶段，"报网融合"显然主要指第四阶段。"报网互动"是促进报网关系从第三阶段走向第四阶段的重要条件。

一、从"报网互动"到"报网融合"的提出

人民网创办于1997年元旦，当时叫人民日报网络版，它的全部内容都来自《人民日报》，两者可以说在信息量上是画等号的，那时不可能提出"报网互动""报网融合"的概念。

1998年，人民日报网络版有了实时报道，1999年则开设了"整点新闻"，当年5月8日以美国为首的北约轰炸我驻南斯拉夫使馆的新闻，最早是通过人民日报网络版发布的。这一年5月9日，人民网开通了"强国论坛"。12月，人民日报网络版派出自己的记者前往澳门报道回归。可以说，1999年人民日报网络版上的内容开始不一样了。到了2000年，人民日报网络版更名为人民网，已经名实相符，成为独立网站了。

"报网互动"最早何时提出，已不易考。《人民日报》"视点新闻"版在总结2003年5月开始的"弘扬奉献精神大家谈"时已经提到"与互联网联动""与人民网策划联动"；人民网2004年工作总结中有一小节是"报网互动

实现双赢形成亮点"。2003年前后，人民网已经有了与《人民日报》互动的强大动力。其时，人民网新闻频道达到四五十个，还有英、法、日、俄、西班牙和阿拉伯文版，有论坛和视频，开设了地方视窗，每天仅中文信息发布量就近5000条。《人民日报》16个版，每天用稿不足200篇，加上所属报刊，信息量远远不能满足人民网需要。网站人手少、采集信息受到的限制很多。而报纸记者遍布全球各地，采编人员信息灵通，触角极其广阔。网站亟须报人提供各方面的新闻信息。"非典"期间，"深入"到接收"非典"病人医院采访的人民日报记者就为人民网提供了许多独家报道。

人民日报社很快接过了"报网互动"的概念。2007年，报网互动被列为当年编委会确定的四大课题之一，由分管人民网的副总编辑马利牵头进行研究。

2007年6月18日至7月6日，人民日报社举办了三期"三项学习教育"活动培训班，副总编辑马利在培训班上做了报网互动的报告。在讨论时有学员提出：现在应该以"报网融合"代替"报网互动"了。这大概是人民日报社内首次提出"报网融合"的概念。人民网首先接过了"报网融合"的提法，并在当年的工作总结与2008年工作计划中使用"报网融合"概念。

2008年初，时任人民日报社总编辑的张研农在《在新的历史起点上开创人民日报新闻宣传新局面》的报告中谈到报网互动、报网融合："一方面，《人民日报》和人民网要进一步互动，进一步融合，成为一体，形成合力；另一方面，也是更重要的，就是报纸报道要与网络舆情搭上界、接上头，使《人民日报》的权威性和影响力渗透到互联网中，使《人民日报》的舆论引导能力在网上表现出来传播开来，使《人民日报》代表的主流舆论能够为广大网民所认同所接受。在一定意义上可以说，赢得了网民我们就赢得了未来，《人民日报》发展就有了更为广阔的前景。"

二、"报网互动"的实践与探索

"网"源于"报"。《人民日报》的数据上网，最早是1995年，当时《人民日报》每日刊登的内容都通过人民日报信息中心传输到新加坡的一个网络平台上，到1997年2月19日小平同志逝世时，很多的人是从这个平台而不是从刚刚创办的人民日报网络版上浏览到小平同志逝世的消息的。

报网互动的最初阶段是"报为网用"。包括：报人为网所用、报纸的资源

（有形与无形）为网所用。从以美国为首的北约轰炸我驻南斯拉夫使馆、中美军机在中国南海上空相撞、"9·11"事件，到国内的武汉空难、大连空难、南丹矿难，等等，人民日报社的驻地记者第一时间给人民网发稿，持续不断地给人民网发稿，而刊登在《人民日报》上的只是极少部分。报社编辑也把采写的稿件首先发给人民网。人民网2001年3月21日创设《人民时评》栏目时，主要依靠的是人民日报评论员及善写评论的编辑。报社的资料数据给人民网提供了便利。《历史上的今天》栏目，就是报社资料员撰写的。人民日报社的权威性、影响力及人脉关系，都对人民网的发展起到了重要作用。

报为网用，当然还包括报纸的全部内容为网络所用，可以单篇、集纳或者整合，如"人民日报报系观点集粹"等；也包括为网络的采访及活动牵线搭桥、为网络做广告宣传，等等。

"报为网用"被相当一批编辑记者积极实践着。网络的快捷、海量，让记者的劳动成果迅速、很少删节地与读者见面，记者"很有成就感"！2002年4月，广东廉江发生猪肉中毒事件，人民日报社驻广东记者第一时间赶赴现场，用手机给人民网发新闻，消息最快最全。记者深有感触：自从有了网络，小报记者跟着大报记者走了！

"报网互用"是"报为网用"发展的必然结果，报人在为网所用过程中发现，网也可为报所用，由此进入"报网互用"阶段。

"网为报用"有多种形式：网络突出处理报纸内容，发挥传播器、扩音器、放大器作用；为报人建专栏，为报纸栏目建专栏，开通栏目博客——《人民日报》的《人生境界》《体验》等栏目就在人民网开通了博客；为报纸提供与读者互动的渠道，让网民为报社提供新闻线索；搭建报纸与读者沟通的渠道与桥梁——2007年1月4日开始，人民网开设了《网上评报》栏目，设计了打分表，让网友对每天出版的《人民日报》16个版面打分、发表评论，人民网将网友的意见收集反馈给人民日报社；请报社领导、编辑部主任及编辑记者到网上与网民在线交流——2004年，人民日报社社长王晨、总编辑张研农要求人民日报编辑部各主任到《强国论坛》与网民在线交流，他们分别就《人民日报》的舆论监督、评论工作、国际报道、文艺副刊、典型人物的采访等话题与网民在线交流；为报纸提供无线联络服务，等等。当然，更重要的在于：通过网络传播报纸的思想、理念，扩大影响力，把舆论引导延展到网络上。

网络也可成为报纸的新闻来源。2002年12月11日，河南省登封市公安局局长、"十大中国女杰"任长霞做客"强国论坛"，与网友在线交流。当时《人民日报》对访谈没有报道，任长霞去世后，《人民日报》于2004年6月4日在头版头条位置，以《任长霞畅谈人生追求》为题全文刊登了这次在线交流的全部内容，并配发了她做客《强国论坛》的照片，抓到了一篇生动、鲜活的独家报道。2007年"两会"期间，国家安监总局局长李毅中拒绝了其他媒体的采访，专门到人民网《强国论坛》与网民在线交流，他一口气在线交流了2小时45分钟，回答了网民方方面面的问题，利用人民网这个平台发布了许多重要信息。根据访谈内容，《人民日报·声音》栏目编发了《不能要求媒体每句话都说得对》，"视点新闻"版则编发了《抓安全宜标本兼治》的专访。

"报网联动"是报网互动深化。其鲜明特点是报网共同策划，共用共享。从2002年开始连续进行了8年的"两会热点调查"，是人民网与人民日报国内部最早的联动。调查题目共商，问卷与调查结果共同刊登。2008年下半年，人民日报社编委会高度重视、大力推进报网互动。人民网与报社各编辑部的报网联动全面启动。此次联动特点是：对口部门联动，大家坐下来反复研究、策划，共同创办栏目，共同组织活动。人民日报国内部同人民网共同开设了《书记来了》和《对话民主党派》访谈栏目，理论部与人民网共同开设《理论观察家》栏目，经济部与人民网共同开设《经济热点名人访》栏目，文艺部与人民网合作《中国文化30年》等等。《对话民主党派》由人民日报国内部出面邀请担任全国人大常委会副委员长、全国政协副主席的八大民主党派领导人到"强国论坛"做在线访谈，国内部派记者做主持人，访谈次日《人民日报》刊登消息，访谈摘要发表在《人民日报·议政建言》周刊上。

报网联动已脱离谁为谁用的模式，双方都主动，双方都得益，是合作，是双赢。

三、对"报网互动"与"报网融合"的思考

报网互动走向深入，前景将是报网融合。但报网融合目前多停留在概念上，融合的路仍很远。不过，从个案来说，也有堪称"报网融合"的范例——大型体育报道。从悉尼奥运会开始，雅典奥运会、北京奥运会以及期间的全运会，人民日报社都要成立一个由副总编辑挂帅的报道小组，将《人民日报》《人民日报海外版》、人民网及各所属报刊的记者会聚一起，统一指挥、统一组织、统一报道，稿子采用则各取所需。这可以说是迄今为止报网融合的成功范例。但是，一旦运动会结束，报网又不融合，归来还是各干各的。

报网互动是阶梯，报网融合是愿景。目前，绝大多数报与网是同一集团下的两个媒体，既是一家子又分灶吃饭，相对独立，看似可以融合但很难融为一体。因为，报是报，网是网，机构分设、人员分离、管理相异、需求有别，虽然互用与互补性强，毕竟是"两张皮"。因此，报网互动是现实的、可行的。

报网互动是报网融合阶梯。报网互动、报网联动多了，联系更紧密了，一旦条件成熟，融合便成为可能。《人民日报》与人民网也讲报网融合，但实际上主要停留在互动、联动水平。目前人民日报各专业部与人民网对口的部门正在强化、深化互动，扩大联动，这实际上是在为报网融合创造条件。

报网融合可以充分利用资源、节约成本、效益最大化。除大型体育赛事外，其他一些大型报道，如"嫦娥"奔月、"神六"及"神七"发射、抗震救灾，等等，人民日报社及其所属报刊、人民网，前方是共同的记者队伍，这实际上也是"报网融合""媒体融合"的做法。它投入低，产出大，能做到效益最大化。

报网融合需要组织架构的融合。报网难以融合的原因主要是报与网的组织机构、管理队伍的分离、独立，各自为政。报纸的记者、编辑为报纸服务，网站编辑为网站服务，任务不一、考核不同，虽然有互补互用，但只是兼而补一下、用一下，主要任务还是要管好自己的一亩三分地。锄了别人的地，荒了自家的田，轻则扣奖金，重则丢饭碗。

2001年，人民网创办《人民时评》栏目。2005年，《人民日报》开设相同名称的《人民时评》栏目，当时设想：《人民日报》与人民网开设共同的投稿信箱，实现品牌共享、稿源共享、作者共享、作品共享。由于编辑队伍不同，选稿标准不同，编稿要求不同，三年多来，共享的主要是栏目名称，其余多未能"共享"。

真正的报网融合，需要对组织结构进行重建、重组，使报与网的业务链相接，贯通成一个整体，同一个业务部门既管报又管网，把"两张皮"变成"一张皮"。

报网互动是无限的，报网融合是有限度的。报网互动是两个存在差异媒体的互通、互补、互用，这种互动可无止境开发，多多益善。

报网融合则是有限度的，不可能融合成一个媒体。

报网融合最易取得成效的是：共建共享信息源，共同组建一支能写稿、拍照、录像、全天候、全功能、"十八般武艺"皆精通的记者队伍，遇到突发性新闻事件，首先发几十字的快讯给手机媒体，接着连续发动态消息给网络，最后是深度报道给报纸和刊物；文字报道和照片给各家媒体，视频给网络。

但是，无论怎么样，报网毕竟是两种异质媒体，即使同一批编辑人员既管报纸又管网络，那也必须根据报网不同的特性和受众群体，以不同的内容、不同的手段、不同的办法来处置新闻。报网的差异是永恒的，报网融合是相对的。

报网融合、媒体融合是未来，是方向，是媒体在信息化时代的必然！但不能操之过急。不能因其差异而盲目融合，也不要因其有限度而放弃融合。

(原载《中国广播》2009年第4期)

新闻宣传理论创新的典范

——深刻领会胡锦涛总书记在人民日报社考察工作时的重要讲话精神

陈俊宏

2008年6月20日，胡锦涛总书记亲临人民日报社考察工作并发表重要讲话。一年过去了，总书记的音容笑貌时时浮现眼前，总书记的重要讲话句句言犹在耳。深入学习、反复领会总书记重要讲话，我们深深体会到，《讲话》通篇贯穿着解放思想、实事求是、与时俱进、开拓创新的时代精神，处处闪耀着马克思主义新闻观的思想光辉，是中国特色社会主义理论体系关于新闻宣传的最新成果，是在新的历史起点上开创新闻宣传工作新局面的纲领性文件。

关于新闻宣传工作的历史地位

新的世纪，新闻宣传工作地位怎么样？这是需要进一步回答的问题，是国内国际形势和新闻媒体格局发生深刻变化后必须回答的问题。

众所周知，改革开放30年来，我国经济实力已位居世界第四位，人民生活基本实现小康，初步建立社会主义市场经济体制，建设社会主义民主政治和社会主义法治国家取得明显进展。积极参与经济全球化，加入世界贸易组织，对外经贸联系及依存度加大。实行全方位外交，在参与解决国际事务中发挥积极作用，国际地位和国际形象日益提高。与此同时，社会经济成分、组织形式、就业方式、利益关系和分配方式日益多样化，人们思想活动的独立性、选择性、多变性、差异性也日益增强。以信息技术为代表的新科技革命，催生出互联网这个人类的信息高速公路，彻底打破了原有的社会舆论生态和新闻媒体格局。20世纪90年代前，就全社会而言，存在一个总体的又是分散的社会舆论场，互联网的出现形成了一个比较集中的网上舆论场。网上舆论场和社会舆论场相互联系，相互作用，影响不可忽视，力量不可低估。

特别要看到，互联网作为思想文化信息的集散地和社会舆论的放大器，作为人们获取各种信息的重要渠道，它对人们思想认识产生的聚合效应、离散效应甚至对立效应越来越明显，也使人们的工作方式、生活方式、交往方式发生了深刻变化，使人民群众知情权、参与权、表达权、监督权的实现有了重要途径。加之，世界范围内各种思想文化交流、交融、交锋更加频繁，"西强我弱"的国际舆论格局还没有根本改变，新闻舆论领域的斗争更趋激烈、更趋复杂。在这样的情况下，新闻宣传工作任务更为艰巨、责任更加重大。

正是在正确分析国内国际形势、科学预见新闻媒体发展趋势、深刻把握世界舆论力量对比的基础上，胡锦涛总书记强调指出："新闻舆论处在意识形态领域的前沿，对社会精神生活和人们思想意识有着重大影响。当今社会，随着经济社会快速发展和科技不断进步，信息传递和获取越来越快捷，新闻舆论的作用越来越突出。做好新闻宣传工作，关系党和国家工作的全局，关系改革和经济社会发展大局，关系国家长治久安。"《讲话》郑重提出，要"把坚持正确导向放在新闻宣传工作的首位"，"把提高舆论引导能力放在突出位置"。"舆论引导正确，利党利国利民；舆论引导错误，误党误国误民。"

"一个前沿"，第一次指明了新闻舆论在整个意识形态领域的位置；"两个越来越"，明确指出了信息传递的鲜明特征和新闻舆论的突出作用；"三个关系"，充分表明了新闻宣传工作对于党和国家工作全局的极端重要性；舆论引导"利误论"，第一次作出的论断，集中把新闻宣传工作在党和国家工作全局中的地位和作用上升到一个新的高度。

关于新闻宣传工作的重要作用

新的世纪，新闻宣传工作作用怎么样？这同样是需要进一步回答的问题，是面对新任务新要求必须回答的问题。

党的十七大明确确定：高举中国特色社会主义伟大旗帜，以邓小平理论和"三个代表"重要思想为指导，深入贯彻落实科学发展观，继续解放思想，坚持改革开放，推动科学发展，促进社会和谐，为夺取全面建设小康社会新胜利而奋斗。

《讲话》强调指出，实现十七大提出的这个总任务，"需要新闻宣传工作在打牢全党全国各族人民团结奋斗的共同思想基础方面发挥积极作用，在传播社会主义核心价值体系方面发挥积极作用,在为推进党和国家事业发展凝聚强大精神力量方面发挥积极作用,在营造健康向上、丰富生动的主流舆论方面发挥积极作用,在促进社会和谐方面发挥积极作用。""新闻宣传工作要高举旗帜、围绕大局、服务人民、改革创新,坚持正确舆论导向,提高舆论引导能力,营造良好舆论环境,更好地发挥宣传党的主张、弘扬社会正气、通达社情民意、引导社会热点、疏导公众情绪、搞好舆论监督的重要作用。"

"五个积极作用",承接党的总任务而来,是侧重于新闻宣传的思想舆论功能所说的;"六方面重要作用",承接宣传思想工作总要求而来,是侧重于新闻宣传的社会主要功能所说的;它们共同明确了新闻宣传工作在新世纪新阶段的主要任务,我们必须在新闻宣传工作中抓实抓好。

关于新闻宣传工作的根本原则

在我们国家,新闻媒体是党、政府和人民的喉舌,是党的重要思想舆论阵地。这是不可移易的客观真理。

《讲话》强调指出:"必须坚持党性原则,牢牢把握正确舆论导向。""牢固树立政治意识、大局意识、责任意识、阵地意识,把坚持正确导向放在新闻宣传工作的首位,坚持团结稳定鼓劲、正面宣传为主,唱响主旋律,打好主动仗,更加自觉主动地为人民服务、为社会主义服务、为党和国家工作大局服务。要增强政治敏锐性和政治鉴别力,严格宣传纪律,做到守土有责,在重大问题、敏感问题、热点问题上把好关、把好度。"

坚持党性原则是新闻宣传工作的根本原则,它和其他重要原则是我们党的三代中央领导集体都强调过的,这么集中在一起表明了党的新闻宣传思想的历史延续性和丰富性,也表明了在新的形势下有着更为重要的现实针对性和指导性,任何时候、任何情况下都必须很好地坚持和贯彻。

《讲话》接着提出:"必须坚持以人为本,增强新闻报道的亲和力、吸引力、感染力。坚持以人为本,是做好新闻宣传工作的根本要求。要坚持把实现好、维护好、发展好最广大人民的根本利益作为新闻宣传工作的出发点和落脚点,坚持贴近实际、贴近生活、贴近群众,把体现党的主张和反映人民心声统一起来,把坚持正确导向和通达社情民意统一起来,尊重人民主体地位,发挥人民首创精神,保证人民的知情权、参与权、表达权、监督权。"

以人为本是科学发展观的核心,是我们党执政理念的集中体现,理所当然地应该贯彻于新闻宣传工作全过程。坚持以人为本，就要落实好"一个出发点和落脚点""两个统一""三个贴近"、保证人民的"四个权"。第一次提出坚持以人为本作为根本要求，是新闻宣传工作根本原则的创新，表明新闻宣传工作彻底贯彻人民是历史创造者的根本观点，充分尊重人民在中国特色社会主义事业中的主体地位。人民生活产生新闻，新闻离不开人民生活；人民需要新闻，新闻服务人民。新闻宣传工作必须以党和政府的关注为关注，以人民群众的关切为关切，把坚持党性原则与坚持以人为本紧密结合起来，不可分割开来，更不能对立起来。

关于新闻宣传工作的基本理念

新闻作为新近发生的事实的报道，是源于现实生活的，是与时代同步伐的。新闻的核心本质和传播规律都由此而来，新闻宣传工作的基本理念也由此而来。

《讲话》强调指出："新闻宣传工作必须坚持解放思想、实事求是、与时俱进，适应国内外形势的新变化，顺应人民群众的新期待，以改革创新精神做好工作。要坚持用时代要求审视新闻宣传工作，按照新闻传播规律办事，创新观念、创新内容、创新形式、创新方法、创新手段，努力使新闻宣传工作体现时代性、把握规律性、富于创造性，不断提高舆论引导的权威性、公信力、影响力。"

坚持解放思想、实事求是、与时俱进，是我们党的思想路线，也是做好新闻宣传工作的内在要求。"按新闻传播规律办事"，进行"五个方面创新"，第一次郑重地提出来，彰显了共产党人彻底唯物主义的精神，是在新闻宣传工作基本理念上的创新和飞跃。

《讲话》接着提出："要完善新闻发布制度，健全突发公共事件新闻报道机制，第一时间发布权威信息，提高时效性，增加透明度，牢牢掌握新闻宣传工作的主动权。"

这些原则要求也是第一次提出来，同样是新闻宣传工作基本理念的创新成果。"按新闻传播规律办事"，就必须完善制度、健全机制，"第一时间发布权威信息"。只有这样，才能提高时效性，增加透明度，掌握主动权。它们是新闻传播规律的基本链条，是加强舆论引导的基本途径，是新闻宣传工作"体现时代性、把握规律性、富于创造型"的必由之路。

关于新闻宣传工作的引导方式

改革开放以来，我国经济体制实现了从计划经济体制到市场经济体制的转变，新闻宣传工作也实现了从硬性灌输到服务引导的转变。在这个过程中，人民群众对新闻信息和精神文化的需求呈现出多层次、多样化的局面，而且人民群众的各种诉求也日益增多，对新闻宣传工作的要求越来越高。

《讲话》强调指出："要面向基层、服务群众、深入实际，多报道人民群众的工作生活，多反映人民群众的利益要求，多宣传人民群众中涌现的先进典型，激励全体人民信心百倍地创造美好生活。同时，要注重在报道新闻事实中体现正确导向，在同群众交流互动中形成社会共识，在加强信息服务中开展思想教育，用事实说话、用典型说话、用数字说话，化解矛盾，理顺情绪，引导各方面群众共同前进。"这里的要求十分明确：新闻宣传工作既要服务群众又要引导群众，既要努力增进社会共识，又要不断化解社会分歧，这样才能凝聚人心、凝聚力量，推进社会主义现代化与和谐社会的建设。

如果说在过去新闻信息或多或少是游离于人们工作、生活之外的，是让人们"知道"世界上或身边发生了什么事情的话，那么在经济全球化、信息网络化、价值多元化的今天，新闻信息已与人们的工作、生活融合在一起，人们不仅要"知道"世界上或身边发生了什么事情，而且要"知道"会对自己有什么影响，应该作出什么样的选择。从这个意义上说，新闻宣传系大局，舆论引导无小事。

《讲话》强调指出："要认真研究新闻传播的现状和趋势，深入研究各类受众群体的心理特点和接受习惯，加强舆情分析，主动设置议题，善于因势利导。""要从社会舆论多层次的实际出发，把握媒体分众化、对象化的新趋势，以党报党刊、电台电视台为主，整合都市类媒体、网络媒体等多种宣传资源，努力构建定位明确、特色鲜明、功能互补、覆盖广泛的舆论引导新格局。"

我们一定要从受众的实际情况出发，改进新闻工作，讲究引导艺术，在倾听中疏导，在互动中引导，在服务中倡导，同时根据媒体格局的新变化和社会舆论的新特点，加强资源整合，推进媒体融合，建立富有时代特征的舆论引导新格局，全方位提高舆论引导能力，更好服务于我国的科学发展、和平发展、和谐发展。

关于新闻宣传工作的概念范畴

新闻宣传工作的不少概念和范畴，过去在表述上颇多不一，而且一些还带有计划经济时期的痕迹。《讲话》坚持与时俱进，推进了新闻宣传工作概念范畴的创新。

"按新闻传播规律办事"，这既是对新闻宣传工作基本理念的创新，又是对新闻宣传工作基本范畴的创新。过去在这方面有着深刻的教训，做了不少违反规律的事情，既损害了新闻机构的声誉，也损害了人民群众的知情权。在资讯非常发达的今天，我们只有"按新闻传播规律办事"，才能更好地掌握舆论引导的话语权、主动权，充分发挥新闻宣传工作的积极作用，为改革开放和现代化建设提供有力舆论支持和良好舆论环境。

"第一时间发布权威信息，提高时效性，增加透明度"。过去时效性不强、透明度不高，有新闻媒体和管理机构的原因，也有新闻涉及权力部门的原因。随着法治政府和服务型政府建设的不断推进，保证人民知情权、参与权、表达权、监督权的逐步实现，新闻宣传必然要"第一时间发布权威信息，提高时效性，增加透明度"，这样才符合新闻宣传工作的基本理念，才符合经济社会和信息技术发展的历史趋势，才能赢得人民群众的高度信任和全力支持。

"在重大问题、敏感问题、热点问题上把好关、把好度"。过去经常说新闻宣传要把好关、把好度，这是正确的要求，但是比较笼统，不太明确，在新闻宣传的把握上有难度。《讲话》第一次提出在"三个问题"上把好关、把好度，这就定位明确了，表述规范了，也更具有针对性和可操作性。

"增强新闻报道的亲和力、吸引力、感染力。"过去常说增强新闻报道的说服力、感召力、战斗力，此话不错，但带有一种灌输和号召的味道。在坚持以人为本作为根本要求的原则下，在构建社会主义和谐社会的目标下，新闻报道首先要有亲和力，让老百姓感到亲切平和、有人情味，使人们爱看爱听、入脑入心；同时新闻信息要对老百姓有用有益、人人受益，这就必须要有吸引力、感染力。

"提高舆论引导的权威性、公信力、影响力"。过去说得较多的是新闻媒体的权威性，似乎有了这种权威性，就有了公信力、影响力，其实不然，这只是个条件。权威性、公信力、影响力，它们不是一成不变的，都要靠新闻媒体的报道水平、引导水平及社会效果来实现。"提高舆论引导的权威性、公信力、影响力",是对新闻宣传工作的新的更高要求,是新闻媒体的社会责任之所在,是新闻媒体的安身立命之所在。

"让党放心,让人民满意"。这是代表党中央第一次对《人民日报》提出的要求,也是对党的各级新闻媒体的要求。无论是主流媒体还是新兴媒体,都要把它作为全部工作的出发点和落脚点,作为检验工作的根本标准。我们新闻工作者一定要永远铭记、镌刻在心,不辱使命、不负重托,进一步增强政治意识、大局意识、责任意识、阵地意识,求真务实,开拓创新,勤奋敬业,团结和谐,努力完成好党和人民交给的光荣任务。

一年间,新闻宣传战线认真学习贯彻胡锦涛总书记重要讲话,用以指导实践,不断改革创新,各项工作都有了新进展新气象,尤其是四川汶川特大地震的宣传报道、北京奥运会和纪念改革开放30周年的宣传报道,都取得了极大的成功,赢得了国内民众和国际社会的一致好评。面对新的形势和任务,新闻宣传战线责任愈来愈重。中国社会大变革在深入发展、世界格局大变动在深入发展、全球生态大变化在深入发展,各种不确定、不稳定的因素日益增多,各国和人类面临的难题也在增多,去年发生的世界金融危机、今年发生的甲型H1N1流感、全球气候变暖的后果继续蔓延等等,都影响着每个角落的每一个人。怎么帮助人们坚定意志信心,怎么引导人们共同化解难题,是一切新闻媒体义不容辞的责任。中国的新闻媒体不仅担负着引导中国人民共克时艰、创造未来的重大责任,而且担负着向世界报道介绍中国、推动共建和谐世界的重大责任。

(原载《新闻战线》2009年第6期)

对互联网与执政党建设的思考
——网络给执政党建设带来的挑战和机遇

马 利

第一部分 变化（change）

网络，未知远大于已知

互联网诞生于1969年9月2日，刚刚过了40岁生日。如果说蒸汽机是18世纪最伟大的发明，发电机是19世纪最伟大的发明，那么互联网当之无愧是20世纪最伟大的发明。互联网的诞生在人类政治、经济、文化、社会等各个领域掀起了一场革命。

这场新技术革命特别是传媒技术革命，对政治的影响举足轻重，对执政党建设至关重要。以美国为例：报纸时代，美国第3任总统托马斯·杰斐逊说，宁肯要没有政府的报纸，不要没有报纸的政府；广播时代，美国第32任总统罗斯福借助广播《炉边谈话》推行新政；电视时代，美国第35任总统肯尼迪成功运用电视直播，被称为电视总统。今天，美国又诞生了"世界上第一位互联网总统"——奥巴马。

伟大的发明源于想象，更基于现实。今年2月，IBM首席执行官彭明盛首次提出"智慧地球"的概念，建议新政府投资新一代的智慧型基础设施。奥巴马给予积极回应。就像牛顿看到一个苹果落地，奥巴马兴奋地表示："这就是美国能够在21世纪继续保持和夺回竞争优势的最佳选择。"这也是着眼美国今后100年的战略规划。

"智慧地球"是把新一代IT技术运用在全球各个角落、各个行业之中，把感应器嵌入和装备到电网、铁路、桥梁、公路、建筑、供水系统、油气管道等各种物体中，并且普遍连接，形成"物联网"；而后通过超级计算机将"物联网"整合起来。人类以更加精细和动态的方式管理生产和生活，使全球达到"智慧"状态,最终实现"互联网＋物联网＝智慧地球"的蓝图。

互联网开始普及,全球化速度加快了。美国作家托马斯·弗里德曼提出一个重要观点——世界是平的。组织变平了,思考的方式也变平了,竞争没了边界。一个跨国企业可以通过互联网,实现全球性分工和合作,实现它的利益的最大化。

在网上,地球就是平的,就是无界限的,地球很小。

"智慧地球"的概念又超越了一步:地球不仅是平的,而且是智慧的,有无限的可能性。人类的生产、生活将发生重大变化,智慧的力量将无处不在,智能的架构逐渐成为国家、区域和城市之间竞争的基础。如果地球上重要物资都有了自己的标签,超越国界的控制将产生;如果地球上重要资源都有了政治价值,超越政党的影响将会出现。

互联网对未来的影响难以估量,然而未来孕育在现实之中。

互联网技术近年来最大的一个发展,就是从 Web1.0 到 Web2.0。Web1.0 只能单向发布信息,形象一点说,就是只能发帖,不能跟帖,没有互动;Web2.0 建立在 Web1.0 的基础上,不仅可以发布信息,而且还可以互动:跟帖、留言;博客、播客,其中最典型的是网络社区。网络社区各种各样,有宠物社区、旅游社区、乒乓球社区等。政治上的社区也很多,强国论坛、新华论坛、天涯论坛等。清华、北大等高校的 BBS 论坛,也都很有名。

所谓的政府 2.0,就是建立在互联网的传播、表达、对话、组织功能基础之上的。政府 2.0 是英语 Government2.0 的直译,是从 Web2.0 套用来的一个概念,也是新近在国际上热炒的一个网络词。

奥巴马不仅在竞选中充分运用了 Web2.0 技术,更重要的是他入主白宫后,从选人、用人组建内阁,到颁布政策、发布政令等,都在借助 Web2.0 技术。

政府 2.0 的理念在中国也逐步被采纳。党政领导干部上网与民众交流,老百姓在网上参政、议政。我们党的总书记胡锦涛、总理温家宝都身体力行。2008 年 6 月 20 日,胡锦涛总书记在人民网与网民面对面在线交流,翻开了中国网络发展的新篇章。

网络的传播功能

报纸、广播、电视等统称为传统媒体;互联网、手机等被称为"新媒体"。《人民日报》每天发行 235 万份,世界排名前 10 位。然而这个数字对网络而言轻而易举。据统计，2008年，中国网络新闻用户2.34亿，人民网、新华网等网站，每天新闻更新超过2万条，每天新闻信息浏览量超过20亿次。传统媒体与新媒体的传播力、影响力不可同日而语。

此长彼消。阅读传统出版物的人数正以每年12%的速度在下降。美国民调公司佐格比互动（Zogby Interactive）日前公布的调查报告显示，56%的美国成年人表示，如果只能选择一种获取新闻的来源，他们会选择互联网，选择电视的比例为21%，选择报纸和广播的各为10%。

网络民意表达、对话功能

近期，安徽省制定了一项新制度：《人民网网友给省委书记留言办理工作暂行规定》。这个"暂行规定"要求省直部门及省内各地、各级政府认真收集、处理、反馈网上民情，对解决网友问题不及时不认真造成严重后果的，将予以严肃问责。

网络沟通促进了政府工作创新，上网交心、下网服务，网上问题、网下解决，正成为领导干部的一种执政新方式。古有微服私访，今有网络问政。网络问政为各级官员塑造形象提供了一个很好的机会。

据人民网"地方领导留言板"统计，一年来，有32位省委书记省长公开回应网友留言，61位地市级领导公开答复网民声音，累计收到地方领导回复450批次，4000多个网友提出的问题得到落实解决。一大批党政领导干部都拿起了鼠标，学网、懂网、上网、用网。中国政坛出现了新气象。

网络的组织动员功能

在互联网时代，那些常常容易被忽视的"小人物"、非主流人群，开始被发动、组织起来。奥巴马通过手机短信、E-mail、Facebook等各种工具，吸引着庞大的非主流人群。奥巴马成功地利用了"长尾理论"，他这次竞选资金中大部分捐款金额都在100美元以下，捐钱的金额不大，但捐钱的人数很多。所谓"长尾理论"，就是揭示了网络在组织80%零散的个体方面的强大力量，打破了传统的"二八效应"。

我国民间也在自发运用"长尾理论"。前几年的涉日大游行，就是深圳和上海两个互不认识的16岁少年在QQ上发起的。细数近年来的每一起网络事件，无论是汶川抗震救灾、湖南电视台"超女"粉丝投票，还是躲猫猫事件、林嘉祥事件等，都是无数零散的网民涓涓细流汇聚成的强大力量。

这个方法早就是我们党的"老把式"了。中国革命成功的经验，就是组织、动员了大多数的劳苦大众，推翻了压在人民头上的"三座大山"，打倒了少数的剥削者，从井冈山、延安到西柏坡，打出了一片新天地，建立了一个新中国。那个时候，还没有人提"长尾理论""二八效应"，是毛主席带领党和人民从中国革命实践中总结出来的"星星之火，可以燎原"的革命理论。

一切为了人民，一切依靠人民。广大人民群众是共产党的执政基础。现在的互联网以最简单、最便捷的方式，就能够轻而易举地组织聚集起广大群众。这难道不值得我们研究、重视和学习、借鉴吗？对于我们执政党来说，认真对待和研究这个问题是十分必要的。这是互联网时代对我们党提出的一个新挑战、一个新要求。

在新的历史时期，党的建设日新月异。党员的结构、思想、身份、学历、社会分布状况都发生了深刻的变化，环境在变，时代在变，执政党自身也在变。执政党建设，必须找准执政党自身变化和时代变化的结合点，把握时代脉搏，回应时代变化的新要求。

研究互联网本身就是研究这个时代的重要特征。互联网不仅是技术、是媒体，更是政治；不仅是器物、是产业，更是意识形态。如同一张无边无际的网，联通群众，联通世界，联通未来。正如胡锦涛总书记所说，对于互联网新媒体，我们未知的领域远远大于已知。

第二部分　挑战（challenge）

敌对势力想"用互联网崩裂中国的长城"

伴随全球化、信息化、民主化浪潮，互联网深刻地改变了党的执政环境，改变了传统的执政逻辑。西方政要曾断言："有了互联网，对付中国就有了办法。"我们务必清醒地认识到互联网给我们国家、我们党带来的政治风险和执政危机。

对党的意识形态的挑战——信仰危机

在互联网时代，网络的开放性、匿名性、互动性使各种思潮、各种观点，像自由市场一样泛滥，在世界范围内恣意交流、交融、交锋，人们思想活动的独立性、选择性、多样性、差异性明显增强。马克思主义意识形态和共产主义道德遭到各种质疑。在社会转型期，出现了理想信念动摇、价值迷惘、道德失范、封建迷信乘虚而入等种种问题。

互联网已经成了意识形态斗争的前沿阵地。各种政治势力都在网上建立自己的"社区"，找到了自己的阵地，他们常常以评论公共事务来造势，来吸引公众眼球。随着网络技术和社会思潮的发展，网上意识形态斗争和思想观点的争论、争吵、争辩将会长期存在，并日趋激烈。

对党和政府公信力的挑战——信任危机

信任是社会的基石。如果连最基本的信任也荡然无存，社会大厦就会坍塌。网络时代，个别官员在处理社会问题时表现出的迟钝、无知、蛮横等，都会在网上被无情渲染；少数官员的腐败、无能、低效等，都会在网上被迅速放大。如同"多米诺骨牌效应"，个别人、个别现象的一只骨牌被推倒，将即刻影响到整个党和政府的公信力。

互联网一方面使社情民意得到充分表达，但同时也在撕裂社会、重组人群，使社会的情绪对立进一步扩大。如城管、警察、医生、教师、官员被"妖魔化"为网上"黑五类"。一旦这些人卷入网络事件，网友几乎不问青红皂白，一边倒地同情另一方，形成绝对压倒性的舆论声势，并立刻被传到网下，被社会上别有用心的人利用来兴风作浪。比如，最近网上热炒一条消息：《我国91%的亿万富翁是高干子女》。这组虚假数据在网上网下以讹传讹，迅速掀起波澜。人民网做了大量的调查，以事实为依据，发布了一篇澄清事实的文章，然而这篇文章远远没有谣言传播得快。

面对这种现象，认识要清醒。有的事件中，警察、城管、官员自身的确有问题，比如言行不当、滥用公权力等。但也有的是面对网络应对失措的问题。

由于网络信息来源广泛、传输快捷，很多问题也是真假难辨。加之现代社会的一些浮躁之风，为了宣泄和释放个人情绪，一些人无风也要掀起三尺浪，哗众取宠。一些群众宁可相信谣言和小道消息，也不相信政府的公开声明；宁可相信负面新闻，也不相信权威人士和正面报道。

对党的新闻宣传的挑战——舆论引导危机

每一个网络热词，都是一个社会热点。躲猫猫、欺实马（70码）、俯卧撑……网上一直就这么热闹。这个社会怎么了？一点小事，都可能风乍起，吹皱一池春水，瞬间传遍全国！

一般突发事件发生后，2小时内网上就会出现文字或视频；6小时左右就可能被多家网站转载；24小时左右网上跟帖就会达到高潮，形成热点。

面对突发事件，一些地方和少数党政干部如应对失措，很容易造成危机。归纳起来，下面几种做法，与网络时代不太适应：第一，躲：对网络信息麻木、迟钝，不关注网络舆情而失去舆论引导的先机，只能被动挨打。第二，堵：有些地方仍将封、堵、删作为应对网络舆情的手段，掩耳盗铃。不少互联网管理者多依赖于删除和封堵。只知道"拉闸"，却不知拉一次闸，就会多遭一次恨，多设一道墙，多一道和群众之间的隔阂。如网络发展到IPv6时代，安全性加大了，信息无法过滤了，今后管理者将面临更大挑战。第三，拖：在网络舆情面前，完全罔顾民意、蔑视民意，葫芦僧判葫芦案。第四，抓：去年，辽宁西丰警察进京抓记者。今年的河南灵宝事件，警方远赴上海去抓捕发帖者，罪名是"诽谤政府"，都在社会上引起轩然大波。就这一抓，彻底抓掉了政府的公信力。

在传统媒体时代，受众相互之间没有联系，单个事件影响范围是有限的。受众往往是被媒介牵着鼻子走。像新闻学里的"魔弹论"：新闻就是枪，受众就是靶子。网络时代，受众地位由被动变为主动，网民可以自己设置新闻议题。新媒体的新闻源头不可控，传播速度不可控，内容真假分散不可控，舆论容易放大也不可控。

刘云山同志指出，在这种形势下做宣传思想文化工作，如果对互联网、手机等新兴媒体不高度重视、不善于运用，就会陷入被动，更谈不上扩大覆盖面、增强影响力。

对党的干部队伍的挑战——能力危机

网络时代，究竟怎样才能当好一个合格的领导干部呢？

网络民意是现实民意的折射，网络舆情是社会矛盾的宣泄。网络的弱势群体"黑五类"，正是现实生活中的强势人群（城管、警察、医生、教师、官员都是现实中的管理者或者政策的执行者，是党执政的骨干力量）。如何改变他们在网上被妖魔化和被动挨打的现状，这是对执政党建设的严峻考验。

对党的组织运作的挑战——管理危机

传统的执政方式，信息量是"倒金字塔"，级别越高，掌握信息越充分。

信息传递方式是"金字塔"型，很多文件都打有"秘密"字样，通过开会、发文从高向低一层层传递。也就是，上级领着唱，下面一级一级跟着唱，不能更改，很少有人去发挥。照着念不会有错，解释不对就会犯大错误。

互联网时代，一切都变了，3亿多网民人人面前有个麦克风，谁都可以站到舞台中间去吼上一嗓子。信息传递是网状的、扁平的，人人都是传播者。虚拟世界对现实世界的冲击力增强了，影响更大了。"传统执政"的方式受到严重挑战。网上民意汹涌，"意见领袖"众多。党的任何一个决策、政令、任免都会在网上经受群众评说。以前靠组织体系、靠报纸广播来进行社会动员，现在，传统的语言体系和风格，官话套话，极其容易被边缘化，尤其是在网上，组织动员的难度空前增大。

对维护社会稳定的挑战——安全危机

美国政治学者亨廷顿提出："政治制度/政治参与=社会稳定"。也就是说，政治参与和社会稳定成反比，政治参与程度越高，社会越容易出现不稳定因素。网络时代，民众政治参与的广度和深度都在拓展，分母扩大了，作为分子的政治制度，也就是执政党建设，必须及时调整，这样才能保持社会的和谐稳定。

目前我国处于突发事件的高发期，一些社会矛盾有可能借助网络的功能凸显、放大，甚至酿成危机事件，威胁社会稳定。2008年一些地方的出租车司机集体罢运等，都是由网络舆论直接或间接催生的。

斯坦福大学社会学教授格兰诺维特提出"社会不稳定原理"，被称为社会领域的"多米诺骨牌效应"，即社会骚乱往往只需要第一个人参与。集体意识一旦被第一个人的行动激活，就会迅速卷入骚乱，即刻升级为"社会动乱"。匿名性和互动性，使得网络已经成为这个时代社会动员的沃土。

今年的乌鲁木齐"7·5"事件，就是远在万里之外的热比娅集团遥控指挥。通过手机短信和QQ串联，数千名暴徒突然聚集在乌鲁木齐，打砸抢烧。这种悄无声息又迅捷的组织动员方式，对社会稳定的威胁是巨大的。

网络安全问题，不仅对我国，对世界各国都是个巨大的威胁。例如，Google地球拥有覆盖全球的卫星，轻而易举即可搜索到各国境内的军事设施、核电站、基地、军舰等。威胁还不止于此。更重要的是，Google搜索引擎已经拥有了世界各国互联网上的数据，这意味着它在思想意识形态、文化理念等方方面面，都拥有权威的数据库。这实际上就是情报，它不仅仅是经济情报,它更是政治情报。这种威胁的严重程度不可估量。

实际上,美国掌控着互联网的主动脉,全球互联网有13台域名根服务器,10台在美国。伊拉克战争期间,美国政府授意,在服务器终端上屏蔽伊拉克域名,互联网上伊拉克瞬间就蒸发了。对信息资源拥有绝对控制权的美国,能让一个国家在网上瞬间"消失"。

一旦战争爆发,IT巨头的力量将强大到非常可怕的地步。

可以断定,未来对人类影响最大的不是石油、不是水,而是信息。信息资源,将是一种更高意义上的战略资源。

网络时代,给执政党带来巨大的挑战和危机。要区分两种不同性质的问题:有的问题是与互联网共生的,是由互联网制造的;有的问题是被互联网放大了的。用"危机"这个词,似乎危言耸听。但是,面对渗透性、弥漫性、扩张性越来越强的互联网技术,我们必须十分警惕。

第三部分　抉择(choice)

危中有机、顺势而为

信息时代,何去何从?出路只有一个:创新。

信息革命方兴未艾,未知的边界越来越宽。在信息爆炸的今天,一个政党要保持活力、提升能力,必须创新,必须学会及时地调整,学会放弃旧的、掌握新的。

从认识论上看,无论技术怎样变化,怎样发展,互联网始终是我们认识世界、改造世界的工具。只要我们一直保持学习的热情,不断地创新,就能跟上时代的变化。

夯实和扩大党的执政基础

组织建设创新

党组织 + 互联网 = 强大的红色网络。

网络无疑是加强和改进新形势下党的组织建设的一个突破口、切入点。网络时代,如何发挥党支部的战斗堡垒作用?有必要进行一次新的"三湾改编",从"支部建在连上"发展到"支部建在网上"。当年毛泽东同志说:共产党人好比种子,人民好比土地。然而网络已经成为今天社会动员的沃土。那么这颗种子,就应该在网络这块沃土上生根、开花、结果,在网络社区这个虚拟的社会里，在这块社会动员的沃土上，更好地发动群众、组织群众，推动党支部的实际工作，建立村官党员干部的网络社区、乡镇党员干部的网络社区、县市级党员干部的网络社区。

抢占制高点，赢得青年，就是赢得未来

青年是网民的主体，40岁以下的网民占84.7%。互联网已经成为赢得青年、赢得未来的制高点。占领这块制高点，应该成为我们今后工作的重中之重。

在奥运火炬传递过程中，在与藏独分裂势力的斗争中，在抗震救灾的过程中，中国青年借助和运用新媒体，团结一致，凝聚人心，他们的爱国热情和行为，引起了国际舆论的高度关注。英国《金融时报》评论说："中国互联网再次证明其主流地位，不是靠行政级别，而是靠强大的信息整合方式及对3亿网民的影响力。"

传统的政令，从中央到地方、到村镇，要经过多少中间环节。运用Web2.0互联网技术，以大学生村官这个具体的项目入手，去试点、去探索，建立从中央到大学生村官的网络直通车，未必不是个好办法。

人民网近期配合领导机关在做三件事：

一是建立大学生村官社区：开设博客、播客、BBS等。请优秀大学生村官和网友在线交流，让大学生村官们自己谈、谈自己。

二是创办一份大学生村官手机报：为大学生村官提供全方位的新型宣传引导模式。这使我们的工作更加主动，方便快捷，使我们的主流声音尽快占领新兴媒体的制高点。

三是每年组织一次评选表彰活动，发动网友投票选出自己心目中的优秀大学生村官。这也是主动设置议题、凝聚人心、引导舆论的好办法。

江苏的宽带已经实现了村村通，覆盖所有自然村。这就是大学生村官的用武之地，就像战争年代知识分子教农民认字一样，农民对先生是很崇拜的。大学生村官就是要发挥自己的特长，扬长避短，学会先予之，帮助了别人，自然也就拉近了和群众的距离，取得了民众的信任，民众自然就支持你。大学生村官也才能够真正做到"下得去，干得好，留得住"。

转变执政方式，提高执政能力

先进的技术加上进步的政治理念，就能立于不败之地。我们党提出科学执政、民主执政、依法执政。借助互联网的技术支撑，可以有效推动执政方式的转变，使执政为民的理念落到实处。

公开执政——从"要我公开"到"我要公开"

胡锦涛总书记在党的十七大报告里强调："人民民主是社会主义的生命。"共产党不怕讲民主，恰恰相反，共产党最讲民主。实现社会主义民主是政治体制改革的目标。公开是民主政治的基本要求。信息公开，是公民参政议政的前提。历史上，我们党曾用传单、喇叭宣传党的政策主张；在信息社会，我们为什么不能利用互联网来推进党务、政务公开呢？

如汶川地震，中国政府做到了最充分、最及时的信息公开，就赢得了中国民众的信任和世界的普遍赞誉。

不久前，中组部在人民网分四次陆续公布"首次全国组织工作满意度民意调查结果"。每一次公布，两个小时内，百家网站竞相转载。点击量达130万人次，网民跟帖超过2.6万条。

中组部在网上"晒"出民调结果，实属破天荒之举。用网友的话说："中组部能够坦率、真诚、客观地公布结果，虽然成绩不是满分，但诚实的态度已拿到满分。"应该说，这的确是一次非常成功的信息公开案例。

人民网舆情监测室做了同步的舆情监测。在所有的媒体评论中，58%的评论认为，民调显示选人用人更加重视民意。42%的评论肯定民调操作的客观公正性。32%的评论认为，民调是组织工作的创新之举。也有10%的评论认为，民调应着力避免统计失真。在所有的支持性观点中，56%的评论认为，民调彰显了中组部的诚意和自信。48%的评论认为，民调对干部选任工作具有重大意义。

这一"破冰之举"在三个方面打破了传统的执政方式：一是公开态度，从"要我公开"到"我要公开"，争取了主动权。二是公开方式，从"简单发布、一发了之"，到"先谋而后动、策划公布"，提升了舆论的引导力。三是公开机制，从"个案公布"走向"常态公开"，建立了长效机制。

提高舆论引导能力

舆论引导能力，是执政能力的重要方面。习近平同志在中央党校讲话强调，领导干部要提高同媒体打交道的能力，实际上也是在强调传媒意识和舆论引导的重要性。

Web2.0时代，舆论引导不是靠封堵，而是靠对话。特别是在突发事件中，抢第一时间、到第一现场、在一线主动对话，在对话中抢占先机，赢得话语权，才能掌握主动权。

不要泛政治化,而应尽量把问题具体化,用专业词说专业事。善于大事化小,小事化了。实话不一定全说,假话一定不要说。

要主动设置议题以引导舆论。主动引导舆论,我们也有很多成功的例子。去年,网上盛传山西省主要领导有变动。当地谣言四起,人心波动。人民网发布了新闻:"传言山西省委主要负责同志职务变动毫无根据。"就这一句话,迅速被境内外媒体大量转载,谣言不攻自破,稳定了山西党政领导干部的"军心"。

利用互联网架起党群沟通新渠道

互联网,深刻地改变了中国社会言论结构的格局。目前我国网络的言论结构存在两个严重失衡。

第一,党政声音和民间意见的表达不均衡。政府虽然已经上网,但web2.0程度很低,党政的声音主要在新闻里。在网络社区中,党和政府还经常处在被批挨骂、被动挨打的情况之下。

第二,各阶层在网上的表达和形象不均衡。分析我们的网络结构,主要由两大部分构成,一是知识分子、社会精英,二是青年,包括一些"愤青"。他们在互联网上被过度代表,网民中的知识分子、年轻人的比例,远远超过其在中国人口中所占的比例。网络管理如何促进党政和民众之间的政治认同,官员和网民如何和谐相处,值得严重关切。这迫切需要我们在网上开辟出一条党和群众沟通的新渠道。

去年6月20日,胡锦涛总书记考察人民网,和网民面对面在线交流,人民网访问量瞬间飙升,网络几次被网友拥堵挤爆。尽管之前已经做了准备,新增了两台服务器,可网友的热情还是大大地超出了我们的想象。

今年2月28日,温家宝总理与网民在线交流,网友提问超过30万条。

几年来,近300位省部级干部做客人民网强国论坛,都得到了广大网民的热烈响应。胡锦涛总书记被网友评为2008年度最受欢迎的嘉宾;李源潮同志的"不用不讲原则的'老好人',不用不干实事混日子的人",被网友评为2008年度最强声音。这些都说明一个道理,网友是欢迎,也是喜欢和领导干部在一个平台上沟通交流、促膝谈心的。

调动网络民间力量,加强对公共权力的监督

现在我国网民3.38亿,正好占全国人口的1/4。对执政党来说,这些数字意味着:有6.76亿只眼睛像显微镜、望远镜、放大镜在时刻地盯着你、监督着你。河南灵宝事件后,有位网民在人民网上发帖说:"地方政府不要太为所欲为,网民上了网,鼠标轻点,就能和胡总书记对上话。"

反腐败,纪检部门不可能人盯人;而党政干部是生活在群众当中的,互联网的民主监督无处不在,可促使党政干部更清廉,更守法,更称职。今年的躲猫猫事件、浙江出国费用清单事件、深圳林嘉祥事件、南京周久耕事件等,就是有力的证明。今年2月,中组部干部监督局在人民网正式开通了12380网上举报中心。目前,访问量已超过450万人次,网民对此赞不绝口。网友们说:任何事情都逃不过群众的眼睛。这也是对"一言堂""暗箱操作"等"潜规则"敲响警钟。

优化执政力量——培养一支适应网络时代的干部队伍

注重党员干部的上网工程。除了读书、看报、听广播、看电视以外,党政干部要养成学网、上网、看网、用网的习惯,如果我们7600万党员、7800万团员的积极性都调动起来,我们党员干部都行动起来,一定会从网上的弱势群体,转变成舆论引导的重要力量。

互联网技术革命方兴未艾,正在深刻地改变着人们的生产生活方式,这是无法逆转的历史潮流。挑战携机遇悄然而至,危中有机,顺势而为。只要勇敢实践,大胆创新,应对得当,就一定能驾驭互联网技术革命的浪潮,使这一技术革命更好地服务于执政党建设,服务于国家工作大局。

(原载《新闻战线》2009年第9期)

纸媒依旧有春天

余清楚

风景这边独好

2008年下半年以来，从太平洋彼岸掀起的金融海啸，在坎坷不平的地球上的每个角落肆虐，同样，传媒业尤其纸质媒体感到了阵阵寒意。巴菲特曾说：报业似乎进入了"漫长的衰落期"。三年前，美国北卡罗来纳州立大学教授菲尔普迈尔就对报纸的"寿命"做出了预言："到2044年，确切地说，是2044年10月，最后一位日报读者将结账走人。"国内纸媒市场也掀起微澜，《中华新闻报》终因资不抵债而停刊，成为首个倒闭的中央级报纸，一时"报纸消亡论"的悲观情绪蔓延，有专家甚至做出"再过20年，报纸将无可救药"的预测。随着网络、手机报等新兴媒体的异军突起，加上金融危机推波助澜，人们对纸媒的现实和未来平添了几分悲观和忧虑。

2009年4月，美国百年大报《基督教科学箴言报》停止出版印刷版日报转向网络版，这是美国第一家基本放弃平媒的全国性大报。创办于1908年的《基督教科学箴言报》是美国仅有的四大全国性报纸之一，百年来一直坚持着严肃正统的新闻路线，尤其是在国际新闻报道方面享有很高的声誉。对于这样一份报纸选择放弃纸质媒体转投网络，人们心里或多或少还是会觉得有一丝震惊。

但是，在纸媒唱衰声中，我们却看到这样的现象：纸媒以昂贵的人力物力成本采集和编辑新闻，而网络则坐享其成，轻轻按动鼠标，就可信手拈来。一些电视节目有恃无恐，每天早晨把报纸最好的新闻作为丰盛的早餐享受，毫不费力就变成自己的东西传播，有的报纸还得连声道谢，美其名曰"帮助提高了知名度"。手机报更是报纸的传声筒，掐头去尾，内容单薄，但却出乎意料地受宠。总之，纸媒把许多独家、原创、首发的新闻无偿地"贡献"给了新兴媒体。

尽管如此，纸媒以无比强大的生命力在生存着、拼搏着、发展着。虽然面对危机，面对困难，但我们仍有理由执着地相信，中国纸媒的日子会过得不错。尤其在我国，纸媒仍然是新闻事业最重要的组成部分，是宣传党的路线、方针、政策的重要工具，是人民群众获得新闻资讯的重要来源之一。尽管以互联网为代表的新兴媒体发展势头迅猛，尽管金融危机给美国纸媒以沉重一击，尽管国内有些报纸广告经营遇到一些困难，但大多数的传统纸媒却能从容应对，风景这边独好。据世界报业协会发布的资料显示，世界上10份销量最大的付费报纸中，亚洲占了8份；报业市场最大的三个国家依次是中国、印度和日本，过去曾经引领风骚的美国如今只能屈居第四。我们可以做出这样的判断：报业的日子依然红火，报业的春天依旧美丽。

纸媒的优势和发展空间

党报党刊体系保持良好的发展势头。作为喉舌，党报必须把党的方针政策准确、及时地报告给人们，让党中央的声音传遍千家万户，同时也要把人民群众的愿望、要求、呼声反映给党和政府，从而沟通党、政府和人民群众之间的联系。作为报纸中的龙头——党报和舆论有着密不可分的关系。党报可以反映和引导舆论，促进政府对群众需求的深入了解；加大群众对政府工作的监督力度；指引社会向正确的方向发展。作为国内最具权威性和影响力的党报旗舰——《人民日报》，承载着社会"风向标"的使命，肩扛着主流舆论的旗帜，担负着主流舆论首席代表的责任，在党和国家的重要事件中，在重要评论的影响力上，有着无可比拟的地位。经过60年发展，人民日报社已成为拥有《人民日报》——中国第一大报、《人民日报海外版》——对外宣传；《环球时报》——民间舆论重要载体、《京华时报》——北京人的都市报，以及有着53年历史的《新闻战线》杂志等20多家报刊的"媒体方阵"。党报、都市报不同特质的报纸间资源共享，互动呼应，形成宣传合力，增强了国内国际传播能力。

新闻的原创性和公信力仍是纸媒的优势所在。报业在长期的发展中，建立了水平较高的采编队伍，拥有在各方面积累的人脉资源，具有高度的新闻敏感和深度剖析能力，以及对新闻的去粗取精、去伪存真，即对信息的筛选和加工能力。当读者被网络东一榔头西一棒槌的信息弄得真假难辨、不知所云的时候,翻开报纸,经过加工整理,真实而准确的信息就呈现在面前。有选择的精粹信息,自然要比网络上那些铺天盖地而来的粗糙信息,更方便为受众所接受。这是纸媒不可或缺的竞争优势。同时,报纸不仅仅传递给读者信息,它还能传递出所要表达的观点和思想。我们在阅读报纸时,常能发现不同的纸媒对新闻现象的认识和解读不尽相同,这一方面丰富了新闻信息的内涵,另一方面也体现了纸媒对原创性和公信力的追求。纸媒新闻的采编发布流程规范严密,经过层层把关才能与读者见面,体现了客观、公正的原则,在读者心目中的公信力和权威性极高,这是其他媒体无法撼动纸媒的重要一点。

市场拓展潜力依然可观。纸媒在农村、社区、中小城市等市场大有作为。近年来,报业在一些主要城市遭遇了"发展天花板",但从报业发展的市场条件看,未来在中小城市仍有很大的市场发展空间。这得益于中等城市经济加速增长和城市化进程加快。有专家预计,我国城市化年均增长1%,到2020年将达到60%左右,其间将有3亿农民变成城市人口,成为大众化报纸新的受众。有理由相信,在未来十几年,中等新兴发达城市将成为加速城市化和经济增长的主战场,其报业也将随之同步快速增长。经验告诉我们,当人均GDP超过3000美元以后,文化消费进入加速增长时期。经过十多年的发展,我国已从信息匮乏逐步进入信息过剩时代,读者的阅读需求呈现多方面、多层次、多样化的特点,形成新的信息消费市场,需要报业创造层出不穷的新产品。但直到2009年,我国除台港澳外,只有1943种报纸、9549种杂志。而韩国4845万人口,仅杂志就有6350种;美国的报纸有9100余种,杂志近2万种。由此可见,我国纸媒细分市场还有很大的发展空间。

纸媒拥有忠实的读者群。报纸是最古老的大众传媒,影响力大而深远。长期以来,一些优秀的报刊和重要的文章成为曾经的年轻读者学习的教科书。报刊明确的版面规则和有序性,让读者阅读起来更直接、更亲切。阅读报刊的随意性和自由度也比较大,便于携带、便于收藏;阅读不受时间、场地的限制;可以反复研阅。对很多人来讲,每天早晚手捧散发着淡淡墨香的报刊,尽览天下事,多年形成的阅读习惯已成为他们生活中的重要组成部分,是纸媒随同信息提供给他们的一份独特体验和珍贵情感,这份对报刊的依赖感,不是轻易可以改变的。2007年,一项针对中国四川、重庆两地6所高校的问卷调查表明:"在报纸是否会被其他媒体取代的问题上,78%的教师认为报纸不会被取代,总体上仍认同报纸的生命力。"传统媒体仍具有不可抗拒的魅力。

纸媒市场的竞争与淘汰机制使强者更强。 每当经济形势转坏时,就会凸显"马太效应"。任何一次大的危机和市场变化都会提高行业的生存门槛,同时更是一次行业重新洗牌和集中化的过程。"物竞天择,适者生存",办不好的、缺少竞争力的、没有特色的报刊一定会走向衰落,会被淘汰出局;适应市场、适应形势、适应技术的强势报刊将会发展得越来越好。纸媒通过市场的"洗礼",实现优胜劣汰,强者恒强,强势报刊进一步增加领先优势,扩大市场份额,弱势报刊不可避免地陷入市场萎缩的窘境。北京都市报市场的发展轨迹就印证了这点。2000年开始,房地产业和汽车业广告的快速增长带动了北京都市报市场的繁荣,到2005年,广告高速增长的势头停滞,新报纸还在出现,加上报纸的厚度增加和纸价上涨,大大提高了报纸成本,报社收入的增长逐年放缓。从2007年到2009年,受广告份额的下降和新兴媒体的挤压等影响,有些报纸的日子不好过了,由日报变为周报,有的退出市场,有的出现了亏损,目前北京报摊上经常能见到的都市报纸只剩下5家左右,下一步可能还会有报纸淡出市场,但能够笑到最后的一定是适应市场并赢得市场的"王者"。

然而,我们必须看到,目前纸媒仍存在许多困难和问题,譬如报纸分布不合理,在城市过度集中,导致低层次竞争;报纸发展模式不合理,投入产出不成比例等,其中比较突出的一个问题就是不适合市场竞争的报纸刊物太多太滥,有的风烛残年,毫无生气;有的苟延残喘,坐以待毙;有的名存实亡,奄奄一息……上述种种问题,严重影响纸媒的竞争力和应变力,给纸媒的生存和发展造成种种危机。

当然,国内纸媒的问题与美国报业所遭遇的危机相比不可同日而语。但我们需要有足够的危机意识,来认识和应对纸媒面临的挑战。金融危机对纸媒造成的影响可能是暂时的、偶然的,但新兴媒体的崛起对纸媒来说则是长期的、必然的挑战。因此,我们要保持足够的清醒,认真思考纸媒的前途,切实谋划纸媒的未来,通过体制机制创新、内容创新,借助网络平台,让400多年的老报纸凤凰涅槃,浴火重生。

在媒体融合中展身手

提高技术创新能力,加速与新媒体融合。 纵观媒介发展历史,每一次新的传播技术革新，都会带来媒体发展的巨大变革。如今信息制作、传播的手段以及人们获取信息的渠道和方式正在发生革命性的变化，互联网、手机等新兴媒体快速发展，让纸媒遇到了前所未有的严峻挑战。纸媒要取得更大更好的生存和发展空间，不能仅在一种报刊上做文章，固守一块阵地，应通过加速推进传统媒体与互联网、电信行业的融合，利用数字传播的新技术，创造出更加丰富多彩的新闻传播业态。传媒大亨默多克在《报业未来：超越死亡树》的演讲中提出，传统报业未来不会走向死亡，网络将使传统报业"重生"，数字时代将孕育出庞大市场的全新报业形式，并让报纸读者倍增。他还说，"大众传媒业的发展始终充满了不确定因素，而变革是唯一的确定因素"。传统纸媒唯有大胆改革创新，借助新技术、新介质、新渠道，从传统报刊独立作战向全媒体整合运营转变，通过整合资源，占领多种媒体传播平台和渠道，才能在未来的多媒体融合大潮中大展身手。

提高内容品质，加速提升纸媒质量。 目前纸媒还是"内容为王"，产品质量依旧是纸媒生存之根本，发展之路径。如今纸媒的生存空间受到多重挤压，突围方向还在于纸媒自身办得好不好。纸媒在拥有雄厚的经济实力和稳定的市场的同时，还应追求纸媒精品化，通过提供给读者更多的背景材料、深入的分析和前瞻性的研判，展示自己的特色和风格，不断满足读者对报刊内容的深度、广度、精度等方面的需求。人民日报社社长张研农对人民日报社所属报刊提出了"打造百年老店"的要求。他说，人民日报社所属报刊要适应媒体分众化、对象化的新趋势，坚持内容为王，办出特色、办出影响，成为个性鲜明的"专卖店"。要把报纸的方位定位摆在重要位置，方位准，定位清，这是实现对象化、分众化的基本要求。张研农社长引用邓小平同志对思想理论工作讲过的一句话——"要深入实际，深入专业"。他指出，深入是没有止境的。工作中要始终想着长远，着眼未来，胸怀大志，充满激情，用心用力，久久为功。不能浮躁，不能飘浮，不投机取巧，不目光短浅。要始终保持高度的责任感，以专业态度、敬业精神办好报刊。"人以信为本"，要真实做内容，真诚对读者。讲真、讲诚，才能赢得公信、赢得人心，才能办成"百年老店"。

提高盈利能力，加速转变增长方式。 面对日趋激烈的市场竞争，纸媒应主动求变，改变收入结构单一，过分依赖广告支撑的局面，提高市场竞争水平。要依托长于内容产品生产的优势，以资本为纽带，向其他产业延伸，完善和丰富盈利模式，提高竞争力和抗风险能力。目前，多数纸媒采取重量不重质的粗放型经济增长方式，虽然发行量在增加，但真正利润额却很少。纸媒要科学发展，健康发展，就要转变这种拼资金、拼人力的外延式增长方式，除了在强化内部管理机制、降低自身营运成本上下功夫外，还应该向提高资源利用效率的集约型增长方式转轨，全面提升发展质量。报纸间要加强合作，进行内容、客户、渠道或其他资源的共享，不仅可以扩大生存空间，同时也可以联合抵御竞争，降低竞争的成本。要大力推进报社体制改革，机制创新，建立现代企业制度，实现产权结构多元化，利用资本市场的融资渠道，使产业经营与资本经营相结合，加速实现资本扩张和产业规模的扩张。尤其是在当前国家大力鼓励和支持优势传媒集团进行跨区域扩张的政策支持下，优势传媒集团纷纷大力拓展区域性市场。辽宁日报传媒集团继2008年与铁岭日报社成功合作创办《辽沈晚报·铁岭版》后，2009年先后与《抚顺日报》《本溪日报》《辽阳日报》《阜新日报》和《营口日报》等开展战略合作，实现了辽宁中部城市群省市两级报业资源共享、优势互补、协同发展的一体化发展新格局。而大众报业集团旗下半岛传媒有限公司与潍坊报业集团的资本联姻模式，不受地域、行业限制，可以在广阔的范围内整合资源，对其他纸媒的发展具有一定的借鉴意义。

提高人才积聚能力，加速搭建培养高素质人才高地。如今纸媒间的竞争异常激烈，而这种竞争，更多的是反映在人才上的竞争。纸媒从业人员水平的高低直接影响着报刊的质量，更进一步影响着纸媒市场竞争能力的大小。目前国内纸媒的人才结构非常不合理，大量的人才聚集在采编方面，懂经营的高素质人才非常少，而既懂采编又懂经营的高级传媒人才更是凤毛麟角。纸媒要改变这一现状，就要树立人力资源是第一资源的思想，下大力气抓好人才战略的制定和实施。从纸媒发展对人才需求的实际出发，制定科学的吸引人才、培养人才、开发人才的人才战略，为未来发展提供坚强的组织保证和人才支持。要建立现代传媒人力资源管理制度，以目标责任制、绩效量化管理激发员工的积极性，以系统培训、个人职业生涯规划管理等开发机制提升员工素质。好的机制比人重要，有了好的机制才能吸引人才，留住人才。要有品牌意识，注重依靠品牌吸引人才。品牌塑造与人才聚集是一个互动的关系。人的智慧直接影响着媒体产品的质量，影响着拓展市场的决策。人才优势是最重要的竞争优势，人才及其智慧的发挥会培育出品牌媒体，会形成强大的磁场，会不断把更多更优秀的人才吸引过来。

前不久，笔者随中国新闻代表团出访东南亚，感到那里的网络扩张不如国内迅速，报业的同人对纸媒的未来很有信心。据新加坡的朋友说，市场调查表明，受众接受新闻信息的来源70%以上来自传统媒体，其中读者对纸媒还是喜爱依旧，充满信任。这也给我们这些挑灯伏案写稿的报人以安慰和信心。国内的纸媒调查表明，读者同样给了我们许多令人鼓舞的信息。当然，我们要增强危机意识和忧患意识，知难而进，迎难而上，适应时代潮流，应对传媒变局，把自己的事做好，给读者，我们的老朋友、老用户办一份出色而精彩的报刊，让他们与我们一路同行，不弃不离，共同开创纸媒的新篇章，共享纸媒的美好春天。

(原载《新闻战线》2010年第2期)

西方媒体并非终极模本[*]

胡锡进

中国媒体这几年发展得很快,但媒体人的抱怨还是有。一些市场类媒体的从业者把西方媒体当成参照坐标,认为中国媒体不开放,批评报道不够犀利。这种看法虽有一定的事实依据,但这种对比方式存在问题。

中国媒体与西方媒体置身的社会各不相同

就整体而言,任何国家的媒体都是其所在社会的组成部分,它参与塑造并维护国家机器及整个社会的运行。现代媒体发端于西方,几百年来与西方政体的变动同步进行。当前的西方国家大多实行三权分立制,在这个相对稳定的大框架下,各国的不同政党及利益集团激烈竞争,相互排斥。媒体与此相适应,帮助不同的政治力量互揭丑闻,也帮助社会判定真假,搞清是非曲直。西方媒体的报道因此经常十分尖锐,批评总统毫不客气。但这样做并不冲击国家的宪法框架,给社会稳定制造的冲击也很小,因为他们实际上是在西方轮流执政的宪法框架内,帮助社会选择轮换的对象和速度。而无论对于执政集团的正常轮换(任期届满),还是对非正常轮换(任期未满),西方社会早已经适应,对各种丑闻,公众见怪不怪。

实际上,现代西方媒体是西方社会用几百年的时间"量体裁衣"裁出来的,它穿在西方国家的身上很合身,但无论多贵的衣服,哪怕是名牌,只要身材不同,穿在别人身上不一定都是好衣服。当然,西方媒体用几百年的时间积累了大量经验,它的设计、做工有很多值得我们借鉴和学习之处。但中国媒体应当针对中国社会量体裁衣,与中国社会进行积极、执着的互动,既

---

[*] 本文获第二十一届中国新闻奖新闻论文二等奖。

推动中国社会的发展，又在中国社会寻找自己的空间。中国媒体不可能脱离中国社会，就像火车头脱离车厢一样，孤零零地往前跑。

中国媒体近年来进步的跨度大大高于西方媒体

由于媒体与社会紧紧咬合，实际上，中国社会这些年有多大变化，媒体大体就有多大变化。中国的计划经济被市场经济取代，人性在释放，社会呈现多元化，权力不断受到限制，这些都对媒体的报道风格产生了重大影响。但另一方面中国坚持共产党的领导，坚持走社会主义的发展道路，这也是媒体运行的巨大现实。中国媒体随着改革开放前行，其间中国社会的每一次波动和调整都牵涉媒体，与相对稳定的西方媒体相比，中国媒体这些年的变化值是很大的，经历十分丰富。

在社会变动的大盘中，媒体往往是比较活跃的因素。中国媒体也做到了这一点。比如当年有关真理标准的讨论、关于人生观的讨论都是从媒体上开始的。近年中国媒体关于南丹矿事故的报道、对于基金黑幕的揭露等，对中国社会进步的推动都十分明显。比如《环球时报》对国际新闻的报道方式就发生了巨大变化，外交报道从友好气氛的塑造到实事求是的解读。就像中国的城市变得认不出来一样，今天的中国媒体和20年前相比，几乎也让人"认不出来"了。

但值得注意的是，中国经济的现有成绩给经济界带来的自信，要大于中国媒体的进步给行业内从业者带来的自信。造成这种局面的原因很复杂。但其中一个原因或许是，硬力量的变化更容易看到，而软力量的效果却需要更多的验证。

探索中国媒体的独特发展之路

如果说西方体制不是中国社会的改革目标，那么西方媒体也不可能成为中国媒体的终极模本。无论有多难，打造有中国特色的媒体，走一条自己的路，都是中国媒体注定要做的事情。

大家都应清楚，媒体变革是中国社会变革不可分割的一部分，也是难度较大的一环，媒体的改进不能太超前，但也绝不能落后。现在的问题是，一些媒体人盲目把西方媒体当模本；而有的官员希望媒体原封不动，从而使社会的变革"不受干扰"。其实，这两种态度都是不切实际的。中国媒体肯定要往前走，关键是要把握好度。尽管这个"度"有较大的不确定性，但它的大原则应当是清楚的，那就是媒体的前行与中国社会的前行相适应，双方是相互配合的关系，是一个整体。打个比方，媒体变革像一匹奔驰的快马，但中国社会握着它的缰绳。也可以反过来说，中国社会是一匹奔跑的快马，朝哪儿跑，多快多慢，媒体也握着它的缰绳。这样的配合是必须的，否则无论是社会的改革还是媒体的改革都不能成功。

中国各级政府的事务甚至职能这些年都在不断变化，中国社会的整体运行机制在变化，但一些地方的政府以及有力量的社会单元不希望舆论结构变化，而希望保持对媒体过去的管理方式，不愿意主动配合媒体，因而经常陷入被动。近年来出现了几次重大公共事件，都是媒体推动官员，官方主动并成功引导媒体的案例很少。一些地方政府和社会单位出了问题就怪到媒体头上，而不是认真总结经验，使得媒体与社会各个层面配合与互动的积极性得不到保护。大家互相抱怨，配合变成了博弈，造成了很多困惑。

这样的苗头有必要及时纠正，最重要的一点还是大家要有打造中国特色媒体的共识。这不是媒体自己的事，是全社会的事。换句话说，中国社会的特色、对信息的承受力，为中国媒体设置了框架，媒体改变这个框架就是在改变中国社会，媒体的改变就是中国政治改革的一个侧面，这决定了大家都必须很认真很谨慎，同时又很坚决地帮助媒体前进。

办《环球时报》，我们就痛感没有一个可以照着学的模本。无论是采集信息的方式，还是语言风格，我们都需要摸索和创新。但最重要的，还是在国家对外交流中的角色创新，在信息流动中位置的创新。我们致力于将自己打造成中国民间舆论的载体，同时我们公开表达，我们是人民日报的一员，我们致力于在当前复杂的国际形势下维护中国的国家利益。中国的改革开放这样要求我们，中国社会的表达愿望在向我们召唤。我本人在接受外媒采访时多次说过，真实、客观是《环球时报》坚定不移的办报理念，同时社会对信息的承受力也在我们的考虑之中。我们认为这两者不是矛盾的，因为一定的承受力就是中国社会的真实元素之一，它与其他元素同时客观存在。但在办报实践中，具体每一个新闻怎么操作，还是很难的，这个难，实际上就是需要一个磨合过程。

像中国的其他建设者一样，这一代的中国媒体人肩负着巨大责任，我们比西方媒体人更不容易。我们要推动媒体本身的进步，还要使媒体的变化与社会的变化相适应。世界上很少有哪个国家的媒体有这样的雄心,要如此认真地照顾社会的大局。实际上,这些年西方媒体纵容甚至酿成了许多大的错误,如伊拉克战争、华尔街危机,西方媒体都脱不了干系。中国媒体有自身的问题,但我们必须自信。在技术上我们要学习西方媒体,学习一切领先的东西;但在精神上我们绝不应盲从任何人。未来的中国媒体肯定永远与西方媒体有区别。如果我们为中国的独特发展模式而骄傲,那么就让我们也为中国媒体的独特探索而骄傲吧。

(原载《新闻战线》2010年第9期)

公共危机事件中主流媒体的社会责任

罗庆华

近年来,涉及社会安全的公共危机事件发生频率加快,复杂性增加,报道难度加大,稍有偏差就会出现严重的社会问题,对新闻宣传提出了很高的要求。

重大公共危机事件发生后,如果主流媒体失声失语,就会将舆论阵地拱手相让,使小道消息大行其道。而主流媒体失去公众的追随,舆论引导就无从谈起。因此,在公共危机事件中,主流媒体应增强政治意识、大局意识和责任意识,牢牢把握正确舆论导向,关注社会热点,多做理顺情绪、化解矛盾的工作,增强舆论引导的针对性和有效性;还应创新传播方式,把握媒体分众化、对象化的新趋势,利用网络优势,通过传统媒体和新媒体的聚合传播,构建舆论引导新格局。

危机预警责任

众所周知,大多数危机事件都有一个从"隐患"发展到"苗头"、从"苗头"进而出现"征兆"、最后形成危机的过程,如果能及时发现事故的隐患和苗头,及时对后果进行分析预警,并制定出应对危机的策略,就可能把危机解决在萌芽状态。

新闻预警是指对可能发生的危机进行预测性、警示式的报道。它以现有的事实为依据,通过专家的分析或根据科学预测方法得出的结论,及时提醒政府和受众注意未来可能会发生的情况,提出可操作性的对策和建议。当主流媒体成为"瞭望者",成为党和人民的耳目喉舌时,就必须担负起社会责任,以真实、客观、公正的原则报道新闻,彰显正义,促进社会进步。

为保障危机预警报道的有效进行,确保新闻的准确性,主流媒体应充分利用内参渠道优势，与各级政府形成良性互动和沟通，从"有利于国家和社会稳定发展"的大局出发，以对社会高度负责的态度，在科学验证和判断信息准确性的基础上，整合各方面的预警信息，科学、理性、适时、适度地发出警示，为政府提供决策参考，并敦促各级政府做好充分的应急措施，遏制或减少危机事件的发生。

保障公众知情权

由于公共危机事件的突发性及破坏性与老百姓利益密切相关，所以公众要求满足知情权的呼声更加强烈。公共危机发生时，如果没有权威、官方的信息来给人们解渴，就可能被流言通过非正式的传播途径抢先占领舆论高地，率先对民众的认知产生影响。

近几年，我国公共危机事件呈高发态势，在一些事件中，由于地方政府采取"鸵鸟政策"，信息披露迟缓或对事件真相遮遮掩掩，未能满足公众的关切，如"非典"初期的瞒报，"11·13"石化双苯厂爆炸污染事故的迟报，"瓮安事件"中政府媒体集体失声、失语等，造成坊间小道消息盛行，导致一定程度社会恐慌，使得西方媒体和国内外敌对势力借机造谣生事、蛊惑人心，给政府工作增加了难度和压力。

在危机事件中，主流媒体应牢牢把握主动权，快速、及时、准确、客观地传播信息。在"5·12"汶川地震灾害中，国内主流媒体以空前的快速反应赢得了先机，以前所未有的全面翔实、公开透明，满足了公众的知情权，受到国内外舆论的广泛好评。在把握导向、引导舆论的同时，也增强了自身的亲和力、吸引力、感染力，进而提高了公信力和影响力。

舆论监督责任

近年来，党和政府越来越认识到媒体监督对于推动工作的重要作用，但尽管如此，因种种原因，舆论监督环境仍受到较大制约，监督力度远远不够，监督效果不尽如人意，群众反映的问题得不到解决。近两年发生在贵州瓮安、云南孟连、甘肃陇南、湖北石首的群体事件，其背后深层次原因大多为长期积累的矛盾所致，地方政府和利益集团屡屡侵犯群众利益，伤害了民众的感情，触犯了群众的底线，埋下了太多的积怨，最终激起民愤，酿成暴力流血事件。

事实上，作为社会触角广泛的媒体，在这些事件的前期，完全有可能也应该掌握苗头性动向，遗憾的是，由于行政干预及媒体更多考虑与当地政府的和谐关系及发展环境，对影响社会稳定的敏感问题绕路而行，尽量不碰，甚至报喜不报忧，矛盾激化后，政府、媒体都陷入被动，公信力也受到较大影响。

主流媒体要发挥好舆论监督的作用，减少或缓解社会矛盾，首先要从战略的高度认识舆论监督的重要性。舆论监督不是单纯挑毛病，而是党和政府在新形势下应对国内外复杂形势，提高执政能力的需要，是监督检查制度的延伸，是改进执政作风、满足群众诉求、解决具体问题、切实推动工作的具体手段，更是履行社会责任的重要体现。

舆论校正责任

近年来，随着网络、手机等新兴媒体的快速发展，网络舆论越发显示出独特的作用，一些敏感问题及突发事件在被网民炒作后，往往成为一种声势，形成与主流媒体相左的舆论场。

例如，在"5·12"汶川地震中，网络上出现了大量质疑国家地震监测部门的声音，许多人认为预报失职，甚至认为既然不能监测还不如撤了地震监测部门，国家地震局一时间千夫所指；面对在学校倒塌中死伤众多的中小学生，许多人怀疑这些建筑都是"豆腐渣工程"，网络上出现许多音频、视频，大肆渲染家长要求政府赔偿的过激情绪，使抗震救灾中心工作受到干扰。

公共危机事件发生后，主流媒体应该抢占舆论制高点，以科学理性、严肃求真的态度，分析事件原因，疏导公众情绪，澄清事件真相，校正不实舆论，维护大局稳定。如果主流媒体对于正在流传的负面言论视而不见、充耳不闻、沉默不语，甚至被负面言论牵着鼻子走，就是严重的失职及社会责任的缺失，将会产生不可估量的负面后果。

主流媒体在承担舆论校正责任的过程中，一方面应十分重视、善于运用网络新媒体，加强两者的融合，共同营造良好的舆论氛围；另一方面，须敏锐观察时局动向，及时研判社会思潮，关注全局性、社会性的热点事件与热点话题，主动设置议题，通过主流媒体来引导和影响互联网舆情的议题和走势，使传统媒体与网络媒体形成一种良性互动的关系，进而使两个舆论场形成共鸣和共振。

社会减压责任

由于公共危机事件往往造成重大的人员伤亡和财产损失，对社会生产、生活带来极大的震荡和破坏，对公众身心造成严重的伤害，因此，主流媒体应及时配合政府，通过舆论宣传及对事件的全面解读，使受众的不良心理倾向得到缓和、释放。

2003年"非典"在我国境内爆发，对公众来说，危机造成的最大危害在于日常生活秩序遭到破坏并由此带来社会心理的脆弱和心理疾病的发生，如果不及时疏导和排解民众的这种抑郁情绪，就会出现一些过激行为，造成严重的社会问题。

心理学家认为，"社会心理支持"是帮助克服恐慌心理的有效方法，而社会心理支持很大程度上取决于主流媒体对受众心理的疏导。"非典"事件中，为了减轻人们的恐慌心理，几乎所有媒体都开辟专栏，请权威的传染病专家解读"非典"病理，告知人们防治措施；请心理学家进行心理干预，鼓励人们从心理上战胜疾病。当时，钟南山就成了家喻户晓的人物，人们见到或听到这个名字，就会唤起一种科学的力量和战胜病毒的信心。

在高度信息化的时代里，社会不可避免危机，危机也不可避免媒体。主流媒体在发挥"喉舌"功能的同时，还必须承担社会减压的责任，最大限度缓解危机带给公众的心理恐慌。

（原载《新闻战线》2010年第12期）

主流媒体应当成为社会舆论的稳定器 *

谢国明

当代中国,发展是第一要务,稳定是第一责任。抓住和用好可以大有作为的重要战略机遇期,推动经济社会全面协调可持续发展,离不开稳定的社会环境。稳定的舆论环境,是稳定的社会环境的重要环节和显性因素。党领导下的主流媒体,是党治国理政的重要资源,是保持舆论环境稳定的重要阵地。把主流媒体办成社会舆论的稳定器,体现了党的新闻工作者坚持正确舆论导向的文化自觉、提高舆论引导能力的文化自强和营造良好舆论环境的文化自信。

当前我国社会舆论场的特征及趋势

当前我国社会舆论场的总体态势是积极健康的。面对社会主义市场经济体制建设所带来的国内环境的深刻变化,面对中国等发展中国家快速发展所带来的国际环境的深刻变动,主流媒体紧紧围绕党和国家的工作大局,始终坚持正确舆论导向,提高舆论引导能力,加强国际传播能力建设,拓展新兴媒体,为党和政府领导全国人民办成大事、办好喜事、办妥难事,营造了良好的舆论氛围,树立了良好的国际形象。

同时,也应该清醒地看到,随着我国经济发展方式的加速转变,社会形态的加速转型,各类矛盾集中爆发,各种问题叠加出现,各种力量都力图发出自己的声音,再加上传播手段日益多样便捷,社会舆论场呈现出了新的甚至是两难的格局。

一是传播主体多元,有管理的传统媒体与难管理的新兴媒体、无管理的

---

* 本文获第二十二届中国新闻奖新闻论文二等奖。

自媒体并存，且后二者的影响在日益扩大，对前者形成越来越大的挑战。信息通讯技术的飞速发展催生了新兴媒体和自媒体，BBS论坛、SNS社交网站、博客，特别是微博这类兼具即时交流和广泛信息发布功能、打通传统互联网和移动终端的新传播方式的快速推广，使得"所有人向所有人的传播"成为自媒体时代社会舆论场的显著特征。在一些事件上，社会成员通过博客、微博设置公共议程的能力甚至超过了专业媒体，近来发生的一系列群体性事件和社会热点事件中，微博往往成为强有力的即时传播工具和"围观"讨论平台，常常影响社会舆论和事件的走向。新兴媒体和自媒体的兴起，使得信息从发布者到发布载体，从采集渠道到发布方式，从传播速度到"发酵"程度，都更加复杂和多元。这极大冲击了主流媒体的主流信息发布地位，但也给主流媒体带来了新的机遇——越是在众声喧哗、真假难辨的海量信息环境下，人们越是盼望有公信力的、权威的主流媒体发出声音。

二是传播题材多样，各种各样的利益诉求极易引发网民"围观"，一些"挑头人物"以各种具体人群、具体利益的代言人自居，对主流媒体强调代表广大人民群众根本利益的表达原则形成挑战和冲击。社会转型期，各种利益诉求纷纷呈现，各种社会力量都在寻找其代言人，出现了一些"挑头人物"。他们代表部分群众提出的一些合理诉求，给党和政府的工作大局帮了忙。但是，这些"挑头人物"也经常提出一些超越现实条件的，或可能损害另外一部分群众利益的不合理诉求，给党和政府的工作大局制造了困难，有的甚至危及社会和谐稳定。这些"挑头人物"提出利益诉求的工具，最常用的是新兴媒体和自媒体，包括博客、微博、即时聊天工具群组等，也会借助一些传统媒体。面对这种挑战和冲击，主流媒体在坚持代表广大人民群众根本利益的同时，亟须关注特定群体的特殊利益，为他们的合理诉求提供表达平台，通过发现不同利益群体之间的共同利益，引导人们正确认识社会现实，理性表达利益诉求。

三是受众多层，非直接利益攸关者在特定事件上的聚合力惊人，一些片面、失实甚至扭曲事实真相的信息和观点往往能得到迅速传播，甚至形成"舆论暴力"，干扰主流媒体发出真实正确的声音。利益分化、需求分散带来受众分层化，影响了面向全体受众的主流媒体进行传播的精准度和传播效果。与此同时，一些特定的社会事件，如征地、拆迁、国企改制、城市管理、环境污染、交通肇事、涉法涉诉案件等，如果被抹上"官""富""警"等特定色彩，立即能够聚合起一大批非直接利益攸关者，短时间内形成舆论强势。这种强势舆论，往往真实信息与虚假信息混杂，理性表达与非理性宣泄交织，一方面可能成为"舆论正义"，支持、推动利益受损的弱势一方获得公平公正的补偿；另一方面也可能造成"舆论暴力"，散布"舆论毒素"，形成"舆论审判"，干扰问题依法公正得到处理和解决。这就要求主流媒体及时准确地求证事实真相、传播真实信息、阻击谣言流传，通过凝聚社会基本共识，引导形成科学理性的舆论力量，支持公平正义，理顺公众情绪，化解社会矛盾。

四是热点多变，形成和消退往往都没有明显的征兆，对主流媒体设置议程、引导舆论造成了更大的难度。 伴随着生活节奏的加快和日常信息量的剧增，人们对于单一事件的注意力越来越小，注意时间越来越短暂。多数参与热点讨论的传播主体与受众，也并非热点的直接利益相关者。没有直接利益的支撑，热点往往缺乏持续性。这对主流媒体设置议题的节奏提出了新的要求。值得警惕的是，热点的消退通常只是暂时的"休眠"，一旦有新的引爆点，往往可能引发更大的热点出现。这就要求主流媒体主动设置议程，及时引导热点，减少触点，消弭燃点，化解难点，促进社会和谐。

一切传播关系都反映着社会关系。面对多元、多样、多层、多变的舆论场，主流媒体如何有所作为、积极应对、因势利导，为社会和谐稳定作出贡献，是一个全新的课题。

明确和完善功能定位，努力成为社会舆论的稳定器

我国的主流媒体，是党一手创办的，是与党的事业同步发展壮大的，是党的生命和党的工作的有机组成部分。主流媒体的发展历史证明，随着党的中心工作和形势任务的变化，党创办的主流媒体必须主动及时调整完善功能定位，才能出色完成党在新形势下赋予主流媒体的新任务。

革命战争年代，党的主要任务是推翻帝国主义、封建主义和官僚资本主义，夺取全国政权，建立新中国。党创办和掌握的媒体，在革命战争年代的功能定位就是成为鼓动者，引导全国人民跟着共产党，推翻"三座大山"，赶走帝国主义侵略势力，摧毁大地主大资产阶级的反动统治，建立人民政权。

新中国成立后头30年，党对当时社会的主要矛盾的判断出现了反复，并一度发生失误。党没有迅速推动自身从革命党向执政党转变，党领导的主流媒体的功能定位也没有相应地及时作出调整，出现了错位，在一定程度上

和一定范围内设置了错误的议程,导致阶级斗争扩大化,影响了经济社会的建设和发展。

改革开放初期,党深刻总结历史经验教训,正确认识中国社会的主要矛盾,确立了以经济建设为中心的新的历史任务,开始了改革开放、建立社会主义市场经济体制的伟大实践。改革也是一场革命,是一场前无古人的伟大变革,需要冲破旧的思想框框的束缚,进行全新的探索。主流媒体适应党的历史任务调整功能定位,积极发挥探索者的作用,无论是突破"两个凡是"的樊篱,开展真理标准讨论,还是平反冤假错案、推动农村实行联产承包责任制、推进国有企业改革、推进流通领域改革及其他重点领域和关键环节的改革,主流媒体都积极探索,发出舆论先声,引发社会关注,开展广泛讨论,为深化改革提供舆论支持。

进入新的历史时期,中国的面貌发生了翻天覆地的变化。我国的经济总量已经达到世界第二位,人民生活总体达到了小康水平。但是,在经济总量快速增长、人民生活不断改善、国际地位日益提高的同时,我国的"资源环境约束强化,投资和消费关系失衡,收入分配差距较大,科技创新能力不强,产业结构不合理,城乡区域发展不协调"[①],利益主体多元现象日益显现,社会矛盾明显增多。面对这些突出矛盾和问题,在邓小平理论和"三个代表"重要思想指导下,以胡锦涛为总书记的党中央提出了科学发展这一时代主题,进一步更新发展理念、创新发展模式,推进和谐社会建设。

在坚持科学发展、构建和谐社会成为当代中国新主题的今天,主流媒体的功能定位也相应地从改革开放初期破旧立新的探索者调整完善为客观平衡的稳定者,为深化改革开放、巩固发展成果、化解社会矛盾、完善体制机制营造良好的舆论环境。

新的功能定位意味着新的发展机遇。信息时代,党和政府的新闻执政能力,即通过对主要信息源(新闻)和信息渠道(媒介)的掌控,对公众议程进行设置,引导社会舆论,实现政治意图的能力,直接关系到国家治理的效率和效果。努力成为社会舆论的稳定器,是主流媒体在新形势下参与新闻执政、服务党和国家中心工作的最佳切入点,也是发挥自身属性优势的最佳途径。

做好社会舆论稳定器的任务和作用

早在1980年,邓小平在中共中央召集的干部会议上讲话提出,"要使我们党的报刊成为全国安定团结的思想上的中心"②。邓小平同志在筹划改革开放蓝图之初,就为新时期主流媒体定位的调整指明了方向。

中央要求,主流媒体要善于把握新闻传播规律,深入研究新形势下各种受众群体的心理特点和接受习惯,主动设置议题,从群众的关注点和兴奋点入手,把我们所倡导的和群众所需要的紧密结合起来,把握好舆论引导的时机、节奏、力度,在报道新闻事实中体现正确导向,在同群众交流互动中形成社会共识,在加强信息服务中开展思想教育,高度重视改进文风,增强亲和力和感染力。这为主流媒体当好社会舆论稳定器指明了工作重点和工作任务。主流媒体要在充分尊重各种表达的基础上,"在多元中立主导、在多样中谋共识"③。

主流媒体当好社会舆论的稳定器,主要是发挥减压器、平衡器、整流器的作用。

在社会主义初级阶段,人民内部各种具体利益的矛盾会经常地难以避免地大量地表现出来。有的时候、有的地方、在个别问题上,这些利益矛盾甚至可能激化,引发群体性事件。个别都市类媒体和新兴媒体,包括微博等个人化传播工具,为了吸引眼球,增加卖点,对一些地区性的、个别性的事件无限放大,甚至不惜散布虚假信息,曲解基本事实,进行恶意揣测,对问题的公正处理和社会群体之间的和谐共处造成极大的压力。另一方面,在当前实际工作特别是基层工作和干部队伍中,仍然存在一些违背党的性质和宗旨、群众反映强烈的突出问题,严重损害群众利益,严重影响党和政府形象。面对这种情况,主流媒体特别需要站稳立场,通过真实准确的报道,探寻喧哗背后的事实真相,阻击各种谣言的流传;通过客观科学的舆论监督,批评影响党群关系、干群关系的关键问题,切实维护群众利益,正确引导社会舆论,发挥社会舆论的减压器作用。

随着改革进入深水区,社会利益格局发生深刻调整,社会成员的利益诉求走向多元多变,并且常常出现多种诉求集中呈现之势。不同的利益群体,秉持不同的立场和诉求。有个别人故意放大不同诉求之间的差异,质疑党和政府的政策方针,企图加剧社会离散感,降低社会成员之间的信任度,导致社会基础结构出现裂缝,妄图使党和政府的公共治理陷入困境。面对这种情况,主流媒体特别需要在坚决揭露个别人的不良企图的同时,全面客观地报道不同利益群体分别关注的重点,求同存异,弥合社会缝隙,发挥社会舆论的平衡器作用。

随着世界范围内各种思想文化交流交融交锋的日益频繁，不可避免地会影响到国内群众的思想观念，出现众声喧哗的局面。同时，源于社会转型期的各种矛盾，源于群众的切身利益，源于思想认识和价值取向，当下社会上的许多热点和敏感问题，往往是思想认识问题与现实社会问题相互交织，一般认识问题与政治原则问题相互交织，群众的各种利益诉求与别有用心的人的插手利用相互交织，境内思想动态与境外社会思潮相互交织。面对这种情况，主流媒体迫切需要把握导向，提高对问题本质的辨识和把握能力，坚定在党言党的立场，适时适度，发挥社会舆论的整流器作用。

做好社会舆论稳定器的思路与途径

2009年10月9日，胡锦涛总书记在世界媒体峰会上提出，新闻媒体"要切实承担社会责任，促进新闻信息真实、准确、全面、客观传播"。这为主流媒体当好社会舆论的稳定器指明了工作思路。新闻媒体作为社会舆论稳定器，必须遵循新闻宣传规律和信息传播规律，在坚持导向正确的基础上，通过新闻手段，包括新闻报道和评论，引导舆论，稳定大局。

对于新闻工作来说，真实准确是生命，全面客观是基础，导向正确是灵魂。导向和真实是对立统一的，"生命"和"灵魂"两者不能脱节。对主流媒体而言，实现两者统一的途径，就是探寻宣传规律和新闻规律、信息传播规律的契合点，寓宣传于新闻之中，融观点于事实之内，在宣传规律的指导下找准选题，在新闻规律的指导下讲好故事，在信息传播规律的指导下设定路径，做到敢说话、早说话、会说话。

主流媒体敢说话，就是要坚持党性原则，坚持实事求是。无论是坚持正面宣传，还是对错误的思想言行开展针锋相对的斗争；无论是宣传成绩成就，还是开展舆论监督；无论是面对热点难点，还是从事日常报道，都要做到不失语、不乱语。失语就是失权，失去报道事实真相的话语权和舆论引导的主动权；乱语就会添乱，给党和国家的工作大局添乱，给人民群众的生产生活添乱。失语和乱语都是失责，都会给党的事业造成极大的损害。人们往往对乱语所造成的损害认识多一些，看法一致一些，而对失语所造成的损害认识少一些，看法不太一致。这是一种危险的思维惯性。面对热点难点和错误的言论，主流媒体的失语，会对党和政府的工作大局造成不可挽回的重大损害。主流媒体积极坚持正面宣传，勇于直面矛盾问题，全面关注热点难点，坚定明确地回击错误言论，可以拉近同群众的心理距离，是对人民群众知情权、参与权、表达权和监督权的充分尊重。

主流媒体早说话，就是要遵循新闻传播规律，力争先声夺人。"先入为主"是新闻传播的一般规律。在重大突发事件发生之后，谁最先发布信息，谁就能为新闻舆论抢设基调，掌握主动。突发事件的主要特点是"突然"和"新鲜"。"突然"则信息模糊，会引发无端猜测；"新鲜"则背景知识不足，会造成错误解读。面对重大突发事件，主流媒体要坚持"及时准确、公开透明、有序开放、有效管理、正确引导"的原则，有针对性地提供确切的信息和翔实的背景知识，引导受众依据客观全面的信息分析思考，对事件形势作出基本准确的判断。

主流媒体会说话，就是要研究宣传艺术，提高引导技巧，着力在重塑形象、设置议程、培养共识上下功夫。目前，我国主流媒体总体上来说是权威、严肃且有深度的，但也存在着面孔偏硬、调门偏高等问题。宣传味太浓会让人觉得不客观，说教味太重会让人难有亲近感，都会影响到人们对媒体的选择，影响人们对媒体发布的信息的态度。主流媒体必须通过树立真实、准确、全面、客观的形象，做好全社会的"信息源"和"思想库"；通过贴近群众的议程设置，吸引公众视线，引导公众舆论；通过明确而可见的事实，让公众形成社会是在趋向公平和进步的共识。

面对新的形势任务，特别是面对新兴媒体的挑战，主流媒体要有危机意识，严防在社会舆论场中被"边缘化"。网络舆论是社会舆论场的活跃指数，主流媒体是社会舆论场的稳定指数，如何用稳定指数引导社会舆论，调节活跃指数，促进社会和谐，是主流媒体在新时期的新使命。

注释：

①《中共中央关于制定国民经济和社会发展第十二个五年规划的建议》，《人民日报》2010年10月28日第一版。

②邓小平：《目前的形势与任务》，《邓小平文选》第二卷，第255页，人民出版社1994年10月第2版。

③云杉：《文化自觉 文化自信 文化自强》，《红旗文稿》2010年第17期。

（原载《新闻战线》2011年第4期）

主流媒体：治国理政的重要资源*

吴恒权

当前，我们正在经历人类历史上规模最大、影响最深的一场信息革命与媒体变革。以互联网、手机为代表的新兴媒体迅猛发展和新媒体格局的逐渐形成，使我们党对意识形态的管理和作用的发挥面临前所未有的新情况、新课题。包括重点新闻网站在内的主流媒体是党在思想宣传战线上的重要阵地，是我们党治国理政的重要资源和重要手段，在新媒体格局中日益凸显出治国理政的重要作用。在复杂多变的国际国内形势下，进一步发挥党报、党刊、通讯社、广播电视和重点新闻网站等主流媒体在治国理政中的作用，是巩固党的执政地位，提高党的执政能力和水平的重要路径，对实现国家的长治久安具有重要现实意义。

新媒体格局中主流媒体的特征与功能

互联网和手机是新媒体格局中的主体，其迅猛发展所带来的变革呈现以下特征：

即时性。网络的普及，尤其是移动媒体的普及，使得随时随地的信息接收与发送成为现实。在新媒体技术引领下，信息传播的时空限制几乎被打破。日本大地震发生后，Twitter（推特）上从东京发出的微博，瞬间超过了每分钟1200条。

互动性。互联网、手机等新兴媒体覆盖面广、互动性强，信息发布的门槛越来越低，以前在网上发表文章还受到写作能力的限制，现在，微博的出现把这个门槛降到了极致，140个字之内的只言片语也能发布。手机短信的

---

* 本文获第二十二届中国新闻奖新闻论文一等奖。

传播更是便捷快速。借助这个平台，谁都可以充当记者，真所谓"人人都有麦克风"。

社会化。互联网发展的最新趋势是所谓的"社会化媒体"。它建立在实名制和个人现实社会关系的基础上，是现实社会在网络上的延伸，具有非常强的社会动员能力。Twitter（推特）的用户在全球超过两亿，Facebook（脸谱）的全世界用户号称 5 亿，俨然成为两个虚拟的"网上王国"。

融合性。媒体发展到今天，报纸与电视、文字与音视频、传统媒体与新兴媒体的界限已经日趋模糊。随之兴起的是所谓"全媒体"。这就要求我们要有效整合各种宣传资源，着眼增强宣传整体效应，充分发挥党报党刊、广播电视等的主渠道作用，发挥互联网、手机等新兴媒体覆盖面广、互动性强的特点，形成传统媒体与新兴媒体各展所长、协调互动的宣传合力。

新兴媒体的发展对传统媒体提出了新的挑战。"报纸末日论""报纸寒冬论"盛行一时。但是，媒体发展的历史表明，报纸有着自身的存在逻辑和演变路径，有着很强的适应和应变能力。至少在中国这样一个欣欣向荣的发展中国家，报纸的市场空间远未饱和，还有相当的发展潜力和空间。《人民日报》的两个数字从一个侧面说明了这一点。

第一个数字是"245 万"。今年 1 月 1 日，《人民日报》的发行量达到 245.3889 万份，比 2010 年初增长 5 万多份，实现了党的十六大以来连续第九年稳定增长。

第二个数字是"83.1%"。3 月上旬，《人民日报》刚刚结束了 2011 年度的读者评报调查，全国共有 5 万多人参与，其中的满意度调查显示，83.1% 的读者对《人民日报》表示"满意"或"比较满意"。

为什么《人民日报》等传统主流媒体能够"逆势而上"？根本的就在于，传统的主流媒体能以积极的态度和创新的精神去适应时代要求和形势变化，既遵循新闻规律，又按照市场要求，增强引导力，提高传播力，扩大影响力。尤其是较好地发挥了作为现代媒体的"五种功能"。

解说功能。毛泽东同志曾经指出，报纸的作用和力量，就在它能使党的纲领路线、方针政策、工作任务和工作方法，最迅速最广泛地同群众见面。人民日报要闻版有个栏目叫《政策解读》，从开栏起就以宣传、解释党和政府的方针政策、决策部署为己任。当然，《人民日报》的其他版面也都在发挥同样的作用。

引导功能。随着新兴媒体的迅猛发展，一些偶发事件、个别现象被无限放大，一些错误认识、谬误观点被任意流传，有时在有的地方，实际上存在官方和民间两个舆论场。这就需要主流媒体发挥引导的功能和作用。前不久，《人民日报》发表署名"任理轩"的文章《理性看待当前的社会公正问题》，面对热点，直面现实，有的放矢，娓娓道来，平等交流，引起强烈反响，有400多家网站转发。

服务功能。《人民日报》不断整合新闻生产的方式和流程，努力推进报网融合，以提供更多、更快、更好的，符合受众需要、代表党报水平的信息产品。两年来，《人民日报》每天扩为24个版，内容更加丰富，信息量大大增加，服务功能明显提升；除人民网外，报社还主办了以《环球时报》和《京华时报》为代表的20多家社属报刊，发挥了都市类财经类媒体贴近性、专业性强的优势，大大延伸了党中央机关报的服务功能。

沟通功能。当前，社会出现新的群体分化，利益诉求日渐多样，做好群众工作的基础与条件发生了变化。越是在这样的时候，越需要探索、完善党和政府联系群众的渠道与手段，在这方面，媒体有不可替代的作用。多年来，《人民日报》一直坚持办好与群众的利益、群众的需求、群众的期盼、群众的呼声密切相关的专栏、专题、专版，刊登大量评论、述评、深度报道和群众来信，反映社会问题，传递群众心声，反映群众意愿，维护群众权益，以对群众高度负责的态度去宣传群众，以对群众的满腔热情去服务群众。

舆论监督功能。主流媒体的舆论监督影响大、效果好。适时适量的科学的舆论监督，深受读者欢迎。例如，今年初，《人民日报》刊发《土地财政不可持续》等一系列文章，批评一些地方政府以地谋财，指出这种模式不可持续。这样的深度报道有利于房地产市场的健康发展。文章刊发后，中央领导同志给予肯定，各方反映强烈，媒体广泛转载。

主流媒体在治国理政中的使命和作用

毛泽东同志多次强调，要政治家办报。他说：写文章尤其是社论，一定要从政治上总揽全局，紧密结合政治形势。这叫做政治家办报。邓小平同志同样十分重视宣传思想工作，他指出："要使我们党的报刊成为全国安定团结的思想上的中心。"江泽民同志1996年9月26日视察人民日报社时指出，党的新闻事业与党休戚与共，是党的生命的一部分。舆论导向正确，是党和人民之福；舆论导向错误，是党和人民之祸。胡锦涛总书记2008年6月20日在人民日报社考察工作时提出，舆论引导正确，利党利国利民；舆论引导错误，误党误国误民。他要求"进一步把人民日报办好，让党放心，让人民满意"。这些论述，表明了《人民日报》等主流媒体具有独特的地位和作用。

面对舆论引导格局和传播方式的深刻变革，我们党对于《人民日报》作用的认识也在不断深化。2010年初，李长春同志对人民日报社的工作作出重要批示，指出："《人民日报》作为党中央机关报，是我们党治国理政的重要资源和重要手段，党和人民寄予厚望。"这是新时期党中央对《人民日报》等主流媒体作用的新概括、新表述。

在实践中，《人民日报》作为我们党治国理政的重要资源和重要手段的作用日益凸显。

去年10月下旬，党的十七届五中全会之后，《人民日报》发表署名"郑青原"的系列评论，引起各方关注，尤其是第三篇文章《沿着正确政治方向积极稳妥推进政治体制改革》，反响很大。"郑青原"，取"正本清源"之意，也正是这组文章的主旨，目的即是对一些重大问题廓清认识，形成共识。

这就说明在新媒体格局面前，传统的主流媒体特别是《人民日报》这样的媒体的作用并不会因"人人都有麦克风"而受到削弱，反而会凸显其独有的公信力，依然是引领主流舆论，构建社会主义核心价值体系的最重要力量和主阵地。

在对外信息传播和国际舆论斗争方面，主流媒体肩负着特殊使命。去年7月底至8月初，《人民日报》连续发表7篇"回应中国经济责任论"的系列访谈和评论，对在西方流行的中国"贸易顺差责任论""债权国责任论""储蓄国责任论""能源消费大国责任论"等进行了有力驳斥，并作了大量的正面阐述。干部群众称赞人民日报的报道打了一场主动仗，取得了经济交锋和舆论斗争的主动权。在这些涉及国家利益的问题上，《人民日报》等主流媒体发挥了其他媒体所不具有的独特优势。

落实"三善"的要求，提高执政能力

从广义上说，包括各级党报党刊、广播电视在内的媒体，都是各级党委

政府治国理政的重要资源和重要手段。那么，怎么才能利用好这些资源和手段，进而提高党的执政能力呢？为此，党中央提出"三善"的要求：善待媒体、善用媒体、善管媒体。这是具有很强的现实意义和操作性的。这就说明，全党全社会都要重视新闻事业、支持新闻事业，各级党委政府都要正确认识新闻媒体的作用，善于运用新闻宣传推动实际工作，不断提高同媒体打交道的能力。

"三善"的提出，就是要求各级党委和政府，各级各方的领导干部要与媒体形成良性互动的关系。各类主流媒体，都是党的事业的一部分，党管媒体的原则必须牢牢坚持。党管媒体，也有一个怎么管的问题。这里着重谈谈正确对待舆论监督的问题。媒体上报道了某些人自认为对自己"不利"的所谓负面消息，也就是通常所说的有舆论监督性质的报道，常常就有人采取各种手段加以封杀，有的人甚至错误地认为这就是"管"。这样的认识显然是不正确的。党管媒体是一门科学、一门艺术，其中的学问很大。有位省委主要领导前不久说了这样一段话："舆论监督也是正面报道。过去的一年，舆论监督不断在加强，越来越显现出正面报道的效应。正是这种监督，推动了科学发展主题的显现，推动了加快经济发展方式的转变，推动了进一步突出民生民心，推动了进一步保持清醒、正视问题。只要是真实客观的舆论监督，我们就要认真对待、认真整改。什么是形象，只有工作做得好，才真正有形象。"我认为，有了这样的认识，就能够做到"三善"，这也体现了一种智慧，也体现了大局意识和政治意识。

善待媒体，不是让人去收买媒体的某些职业道德欠缺的从业人员，搞庸俗哲学。所谓善待，一方面，是要为媒体的采访编辑工作创造条件，提供必要的服务；更重要的是，要正确看待媒体的报道，有闻过则喜的胸襟，听得进媒体的批评，正确对待媒体的监督，当然，前提是这种批评和监督的出发点是善意的、客观存在的，是建设性的、科学的。

善用媒体，应该理解为尊重各媒体特性和新闻传播规律，自觉地利用媒体改进工作。比方说，围绕一个时期的中心工作，我们的领导机关和领导干部应当同媒体沟通情况，加强研究，设置议题，共同做好"唱响主旋律，打好主动仗"的工作。这是一种善用。值得指出的是，现在，有少数领导干部对于互联网上的声音或置之不理，或退避三舍，面对网民的声音总显得有些理不直气不壮，甚至发怵。殊不知，互联网同样是我们应当用好的传播工具。再比如，为达到理想的宣传效果，我们要学会对不同媒体提出不同要求，帮助其扬长避短,办出特色和风格。还比如,如果媒体上出现了一则有关本地本部门的负面新闻,我们可以在弄清事实后,同样利用媒体,澄清事实,化解矛盾,以正视听,争取主动。

总之,对媒体的善待、善用、善管是一个有机的整体,缺一不可。能否真正做到"三善",也是对各级、各方领导干部执政艺术和执政能力的检验。

(原载《新闻战线》2011年第5期)

以创新提升对外宣传影响力

张德修

当今世界正处于大发展大变革大调整之中，但世界多极化、经济全球化趋势没有改变。世界各国普遍看好我国发展前景，希望了解中国的愿望从来没有像今天这样强烈，但国际舆论传播格局"西强我弱"的态势没有根本改变，由于意识形态和价值理念的差异、冷战思维作祟，国际舆论中对中国的偏见、误解和疑虑依然存在，有时甚至会很严重。因此，外宣工作既面临难得机遇，又面临新的挑战。对外宣传被提升到全局性、战略性高度。

《人民日报海外版》是对外发行量最大和影响力最强的中文报纸。除自办发行外，报纸还与28家海外华文媒体合作创办日刊、周刊及专版和两个外文版，覆盖五大洲80多个国家和地区。去年又突破传统媒体模式，向新媒体迈出新的一步，在意大利开办了手机报。

经过充分的酝酿准备，一年来，我们探索了报纸改型和报道转型：版型与国际市场接轨，变"瘦"变"窄"，风格清新，时尚现代；报道密切跟踪国际舆论动向，更加贴近海外读者信息需求。对我们的工作，海内外读者和新闻界同行给予了好评，这极大增强了我们继续改革的决心和加快发展的信心。

增强文化自觉　阐释中国价值

国家的文化自觉，主要是指一个民族、一个政党对自身文化上的觉悟和觉醒。在中国经济已经位居世界第二的背景下，我们要想在世界上有更大的影响力，就不能单单靠发展经贸的互利互惠关系，还必须要有被世界所接受的文化和价值观，通过文化和价值观来影响人、说服人，没有一个与经济实力相称的、被世界所认知和理解的现代形态的中华文化，中国的大国地位是无法奠定的。

有了文化自觉，也就有了文化自信。中华新文化根植于中国革命、建设和改革的伟大实践，根植于当代中国人民的历史创造。中国人民经过90年奋斗，创造和积累了"三大成就"：开辟了中国特色社会主义道路，形成了中国特色社会主义理论体系，确立了中国特色社会主义制度。一面旗帜、一条道路、一个理论体系、一套制度，凝结着一代代中国共产党人不懈奋斗的精神和开拓创新的智慧，形成了在世界上具有重要价值的中国成功模式，也就确立了坚持、完善、发展中国特色社会主义先进文化的自信。

构建既能与国际对话又独具特色的中国话语体系，是新形势下做好对外宣传工作的着力点和突破口。对外宣传不能受制于西方的话语体系，应积极构建中国在国际社会中的话语体系，维护和扩展中国的国际话语权。《人民日报》是党中央机关报，是中国共产党治国理政的重要资源和重要手段，这就决定了《人民日报海外版》首先姓"党"。胡锦涛总书记明确指出《人民日报海外版》是对外宣传"重要阵地"，这就要求我们理直气壮地代表中国，发出中国声音，向世界阐释中国特色社会主义发展道路和中国价值观，努力构建中国话语体系，全面客观地展示一个发展中、探索中、矛盾纠结中同时充满活力、充满希望的中国国家形象，抢占舆论制高点。

从今年2月下旬至"两会"期间，《人民日报海外版》一版《望海楼》专栏连续推出对中东局势的评论。系列评论选题重大，主动及时，议论精准，反响热烈。报纸纷纷转载，互联网热评如潮。3月10日，《望海楼》专栏发表评论《中国不是中东》。该文在国内舆论场上第一篇明确批评"境内外一些别有用心的人，图谋把祸水引向中国。他们通过互联网煽风点火，希望在中国也挑起'街头政治'，以此搞乱中国"。文章以铁的事实和严密的逻辑力量论证为什么"中国不是中东"，得出结论"中国不是中东，想把中东乱局引向中国的图谋注定落空"。文章一经发出，当天网上热评如潮。53家网站转载，人民网、新华网、网易、搜狐、天涯社区等10家大网站置于首页显著位置。香港凤凰网、大公网、文汇网都作了转载。网易跟帖评论9487条，搜狐跟帖评论6191条，新浪微博上相互转载1019条。11日，新加坡《联合早报》，台湾地区"中央社"、"中国时报"，香港地区中评社专发文章引述评论；中国内地《京华时报》《新京报》等转载了这篇评论。

此外，《且看美国在中东"变脸"》《中东动荡，世界担忧》《中东印证"发展是硬道理"》《从美国学者谈中国民主说起》《从基石到大厦的畅想》也都引起强烈反响，中宣部新闻阅评员认为："人民日报海外版《望海楼》发表的系列文章具有国际视野、全局眼光；具有紧抓机遇、主动上手、抢先发言的快捷作风；抓住国际敏感的问题发表系列文章，很有说服力，无论是做外宣还是做内宣，都是难得的好文章。"这些评论之所以引起广泛关注，不仅因为它们是主流媒体上第一个明确批评境内外别有用心的人想在中国搞"街头政治"这个敏感问题，更重要的是阐述了中国特色社会主义理论、道路和制度的重要价值。

如何认识西方？如何了解西方？如何与西方共处？如何与西方合作？如何让西方了解和认识真正的中国？很多年来，我们一直在寻找这些问题的答案。2011年6月初，旅法女作家边芹给我们发来的第一篇文章《向西看的那个槛》提供了"向西看"的一个独特视角，试图回答以上问题。远在美国的潘启元先生通过电邮给我们传来了他的不同看法。本报编辑把潘先生的文章转发给了边芹，对此，边芹又认真写了一篇回应文章。7月20日，我们将两文一同刊出。《人民日报海外版》发表的上述文章，在读者中引起了一场关于"如何看待西方"以及"西方世界眼中的中国"的讨论，反响热烈。读者认为，在海外版能够有这样一个策划，角度很新颖，很愿意读下去。也许作者只是看问题的角度不同，但不同观点的文章对读者很有启示，相信读者会有自己的判别。还有的读者认为："如果这几篇文章能够引发一场中国到底应该如何认识西方的争论，那就太好了。如果能激发一些有识之士惊醒并进一步探究今天的世界，那凭中国人的聪明，看破这层纸的日子应该快到了。"通过不同观点的交锋，观点愈辩愈明，对中国文明的文化自觉自信进一步增强。

主动设置议题　代表中国发声

《人民日报海外版》作为党中央机关报的外宣平台，又姓"海"，是对外宣传的"独特窗口"。人民日报社社长张研农曾经提出，《人民日报海外版》要与国内版"大同大异，神同形异，各展风采，相互辉映"。我们理解，这里的"同"，指的是服务党和国家中心工作上要协同一致，各展所长。而这里的"异"是指海外版在报道内容、报道手法上要遵循对外报道的特殊规律，照顾海外读者的阅读需要与习惯，以"海味"感染海外受众，真情贴近海外读者，真诚服务华人华侨，真实展示中国形象，真切表达中国情怀，把党和国家的根本利益渗透到引人入胜的新闻报道之中,让中国的价值观借助真实可信的新闻报道被国际社会广泛接受。这就要求善于运用外宣规律,贴近中国发展的实际,贴近国外受众对中国信息的需求,贴近国外受众的思维习惯,善于设置具有外宣特色的议题,学会主动说话,维护国家利益,代表中国发声。

今年6月6日,《望海楼》专栏发表评论《谷歌:你想干什么》,针对谷歌声称其部分邮件受到来自中国的黑客攻击一事发表评论,回应谷歌的不实指责、险恶暗示,点明其政治意图,争取有利于我国的国际舆论,捍卫国家利益。该评论发出后,引发国内外舆论的广泛关注,国际媒体尤为关注。据不完全统计,路透社、《纽约时报》、《华盛顿邮报》、《华尔街日报》、《英国每日电讯报》、BBC、德国之声、美国之音等国际媒体均对此篇评论进行了报道。

在这篇评论之前,这些境外媒体已经多有涉及谷歌指控中国黑客攻击的报道,但报道多是援引谷歌及美国政府的说法,对我国国家形象不利。本篇评论发表后,上述媒体对此事件的报道,"中国声音"被广泛援引,评论中援引的事实——我国也是屡遭黑客攻击的受害国——被这些媒体进行了二次传播,有利于读者明辨是非曲直。

当前,作为外宣主流媒体,我们面临的是"西强我弱"的国际舆论格局,面临的是经常会误读和消解主流舆论的民间舆论场,所以更需要通过分析解读、评论言说来加强对舆论的引导。评论时,要避免重价值判断、轻事实判断的倾向。在多元多变多样的传播环境中,正是后者,才有助于评论站得更稳,才有助于观点入耳入脑入心。

《人民日报海外版》的独特定位使得我们在国际舆论斗争中有禀赋优势,要抓住大事及时发声,在增强国际舆论引导能力的同时,进一步提高报纸的影响力。

"居高声自远,非是借秋风",在国际舆论场中,说什么固然重要,但更重要的是说话人的背景。海外版作为外宣主流媒体,向来被视为国家喉舌,它的一言一行,自然会受到国际舆论的广泛关注。

在影响力方面,海外版有自己的天然优势,形成了《望海楼》等具有一定国际知名度的栏目。在保存和扩大存量优势的基础上,面对纷繁复杂的国际舆论环境,我们追求增量优势,对新闻事件"敢说话、会说话、早说话",增强国际话语权,扩大影响力。更要创新中国故事的讲述方式,使中华文化的传播更有冲击力。

今年年初改版后恰逢春节临近，我们组织了一次介绍春节文化的主题报道。从1月11日开始，我们以"春节特刊"形式刊出，每周推出四个专版报道，每期确定一个主题，分别是"记忆""游乐""牵挂""年货""团圆""亲缘""同庆""符号""万象""拜年"。同一主题，集中连续报道，规模如此之大，在海外版历史上还是第一次。整个报道涵盖了春节的起源、定位、内涵、符号、演变、发展、民俗、文化等多个侧面。海外读者来信称赞这是"一桌丰富多彩的春节文化盛宴"。此后，每逢重大传统节日，《人民日报海外版》都要给海外读者献上具有浓浓家乡情味的文化大餐，至今已推出元宵、清明、端午、七夕、中秋、重阳等特刊。既受到读者欢迎，又在网上受到热捧。

加强新闻立报　实现软硬结合

《人民日报海外版》的"海"味不仅要以文化为载体，还应紧跟中国与世界的发展形势、新闻热点，及时代表中国发出声音，表达立场。新闻立报与文化立报相结合，当务之急是加强新闻立报，坚持"软"与加强"硬"相结合。

海外版过去一直重视充分发挥中华文化对海外华人华侨的亲和力、感召力，以内容与形式较"软"的风格，吸引着海外读者。在中国综合国力大大加强的今天，在国家利益向全球不断延伸的现实中，仅仅满足于报道的"软"，已不能完全适应服务党和国家大局的需要。在海外版的版面上，涉及经济、政治、文化、社会等领域大政方针的硬新闻，已是主流。

以对外经济报道为例，目前，任何重大经济事件都会与中国发生关联，而任何有关中国经济发展的动向与信息，也都不可避免地会对世界经济产生影响。对于世界各国来说，中国的对外经济报道，已成为关乎其经济发展不可忽视的重要信息来源。事实上，国际社会希望倾听"中国声音"，不仅是因为全球即将进入"中国世纪"，也是各国自身发展的现实需要。中国经济与世界经济日益密切的融合度和关联度，迫切需要建设与之相适应的信息传播平台和系统。可以说，我国经济在国际市场上的运转，已在相当程度上依赖于传播领域的信息沟通、准确预测和理性而冷静的分析。随着经济的发展和开放的深入，这一趋势还会得到进一步的强化。

为此，我们积极探索新型对外经济报道模式，从市场的关注点入手，从读者的利益点切入，在信息传播中体现"中国声音"，在资讯服务中强化政策宣传。

瞄准海外关注，解读重大政策。对于国家出台的一系列重大经济政策，海外读者的关注度和兴趣点与国内读者明显不同。我们以读者需要为本，从读者兴趣着手，采取了"量身定做""有所为有所不为"的宣传策略，发挥主动性，加强针对性，强化选择性，取得显著效果。今年国内的货币信贷政策、房地产调控政策、支农稳农政策、外国投资者并购境内企业安全审查制度等，与海外企业和华侨华人利益相关，他们十分关注。我们直面舆论焦点，有针对性地进行报道，及时邀请十二部委主要领导、专家学者、业内人士，进行政策解读，澄清误解，正本清源，强化主流声音，发表了《中国"稳粮"给全球吃了定心丸》《楼市调控今年不会放松》《并购安全审查不是拒"外"限"资"》等一系列文章，充分发挥了主流媒体的舆论引导作用，海外对此反响热烈，媒体纷纷转载评论。

紧贴经济热点，分析市场走向。对外经济报道只有扣住了读者的利益点，才能形成看点。海外华侨华人在国内投资兴业人数众多，国内的产业政策、行业动向、市场趋势，与他们的投资意愿和收益息息相关，满足他们这方面的信息需要，就能牢牢抓住读者，并逐步培养读者的忠诚度。我们今年开设了《市场观察》专栏，每天一篇，通过盘面报道、动态分析、走向预测，及时分析汇市、期市、楼市、股市、金市等投资市场的动向和趋势，资讯快捷，信息丰富，分析透彻，建议具体，成为海外读者投资置业的重要参考。

针对读者需求，精选实用信息。信息无限量，媒体有容量。从这个意义上说，媒体对信息选择整理的能力、新闻从业人员发现的眼睛，决定着报道的成败。增辟《观点集萃》专栏，篇幅虽短，信息丰富，区区数百字，国内最新的各种经济论点一览无余，既满足了海外读者的资讯需求，又帮助读者实现了"重点浏览，快速阅读"愿望。今年以来，我们又新辟了《数字财经》专栏，精选每天重要的财经数字，集纳成栏，重点发布，同样好看、耐读、实用。

突破"三五"受众　推进多次传播

目前一家报纸的影响力，不仅取决于报纸发行量，还取决于网站点击量和数字报订阅量，更取决于网络、博客、微博的再次传播量，《人民日报海外版》高度重视新媒体的二、三次传播。

对于海外版的读者对象,传统表达是"三个五"(5000万华侨华人、50万中国留学生和5000万学汉语人士),但从媒体发展趋势看,新媒体的二、三次传播已经使海外版的读者对象大大突破"三个五"群体。从我们在网上产生巨大反响的报道看,只有充分利用新媒体的二、三次传播,才能引领舆论潮流,不断扩大影响力。

今年3月13日,海外版《望海楼》言论专栏刊发《面对天灾中日有难同当》文章,文章上网不久,5点32分,即被新浪微博"头条新闻"加以推荐,题目为:【人民日报海外版:面对天灾中日有难同当】。"头条新闻"有近600万粉丝(5887323个),很快这条微博被转发3545次,评论973条。徐小平是众多转发者和评论者中的一个。7点42分,"头条新闻"推荐的海外版文章被徐小平的微博转载,徐微博粉丝超过300万(3135034人),他转载的微博同时也引起转载182次,评论34条。

根据微博的特性,可以得知,海外版文章被"头条新闻"关注后,即至少增加近600万阅读量。而一旦再被徐小平等名人微博转载,每被转载一次,就可能增加上百万阅读量。这样算来,通过二次传播、三次传播,海外版的文章将可能被数千万甚至近亿的读者看到。新媒体给海外版对外传播带来新平台,海外版文章的读者则早已远远超过报纸的发行量。

《人民日报海外版》在网上产生巨大反响的报道带给我们许多新的启示、感悟和思考,我们只有走平面媒体与新媒体融合并重之路,既充分发挥平面媒体权威的优势,又充分利用新媒体快捷的长处,才能既抓住传统读者,又吸引新媒体的编辑记者,从而打造外宣新业态,开拓外宣新天地。

海外版的编采队伍经验丰富,对报纸怀有深厚感情,把关能力和执行能力突出,当务之急是提高驾驭新媒体的能力,培养既能写稿,又能拍照,还能摄像、出镜的全能型记者。目前海外版正在设计自己的网站网页,通过新媒体运作加快数字化转型,相信借助新媒体的多次传播,《人民日报海外版》代表国家发出的中国声音会更加锐利更加嘹亮。

(原载《新闻战线》2011年第11期)

全媒体战略转型　党报必由之路

王　刚

随着经济全球化、信息网络化、竞争市场化趋势的演进，新闻传媒进入前所未有的大变革时代。在挑战与机遇并存的变局之中，实施全媒体战略转型是包括党报在内的传统媒体的必然选择。以科学发展观为指导，加强党报全媒体战略转型问题的研究，明确方向，探索路径，提出思路，对于促进党报事业在巩固中提高、在继承中创新、在竞争中壮大，实现"让党放心，让人民满意"目标有着极其重要的意义。

所谓全媒体战略，核心是以受众为中心、以内容为主导、以平台为基础、以技术和产品为驱动，通过追求多样的媒介形态和传播渠道，用多元化、立体化的内容产品扩大受众覆盖面，以获得新的发展优势和空间。全媒体战略是党报发展的战略转型，是党报根据外部环境的变化，对自身体制机制、运行模式大范围地进行动态调整，将原有发展模式转变为符合时代要求新模式的全面谋划。

环境变化是全媒体战略转型的主要动因，时代要求是全媒体战略转型的根本方向，制度安排是全媒体战略转型的核心内容，动态调整是全媒体战略转型的基本方式。全媒体战略转型是党报发展的时代命题，更是党报发展的内在需要和必由之路。

时代命题
面对媒介发展新趋势、舆论格局新变化新使命新要求，全媒体战略转型成为大势所趋

媒介环境呈现新景观。从传播技术发展趋势来看，媒介融合速度日趋加快。从传媒业发展趋势来看，平台化和大型信息服务终端日渐成为主流。从

读者阅读趋势来看，去中心化、便捷化和碎片化时间利用渐成趋势。从文化大市场来看，精英文化逐步转变为大众文化下的诸多细分市场。从政策层面来看，国家文化体制改革逐步深化，大力鼓励和支持优势传媒集团实施跨区域、跨媒介扩张。从传统媒体和新媒体的比较优势来看，传统媒体目前在区域性市场还有绝对的优势，但新媒体在全国性市场开发以及用户体验等方面具有绝对优势。从商业模式来看，个性化、用户定制化的分层次信息服务是巨大的潜在市场。

传播格局发生新变化。 互联网和手机作为新兴的信息载体，使社会舆论环境形成复杂的多元生态，进而带来了舆论传播受众的根本变化，新闻传播从传者本位变为受众本位。保障人民群众知情权、参与权、表达权和监督权的时代要求，使得分众化、对象化传播成为一种新的趋势。社会舆论环境发生了巨大变化，利益诉求多元、表达方式多样，成为客观现实。世界变成"地球村"，带来了舆论传播的跨国化和无国界化。

党报发展肩负新使命。 一是在历史坐标中重塑社会影响力，二是在传播场域中提高舆论引导力，三是在全球化格局中加强国际传播力，四是在市场竞争中增强核心竞争力，五是在文化发展中提升文化软实力。党报要成为社会主义先进文化的宣传者、和谐社会建设的舆论引导者、和谐世界理念的传播者。

内在需要
全媒体战略转型，构建舆论引导新格局，是党报增强舆论引导能力的重要途径

以报网融合拓展舆论引导新空间。 网络传播是无国界、跨地域的传播，报网融合可以极大地拓展党报传播版图，扩展读者的覆盖面。同时，互联网即时传播、二次传播、多次传播，海量的新闻背景链接及问答释疑的互动性，可以使党报新闻报道产生增值效应，尤其是能够对习惯于使用新媒体的年青一代产生更大影响。

以分众化传播占据舆论引导制高点。 全媒体时代，受众的注意力资源成为媒体追逐的对象。党报的传播主渠道、主阵地地位和作用更加突出，对舆论引导能力的考验更加严峻。面对挑战，党报加强信息集纳、整理、加工，针对受众不同的特点和需求，从深度和广度上帮助群众把握社会脉搏，用权

威性、及时性在纷繁芜杂的网络舆论和海量信息竞争中获得优势，以分众化传播形成聚众化效果，牢牢占据舆论引导的制高点。

以互动方式提高舆论引导实效性。双向信息流动，改变了传统媒体点对面的单向传播模式。党报以"互动"为抓手，延伸新闻价值链，让受众与新闻互动起来，新闻和评论结合起来，体现受众对重大主题新闻的参与价值，搭建开放性的报道平台。同时，通过内容创新，拓宽与群众的互动渠道和互动空间，缩短党报与群众的距离，准确把握群众需求和心理，提高党报在群众心目中的影响力和公信力。

必由之路
全媒体发展，不是弱化或放弃对平媒的发展，而是在充分发挥核心竞争力的基础上，进一步做强做大传统主业

提升发展理念，增强信心动力。一是改革创新的理念。全媒体时代，对新技术与新媒体的认识和把握还有待深化。因此，必须努力做到以创新之勇突破守成之念，以思想解放推进历史性跨越。二是技术动力的理念。以数字技术为代表的信息网络技术的快速发展，更新了新闻传播原有的价值理念、传播模式、运作方式，成为新闻传播和媒体发展的强大引擎。党报以技术为原动力，整合新闻资源，重构新闻生产流程，提高新闻信息采发速度，拓展传播空间和渠道，以实现党报又好又快发展。三是团结合作的理念。媒体融合、资源共享、整合利用是全媒体时代党报发展的重要前提。树立党报"一盘棋"的理念，打破单位、部门、岗位等条块分割壁垒，形成发展合力。同时还要加强与党报发展相关的单位、部门、产业的紧密合作，在内容、技术、资金、人才等方面不断扩展合作渠道和方式，以壮大发展实力。

把握规律趋势，转变发展方式。一是把握内容产业的核心竞争力，最大化发挥党报既有优势。党报全媒体发展，不是弱化或放弃对平面媒体的发展，而是必须在充分发挥核心竞争力的基础上，进一步做强做大传统主业。党报长期以来在内容、品牌、资源、人才等方面积累了较强的优势，随着经济社会文化的不断进步，党报仍有较大的发展空间，其公信力、影响力更是具有不可比拟的优势，为全媒体发展提供坚实基础。二是把握数字技术的发展趋势，一体化布局新媒体和传统媒体。以"全媒体"为架构，形成新的传播体系，在巩固原有读者群的基础上，拓展网络、手机、户外视屏、电子阅报栏、电子阅读器等新的传播渠道和终端，实现从单一平面媒体为主向立体化传媒集团的转型。三是把握媒介产业发展规律，多元化构建经营模式。以全媒体拓展党报原有经营模式，拉长产品价值链，从一元化报纸经营向多元化内容产品经营和信息增值服务转变。改变以广告为主的单一经营模式，根据不同媒介产品特点，在同一平台上形成各具特色、社会效益和经济效益兼备的经营项目和产品，打造出以新服务、新产品为导向的新的经济增长点、增长极。

转换体制机制，增强发展活力。全媒体发展，并非不同介质的简单堆砌，而是全面的流程再造、结构升级和资源整合，转换体制机制是核心。一是搭建统一的数字化平台，建立以新闻价值判断为基础、新闻策划为中心、流程运转和节点控制为关键、全天候报道为特征的全信息流通工作结构，形成一次采访、多次发布、连续追踪、全时覆盖的新闻生产机制。二是改变原有的部门制、层级化、条块式组织结构，根据全媒体传播的需要，对所属各媒体各单元进行横向打通和纵向融合，统一协调，整体发力，形成责权一致、分工合理、决策科学、执行顺畅、监督有力的管理体制。三是按照文化产业与文化事业分开、广告经营与采编业务分开的原则，完善公司法人治理结构，加快建立现代企业制度，进一步健全资源整合机制，创新激励机制和资本运营等机制，为全媒体发展提供巨大动能。四是完善人才选拔培养机制，建设高素质队伍。制定政策措施，通过培训进修、轮岗交流等方式，提高素质能力。特别注重精通采编工作、熟悉传媒运作、了解受众心理、掌握传播技术的高端复合型人才的选拔培养。

抓住发展机遇，稳步实现跨越。全媒体发展，为党报由传统报业向现代传媒转型、实现历史性跨越带来了机遇，同时也是一项极其复杂的系统性工程。一是在目标上，既始终坚持构建国际一流媒体，实现全媒体传播、全媒体管理、全媒体运营的方向，又要突出重点，注重实效，努力实现：定位主流化，巩固主渠道主阵地；功能多样化，引导与服务相结合；内容精品化，彰显权威深度时效；受众对象化，增强传播力影响力；传播全球化，统筹国内国外大局；平台数字化，推进报网互动融合；管理企业化，突破体制机制束缚；经营品牌化，统一社会经济效益；产业多元化，拓展经济增长点；人才复合化，打造高端全能队伍。二是在意识上，既要认识到紧迫性、重要性，又要认识到艰巨性、复杂性，把理想热情和科学理性结合起来，避免"一哄而上""一哄而散"。三是在规划上，既要重视发挥新媒体的特点，又要重视发挥传统媒体的优势，深度融合，良性对接，避免顾此失彼。四是在行动上，既要敢于抓住机遇,在关键节点大胆突破,又要注重整体推进,统筹兼顾,避免大起大落。

全媒体时代,没有媒体的终极形态,没有现成的经验可循,未知大于已知,探索永无止境。党报只有根据自身的特点和条件,发挥优势和特色,积极进取,开拓创新,求真务实,才能实现全媒体跨越式发展,赢得美好明天。

(原载《中国新闻出版报》2012年3月21日)

掌握自媒体时代舆论引导主动权

丁 伟

随着经济体制深刻变革，社会结构深刻变动，利益格局深刻调整，思想观念深刻变化，我们所处的舆论环境呈现出价值多元、内容多样、形态多变的特点。各种社会思潮和利益诉求交织并存，交流交融交锋成为常态。围绕多发群发的热点事件，情绪化声音增多，批评质疑声音增多，传言谣言增多。特别是随着微博等社会化媒体的出现，信息发布的门槛和成本大大降低，几乎人人都可以成为记者，人人都有麦克风，信息传播进入自媒体时代，舆论引导面临的形势更加复杂。在这样的舆论格局中，主流媒体该如何发声？舆论引导该如何发力？这是主流媒体急待解答的课题。

更加坚定地担当起治国理政的重要资源和重要手段的职责

在党言党，在党爱党，在党为党。党领导下的主流媒体，注定要在发展的形势、变动的态势、变革的趋势中去思考去行动，在服务党和国家工作大局中有所担当，在参与经济社会发展的大循环中有所建树。这是主流媒体最根本、最核心的政治优势和安身立命之本，也应该成为主流媒体的自觉自信。

当前，尽管网络舆论"愈战愈勇"，不时搅动社会人心，但其间乱象颇多、戾气过重，主流媒体不应做"愤青"，一味宣泄不满，割裂族群，撕裂社会；不能做"网粉"，跟着网络舆论跑，貌似客观，实则片面。自媒体时代，信息传播流于碎片化，但主流媒体的新闻报道不能碎片化，要有抓大事的观念，围绕党和国家重大部署抓大事，围绕重大事件和重大活动抓大事，围绕群众切身利益和重大社会关切抓大事。重庆王立军事件发生后，社会上出现了各式各样的说法，其中不乏杂音噪音和传言谣言，人心浮动。关键时刻，人民日报发表《集中精力把两会精神贯彻好》《牢牢把握稳中求进的总基调》《满怀信心迎接党的十八大》等 3 篇评论员文章，稳定了人心，澄清了认识，把人们的思想统一到中央决策部署上来，有力有效引导了舆论。

更加自觉地按照信息传播规律抓新闻，增强舆论引导的实效性

在信息技术的推动下，新闻传播正由党政主导的单向传播向社会广泛参与的多向传播转变，由专业传播向公众传播转变，由局部传播向更大范围的时空传播转变，由居高临下的"教堂模式"传播向平等协商的"集市模式"传播转变。顺应这种转变，主流媒体要调整长期以来形成的一言九鼎的"独尊"心态，加强对自媒体时代信息传播的规律性认识，研究宣传艺术，提高引导技巧。

实事求是是新闻报道的重要法则，也是舆论引导的重要原则。事实胜于雄辩，真相最有力量。无论是成绩宣传还是舆论监督，都要坚持用事实说话，充分说明事实，正确解读事实，不夸大、不曲解。面对热点难点，要有直面现实的勇气，敢于说话，不失语、不乱语。

公开透明是当前舆论环境的突出特征，也是舆论引导的基本前提。先入为主是新闻传播的一般规律。新闻事件发生后，谁最先发布信息，谁就赢得了舆论先机，掌握了舆论主动。若干次重大突发事件舆论引导的成败得失一再验证：在信息不对称的情况下，没有共同的信息基础，就谈不上舆论引导。低调淡化的结果往往是：发布权在我，解读权不在我，真相还没跑多远，误读或谣言早已漫天飞。要按照"及时准确、公开透明、有序开放、有效管理、正确引导"的原则，早说话早发声，引导受众理性分析，准确判断。

创新表达是新闻报道的内在要求，也是舆论引导的必备条件。信息时代不缺信息，缺的是能够入眼入耳入心的信息。这就要求主流媒体注重研究受众的接受心理，在保持权威、理性、深度等传统优势的同时，脱去太浓的宣传味、太重的说教味，给偏硬的面孔化化妆，给偏高的嗓门降降调，创新表达，创新语态，说实话、说真话、说新话。

按信息传播规律办事，既是理念问题，也是操作问题。针对现代信息传播快速及时、开放互动的特点，要进一步理顺编采流程，建立舆情研判和跟踪机制，建立采前会制度，完善编前会制度，变目前的末端管理为"事先有研判、事中有组织、事后有评估"的全过程管理。

更加自觉地按照媒体变革的趋势抓融合，扩大舆论引导的覆盖面

一场媒体变革的大幕已经开启。观察这场变革的动向和布局，三个趋势引人关注：一是融合趋势。二是整合趋势。三是复合趋势。随着多种媒体形态的融合、各类新闻要素的整合，新闻生产方式更新升级，一次采集、多种生成、多元传播的复合型新闻生产和传播方兴未艾。

顺应媒体变革的大趋势，主流媒体当有守土有责的阵地意识，当有开疆拓土的魄力、实力、能力。近年来，人民日报社按照报网融合、资源整合、内外结合、人才聚合的"四合"方针，积极推进以报网融合为主的媒体融合，加快构建现代传播体系。这个传播体系，有报、刊、网，有文字、声音、视频，有平面、立体、移动，能够运用各种传播方式，覆盖各种传播领域。借助新兴媒体，传统媒体的声音得到放大；融合新兴媒体，传统媒体从单一走向多元，从平面走向立体。

当新兴媒体的整体发展达到一定水平，进一步促进现代传播体系建设，需要处理好传统媒体与新兴媒体以及各种新兴业态之间的关系。

出新而"图强"。全媒体并不意味着一家媒体包打天下，所有的媒体形态和传播渠道都要涉足，所有的新兴业态都要发展。应加强顶层设计，研究制定新兴媒体整体发展战略，结合实际，突出特色，明确主攻方向，有所为有所不为，在重点领域做大做强。

求新而"贵合"。立足于融合常态化、机制化，强化"一盘棋"意识，加强面向整体、覆盖媒体内部所有形态业态的技术建设、制度建设、组织建设，搭建公共服务平台，实行扁平化管理，逐步探索建立全媒体框架下的信息采集中心、新闻制作中心、内容资产管理中心，促进打通融合、共享共用，避免分散投资、重复建设。

喜新而"固本"。媒体融合的趋势不能改变信息传播内容为王的实质。权威、公信、原创、独家、深度、思想，这些仍然是主流媒体追求的目标，是需要全力打造的核心竞争力。没有这个基础和前提，媒体融合就会成为无源之水、无本之木。因此，无论形势怎么发展，舆论格局怎么变化，主流媒体都要高度重视内容建设，着力提高信息采集能力、信息整合能力、思想开掘能力。

更加自觉地贯彻群众路线抓贴近，提高舆论引导的针对性

主流媒体承担着宣传党的方针政策、通达社情民意的重要职责，是联系党和人民的桥梁，当充分认识到新时期贯彻群众路线的重大意义，解决好"为了谁、依靠谁、我是谁"的问题，将群众观念作为世界观和方法论，贯穿于新闻宣传和舆论引导的始终。

媒体的群众观念，体现在版面和镜头上。群众是社会实践的主体，也应该是新闻报道的主角。要积极创造条件，改变重要版面和黄金时段一般性的会议报道、领导讲话、工作动态、成就经验过多的状况，将更多的笔触和镜头对准群众，对准群众关心关切的事件和话题。

媒体的群众观念，体现在立场和观点的表达上。面对多元多样的利益诉求，看一面会片面，看多面才全面，只有深入群众、融入群众，在党心民意的共振点、各种利益诉求的交汇点上做文章，才能找到"最大社会公约数"，凝聚最广泛的社会共识。

媒体的群众观念，体现在新闻报道的组织和策划上。在纪念新中国成立90周年的报道中，《人民日报》创造性地推出大型主题活动"追寻"，组织大学生沿着党诞生、发展、壮大的足迹参观学习，通过《人民日报》和人民网将他们的见闻感受刊发、传播开发，影响了更多的青年人和社会群体，社会反响强烈，传播效果良好。一切社会管理都是人的自我管理，舆论引导就是群众的自我教育。实践证明，多面向群众特别是年轻人策划组织参与式、体验式报道，把话筒交给群众，让群众教育群众，这应该成为新闻宣传和舆论引导的策划选择和重要抓手。

新闻报道好不好，引导效果大不大，群众最有发言权。应通过科学系统的读者调查，摸清受众群体的底数，建立常态化的读者反馈机制。我们当像重视领导表扬和新闻阅评一样重视群众评价，将群众意见作为改进新闻报道、提高引导能力的重要动力。

（原载《新闻战线》2012年第7期）

权威声音　主流价值　清新表达
——人民日报法人微博创办一周年

曹焕荣

一年前7月21日那个大雨瓢泼的夜晚,当我们这些参与筹备的人被人民日报社社长张研农、副总编辑马利电话和短信召唤到报社、连夜正式开通人民日报法人微博时,谁也没想到它会形成今天这样的规模和影响。记得当时定工作目标,大家曾"大胆地冒叫一声":半年后的2012年年底,粉丝能不能达到100万?然而,今年4月9日,国务院新闻办副主任钱小芊就在第六届中美互联网论坛开幕式主旨演讲中谈道:"人民日报法人微博自去年7月上线至今年3月底,短短8个月粉丝量迅速达到1058万,成为中国第一个千万级的媒体微博账号。"

在融合中引导,在引导中融合

粉丝超千万之际,中央领导同志又一次做出重要批示,为我们指明新的方向。在编委会领导和全社的支持下,人民日报法人微博保持了快速发展的势头,截至7月18日,在人民网、新浪网、腾讯网三个平台的总粉丝数达到1840万,在新浪网报纸微博影响力排行榜长期位居第一。以近3个月为例,平均每条微博被转发3093次、评论784次;单条微博最高转发超过20万次,评论超过8万次;活跃粉丝比例超过75%。

人民日报法人微博在改革、发展和社会生活中发挥积极作用,一年中几乎介入了历次重大突发事件与重大社会事件。以四川芦山地震为例,自4月20日8时02分后的4个整天,累计发布相关微博440条,平均每条被转发10728次、评论1290次。可以说,开办一年,人民日报法人微博初步树立权威、理性、正义、亲和的形象,逐步成为网民心目中正能量的催生者和弘扬者,在新媒体领域扩大了人民日报的传播力和影响力,在更广泛人群中提升了人民日报品牌的认知度和美誉度。

面对今天的局面，我们不禁想起去年3月列席人民日报编委会的场景。那次会议上，编委会成员逐一发言，围绕"要不要办微博"表现出高度一致的责任与担当，大家甚至谈到尽管存在办得好"戴项链"、办得不好"戴锁链"的可能，但还是必须办。社领导至少三次集体研究微博运营，提出"权威声音、主流价值、清新表达""参与，沟通，记录时代""在融合中引导，在引导中融合""友好不讨好，亲和不迎合，对话不对立"，不仅成为我们的工作指导，也得到许多媒体微博的认同。

不当"教师爷"，也不当"愤青"

回顾一年工作，我们有三点体会：

确立稳定价值体系，不能"开无轨"。人民日报办微博是一项政治性、政策性很强的工作，是一项涉及全局、敏感度很高的工作。编委会对办好微博的指导思想议得很透、想得很细，我们则把它化解为一项项明确而具体的操作规程和核检标准。在任何时候、任何情况下，都必须做到"两个坚守"：坚守社会主义核心价值观，坚守有利于改革发展稳定的政治底线。

摆脱传统媒体思维束缚，不能"吃老本"。传统媒体在内容建设、人才队伍上具备很强的专业优势，这些完全可以移植到微博上来。但是，如果仅仅躺在固有优势上，不研究新问题，不寻找新办法，不考虑新对象，仅仅用办传统媒体的思维和方法办微博，不可能取得好效果。微博平台有其特殊规律，无论在选题、表达还是互动方式上，都要与之适应。

坚持平等平和态度，不能"唱独调"。微博是互动平台。运营人民日报法人微博，应当放下身段，放软身段，既不当"教师爷"，也不当"愤青"和"怨妇"。对待不同声音，要以理服人，以情动人，占领道义与价值观的制高点，体现思想的穿透力、表达的亲和力。面对网上各种极端情绪，学会弥合冲突、消除仇恨，以科学理性、公平正义去求取"最大公约数"，焕发建设性力量。

提高原创比例，形成微博集群

根据外部形势发展提出的新要求和自身存在的问题与不足，本着"总结经验、探索规律、改进创新、做大做强"的方针,下一步着重抓好以下工作。

扩大传播空间。采取积极的扩张措施,拓展人民日报法人微博的覆盖范围和关注人群。继续重点维护在人民网、新浪网、腾讯网等三个既有平台上的账号,还要在大的网站开通新的账号;在腾讯微信平台正式开通"@人民日报"微信账号并推出相关服务。加强与有千万粉丝量的人民网法人微博及社属媒体一批百万粉丝级微博账号的整合与交互,形成具备更大影响的人民日报社微博集群;探索在国际社交媒体平台开设外文文本的账号。

做优微博内容。不仅要巩固这一年靠选题、观点带来的优势,还要源源不断地进行内容调整和优化。注意规避微博同质化现象,做到"两个尽力":一是尽力提高原创比例,多做有特色的微博;二是尽力提高"长微博"的数量质量,弥补"碎片化"缺陷。与人民日报7月1日推出的报纸传播形态创新联动,学习运用适合不同微博内容的富媒体表达方式。

加快基础建设。理顺报、网、博互动机制,进一步提升全报社的"微博意识",熟悉传统报人不擅长的"线性传播",解决信源匮乏和迟缓问题。加强培训,帮助采编人员提高从事全媒体的技能。结合人民日报社全媒体新闻资源管理系统二期建设,强化指挥系统,优化生产流程,改进4G全面使用后适应移动采编的装备。

(原载《新闻战线》2013年第8期)

巩固壮大主流思想舆论的科学指南
——学习习近平同志在全国宣传思想工作会议上重要讲话的体会

人民日报编委会

习近平同志在全国宣传思想工作会议上发表的重要讲话，从党和国家事业发展全局出发，深刻阐述了事关宣传思想工作长远发展的一系列重大理论和现实问题，进一步明确了宣传思想工作的方向目标、重点任务和基本遵循，提出了一系列新思想、新观点、新要求，闪耀着辩证唯物主义和历史唯物主义的思想光芒，具有很强的战略性、前瞻性和针对性、指导性，是在新的历史起点上做好宣传思想工作的纲领性文献，对于巩固壮大主流思想舆论，开创宣传思想工作新局面，具有重大而深远的意义。

牢牢把握围绕中心、服务大局的基本职责，深入开展中国特色社会主义宣传教育，把全国各族人民团结和凝聚在中国特色社会主义伟大旗帜之下

习近平同志指出："经济建设是党的中心工作，意识形态工作是党的一项极端重要的工作。""宣传思想工作一定要把围绕中心、服务大局作为基本职责。"这充分阐明了经济建设中心工作与意识形态工作的关系，是对宣传思想工作基本职责的时代定位。

履行好围绕中心、服务大局的基本职责，就要加强中国特色社会主义和中国梦的宣传教育。坚持和发展中国特色社会主义、实现中华民族伟大复兴的中国梦，是全党全国各族人民的共同理想，是当代中国发展进步的鲜明主题。我们必须牢牢把握这个主题、聚焦这个主题，把加强中国特色社会主义和中国梦的宣传教育，作为巩固壮大主流思想舆论的核心内容。要大力加强和改进理论和舆论宣传，使广大干部群众充分认识到中国特色社会主义道路的正确性，是实现中国梦的主要途径；充分认识到中国特色社会主义理论体系的科学性，是实现中国梦的行动指南；充分认识到中国特色社会主义制度的优越性，是实现中国梦的根本保障，不断增强全党全国各族人民的道路自信、理论自信、制度自信。要引导广大干部坚定理想信念，倡导富强、民主、文明、和谐，倡导自由、平等、公正、法治，倡导爱国、敬业、诚信、友善，培育和践行社会主义核心价值观，使之成为全体人民的共同价值追求。

履行好围绕中心、服务大局的基本职责，就要围绕经济建设这个中心，为改革发展稳定大局营造良好的思想舆论环境。我们要更加鲜明有力地把党和政府的声音传播好，把社会进步的主流展示好，把人民群众的心声反映好。着力服务经济社会发展，增强深化改革信心，营造科学发展、实干兴邦的浓厚氛围。要深入宣传中央关于经济形势的基本判断、经济工作的基本要求和主要任务，解读加强和改善宏观调控、加快完善社会主义市场经济体制和加快转变经济发展方式的工作部署和政策措施，准确反映我国经济运行的基本面，正确引导人们对我国经济发展的预期；围绕国计民生中的热点问题，讲清"怎么看""怎么办"，找准思想认识的共同点、利益关系的交会点、化解矛盾的切入点，引导社会情绪，增进社会共识，促进社会和谐，为经济社会持续健康发展提供有力舆论支持。

履行好围绕中心、服务大局的基本职责，就要胸怀大局、把握大势、着眼大事，做到因势而谋、应势而动、顺势而为。宣传思想舆论工作从来都同国际国内形势密切相关，同党和国家事业发展紧密相联。当前，伴随党和国家事业发展进步，宣传思想舆论工作站在了一个新的历史起点上，进入了一个大有可为的新时期。我们一定要按照习近平同志的要求，紧紧围绕全面建成小康社会、夺取中国特色社会主义新胜利这一奋斗目标，胸怀大局、把握大势、着眼大事，找准工作切入点和着力点，做到因势而谋、应势而动、顺势而为。要在大局下思考、在大局下行动，努力把握国际国内发展的大势，紧紧抓住事关改革发展稳定全局的大事，抓住党和政府关注、人民群众关心的大事，抓住国际社会和国际舆论涉华的大事，加强研判和谋划，加强舆论宣传力度，努力赢得宣传思想舆论工作的主动权。

牢牢把握以人民为中心的工作导向，切实解决"为了谁、依靠谁、我是谁"的根本问题，把党性和人民性有机统一起来

党性和人民性的关系，历来是宣传思想舆论工作必须把握好的重大问题。习近平同志指出："党性和人民性从来都是一致的、统一的。"从本质上说，坚持党性就是坚持人民性，坚持人民性就是坚持党性，党性寓于人民性之中，没有脱离人民性的党性，也没有脱离党性的人民性。这个重大命题的论述，丰富和发展了马克思主义关于党性和人民性的理论，是宣传思想舆论工作必须遵循的总方针和总要求。实践表明，宣传思想舆论工作的生命力，就在于坚持以人民为中心的工作导向，实现党性和人民性的有机统一。

我们党是全心全意为人民服务、代表中国最广大人民根本利益、来自人民为了人民的马克思主义政党。党的一切奋斗，都是为了实现人民的幸福。党的"一切为了群众，一切依靠群众，从群众中来，到群众中去"的群众路线，是党的根本工作路线。我们一定要按照习近平同志的要求，树立以人民为中心的工作导向，树立以人民为中心的新闻理念，解决好"为了谁、依靠谁、我是谁"的根本问题。要尊重人民主体地位，向群众学习，拜群众为师，从群众中汲取智慧和力量，牢记宗旨意识，认清自身角色，把个人追求融入党和人民的事业，在诚心诚意为人民谋利益中实现人生的价值。

党性和人民性有机统一，密不可分。这种统一性的客观基础在于党和人民利益的一致性，这种统一性的现实要求在于坚持和发展中国特色社会主义伟大事业。"坚持党性，核心就是坚持正确政治方向，站稳政治立场，坚定宣传党的理论和路线方针政策，坚定宣传中央重大工作部署，坚定宣传中央关于形势的重大分析判断，坚决同党中央保持高度一致，坚决维护中央权威。""坚持人民性，就是要把实现好、维护好、发展好最广大人民根本利益作为出发点和落脚点，坚持以民为本、以人为本。"只有把党性和人民性很好地统一起来，才能始终坚持正确的政治方向，才能牢牢把握正确的舆论导向，进一步做好宣传思想舆论工作。

党性和人民性都是整体性的政治概念，党性是从全党而言的，人民性也是从全体人民而言的，不能简单从某一级党组织、某一部分党员、某一个党员来理解党性，也不能简单从某一个阶层、某部分群众、某一个具体人来理解人民性。只有站在全党的立场上、站在全体人民的立场上，才能真正把握好党性和人民性。把党性和人民性割裂开来、对立起来、搞碎片化，在理论上是错误的，在实践上也是有害的。在宣传思想舆论工作中把握党性和人民性的有机统一，就是要把体现党的主张和反映人民心声统一起来，把服务群众同教育引导群众结合起来，把满足需求同提高素养结合起来，不断丰富人民精神世界，增强人民精神力量，满足人民精神需求。

坚持贴近实际、贴近生活、贴近群众，是党性和人民性在新闻宣传工作中的具体表现。践行这一原则，就要倾听人民心声，关注人民创造，忠实记录人民群众创造历史的伟大进程，善于把人民创造的新鲜经验提升为思想理论成果。当前，特别要紧密结合党的群众路线教育实践活动，引导和支持新闻工作者到基层去，到群众中去，坚持"走转改"，充分反映教育实践活动的进展和效果，反映党员干部不断改进作风、着力解决民生问题的新进展、新气象，推动党密切联系群众的优良传统进一步发扬光大。

牢牢把握团结稳定鼓劲、正面宣传为主的重要方针，弘扬主旋律，传播正能量，激发全社会团结奋进的强大力量

习近平同志指出："坚持团结稳定鼓劲、正面宣传为主，是宣传思想工作必须遵循的重要方针"，"必须坚持巩固壮大主流思想舆论，弘扬主旋律，传播正能量，激发全社会团结奋进的强大力量。"这些重要论述，明确了宣传思想舆论工作的重要方针原则，具有很强的针对性和指导性。

坚持团结稳定鼓劲、正面宣传为主，是由我们党和国家的性质决定的，是由当代中国社会发展进步的主流决定的。党的宣传思想舆论工作是党全部工作的重要组成部分。充分报道好党和人民的奋斗业绩，充分发挥好鼓舞人、激励人的作用，是宣传思想舆论工作的光荣使命。只有坚持团结稳定鼓劲、正面宣传为主，才能不断巩固和壮大主流思想舆论，弘扬社会主义核心价值观，为培育积极理性社会心态、促进社会和谐稳定提供精神养料；才能切实履行基本职责，为党和国家工作大局服好务，为民族复兴大业鼓好劲。我们要始终坚持正面宣传为主，努力用主流思想引领时代前进，用良好氛围支撑和谐稳定，用进步力量推动社会发展。

坚持团结稳定鼓劲、正面宣传为主，就要弘扬主旋律、传播正能量。主旋律反映了当代中国发展进步的主流价值追求，正能量体现了积极向上、乐观健康的社会精神力量。弘扬主旋律，社会思想就有了主心骨；传播正能量，社会发展就有了动力源。当前，国内社会转型加快与外部环境变化加剧相互交织，社会思想舆论日益多元多样多变。只有弘扬共产党好、社会主义好、改革开放好、伟大祖国好、各族人民好的时代主旋律，传播有利于振奋人民精神、凝聚民族力量、推动社会进步的正能量，才能在多元中立主导，在多样中谋共识，在多变中把方向。我们要大力宣传改革开放的巨大成就和人民群众中的先进典型和感人事迹，宣传党员干部弘扬优良作风、密切联系群众的良好风貌，宣传社会各方面温暖人心的善行义举，在全社会唱响昂扬向上的正气歌。

坚持团结稳定鼓劲、正面宣传为主，就要有效引导舆论、积极开展舆论斗争。我们正在进行具有许多新的历史特点的伟大斗争，面临的挑战和困难前所未有。近年来，社会思想空前活跃，意识形态领域杂音噪音明显增多。我们要密切关注社会舆情，及时发现和深入分析倾向性、苗头性问题，有针对性地进行正面引导、深度引导，帮助人们澄清模糊认识、划清是非界限。新闻舆论处在意识形态领域的前沿，在事关大是大非和政治原则问题上，要有正确的立场、鲜明的观点、坚定的态度。我们要加强热点引导，析事明理、解疑释惑，引导社会情绪和社会心理朝着积极健康的方向发展。要做好网上舆论工作，加强和改进内容建设，加强网络社会管理，大力发展健康向上的网络文化，始终保持正确思想舆论占据网上主导地位。

牢牢把握改革创新的动力源泉，着力提高宣传思想舆论工作水平，为巩固壮大主流思想舆论提供有力支撑

以改革创新为核心的时代精神，是坚持和发展中国特色社会主义的动力源泉，也是开创宣传思想工作新局面的动力源泉。只有坚持改革创新，才能不断提高做好宣传思想工作的能力和水平，不断巩固马克思主义在意识形态领域的指导地位，巩固全党全国人民团结奋斗的共同思想基础。

习近平同志指出："做好宣传思想工作，比以往任何时候都更加需要创新"，"宣传思想工作创新，重点要抓好理念创新、手段创新、基层工作创新"。这一深刻论述，把创新作为加强宣传思想舆论工作的必由之路、作为推动党的新闻宣传事业发展的强大动力摆在更加突出的位置，凸显了创新的重要性、必要性和紧迫性，指明了创新的工作重点和前进方向。

现在，宣传思想舆论工作的外部环境、社会条件、工作对象已大不一样，有些做法过去有效，现在未必有效；有些过去不合时宜，现在却势在必行；有些过去不可逾越，现在则需要突破。改革创新，才能更好地体现时代性、把握规律性、富于创造性；改革创新，才能更好地发挥宣传思想舆论工作引领时代风气之先的作用。我们要进一步增强做好宣传思想舆论工作的责任感和使命感，进一步增强改革创新的自觉性和主动性，把改革创新作为推动宣传思想舆论工作的强大引擎，倡导勇于变革、勇于创造的精神，倡导一切改革创新的观念得到尊重、一切改革创新的举措得到支持、一切改革创新的成果得到肯定。

我们要推动理念创新，保持思想的敏锐度和开放度，勇于打破陈旧观念束缚和习惯思维定式，自觉把思想观念从不适应时代要求、不利于科学发展的桎梏中解放出来,以新思路推动宣传思想舆论工作实现新发展。要推动手段创新,积极探索有利于破解工作难题的新举措新办法,特别是要适应社会信息化持续推进的新情况,加快传统媒体和新兴媒体融合发展,充分运用新技术新应用创新媒体传播方式,占领信息传播制高点。要推动基层工作创新,扎实做好抓基层、打基础的工作,充实队伍力量,改善工作条件,使基层宣传思想工作有明显改观。我们要准确把握改革创新的重点和方向,着力于舆论引导工作的"时、度、效",以更加有力的措施推动改革创新取得新的突破,形成理念先进、手段科学、基层工作改进的良好局面。

习近平同志在全国宣传思想工作会议上的重要讲话,是当前和今后一个时期做好宣传思想工作的科学指南和根本遵循。《人民日报》是党中央机关报,是党治国理政的重要资源和重要手段。我们一定要以习近平同志重要讲话精神为指导和动力,进一步增强做好新闻舆论工作的自觉性坚定性,进一步增强责任感使命感,牢记党报姓党、在党言党,守土有责、守土负责、守土尽责,加快建设让党放心让人民满意的一流媒体,引导和激励干部群众为实现"两个一百年"奋斗目标和中华民族伟大复兴中国梦而奋斗。

(原载《人民日报》2013 年 8 月 30 日)

坚持党性和人民性相统一

张研农

习近平同志在全国宣传思想工作会议上的重要讲话中提出要坚持党性和人民性相统一,并就这一重大命题进行了系统、深刻的阐述。这些重要论述,继承和发展了马克思列宁主义、毛泽东思想、邓小平理论、"三个代表"重要思想、科学发展观关于党和人民关系的基本立场和观点,既坚持了我们党关于新闻工作的重要思想,又根据新形势新任务赋予了新的时代内容,是我们党关于宣传思想理论的重大创新,是巩固壮大主流思想舆论的科学指南。

党性和人民性问题提出的历史渊源

习近平同志强调指出,党性和人民性从来都是一致的、统一的。这个重大论断有充分的历史和事实依据。

党性概念是马克思和恩格斯首先提出来的。1847年,马克思和恩格斯指导第一个无产阶级政党——共产主义者同盟的非正式机关报《德意志—布鲁塞尔报》,在给读者的公开信中明确表示,它是一份彻头彻尾的党派性报纸,如果有人认为它应该是无党派性的,那是对它最大的侮辱。这里用的"党派性",实质上指的就是该报应有的党性。最早明确界定党性概念的是列宁。1905年,列宁在《党的组织和党的出版物》一文中把"党性"概念具体化,鲜明提出,党的报刊是党的事业的一部分;党的报刊一分钟也不能站在党的队伍之外,不同党保持组织上的关系的党的报刊一律不得存在。

人民性概念也是马克思首先提出来的。1842年4月,马克思在《莱茵报》编辑部工作时,提出报刊人民性的概念。他指出,"自由出版物的人民性,……它的历史个性以及那种赋予它以独特性质并使它表现一定的人民精神的东西,——这一切对诸侯等级的辩论人说来都是不合心意的"。马克思认为，报刊应该"生活在人民当中，它真诚地和人民共患难、同甘苦、齐爱憎"。

经典作家所指的新闻事业的党性和人民性是一致的。无产阶级政党主办的报刊在新闻活动中要贯彻和体现无产阶级及其先锋队共产党的意志。这种贯彻和体现，理所当然地包括用新闻手段反映人民精神，报道人民创造历史的伟大实践，表达人民的意见、要求和愿望。

我们党始终坚持党性和人民性的统一。早在20世纪40年代，我们党就提出了报刊的党性问题。毛泽东曾撰写《增强报刊宣传的党性》等重要文献，阐述和强调新闻工作的党性原则。1942年4月《解放日报》改版，在《致读者》中总结党报工作的四项原则，提出把党性放在第一位。

1947年，针对国民党挑起的内战，在重庆出版的党中央机关报《新华日报》就以宣示其人民性来彰显代表中国最广大人民利益的政治立场。当年1月11日，《新华日报》发表《检讨与勉励》一文指出："新华日报是一张党报，也就是一张人民的报，新华日报的党性，也就是它的人民性。"这也是党的新闻史上第一次公开申明党性和人民性是一致的。

新中国成立后，我们党一直强调党性和人民性的统一。1956年7月1日，《人民日报》改版，党中央明确批示："《人民日报》应该强调它是党中央的机关报又是人民的报纸。"

20世纪80年代前后，在反思"文革"的过程中，党性和人民性这个早就明确的问题重新被人提起，引发了较为激烈的争论。有人以"党有时也会犯错误"为由，主张"人民性高于党性"。有人将二者割裂、对立起来，以人民性否定党性，企图摆脱党对新闻事业的领导。这一时期，"人民性"被一些人曲解使用，产生了消极后果。邓小平同志1983年10月在党的十二届二中全会上的讲话中，严肃批评有些同志"在党性和人民性的问题上提出违反马克思主义的说法"。

回顾我们党的新闻史上关于党性和人民性的表述，可以得出两点结论：第一，我们党坚持党性和人民性一致的立场是一贯的，不论是在战争年代、建设时期，还是在改革开放时期，坚持这种统一观始终如一；第二，尽管在一段时期内，人民性的概念被一些人注入了模糊的、错误的解释，与党性割裂开来，但这不是人民性概念本身的过错。我们要正本清源，还人民性以本来面目，进一步坚定在党性和人民性问题上的统一观。

坚持党性和人民性相统一的客观基础

我国新闻事业的党性与人民性的关系，实质上是党和人民的关系在新闻工作中的具体体现。党和人民的关系，决定着新闻事业的党性和人民性的关系。党性和人民性是一致的、统一的，根本原因就在于党和人民的关系是一致的、统一的。

党性和人民性相统一的客观基础源于党和人民在利益上的高度一致。中国共产党是全心全意为人民服务、代表中国最广大人民根本利益、来自人民为了人民的马克思主义政党。它是各族人民利益的忠实代表，人民的利益就是党的利益。除此之外，党没有自己特殊的利益。

我们党从成立之日起，就把人民利益深深镌刻在自己的旗帜上。90多年来，在党带领人民实现民族解放、建设社会主义、开辟中国特色社会主义道路、迎来中华民族伟大复兴的进程中，党和人民始终是休戚与共的命运共同体，这是党性和人民性高度统一的根本前提。

党性和人民性相统一的客观基础源于党和人民在目标上的高度一致。在现阶段，就是坚持和发展中国特色社会主义。党的十八大报告强调，全党要"把握时代发展要求，顺应人民共同愿望"，实现"两个一百年"的奋斗目标。习近平同志说："人民对美好生活的向往，就是我们的奋斗目标。"这充分表明，党和人民群众有着一致的追求和共同的目标。党与人民群众奋斗目标的一致性，是我们党宝贵的政治优势和政治财富。

在党性和人民性的问题上，一些错误认识的根源在于不了解或否认党性和人民性在利益、目标方面的高度一致性，以部分代替整体、个别代替一般。

必须明确的是，党性和人民性都是整体性的政治概念，党性是从全党而言的，人民性也是从全体人民而言的，不能简单从某一级党组织、某一部分党员、某一个党员来理解党性，也不能简单从某一个阶层、某部分群众、某一个具体人来理解人民性。只有站在全党的立场上、站在全体人民的立场上，才能真正把握好党性和人民性的统一。那些"你是替党讲话，还是替老百姓讲话""你是站在党的一边，还是站在群众一边"的论调，把党性和人民性对立起来、搞碎片化，在思想上是糊涂的，在理论上是错误的，在实践上是有害的。

坚持党性和人民性相统一的科学内涵

党性和人民性相统一，从本质上说是指，坚持党性就是坚持人民性，坚持人民性就是坚持党性，党性寓于人民性之中，没有脱离人民性的党性，也没有脱离党性的人民性。

党性是人民性的集中体现和升华。这个"集中体现和升华"主要表现在"为了谁"的问题上。党的执政理念是以人为本、执政为民。我们说党始终代表最广大人民的根本利益，这个利益，不是人民内部各阶级、阶层、社会集团的利益和愿望的简单相加，而只能由其中的先进阶级及其政党来体现。在中国，只有作为工人阶级先锋队的中国共产党，才能正确认识和体现全国各族人民的意志，才能集中最广大人民群众的正确意见和智慧，形成党的理论和路线方针政策，用以指导群众的实践。从这个意义上说，党性正是人民性的集中体现和升华。

人民性是党性的主要来源和根基。这个"主要来源和根基"主要表现在"我是谁""依靠谁"的问题上。人民群众是历史的创造者，是认识世界和改造世界的主体。党的一切正确决策的制定，在于它体现最广大人民的心愿；党的一切奋斗目标的实现，在于它团结了可以团结的、依靠了可以依靠的最大多数的人民群众，这是党受到人民拥护的根本原因。基于此，完全可以明确地说，人民性是党性的主要来源和根基。

党性寓于人民性之中，人民性以党性引领方向。我们党以马克思主义为指导，是中国特色社会主义事业的领导核心，代表中国先进生产力的发展要求，代表中国先进文化的前进方向，代表中国最广大人民的根本利益。这种先进性，是党生存和发展的根本依据，是党得到广大人民群众信任和拥护的根本条件。因为"先进"，所以"引领"。工人阶级政党具有的先进性，决定了只有党才能站在时代潮流的前头带领人民前进，只有坚持党性才能更好更全面反映人民愿望。党性寓于人民性之中，人民性以党性引领方向，不仅能得到理论的阐明，也已经在我们党领导人民进行革命、建设和改革开放的伟大实践中得到印证。

新闻宣传工作必须始终坚持党性和人民性相统一。新闻宣传工作坚持党性，核心就是坚持正确政治方向，站稳政治立场，坚定宣传党的理论和路线方针政策，坚定宣传中央重大工作部署，坚定宣传中央关于形势的重大分析判断，坚决同党中央保持高度一致，坚决维护中央权威。这是大原则，决不能动摇。党性原则不仅要讲，而且要理直气壮讲、大张旗鼓讲、坚持不懈讲，不能躲躲闪闪、含糊其词。

坚持人民性，就是要把实现好、维护好、发展好最广大人民根本利益作为出发点和落脚点，坚持以人为本。要树立以人民为中心的工作导向，把服务群众同教育引导群众结合起来，把满足需求同提高素养结合起来。坚决克服有些宣传报道脱离生活、不接地气、同群众贴得不够紧的问题，坚决克服一味迎合市场带来的低俗化现象。要认真研究不同群众的思想文化需求，有针对性地开展工作。

归结起来，坚持党性和人民性相统一，就是要坚持讲政治，把握正确导向，把体现党的主张和反映人民心声统一起来。

坚持党性和人民性相统一的原则要求

坚持党性和人民性相统一，是宣传思想战线必须遵循的基本原则，对于新闻宣传工作来说，我们应当把握以下几点：

把坚持正确导向摆在首位，讲导向不含糊，抓导向不放松。正确导向是新闻宣传工作的核心和"灵魂"。当前，我国正处于改革攻坚期，人们思想活动的独立性、选择性、多变性、差异性明显增强，加之新兴媒体日益成为社会生活中表达意愿的重要平台，人民内部舆论多元化渐成常态。正确导向是航标灯。新闻工作者要明确肩负的社会责任，通过生动活泼的报道，体现正确导向。

坚持团结稳定鼓劲、正面宣传为主。坚持正面宣传为主，关键是提高质量和水平，增强吸引力和感染力。那些居高临下、空洞说教，抄来抄去、肤浅老套，语言生硬、形式刻板的报道，鲜有读者，难有实效，需要认真改进。做活典型报道也非常重要，要坚持实事求是，真实准确，可亲可敬，让人们信得过、看得懂、学得到。坚持正面宣传为主，绝不意味着放弃舆论斗争。对腐朽没落思想文化不能放任不管，对错误思想言论不能听之任之，对敌对势力开展舆论斗争不能丝毫松懈。要关注社会舆情，及时发现和深入分析倾向性、苗头性问题，有针对性地开展正面引导、深度引导。

大力弘扬主旋律、传播正能量。主旋律反映了当代中国发展进步的主流价值追求。弘扬主旋律就是要反映时代最强音，唱响共产党好、社会主义好、改革开放好、伟大祖国好、各族人民好的时代主旋律。正能量体现了积极向上、乐观健康的社会精神力量。传播正能量就是要宣传社会主义核心价值体系，传播有利于振奋人民斗志、凝聚民族力量、推动社会进步的精神力量。

切实把握好新闻宣传的时、度、效。时、度、效是密切相连的。时，讲究的是时新性和时宜性；度，讲究的是适量适度，注意分寸；效，即时和度实施的结果。媒体要引导群众多看主流，多看本质，多看光明面，不要把点上的问题说成是面上的问题，不要把个别问题说成是整体问题，不要把局部问题说成是全局问题。

人民日报社是党中央的新闻机构，《人民日报》是党中央的机关报，是党治国理政的重要资源和重要手段。《人民日报》这个名字，就很好地体现了党性和人民性的统一。党报姓党，讲党性毫无疑问是《人民日报》的必然属性；同时，人民日报又是人民的报纸，讲人民性也毫无疑问是《人民日报》的自然属性。可以说，我们党创办这份报纸，就赋予其党性与人民性统一的属性。在新的时代条件下，我们一定要认真学习、深刻领会习近平同志的重要讲话精神，始终不渝地坚持党性和人民性相统一，始终不渝地贯彻政治家办报的要求，坚持不懈地用马克思主义新闻观武装新闻工作者，教育培养好中青年编采人员，努力建设一支政治强、业务精、作风正、纪律严的新闻宣传队伍，当好新闻战线的排头兵，当好传统主流媒体和新兴媒体融合发展的排头兵，当好改进文风的排头兵，切实做到守土有责、守土负责、守土尽责，把报纸办好，把报社的事业发展好，为巩固和发展主流思想舆论更好地发挥"中流砥柱""定海神针"的作用。

(原载《人民日报》2013年9月16日)

刘少奇与《人民日报》的批评报道

王爱民

1950年4月22日,《人民日报》在一版显要位置刊登《中共中央关于在报纸刊物上展开批评和自我批评的决定》。负责党的宣传工作的刘少奇在主持起草这个决定时,作了许多重要修改。在他加写的一段话中,明确指出:"如果我们对于我们党的人民政府的及所有经济机关和群众团体的缺点和错误,不能公开地及时地在全党和广大人民群众中展开批评与自我批评,我们就要被严重的官僚主义所毒害,不能完成新中国的建设任务。由于这样的原因,中共中央特决定:在一切公开的场合,在人民群众中,特别在报纸刊物上展开对于我们工作中一切错误和缺点的批评与自我批评。"[①]

次日,《人民日报》为此发表两篇社论:《坚决展开批评与自我批评》《加强报纸与人民群众的联系》。社论指出:《决定》"是一个极其重要的文件。这个文件要求报纸刊物吸引广大人民群众经常地有系统地监督我们的工作,注视我们工作中的缺点和错误,……这是一个足以大大促进国家民主化、改善各级党委和人民政府工作的严重的步骤"。报纸"应该时时刻刻地关心群众的利益,深切地懂得群众的要求,生动地具体地反映人民群众生活中各方面的模范的榜样,实事求是地指出工作中的缺点与错误和严正地揭发各种犯罪行为。只有这样,报纸才能成为党和政府引导人民向前进的有力助手"。此后,积极开展批评报道作为报纸的一项重要工作更加广泛起来,成为新中国成立初期新闻工作的一大特色,也是新闻工作联系实际、联系群众的一个重要方面。

在开展批评与自我批评方面,《人民日报》当时走在最前面。为了加大批评报道的分量,《人民日报》对压制批评的现象、揭露重大问题和抨击典型事件等发表了许多重要社论和报道。如对当年轰动一时的黄逸峰事件的报道,和为此发表的一篇标题醒目的社论《压制批评的人是党的死敌》[②],这篇经胡乔木修改和刘少奇审阅的社论[③],在人民群众中和社会上引起强烈反响。

为了突出和广泛反映群众的各种批评意见,《人民日报》还在多个版面设立专栏,如"人民信箱""人民园地""党的生活""红榜与黑榜""信箱""读者来信"等。这些栏目成为人民群众和基层人员来信、来访反映批评、建议和询问的重要窗口,一些重要批评稿及对报纸批评进行反馈和检讨的报道,经常在一版或其他新闻版的批评报道栏目或显著位置推出。

刘少奇亲自审改《人民日报》重要批评稿件

刘少奇非常重视在党报上开展批评与自我批评,深知《人民日报》的批评报道在全党和全国的重要影响和作用。刘少奇审改的《人民日报》的重要批评稿件中,既体现出对党和人民事业高度负责的精神,又表明他坚决支持《人民日报》开展批评报道的鲜明态度。

1950年7月18日,《人民日报》在一版《人民信箱》发表了两篇批评稿件及编者按,对某些部门领导压制和指责批评的现象进行揭露和提出批评。

在一篇报道华北军区后勤部部长批评和指责下属工作人员向上级反映意见的《共产党员向党报提出对政府工作的批评和建议,是否合于组织纪律?》的稿件中,刊登了来访者的申诉和他的批评建议信,同时配发了约1500字的"本报编辑部的答复"。答复明确指出:华北军区后勤部部长对工作人员反映意见的批评"是错了,应该撤销"。7月13日,胡乔木在这篇送审稿上的批语是:"刘、周、聂:此件请审阅指示。因为这类事许多地方都发生,故需要公开发表一下。事实曾经调查属实。另东北军工局勒令收回已发出的军工报一事的来往信件(指同时送审的另一篇稿件《东北军工局不应当压制批评》)可否同时发表,亦请考虑决定。"周恩来、聂荣臻(代总参谋长、北京市市长)圈阅了稿件。刘少奇在审阅稿件时,对文中一处需要查实的情况提出修改意见后批示:"同意发表。刘少奇七月十五日。"④8月18日,《人民日报》一版刊登了华北军区后勤部部长接受报纸批评的检讨。这一批评报道和编者按,在当时社会和读者中产生了很大影响,对积极支持人民群众的批评来信和来访起到了极大的鼓励和推动作用。

在第二篇《东北军工局不应当压制批评》的稿件中,刊登了一封批评来信和300余字的"人民日报编辑部按"。按语明确指出:"军工局采取这种不正常的专断行动,是不能允许的。"我们希望"军工局负责人对于这个问题说明他们的意见"。胡乔木在送审稿上的批语是先送李立三(全国总工会副主席、党组书记)、刘子久（全国总工会文教部部长）。李立三的批语是：可先将批评信送东北军工局，得到回答后，再一同发表，请少奇同志考虑决定。之后，胡乔木将稿件再送刘少奇、周恩来、聂荣臻审阅。周恩来、聂荣臻圈阅了稿件。刘少奇审阅时对编辑部按语作了重要修改，并明确作出批示："同意即刻发表。刘少奇七月十五日。"⑤ 8月5日，《人民日报》一版刊登东北军工局局长的来信检讨，表示接受报纸的批评。

这两组批评和自我批评稿件的及时发表，表现出《人民日报》在贯彻执行中央关于报刊展开批评和自我批评的决定中，大力支持人民群众在党内生活、政府工作和报纸上公开开展批评和群众监督、坚决与压制批评作斗争的坚定态度。特别是经常为批评报道配发的《人民日报》编者按，作为表达报纸观点和态度的一种特殊评论形式，受到人民群众的欢迎。当时有些读者反映，"不怕《人民日报》黑一片（意即长文章），就怕《人民日报》编者按"。

刘少奇强调正确的批评态度

为了更好地开展批评报道，1954年7月，中共中央政治局通过并发布了《关于改进报纸工作的决议》，再次对报刊批评和自我批评工作作了指示，提出了报纸批评的三条标准：一是报纸上的批评必须展开，二是批评必须正确，三是批评必须在党委领导下进行。此前，1954年4月20日，《人民日报》为《中共中央关于在报纸刊物上展开批评和自我批评的决定》发表四周年，发表一篇重要社论《党委应该积极领导报纸正确展开批评和自我批评》。社论经过邓拓和中宣部领导胡乔木、凯丰、陆定一的多次修改后，于19日晚上呈送刘少奇审定。刘少奇对这篇社论稿作了多处重要修改。

如对第二段中"任何干部，不管他的职位多高，功劳多大，如果没有广大人民群众这种铁面无私的监督和公开的批评，他们就会骄傲起来"这段话，刘少奇在"他们就会"之后加了"失去警惕，在工作中疏忽起来，有些人则更会"这样一段话。

在第四段论述关于在报纸上要广泛、深入、及时地开展批评和自我批评，"在党内外形成一种经常性的批评和自我批评空气"之后，特别加写了一大段话作为第五段："对于典型的坏人坏事，不只是应该进行批评，而且要进行无情的斗争，给以严重的打击，以便在我们的国家中消灭这种坏人坏事。但这种坏人坏事并不是在任何地方任何时候都有的，而是有很大的特殊性的，我们也必须采用这种特殊的态度和手段来对待它。至于我们工作中一般性质的缺点和错误，则是在任何地方、任何部门、任何时候都有的，对于这些普通性质的缺点和错误，我们就应该采取同志式的批评和自我批评，以便大家团结起来，消除这些缺点和错误，不使这些一般的缺点和错误发展成为严重的错误，而这是在任何地方、任何部门、任何时候都需要的。报纸的任务不只是对于前一种坏人坏事应该进行批评和斗争，而更重要更经常的是对于后一种一般性质的工作中的缺点和错误进行批评和自我批评。"

在第六段中"但是当报纸要把这些批评登载出来，就必须事先进行深入细致的调查核对，只有调查完全确实了以后才能刊登出来。因为刊登在报纸上的批评，不是作者个人的批评，而是代表党的批评，它是公正的强大的社会舆论力量，是不能不真实的"一段话中，刘少奇在"只有调查完全确实了"之后加了"并且所用的词句完全正确了"一句。在最后一句话"是不能不真实"之后加了"而正确"三个字。⑥社论指出：完全正确的批评，就要批评的事实"完全正确"、批评时所采取的态度"完全正确"和"所用的词句完全正确"，这是刘少奇对报纸正确开展批评与自我批评的重要要求。这一原则在刘少奇审改的批评社论中也得到了生动体现。

1956年7月12日，《人民日报》在《党员来信》专栏发表一封党员来信《是领导人呢？是传声筒呢？》。来信批评浙江省税务局几个领导人让别人代写向上级汇报工作的"汇报稿"、向干部作报告的"报告稿"、向党员讲课的"讲课稿"，然后照本宣读一番，这种自己不动脑动手，一切依靠别人的官僚主义作风。这封1500字的来信刊登在四版头条位置，并配发了一幅讽刺漫画。

为了批评这种现象，7月16日，《人民日报》发表社论《从一封党员来信说起》。7月15日，刘少奇在审阅这篇社论稿时，在文中"就算根据培养干部的原则，可以允许让下面同志帮助起草一些稿子，但是这也绝不是说，可以允许领导人事前只是出题作文，并不指示内容要点，事后也毫无修改、补充，只是照本宣科"这段话后，加写了一段话："为了写成某些复杂问题的文件，可以先让别人起稿，然后由有关的人员讨论修改，再行定稿。负责人写的文件，也可以交给有关的人员讨论，并请他们提出意见，进行修改。但负责人对于一些重要和复杂的问题完全不动脑筋，只作传声筒，是要不得的。"⑦这种区分不同情况讲清道理，实事求是的分析批评，更具有说服力。8月27日，《人民日报》在四版头条位置《读者来信》栏目，刊登了浙江省税务局"接受批评改进工作"的来信。之后，《人民日报》又刊登了浙江省税务局局长的检讨来信，表示《党员来信》揭露的我局"领导干部的官僚主义作风的材料，是符合事实的。7月16日《人民日报》的社论，对我们的官僚主义作风的批评是正确的"，我们"虚心接受这个批评"。⑧

自新中国成立到20世纪50年代前期，《人民日报》上的批评和自我批评一直很活跃。据统计，《人民日报》发表的批评报道或文章，1949年为347篇，1950年为753篇，1951年为1749篇，1952年为1741篇，1953年为1027篇。⑨在"三反""五反""新三反"运动和整党、整风中，《人民日报》的批评报道都发挥了重要作用。

刘少奇支持和关心《人民日报》的批评报道，使报纸更加注意为百姓说话解难，伸张正义，坚决揭露和抨击官僚主义、贪污腐化和严重骄傲自满等不良现象和作风，努力发挥报纸批评和舆论监督的作用，《人民日报》因而更加受到人民群众和广大读者的信任和喜爱。可惜的是，1957年反右以后，报纸批评工作受到了很大影响。

注释：

①④⑤中央文献研究室、中央档案馆编：《建国以来刘少奇文稿》第二册，中央文献出版社2005年版，第45—48页；第292—294页；第292—295页。

②⑧《人民日报》，1953年1月23日第一、四版；1956年11月30日第四版。

③胡绩伟：《"平生赢得豪情在"》，载《邓拓诗文选》，人民日报出版社1986年版，第6页。

⑥中央文献研究室、中央档案馆编：《建国以来刘少奇文稿》第六册，中央文献出版社2008年版，第192页；安岗：《学习的榜样》，载《灿烂的星河》（上册），人民日报出版社2010年版，第61页。

⑦中央文献研究室编：《刘少奇年谱》下卷，中央文献出版社1996年版，第373页。

⑨方汉奇主编：《中国新闻传播史》（第二版），中国人民大学出版社2009年版，第307页。

（原载《世纪》2014年第2期）

为转型期中国提供辩证思维

——党报评论的突围与创新

卢新宁

在人人都有麦克风的时代，作为主流媒体的评论人，我们一直处于极大的压力之中。在短短几年内，我们经历了从新闻格局到报纸业态的巨大变革，见证了微博快速崛起与没落的奇迹的黄昏，承受着微信与日中天的强大辐射，并时时活在新媒体无所不在的阴影里。我们与时代一起前行，为完成主流媒体评论人的使命竭尽全力，始终有新的挑战在前方，始终有新的任务在手里，因而始终处于停不下来的奔跑状态。确实需要一个机会，一个能静心思考彼此交流的机会。

评论是艰难的说服。在信息以秒杀计算的新闻高压锅里，评论早已成为兵家必争的主战场，在这个战场里，面对"思想活动的独立性、选择性、多变性、差异性明显增强"的受众，主流媒体评论如何发声，才能达到中央提出的"在多元中立主导、在多样中求共识"的要求，做到习近平总书记要求的"因时而谋、应势而动、顺势而为"？

转型期中国矛盾相互叠加，问题层出不穷，容易认识出现偏差、思想走向极端、心态难以放平，主流评论的职责，正在于为转型期中国提供辩证认识论，做社会舆论的压舱石、导流器、减压阀，让主流价值有机会在观念竞争中胜出，为改革大业向前推进注入更多正能量。

一、正面宣传要有问题意识，才会有影响力

我们描述主流媒体职责时，说的最多的是正面宣传为主，在全国宣传思想工作会议上，习近平总书记再次强调"坚持团结稳定鼓劲、正面宣传为主，是宣传思想工作必须遵循的重要方针"。对如何做好正面宣传，总书记提出了新要求："坚持正面宣传为主，关键是要提高质量和水平，增强吸引力和感

染力。正面宣传，光是做做样子、满足于完成任务很容易，但要真正产生影响、受到欢迎，难度是很大的，不下一番功夫肯定不行。"

这些年我们的正面宣传做了很多改进、探索和努力，但距离中央领导"产生影响、受到欢迎"的要求还有相当差距。比如，长期以来，我们有一个误区，那就是认为正面宣传不能谈问题、说矛盾、讲不足。

马克思有句名言："问题是时代的声音。"刘云山同志曾提出宣传思想工作要有"问题意识"。党的十八届三中全会上，习近平总书记更是指出，改革是由问题倒逼而产生，又在不断解决问题中得以深化。对于转型期中国而言，没有问题意识，我们的东西就不那么可信，不容易说服人。具备问题意识是改革者的基本素质，也是我们做好评论工作的基本要求。

比如，获得中国新闻奖的任仲平文章《转变，中国道路的历史性跨越——从十六大到十八大》，这篇总结十年成就的大型评论之所以能引起读者的共鸣、获得业界的肯定，就是因为不回避矛盾和问题。这篇文章以强烈的问题意识，充分论述转型碰撞期、特殊敏感期、危险高发期的矛盾和风险，分析全球化、民主化、信息化背景下治国理政所遭遇的掣肘与挑战。文章不仅以很大篇幅说足挑战和问题，在论及成绩时，依然用的是"问题视角"："今日回望，也许我们仍觉不足，却不能不感叹历史的进步——听证会虽在细节上还屡受诟病，但不要忘了，这种参政形式只是近十年才广泛运用；信息公开虽然还会面对各种质疑，但同样要看到，公开透明的进程已经不可逆转。"

不少人以为成就报道就是写辉煌成绩、讲宏大叙事、唱高音高调。但不切实际的过头话，是一种不负责任的"惰政"。呈现成绩当然能够增强信心，但要把这种信心传递给更多读者，做到入耳入心，首先必须自己能够"上心用心"。过分地"拔高"不仅空泛空洞，而且还可能引起受众的反感。我们党一直强调，中国特色社会主义不可能毕其功于一役，在我们的评论中，如果话说得太满、弦绷得太紧，既不符合事实，也不符合规律。

如何让我们的舆论引导产生效果？问题牵动人心，问题需要解答，只有抓住了问题，报道和评论才更有针对性和公信力，在工作层面才能够主动设置议题，形成话语场，把握主动权；在传播层面才能够引起广泛共鸣，形成和扩大共识；在社会发展层面才能够引发思考，寻求对策，推动社会进步，维护群众利益。

任仲平文章这几年的一大转变，就体现在"问题意识"上。我们是大党大国大报，所谓"有容乃大"，直面现实问题，说出还有不足，有什么不可以？习近平同志提出，"不回避矛盾，不掩盖问题"，才能"有备无患，遇事不慌，牢牢把握主动权"，强调"要善于运用底线思维，凡事从坏处准备，努力争取最好的结果"。这种强烈的问题意识，反映了求真务实的执政理念，也为新闻宣传指出了进一步改进的方向。

按照这种要求，主流媒体倘能在成就报道中，突破自我设限，突破思想禁锢，更多直面真实可信而不是沿着自己的价值观剪裁的舆情，更多关注多元多样而不是根据自己的好恶过滤声音，更多呈现五千年文明的文化气度与中国特色社会主义的文化自信，引领舆论、凝聚共识，才不会流于空谈，所倡导的主流价值也才能在观念竞争中胜出。

二、问题报道要有过程意识，才会有引导力

在转型期中国，提出问题是容易的，但要引导受众正确看待问题却是艰难的。如果我们只满足从表现痛感中寻找快感，只满足于提出问题而不提供分析问题、认识问题的认识论、方法论，我们就不过是网络贴文的印刷版，与那些只知挑刺的"愤青"没多大差别，我们的存在也就没有多大价值。

面对"自媒体"汪洋大海般的信息洪流，及其充斥的仇官仇富等负面认知和标签化言辞，主流媒体评论人要起到虚假信息的"过滤器"和偏执情绪"定海神针"的作用。提出问题，但又不能给负面情绪添火加柴，不能做众声喧哗的社会舆论的搅拌器，不能夸大问题、扩大分歧。如果把中国比喻为"堆满希望与问题的码头"，那么主流媒体的职责，就是要为转型期社会活血化瘀，就是要让读者认识到，在从治理到现代治理的转变中，我们需要经历怎样的过程。

2013年5月底，我们在评论版推出5篇系列本报评论部文章，"辩证看待社会发展与问题"，包括《有"问题意识"，也要有"过程意识"》《有"权利意识"，也要有"法治观念"》《有"批判精神"，也要有"建设心态"》，等等，集中体现这些年我们的思考。文章刊发后，所引发的反响出乎我们的预料。为什么这组评论，让读者和干部都买账？最重要的是它提供了看待问题的认识论，因此具备了干预现实的力量。

这些良好的社会效应，让我们清楚地看到了党报评论的责任和优势。今天的中国，矛盾相互叠加，问题层出不穷，但越是在众声喧哗中，越需要权威解读，越需要理性声音。党报评论的价值，正在于为转型期中国提供辩证

认识论。

三、舆论斗争要有传播意识，才会有说服力

作为主流媒体，在众声喧哗的舆论场，常常需要写"驳论"，换句话来说，在正面宣传的同时，也时常须有舆论斗争。但如何进行舆论斗争，同样需要辩证思维。

首先要形成一点共识，那就是在新闻宣传领域，舆论斗争不仅要坚定政治立场，还需要尊重传播规律，否则便是习近平同志所言，"做样子的舆论斗争"，看起来气势汹汹、好勇斗狠，却不仅不能说服人，反而适得其反。

其次是要确定一个常识，党内要求与社会传播是有区别的。今天的舆情形势非常复杂，作为主流媒体，我们固然需要对大是大非问题旗帜鲜明地亮剑，巩固我们的话语权，但这不代表就可以不研究对象、不讲求艺术、不考量效果。我们是要主动"亮剑"，增强主动性、掌握主动权、打好主动仗，但绝不是粗鲁蛮干、挥刀盲刺，而要认真把握"时度效"。

这正是做好舆论斗争的第三点要求，要善于把宣传要求转化为传播命题，用专业、理性、客观的论证说服人。因为宣传思想工作的社会条件已大不一样了，"我们有些做法过去有效，现在未必有效；有些过去不合时宜，现在却势在必行；有些过去不可逾越，现在则需要突破"。在这种情况下，评论作为一种战斗力强、影响力强的宣传"利器"，更应遵循传播规律、善用话语权。

我们理解，对于党报评论而言，理智比情绪更重要，逻辑比表态更重要。我们必须既敢于发声，又善于发声。前者是立场，后者是艺术。光有艺术、不谈立场肯定不行；但光有立场不讲艺术，这样的立场也不是真立场，甚至不客气地说，是在搞投机、谋私利。有所作为更有效作为，才能发挥主流媒体"中流砥柱"和"定海神针"的功能，为推动改革发展和社会进步营造良好的舆论氛围。

（中共中央宣传部新闻局编：《新闻评论漫谈》，学习出版社 2014 年 8 月版）

关于推进媒体融合发展的若干思考

杜飞进

提起媒体融合发展,想先从"澎湃新闻"讲起。这段时间,"澎湃新闻"可以说是引爆了新媒体平台,在微博、微信上,很多人在讨论"澎湃",特别是澎湃 CEO 邱兵那篇"文艺范儿"十足的发刊词《我心澎湃如昨》,更是赚足了人气,收获了不少点击量和转发量。

在新闻客户端已经铺天盖地、其竞争已近乎惨烈的情况下,"澎湃新闻"为什么有这么大的冲击力?是不是因为它的名字叫"澎湃"?肯定不是。是不是因为它自称"新闻与思想的最大平台"?应该也不是。是不是因为那篇煽情的发刊词?恐怕也不是。是不是因为它投资量大、从业人员多?这些或许也不是主要原因。我认为,"澎湃现象"至少说明,我们正处在一个媒体变革的时代,传统的新闻概念需要重新定义,传统的传播理论也已经被大幅改写。同时,"澎湃现象"也给我们提出了一系列问题,比如:互联网思维到底是什么?移动互联网的传播规律是什么?新兴媒体在内容上有没有底线,其底线应该在哪里?传统主流媒体怎样在移动互联网的舆论场上捍卫主流地位?传统媒体与新兴媒体融合之后的传播主体应该如何保持和提升传播力、公信力、影响力?这些问题,需要我们一起来思考,来探讨。

我们处在一个什么样的媒体时代

有这样一个惊悚悬疑的科幻故事:某一天,地球上的最后一个人在屋里看报纸,突然传来了敲门声。大家想过没有,这个故事恐怖的到底是什么?是只剩下一个人,还是那时候连报纸也没有了?

先从书报亭说起。

不知道大家有多久没有从书报亭买过报纸或者杂志了?甚至可以问大家

有多久没有看报纸了？前不久，有记者采访了北京东三环附近一个普通的书报亭。来自河北的摊主告诉记者："干了十几年，现在只靠书报亭已养活不了自己。除了老主顾回头客，主要靠卖饮料、充值卡盈利。"

去年北京各书报亭营业额再创新低，日均营业额100元左右。正知书院制作的《2013年度传播报告》显示："去年互联网广告投放规模已经超过纸媒，全国40%的书报亭已不复存在。"

书报亭的困境，反映的是整个纸质媒体的现状。去年12月底，上海《新闻晚报》宣布2014年正式休刊，当时在新闻界引起了不小的震动。这份报纸1999年才创刊，日均发行量曾经达到70万份。因此，这份报纸休刊显得有点突然。但仔细想想，其实也不突然。至少是在10年前，也就是互联网逐渐普及之后，就已经出现了"报纸消亡论"，有人甚至还列出了时间表。

《新闻晚报》的休刊让全国报界感同身受，报纸的生死问题终于由议论变为现实，由外国进入中国。有学者这样评说，纸媒适应互联网而逐渐退出历史舞台是一场大变革，称"上海的做法是明智的"。

根据国际电联最新年报，目前全球网民已达27亿，在人数规模上已超过报纸读者。传统媒体被边缘化的态势已经出现，其新闻信息首发率已不到三成，主要的竞争优势正在打折。

我国的报业广告从2004年首次出现负增长，2005年开始普遍大幅下滑，平均跌幅达15%以上。而同期以移动互联网、户外大屏为代表的新兴媒体在广告营收方面则有较大增幅，到2013年，仅百度一家公司的在线营销广告净利润，就已超过中国近2000家报纸的净利润之总和。

与此同时，传统报刊的阅读量继续呈下降趋势。2013年，我国人均报纸阅读量较上年的77.20期（份）下降了6.35期（份），期刊的人均阅读量也比上年的6.56期（份）下降了1.05期（份）。超九成的数字化阅读方式接触者表示，读电子书后就不再购买其纸质版读物，这一数据已连续4年持续上升。

从世界范围看，情况也大体如此。美国的报业衰退已持续了十多年，2013年全美报纸的广告收入已不足2003年的一半，新闻从业人员10年间减少了40%。即便是英国和日本这样的报业大国，拥有良好的民众读报基础，报业市场也是难阻衰势，日本报业整体收入已经连续8年下降。

不仅报纸的情况是这样，整个传统媒体的情况也是如此。比如电视，以北京为例，《中国视听新媒体发展报告（2013）》的数据显示，北京地区电视开机率从3年前的70%下降至30%；电视观看人群的年龄结构也开始"老龄化",40岁以上的消费者成为收看电视的主流人群。

相比传统媒体下行的趋势,新兴媒体则呈现出迅猛发展的态势,可以说是高歌猛进、风光无限。

以百度和腾讯为例。

2013年,百度的总营收为近320亿元,同比增长43.2%,净利润为105亿元,已超过央视成为第一大广告媒体。今年第二季度,百度的总营收为119.86亿元,同比增长58.5%。至此,百度已经连续三个季度营收增速超过50%,其中移动营收持续保持高速增长,在总营收中的占比已达30%。

腾讯的情况也类似,2013年总收入超过600亿元,同比增长38%,净利润超过155亿元。

美国皮尤研究中心的一项研究发现,数字媒体每增加1美元收入,传统媒体就要失去16美元。传统媒体可能寄希望于把蛋糕做大,别人吃一大口,自己还可以分一小口;而未来的情况很可能是,别人吃一口,也许就会吃掉所有的蛋糕。

美国网络媒体Business Insider总编辑兼CEO亨利·布洛格特上半年发布的报告《移动的未来》显示:从消费时长看,移动媒体是目前消费时长唯一保持增长的媒介形态,已从2012年的12%增长到了20%,而与此同时,电视、广播、印刷媒体则都在下滑。

前不久,第34次《中国互联网络发展状况统计报告》显示,截至2014年6月,中国网民规模达6.32亿,其中,手机网民5.27亿,互联网普及率达到46.9%。网民上网设备中,手机使用率达83.4%,首次超过传统PC整体80.9%的使用率,手机作为第一大上网终端的地位更加稳固。

这一系列数字中,最重要的是手机网民规模。2012年6月,中国手机网民规模首次超过台式电脑,达到3.88亿。仅仅过了2年,这一数字就飙升到了5.27亿。可以预见,在未来的一段时期,这个数字还会继续增加。因此,也可以说,我们已处在一个移动互联网的时代。

那么,人们不禁要问,传统的主流媒体现在还是不是主流媒体呢?

一般来说,判断是不是主流媒体,主要有三个维度:第一,是否有广泛的受众面?第二,是否有比较强大的议题设置能力?第三,是否有比较广泛的社会动员能力?

就说受众,现在的受众在哪里?受众的时间去了哪里?很显然,他们的注意力已经被互联网所吸引,特别是门户网站、新闻客户端、自媒体等,占据了他们大量的时间。用一位资深报人的话说,"互联网已经凶猛地占领了读者的时间"。

——移动新闻客户端。到去年三季度末,腾讯新闻覆盖量 4 亿,日活跃用户 1 亿;网易新闻覆盖量 1.65 亿,日活跃用户 5000 万。到去年 12 月末,搜狐新闻覆盖用户 1.85 亿,日活跃用户 7000 万。到今年 7 月,搜狐新闻用户超过 2 亿,入驻媒体和自媒体总数超过 1.5 万家。

——新浪微博。截至今年 3 月,微博月活跃用户 1.438 亿,日活跃用户 6660 万;微博上有超过 8 万个政府机构和官员的微博账号、70 多万个个人认证账号和 40 多万家企业认证账号。今年 4 月 17 日,新浪微博正式登陆纳斯达克,成为全球首家上市的中文社交媒体。

——自媒体。在微博时代,一些"大V"已经显示出日益增强的舆论影响能力,到了微信时代,开设自媒体已成为一种时尚、一种潮流。自 2012 年 8 月上线至 2013 年 11 月,微信公众账号已超过 200 万,信息交互次数高达亿万次。

毫无疑问,对于以"眼球经济"为基本原则的媒体业而言,这种变化的影响是深远的。

有人这样说:从 1615 年《法兰克福新闻》面世至今,报纸走过了近 4 个世纪,但传媒版图被互联网颠覆,只用了短短 20 年时间。用"颠覆"这个词是否准确,可以商榷,但是,以报刊、广播、电视为代表的传统媒体,在这 20 年间发生的变化,恐怕是我们所始料不及的。

这 20 年,我们从"铅与火"、"光与电"走到了"数与网",我们从纸媒的翻阅时代到电脑的点击时代,再到移动媒体的触摸时代,乃至今后智能语音的说听时代,数字技术和互联网诱发的传播方式变化,远超此前任何一代技术升级。电脑和手机屏代替了纸张,网络平台省略了印刷,数字传输超越了发行,新闻内容的生产、发布不再由于技术限制而成为稀缺资源。

这就是我们所处的时代,一个前所未有的媒体变革的时代。对于传统媒体来说,我们已经到了一个革新图存的重要关口,形势十分严峻,必须思考我们的今天和未来。

传统主流媒体怎样才能在互联网时代继续成为主流媒体

这个问题的答案其实是非常明确的,那就是加快推进传统媒体与新兴媒体融合发展。

今年8月18日，中共中央总书记、中央全面深化改革领导小组组长习近平主持召开中央全面深化改革领导小组第四次会议，审议通过了《关于推动传统媒体和新兴媒体融合发展的指导意见》。在会上，习近平强调，推动传统媒体和新兴媒体融合发展，要遵循新闻传播规律和新兴媒体发展规律，强化互联网思维，坚持传统媒体和新兴媒体优势互补、一体发展，坚持先进技术为支撑、内容建设为根本，推动传统媒体和新兴媒体在内容、渠道、平台、经营、管理等方面的深度融合，着力打造一批形态多样、手段先进、具有竞争力的新型主流媒体，建成几家拥有强大实力和传播力、公信力、影响力的新型媒体集团，形成立体多样、融合发展的现代传播体系。要一手抓融合，一手抓管理，确保融合发展沿着正确方向推进。

中央明确将推进媒体融合发展作为一项重大而紧迫的战略任务加以推动，是从今年开始的。

同时，今年也是中国全功能接入国际互联网20周年。20年来，传统媒体和新兴媒体的关系，大体经历了三个阶段：一是传统媒体建设新兴媒体；二是传统媒体和新兴媒体互动发展；三是传统媒体和新兴媒体融合发展。

上述三个阶段，第一个阶段是"你是你，我是我"；第二个阶段是"我需要你，你借助我"；第三个阶段是"你中有我，我中有你"，最后是"你就是我，我就是你"。

传统主流媒体推进媒体融合发展的目标非常明确，就是与新兴媒体融合后继续成为主流媒体，不断巩固壮大主流思想舆论。但是，怎么推进传统媒体与新兴媒体的融合发展，这是个历史性的大课题，需要在实践中一步一步来探索。

具体来说，推进媒体融合发展需要从以下四个方面着手：

努力形成适应媒体融合发展的观念和认识。观念引领行动，认识推动实践。总的来说，我们对媒体融合发展的趋势已看得越来越清楚，但在实践中还存在一些滞后认识和观念偏差。有的满足现状，患得患失，担心打破原有格局，认为融合发展多此一举、没有必要，不搞融合发展也还能活；有的存在畏难情绪和惰性心理，对融合发展缺乏信心，不愿试不愿闯，坐等给政策、给资金、给项目；有的存在惯性思维，用办传统媒体的方法来对待融合发展，拿出的方案、提出的措施往往不适应新型媒体的特点和规律。这些问题和现象的根源，就是没有挪动屁股，没有更新观念，没有跳出传统媒体的本位和思维。推动媒体融合发展，首先要解放思想，破除陈旧观念的束缚，形成适应融合发展的新观念新认识。

瞄准和利用最新技术推动融合发展。新兴媒体诞生与发展的过程，实际上就是网络技术和信息内容相互结合与发展的过程。技术与内容互为支撑、相互融合，是一体之两翼、驱动之双轮，共同构成核心竞争力。现在，传统媒体在技术研发应用、升级维护方面还相对滞后，网络技术的短板制约了自身的发展。融合发展要实现突破，关键是顺应互联网传播移动化、社交化、视频化的趋势，把当今可用的技术都囊括到我们的视野中来，进入到我们的项目设计中去，用最好的技术，达到最好的水准，取得融合发展的最佳效果。

进一步增强媒体信息内容的核心竞争力。对于新闻媒体来说，内容永远是根本，是决定其生存与发展的关键所在。应当看到，"报纸"是由两个部分构成的，一个是"报"，一个是"纸"。"报"是传播的内容，融合发展就是为了使"报"适应和运用新的技术、新的方式，更好地进行生产和传播。"纸"是传播的载体，是物质的、技术的，现在就是要用新的技术来取代旧的技术，用互联网媒介、电子媒介来代替"纸"。可以说，"报"是核心，"纸"是为"报"服务的。推动媒体融合发展，在强调技术引领和驱动的同时，必须始终坚持"内容为王"，把内容建设摆在十分突出的位置，以内容优势赢得发展优势。

建立适应融合发展的组织结构、传播体系和管理体制。推动媒体融合发展，既需要进行技术升级、平台拓展、内容创新，也需要对组织结构、传播体系和管理体制做出深刻的调整和变革。从目前情况看，我们的一些体制机制还不能适应融合发展的新要求，束缚了新闻生产力的进一步发展。因此，必须加快改革步伐，积极探索创新，推动形成一体化发展的体制机制，为融合发展提供坚实保障和有力支撑。

人民日报社媒体融合发展的未来走向

经常有人会问，人民日报法人微博和人民日报是什么关系？其实，人民日报法人微博是人民日报在微博平台上的一个编辑部，它代表人民日报在微博平台上发声，与网民开展互动，它是人民日报弘扬网上主旋律、传播网络正能量的重要载体，也是人民日报推进媒体融合发展的一个重大工程。

现在的人民日报，已经由过去的一张报纸发展到报纸、杂志、网站、微博、微信、客户端、手机报、手机网、网络电视、电子阅报栏、二维码等10多种载体，基本覆盖了现有各类传播形态。一个传统媒体与新兴媒体并举、官方声音与民间舆论呼应的舆论引导格局已初步形成，一个形态各异、载体多样的现代传播体系已具雏形。甚至可以说，今天的报社已经不是一个"报馆"，而是一个"报道社"。

这些年来，面对媒体格局的急剧变革，人民日报始终保持着清醒的头脑和高度的敏感。在探索媒体融合发展的道路上，人民日报也一直走在前面。有5个具有标志性意义的时间节点。

——1997年1月，人民网创办上线，这是国内主流传统媒体中触网的第一家。今天的人民网已经成为国内最大的中文和多语种新闻网站，在全世界报纸所办网站中的排名稳居第一。2012年4月，人民网在上交所成功上市，也是国内重点新闻网站中的第一家。

——2012年7月22日，人民日报法人微博上线，到今天走过整整两年。目前，在人民网、新浪网、腾讯网三大平台上的粉丝总量突破4700万，快速成长为微博平台上最具影响力的媒体微博。在新浪微博媒体影响力排行榜上，人民日报法人微博长期居于首位。

——今年6月12日，人民日报客户端正式上线。"做有品质的新闻！"这是人民日报社顺应媒体变革趋势，加快推进传统媒体与新兴媒体融合发展迈出的重要一步。人民日报客户端分闻、评、听、问四大版块，满足用户多层次信息需求。上线后即引发各界关注，内容和体验均获较高评价，受到用户普遍欢迎，下载量快速攀升，目前已达到500万，活跃度超过10%。

——立项于2009年3月、正式起步于2010年4月的人民日报电子阅报栏，目前在全国已经签约近2万台，覆盖10多个省市。最近，电子阅报栏植入了一个新的APP，叫"就近儿"，互动能力很强，可以给受众提供很多学习、生活、娱乐的便利。下一步，电子阅报栏还将打开公共Wi-Fi，将来用户用自己手机就可以和阅报栏连接、跨屏互动，免费下载资讯、电影、游戏等。

——今年3月，人民日报社成立了媒体技术股份有限公司，通过打造新媒体新技术时代下的全媒体新闻"中央厨房"——一个全面、丰富、即时的媒体大数据平台，以期成为人民日报未来发展的技术引擎。

上述种种事实和数字，勾勒出一幅人民日报融合发展的基本路径和总体蓝图。从传统媒体到新兴媒体，从单一形态到融合发展，应当说，这是一项方兴未艾的事业,也是一项充满机遇和挑战、需要激情和创造的事业。

当前,人民日报社推进融合发展的整体目标已经确定,就是要通过观念创新、技术创新、机制创新,经过不长时间的努力,使人民日报成为形态多样、手段先进、具有强大传播力竞争力的新型主流媒体,努力达到国际一流水平。

应当说,媒体融合发展带来的,不只是简单的媒体功能趋同或合一,更是新闻内容形态、技术平台、生产机制、观念理念的全方位变革。从某种意义上,我们讲媒体融合正在重新定义新闻、重新定义新闻业、重新定义新闻人,丝毫不为过。难怪有人将媒体融合比喻成一场旷日持久的"转基因工程"。为什么这么说呢?其中至少蕴含了以下三个转变:

一是速度之变。

2013年4月20日8时02分,四川雅安市芦山县发生7.0级地震。8时09分,人民日报法人微博发出第一条地震快讯。这是第一家发布地震消息的中央级媒体微博,领先新华社微博@新华视点1分钟,领先@央视新闻3分钟。

事实证明,移动互联网时代,各家新闻媒体对于新闻速度的比拼已经到了刺刀见红的地步。无论是微博发布,还是客户端的新闻推送,你比竞争对手慢上10秒甚至1秒钟,带来的结果,就可能是成千上万的转发差距。

如果说报纸对消息的要求是以"天"来计,网站对稿件的要求以"分"来计,那么微博、微信、客户端的时代,记者的发稿速度必是每"秒"必争。

在新媒体平台上,不会有人理会你传统的媒体属性。无论你是报纸办的微博,还是电视台办的客户端,在这里,只遵守新媒体的竞争法则:速度为王。

如今,人民日报记者已逐渐开始改变传统新闻生产中先见报再摘编的意识,而是将微博、客户端作为第一发稿平台。先是微博客户端,再是网络,最后才是报纸。先简后详,滚动播报,在动态报道中逼近事件全貌,逐渐内化为记者的意识。

二是终端之变。

今年3月8日凌晨,马来西亚航空公司一架载有239人由吉隆坡飞往北京的航班MH370飞机失联。事件发生后,总编室、新闻协调部、国际部、人民网、海外网、环球时报等部门和单位的编辑记者,迅速建立微信群。所有的新闻线索,第一时间汇集到群里。从报社副总编辑、各部门主任到相关版面主编、前方记者，全部在群内实时沟通、实时决策。前方记者采集的报道，被源源不断地发送到微博、微信、人民网，最后是报纸版面。这种扁平、快捷的沟通方式，极大地提升了新闻报道的速度，也增进了不同媒体形态间的协作，强化了全社一盘棋的概念。

随着媒体融合发展的推进，过去那种各自为战的现象，越来越多地被大集团、"多兵种"联合作战所代替，媒介之间的界限已经模糊，"一次采集、多格式生成、多终端发布"成为现实。

在今年两会的总理记者会上，人民日报记者刘志强一人代表报纸、网站和微博三个媒体平台提问，其"三栖记者"身份立即成为众多媒体关注的热点。今天的人民日报记者，不仅仅是《人民日报》这张报纸的记者，而且是《人民日报》、人民网、微博、微信、客户端的全栖记者。

也是在今年的两会期间，《人民日报》推出了《两会e客厅》栏目，这是今年专门开辟的一个全新的全媒体栏目。嘉宾的对话内容通过多种新媒体渠道进行全方位展示，传统的文字报道与录播现场照片相配合。这个栏目成为今年人民日报两会报道的一大亮点，也是在新闻内容和生产机制上推进媒体融合的一个创举。

去年9月和10月，人民日报法人微博作为在现场的唯一一家媒体微博，对习近平主席出访中亚和APEC峰会的两场演讲进行了现场直播，取得了良好的传播效果，开创了主流媒体微博直播高访活动的先河。

今年3月底4月初，《人民日报》与人民网、人民日报法人微博联手，首次利用二维码技术报道习近平主席欧洲之行，形成了"文字+图片+视频"的全媒体、立体化报道格局，丰富了报道的形式和内容，实现了人民日报高访报道传播形态的又一个重大突破。

如今的《人民日报》版面上，很多篇报道的后面都会有一个二维码。扫一扫，就能通过手机观看一篇报道相关的视频、图片或是延伸报道，这些举措，都是人民日报在推进媒体融合发展过程中所作的积极探索。

三是表达之变。

新媒体时代，对新闻写作的要求不仅没有减弱，反而更强。过去两年，人民日报法人微博的成功实践，有一条很重要的经验，就是在创新表达上下功夫。坚持用符合网络特点、符合时代特征、符合传播规律、符合受众需求的表达方式，传播信息，传递观点，这是媒体融合发展所提出的表达之变。

每天临近午夜，人民日报微博都会结合当天时事热点，发布一条【你好，明天】。凭借这个栏目清新的表达、独特的定位,一度成为微博平台上的文化现象。

读一读微博上的【你好,明天】,我们就能直观地感觉到,新媒体表达与传统媒体表达存在明显的差异。不少网友直呼,这"根本不像人民日报的风格";有人甚至评价,这样的变化"让人看到了中国媒体的希望"。

不同的传播介质,决定了不同的传播规律,进而要求不同的传播表达。在媒体融合发展的过程中,我们要不断增强读者思维、用户思维,不断改进文风、创新表达,争取最好的传播效果。

应该说,媒体融合是一个不断创新、不断推进的动态过程。在未来几年中,围绕媒体融合发展的整体目标,人民日报确立了三个主攻方向:

利用大数据和云计算技术,建立数据中心和信息超市,加强数据新闻生产,拓宽新闻来源,丰富新闻内容。

互联网技术发展的核心,是在"人""信息""物"之间建立更为广泛而便捷的联系。大数据时代的到来,为传统新闻业提供了前所未有的机遇,也打开了广阔的空间。未来的新闻业之争,不仅要保持和发扬传统媒体的专业采集、深度分析、观点呈现优势,更要充分占有海量信息和数据,通过深度挖掘,向受众呈现更为精准、更加多元的新闻。这些年,我们在建设人民网的过程中,积累了丰富的信息收集、数据挖掘和舆情分析经验,积累了大量的忠实用户。下一步,将在这些探索的基础上,建立多媒体数据中心,力争向国内外用户提供更具竞争力的新闻信息产品。

利用移动互联网技术,重点发展人民日报客户端,尤其要抓住4G时代来临的机遇,大力发展网络视频,实现新闻产品的移动化、多媒体化。

移动互联网之争,首先是入口之争。对《人民日报》这样一张具有60多年历史、具有国际影响力的大报而言,搭建自己的渠道与平台,既是实现自身发展的客观需要,也是主流媒体的责任担当。我们已经确定,将人民日报客户端的发展,作为报社媒体融合发展的切入点和首要任务。通过客户端建设,打通人民日报社核心采编资源,融通社属各报刊及社外各级党报党刊等优质内容资源。力争用2年左右时间,打造一个与人民日报地位和影响相称、具有一流内容和一流用户体验、拥有广泛传播力和影响力的移动门户和聚合平台。

利用社交媒体平台,在做大做强人民日报法人微博和微信公众账号的基础上,进一步借力国内外各大社交媒体,拓展社会化传播渠道。

媒介融合,不是关起门来搞融合,我们完全应该也必须充分借力第三方的微博、微信等社交媒体平台，建好法人账号，扩大用户规模，提升传播效果。反过来，任何社交媒体平台，都可以依靠传统媒体的专业内容生产能力，达到提升产品人气、增强用户黏性的目的。这是一个合则两利的双赢过程。过去两年，人民日报法人微博的经验就充分证明了这一点。下一步，我们还将进一步借力国内外各大社交媒体平台，实现借力发力，快速发展。在这方面，传统媒体与新兴媒体之间，有着广阔的合作空间。过不了多久，人民日报法人微博的国际传播项目也将正式启动，通过在推特、脸谱等海外社交媒体平台开通实名账号，讲好中国故事，传播中国声音。

（原载《新闻战线》2014年第9期）

主流媒体如何实现"内容为王"
——说什么 怎么说 谁来说 如何传

刘 畅

面对新媒体的巨大冲击,"内容为王"已成为许多传统媒体人支撑前行的信条。然而,"内容为王"不等于只要生产内容就可称王,判断其成立的逻辑在于,新闻是人类的基本需要[①],人们对优质、有价值信息的需求永远存在,因此,只要能真正满足接受者的信息需求,媒体就可以立足、为王。

表面上,传统媒体受困于新媒体所带来的技术冲击,渠道改变、受众流失,但根本而言,传统媒体的内容供给才是真正困境所在。供给侧改革,不仅事关经济发展,也事关媒体发展。

具体来看,当下社会,话语多元,价值多变,主流媒体,无论是新媒体还是传统媒体,其主要职责都是通过信息传播,通过生产优质的信息内容来引导舆论、凝聚共识,从而为经济发展、社会进步营造有利的思想生态和智力支持。要实现上述目的,在话语竞争中获得优势,主流媒体必须解决四个关键:说什么?怎么说?谁来说?如何传?

"说什么"就是传播什么内容,解决如何打动人心的问题。"怎么说"就是用什么方式传播,解决如何吸引眼球的问题。"谁来说"就是传播者的身份建构,解决如何确立公信力的问题。"如何传",就是传播渠道的运用,解决如何迅速广泛地传播到受众面前的问题。

对于主流媒体而言,"说什么"要顶天立地,"怎么说"要守正出奇,"谁来说"要权威公信,"如何传"要渠道创新。

"说什么"——要顶天立地

1. 占领舆论制高点,方能"顶天"

历经三十多年改革开放,当下中国,成就卓越,问题凸显;关涉改革发展的路径、目标与手段，不同的利益主体争持不下。与此同时，以移动互联为代表的新媒体迅猛发展，形成了人人都有麦克风的意见表达新格局。利益分化、碎片化表达、舆论场割裂，当改革攻坚与传播形态更迭不期而遇，共识与认同变得尤为艰难。

对于主流媒体而言，占领舆论制高点，是在多元话语格局中赢得主动的重要手段，亦是义不容辞的责任。

那么，何为舆论制高点？舆论一词，其定义莫衷一是，通常理解为公众关于现实社会以及社会中的各种现象、问题所表达的信念、态度、意见和情绪表现的总和[2]。概括而言，即公众的意见和态度。而意见和态度则表现为对与错、喜与恶。对错关涉伦理，喜恶源于情感。

以此而论，舆论制高点则表现为两类：一类在对错层面，能超越具体的价值分歧达成共同的价值追求；而另一类则关涉喜恶，能契合人类普遍共通的情感诉求，从而占据情感的制高点。

百余年来，现代性成为统摄中国与世界的最大主题。现代性以其实用主义倾向和工具理性，让整个社会陷入价值理性的坍缩、意义的凋零。而中国作为后发赶超的现代化国家，不仅遭遇着现代性的一般危机，同时，既有的古老价值和意识形态在坚船利炮与物质极大繁荣面前也遭到消解，陷入了双重的价值危机。当历史的烟尘笼罩当下中国，飞速发展和剧烈变革又在加剧人们利益诉求的分化。小到景区门票该不该涨价，医患矛盾何解，大到改革之路怎么走，如何弥合不同利益主体的价值分歧，重新形成凝聚人心的时代主题、道义力量和话语权，是主流媒体必须深思的问题。

基于现状，"中国梦"无疑是当下时代的最大共识，中华民族的伟大复兴、每一个中国人对幸福富裕的热切渴望，当我们击中这样的共同价值追求，就能站上舆论的制高点，展现应有的格局和话语影响力。

而在情感的制高点上，最基本的人性是最动人的力量。对此，美国主流电影的传播艺术值得借鉴。美国电影大多展现通俗的家庭伦理、弱者视角或人性悲欢，因为回归人类最基本的情感诉求，真实地面对人性，真诚地再现生活逻辑或者人性的逻辑，才能激发受众最大的情感共鸣，跨越国界、文化并广泛传播。

语境是话语的"容器"[3]，共同的爱恨体验让我们进入相通的语境，话语才能充分流动、传递。人类因为情感而凝聚，成为最有力的共同体，掌握时代的情感密码，媒体才能让自己站上共鸣之弦。

2. 体察受众痛点，才能立地

传播学理论中有关受众心理机制的研究认为，受众在接受信息时会有选择性注意、选择性理解和选择性接受。当一则信息不在自己的情感框架、利益诉求之内，他就会选择无视。传媒学者喻国明曾举过这样一个例子：黑灯瞎火，如果你喊"救命啊"，可能没人开灯；但如果你喊"着火了"，可能大家都会开灯看看。

这说明要让受众对信息形成反应，必须从其利益、情感需求出发，提供受众有需要、感兴趣的信息。

受众的切身利害、喜怒哀乐，都应当是媒体的报道话题；社会的热点难点、新陈代谢，同样应当是媒体的报道话题。

当然，首先受众是分层的。媒体应当根据分层的受众分别施策，组织有针对性的报道和评论。分层的受众有共同的兴趣，也有特定的关切。媒体既要着力抓住共同兴趣站上舆论制高点，又要根据特定关切深度挖掘。

其次，受众是易变的。受众的关注点、兴趣、利害都是易变的。媒体必须要敏锐发现社会的热点难点特别是痛点，同时，能主动设置议题。

未知是新闻的起点。媒体基于人们对未知的渴望、对知情的需求引导舆论。互联网思维的一个重要内容是用户至上。要以用户为中心，在服务用户中引导用户[①]。因此，首先要平视受众，看清对方的喜怒哀乐。其次，在了解的基础上换位，从受众的眼里看到困惑、不解与埋怨，迎着问题与期待，形成有效的沟通与对话，而非自说自话。

当然，受众的"痛点"，往往是社会问题所在。在说服理论中，当受众不会接触到负面信息时，单面劝服比两面劝服更有效，即只宣传事实好的一面，对负面避而不谈。而当受众能接触到负面信息时，两面劝服的效果会更稳定。可是，正视问题，不等于只满足于"揭黑"或者纯粹的"负面新闻"，而是直面问题，在传者与受者形成共同交流的基础上，通过信息的展示和表达的逻辑，传递意图，实现对受者态度、理念的有效引导。

"怎么说"——要守正出奇

"说什么"要"顶天立地"，但对于受众而言，传者想要传递、表达的信息与情感，如在远方，还需为受众搭建起通往远方的路径，吸引其自发前往，而不是人为拉拽。当受众觉得，这一切都是我自己的探索与挖掘，他才会真正地相信,并愿意二次传播,成为新一轮传播的结点和力量。因此,"怎么说"要守正出奇。

1. 凸显故事性方能守正

如果从效果的角度考察传播,其本质上是一场说服。不仅要让信息到达受众,更需要受众接受信息所呈现的认知,包括情感、观点和态度。在双向传播时代,明智的说服者理应与利益相关者成就共同的故事、"戏剧"和集体记忆。⑤

而从说服的手段来讲,大致可划分成两类:诉诸情感、诉诸理性。前者通过激发人的情绪反应,达成情感的共鸣以实现认同;而后者以逻辑的方式自证。

就新闻传播而言,每天海量的资讯、信息,人们接收新闻时,大多处于一种非自觉、碎片化浏览的状态,很难真正调动理性参与。因而诉诸感性是新闻传播的有效途径。但是,若仅仅诉诸感性就难免陷入低俗、刺激的"黄色新闻"。所谓守正,就是遵循传播的基本路径,以感性愉悦为传播的起点,利用受者熟悉的场景和经验,通达理性交流的归途。

诉诸感性最首要的一点就是真实、真诚,所传递的信息要在读者的生活经验、情感体验之内,要摆脱"主题先行"的思维模式。当然,任何一篇文章都不可能摆脱自己的主观意图,区别在于有的文章"导演"的痕迹太重,逻辑过于简单,生活成了任人摆布的剧本。要让自己成为生活的"目击者",用复杂的生活逻辑去描述生活,构建关系网。而后在不同的信息组合、叙事结构、表达逻辑中蕴含对主题的认知,让读者自行其中,并在合理的引导中到达理性归途。

通常,对于完全陌生的信息,受众会倾向排斥、不信任,只有具体、来自生活的细节叙述、形象构建才能让受众产生熟悉感,故事性信息能在受众头脑中形成画面,从而激发情感,实现有效传播。

不仅新闻报道,在近些年的政治传播中,观察习近平主席的演讲,他更是故事化传播的高手。习近平在演讲中大量使用个人的经历、管理实践的故事,从而拉近听众距离、寓大义于细微处。例如,习近平主席在访问哈萨克斯坦时发表演讲就提到在华哈萨克斯坦学生捐献"熊猫血"的故事,两国人民的友好互助、互亲互爱自然蕴含其中。

从古老社会开始,故事就是人们传承记忆、认知世界的基本方式,面对自然的纷繁复杂,故事简化了人们的人生体验,而一套可以被经书、口口相传的故事文本，蕴含了大量的意见信息和认知模式，往往是形塑一个族群集体记忆、实现认同的关键。

2. 制造稀缺性方能出奇

移动互联最明显的改变，即海量信息、无处不在。因此，信息的供求关系发生质变。信息极度富余让注意力成为最稀缺的资源。

在信息过载情况下，如何能迅速吸引眼球，除了要保持既有品质，搭建好基本的传播路径，更要能形成独到之处，以出奇之术营造新的稀缺性。

首先，供给大于需求，并非绝对的信息产能过剩，而是一种结构性富余。互联网实现了信息的快速扩散，一个事实，可以迅速传遍网络，大量媒体都在生产同质化信息，受众有了接受疲劳。而面对事实，受众仍有新的、未被开发的需求，这就需要媒体以真实需求为牵引，对事实进行二次发掘，寻找盲点、暗面，将这些未被关注的角度呈现出来。

其次，供给大于需求，通常只局限在事实层面，即对于事件、事物本身的信息足够丰盈，但如何解剖、如何认知的观点性信息依旧稀缺。人们对未知的世界充满渴望，这种渴望不仅仅是那里有什么，而是那个世界与自己有何关联。因而，在移动互联时代，稀缺的不是发生了什么，而是将事实置于怎样的坐标体系，用何种视角认知与看待。

正如那组普利策获奖照片。美国挑战者号航天飞机升空爆炸后，所有的镜头都聚焦于被火光照亮的天空，而一个摄影者则将镜头对准了看台席，记录了惊愕的观众。以此来看，事实不变，稀缺的永远是我们观察的角度和认知的方式。

"谁来说"——要权威公信

虽然，客观性一直为新闻媒体所标榜，但主观性却是不可能摆脱的宿命。根据李普曼的"拟态环境"理论，人们认知世界的直接经验有限，媒介"塑型"了我们生存的"虚拟环境"，"被感知的事实永远比事实本身更重要"[⑥]。新闻是探照灯，只能照亮世界部分的真相。而照向哪里就是媒体的主观判断。在这一过程中，媒体形成了自己的风格，也塑造了受众的角色期待。

当下中国社会，主流媒体要持有明确的政治立场和价值判断，传递政党价值观是首要任务。以媒体报道实现政治传播与沟通，争取公众的理解、信任、支持与合作，塑造公众的政治态度，培育忠诚，将政党主流价值演化为覆盖社会网络的意识形态，增强党和政府的合法性与权威。其次，面对多元利益主体，要整合各方力量，协调异质因素，达成观念一致，行为协调，从而促成社会和谐。最终，通过信息的传播，分配、生产利益，分享、创造价值，形成认知的协同，重构意义的世界。

这样的角色设定要求媒体必须足够权威，以专业、严谨的姿态对待信息发布，承担起传播主流价值、凝聚社会共识的重任。

然而，在新媒体传播格局下，自上而下、以少对多的权威信息传播体系被改变。去中心化、去权威化带来众声喧哗。个体意见、表达被放大，真相成为意义协商的结果，不同个体会从同一个事件中解读出符合自己认知基模的"真相"[7]。可以说，"真相"仍然非常重要，但是"信任"已经成为传播效果的关键。

曾经，我们因道德的"正确"站在舆论高地，而互联网技术消除着信息的不对称，抹平一切。没有绝对的真理，只有每个个体眼中的"信"与"不信"，信即真，不信即假。

"信"与"不信"，关键在受众对媒体公信力的判断，对其情感之喜恶。喜欢就信，反之就不信。曾经的"报喜不报忧"，形成了自说自话的言说困境。当人们关掉电视、放下报纸，如同光源消失，政府信任危机、社会道德滑坡，现实与报道宣扬的价值观出现失调，而这种信任的消耗让受众对主流、官方色彩信息呈现对抗式接受。

德国社会学家卢曼在《信任与权力》中提出，信任是简化复杂性的机制之一[8]。信任凭借可以得到的信息，概括出一种行为期待，以内心保证的安全感代替信息匮乏[9]。因而，所谓公信力，本质上是一种人格依赖，我熟悉你的品质，从而愿意接受你传递的信息观点，这无疑简化了选择和判断机制。

然而，信任从不是"即期"出现的，今天的信赖是建立在昨天对其"履约"体验的基础上[10]。影响力引导力是传播力与公信力之积，而不是和。传播力靠渠道，公信力靠内容。两者任何一个为零，结果都是零；两者任何一个为负数，结果都是负数。那么，作为主流媒体，如何从说什么、怎么说开始一步步重新赢得受众的信任，的确还有诸多问题等待思考。

"如何传"——要渠道创新

以移动互联技术为代表的新媒体，表面是传播介质改变，带来舆论转场。

因而，许多主流媒体纷纷将内容搬到网上，实现了"＋互联网"。但本质而言，媒介即信息，传播介质变化真正改变的是人们对信息的需求、接受形态。

在纸媒时代，人们更愿意接受深刻、理性的长文，以期激荡思想；而在视听媒体时代，人们喜欢感官的刺激，以画面、形象来感知信息；在多媒体、移动互联的传播格局下，受众的注意力是中断的，会随时离场，这就需要复杂信息的可视化，需要随时、随地的短文阅读。尤其在手机阅读的情况下，阅读的逻辑必须是线性的，能促使人向下滑动翻页，一旦节奏卡顿，传播就会中止。

因此，首先，传统媒体要改变的不仅仅是传播介质、传播渠道。而是根据新的阅读习惯、信息消费需求重塑自己的内容形态，用新的阅读节奏、传播逻辑适应变化。

其次，创新传播渠道，还需要传统媒体在工作流程、机制上加以配套。此前，一些主流媒体认为，传播仅限于内容生产结束后的渠道分发、方式选择。而当下的传播已嵌入生产全流程。需要媒体从采编的生产源头就工艺再造，围绕新媒体所需的内容形态，打通采编播的各个环节，通力协作，实现信息流的快速有效流动。

最后，媒体传播渠道的搭建是信息传递的最后一公里。移动互联深刻改变着社会结构，重构人与人之间的关系。在新的传播格局下，信息渠道的垄断已不复存在，信息不对称被消除，每一个受众都会成为传播的结点，形成二次传播的新起点。传播在以人际链条的形式向外辐射，并构成庞大的关系网络。而作为媒体，只有将自己有效地嵌入这张关系网络，并激活足够多的结点，与自己形成传播矩阵，才能在众声喧哗中发出更大的声音。

对传统媒体而言，渠道创新并非仅仅是开通微博、创办几个微信公众号，而是要深刻体认新的传播介质对内容形态的重塑，并理解其对社会形态带来的巨大改变。媒体要实现传播的渠道畅通，就要积极顺应社会形态转变，参与其中，使自己成为关系传播网络中的活跃结点。

注释：

①杨保军：《准确认识新闻的价值方法论视野中的几点新思考》，《国际新闻界》2014年第9期。

②陈力丹：《舆论学——舆论导向研究》，中国广播电视出版社1999年版，第90页。

③⑤胡百精：《说服与认同》，中国传媒大学出版社2014年版，第97页，第104页。

④谢国明:《把握媒体融合的坚守与变革》,《中国记者》2015年第1期。

⑥喻国明:《"关系革命"背景下的媒体角色与功能》,《新闻与写作》2012年第3期。

⑦刘海龙:《解析"公信力"神话》,《新闻与写作》2008年第10期。

⑧郑也夫:《信任论》,中信出版集团2015年版,第13页。

⑨ N.Luhmann 1979: Trust and Power. Chichester: John Wiley&Sons.p.93.

⑩喻国明:《大众媒介公信力理论初探(上)——兼论我国大众媒介公信力的现状与问题》,《新闻与写作》2005年第1期。

(原载《新闻战线》2015年12月上)

重新定义媒体：站在全面融合的时代
——人民日报"中央厨房"如何炒出新美味

叶蓁蓁

一、《人民日报》还是"报纸"吗？

2015年两会开始，人民日报社着力在一些重大时政活动中尝试新的生产流程——"人民日报全媒体平台"，通俗的说法叫作"中央厨房"。社长杨振武提出，两会是融合报道的实验场，人民日报全媒体平台要为融合发展投石问路，积累经验。总编辑李宝善则要求，两会"中央厨房"要实现策划、采访、编辑、播发的"自我革命"。

从两会至今，人民日报全媒体平台是如何运行的？请参见如下的流程图，图中设置了六个角色。

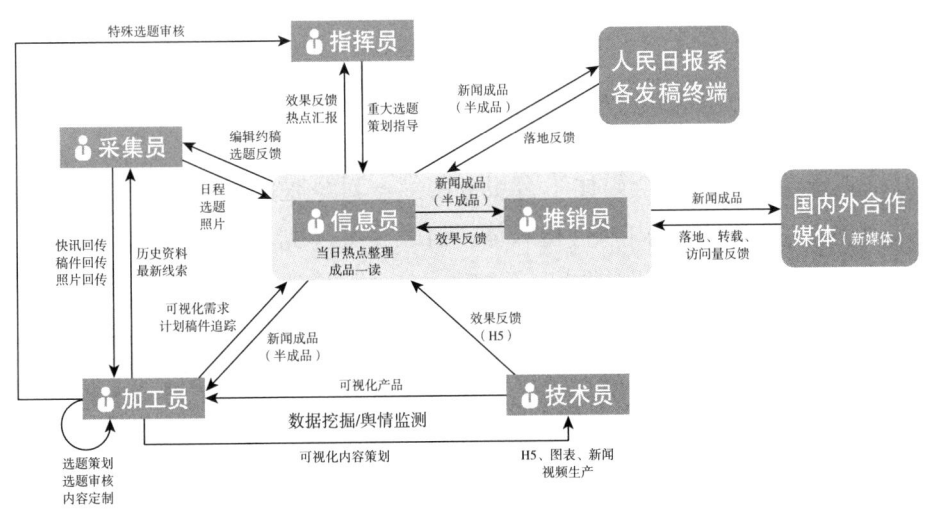

指挥员。就是媒体现在常说的值班老总。传统意义上人民日报值班老总主要管的是《人民日报》这张报纸，而在全媒体平台上，职能发生了变化，他要全面统筹人民日报社旗下所有媒体的相关报道，而不仅仅是一张报纸。

采集员。全媒体平台对采集员的要求是，除了写成品稿件，还必须提供多种多样的素材给后台，他就像是一个买菜的人，要采购到尽可能丰富的素菜、荤菜、配料。

加工员。服务前方记者，但与传统编辑不一样——他的职能不是改标题、改差错、调整段落，而是再加工、再生产、深加工、深度生产，不仅要编辑文字、图片，还要参与制作音视频、H5，甚至包括手机游戏类的产品。

技术员。具备了传统概念上美编、UI、UE 设计，H5 程序开发员，视频编辑职能的角色。在人民日报全媒体平台上，这个职能由数据新闻可视化实验室承担，把所有处在内容与技术融合地带的人员聚拢到统一的部门，而这个部门在未来将拥有一支上百人规模的团队。

推销员。人民日报社旗下有 500 多种媒体。推销员的工作，就是要把"中央厨房"的所有产品同步推给其中的每一个终端，并同步推送给国内所有合作的媒体。同时在后台有 17 个语种的翻译提供语言支持，面向全球数百家新老媒体推送中央厨房的产品。

信息员。任务是完整地收集记者的采访计划，后台各个端口的发稿需求，外媒、国内商业媒体的各种需求，及时整理归纳各种信息。这个角色发挥着信息中枢的作用，是非常核心的岗位，需要跟所有其他角色同步进行信息沟通，以有效协作、避免各自为战。

在推送流程上，全媒体平台服务的第一对象是人民日报系各发稿终端，同时也推送给国内外合作媒体，时差往往不到 1 分钟。当稿件被推给人民日报社各个新媒体发稿终端时，首发权取决于反应速度，也许是人民网，也许是客户端，也许是环球网或其他终端，谁手快谁就首发。当发稿的链接反馈给全媒体平台后，立即启动全国和全球推广，从而为首发终端带来流量。这种运行方式，能在内部形成竞争机制，对外又能形成整体推广。

当然，微博、微信、客户端、网站、报纸等不同媒体，形态不一，对产品的需求、定位不同，"中央厨房"的产品怎样满足尽可能多的媒体类型的需求呢？对于同一个新闻现场、新闻事件，全媒体平台提供三个波次的产品推送，分别求快、求全、求深。三个波次的产品首先推向新媒体，经过对稿件进行二次加工，一些产品也适用于报纸。

总而言之，人民日报全媒体平台的特点是"一、多、全"："一"，是指一体策划、一次采集；"多"，就是多种生成、多元传播；"全"，则是全天滚动、全球覆盖。

如今，人民日报的整体发展状况，显然已经超越一张报纸的范畴，形成"1个旗舰+4大平台"的融合发展架构。一个旗舰就是《人民日报》；4大平台，即人民网PC平台、电子屏户外平台、新闻客户端移动平台、人民日报媒体技术股份有限公司搭建的全媒体智能平台。

二、内容为王就是新闻为王吗？

"互联网+"是2015年两会之后非常热的词，如果把"+"旋转45度，就变成了另一个符号——"×"，也许更利于我们理解"互联网+"的含义。

"×"的第一层含义是否定，否定一些名词、概念原有的定义，手机不再是单纯的手持电话机，报纸不再是传统概念中的报纸。第二层含义是交叉，当人民日报中央厨房所做的工作有点像通讯社、电视台，甚至偶尔像一家做手机游戏的公司时，一种新的业态正在形成。第三层含义，倍增，生产效率倍增，价值链提升。

内容生产是媒体最基本的工作。前些年业内一直讨论内容为王还是渠道为王，仔细去检视，对于内容的定义很重要。如果只是把过去报纸上的新闻搬运到新媒体上，就说是内容为王，那么，说渠道为王的人是不能同意的。但如果定义给内容以新的内涵、外延，把内容本身作为一个重要的入口，甚至是关键入口，那么在未来，这个入口的价值会越来越凸显。内容为王还是渠道为王的争论也将不复存在。

内容为王这个命题成立的前提是质量，是能否满足用户需求。研究发现，用户对内容的需求有强弱之分，用户获取内容之后的反馈同样有强弱之分。我们把用户对于内容的需求由弱到强做了一个纵轴，把用户获取内容的反馈做了一个横轴，就形成了如下的图示。

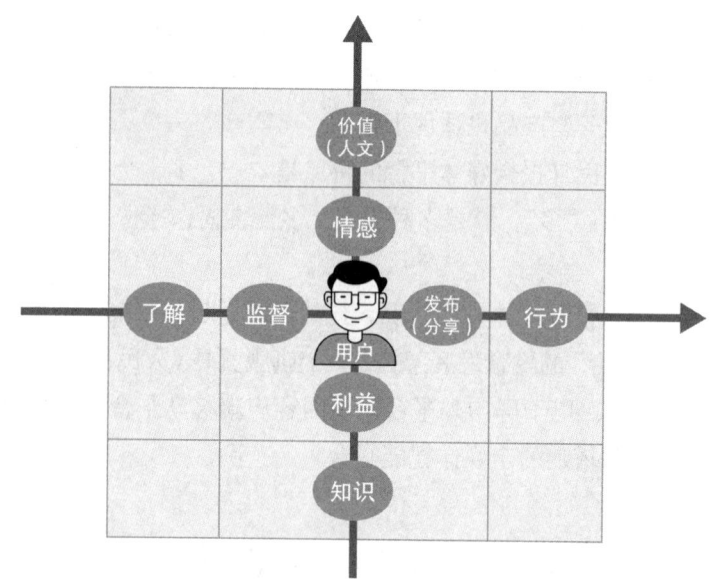

纵轴自下而上分别是：知识、利益、情感、价值。很多用户对内容的需求仅仅是出于获取知识的目的，实际上是满足人的好奇心，属于弱需求；利益需求，与每个人利益相关的内容，人们了解它的需求，会比一般的好奇心更强；情感需求是一种强需求，典型的例子是观看体育比赛，比赛输赢与知识、利益都没有关系，但是人们按时观看，并希望自己支持的一方胜出，一旦输了就会感到沮丧，这其实是情感投射；四者当中，最强烈的需求是价值观，人文关怀的需求。横轴自左向右分别是：了解、监督、发布、行为。越往右走，用户越主动，参与度越高。

纵轴和横轴交叉，产生了 16 个交叉点。如果给每个交叉点一个清晰的定位，都能做出某一种类型的内容产品，它们的产品特性是不一样的，诉求点也不一样。

三、办新媒体就是"融合"吗？

融合发展的概念，实际只用一年的时间就从理念变成了政策。2013 年 8 月 19 日，由习近平总书记最早提出，到 2014 年 8 月 18 日，习总书记亲自主持深改小组会通过推进融合的指导意见。这说明中央推动媒体融合发展的急迫性。

总书记对于媒体融合的诠释，可以归纳为"一二三四五"。

强化一个思维：互联网思维。

遵循两个规律：新闻传播规律和新兴媒体发展规律。

处理好两组关系：新老媒体关系——不是你死我活，而是优势互补、一体发展；内容与技术的关系——先进技术为支撑，内容建设为根本。

用了三个定语形容新型主流媒体：形态多样、手段先进、具有竞争力。

用了四个"力"定义新型媒体集团：强大实力、传播力、公信力、影响力。

在五个方面推进深度融合：内容、渠道、平台、经营、管理。

对照国内传统媒体与习总书记所要求的新型媒体或新型主流媒体之间的差距，我们发现有四个"痛点"：

第一，不够快。对热点的反应不够快，对用户需求的反应不够快。

第二，不够准。缺乏精准的用户推送、效果追踪反馈。

第三，不够通。媒体内部信息不通畅，资源难以整合，各自为战、画地为牢、版面割据、部门割据的现象非常普遍。

第四，不够赚。就是不赚钱，盈利能力很有限，这是国内传统媒体的普遍现状。

目前，人民日报在战役性的报道中，融合还是比较有力度，但是常态化的不融合和战役性的融合目前仍是并存的。传统媒体集团办新媒体，实际上是做了很多增量，这将为融合发展提供更好的基础条件，也会倒逼融合的紧迫性。但是办新媒体就是"融合"吗？习总书记所要求的融合发展实际上是深度的改存量。改存量本身难度更大。

人民日报推动全面融合的一个基础性工程，是打造人民日报全媒体平台。这个平台是由"1+3+1"这几个部分构成的。

第一个"1"是全媒体大厅。这是一个物理的空间。我们要建设一个人民日报的指挥和调控中心，集中进行信息交换、资源整合、生产协作、统一分发等工作。在规划中，全媒体大厅不仅仅是面向人民日报自身的媒体体系，也在考虑预留一些席位给国内的媒体同行。一方面同步分享我们各自生产的内容；另一方面，不同媒体之间也可以通过人民日报全媒体平台，交换各自的信息资源，如同一个交易所。

"3"是支撑全媒体大厅业务的3大软件系统：中央厨房，是生产流程创新平台；媒体超市，是同业资源整合平台，面向全国的媒体同行，让大家在这个平台上进行信息交换、资源交易和生产协作；融合云，进行媒体与其他产业的资源之间的交换和有效整合。

最后一个"1"是一个数据中心,通过云平台、云计算的架构,做成一个面向媒体行业的媒体云,提供数据的采集、组成、挖掘、利用等服务。

融合发展需要四轮驱动。一是流程再造,建立类似"中央厨房"的新的运行机制。二是结构调整,内部的组织结构要做出适应全媒体发展的调整。三是重构用户关系,要把现在我们和用户之间的弱关系,提升为强关系。有两个可操作的途径:1. 消费,用户愿意在我的平台上发生消费行为,付钱给我,或者通过我支付给第三方,我和用户的关系就发生了实质性的变化;2. 实名,用户是否愿意在我的网站上实名注册,把他的通讯录、社交网络带进来,这是一个非常重要的指标。新媒体运营很关键的一条就是:千方百计让用户和媒体形成"扯不断理还乱"的强关系,一个强关系用户的价值可能远远超过十个弱关系用户。四是资本驱动。

四、未来媒体只是媒体吗?

有一个词叫"跨界"。比如,微信颠覆了三大运营商的短信业务,我们认为这是"跨界"。其实这个表述存在问题,"跨界"的前提是承认存在着合理的边界,承认原有的行业划分是一个固定不变的状态。实际上,任何时代的行业划分都是某个特定时期的版本,这个版本随着人类文明的进步,在不断演变。

所以,"互联网 ×",第一个"×"否定掉的就是行业边界,旧的边界在消融,而新的边界还没有清晰形成,这个过渡阶段,暂时成为无界的时代。"互联网 ×"同样在重新定义政府的权力边界,原有的管理行业和产业的方式将面临一次重大的重组和调整。媒体行业的切身体会是"一切皆媒体",很多传统的内容、职责被颠覆了。

媒体行业,现在似乎是哀鸿遍野。但是人类对信息、对优质内容的需求是刚需。能够集团化、专业化生产优质内容的机构和人,完全没有必要感到焦虑。

怎样去生产这样的内容?通过媒体融合,打造全新的生产体系,打通内部的内容生产,打通内部的运营管理,更关键的是打通与用户的连接,融合的本质是和用户融为一体。融合不仅是媒体内部的整合,更是媒体与其他产业的融合。与用户融合、与产业融合,这两个融合实现以后,媒体本身也许弱化了,但是它的影响力、渗透力,将会达到社会的每一个角落、每一个产业。这个时候，媒体生产的内容，会像盐一样融入各行各业，媒体的盈利模式也一定能够完整地重新构建起来。

最后我想说，媒体融合有"四戒"：信心戒动摇，主业戒放弃，内容戒平庸，边界戒固守。媒体融合之路，前途光明，同时布满荆棘、挑战重重，唯有大信念、大果敢、大智慧、大格局，方能成其事、立其业。

（原载《传媒评论》2016年第1期）

美国媒体如何"讲故事"

——从近十年普利策特稿奖获奖作品谈起

张天培

在中国不断融入世界话语体系的今天，我们不仅对内要讲好故事，还要在国际舆论场上讲好中国故事，树立中国形象，传递中国声音。这就需要我们摒弃刻板生硬的叙述腔调，学会用海内外读者乐于接受的方式、易于理解的语言，讲述好中国故事。好的故事可以突破文化差异、跨越语言障碍，不分年龄、不分国别，走进不同人的内心，赢得"最大公约数"。在这方面，美国媒体有一些值得我们学习和借鉴的地方。本文以2005年至2015年的10篇普利策新闻奖特稿奖获奖作品为研究对象，从报道题材、叙事技巧、传播形式以及媒介融合方式等方面对美国特稿写作进行观察研究和分析，试图找寻出可以借鉴的讲故事的技巧和规律。

什么样的报道题材和要素适合讲故事？

从普利策新闻奖评选标准可以看出，美国社会和新闻业对"具有高质量文学性和原创性"的特稿作品颇为赞赏。特稿具有明显的文学性和叙事性，是一种非常适合展现时代特点和人物命运的讲故事文体。它将文学表现手法引入新闻写作，呈现主题多样、内容生动、细节丰富的新闻故事。

通过对获奖作品的分析研究，可知普利策特稿获奖作品多以问题报道为主。报道题材涉及4个主要方面：灾难报道、战争犯罪报道、种族关系报道和社会问题报道。

普利策新闻奖委员会执行官西格·基塞勒曾说过，战争、灾难、挖掘社会问题、揭露贪污、揭露政府问题一直是评委们喜欢的题材。[①]美国媒体常倾向于选择那些具有特异要素的报道题材，抓住具有冲突和一反常理的事件，在"坏消息"中发现好新闻。最根本的是，美国媒体善于用美国的价值标准为文章铺设"底色",通过报道来反映社会生活,唤起人们对主题事件的注意和反思,宣扬本国的核心社会价值理念,通过新闻报道来与整个国家和社会对话。

研究发现,无论涉及何种题材,普利策特稿奖获奖作品的新闻叙事中心总是紧紧锁定普通人,始终把人作为新闻报道的核心要素。哥伦比亚大学新闻学院教授梅尔文·门彻认为,在特稿中作者让个人的动作和意见来传递故事。[②]

美国媒体的新闻报道对于人物的选取主要关注其本身所蕴含的新闻传播价值及其体现的人文关怀和人情味。在他们看来,新闻报道要出精品,就要学会眼睛向下,将焦点对准普通人的生活和命运,体现出对这些人的关怀和同情,这才是读者愿意看到的姿态和期望得到的感受。我国新闻人在这方面也感同身受,一位著名的报人曾经说:"原本普通的人,做出了不普通的事情,或者在不普通的命运中展示一种普世价值,这才是能够打动我的地方,也是新闻的基础之一。"[③]

接近性和人文关怀一样,也是从新闻专业视角看新闻报道倾向关注普通人的重要原因和价值判断。读者往往通过关注报道中别人的命运来审视自己的命运,只有在他人的事迹中找到了共鸣,才能够使自己的情感得到释放。一篇好的新闻作品不是高高在上的,它要汲取具有社会最大公约数群体的注意力,获得大多数人的认识反馈,达成共识,对广大受众起到现实影响和情感唤醒作用。普通人占据着社会的大多数,只有将聚焦点放在普通人身上,才能凝聚最大公约数,才能引起最大的社会共鸣;只有把普通人的故事讲好了,才能使特稿作品吸引读者的注意,收到最好的效果。

普利策特稿获奖作品展现了形形色色的普通人,例如,"最后的敬礼"中那些处理遇难者战友后事的普通海军军官以及遇难战友的家属;"窗边的女孩"系列文章中一个被忽略在满是蟑螂出没屋子里的小女孩;《致命的注意力分散》中那些来自各行各业由于失误致使自己孩子不幸死亡的父母;《加州暴旱记》中那些在旱灾中饱受煎熬的美洲移民。这些人,不是高官政要,也不是权威人士,但这些普通人的生活和"特殊"经历在记者眼里却一点也不普通。

普利策特稿获奖作品将目光聚焦在特殊事件中的普通人,通过多种视角和多情节的叙述,表现出这些普通人在特殊背景下的那种痛苦、矛盾、悲惨的生存状态和生存环境,折射出社会中存在的无奈和各种现实问题。

怎样组织材料来讲故事？

普利策特稿获奖作品的叙事过程，多涉及大量的人物、对话和场景等情节描述。在叙事结构的组织安排上，作者大量使用蒙太奇的手段来对已有材料进行统筹安排，重现纷繁复杂的现实情景。所谓"蒙太奇"手段，原是应用于电影制作的一种剪辑方法。它强调将分散的、看似不连贯的情景按照特定的内在联系组织在一起，表现出完整严密的故事情节。蒙太奇手段在新闻报道中比较常见，非常适合善于讲故事的特稿写作。它围绕新闻事件展开的过程，根据要交代的内容，以一定的逻辑方式对不同"镜头"进行剪切组合，形成一篇完整的新闻报道。在对蒙太奇手法的运用上，普利策特稿获奖作品尤以平行蒙太奇的叙事方式最有代表性。所谓平行蒙太奇，即在叙述过程中将同时同地、同时异地，抑或不同时空中发生的场景、线索平行排列，最终围绕同一主题汇集到一起。

比如，在"飓风席卷尤蒂卡"系列报道中，记者着重记录了尤蒂卡小镇中两个酒吧在飓风来临前和来临时的相关背景和场景细节。在重现飓风过境时的场面中，小镇四个人物在同一时间、不同地点看到了飓风来临前的反常景象，产生各自不同的心理活动和反应，建构了一种平行的时空场景。

"飓风席卷尤蒂卡"系列报道中的平行蒙太奇"剪切"方式，让作者可以用非常短的篇幅，尽可能多地展现出目击者所看到飓风来临时的场景，最后又回归到飓风来临的同一主题上。故事内容丰满又简洁明快，具有层次感与镜头感，设置出飓风来临的悬念，给读者的心理造成一种压迫式的紧张感，引起读者对飓风来临之后事态的发展产生强烈的担忧和关注。

平行蒙太奇这种叙事方法，将几组短镜头组合起来，省掉了不必要的赘述，让故事情节的节奏短促紧张，更加具有层次感，跌宕起伏，比单一长镜头更能表现出丰富的意义。这种叙事方式非常适合应用在新闻报道之中。新闻报道对时效和字数上有特殊要求，需要写作简洁准确，记录新近发生的事实。平行蒙太奇的叙事方法对报道非常有效。首先，节省篇幅，可以控制字数；其次，保证时效性，在最快的时间完成报道；再次，叙事形式多样，使内容富有吸引力。平行蒙太奇可以确保新闻事实和背景材料中的多条叙事线索同时展开，在有限的篇幅内交代出尽可能多的新闻信息，报道内容生动，结构方式灵活，逻辑关系清晰，非常有利于读者的阅读和理解。

普利策特稿获奖作品除了单独使用平行蒙太奇这种叙事方法外，在组织材料讲故事时，还善于将其与交叉蒙太奇和连续蒙太奇等叙事方法结合使用。

《玛丽太太号的沉没》中，记者便同时使用了平行蒙太奇与连续蒙太奇这两种叙事方法。记者并列地讲述了3位遇难者家属伊迪丝·琼、傅齐和卡琳娜得知亲人遇难消息前、中、后三个时间段的不同状态和反应。叙述过程中，每一位遇难者家属的"故事"情节都是沿着"沉船消息获知"这一单一线索进行，按照他们得到消息前后的时间逻辑顺序，有节奏并连续地呈现了3个人在未得知亲人遇难前的轻松状态、对沉船消息的难以置信以及确定消息后的痛苦心情。

这种将平行蒙太奇和连续蒙太奇结合使用的叙事技巧，既节约了报道玛丽太太号沉船事故中所有遇难者家属情况的篇幅，又将伊迪丝·琼、傅齐、卡琳娜三者的状态变化刻画得流畅完整。用3个典型人物的经历代替对整体的叙述，用有限的字数交代了尽可能多遇难者家属的心情和状态上的变化。连续蒙太奇叙事方法使得三条线索的叙述具体详尽又顺畅，逻辑清晰，故事情节的展现和推动也更加易于读者理解和接受。

可以说，平行蒙太奇的叙事方式是多样而复杂的，并且可以和其他蒙太奇形式交叉使用。在特稿写作中，除了蒙太奇手法，还有一些其他组织材料的方法，比如，按照事件发展的时间顺序、事件重要程度等单一要素对新闻素材进行组织架构。

用何种叙述身份讲故事？

一篇优秀的特稿作品，需要通过记者的眼睛和语言来"还原"核心故事情节和思想感情，从而影响读者的阅读；一个记者在报道中的"介入身位"也关联着读者的感受。通过对多年普利策特稿奖获奖作品的研究和分析发现，在这些作品中，作者经常根据不同的叙述需要和稿件特点，游走在缺席、隐蔽以及公开的状态之间，灵活运用不同的叙述身份，求得传播效果的最大化。有时甚至在同一篇文章中，作者既是缺席的叙述者，又是隐蔽的叙述者，抑或是公开的叙述者，三种身份交互转换，为读者带来立体的阅读感受。

第一，作者充当着公开的叙述者身份。

他们在新闻特稿中主动发声、直接流露情感或者好恶，往往表达出当事人或者被采访对象没有表达出的信息或者意见，具有非常强烈的交流感和说服引导作用。这种公开叙述的主要方式包括描述、概括以及评论①，其中最典型、最能表达作者和文章意图的是评论。纵观近些年的普利策特稿奖获奖作品，当记者以公开的叙述者身份介入时，多数文章提出了针对社会现象的批判或质疑之声，对现实起到唤醒的作用。

2009年普利策特稿获奖作品"窗边的女孩"系列报道，讲述了一个小女孩被母亲忽略在大量蟑螂出没的屋子里，后来由一个新的家庭收养的故事。主人公丹妮尔由于从小缺少和外界的接触，不能正常说话，也无法表达自己的任何情感。面对小女孩如此悲惨的遭遇，记者在文章中直接提出了质疑，不解和气愤的情绪跃然纸上。

第二，记者可以是缺席的叙述者。

在多数普利策特稿获奖作品中，关于对话场景和人物动作的白描非常客观，记者处于幕后状态，属于一种速记式的采写方式。作者能够准确地把握住采访对象的个性和外貌特征，不做过多的渲染或铺陈，用最简单的粗线条勾勒出客观景象，让受众几乎感受不到叙述中介的存在。这种记者以缺席的姿态进行叙述的新闻作品可以给受众带来身临其境、置身其中的现场感，同时又比较中立客观，不受"中介"干扰。

2006年的获奖作品《最后的敬礼》中，有大段对海军少校和遇难者家属动作的白描和直接引语的使用。

2011年的获奖作品《玛丽太太号的沉没》中，作者用一种速记的方式描写了"玛丽太太号"上唯一的幸存者何塞·阿里亚斯在船上的起居、工作等日常活动。

第三，作品中存在着另外一种叙事身份——隐蔽的叙述者。

这种身份比较少见，只在一些比较特殊的情况下出现，穿插在文章之中。作者往往处在介于缺席的叙述者和公开的叙述者的身份之间，以一种间接的方式记录人物心理活动，表达声音。这种自由间接引语省略掉引述语，将作者的感情和人物的心理活动融合在一起，文本中蕴含丰富情感。然而，由于在叙述过程中带着作者的主观成分，而且有时太过隐蔽，容易使受众分不出客观事实与作者的主观感受，所以在新闻写作过程中，作者对这种身份的运用非常谨慎。

特稿作品中，从缺席叙述者、隐蔽叙述者到公开叙述者，随着叙述者介入的程度加深，叙述声音也变得越来越强。在《加州暴旱记》这篇报道中，除了隐蔽的叙事身份外，作者还同时运用了公开的叙事身份和缺席的叙事身份。

特稿中记者的隐蔽叙述者身份，尤其是公开叙述者身份，便于作者直接表述观点、情感，用自己的态度和情绪引导受众的聚焦点，讲出采访对象没有讲出的话，使文章更加尖锐，更具现实意义。虽然这种新闻报道的形式有妨害新闻客观原则的嫌疑，但却是特稿报道一种不可或缺的"介入"形式。尤其是公开的叙述者，它直接丰富了作品中的叙事情感，有利于提高作品的深度和对现实的影响。

用什么叙事视角讲故事？

普利策特稿获奖作品非常善于根据需要使用不同的叙事视角，更好地展现故事情节。不同的叙事视角，各具独特的叙事功能，为讲好故事助力添彩。

根据法国结构主义文学批评家热拉尔·热奈特的分类法，可以将叙事视角分为零度焦点叙事、内焦点叙事和外焦点叙事三个类别。

零度焦点叙事是指，叙述者没有固定的观察支点，可以洞察世事，无论是过去还是现在，无论是对话还是内心活动，必要时，叙述者还可以直接发表评论。它在新闻报道中有着其他叙事角度无法替代的作用，可以跨越时空，对事件或人物进行全景式的描述。2010年普利策特稿奖的获奖作品《致命的注意力分散》是一篇非常典型的零度焦点叙事视角特稿。

内焦点叙事是指，记者可以作为叙述事件的直接参与者，带着采访身份介入叙述文本。在一些作品中，作者可以是作品中的人物，参与到被报道的事件之中。作者既是事件的参与者，又是事件的目击者。

外焦点叙事是指，记者对事物进行客观描述，不追述事件的历史背景，也不涉及人物的心理活动。在语言上，使用无明显感情色彩的中性语言。这样的方式，能够呈现出一种相对客观的新闻叙事风格。⑤2005年获奖的"飓风席卷尤蒂卡"系列报道是外焦点叙述的代表作。

特稿写作中，每一个叙事视角都有它的独特性。在整体写作中并没有固定的视角模式，很多作品在行文中不断切换视角，集各种视角特点之长，为讲好故事服务。报道经常在选定主视角后，选取其他叙事视角配合交代事件。以2008年普利策特稿获奖作品《早餐前的珍珠》为例，整篇报道围绕的是华盛顿邮报记者吉尼·温加滕做的一个实验，是典型的内焦点叙事方式。整篇文章中除了对实验过程和结果的描述，还加入了对小提琴演奏家的成长历程和地位背景概述，这种涵盖时空的记录方式属于典型的零度焦点叙事视角。但由于整篇文章基于实验而成，文章中具有大量的关于实验的具体操作方法、对路人进行采访的内容呈现，可以看出文章主要的叙事视角仍是内焦点叙事。

如何运用细节讲故事？

如果说特稿与其他消息写作有重要区别，那么其中一点就是特稿报道里有大量其他消息里所没有的细节描写。普利策特稿奖评选标准中突出了对特稿作品文学性的重视。无论是对现实场面、历史背景，还是对人物的外貌、行为以及内心活动，普利策特稿奖获奖作品都进行了细腻的描写。这说明美国主要媒体在策划和把关特稿时，除了需要突出人物和事件的真实性以及现实意义外，还要强调记者在细节描写上的功底。特稿记者更加注重对报道对象具体特征的把握和描写，通过对人物或事件的鲜活再现，为读者营造出想象空间，赋予作品可视化的艺术效果。

合理适当地增加新闻的细节化描写可以促进报道情景的再现。关于如何重现新闻细节，曾获得过两次普利策新闻奖的美联社特派记者莫林说过："一篇理想的新闻报道应该把读者带到现场，使他能看到、感受到，甚至闻到当时所发生的一切。要做到这一点，你就得收集有关细节，如面部表情、音调、姿势等。"⑥报道中的一寸土地、一处房屋、一个人物，甚至人物的表情，都是一篇好的新闻作品的组成单元。对于这些细节性的描写，决定了情景表达是否生动、人物描写是否丰满、文章是否具有人情味和吸引力。

此外，报道中的细节描写还衬托出新闻叙事的独特性和写实性。这使报道避免老生常谈、千人一面；读者可以身临其境，更深地理解报道所呈现或隐含的内容。报道中，细节建构的留白处充斥着大量的联想空间，可以激发读者丰富的想象，让读者"深度卷入"报道之中。

具体来说，报道中内容细节的描写功用既体现在人物性格的凸显上、对叙事情节的推动过程中，又表现在对现场气氛的烘托和渲染上。

比如普利策获奖作品《窗前的小女孩》一文，作者对警方发现小女孩时的恶劣环境进行了细节描写，再现了小女孩糟糕的生存状态，渲染了压抑的气氛以及记者无奈、愤懑的情绪——

撕碎的窗帘，暗黄充满烟渍，挂在弯折的金属杆上，摇摇欲坠。硬纸板和被子被塞在满是污垢的破窗子里，脏兮兮的破旧沙发和黏糊糊的柜子上铺满了垃圾。

地板、墙上，甚至天棚，看起来都被爬动的蟑螂统治了。

…………

首先他看到的是女孩的眼睛，漆黑深邃，不能聚焦，不能眨动。她并没有看着他，但眼神又好像穿过他。

她躺在一个被撕坏、发霉的床垫上，床垫被直接放在地上。她侧卷着身子，长长的双腿蜷缩在消瘦的胸前，肋骨和锁骨向外突出，一只瘦骨嶙峋的胳膊搭挂在她的脸上。她黑黑的头发纠缠在一起，爬满了虱子。浑身都是虫子的咬痕，以及因皮疹和溃疡而留下的痘印。她虽然看起来已经到了上学的年龄，但是除了一个臃肿的尿布，身上一丝不挂。

什么样的表现方式和传播形式有利于讲好故事？

纵观2005年至2015年的普利策新闻奖，可以发现特稿奖获奖作品在表现方式和传播形式方面都经历了改变。

表现方式方面——最初，普利策特稿奖作品主要强调高度的文学性和原创性；从2006年开始，普利策特稿奖要求特稿获奖作品进行高质量写作，强调作品的原创性和简洁性。评奖要求的变化说明，普利策特稿获奖作品的内容更强调简洁性，不再一味强调新闻报道的文学性。这种简洁性的要求，提倡记者把故事讲得更加简短凝练、突出主题。如何在较短的篇幅中讲出好故事、围绕新闻真实表达情感，考验着作者的写作功底。

传播形式方面——最开始，特稿奖对特稿的传播形式没有注明任何特殊要求。到了2006年，普利策特稿奖明确提出，获奖作品需要通过纸质出版或纸质和网络同时出版；2009年，评委会强调获奖作品是纸质出版、网络出版或者两者同时出版；到了2011年，又强调特稿组获奖作品可以使用任何可能的新闻报道工具，包括文本报道、视频、数据、多媒体、交互演示，或者是这些形式的任意组合，出版形式可以是纸质、网络或者是纸质与网络的结合；2012年，再次强调作品可以使用任何新闻报道工具。这种在评选条件上的微妙变化，反映出当下媒体网络化以及网络媒体的快速发展态势，新闻传播的形式越来越多样化。去掉媒体传播形式的固化外壳，新闻报道内容与媒介和渠道的黏合度成为记者发表稿件时需要考虑的重要因素。

无论是新闻内容的表现方式还是传播形式的变化，都可以看出美国主流媒体的特稿作品更加灵活化，利用内容和渠道的融合讲好故事成为一种必然趋势和要求。配合讲故事的需要，美国新闻媒体对文本以外任何可以有助于铺陈故事情节、推动叙述发展的媒体呈现形式、传播渠道路径加以利用，打造一篇篇吸引读者的精彩故事。

2013年普利策特稿奖的获奖作品《雪从天降》，是关注雪崩中丧生的滑雪者、对雪难进行科学解释的一篇令人思绪驰骋的叙事报道。报道运用了文字、图片、幻灯片、视频、网页特效等多媒体技术手段，将报道内容进行最大程度的现场还原，再现雪崩前后的场景情节。敏捷熟练的多媒介元素运用使报道更具神采，避免了叙述的刻意化，"叙事流"浑然天成。

无论是网友还是业界同行，都对这篇报道给予非常高的评价。有网友留言："《纽约时报》从互联网的角逐中获胜了！"亚特兰大有线的瑞贝卡·格林菲尔德在《〈雪从天降〉对新闻业的未来意味着什么》一文中写道："《纽约时报》对体验式报道的首次大胆尝试在网上获得了空前好评。不难看出，《纽约时报》策划的这组特稿最吸引眼球的地方就是它对网络、多媒体、新闻报道三者的完美有机结合。读者在接触这篇报道时，已经不再是在看新闻，而是以更加直接的方式触碰新闻，以身临其境的状态感知事实。"[7]

这篇《雪从天降》在新闻报道呈现方式上具有明显的媒介融合特点，整个发行方式和渠道也是一种媒介融合的创新和尝试。作品首先在《纽约时报》的官网上推出，纸质版延时刊出。这种先网站后报纸的方法，力求保证文章网络版的多媒体特效能取得首发效应。经过网络、纸质两种发行渠道之后，《纽约时报》又将《雪从天降》制作成电子书的形式，在网上出售，定价2.99美金，获得了大量好评，可谓报纸在媒体渠道融合形态下讲好新闻故事的一次大胆尝试。

小　结

新闻报道不能虚构事实，却不影响它像讲故事一样展现新闻事实。在不违背新闻真实性的前提下，一篇好的新闻报道，既可以娓娓道来、"小桥流水"，也可以跌宕起伏、扣人心弦。

"讲故事的一个显著特点，是它给记者一个很大的空间，可以强调新闻事件戏剧性和叙述性的一面。"[8]普利策特稿奖作品在讲好故事的叙述性上有值得我们借鉴的地方。

在报道题材方面，普利策特稿奖作品以问题报道为主，将关注点落在普通人身上，强调报道的社会意义和现实性。报道中，记者运用不同的叙事身份和叙事视角，利用对比、强调和渲染的方法突出事件中的冲突元素。视角多变，手段多样，叙事方法丰富灵活，使得报道更加具有故事性。

大量的细节描写和对文本的文学性重视，也是普利策特稿获奖作品与其他消息写作的一个重要区别。一篇好的特稿新闻作品要想出新出彩，无论是人物的刻画，还是故事情节的展开，都需要围绕新闻事实来进行细节描写。而好的细节描写既能反映事物的本质，又能为新闻作品增添文学色彩，使其生辉耐读。可以说，要想写好故事，就要知道如何巧妙地把大量的细节组合到一起。

关于媒介融合，无论涉及的是报道手段融合，还是渠道融合，好的作品都不是生硬地将纸质出版内容搬到网络中去。每一次成功的媒介融合，都是不断赋予新闻内容第 N 次生命的过程。想要讲好故事，不但要考虑新闻叙事文本的开放性和延续性，还要使多媒体方式以及渠道的使用围绕新闻故事，切中传播效果的"要害"。

本文研究分析了普利策特稿奖获奖作品的叙事方法和传播手段，就是希望我们的媒体可以借鉴美国媒体讲故事的方法，站在国际视野上，用更多人们能够看懂的方式和更容易接受的逻辑，展现中国情怀和中国理念，扩大世界对中国的认同感。我们的记者应该学会利用这些好的叙事方式、新的传播手段，凭借海内外读者都感兴趣的内容、易于理解的方式，找准站位、对准频道、发准声调，主动设置议题，讲好中国故事。

注：

① （美）道格拉斯.贝茨：《美国普利策奖内幕》第 110~111 页, 新华出版社 1993 年版。
② （美）梅尔文·门彻著，展江主译：《新闻报道与写作》，第 182 页，世界图书出版公司 2014 年版。
③ 成放：《冰点，抒写普通人的价值和尊严》，《新闻实践》2012 年第 2 期。
④ 罗钢：《叙事学导论》，第 225~232 页，云南人民出版社 1994 年版。
⑤ 项裕兴：《新闻写作中的叙事角度选择》，《青年记者》2013 年 9 月（中）。
⑥ （美）查尔斯·A·格拉米奇：《美国名记者谈采访工作经验》，新华出版社 1981 年版，第 12 页。

⑦陈力丹、向笑楚、穆雨薇：《普利策获奖作品〈雪崩〉为什么能引起新闻界震动》，《新闻爱好者》2014年第6期。

⑧（美）W·兰斯·班尼特著，杨晓红、王家全译：《新闻：政治的幻象》，当代中国出版社2005年版，第259页。

(原载《新闻战线》2016年第1期和第2期，本书有删节)

把握好政治家办报的时代要求

——深入学习贯彻习近平同志在党的新闻舆论工作座谈会上的重要讲话精神

杨振武

2月19日,习近平同志到人民日报社、新华社、中央电视台考察,主持召开党的新闻舆论工作座谈会并发表重要讲话。讲话从战略和全局的高度、历史和现实的角度,深刻阐述党的新闻舆论工作的地位作用、职责使命、原则要求等一系列重大理论和实践问题,彰显着强烈的创新意识、时代精神和实践指向,为我们做好新的时代条件下党的新闻舆论工作提供了强大思想武器。讲话的一个重要内容,就是对坚持政治家办报提出了新的时代要求。深入学习贯彻习近平同志重要讲话精神,必须准确把握坚持政治家办报的深刻内涵和时代要求,使党的新闻舆论工作勇立时代潮头、展现时代新貌,不负党和人民重托。

守好舆论这个阵地

习近平同志指出:"做好党的新闻舆论工作,事关旗帜和道路,事关贯彻落实党的理论和路线方针政策,事关顺利推进党和国家各项事业,事关全党全国各族人民凝聚力和向心力,事关党和国家前途命运。"这"五个事关",深刻阐明了新闻舆论对于党和国家事业发展与长治久安的极端重要性,深刻指出了新闻舆论工作在党的工作全局中的重要地位,是我们认识和把握、开展和做好党的新闻舆论工作的基本遵循。

历史和现实告诉我们,舆论与政权安危密不可分。任何政党要夺取和掌握政权,都要用好舆论这个武器;任何政权要实现长治久安,都要守好新闻舆论阵地。高度重视党的新闻舆论工作,是我们党的优良传统,也是党领导革命、建设、改革事业不断取得胜利的重要法宝。抓住和做好党的新闻舆论工作,是治国理政、定国安邦的大事,任何时候都不能含糊和动摇。

一个政党的前途命运最终取决于人心向背,得民心者得天下。新闻舆论工作是在人的头脑里搞建设,通过信息传递影响人,说到底是为了凝聚人心;它处于意识形态斗争最前沿,通过价值判断引导人,实质上是为了赢得人心。可以说,舆论是左右人心的关键力量:好的舆论会鼓舞人心、汇聚力量,不好的舆论会涣散人心、瓦解斗志。今天,随着媒体技术的进步,新闻传播呈现人人传播、多向传播、海量传播的特征,线上与线下、虚拟与现实、国际与国内共同构成了一个日益复杂的大舆论场,人人都处于舆论场中,舆论的力量也与日俱增,守好舆论阵地的重要性更加凸显。如果做不好新闻舆论工作、守不好新闻舆论阵地,我们在思想上的防线就会崩溃,就可能犯颠覆性错误。坚持政治家办报,必须增强阵地意识,做好"人心"这篇大文章。

守好舆论阵地,不能天真。新闻舆论阵地,马克思主义不去占领,非马克思主义就会去占领;正确的东西不去占领,错误的东西就会去占领。这是一条铁律,也是事实。所谓天真,就是思想上糊涂麻痹,不清楚意识形态领域斗争的复杂性,不明白新闻舆论对人心向背的重要性,不知道巩固舆论阵地的艰巨性。天真就会目光短浅,就会把党的新闻舆论工作看成简单的"信息传播"、一般的事务性工作,看不到新闻舆论背后是思想的较量、人心的争夺。坚持政治家办报,需要我们始终保持清醒头脑,在"乱花渐欲迷人眼"时具有战略定力,真正明白守什么"土",有什么责、负什么责、尽什么责。

守好舆论阵地,不能大意。"大意失荆州",这是历史的教训。大意也可能失阵地。所谓大意,就是作风上不严不实,做事情马马虎虎、拖拖拉拉,抓工作敷衍塞责、松松垮垮,把不住关、把不好度。大意就会盲目乐观,就会对新闻舆论工作缺少应有的敬畏,不注意从政治上考量、从全局上衡量,该做的事情不去做,该抓的工作没有抓。"却是平流无石处,时时闻说有沉沦。"事实表明,新闻舆论工作中出现的一些问题,往往是由于大意所致,就发生在"想不到"之时、"没想到"之处。坚持政治家办报,需要我们始终坚持夙夜在公,永不自满、决不懈怠,把"三严三实"要求落到实处。

守好舆论阵地,不能退缩。所谓退缩,就是态度上软弱,搞爱惜羽毛那一套,总想当开明绅士,而不想当思想战士,面对大是大非问题不敢亮剑,任由一些错误观点肆虐泛滥、扰乱人心。天真要犯错误,大意要出问题,退缩要败下阵来。在纷繁复杂的舆论场中,挺不直腰杆,站不稳立场,发不出声音,就是不作为、不称职。坚持政治家办报,需要我们始终做到勇于担当、能征善战，敢于交锋、善于引导，澄清谬误、明辨是非，最大限度地消除杂音噪声，让党的主张成为时代最强音。

党的新闻舆论工作是党和人民群众联系的桥梁和纽带，也是全国安定团结的思想上的中心。有的领导干部对新闻舆论工作不想做、不愿做、不会做，对新闻舆论阵地不想守、不愿守、不会守，最终丧失的不只是话语权，更是我们党执政须臾不可丢掉的人心。我们要从这个高度认识新闻舆论工作与党的工作全局的关系，使新闻舆论工作能够汇聚人心、温润人心，进而团结人民、引导人民为实现自己的根本利益而不懈奋斗。人民日报作为新闻战线的"排头兵"，要始终牢记"人心是最大的政治"，发挥好"领航者""定盘星"的作用，在深刻变化的媒体格局中守好党的新闻舆论阵地，不断巩固和壮大主流思想舆论。

坚持正确政治方向

讲话明确提出了新的时代条件下党的新闻舆论工作的职责和使命，就是要高举旗帜、引领导向，围绕中心、服务大局，团结人民、鼓舞士气，成风化人、凝心聚力，澄清谬误、明辨是非，连接中外、沟通世界。同时强调，要承担起这个职责和使命，必须把政治方向摆在第一位。

新闻舆论工作是政治性很强的业务工作，也是业务性很强的政治工作。当今中国的发展已成为世界关注的"热点"，也自然成为国际舆论的"焦点"；全面深化改革面临一个个"关口"，也必然处于各种舆论的"风口"。舆论环境越是纷繁复杂，新闻舆论工作越要把政治方向摆在第一位，增强政治定力，提高政治敏锐性和政治鉴别力，把旗帜高高地举起来。坚持政治家办报，就要在具体工作中做到"四个牢牢坚持"。

党性原则是根本，必须牢牢坚持。任何媒体都要表达立场、传递思想、影响人心，都或多或少带有意识形态属性。坚持党性原则，最根本的是坚持党对新闻舆论工作的领导。我国是中国共产党领导的社会主义国家，无论媒体的背景是什么、同党委和政府管理部门的关系是什么，党管媒体的原则和制度都不能变。党和政府主办的媒体是党和政府的宣传阵地，必须成为党和人民的喉舌，做到爱党、护党、为党。坚持党管媒体，把各级各类媒体都置于党的领导下，确保党对媒体的主导权、管理权，这是新时期加强和改善党对新闻舆论工作领导的必然要求，也是新闻舆论工作坚持正确政治方向的题中应有之义。

马克思主义新闻观是灵魂，必须牢牢坚持。马克思主义新闻观是科学真理，具有穿越时空的恒久魅力，不会因为媒体格局和传播手段的变化而过时。用马克思主义新闻观指导当今新闻实践，关键是做到学而信、学而用、学而行。对于新闻舆论工作者来说，马克思主义新闻观就是精神之"钙"，就是精神脊梁，必须深深融入自己的世界观、人生观、价值观中，融入个人的新闻事业和新闻实践中，解决好"为了谁、依靠谁、我是谁"这个根本问题。心里有了马克思主义新闻观这一"准星"，新闻舆论工作者才能做好党的政策主张的传播者、时代风云的记录者、社会进步的推动者、公平正义的守望者。

正确舆论导向是生命，必须牢牢坚持。媒体报什么、不报什么、怎么报，都体现着鲜明的舆论导向。有人认为，党报党刊、电台电视台应该讲舆论导向，都市类报刊、新媒体等则可以"网开一面"。这种认识是错误的，也是有害的。新闻舆论工作的特殊重要性，决定了各种载体、各个方面、各个环节都要自觉坚持正确舆论导向。如果只有主流媒体讲导向，保持"大江大河水清涟"，放任其他媒体"小河支流乱排污"，整个舆论生态环境就不可能海晏河清。坚持正确舆论导向是对所有媒体的要求，也是所有媒体应尽的职责。不同媒体可以在主办单位、经营机制、技术手段等方面有不同，但不能在舆论导向上有差别，不能出现"舆论飞地""舆论特区"。

正面宣传为主是基本方针，必须牢牢坚持。坚持正面宣传为主，从根本上说是因为我国社会积极正面始终是主流，社会的本质是健康向上的。新闻舆论工作就是要反映这个主流和本质。坚持正面宣传为主，不但没有背离新闻的客观性，而且是新闻舆论工作与社会主流相契合的体现，是在保证新闻事件微观真实的基础上追求社会全貌的宏观真实。新闻舆论工作需要直面社会丑恶现象，激浊扬清、针砭时弊，但不能以"点"代"面"，让社会丑恶现象充斥版面、荧屏、网页，更不能把恶性事件和灾难事故当作"狂欢的新闻盛宴"。新闻舆论工作要推动形成奋发向上的力量，就必须始终坚持以人民为中心的工作导向，始终坚持团结稳定鼓劲、正面宣传为主。

过好互联网这一关

过不了互联网这一关，就过不了长期执政这一关。互联网是我们面临的"最大变量"。这就是为什么习近平同志一再强调要把网上舆论工作作为宣传思想工作的重中之重来抓，一再要求新闻舆论工作者真正成为运用现代传媒新手段新方法的行家里手。坚持政治家办报，就要管好用好互联网，这是新形势下巩固新闻舆论阵地的关键。

新闻舆论工作的对象是人。坚持政治家办报，必须正视我国网民规模已超6.8亿、手机网民规模已超6.2亿这样一个现实。以互联网为基础的各种媒体、各种终端不仅进行着新闻资讯的竞争，更有观点的交锋、价值观的较量。互联网以其共时性、共享性，构成复杂多变的舆论场。占领不了互联网信息传播的制高点，就站不稳新闻舆论工作的新高地，就掌握不了舆论引导的主动权。涉深水者得蛟龙。只有热情拥抱互联网，善于利用互联网，才能让这个"最大变量"变成"最大正能量"。

过好互联网这一关，必须能管互联网。当前，新媒体方兴未艾、后来居上，其受众数、影响力正逐步超越传统媒体，成为重要新闻舆论阵地。人在哪里，新闻舆论阵地就应该在哪里；新闻舆论阵地在哪里，党管媒体就应该落实到哪里。新媒体不能脱离党的领导，更不能成为"法外之地"。如果管不住新媒体，党管媒体的原则在互联网上就会被架空，我们就会犯下历史性错误。坚持政治家办报，就要从维护国家意识形态安全、政治安全的高度，把能管互联网作为党管媒体的关键，紧紧抓住、切实管好。

过好互联网这一关，必须会管互联网。会管互联网，重在管导向，使新媒体在导向上与传统媒体一个标准、一个要求、一条底线。新媒体不能迎合庸俗低俗的趣味，不能模糊是非善恶美丑的界限，这是导向上的底线。要加强内容监管，及时清理网络谣言和各类有害信息；引导新媒体加强行业自律，完善内容审核把关；教育引导广大网民依法上网、文明上网；等等。只要坚持科学管理、依法管理、有效管理，加快形成法律规范、行政监管、行业自律、技术保障、公众监督、社会教育相结合的互联网管理体系，新媒体就一定能管好。

过好互联网这一关，必须用好互联网。对于互联网，我们不但要能管、会管，还要用好、办好。所谓用好，就是要参与进去、深入进去、运用起来，关键是推动传统媒体和新媒体融合发展，着力打造一批新型主流媒体。只有新型主流媒体发展起来，用户数不断增加、市场份额不断扩大、影响力不断增强，才能有效占领互联网舆论阵地，实现网上负能量与正能量的此消彼长。要研究和把握互联网传播规律，在网络舆论场这个新的舞台上，演得好新角色，吸引来新观众。这不是愿不愿意的问题，而是党的新闻舆论工作的责任使然。

　　能否让党的声音在互联网上更响亮、传得更远，是检验新闻舆论工作是否适应时代的重要方面。我们要坚持"互联网+"，而不是简单地"+互联网"；不是把传统媒体的内容直接搬到网上，而是把互联网作为平台，以互联网思维和互联网规律来谋划布局新闻舆论工作。近年来，人民日报社大力推进传统媒体和新媒体融合发展，已由过去的一份报纸转变为全媒体形态的"人民媒体方阵"，拥有报纸、杂志、网站、网络电视、网络广播、电子屏、手机报、微博、微信、客户端等10多种载体、数百个终端载体，覆盖用户总数达到3.5亿。在开拓新兴舆论阵地、以主流价值影响网络舆论生态的过程中，我们深切体会到，对于新闻舆论阵地，必须抢先占领、积极利用，掌握主动权、打好主动仗。

用好创新这个引擎

　　如果将党的新闻舆论工作喻为与时代同行的列车，创新就是它的引擎。习近平同志指出，做好党的新闻舆论工作，要遵循新闻传播规律，创新方法手段，不断提高能力和水平。提升政治家办报的能力和水平，关键要看新闻舆论工作的创新能力与传播实效。

　　新闻舆论工作是一项"苟日新，日日新，又日新"的事业，能否用好创新这个引擎，是对政治眼光、政治智慧的考验。在舆论环境、媒体格局、传播方式深刻变化的大势下，坚持创新不仅是技术要求，更是政治要求；不仅是业务素养，更是政治素养。传播力决定影响力，取决于创新力。坚持政治家办报，必须不断提升创新能力和水平，以增强传播效果之"的"导引改进创新之"矢"，以改进创新之"矢"射增强传播效果之"的"，在二者相辅相成中更好地体现党的意志、反映党的主张，更好地赢得受众、赢得人心。

　　强化受众意识，增强工作针对性。当年，穆青在写完《县委书记的榜样——焦裕禄》后，请人把稿子送到兰考征求意见。他说："在发表前读给大家听一听，这样做的作用很多，其中很重要的一点是，听过的稿子，不会让老百姓在接受时有什么障碍。"正是这种强烈的受众意识，让这篇报道感人肺腑、震撼人心。今天的受众日益呈现分众化、差异化态势，不同的人有着不同的信息需求，阅读习惯和接受心理也发生了深刻变化。没有对受众需求的精准把握，就无法实现对舆论的精确引导。好的思想、观点、内容，需要通过生动的形式、多样的手段来表达；一个主题，可以根据不同受众选择不同的传播方法，这样才能形成全方位、多层次、多声部的主流舆论矩阵。

强化传播意识，提高议题设置能力。高明的议题设置，往往都是时机、技巧、方法的最佳运用。新闻舆论是社会舆论的风向标，要让我们设置的议题成为社会舆论关注的话题，而不是被社会舆论牵着鼻子走。随着我国经济发展进入新常态，面对一些"唱空"中国经济的论调，如何理性认识中国经济面临的机遇与挑战？随着思想观念日益多元多样，面对众说纷纭、众声嘈杂的情况，如何提升社会共识度？随着反腐败斗争持续深入，面对"反腐同群众利益无关""反腐影响经济发展"等模糊认识和错误观点，如何辨析澄清？"失语就会失权"，不敢于设置议题，就是放弃话语权；不善于设置议题，不能让该热的热起来、该冷的冷下去、该说的说到位，就难以担起舆论引导的重任。

强化效果意识，把握好时度效。没有正确的立场，就不可能有正确的宣传。但立场最终要贯穿到传播规律、传播艺术之中，体现到传播效果上，用效果来检验。传播学上有个"首发效应"，首发容易定调，先声往往夺人，这说明传播要注重时机与节奏。报道发与不发都是态度，问题讲多讲少效果可能迥然不同，必须掌握好传播的力度与分寸。群众感受不好，再多的报道也是自娱自乐；社会共识不强，再大的声音也是自说自话。遵循新闻传播规律，很重要的一条就是强化效果意识，把握好时度效，以效果来衡量新闻舆论工作水平，以效果来评价舆论引导能力，以效果意识倒逼新闻舆论工作改进创新。

强化基层意识，坚持转作风改文风。记者接地气才有灵气，报道贴近群众才有受众。这就要求我们不断强健脚力、眼力、脑力、笔力，会使"十八般兵器"，"练就拨云见日的功夫"；转作风改文风，多一些有思想、有温度、有品质的作品，多一些"沾泥土""带露珠""冒热气"的文章，让人民群众喜闻乐见、爱不释手。近年来，人民日报着力提升观点生产能力、议题设置能力、集成报道能力、话语创新能力，努力做到报道流程平台化、报道内容定制化、报道方式故事化、报道数据可视化；着力在思想内涵上做加法、在文章篇幅上做减法、在传播效果上做乘法、在思维定式上做除法，使新闻报道快起来、活起来、亮起来，让评论理论新起来、精起来、实起来，取得了良好效果。

讲述好中国故事

讲话强调，要下大气力加强国际传播能力建设，加快提升中国话语的国际影响力，让全世界都能听到并听清中国声音。这是站在统筹国内国际两个大局、统筹内宣外宣两大要素的角度，对坚持政治家办报提出的更高要求。

中国已经站在世界舞台的聚光灯下，我们的对外传播也迎来新的发展机遇，内容丰富前所未有、舞台广阔前所未有。从建设"一带一路"到构建人类命运共同体，中国理念需要媒体传播、中国道路需要媒体解读；面向世界、面向未来，讲好中国故事是新闻舆论工作的重要政治要求，也是国际传播的最佳方式。然而，现实情况是，我们在国际上还常常处于有理说不出、说了也传不开的境地，存在着信息流进流出的"逆差"、中国形象和西方主观印象的"反差"、软实力和硬实力的"落差"，"中国威胁论""中国崩溃论"等奇谈怪论不时出现。我们有责任讲述好中国故事、传播好中国声音，让中国故事成为国际舆论关注的话题，让中国声音赢得国际社会理解和认同。

讲好中国故事，要处理好文与道的关系。"文者，贯道之器也。"在信息时代，谁的故事能打动人，谁就能得到更多听众、更好传播。对外传播不能为了讲故事而讲故事，而要把"道"贯通于故事之中。这既是中国传统文化之"道"，也是中国改革发展之"道"，还是中国参与世界治理、与各国携手打造命运共同体之"道"。为什么我们在"挨骂"时只有招架之功，没有还手之力？一个重要原因，就是我们的国际话语体系还没有建立起来，我们的发展优势和综合实力还没有转化为话语优势。通过引人入胜的方式启人入"道"，通过循循善诱的方式让人悟"道"，才能在国际舆论场上形成融通中外的新概念新范畴新表述，赢得更多话语权。

讲好中国故事，要统筹好国内国际两个大局。对内报道要有外宣意识，考虑国际影响；对外报道要有内宣意识，兼顾国内受众感受。现实表明，国外受众也希望了解一个真实、全面、立体的中国，希望在重大事件和关键节点上听到中国的声音。党的十八届五中全会召开前，《人民日报》的任仲平文章《向着第一个百年目标迈进》编译后向海外推送，获得100多万用户关注。当前，我们迫切需要从国家战略的层面，将对内传播与对外传播作为一个有机整体统筹运营，形成协同效应、实现协调发展。

讲好中国故事，要利用好新媒体平台和文化活动平台。新媒体时代提供了"弯道超车"的可能。目前，人民日报海外社交媒体账号的粉丝数超过1800万，在全球报纸类媒体中排名第一。这样的"新技术红利"，使我们有可能在全媒体时代的群雄逐鹿中打破长期以来西方媒体称霸全球的格局。同时，我们积极开展媒体外交，连续两年成功举办"一带一路"媒体合作论坛，2015年邀请到来自61个国家和国际组织的122家主流媒体参会，使之成为我们对外传播的重要落地平台。"十三五"期间，我们将进一步优化整体布局、集中优势资源，着力加强国际传播能力建设，更好履行政治家办报的时代使命。

上述五个方面，体现了坚持政治家办报的鲜明时代要求。在党的新闻舆论工作中，对政治家办报也是有检验标尺的，这个标尺就是马克思主义，就是中国特色社会主义。正如习近平同志所指出的，是不是确立了马克思主义新闻观，是不是自觉在思想上政治上行动上与党中央保持高度一致，是不是忠实宣传党的理论和路线方针政策，是不是严格遵守党的政治纪律、宣传纪律和长期形成的规矩，是不是在大是大非面前具有政治定力，这些都是评判是否做到了政治家办报的重要依据。

《人民日报》作为党中央机关报，必须坚定不移地坚持政治家办报，始终把政治方向摆在第一位。要增强政治意识，绝对忠诚党中央；增强大局意识，自觉服务党中央；增强核心意识，坚决维护党中央；增强看齐意识，始终紧跟党中央。要把政治家办报要求贯穿到新闻舆论各项工作中，成为传播党的主张、反映人民心声的主力军，成为有效引领舆论、提升中国形象的主力军，为实现"两个一百年"奋斗目标和中华民族伟大复兴的中国梦贡献力量。

（原载《人民日报》2016年3月21日）

马克思主义新闻观中国化时代化大众化的典范
——学习领会习近平总书记在党的新闻舆论工作座谈会上的重要讲话精神

张首映

我们党成立95年来,一直高度重视新闻舆论工作,几代领导人都发表了关于新闻舆论的重要论述,留下光辉篇章。新形势下,什么是当代中国的新闻舆论,怎样更好建设当代中国新闻舆论场、开展新闻舆论工作,怎样进一步实现马克思主义新闻观的中国化时代化大众化,习近平总书记在党的新闻舆论工作座谈会上的讲话,作出了全面、科学、明确的回答。讲话是指引新形势下党的新闻舆论工作的"宣言",深化了党对新闻舆论工作规律的认识把握,具有鲜明的实践特色、理论特色、民族特色、时代特色,是马克思主义新闻观中国化时代化大众化的典范,在马克思主义新闻思想发展史上具有里程碑意义。

一、始终坚守马克思主义新闻观这个灵魂

当今世界,存在不同的政治制度、不同的意识形态、不同的新闻观。今日中国的新闻舆论,能不能坚持中国特色社会主义,能不能巩固马克思主义在意识形态领域的指导地位、巩固全党全国各族人民团结奋斗的共同思想基础,关键看能不能坚守马克思主义新闻观这个灵魂。

党的十八大以来,习近平总书记在党的宣传文化系统发表过三次重要讲话。这三次讲话,有一个共同点。从2013年在全国宣传思想工作会议上的讲话、2014年在文艺工作座谈会上的讲话到这次在党的新闻舆论工作座谈会上的讲话,习近平总书记坚持如一、始终不渝的,是信守马克思主义的真理性,巩固壮大马克思主义在意识形态领域的指导地位。在党的新闻舆论工作座谈会上的讲话通篇弘扬马克思主义新闻观,强调"新闻观是新闻舆论工作的灵魂",把马克思主义新闻观对于我们党的新闻舆论工作的指导性、主导

性、标尺性、长期性点透了，说到家了。

马克思主义新闻观既体现新闻舆论传播的一般特点，又主张新闻舆论的特殊属性。这个特殊属性，主要是意识形态属性。用"强魂健体"来形容，遵循一般特点是"健体"，守望特殊属性是"强魂"。过于突出"强魂"，多见"旗子"、少见"镜子"、躯干羸弱的媒体，需要"健体"。片面追求"一般"而罔顾"特殊"，"健体"有余而"强魂"不足，一味追求猎奇、惊艳、恶炒而把新闻舆论当作自由市场，提倡"淡化意识形态"，推行无度无边的"新闻自由"，则是"失魂落魄""魂飞魄散"的媒体。优质媒体尤其我们的主流媒体，都应当是强魂健体的媒体。当前迫切需要强化新闻舆论的意识形态属性，把马克思主义新闻观这个灵魂突出出来、凸显出来，用马克思主义新闻观统领新闻舆论工作。

新闻舆论处于意识形态斗争的最前沿。在前沿，探查事实、观测方向、分析形势、描画坐标，不能没有罗盘。我们党的新闻舆论工作的思想罗盘，是马克思主义新闻观。现在，国际形势风云变幻，国内经济社会转轨转型，现代传播技术迅猛发展，意识形态争锋日益激烈，各种势力同我们党争夺舆论阵地、争夺群众、争夺人心，舆情舆态日趋复杂。我们要牢记习近平总书记指出的"人心是最大的政治"，牢记马克思主义新闻观的党性原则这个"主心骨"，牢记新闻舆论是沟通党和政府同人民群众的中介通道这一特性及优势，把党性与人民性有机统一起来，巩固阵地、扩大阵地，为党和人民的事业凝聚人心、汇聚力量。

马克思主义新闻观既主张按照新闻传播规律办报办媒体，又主张政治家办报办媒体。新闻舆论工作是政治性很强的业务，也是业务性很强的思想政治工作。政治家办报办媒体的要诀在于，在思想上政治上行动上同党中央保持高度一致，在围绕中心、服务大局中展现政治定力、政治导向、政治视野和政治智慧；把好大道、大事、大势，把好时、度、效；吸取国内外经验教训，看清新闻舆论在"苏、东、波"事件和"颜色革命"中扮演的角色，谨防犯颠覆性政治错误。

习近平总书记在党的新闻舆论工作座谈会上的讲话启示我们，必须从政治和战略高度，深刻认识马克思主义新闻观对于我们党的新闻舆论工作的现实作用和长远意义，新闻院系要把新闻学建设成为一门以马克思主义为指导的学科，使学新闻的学生真正成为牢固树立马克思主义新闻观的优秀人才，使我们党的新闻舆论工作者代代传承和坚守马克思主义新闻观这个灵魂。

二、始终从中国发展全局来指导新闻舆论工作

有人说，马克思主义新闻观是"高大上"的新闻观。这不无道理，"高"就"高"在从一开始就从哲学、政治经济学和科学社会主义"观"新闻，构建新闻观，居于党的新闻舆论工作的灵魂地位；"大"就"大"在从大局出发、以大局为重，在大局下思考、在大局下行动；"上"就"上"在与时俱进、顺势而上。习近平总书记在党的新闻舆论工作座谈会上的讲话从中国发展全局来审视新闻舆论工作，分析强调了新闻舆论工作在大局中的地位作用、职责使命和目的要求。

从执政大局看，做好新闻舆论工作是治国理政、定国安邦的大事。在人类新闻思想史上，还未曾有过对新闻舆论工作如此之高的评价、如此之高的期许、如此之重的嘱托。难怪历朝历代的执政者想长治久安，都那么热心用心做舆论工作；难怪我们党把新闻舆论工作放在上层建筑中这么重要而特殊的位置。这也标志着我们党的新闻主张完全实现了从革命党到执政党的彻底转变，标志着我们党作为执政党对新闻舆论工作的自觉和成熟。

这个新定位，这个铿锵嘹亮的"定锤音"，带来"五个事关"的定调。做好党的新闻舆论工作，事关旗帜和道路，事关贯彻落实党的理论和路线方针政策，事关顺利推进党和国家各项事业，事关全党全国各族人民凝聚力和向心力，事关党和国家前途命运。这"五个事关"，是"治国理政、定国安邦"的内涵所在、延展所在，是以习近平同志为总书记的党中央治国理政新理念新思想新战略的新内容，表明党的新闻舆论工作在党的工作全局、党和人民事业中具有不可小觑、不可替代的作用。

从党和国家发展大局看，新闻舆论工作肩负重要职责和使命。根据世情、国情、党情、民情和舆情的变化，一代有一代的职责使命。当前和今后，党的新闻舆论工作的职责和使命是：高举旗帜、引领导向，围绕中心、服务大局，团结人民、鼓舞士气，成风化人、凝心聚力，澄清谬误、明辨是非，联接中外、沟通世界。这6句话48字，关系新闻舆论的方向路线、根本职责、基本方针、目的效果、职业担当、传播使命等，由党的新闻舆论工作在治国理政、定国安邦中的重要地位而来，由"五个事关"的重要作用而来，在我们党关于新闻舆论工作的职责使命的论述上，构思最完整、要求最明确、规定最具体，可行性也最强。

从党和国家发展方向看,习近平总书记在党的新闻舆论工作座谈会上的讲话明确了党的新闻舆论工作的目标和标准。这个目标与党的奋斗目标相一致。党的奋斗目标包括"两个带领",带领人民协调推进"五位一体"总体布局和"四个全面"战略布局,带领人民实现"两个一百年"奋斗目标、实现中华民族伟大复兴的中国梦;党的新闻舆论工作的奋斗目标是为这"两个带领"营造良好舆论环境。党的新闻舆论工作能否为党实现这"两个带领"服好务、帮好忙,就要看效果。如何"看"或检验效果,就要做到"四个有利于":有利于坚持中国共产党领导和我国社会主义制度,有利于推动改革发展,有利于增进全国各族人民团结,有利于维护社会和谐稳定。

习近平总书记在党的新闻舆论工作座谈会上的讲话启示我们,实现马克思主义新闻观中国化,必须与中国改革发展稳定的大局相结合,与治党治国治军的中心工作大局相协调,与中国新闻舆论工作的整个步调相一致。只有这样,才能发挥思想理论的"灵魂"作用,引导广大新闻舆论工作者做党的政策主张的传播者、时代风云的记录者、社会进步的推动者、公平正义的守望者。

三、始终从时代发展大势来引领新闻舆论工作

时代大势者,现在和将来的形势、走势、趋势之主流主导也。主流是这"三势"合流的主流,主导是这"三势"合一的主导。马克思主义新闻观之"高大上",还在于站在这"三势"合流的高山上,分辨主流支流、明辨主航道分航道,做到因势而谋、应势而动、顺势而为。习近平总书记在党的新闻舆论工作座谈会上的讲话既紧密结合当代中国新闻舆论工作的实际,充分体现时代特征、时代精神和时代潮流,又以政治家的高度,发觉并抓住主流主导,发现并解决主要问题,促进新闻舆论事业朝着正确轨道前进。

现在,思想观念越来越多元,受众需求越来越多样。不增强新闻舆论工作的针对性、主导性和创新性,会导致声音散失、舆论流失。这就需要坚持问题导向,抓住涉及治国理政的战略问题、广大群众关注的现实问题、国内外发生的热点问题,找准思想认识的共同点、情感交流的共鸣点、利益关系的交汇点、化解矛盾的切入点,提高针对性时效性实绩性。善于设置议题,用铁的事实、硬的道理、新的概念、巧的角度、好的时机,牵引社会舆论,通达社情民意。要提升创新质量,实现理念、内容、体裁、形式、方法、手段、

业态、体制、机制这九大创新，让人爱看爱听、真信笃信。

当前，新媒体普及和更新速度加快，不抓住时代机遇，推动融合发展，会导致机遇丧失、阵地丧失。我们虽有"新媒体自信"，我国传统媒体在推进新媒体覆盖面上走在世界前列，在发展新媒体新闻舆论方面走在世界前列；但发展很不协调，有的是"+互联网"而不是"互联网+"，有的做"加法"多而做"乘法"少。冲破瓶颈，走出"媒体三峡"，得强化"过关"意识，做大做强新媒体主流舆论，得由"你是你、我是我"转变到"你中有我、我中有你"，进而转化为"你就是我、我就是你"，实现这"三级跳"，达到融为一体、合而为一。这个判断、这个要求，不仅把"内容为王"与"渠道为王"结合起来，而且将促进新闻事业迈向新阶段，此前是"前互联网"阶段、"+互联网"阶段，此后为"互联网+"的新阶段，一批新型主流媒体因此可能走在世界前列。

这个世界，很不平静。国际舆论场上，"西强我弱"的格局依然存在，我国被动"挨骂"之声不时而出；不讲好中国故事，传播好中国声音，提高国际传播能力，就是过得了"挨打挨饿"这两关，过不了"挨骂"这第三关。讲故事，就是讲事实、讲形象、讲情感、讲道理，把中国道路、中国理论、中国制度、中国精神、中国力量寓于其中，以循循善诱、引人入胜的方式，让人听到听清、想听爱听、听有所得、听有所思、听有所悟。加快国际传播能力建设，改变信息流进流出的"逆差"、中国真实形象和西方主观印象的"反差"、软实力和硬实力的"落差"，增强我国在全球治理中的话语权，提升中国话语的国际影响力，让中国主张赢得国际社会的理解和认同。

"文变染乎世情，兴废系乎时序。"习近平总书记在党的新闻舆论工作座谈会上的讲话启发我们，只有紧扣时代脉搏，紧跟时代前进步伐，追踪时代发展潮流，协助解决时代面临的突出问题，建设好发展好时代所需的舆论阵地，增进新闻舆论工作的能力和效力，才能更好实现马克思主义新闻观的时代化。

四、始终从人民大众需求来推动新闻舆论工作

马克思说过，"报纸是作为社会舆论的纸币流通的"，应该"生活在人民当中，它真诚地和人民共患难、同甘苦、齐爱憎"。习近平总书记在党的新闻舆论工作座谈会上的讲话秉承以人民为中心的信念，体现我们党全心全意

为人民服务宗旨，要求新闻媒体及时反映人民群众创造的经验和面临的实际情况，丰富人民精神世界，增强人民精神力量。

新闻舆论工作是为人民服务的工作，必须把实现好、维护好、发展好最广大人民根本利益作为出发点和落脚点。不能从人民实践中获得活力源泉和智慧力量，媒体会招致群众唾弃。见木不见林、见沟不见江河，盲人摸象、飘浮轻浮，不能认识主流和支流、成绩和问题、全局和局部的关系，不能反映社会健康向上的本质、展示发展进步全貌、显现我国改革发展蓬勃向上的态势，不能引导人们分清对错、好坏、善恶、美丑，不能激发人们向上向善的精神力量，就不能让人民满意！

新闻舆论工作是面向大众的工作，必须坚持百姓情怀、人民本色，努力推出有思想、有温度、有品质的作品。新闻舆论工作者要把实践和基层当作最好的课堂，把群众当作最好的老师，俯下身、沉下心、察实情、说实话、动真情；多拍一些鲜活事例，多写一些"沾泥土""带露珠""冒热气"的文章，展现拨云见日的功夫；用群众耳熟能详的语言、喜闻乐见的形式、普遍认可的道理、有目共睹的事实教育引导群众，既教育人、引导人、鼓舞人，又尊重人、理解人、关心人，增强公信力、吸引力和感染力，做人民满意的新闻舆论。

马克思主义新闻观虽是理论的，不像新闻作品和文艺作品那样充满感性，但一样面对广大干部群众，希望入脑入心。习近平总书记善于运用战略思维、历史思维、辩证思维、创新思维和底线思维，善于运用感性方式和群众语言，把抽象的理论讲得头头是道、娓娓动听。他要求领导干部要增强同媒体打交道的能力，善于运用媒体宣讲政策主张、了解社情民意、发现矛盾问题、引导社会情绪、动员人民群众、推动实际工作。这是说得出、传得开、做得到的金玉良言。

增强政治意识、大局意识、核心意识、看齐意识，是学习好、贯彻好、落实好习近平总书记在党的新闻舆论工作座谈会上的讲话精神、把思想和行动统一到讲话精神上来的思想基础，也是坚守并践行包括习近平新闻舆论思想在内的马克思主义新闻观的思想方法。对于党的新闻舆论工作者来说，这种坚守和践行具有特别的意义，那就是为全面建成小康社会、实现"两个一百年"奋斗目标和中华民族伟大复兴中国梦营造良好舆论环境，做出自己重要而独特的贡献。

（原载《光明日报》2016年3月30日）

挺起我们的精神脊梁

——学习习近平总书记在党的新闻舆论工作座谈会上的讲话

李宝善

习近平总书记在党的新闻舆论工作座谈会上的重要讲话中指出，新闻观是新闻舆论工作的灵魂，要深入开展马克思主义新闻观教育，引导广大新闻舆论工作者做党的政策主张的传播者、时代风云的记录者、社会进步的推动者、公平正义的守望者。学习贯彻总书记讲话精神，一定要强健新闻观这个灵魂，挺起我们的精神脊梁，把马克思主义新闻观作为"定盘星"，用以指导党的新闻舆论工作实践。

一、新闻舆论有着鲜明的意识形态属性

新闻观是关于新闻现象、新闻活动的总体看法和根本观点。我们今天所说的马克思主义新闻观，是我们党以马克思主义为指导，关于当今社会新闻现象、新闻活动的总体看法和根本观点，特别是关于社会主义条件下新闻现象、新闻活动的总体看法和根本观点，因此也可以说是社会主义新闻观。

新闻具有双重属性：一是新闻传播属性，二是意识形态属性。前者是一般属性，后者是特殊属性。西方新闻观刻意强调新闻的一般属性，竭力掩盖新闻的意识形态属性。马克思主义新闻观则从来不隐瞒自己的政治立场和倾向，公开强调新闻的党性。

为什么说新闻有意识形态属性？新闻是对事实的报道，但同时又是观念的产物。因为事实并没有价值特征，而新闻在报道事实时必然包含着对事实的评价，反映着价值观的差异。同样一件事，不同立场的媒体，报道可能很不相同。新闻报道通过对事实的取或舍、抢或压、详或略甚至真或假，通过消息、评论、标题、图片、编排甚至字体、花边等，体现着报道者的价值观，使受众在接受事实的同时接受着报道者的价值判断。新闻媒体每日每时报道

的事实是各不相同、不断更新的，但报道中所体现的价值观却是一以贯之、各成体系的。

"用事实说话"是新闻最主要的特征。新闻是在一定思想理论和价值观指导下，经过对客观事实的选择、提炼、加工，对社会生活作出的反映。新闻把报道者的倾向寓于对客观事实的报道之中，表达的往往是一种"无形的意见"，对受众发挥着潜移默化的作用。因此，新闻舆论具有很强的意识形态属性，是其他意识形态不能取代的。

公开承认新闻舆论的意识形态属性，是马克思主义新闻观同西方新闻观的一个根本区别。马克思主义新闻观不仅揭示了新闻客观存在的意识形态属性，而且公开强调新闻的党性，把报刊视为工人阶级的战斗武器，把新闻事业视为党的事业的一部分，声明党的报刊是党的旗帜，是全党思想上的中心。

二、自觉抵制西方新闻观的影响

正确认识西方新闻观，对于我们确立和坚持马克思主义新闻观具有极大的意义。西方新闻观是资本主义经济基础的反映，是西方意识形态的重要组成部分。所谓"新闻自由""独立媒体"，是西方新闻观的核心理念。

新闻自由，是资产阶级反对封建专制主义的口号和纲领之一，也是资产阶级革命的重要胜利成果，在历史上起过促进社会进步的作用，至今仍是西方新闻观的基石。然而，建立在私有制经济基础之上的西方资本主义新闻事业，是不可能真正实现新闻自由的。

其一，资本对新闻事业的控制无所不在，媒体是资本家赚钱的工具。资本家要么通过出资举办媒体直接控制媒体的所有权，要么通过投放广告控制媒体的经济命脉，追逐商业利润成为媒体第一位的目标，市场"卖点"压倒一切。极端的市场取向，使"坏消息才是好新闻"成了西方媒体信奉的新闻价值标准，越是反常的、负面的、突发的、耸人听闻的事情才越有市场价值、新闻价值，这也是负面新闻充斥西方媒体的真正原因。

其二，垄断成为市场竞争的必然结果，成为现代资本主义新闻体制最主要的特征。"大鱼吃小鱼"的市场竞争，使西方各发达国家的新闻市场都为极少数大型传媒集团所垄断，走向新闻出版自由的反面。西方极少数传媒巨头不仅垄断本国新闻市场，而且凭借他们雄厚的财力，向绝大多数因财力所限、派不起记者、不得不购买它们国际新闻产品的媒体供稿，从而垄断了国际新闻市场。当各国民众的信息源和国际舆论议程，被西方极少数大型传媒集团的"新闻把关人"所左右时，这个世界还有什么新闻自由可言？

其三，西方国家通过各种方式对新闻舆论实施控制，所谓"政治正确"成为新闻自由的紧箍咒。"政治正确"是西方新闻舆论界的一种潜规则，意思是要同主流意识形态保持一致；凡不符合主流意识形态的新闻和言论，就被视为"政治不正确"。事实上，西方媒体对西方主流意识形态从来都推崇备至，奉为神圣不可侵犯的信条，容不得质疑和反对。它规范着西方媒体自由的"度"和界线，是一种切实有效的意识形态禁锢。

独立媒体，是指私人所有而不是政府、政党所有的媒体。西方新闻观认为，只有独立媒体才能免受政府和政党控制，保持政治上的中立，进而秉持"客观报道"，成为"社会公器"。这样一种理念，在西方社会影响深远。

独立媒体的观点和主张，深刻地反映出西方资本主义新闻体制的要害。办媒体是要花钱的，只有有钱人才可以办媒体，只有大资本家、大财团才可能办大媒体。事实也正是如此，那些在世界新闻业界举足轻重，在国际传播领域呼风唤雨，对本国乃至世界政治、经济和思想文化施加着巨大影响的传媒集团，大都掌握在西方极少数大家族、大财团的手中。

"独立媒体"可以独立于政府、独立于政党，却不可能独立于资本。在西方，媒体可以问责政客、指摘政党、批评政府，可以让某位政客落马、某个政党败选、某届政府下台，但它们绝对不会去质疑、批评和反对资本家老板和资本主义制度。为什么对2008年以来由华尔街金融大鳄们的贪婪无度酿成的国际金融危机，一向以"无所不在的监督"自诩的美国主流媒体，居然既无揭露又无预警，致使这场危机为害美国、祸及全球？为什么当"占领华尔街"运动的矛头指向资本主义制度深层弊端时，美国主流媒体居然认为这"没有新闻价值"，轻描淡写、消极冷漠？为什么对美国最近爆发的反对金钱政治的"民主之春"民众抗议运动，美国主流媒体再一次选择沉默、冷漠？原因就在这里。"占领华尔街"和"民主之春"运动所反对的，正是掌控着所谓"独立媒体"的垄断资本集团，媒体只是他们的喉舌和工具。在国际上，西方媒体在煽动"颜色革命"、颠覆别国政权、服务于本国对外战争中，充当着信息战、舆论战、心理战的工具，更谈不上客观公正。

要理解西方新闻观的本质，必须从根本上认识西方资本主义制度。在资本主义制度下，金钱、财富决定一切，决定你的自由度，决定你在民主游戏中的地位，决定你享有的人权水平。西方国家的政治无论看上去多么民主，都改变不了资本统治的本质。西方社会的自由、平等、人权等，只是写在法律上的，事实上最有利于资本、有利于资本家、有利于垄断资本集团，不过是为资本的统治提供条件和保障的抽象话语和法律条文。而马克思主义不同，对自己事业正义性的信念，使马克思主义敢于公开揭露事情的真相，公开声明自己代表的是工人阶级和最广大人民的根本利益，公开强调新闻的党性。检验我们是不是做到了政治家办报，首要一条就是看是不是确立了马克思主义新闻观，认清了西方新闻观的虚伪性和欺骗性。

三、把马克思主义新闻观作为党的新闻舆论工作的"定盘星"

习近平总书记在党的新闻舆论工作座谈会上的重要讲话，通篇贯穿马克思主义新闻观，是对马克思主义新闻理论的丰富和发展。用马克思主义新闻观指导新闻舆论工作，最重要的是坚持党性原则、坚持实事求是、坚持正确导向。

党性原则，是党的新闻舆论工作的根本原则。新闻的党性原则，是共产党的党性在其主办和领导的新闻舆论工作中的体现。坚持党性原则，最根本的是坚持党对新闻舆论工作的领导，坚持党管宣传、党管意识形态、党管媒体，坚持新闻媒体作为党和人民喉舌的性质。主要体现在：思想上，坚持马克思主义对新闻舆论工作的指导，用马克思主义的立场、观点、方法观察和反映社会生活；政治上，坚持为人民服务、为社会主义服务、为党和国家工作大局服务，自觉同党中央保持高度一致；组织上，确保党和政府主办的各级各类新闻机构的领导权掌握在忠于马克思主义、忠于党和人民的人手里；管理上，确保所有从事新闻信息服务、具有媒体属性和舆论功能的传播平台都纳入党和政府管理范围。

坚持党性原则，必须坚持新闻党性与人民性的统一。我们党以全心全意为人民服务为根本宗旨，是人民利益最忠实的代表，除了人民的利益党没有自己的特殊利益，这就决定了新闻舆论工作对党负责与对人民负责的一致性，要求新闻舆论工作把宣传党的主张与反映人民心声统一起来。那种"你是替党说话，还是替老百姓说话"的说法，把党性与人民性割裂开来、对立起来，在思想上是糊涂的，在理论上是错误的，在实践中是有害的。

实事求是，是马克思主义的精髓，是我们党思想路线的核心，也是新闻舆论工作必须遵循的基本准则。在新闻工作中坚持实事求是，就是要把真实视为新闻的生命,不仅要真实、准确地报道单个事实,让一切宣传报道建立在事实真实的基础之上,而且要从宏观上真实地把握和反映事件或事物的全貌。现实生活是复杂的,我们这样一个13亿多人口的大国情况更是超级复杂,离开对事物的总体认识,一叶障目,不见泰山,抓住一点,不及其余,尽管这一叶、这一点确实存在,但从总体上看却可能背离真实性。坚持实事求是还要求我们努力揭示新闻事实发生发展的原因,揭示事物之间的内在联系和发展趋势,引导人们认识事物的本质和规律。这是马克思主义新闻观在新闻真实性问题上的基本观点、基本要求。

真实、客观、公正,是世界各国新闻界公认的新闻工作准则,但是不同的新闻观,对其内涵有着不同的理解。在马克思主义新闻观看来,真实,应该是事实的真实、总体的真实、本质的真实的统一;客观,就是用事实说话,通过事实本身的力量来说服人、引导人;公正,就是站在最广大人民根本利益的立场,而不是站在个人和小团体利益的立场,公正无私地报道事实和发表评论,对人民负责,对社会负责。

正确导向,是新闻舆论工作的生命。舆论导向正确,是党和人民之福;舆论导向错误,是党和人民之祸——这是我们从正反两方面经验教训中得出的深刻结论。任何新闻报道都有导向,报什么、不报什么、怎么报都包含着立场、观点、态度。新闻既要报道国内外新闻事件,更要传达正确的立场、观点、态度,引导人们分清对错、好坏、善恶、美丑,激发人们向上向善的精神力量。新闻舆论要有利于坚持中国共产党领导和我国社会主义制度,有利于推动改革发展,有利于增进全国各族人民团结,有利于维护社会和谐稳定,这"四个有利于"是最重要、最根本的导向。

坚持正确导向,必须遵循团结稳定鼓劲、正面宣传为主的方针。没有团结稳定,什么事情也做不成,而新闻舆论对社会团结稳定影响甚大。我们之所以要以正面宣传为主,是因为积极、正面的事物是我们社会的主流,消极、负面的东西是支流,坚持正面宣传为主才能真实反映我们社会的本质和全貌,这就是我们的新闻观。当然,正面宣传要用心用情去做,让受众喜闻乐见。要把新闻的真实、客观、公正同准确、鲜明、生动结合起来、统一起来,在准确报道事实的同时,通过鲜活生动的报道赢得最好的宣传效果。正确的导向不仅体现在正确的政治方向上,而且体现在宣传报道的实际效果上,必须遵循新闻传播规律,讲求新闻宣传艺术,不断提高新闻舆论工作的能力和水平。

习近平总书记概括提出了党的新闻舆论工作的职责和使命，就是"高举旗帜、引领导向，围绕中心、服务大局，团结人民、鼓舞士气，成风化人、凝心聚力，澄清谬误、明辨是非，联接中外、沟通世界"，强调要承担起这个职责和使命，坚持正确政治方向是第一位的，必须牢牢坚持党性原则、牢牢坚持马克思主义新闻观、牢牢坚持正确舆论导向、牢牢坚持正面宣传为主。这些论述构成新的时代条件下党的新闻舆论工作的"职责使命论"，为我们坚持用马克思主义新闻观指导新闻舆论工作实践提供了根本遵循。承担这样的职责使命，我们理直气壮，没有任何输理的地方，应该挺起精神脊梁，坚定自觉地宣传党的主张、记录时代风云、推动社会进步、守望公平正义。

（原载《新闻战线》2016年6月上）

人民日报"中央厨房":探索新闻生产新模式

何炜 魏贺 张旸

2014年,媒体融合上升为国家战略;伴随技术创新与媒体生态变化,2015年媒体融合加速推进,前行至深水区。传统媒体和新兴媒体必须融合,这已经成为媒体人的共识,但怎么融合,如何发展,并没有放之四海而皆准的范例。各大媒体集团都在探索适合自己的发展道路。

显然,媒体融合,并不是把传统媒体的内容直接搬到网上,而是要搭上互联网的快车,以互联网思维和互联网规律来谋划布局新闻舆论工作,以新思路和新机制充分调动媒体内外各类资源,力求在新的传播格局中提升主流媒体的舆论引导能力。

拥抱新技术,构建新平台,拓展新渠道,打造新载体,是人民日报坚决响应落实中央号召,对未来发展规划给出的答案。

从2014年起,人民日报开始建设"中央厨房"全媒体平台。人民日报全媒体平台的建设思路,基于一个基本的判断,即媒体行业同样需要一场畅快淋漓的供给侧改革。一方面,大量媒体的"低端产能"严重过剩,发展动力不足;而在用户层面,对优质内容和服务的需求,却远远没有得到满足,人们对优质信息依旧处于"饥渴"状态。只有从供给上创新、求实,媒体融合发展的变革才能获得成功。"中央厨房"恰恰是供给侧改革的一种尝试:创新媒体融合报道流程与机制,实现传播方式的多元整合、内容产业的创新发展。

因融合而生

近年来,人民日报社以传统媒体和新兴媒体的"两手抓"实现"两手硬",已经由过去的一份报纸,转变为全媒体形态的"人民媒体矩阵",成为拥有报纸、杂志、网站、电视、广播、电子屏、手机报、微博、微信、客户端等10多种载体、数百个终端的媒体集团。目前，我们已拥有人民日报、人民网、环球时报等129个微博机构账号；有人民日报、人民网、国家人文历史、健康时报、学习小组等124个机构微信公众账号；有人民日报、环球TIME、海客新闻等28个客户端及55个境外社交媒体账号，还在全国设有2万多块电子阅报栏。截至2016年7月，客户端总累计下载量为1.37亿。目前，人民日报社媒体集团覆盖总用户数达4.4亿人次，占中国总人口数的近1/3。

一个传统媒体与新兴媒体并举的舆论引导格局已经形成，一个形态各异、载体多样的现代传播矩阵正在蓬勃发展。充分发挥新兴媒体与传统媒体独特优势，调动整个报社内部各种采编资源，在互联网时代提升党报影响力和号召力，需要新思路、新机制。

全媒体平台，被形象地叫作"中央厨房"，由人民日报媒体技术公司承建，目的是创新媒体融合报道流程与机制，力求在新传播格局中提升主流媒体的舆论引导能力。

媒体融合的业务、技术、空间平台

"中央厨房"的目的不是让新闻成为流水线的产品，所有媒体终端都输出一样的产品；而是保证一次采集后，多元化生产与加工，多渠道发布，能够充分发挥不同媒介的新闻专业特色，实现个性化新闻生产。各个媒介终端也可以向"中央厨房"下订单，满足各自的新闻产品个性化需求。

"中央厨房"利用技术手段和业务架构的设计，使整个媒体集团的新闻生产模式更趋于平台化，更利于资源的流通、共享，力求让报社内的各个子媒体在保持自身特色的同时，在"中央厨房"这个平台上各取所需、团结协作，既统筹资源，又维持各自特性，打造一个可以双赢、互赢的平台。

作为人民日报媒体融合的大平台，人民日报"中央厨房"全媒体平台在组织架构上由三个层面构成。

作为业务平台，"中央厨房"在一年多的试运行中，逐渐摸索出一套成熟完善的内容生产、协作、分发的业务模式，将传统意义上的采编人员重新定义为指挥员、信息员、采集员、加工员、推销员、技术员等岗位。指挥员针对重大选题进行策划与指导，其他各"员"进行有效的分工合作，最终送达人民日报旗下各发稿终端以及有合作关系的国内外媒体终端。从而实现重大报道"一体策划、一次采集、多种生成、多元传播、全天滚动、全球覆盖"，以及新兴媒体与传统媒体、网上与网下、母媒与子媒、国内媒体与国外媒体的四个"联动"。

作为技术平台，"中央厨房"1.0 版本由 6 个功能模块组成，包括：内部用户管理系统、互联网用户管理系统、传播效果评估系统、可视化产品制作工具、新媒体内容发布管理系统、报纸版面智能化设计系统。这套系统为全媒体平台的业务运行提供强有力的技术支撑。

作为空间平台，人民日报全媒体大厅位于人民日报社新媒体大厦的 10 层，建筑面积 3200 多平方米，是全媒体平台的物理呈现与主要载体。建成后的全媒体大厅将成为整个报社新闻采编与运营管理的指挥中枢和中控平台，社领导可以在此调控旗下所有媒体，高效实现全媒体产品的采集、制作与发布。

今年 2 月 19 日上午，习近平总书记来到人民日报社调研，宣告了人民日报"中央厨房"业务平台和技术平台的正式上线，其空间平台也将于今年下半年投入使用。

从产品形式上来说，人民日报旗下拥有微博、微信、客户端、网站、报纸、杂志等各类媒体，形态不一，对内容的需求、定位也不同。针对如此众多的媒体类型和多样的新闻产品需求，全媒体平台"中央厨房"倡导"内容产业的供给侧改革"。对于同一个新闻现场、新闻事件，厨房会提供三个波次的产品推送，分别求快（**快讯消息全网首发**）、求全（**历史资料和政策要点梳理、全面呈现新闻背景**）、求深（**对新闻进行深度解读**）。三个波次的产品首先推向新媒体，经过对稿件进行二次加工，一些产品也适用于报纸和杂志。

创新实践烹制"新闻美味"

从 2015 年两会报道开始，人民日报试行"中央厨房"工作机制，推进人力资源聚合、生产流程融合、采编力量整合、网上网下结合，加速了记者与报纸、网站、"两微一端"之间的高效对接。此外，"中央厨房"还为数百家海外主流媒体量身定做、定制推送新闻产品，占领国际舆论场，提升国际话语权，扩大了人民日报的全球传播力和影响力。2015 年，人民日报共启动"中央厨房"机制12次，总计发布新闻产品2200多件，国内外各类媒体转载5万多次。经过一年多的运行实践和摸索，人民日报"中央厨房"逐渐形成了自己的特色和优势：

一是发挥平台优势，探索采编发"自我革命"。 围绕重大时政活动，根据统一部署，"中央厨房"由媒体技术公司负责搭建技术和运营平台，与报社各部门、社属媒体等联合组建工作团队。在报道中创新流程、创新机制、创新方式，使报社各类资源"握指成拳"，实现了新闻产品的"一体策划、一次采集、多种生成、多元传播、全天滚动、全球覆盖"。

二是连接中外媒体，冲击国内外舆论制高点。 "中央厨房"与人民日报体系的各子报刊、各网站、各类新媒体加强沟通，与百度、新浪、凤凰、今日头条、猎豹、爱奇艺等商业门户网站、移动端、社交平台加强合作，形成全方位、立体化传播矩阵，为内容推送扩展渠道。面向海外传播，"中央厨房"不但协调报社相关部门与众多国外主流媒体建立了畅通的沟通和发稿渠道，同时也善于将海外社交媒体账号作为海外推送主阵地，均取得了可观成果。

2015年习主席访美期间，"中央厨房"共向海外推送57篇原创作品，在35个国家的246家媒体实现538次落地，几乎涵盖所有国际主流媒体；人民日报脸书、推特账号中的相关报道阅读量也超过了5400万。策划制作的视频Who is Xi Da-da？在人民日报脸书账号首发后，美、加、英、法、德、印等十余个国家的主流媒体相继对其进行专题报道，包括路透社、纽约时报等国际知名媒体。

三是打造技术旗舰，不断创新报道方式。 "9·3阅兵"报道中，"中央厨房"首次采用虚拟现实视频（VR）采集设备全程拍摄阅兵仪式。在2016年春运报道中，推出了结合VR视频、文字、图片等各种元素的H5报道。"中央厨房"在历次报道战役中，努力挑战技术难点，不断提升技术门槛，在H5互动产品、手机游戏用于新闻报道、政策发布等方面积累了经验，并成功服务于外单位和机构。

2016年全国两会，是习总书记2·19讲话之后的第一次重大报道战役，也是"中央厨房"的首次正式运行。报社总编室、新闻协调部、政文部等12个部门的60多名编辑记者，共同组成"中央厨房"。跨部门的合作、内容创意与技术的深度结合，爆发出巨大的能量。从文字报道、视频访谈到H5、数据图表，"中央厨房"各种好玩、好看的新闻在两会期间不断刷屏。

美国东部时间 2 月 29 日上午，离中国两会开幕还有 3 天，一段英文视频在 Facebook 等社交媒体上热播："我期待，中国两会将全力推进创新，促进经济增长，微软将与中国一起创新！"这是"中央厨房"推出的"外企高管谈两会"栏目，首期采访了微软全球副总裁 Ralph。这个视频发布 12 小时，仅在 Facebook 上就有 35 万人次观看。

中央政治局常委重要活动报道，备受国内外关注。"中央厨房"确保第一时间发出中央领导活动报道。3 月 4 日下午，围绕着习近平总书记下团组的活动，"中央厨房"连发 5 条快讯，首发效应引发媒体热载。3 月 6 日、7 日，中央政治局常委下团组活动，"中央厨房"再次抢先推出，并在半小时以内，推出资料链接、新闻背景、专家视点和深度解读，既实现信息的快，又突出内容的全和解读的深。

围绕导向，创造热词，创新表达。3 月 5 日，"中央厨房"报道《习近平重申两岸关系"三条底线"》成为当日热点。在接到前方记者发来的内容后，"中央厨房"后台编辑和台湾问题专家团队集体研究，将总书记的涉台讲话归纳为道路底线、政治底线、主权底线，经过网络传播，"三条底线"一说迅速传开，成为通用表述。而结合大报"代表团之声"栏目创作的《听习近平讲话，省委书记的两会笔记写了啥》在今日头条客户端上阅读量超过 1700 万，成为该客户端两会最热稿件，将以往相对枯燥、难以传播的内容打造成了"爆款"，大大提高了严肃时政新闻的贴近性。

利用最新技术手段，紧扣热点，展现创意。《总理给您送快递》《妙语回放！政协新发言人首秀》《傅莹邀您加入群聊》《八只股带你看盘十三五》《北京的哥舌战五大部长》等 H5 互动产品创意好，制作精，互动强，在社交媒体登上转载榜首。其中《看，有人把十三五画出来了》在微信朋友圈 24 小时点击量超过 130 万次；《傅莹邀您加入群聊》总点击率超过 400 万次。

瞄准问题导向，直击疑惑靶心。"中央厨房"在李克强总理作政府工作报告时，带着问题意识，挖掘传播亮点，事前做足功课，同步进行解读。《政府工作报告十大新词解读》《20 张图解政府工作报告数据》等 28 篇深度解读稿件，被 90 多家网络、客户端、微信、微博第一时间采用，其中仅《十大新词详解》在今日头条单一平台阅读量就超过 60 万，众多微信公号转载后，均创造了 10 万 + 的记录。

在整个两会期间，"中央厨房"已推出包括文字、图片、图表、视频、动漫、H5 等在内的多媒体产品 170 多个，覆盖国内外 2000 多家媒体，受众人数超过6亿。大大拓展了人民日报的传播空间和舆论阵地。

数据可视重塑新闻价值

随着数据可视越来越成为新媒体端一个重要新闻呈现方式，2015年底，"中央厨房"专门设立了数据新闻及可视化报道团队，吸纳有丰富采编经验的编辑记者、美工设计、前端工程师、数据分析师，运用数据呈现新闻报道，探索全新的新闻叙事方式，提供多种形态、吸引力强、传播快捷的新闻产品。

由于互联网时代一切人和物的数据化所产生的海量数据信息留存和积累，一切的新闻话题都能够从数据角度进行洞察和剖析。人民日报"中央厨房"数据与可视化实验室着力推进采编人员思维和内容表达的大数据化，通过聚拢行业大数据资源，结合社会热点，用"大数据+"的理念实现内容产品创新，针对不同类型的新闻事件做出了诸多尝试，力求通过对数据的深度分析与报道组合，在信息过剩时代重塑新闻价值。

推出"大数据+小数据"的即时新闻。 大数据技术的出现，让量化分析民意成为可能。今年两会，在总理政府工作报告发布当天，"中央厨房"通过历史和实时的舆情大数据分析，结合微信和微博传播指数，对报告中20个关键数字和10大关键词进行了解读分析，列出了相关数据在历史对比维度上的表现，同时，解读几乎同步于政府工作报告推出，当即创造出3月15日最热两会新闻。不少微信公号进行二次转载后，均达到10万+的阅读量。

进行"大数据+数据库"的深度发掘。 同样是两会期间，"中央厨房"还推出了基于自建数据库深度发掘的新闻产品。在和中国网合作的游戏类H5《谁能代表我？》中，后台就涉及一个独家的通过"机器+人工"方法建立的全国人大代表信息库，涵盖了全部2000多名全国人大代表的姓名、性别、所属代表团、现职工作等等多维度资料，受众只要输入自身信息，就能根据算法匹配出与自己相关度最高的全国人大代表。这样的尝试，一来实现了时政新闻的轻量化、趣味化传播；二来通过后台收集用户信息，我们能够通过统计样本分析出一部分公众对于人大代表和人民代表大会制度的客观态度，所得到的信息为媒体或相关机构进行政治传播提供了非常有价值的决策参考。

通过大数据进行新闻叙事。"中央厨房"通过大数据为热点事件找到看点，从不同的维度进行新闻叙事，辅以可视化的手段，加强热点新闻事件的传播效力。在各个重要纪念日的节点，"中央厨房"推出多个契合当日主题的数据新闻选题，例如在世界阅读日和亚马逊中国、今日头条联合推出《2015—2016中国人阅读情况系列报告》，基于电子书、纸质书、新闻APP阅读数据对中国人的阅读情况进行了年度盘点；在国家旅游日当天，"中央厨房"和去哪儿网、今日头条联合推出《数说全民旅游时代来临》的长条图和《算一算你的旅游门派》H5，基于大数据分析得到了全民出游的最新特点；在世界无烟日当天，和世界卫生组织合作推出的世界无烟日《最可贵的努力，是做一个正确的选择》主题H5报道。这些都取得了不错的传播效果。

开放、合作、共赢

开放、合作、共赢是人民日报"中央厨房"的基因品格。人民日报的媒体融合项目叫作"全媒体平台"。而平台的一个基础特性，就是具有公共属性。一方面，人民日报所有在媒体融合业务、技术体系上的探索，不仅将服务于人民日报自身的各个媒体，更希望与全国媒体同行共享，为全行业提供融合发展的整体解决方案。

"中央厨房"开发的全网直播工具，已经成功地用于多次地方新闻发布会的网上直播。未来，该工具将开放给各个合作媒体使用，通过插件将其接入各个微信公号、微博账号、客户端和网站，使原不具备视频直播能力的各大主流媒体平台站上视频直播这个风口。

今年以来，人民日报与腾讯签署媒体融合与创新发展战略合作协议，共同建设中国媒体融合云平台，向全国媒体行业提供安全的云服务体系和媒体融合平台、应用工具，并进一步拓展媒体内容在国内外的分发渠道。最近，"中央厨房"也相继与河南日报报业集团、四川日报报业集团、湖南日报报业集团等签署了战略合作协议，双方将在全媒体平台建构、技术创新、智库咨询、新媒体内容生产、区域"中央厨房"建设、对外宣传渠道拓展等方面全面合作。这正是人民日报全媒体平台开放、共享特性的一个鲜活案例。

可以清楚地看到，移动互联网时代，用户的品位和期待已经跑在了媒体前面，他们渴望媒体做出改变，迎头赶上。优质内容的生产永远是媒体生命线，从业者的新闻创意永远是核心竞争力。"中央厨房"通过实现"策、采、编、发"的全链革命性再造，打造开放、合作、共赢的扁平化运营平台和技术支撑体系，将融媒体编辑链沉淀于现场，充分挖掘新闻创意，正在为全媒体融合发展探索出一条新路。

(原载《新闻与写作》2016年第9期)

争取国际话语权是我们这一代媒体人的使命

王树成

党的十八大以来,习近平同志高度重视对外传播工作,在一系列重要讲话中多次提到"讲述好中国故事,传播好中国声音""讲故事是国际传播的最佳方式""要加强国际传播能力建设,增强国际话语权,集中讲好中国故事,同时优化战略布局,着力打造具有较强国际影响的外宣旗舰媒体"。这些重要论述具有很强的现实针对性,对我国对外传播工作提出了明确而具体的要求,是媒体做好对外传播工作的根本遵循。我们要明确讲好中国故事的重要意义,把握中国故事的深刻内涵,掌握讲好中国故事的有效方法,积极争取国际话语权。

牢记使命:努力提升国际传播影响力

落后就要挨打,贫穷就要挨饿,失语就要挨骂,这是从中国近代以来的历史中得出的深刻结论。随着改革开放深入推进和成为世界第二大经济体,中国日益走近世界舞台的中央,也日益成为国际舆论的焦点。现在,中国"挨打""挨饿"的问题已得到解决,但"挨骂"的问题还没有得到根本解决。西方敌对势力不甘心、不情愿看到中国日益强大,处心积虑地给我们设置障碍、施加压力、制造麻烦。其主要手段之一,便是在思想舆论上对我进行渗透和围攻,通过各种途径和手段混淆视听、扰乱人心,"打一场没有硝烟的战争"。"中国威胁论""中国经济崩溃论"甚嚣尘上;对于港台问题、南海局势等,他们频频插手、混淆视听;"一带一路"建设也被他们以"资源掠夺论""马歇尔计划"等进行抹黑诋毁……中国的国际舆论空间经常遭受挤压。

"挨骂"的问题还没有得到根本解决,究其原因,就在于中国的发展优势和综合国力还没有转化为话语优势。中国在世界上的形象很大程度上仍是

"他塑"而非"自塑",在国际上还处于"有理说不出,说了传不开,传开叫不响"的境地,存在信息流进流出的"逆差"、中国真实形象和西方主观印象的"反差"、软实力和硬实力的"落差"。之所以会形成这种局面,主要原因在于几个方面的"错位":一是"西方中心论"固化中国贫穷落后的"认知错位";二是西方用自身价值观裁量中国的"价值错位";三是防范中国动自己奶酪的"心态错位";四是西方用自己话语体系解读中国的"话语错位"。

"鞋子合不合脚,只有自己知道。"中国的事情,中国人最有发言权。中国发展进步的话语权、解释权要牢牢掌握在自己手中,通过自己的讲述让世界认识发展变化中的中国,了解中国道路、中国理论、中国制度、中国文化,了解中国对世界的责任和担当。这是中国媒体人的职责和使命。

讲好故事:国际传播的最佳方式

习近平同志强调,讲故事是国际传播的最佳方式。近些年,从党和国家领导人到普通百姓,都在用自己的方式讲述中国故事。有的用语言讲述,有的用行动讲述。我们的工人在坦桑尼亚修铁路,医务人员在非洲抗击埃博拉疫情,军人通过维和、护航守卫世界和平……中国在伟大复兴征途中的创举和实践,积累了讲好中国故事的丰富资源。中国已经站在世界舞台的聚光灯下,我们的对外传播迎来了新的发展机遇,内容丰富前所未有、舞台广阔前所未有。讲好中国故事是对新闻舆论工作的重要要求,也是国际传播的最佳方式。

讲好中国故事就要讲述好中国特色社会主义的故事。据统计,2015年有关中国的英文报道数量近82万篇,比2014年多出23万篇。每逢重大活动、重大事件,外媒都在第一时间发出报道,用不同立场、视角对中国进行观察、分析和解读。学界普遍认为,党的十八大以来,国际涉华舆论关切进入一个历史性拐点。"一带一路"建设、全面从严治党、亚投行成立、G20杭州峰会、世界互联网大会……这些具有标志性、里程碑意义的重大事件,吸引了世界的目光。"中国为什么能?""中国共产党为什么能?"成为国际社会关注和研究的热门话题。习近平同志指出:"中国共产党、中华人民共和国、中华民族是最有理由自信的。"讲好中国故事,就要坚定"四个自信",大力宣传我国的发展道路、社会制度、文化传统和价值观念;就要讲清楚中国道路根植于中国独特的文化传统、历史命运和基本国情,让世界了解今天的中国从哪里来、明天的中国向哪里去；就要介绍好长期执政的中国共产党，对外宣介中国共产党的领导是中国特色社会主义最本质的特征，是"中华号"巨轮破浪前行最根本的保证，也是中国走和平发展道路最重要的基石。

讲好中国故事就要理直气壮地讲述中国对世界的贡献。习近平同志强调，"我们有本事做好中国的事情，还没有本事讲好中国的故事？我们应该有这个信心！"在这个全球互联的信息化时代，我们要摒弃"酒香不怕巷子深"的观念，认真梳理自身发展的特点，集中讲述好中国故事、传播好中国声音，向世界展示一个客观的、真实的、立体的、全面的中国。新中国成立60多年来，我们党带领人民成功开创和拓展了中国特色社会主义道路，创造了举世瞩目的中国奇迹。我们国家发展成就那么大、发展势头那么好，在世界上做了那么多好事，这是做好国际舆论引导工作的最大本钱。我们要理直气壮地让世界知道中国为世界作了什么贡献，还要作出什么贡献。比如，我们支持和帮助最不发达国家减贫、改善民生；中国倡议的"一带一路"建设，为沿线各国分享中国经济发展红利创造了条件；即使在当前经济增速放缓的情况下，中国仍是世界经济的火车头……这些我们都要大大方方地讲、理直气壮地说。

讲好中国故事就要主动面对和积极回应国际社会的质疑和关切。国际社会关注中国，不仅是看好的一面，更多地是放大问题的一面。作为一个发展中大国，中国在经济社会发展中不可避免地会出现各种各样的问题。讲好中国故事要处理好"树木与森林的关系"，既自豪地讲成绩，又直面问题，以开放包容的心态，从容地讲不足、坦诚地讲矛盾、客观地讲问题。同时应认识到，我们希望天下太平，希望有稳定的周边环境，但有些事情是不以我们的意志为转移的，总有一些人、一些国家要找各种机会、以各种借口挑起事端，对中国进行质疑、责难。我们要增强警觉性、敏锐性，加强预判研判，提前做好预案，及时引导、主动引导、有效引导，"澄清谬误、明辨是非"，努力增信释疑，在国际上放大正面声音、挤压负面舆论空间。

讲好中国故事就要把中国的外交理念阐释清楚，展现大国情怀和责任担当。当今世界可以说"无中不成局"。在全球重大事务中，国际社会空前关注中国的态度，越来越重视中国说什么、做什么，越来越期待中国主张、中国方案。当前，全球治理体系变革处于历史转折点，各方都在加紧争夺国际规则制定权，力图在国际体系演变中把握先机。讲好中国故事，就要积极宣介人类命运共同体理念，构建新型国际关系和新型大国关系主张，亲诚惠荣的周边外交理念，真实亲诚对非政策理念和正确义利观，共同、综合、合作、可持续安全的亚洲安全观，使我国外交理念在国际社会广为人知，在推进全球治理体系变革中掌握主动。

讲好中国故事就要讲好中华优秀文化，让文化成为增进友谊的桥梁纽带。中国有5000年文明史，中华文化历史悠久、源远流长。国外舆论对中国的一再抹黑也反映了一个问题：随着中国经济大踏步走向世界，我们的文化传播还未能与之形成有效呼应。西方有人说，中国不会成为世界大国，因为中国只能出口电视机，而不能出口电视节目；中国有功夫、有熊猫，但没有《功夫熊猫》。我们必须清醒认识到，中国在经济上取得了成功，但在文化上还没有形成与之相匹配的国际影响力；中国有很多世界知名的文化符号，但还没有转化为世界熟知的文化产品和文化理念。讲好中国故事，就要增强文化自信，推动更多优秀文化走出去。通过拓宽视野、拓展途径、整合资源，精心讲好中国故事，使中外文化在交流互鉴中实现良性互动，让世界通过文化感知中国、读懂中国，以营造良好的国际舆论环境。

创新表达：积极争取国际话语权

讲故事是要求，把故事讲好才是关键。当年，斯诺一本《红星照耀中国》让全世界了解了中国工农红军和中国共产党领导的中国革命，帮助中国革命赢得了国内外舆论的理解和支持。这启示我们，讲述好中国故事、传播好中国声音，创新表达方式至关重要。习近平同志强调："党的新闻舆论工作必须创新理念、内容、体裁、形式、方法、手段、业态、体制、机制，增强针对性和实效性。"这对讲好中国故事提出了具体要求。贯彻落实这些要求，首先需要在创新表达上下一番功夫。

好的表达可以把"我们想讲的"变成"受众想听的"，也可以把"受众想听的"融进"我们想讲的"。也就是说，只有好的表达才能赢得人心、赢得认同。创新我们的表达、赢得世界的倾听，就要认真研究国外不同受众的心理特点和接受习惯，着力打造融通中外的新概念新范畴新表述。要善于挖掘各种精彩故事，从中提炼中国议题话题，使之成为引导国际舆论的标识。要努力把握国际社会的研究兴趣点、利益交汇点、议题聚焦点、情感共鸣点，大大方方地讲中国对世界的好，主动设置议题以引发共鸣。好的表达既要有具体细节、典型事例，又要有思想交流、情感互动，让"国际范儿"和"中国味儿"相结合,让中国形象直抵人心、润物无声。

创新表达,把中国故事讲好,需要不失时机地推动传统媒体与新兴媒体融合发展。融合发展不能停留在"+互联网",将传统媒体和新媒体做简单嫁接;而要真正实现"互联网+",让媒体融合尽快从"相加"变成"相融",着力打造新型主流媒体,以传统主流媒体的内容优势赢得新媒体条件下的传播优势。此外,还要积极构建分众化、差异化的传播格局。积极推进海外合作和本土化建设,拓展海外合作的有效性、覆盖面,努力实现传播力、影响力的有效提升。

(原载《人民日报》2016年12月29日)

关于思想评论及其写作

郑 剑

评论是报纸、是媒体，特别是党报和主流媒体的灵魂与旗帜，也是优势和特色，这几乎是公论。在社会多样多变、舆论众声喧哗的当今时代，评论的重要性更加凸显，这也已成共识。作为媒体人，我们的一项职责就是多写、写好评论，从而提高宣传报道质量、更好引导社会舆论。

一

媒体的评论多种多样，对此学界有大量研究和论述。在实际工作中，媒体人更倾向和习惯于把它称为言论。言论的指称更宽泛，大而重者如社论、评论员文章以及近年来兴起的政论文章，小而轻者如编者按、编后评以及各类走笔、漫谈，都可以叫作言论。这样，就使评论的内涵大大拓展，操作也更加灵便。对此，目前还缺乏有力的概括，已有的知识和认识还不能很好地指导评论工作实践。

作为党中央机关报，作为新闻战线的排头兵和领航者，人民日报历来重视和长于评论。人民日报评论的重要与力量，既是人民日报的性质和地位赋予的，也是人民日报评论质量和水平赢得的。然而过去相当长时期里，人民日报评论的数量是有限的，并不那么多，有时候正是因为相对"稀缺"而显得更有分量。现在不同了，不仅报纸版面大大增加，而且报社成为一个集团，报纸、杂志、网站、微博、客户端、微信公号应有尽有。由此，评论的形态和数量大大增多了，多得不好统计。就以纸质《人民日报》而言，现今周一至周五每天有24个版，除了广告、专版等，几乎每个版上都有评论，2013年更创办了评论版。这样，报纸上每天刊发的评论当在万字以上。如果把整个报社的评论都加起来，那数量就相当惊人了——10万字抑或更多？

由此，就出现了大家都重视评论、都被要求撰写评论的局面。

二

为什么评论的形态和数量大幅增长？原因就在于社会生活更加复杂、各种事件极大增加，需要进行辨析和评判；同时，媒体形态更加多样、竞争更加激烈，仅靠报道新闻已经不足以彰显特色，需要通过加强评论来提高品质。归根结底是因为有需求、有需要。那么，社会的需求和需要又是什么？主要应是在提供新闻和信息的基础上，及时对有关问题和现象进行辨析和评判，让人们不仅知道发生了什么、是什么、有什么，而且了解为什么、怎么看、怎么办；更深层次地看，是一个社会应当坚持什么、提倡什么、反对什么。因此，思想观点是评论的根本。

评论就是要发表思想观点，特别是就新闻事件和社会现象发表思想观点。正确地发表思想观点，有利于引导社会舆论、疏导社会情绪，也有利于彰显价值立场、维护公平正义。从文章分类的角度讲，只有提供思想观点或者着重和侧重于提供思想观点，才是评论与其他体裁文章的区别所在。

提供思想观点的形式可以多种多样，这就构成了评论的不同形态，进而决定着评论的不同风格。除了大小、长短、轻重的不同，还有评论对象和受众对象、涉及领域和面向范围的不同。比如，针对时事和新闻的，就有时事和新闻评论；针对政治、经济等问题的，就有政治评论、经济评论等；针对国际和文艺问题的，就有国际评论和文艺评论。除此之外，还有一种评论并不特别针对某一具体事件和人群，这就是思想评论。如果细究一下，思想和观点并不完全等同——思想可能更深厚一些，观点可以较简易一些。思想评论，就主要提供思想。

如果从形态上对人民日报评论进行分类，它大致包括新闻评论、时事评论、国际评论、文艺评论、专栏评论、思想评论等，当然它们是互有交叉的。思想评论主要发表在理论版上，评论版上也有一些，有的短评、漫谈甚至杂文也包含思想评论的成分或者具有思想评论的色彩。把思想评论"单列"出来具有重要意义，可以进一步丰富评论形态、提高评论质量，进而提升媒体品位、有效引导舆论。

三

思想评论有什么特点？如前所述，思想评论并不特别针对某一具体事件和人群，而是在一定事实基础上，着力阐发思想认识、提供方法指引。也就是说，它并不是教人去"解牛"，而是给人"解牛"的刀子即思想方法。因此，它虽然并不特别针对某一具体事件和人群，却又是针对所有事件和人群、具有普遍的世界观和方法论意义。从这个意义上说，思想评论是理论和评论的结合。由于理论是管根本、管宏观、管长远的，思想评论也就具有综括性、前瞻性、高端性，重在从理论、原理、哲学上观察和分析问题，引导人们能够透过现象看本质，能够举一反三、触类旁通。由此，思想评论也肩负着普及理论特别是党的创新理论、提升人们理论素养特别是思维水平的任务。

思想评论需要汲取理论和评论的"长处"，克服其"缺点"：既有理论的支撑，又不像理论文章那样相对繁复艰涩；既有评论的锋芒明快，又不像多数评论那样"就事论事"；既要面向实践和紧跟现实，又要努力超越具象而与现实保持一定张力。正是因为如此，好的思想评论可以在更大程度上避免新闻报道和一般评论的易碎性，从而能够经受住时间的检验、具有相对长久的生命力。

主流媒体、高端媒体，应该有思想评论的一席之地，应该把思想评论放到更高位置。

四

怎样写好思想评论？这又回到评论的一般性上，即怎样写好评论。而要写好评论，不妨先说说好评论的标准是什么。对此，人民日报原总编辑范敬宜先生曾说，好的评论要具备"三要素"：思想、激情、文采。总编辑李宝善5月6日在人民日报社学习贯彻习近平总书记"2·19"重要讲话专题培训班上说，好的评论要做到政治正确、言之有理、议论周全。他还解释道，政治正确包含导向正确，言之有理就是见解独到，议论周全就是说理透彻。人民日报两位总编辑的观点可以说很有道理，也很有意思：范总的观点讲到了文采，李总的观点讲到了政治。的确，在我们国家，好的评论不能不讲政治，也不能没有文采。因为我们是一个政治大国，也是一个文化大国，少了政治这根弦，干什么都行不通；缺了文采这一条，写文章肯定一般般。

把两位老总的观点综合一下、都兼顾到，可以看出，好的评论应当具有这样的"三要素"：正确的观点、有效的说理、必要的文采。正确的观点，就是不仅要有观点，而且观点要正确——这里的观点亦即思想，观点贵鲜明、思想贵深刻，有观点才能引导人、影响人，有思想才能让人看了有所得、有所思。有效的说理，就是要说到点子上，让人信服或者基本同意——有效，不一定是"充分""繁复"，旁征博引、穷尽论据，有的时候点到为止、举一反三就行了，有的时候可以以少胜多、以一当十；说理要有效，既要尽量议论周全，又要力求分析透彻，关键是避免片面话、过头话、自相矛盾的话——辩证法讲究两点论与重点论的统一，一件事、看两面，看两面、就全面。必要的文采，既指不能没有，又指不能过分——言而无文，干巴巴的，尽是观点结论或者思想哲理，照搬文件讲话或者平铺直叙，读起来就会味同嚼蜡；涂脂抹粉过重，一味煽情炫技，油腻腻的，就会掩盖观点和思想的光芒，就偏离了评论的正道。

五

当然，写文章、写评论都是有讲究、有技法的，评论的讲究和技法还是大家耳熟能详的论点、论据、论证。论点就是思想观点，就是你要表达什么、议论什么、赞成什么、反对什么；论据就是你的思想观点有什么依据、用什么支撑，是事实，还是数据？是社会的现实现象，还是已有的思想资料？论证就是文章的展开过程及其所采用的方法，就是文章的结构和段落以及其中包含的逻辑关系。要写好评论，这三点都要给予必要的注意，无论是自觉还是不自觉的。

我们的古人是很注重也很擅长写文章、写评论的，诸子百家、韩柳欧苏就不说了，梁启超、鲁迅也不说了，单是毛主席就几可睥睨千古、超盖前贤。现在，习近平总书记同样是很重视、很善于运用笔杆子推动工作的，是非常会写文章、写评论的，他在福建工作时写的《摆脱贫困》、在浙江工作时写的《之江新语》《干在实处　走在前列》都很精彩，进入中央尤其是担任总书记以后发表的讲话更精彩了，在国内外掀起了话语体系的"习旋风"。习近平总书记提倡短、实、新的文风，这是要求，也是技巧，而且特别适用于评论写作。

在具体方法上，元代著名杂剧、散曲作家乔吉的"凤头，猪肚，豹尾"之说，相当具有借鉴意义。他说："作乐府亦有法，曰'凤头，猪肚，豹尾'六字是也。大概起要美丽，中要浩荡，结要响亮；尤贵在首尾贯穿，意思清新。苟能如是，斯可以言乐府矣。"意思就是，写乐府（文章）要讲究方法，开头，像凤凰的头那样高挺直立、美丽精彩，能够一下子抓住人（正如刘勰在《文心雕龙》中所说，立片言以居要，乃一篇之警策）；主体，就是中间部分，像猪的肚子那样能装东西，有充实丰富的内容；结尾，像豹子的尾巴那样简洁有力，给人留下深刻印象。善哉斯言，妙哉此论！

当然，上述这些都是技，而非道。评论特别是思想评论写作的"道"是什么？根本就是思想理论修养、政治政策水平、思维思考能力。要掌握这个"道"，就要认真学习马克思主义基本理论特别是我们党的创新理论，努力掌握马克思主义的立场观点方法，同时善于对丰富多彩的社会实践和社会生活进行观察和思考。根底扎实了，储备充分了，思想观点就会喷薄迸发，评论写作就能得心应手。

这是一个需要理论而且一定能够产生理论的时代，这是一个需要思想而且一定能够产生思想的时代。评论天地广阔、大有可为，思想评论空间很大、前途光明。我们不能辜负了这个时代。

（原载《新闻战线》2016年12月上）

好文风不是"写"出来的

杨 健

11月8日，记者节，《人民日报》头版头条刊登消息——习近平总书记勉励广大新闻从业人员"做党和人民信赖的新闻工作者"。消息的右边，一篇人民日报评论员文章同样引人注目：《文风改进永远在路上》。

在广大新闻工作者的节日，将文风改进的要求如此醒目地予以强调，体现了中央对文风问题的高度重视。正如评论员文章中所说的：文风问题不是一件小事。我们党历来认为，文风体现作风、反映党风。党的十八大以来，党中央把改文风列为作风建设的重要内容。中央八项规定，改进文风就是其中一项。努力"走基层、转作风、改文风"，把改文风作为转作风的一个支点，持之以恒地推进下去，是新闻舆论工作乃至党的作风建设一项重要的任务。

一

评论是报纸的灵魂，对于一张以"人民"冠名的报纸，评论的文风如何，决定着与读者的距离远近，体现着对社会的认识深浅，更反映着观点背后的态度冷暖。走进人民日报评论部的那一天起，我们就接受着这样的传统教育，从前辈身上汲取营养，向同辈学习接地气的本领，尽可能去克服那些文风和作风上的毛病。但是坦率地讲，有一些毛病就像是空气里的细菌，时时刻刻准备乘虚而入，稍不留意就会中招。

比如说官腔。事实上，评论部20来个成员，绝大多数都是贫家子弟，没有人跟"官"有多深的渊源，更没有一个人喜欢官腔。但正像卢新宁副总编辑常说的，现在是人人都有麦克风的时代，而在这个平台上，我们手里拿的是金话筒。手持金话筒的时间长了，你不想打官腔，也要当心它自己找上门来。

我们有没有写过拿腔作调、面目可憎、拒人于千里之外的评论呢？诚实地讲，肯定是有的。从主观上讲，当然没人愿意去这样做。但从效果上讲，这样的作品时常可以遇到。仔细分析其中原因，有时候是因为年轻造成的。这些年来，评论部大量扩编，来了许多刚从大学毕业的年轻人，平均年龄一下子降到36岁以下。身在主流媒体，但对主流话语体系是相对陌生的，大家常常会不知所措，尤其是当时间紧、任务急，而对写作的领域又不那么熟悉的时候。不知所措而求稳妥，就难免会想着从各种"标准说法"那里照搬照抄，于是乎，套话——这个官腔最显著的特征就不请自来、长驱直入了。

打掉套话，领导们身体力行。我印象深刻的两个范例，是评论部老主任米博华的。2013年2月，已近花甲的副总编辑米博华亲自操刀，写了一组关注基层干部的评论员文章，第一篇的题目叫作《为国家操劳　为百姓打工》。光看这个标题，就没有官话套话的痕迹。再看文中的表述，"如何看待基层干部？应该讲两句话，不因基层干部中存在这样那样问题而看不到这支队伍为党和人民事业所付出的辛劳、做出的贡献；不因工作繁难、贡献很大而忽视基层干部队伍中存在的种种问题"，仅这一句，整个文章的风格就可见一斑了。

2012年10月，老米为迎接党的十八大特刊写了一篇千字文《前看十年　瞩望十年》，同样是促膝而谈、娓娓道来。"前看十年，瞩望十年，我们既有'木秀于林'的骄傲，也感受到'风必摧之'的压力。这个变化着的星球，潮起潮落，此起彼伏，'对冲'原本就很正常。虽然言人人殊，然而，东流之水不会因此而改道，太阳照常准时升起，中国朝着自己的目标阔步前进。"当时的评论部主任卢新宁对这样的金句激赏不已，一再让我们好好学习这种把握重大题材时不讲套话的智慧和本领。

官腔的另一种表现，是高高在上、不容置疑。我们的一些年轻作者，经常因为遇到一些不平之事而义愤填膺，从而忘记了多角度地、设身处地地换位思考。批评是容易的，训斥也不那么难学，只要把自己看得很重要就可以。但这个平台把金话筒交给一个评论者，恰恰要求你学会宽厚的批评、有节制的赞赏，时刻保持深刻的自省。"我们了解真相吗？我们了解背景吗？我们有充分的沟通吗？我们的分寸把握到位吗？我们有预设的结论吗？我们是愤青吗？我们是否站着说话不腰疼？"在写每篇文章之前之后，都用这些问题多丈量一下自己，官腔就会少一些，官气也就会少一些。

二

和官腔一样难以克服的是"花腔",也就是那些形式大于内容的表达方式。"言之无文,行之不远",写文章,文采可以有,必要的形式也要有,关键是做到形式跟内容的有机统一。

曾在人民日报当记者的朱维群给《学习时报》写过一篇改文风的文章,提到:我们机关的文章从标题到内容越来越讲究排比、对仗、工整、四六句。很多的文章,包括一些领导讲话、权威报刊的理论文章,文内第一层次标题不管相隔多远,主语谓语宾语、名词动词形容词,语式甚至字数都是对应的;然后第二层次标题换个排列方式,又都是对应的……这种写法,不是以内容的需要来摆布文字,而是以文字上下前后工整的需要来裁剪内容,合之则留,不合则去,结果思想得不到伸展,观点得不到阐述,统统被割裂得七零八落。这种文章给读者留下的只是一个刻意雕琢的词句框架,很难留下深刻的思想启迪。

出现这种情况,原因同样是多方面的。追求形式美是一方面,也有的时候是因为文章或者讲话长了,需要在形式上做一个标识,做着做着就掉进四平八稳的坑里,忘记了最初进行标识的目的。"我们的文字必须反映实际,以解决问题为要旨,避免坐而论道,避免把时间精力弄到概念、词句、提法的新奇上,文章架构的工整上。"在这一点,习近平总书记为我们树立了榜样。学习他的讲话或文章,当长则长,当短则短,不去特别在意各个段落的均衡,是形式为内容服务的典范。

还有一种情况,就是一些人"口才好",说话作文都讲究"一嘟噜一嘟噜"的,看似出口成章,其实是把文章写油了。"做官要知足,就应端正'官念'、淡化'官欲'、克服官本位""一些干部总是自我感觉很好,常常孤芳自赏、自以为是,不能正确地看待自己。有的盲目自大,有的盲目自我,还有的盲目自恋"……这样的句子偶尔有一些,可能属于"金句",容易给人留下印象,但如果通篇都是类似的文字,不免给人炫技之感。不要把手写"油"了,这是我们对那些成熟"写手"经常要提醒的。

三

如果说官腔和"花腔"属于有意无意为之,学生腔就完全是无心之失了。

人生阅历浅,对社会了解有限,特别容易出现把写文章当"作文"的倾向,只求两小时内 800 字交卷。从理论到理论,对很多问题的看法就可能会简化成"真空中的自由落体",各种空气阻力、扰动通通忽略不计,最后甚至闹出"何不食肉糜"的笑话。很多时候,我们的评论经过社长、总编辑的修改,也许只是寥寥数笔,但学生气顿时少了许多,让读者感到作者的年龄仿佛增长了十岁二十岁。

要求年轻人一下子弃绝学生腔,既不现实,也属苛求。记得我自己刚上班的时候,部门领导就借给我一本《世说新语》,学习人家信手拈来的智慧、老辣沉雄的表达。这样的耳濡目染非常重要,但坐在办公室里学习"老成谋国",只怕是老成寿星了也学不会,最好的办法,还是多下基层接地气,多接触社会,多了解实际。

人民日报对评论员的成长非常关心,报社专门在预算中安排了一笔调研经费,鼓励评论部成员迈开双腿走出去、沉下去。虽然因为时间紧任务重,大家最后能够成行的机会不是太多,但每次只要出去了,必有大大的收获。

说了这么多,其实就一个意思,这层意思在前面提到的那篇评论员文章里有简洁的表述:好文风是有门槛的,不认真对待文字、不勤于学习者,难以入门。这种学习不只是技法上的学习,更要在文章之外下功夫。习近平总书记谈到新闻舆论工作"要有很强的笔力",强调少一些结论和概念,多一些事实和分析;少一些空泛说教,多一些真情实感;少一些抽象道理,多一些鲜活事例。这些要求,都不是仅靠"写"就能达到的。

(原载《新闻战线》2016 年 12 月上)

思想、温度、品质：检验新闻作品的重要指标

温红彦

2016年2月19日上午，习近平总书记到人民日报、新华社、中央电视台实地考察调研，与一线编辑记者交流座谈，为新闻工作者鼓劲点赞，对每一位编辑记者都是深深的激励和鼓舞。

特别是习近平总书记当天下午在党的新闻舆论工作座谈会上的重要讲话，高屋建瓴，思想深刻、内涵丰富，对新时期党的新闻舆论工作的地位作用、职责使命作了系统阐释，提出了一系列富有创见的新思想、新观点、新论断、新要求。

从"铅与火"，到"光与电"，从手摇马达到海事卫星，从文字时代、读图时代到网络时代……新闻生产力的飞速发展，让我们深感与时偕行的强大，同时也深感媒体环境前所未有的复杂。舆论传播呈现多向化、海量化、社交化、碎片化，信息的真实性难以分辨，新闻的权威性受到挑战，在从传统媒体一统天下走向媒体融合的趋势下，在人人都是自媒体的时代特征下，如何提高党的新闻舆论工作的传播力、引导力、影响力、公信力？习近平总书记这一重要讲话，为我们寻找到答案，为我们指明了方向。

习近平总书记"2·19"重要讲话，体现了对新闻传播规律、媒体发展趋势和复杂舆情动态的深刻洞察，彰显了求真务实的科学态度和与时俱进的理论品格。总书记在重要讲话中提出的"高举旗帜、引领导向，围绕中心、服务大局，团结人民、鼓舞士气，成风化人、凝心聚力，澄清谬误、明辨是非，联接中外、沟通世界"的48字"职责使命"，和"牢牢坚持党性原则，牢牢坚持马克思主义新闻观，牢牢坚持正确舆论导向，牢牢坚持正面宣传为主"的"四个牢牢坚持"，为我们做好党的新闻舆论工作提供了根本遵循。习近平总书记提出的"努力推出有思想、有温度、有品质的作品"，一语切中肯綮，饱含着对新闻工作者的谆谆教诲和殷殷嘱托。我们必须从讲话中读懂党性原

则,从讲话中感悟人民立场,从讲话中提升认识高度,从讲话中汲取前行力量。

"有思想、有温度、有品质",是考查新闻工作者使命担当的重要内容。生产更多"有思想、有温度、有品质"的新闻作品,唱响主旋律、传播正能量,为实现中华民族伟大复兴的中国梦凝心聚力,是党的新闻舆论工作的神圣使命。这就要求我们,读者在哪里,受众在哪里,宣传报道的触角就应该伸向哪里,宣传思想工作的着力点和落脚点就应该放在哪里。

"有思想、有温度、有品质",还是检验新闻作品的重要指标。习近平总书记这一新要求告诫我们,无论媒体格局如何改观,无论阅读习惯如何流变,内容是王道,品质是追求。发人深省的思想、感人肺腑的温度和令人信服的品质,永远是有效引导新闻舆论的法宝,采写"有思想、有温度、有品质"的新闻,永远是党报新闻工作者安身立命的根本。

一、新闻作品的思想,体现的是一种价值导向

"有思想",要求新闻作品首先把政治方向摆在第一位。

做好党的新闻舆论工作,是治国理政、定国安邦的大事。党报工作是政治性很强的业务工作,也是业务性很强的政治工作,首先要把政治方向摆在第一位。作为党中央机关报,牢记职责使命,增强"四个意识",自觉向以习近平同志为核心的党中央看齐,始终保持政治定力,应该成为我们的思想自觉和行动自觉。

传媒技术飞速发展,传媒格局风云变幻,舆论斗争从来没有像今天这样复杂、这样激烈。党管宣传、党管媒体、党管意识形态,必须旗帜鲜明、理直气壮。作为党的新闻工作者,要具备敏锐的政治鉴别力,绝不能天真,更不能退缩,必须坚守意识形态斗争的最前沿,把舆论的"风向标"牢牢掌握在手中,时刻胸怀大局、把握大势、着眼大事。

政治鉴别力体现在政治意识、大局意识、核心意识和看齐意识上,体现在政治家办报意识上,以政治眼光和政治智慧忠实地宣传党的主张,善于把政治导向和政治要求贯穿到各个环节和各个方面,把思想性巧妙融入报道当中,才能胜任党报这份艰巨而光荣的工作。

新闻作品报什么、怎么报,都体现了记者的立场、观点和态度,都有一定的导向作用。2013年前后,基层干部被污名化的倾向十分严重,网络上充斥着许多误读基层干部群体的文章和帖子,与现实严重不符。我国幅员辽

阔,基层组织庞大,基层干部数量众多,他们身处一线,是党和国家事业的基石,是密切干群关系的纽带,却因极少数基层干部的不作为、乱作为甚至腐败行为而使这个群体被肆意抹黑。为准确把握基层干部的整体状态,本报组成3个调研小分队,前往贵州、河南、山东等地进行实地调研,我们深入12个县区,开了40多场座谈会,采访了大量基层干部群众,与近300人面对面交流,通过细致的调研采访,冷静的分析思考,听取各方意见,综合进行研判,采写出"如何看待基层干部"系列调研报告,通过公开报道展现了基层干部的真实面貌,通过内参形式送达中央领导,为中央判断形势和做出决策提供依据,获得中央领导的长篇批示肯定。这组调研报道,还原了绝大多数基层干部积极干事创业的正面形象,与当时网上对基层干部的污名化形成对冲,有力有效澄清了事实,引导了舆论,这组调研报道也因此获得第24届中国新闻奖。

思想高度决定报道深度。可以说,党报的全部尊严就在于思想。越是浅阅读时代,越需要思想的滋养。特别是在真假莫辨的媒体环境下,媒体转型带来巨大的行业竞争压力,"标题党"只为吸引眼球,假新闻造成负面影响,因此,提高新闻的思想性成为党报义不容辞的责任。党的十八大以来,以习近平同志为总书记的党中央把全面从严治党作为治国理政的"先手棋",做出了一系列重大部署,提出"从严治党,关键是从严治吏"的重要论断。那么,经过十八大以来的管党治党实践,各地从严治吏的效果怎样?广大干部群众如何看待从严治吏?地方实践积累了哪些有益经验、还存在哪些问题和不足?我们拨开喧嚣繁华的表象,通过对问题的深度调研和深层思考,积极引导了舆论,"从严治吏如何严起来"系列报道刊发后产生了很好的社会效果,在社会上引起强烈反响,具有很强的传播力和引导力。通过调研完成的系列内参,也得到中央领导同志的重要批示。各地从严治吏的实践和我们的调研结果充分说明:吏治清明,政治才能清明;真正严起来实起来,才能把干部管住管好。这组调研报道所产生的良好社会效果也充分说明:要加强新闻舆论的传播力和引导力,就要特别注重报道的思想深度,这是党的新闻工作者不可或缺的第一要素。

二、新闻作品的温度,传递的是一种百姓情怀

"有温度",就是欢乐着人民的欢乐,忧患着人民的忧患,感动着人民

的感动。

我们正在进行具有许多新的历史特点的伟大斗争，迫切需要壮大主流舆论，凝聚团结奋进的力量。而深刻的道理要通过生动故事来阐释，"写稿机器人"只能完成冷冰冰的数据新闻稿件，写有温度的新闻、讲有灵魂的故事，推出"接地气，带露珠"的作品，则需要记者脑力体力共济，脚力笔力并用。

温度来自对生活的体验和感知。纷繁的现象深涵社会的本质，丰富的生活孕育巨大的潜能。习近平总书记要求党的新闻工作者"要转作风改文风，俯下身、沉下心，察实情、说实话、动真情"，把新闻报道的重点放在基层，从群众中发现、挖掘新闻线索。俯下身、沉下心，察实情、说实话、动真情，这既是基本功，也是世界观和方法论，是党的思想路线和群众路线的生动体现。《教育扶贫阻断代际传递》《教育扶贫，让知识改变命运》这组深度报道，是自主策划的选题，记者紧扣教育在精准扶贫和脱贫中的独特作用，深入到四川、海南、甘肃等地进行仔细调研，报道上连"天线"、下接地气，反映了在党的扶贫政策阳光下，贫困地区的学生及其家庭呈现的可喜变化，阐释了让每一名贫困地区义务教育阶段学生接受良好教育，必将在阻断贫困代际传递中发挥重要作用。报道引起强烈社会反响，许多网站纷纷转载，教育部专门致信报社表示感谢，社领导批示"稿子扎实生动""极具说服力"。

温度也来自于新闻工作者坚持问题导向、发扬求真作风的实践。只有首先获得"真知""真相"，才能写出反映群众呼声的好作品，才能写出"既教育人、引导人、鼓舞人，又尊重人、理解人、关心人"的好言论。一度各种证明过多过滥问题，成为中国一大"特色"，百姓多有诟病。我们的记者和同事聊天，听那位同事说起办证件遇到的烦恼。同事一家三口准备出境游，紧急联络人想填自己的母亲。可问题来了，他和母亲户口不在一地，需要书面证明他和他母亲是母子关系。工作人员告诉他：到父母户口所在地派出所可以开这个证明。想到为这个证明要跑近千公里，同事有点恼火："证明我妈是我妈，怎么就这么难？"更恼火的是，最后他向旅行社交了一笔钱，就不用再证明他妈是他妈了。记者敏锐抓住这一问题，撰写了《怎么证明我妈是我妈》一文，引发了媒体广泛关注，这个标题成为2015年的网络高频词，也成为促进政府简政放权的关联词。文章用故事说明，让数据多跑路、让百姓少跑腿，就不会出现"我妈是我妈"这样的奇葩证明。这样的言论，便体现了新闻的百姓视角，体现了作品的人民情怀。

涉浅水者得鱼虾，涉深水者得蛟龙。深入生活，体验和积累，是新闻写作的源泉。它让记者通过亲身体验，零距离了解事物真相，加深与采访对象的感情，加深对事物的理性思考，从而写出沾泥土、带露珠、打动人心的报道。2016年年底，我们策划推出一组"一线探访·年终特别报道"，记者深入"走转改"，进行体验式采访，与一线干部群众同吃同住同工作，采写了《我随法官追老赖》《湄公河上的四天三夜》《在基层遇见上访》等深入鲜活的报道，彰显了记者的为民本色。单从这些报道的题目上，就能感受到作品的温度。

这些实例充分说明，只有把根扎进沃土，才能感知大地温度；只有触摸群众冷暖，才能体现百姓情怀。只有自己用心，才能把新闻写在人民的心坎上。

三、新闻的品质，散发的是一种真诚力量

"有品质"，首先要求新闻作品要真实准确、客观公正、澄清谬误、明辨是非。

新闻传播海量化、碎片化的现实，不仅对主流媒体的权威性带来挑战，更使信息的真实性难以分辨。事实是新闻的本源，虚假是新闻的天敌。作为党报的新闻工作者，要把真实性作为最重要的品质要求，既准确报道个案，又真实反映全貌；既客观地反映现实，又帮助群众澄清模糊认识。

2015年，黑龙江绥化市庆安火车站发生铁路警察开枪事件，引起社会广泛关注。根据公安部指示，铁路公安局迅速组成工作组赴庆安指导处置，及时进行客观全面的调查，形成了民警使用枪支依规合法的调查结论。但警方公布调查结果和监控视频后，网上竟舆论哗然，依然传播"枪杀访民"的谣言，纠缠于是否"截访"，甚至怀疑视频作假。一时谣言四起，真相扑朔迷离，并持续在网上发酵。记者连夜赶往庆安现场，采访目击群众、铁路职工、警方、检方，写了《警方检方调查庆安事件认定——民警开枪依法合规》的深度报道，详细报道了"庆安事件"的来龙去脉和检察机关的认定结果，以确凿的事实回答了警察为什么开枪。这篇报道拨开迷雾，廓清了舆论误区，在"庆安事件"舆论炒作中起到了一锤定音的作用。报道体现了记者扎实的采访作风和对读者高度负责的精神，中央领导同志批示肯定人民日报坚持正确的政治立场，敢于旗帜鲜明，亮明自己的观点，扶持正气，反对邪恶。这样的报道，我们认为就是有品质的新闻作品。

"有品质"还体现在创新上。创新从来都是新闻行业发展的动力源。从这个意义上说,抓创新就是抓发展,谋创新就是谋未来。习近平总书记要求我们要"创新理念、内容、体裁、形式、方法、手段、业态、体制、机制",党报记者责无旁贷。近两年,人民日报按照中央的要求,坚持创新驱动,媒体融合发展换挡提速,全媒体平台中央厨房正式运行。人民日报微信的粉丝量已经超过800万,在国内全部微信公众号中,影响力遥遥领先。"大河有水小河满,小河无水大河干",报社内设机构、下属单位也积极响应,共开办了110个微信公众号,2014年创立的"人民日报政文"微信公众号,就是其中一员,她把创新作为主线,坚持抢抓热点、深耕原创,立足周刊、扩大传播,加强策划、从严把关,利用联系近百家中央部委的资源优势,推出一批有时效、有深度、有影响力的原创报道,许多报道成为独家信源,被各大网站和媒体转载。如深度解读新的党内法规的《党员不能炒股?计生政策将废止?老乡会不能参加了?你想多了!》等,点击量都超过10万次。

创新是摆在新闻舆论工作者面前的一项艰巨任务。然而,创新说起来容易做起来难。难就难在思维定式难以突破,路径依赖难以摆脱。比如,要求正面宣传为主,有的新闻作品便总是高大上模式、三段式套路、四六句写法;遇到突发事件,我们的一些报道仍然报是报、网是网,难以真正融合进而提质增速;面对同行的竞争,我们一些编辑主动设置议题、科学设置议题能力不够强;面对媒体新技术浪潮,我们一些人仍然面临"知识恐慌""本领恐慌",不想、不敢主动融入新媒体,不愿、不能掌握新技术新手段。

勇于创新才能不辱使命,迎难而上方显责任担当。我们必须树立强烈的创新意识、鲜明的目标导向,克服思想惰性,提升自身素质。时代在前进,没有人会在原地等我们。全媒体时代,在发挥传统媒体专业优势的同时,必须全力推动媒体融合,这是党交给我们的重要政治任务,是时代赋予我们的光荣使命。只有顺应新的传播规律,以贴近受众心理的话语,切中现实热点议题,才能扩大党的新闻舆论工作的传播力;只有创新内容、形式、方法、手段,积极适应分众化、差异化传播趋势,会用、善用新媒体,根据自身优势和读者需求准确定位,精准传播,才能不断提升党的新闻舆论工作的引导力。

习近平总书记在党的新闻舆论工作座谈会上的重要讲话,是新闻工作的总遵循、新闻实践的定盘星,学好用好这一重要讲话,对我们来说是一个永无止境的过程。今天,中国正站在全面建成小康社会的决胜关头,站在向"两个一百年"目标奋进的关键时期,我们必须时刻保持思想的敏锐度和开放性,时刻保持党的新闻工作者的初心和激情,按照总书记所要求的那样,做党的政策主张的传播者、时代风云的记录者、社会进步的推动者和公平正义的守望者,把有思想、有温度、有品质的新闻作品奉献给伟大的时代、奉献给伟大的人民。

(原载《新闻与写作》2017年第2期)

媒体融合：融到深处回归内容

崔士鑫

自从2014年8月，中央关于推动传统媒体和新兴媒体融合发展的指导意见通过、媒体融合发展上升为国家战略以来，各传统主流媒体，充分认识到媒体融合发展是大势所趋，纷纷以更加积极的态度、更加有力的措施推动媒体融合发展，进一步补齐在渠道、平台、经营、管理等方面的短板，推动从相"加"阶段迈向相"融"阶段，我国媒体融合发展已走在世界前列，进入"第一方阵"。

随着融合发展程度不断加深，传统媒体传播渠道大大拓展，自身新媒体平台粉丝数和点击量迅速提升，使传统媒体有条件将内容更加迅速地传播给受众，大大缩小了与新媒体在渠道与平台等方面的差距。在此背景下，内容的价值愈发凸显。可以说，媒体融合发展到一定程度，传统媒体更需进一步认识优质内容在媒体融合发展进程中的重要意义，认真探讨在运用互联网技术促进有效传播的同时如何坚持内容优质标准，提升新媒体时代新闻产品乃至媒体的核心竞争力，从而以内容优势赢得发展优势，立于不败之地。

有必要分清"内容为王"，还是"优质内容为王"

说到与内容有关的话题，近年来传媒界最为熟知的理念，就是"内容为王"。这一理念起初是由世界最大传媒集团之一维亚康姆（Viacom）公司创始人、董事长兼首席执行官（现为名誉主席）的萨默·雷石东（Sumner M. Redstone）提出的。1987年雷石东豪赌收购了维亚康姆，除了看中维亚康姆的"渠道"，包括有线电视网、广播台、电视台以及节目传输网络，他更看中维亚康姆的节目编排资产。雷石东认为：对一家传媒公司来说，最重要的是内容。"即使拥有世界上最漂亮的影院，如果没有一部热门电影，你的一切努力都将白费。"他将这一理念归纳为"内容为王",在当时产生广泛影响,甚至比尔·盖茨也以此为题写了一篇随笔,放在微软网站上(1996年)。

雷石东多次访问中国,阐述这一理念。此后20多年,"内容为王"被诸多中国媒体人奉为圭臬。许多人认同这一观点:在传媒业价值链条的两大经营重点,即内容生产和渠道建设中,内容的价值保障,应比渠道建设更可靠也更重要,"传媒产业始终是内容产业"。

不过,雷石东所说"内容为王"中的"内容",准确地讲,应是"优质内容"。传媒的"内容",包括其所传播的一切事物,不可能都"称王"。比如传统意义上的报纸,就包括主要由文字及图片等构成的全部要素,例如新闻信息、各类评论、理论,以及专刊、副刊性质的读者来信、文艺作品,甚至填字游戏、各种广告等。尽管在传统媒体的内容生产机制下,内容都是层层把关、按一定优质标准进行选择,但仍难免高下不一,能据以称"王"、可以"创造品牌"的"内容",只能是其中优质者。

那么,怎样判断哪些内容属于"优质"呢?在传统媒体语境下,这一问题相对简单。以报纸为例,它所刊载的新闻报道(消息、通讯、调查报道、专访等)、新闻评论(评论、理论文章)、副刊作品(散文、诗歌、回忆录)等,从受众角度看,归纳起来主要是提供信息、知识、思想和消遣。这四类内容是否优质,总的要求是,信息要及时准确、全面深入,知识需专业权威、易懂管用,思想应导向正确、以理服人,消遣要寓教于乐、有益身心。具体的,则反映在记者、编辑以及社会作者对重大主题的把握、独家真相的发掘、复杂问题的剖析以及文笔才华、构图妙思的展现上。其他传统媒体如广播、电视,主要也是这四类内容,虽表现形式不同,优质标准却大同小异。在以往中国新闻作品最高奖"中国新闻奖"得奖名单中,不难找到这种优质内容的范例和标准。

然而在以互联网为标志的新媒体时代,"内容"的来源尤其是"优质"的标准,似乎都发生了很大变化。人们更多习惯于从便捷、易得、随时产出的网络以及移动端等渠道或平台获取信息,许多传统媒体上的内容与受众脱节,价值无法实现;且由于互联网更适合于"泛阅读、浅阅读、轻阅读、易阅读",传统媒体以往许多"优质"的标准,或很难做到(比如快速、独家),或未必被接受(比如重头、深度)。另外,按照雷石东"内容为王"的逻辑,只要你做出更优质的内容,就会有更多受众,就有更大影响力和市场占有率,就能卖出更多更高价的广告,媒体实力就会不断壮大,就更有能力生产出优质内容。这正是传统媒体的主要商业模式。但新媒体的崛起，严重冲击了传统媒体的这种传播与营利的模式与优势，一些技术领先、渠道和平台占优的互联网企业，有更高内容抵达率，也有更多人气收益。于是，"内容为王"受到质疑，"渠道为王""匹配为王""技术为王""数据为王""营销为王""信息服务为王"等各种说法，甚嚣尘上。

好在近年来许多传统媒体融合发展步伐加快，部分扭转了"内容为王"理念所面临的颓势。最重要的变化，是传统媒体在融合发展进程中，积极运用互联网技术，一方面借力于微博、微信等新的传播渠道和平台，并加紧建设自身新的渠道和平台，主动向受众推送内容，实现有效联接；另一方面，凭借强大内容生产能力，生产出许多适应新媒体时代受众需求的优质产品，影响力不降反增。以人民日报为例，或许看《人民日报》这份报纸的人数有所减少，但人民日报的优质内容，却得到了比以往更为广泛的传播。当技术与渠道等鸿沟逐步被拉平，优质内容的价值就重新彰显。这与雷石东敢于强调"内容为王"，一个重要原因是他的传播渠道并不亚于以"渠道为王"为竞争战略的默多克新闻集团，是同样道理。

当然，不同于雷石东强调"内容为王"的传统媒体时代，现在更需强调"优质内容为王"。以往，传统媒体的传播渠道，基本上处于垄断状态。所有内容都需通过传统媒体才能发布。而传统媒体至少在理念和体制机制设置上，都追求内容非优质不发布，所以可以只说"内容为王"而不必强调"优质内容为王"。互联网使每个受众都变成了信息"发布者""生产者""自媒体"，内容生产极为便利、随意、缺乏监管，难免鱼龙混杂、真假难辨、同质化严重。因此，强调"优质内容为王"，更有助于充分认识优质内容在媒体融合发展进程中的重要意义，不会产生只要生产内容就能"为王"、搬运内容也能"称王"的误解。

辩证看待媒体融合中"优质内容"的变与不变

或许有人会质疑，媒体融合发展，传统媒体也在运用互联网技术生产适应新媒体时代受众需求的新闻产品，强调"优质内容为王"是否还有意义——这些新产品包含的究竟是"优质内容"还是"优质技术"？用传统媒体时代的优质标准，是否还能衡量这些新产品的内容是否优质，或者说在媒体融合发展时代，什么才是"优质内容"的标准？在生产优质内容方面，传统媒体与新媒体相比,是否仍有优势?

实际上,优质内容从来就含有技术因素,是与传播方式密切相关的。纵观新闻传播发展史,内容的"优质"标准并非一成不变,一直随着传播技术不断进步,处于变化调整之中,总的趋势是内涵越来越丰富,越来越能满足受众各种需求。比如新闻摄影技术出现,为报刊内容的"优质"含义,增添了"图文并茂"新标准。广播的出现,使方便接收、老少咸宜、实时传播成为内容优质新维度。电视的普及,把直观易懂、形象生动,变成内容优质的新标尺。

但这些技术的变化,对内容优质标准没有造成"伤筋动骨"的根本改变。因为不管技术如何变迁,就新闻传播而言,人们对此的需求本质上并无不同。各种新技术新手段虽"乱花渐欲迷人眼",然而当繁花落尽,归根结底还是要看新闻内容能否满足人们准确监测环境变化、有效更新社会认知、正确做出价值判断、调节身心保持活力的需求。传统媒体四类内容即信息、知识、思想、消遣的优质标准,正是在新闻传播的发展过程中,经过对具体的优质标准进行归纳,最终提炼出来的。具体体现虽有不同,但优质标准本质上始终如一。

不可否认,与以往传播技术更新相比,互联网技术对新闻传播的冲击更加猛烈、全面与深刻。其中极为重要的变化,是互联网技术在内容生产中的地位大大提升。一方面,新闻信息发布传播的门槛降低,不但文字图片,包括音频视频,都可以便捷制作、广为传播,甚至曾被视为技术含量极高的视频直播,也在网络时代"走入寻常百姓家",打破了报刊、广播、电视等在内容制作和传播方面的垄断地位,内容供给出现"井喷"。另一方面,传播渠道变化也对内容呈现方式提出了新要求,优质内容的具体标准,也在互联网时代有更多变化。比如,传统媒体的优质内容,往往主题重大、鸿篇巨制。而新媒体上发布的内容,主要看是否满足互联网多向传播、互动传播的特点,吸引更多人点赞、转发和评论。有时传统媒体上一条很不起眼的信息,却能成为人们转发的热点。有些另类的新闻制作,往往更能博得眼球,被传播得更广。比如《人民日报》上一条占据近半块版的有关民法总则的权威内容,却没有以动画形式展现的《当民法总则遇见哪吒》更受追捧。

然而,如果认真分析和观察,在"井喷"状态的内容洪流中,新媒体时代,内容的优质标准并没有根本改变。

从能否真正满足受众使用媒体基本需求的根本标准而言,媒体所提供的信息，依然要及时准确、全面深入，才有影响力。"人人都有麦克风"的新媒体，在突发事件信息的发布与传播上，有传统媒体不可比拟的优势，一度野蛮生长，人们蜂拥而来。然而经过多次虚假信息、新闻反转事例的教训，许多人遇事开始向传统媒体求证，传统媒体也提供了相应渠道和平台。许多传统媒体创办的新媒体，之所以短时间内就聚集大量粉丝，有巨大影响力，重要原因是能提供及时准确、全面深入的信息。比如人民日报微博目前已有近亿粉丝，微信用户超1000万，客户端累计下载量1.6亿，为时不足5年。传统媒体一旦消弭了与新媒体之间在传播速度上的差异，哪怕稍有滞后，也具明显优势，原因在于同样"快"了以后，前者的内容更加"准"和"深"，有"一锤定音"的力度。

同样，媒体所提供的知识依然要专业权威、易懂管用，才有公信力；提供的思想依然要导向正确、以理服人，才有说服力。前者如《人民日报》的"求证"栏目，依靠党报资源，针对似是而非的争议新闻、疑点事件、热门谣言，以扎实的采访和专业权威的解读，澄清传闻，引导舆论回归理性。后者如《人民日报》的优秀评论（2014年影响中国的十大评论《**公共辩论，求真比求胜更重要**》等），往往能在众声喧哗中，以独有的思想穿透力，拨开尘嚣，直面本质。还有，提供的消遣也要寓教于乐、有益身心，才有持久的吸引力。比如人民日报微博的"夜读"。这些传统媒体的优质内容，由于有了新媒体的传播渠道和平台，适应了新媒体时代分众化、差异化的传播趋势，如虎添翼，脱颖而出。

说到底，媒体融合，融到深处必然回归到优质内容。如果没有优质内容，再好的技术支撑，再好的平台渠道，也不过是空架子。如果没有优质内容，再快捷的传播速度，再花哨的娱乐手段，仍会令人感觉知而未尽，看不清真相，分不明是非，"有意思但是没意义"。在传统媒体时代，信息供给不足，信息量大就是竞争利器。但在新媒体迅猛发展的今天，已变为信息供给过剩，精品供给不足，媒体"炒菜的越来越多，而种地产好粮食的却在减少"，优质内容才是取胜之道。所以传统媒体要积极运用新渠道新技术新手段，但不能失去对优质内容的坚守。所谓传统的优质内容的标准，仍然经得起互联网的考验。

回归优质内容，在融合发展中重塑传统媒体核心竞争力

在新媒体时代，我国传统媒体之所以有可能经过融合发展，最终以内容

优势赢得发展优势，原因在于传统媒体在体制内所拥有的庞大资源、基因中所蕴含的主流价值观和长期积累的新闻专业精神，包括新闻从业者长期培养与历练而形成的很高的政治素质和业务素质。这些因素与优势，确保了传统媒体在激烈竞争中，虽然未必"旺一时"，却能顽强地"守一世"。

有两种现象值得深思：一是通过观察可以看到，播客时代的"名播"，只有极少变成微博时代的"大V"，而微博时代的"大V"，又有几个成功转型为微信时代的"大号"？微信时代的"大号"，也很少变成直播时代的"网红"。但作为专业新闻机构的传统媒体，虽曾暂时失去过对渠道的控制，自从微博时代惊觉以后，积极创办新媒体，推动媒体融合，依托固有内容生产优势，在微博以后的不同"时代"，都一直处于"高原"，尽管看上去未必是峰尖。二是许多原先专注于渠道与平台的互联网企业，如腾讯、百度、新浪、网易等，也在想方设法效仿或联合传统媒体，打造优质内容品牌。一些风头正劲的新媒体，如依赖算法生产内容的"今日头条"等新闻客户端，使用的也大多是传统媒体的内容。

因此，传统媒体要有优质内容生产方面的自信。在融合发展程度加深、回归优质内容过程中，要立足于固有优势和根本，积极运用互联网技术，以适应时代的优质产品，引领新闻产品的供给侧改革，在融合发展中，重塑核心竞争力。

首先优质内容是为受众提供更多更好既及时准确，又全面深入的信息。互联网使人们可以随时随地发布信息，打破了传统媒体在传播渠道上的垄断，某些信息如突发事件，在第一时间发布上，传统媒体等专业新闻机构比不上无处不在的"公民记者"。即使同一平台竞争，传统媒体由于有认真核实真伪的规程、严格的把关制度，经常出现"慢半拍"现象。不过，绝大多数事关国计民生的重大信息，通过融合发展，传统媒体早已具备及时准确发布的渠道和平台，在抢占"第一落点"方面远超新媒体和自媒体。何况，信息内容是否优质，"快"只是一个方面，在新媒体时代甚至是未必重要的一个方面。"发生了什么"人人都可报道，但对事件发生原因和影响的报道，却不是谁都可以承担的。利用各种政治、社会资源，凭借专业精神与技能训练进行长时间深入采访与调查，制作成全面深入的新闻产品，揭示原因、阐明真相、预示趋势，"以慢制快""你快我深"，才是传统媒体的"拿手绝活"，也是传统媒体在互联网时代保持并提升影响力的"制胜法宝"。南方周末等以深度报道、调查性报道见长的传统媒体，之所以在互联网时代，地位仍难以被撼动，原因正在于此。

其次，优质内容为受众提供更多更好既专业权威又易懂管用的知识。媒体所提供的知识，并非纯粹学术意义，而是对事实、信息的准确解读和专业描述，这关系到受众对新闻事件、社会事物的认知，因而是新闻传播中的重要内容。在现代社会，许多新闻信息包括突发事件，其中都包含着经济、法律等专业知识，不能完全靠感性去理解、用情绪去回应。而许多新媒体和自媒体往往为了追求时效和点击率，只要看到有炒作余地的信息尤其是突发事件就一拥而上，不假思索地复制粘贴，各种"键盘侠""标题党"，造成许多不明就里的人们在网络上以暴力语言发泄不满，损害了受众对国家政策和社会现象的客观、理性的认知。这种种网络乱象，亟须传统媒体发声。但不同于以往传统媒体垄断传播渠道的时代，种种用声势压人、我说你听的单向灌输模式，已不适应新媒体时代需求。针对各类焦点、热点问题，传统媒体要充分利用和聚合各种资源，认真调查、反复核实、多方求证，制作出适应分众化、差异化趋势，满足不同受众群体需求的新闻产品，以严谨的态度、专业的解读、平等的对话方式，消除社会杂音，提升传统媒体公信力。上文所述《人民日报》"求证"栏目的独特优势，也在于此。

最后，优质内容为受众提供更多更好导向正确、以理服人的思想内容。思想既不同于可核实的真相，也不同于可验证的知识，它是一种立场、观点、方法，是媒体的"灵魂"。思想隐藏在媒体所提供的信息、知识内容之后，决定着内容的价值观。不过，媒体思想性内容最常见、最集中的表现形式，是媒体的各类评论、理论文章。传统媒体的思想，主要是坚持主流价值观、坚持正确舆论导向，这一直是对传统媒体政治属性方面的要求。有人认为这种政治属性与媒体的市场属性容易产生矛盾，强调"团结稳定鼓劲，正面宣传为主"有可能成为扩大传播力、影响力的一个阻碍。实际上恰恰相反，传统媒体在价值观、舆论导向、内容审查把关方面的政治要求，正是其社会公信力、媒体影响力的重要保证。在新媒体时代的新要求，是怎样使这种思想性内容不断创新，以适应新的受众需求。这其中，最重要的是传统媒体的思想性内容，要改变传统范式，放下身段，与受众感同身受式地进行心灵交流，把正确的导向和科学理性的立场、观点、方法，寓于以理服人、以情感人、以新颖的传播手段吸引人之中，适应新媒体时代的传播特点。近年来，《人民日报》的评论，包括《人民日报海外版》、《环球时报》等的评论，以及新媒体人民日报客户端的"评"频道与"侠客岛"等，不但在写作手法上有变化，在传播方式上也有创新，说服力增强，影响力提升。

此外，传统媒体在为受众提供消遣性质的内容时，也要体现主流价值观，寓教于乐、有益身心。信息、知识与消遣，说到底都是为贯穿其中的思想服务的，要"文以贯道"；传播也是为宣传党的方针政策、宣传社会主义核心价值观服务的，要"技以载道"。否则，传播再广，点击量再大，不能传递正确的价值观，不能为经济社会发展和社会和谐稳定服务，就偏离了媒体融合发展的初衷，内容也难以称优质。当然，在坚持"优质内容为王"理念、坚持内容建设的同时，也不否认经济效益在传统媒体融合发展中的重要性。经营融合，本就是融合发展的一个重要方面。随着版权和知识产权等制度、意识的不断完善与强化，优质内容必将带来优等收益。回归并坚守优质内容的传统媒体，经过融合发展的淬炼，必将有更强的核心竞争力、社会公信力和品牌影响力，在新媒体时代占据主流、保持强势。

（原载《新闻与写作》2017年第5期）

以科学评价体系促进媒体融合健康发展

丁 丁

我国媒体融合发展已进入关键阶段。为促进媒体融合健康发展，亟须构建中国特色媒体评价体系。从系统论视角看，新闻传播是一个闭合系统，有了评价这一反馈环节，这个系统才是完整的。评价体系是衡量新闻传播效果的标尺，是检验新闻传播目的的试纸，是校正新闻传播行为的参照。评价体系具有导向作用，其指标设计是否坚持正确方向、是否紧贴我国媒体实际、是否合理有效，关系到融合发展背景下我国新闻媒体能否承担起职责和使命，为实现中华民族伟大复兴的中国梦提供强大舆论支撑。

确保媒体评价政治方向正确

新闻舆论工作处在意识形态斗争的最前沿，是治国理政、定国安邦的大事。党的十八大以来，习近平同志从党和国家事业发展的全局出发，就新闻舆论工作发表一系列重要讲话，提出了许多新思想新论断新要求。新闻媒体是新闻舆论工作的主体，建立中国特色媒体评价体系是做好新闻舆论工作的重要方面。媒体评价体系要发挥正向作用，首先要确保政治方向不偏。

"两个巩固"、48字职责和使命、"四个牢牢坚持"，是构建中国特色媒体评价体系的基本遵循。习近平同志在全国宣传思想工作会议上指出，宣传思想工作就是要巩固马克思主义在意识形态领域的指导地位，巩固全党全国人民团结奋斗的共同思想基础。"两个巩固"深刻揭示了新时期宣传思想工作的根本任务，是新形势下新闻媒体做好新闻舆论工作的总原则，也是媒体评价的总标杆。在党的新闻舆论工作座谈会上，习近平同志又提出48字职责和使命——"高举旗帜、引领导向，围绕中心、服务大局，团结人民、鼓舞士气，成风化人，凝心聚力，澄清谬误、明辨是非，联接中外、沟通世界"；强调要承担起职责和使命，第一位的是坚持正确政治方向，做到牢牢坚持党性原则、牢牢坚持马克思主义新闻观、牢牢坚持正确舆论导向、牢牢坚持正面宣传为主。48字职责和使命，反映了时代发展对新闻舆论工作的全面要求，为构建媒体评价体系标明了具体要素；"四个牢牢坚持"，为构建媒体评价体系指明了政治方向和价值取向。

媒体评价体系始终坚持正确政治方向，关键是通过各种指标设计评价新闻媒体有没有很好地承担起职责和使命，做到"四个牢牢坚持"，完成"两个巩固"的根本任务；评价新闻报道唱响的是不是主旋律、传播的是不是正能量。实践中，应把坚定的政治定力和强烈的政治敏感贯穿于媒体评价体系构建全过程，在评价体系的设计上充分考虑体现政治把关能力指标的权重。

媒体评价要紧贴我国媒体发展实际

构建中国特色媒体评价体系，要紧贴我国媒体发展实际。对于国外运用传播学、社会学等形成的一些评价方法，可以取其精华，但绝不能照抄照搬。紧贴我国媒体发展实际构建媒体评价体系，需要处理好三对关系。

定性研究和定量研究的关系。没有定量研究、数量分析，定性就显得单薄，说服力不强；但光靠定量也不行，唯数据论更不可取。西方一些发达国家新闻媒体的发展比我国起步早，在媒体评价方面也进行了一些探索，特别是在调查统计方面形成了一些有效方法，这些有效方法可以为我所用。但是，媒体的性质不同，承担的职责和使命不同，评价的具体指标也应有所不同。我们有些媒体一味参照国外的指标，唯点击量、收视率等论英雄，偏离了正确的政治方向，舍弃了社会责任；也有些媒体为了求快，不加核实就报道，以至于传播虚假新闻和谣言。媒体评价体系应坚决纠正这种倾向。

单篇评价和总体评价的关系。媒体报道新闻和传播信息的职能是通过一件件新闻作品实现的，报纸由一篇篇稿件拼成，电视由一个个节目连成。媒体评价体系既要考察单篇作品特别是重点作品的传播效果，又要跳出单篇作品进行总体评价，分析媒体的舆论导向、对社会真实面貌的把握水平、承担职责和使命的情况，从而反映媒体的整体面貌。

经济效益和社会效益的关系。我国新闻媒体是党和政府领导下的媒体，需要兼顾经济效益和社会效益。当下，一些媒体只关注经济效益、唯利是图，这是导致一些媒体乱象的重要原因。特别是有的新媒体为了经济效益不惜泛娱乐化，追求"刷屏"和"吸粉"，"把关人"意识严重缺失。媒体评价体系要考察媒体的综合实力、整体水平，不能只突出一些经济指标，重经济效益、轻社会效益，而应二者兼顾并把社会效益放在首位。当然，比起经济效益，社会效益相对难以量化评价，但只要在指标设计上落细落小落实，就可以解决量化难的问题，从而有效引导媒体发展。

习近平同志在党的新闻舆论工作座谈会上指出，要尊重新闻传播规律，创新方法手段，切实提高党的新闻舆论传播力、引导力、影响力、公信力。这一论述指明了新闻舆论工作的着力点，也突出了"四力"在媒体评价体系中的重要地位。这"四力"能够全面准确地体现媒体的综合实力和整体水平，以"四力"为架构可以搭建起中国特色媒体评价体系的"四梁八柱"。

与时俱进创新媒体评价

我们所处的时代是大变革的时代，有人说只有变才是不变的主题。传媒业尤为如此，信息传播形态和技术手段的变革，对创新评价方法、完善评价指标不断提出挑战。构建中国特色媒体评价体系，必须坚持与时俱进。

首先，传播主体变了，评价对象随之而变。新媒体打破了传统媒体一统天下的格局，媒体评价相应地从传统媒体拓展到新媒体，"报、网、端、微"无所不包。其次，传播载体变了，评价内涵随之而变。现在，传播载体不仅有版面、频道、屏幕，还有网页和各种移动终端；原来关注阅读率、收听率、收视率，现在更要考量到达率、转载率、评论率。最后，传播形态变了，评价体裁随之而变。新闻报道的样式不再限于消息、通讯、评论等传统体裁，增加了微电影、H5、长图等新的样式。在媒体融合发展深入推进的新形势下，如何评价融合过程中制作的新闻产品，如何检验融合传播的实际效果，都需要不断完善评价体系。

大数据技术的发展，为构建更加科学的媒体评价体系创造了条件。一方面，大数据技术能够支撑评价体系，使评价有了比过去精确得多的数据参照；另一方面，媒体融合发展包括评价体系的完善，为大数据技术提供了丰富的样本和案例。

面对新媒体发展带来的媒体格局和舆论生态的深刻调整，只有构建科学合理的中国特色媒体评价体系，才能更好地引导媒体坚持正确政治方向，积极创新表达方式，努力提高传播力、引导力、影响力、公信力，当好把关人，传播正能量，为实现"两个一百年"奋斗目标和中华民族伟大复兴的中国梦营造良好舆论氛围。

（原载《人民日报》2017年7月30日）

党代会报道政治话语的解释力和表达力

许 诺

今年下半年,中国共产党第十九次全国代表大会即将召开,这是党和国家政治生活中的一件大事,对于新闻工作者来说,大会的会场即新闻的战场,备战这样一场大型会议,怎么策划、如何挖掘议题细节、怎么报道能够有意思受关注?就党代会而言,如何进行政治话语表达能够更具传播力和影响力?此外,这也是中央推进传统媒体和新兴媒体融合发展改革后,各媒体经历的首次党代会,报道传统的会议新闻如何借新媒体东风?

会议报道的本质是政治话语的生产和传播,会议报道完成得好不好、能不能产生影响力,根本上取决于媒体对政治话语的解释和表达到不到位。本文将结合上述问题,总结往届党代会报道的特点经验,力求从政治话语的解释力和表达力层面,对媒体备战十九大宣传报道提出一些思考。

从会议议程梳理重要节点和报道重点

会议报道的时效和实效体现在对会议议程的准确把握上,报道的选题也源自议程中每一个重要的时间节点,因此在备战党代会报道时,有必要从议程上打出提前量,梳理总结重要时间节点上的新闻点。需要说明的是,本文根据党章规定和往届惯例,从备战会议新闻报道的角度进行议程梳理,正式的大会议程届时须由大会预备会议通过。

党的全国代表大会的会期一般是1周左右。开幕会的前一天,大会要举行预备会议和主席团第一次会议。开幕会当天,党代会报告是新闻报道的重中之重,也是需要编辑记者费心思进行解读的重头戏。大会期间,中央领导同志将参加一些代表团的讨论,还将召开主席团第二、三次会议等,此时来自基层的党代表在讨论会上的声音是新闻的富矿,在他们中间有带着露珠、沾着泥土的鲜活素材。闭幕会上将选出新一届中央委员会和中央纪律检查委员会，数百位中央委员和中央候补委员特别是新进中央委员会的委员、候补委员往往会成为媒体关注的焦点。大会闭幕后次日，将召开一中全会，产生中央领导机构，新当选的中共中央政治局常委将同中外记者见面。至此，党代会报道才算告一段落。

从上述议程的梳理来看，党代会报道的基本内容有会议的程序性报道、党代会报告解读、领导同志参与代表团讨论、人事变动、代表故事、各界反响、会场花絮等。会议新闻报道总的来说有两个方面：一是会议所传递出的内容，二是会议中的人。以下从会议内容和会议中的人两个方面，结合政治话语的解释力和表达力，来具体分析党代会报道如何准备和操作才能产生更大传播力和影响力。

会议的内容：增强政治话语的解释力与耐读性

报道会议新闻，重点不在会议本身，而是会议传递出的形势动向与政策走向。具体到党代会报道，最重要的就是报道党代会报告即十九大报告中所蕴含的新的思路、新的战略、新的举措，报道党代会传递出的全局性、战略性、前瞻性的行动纲领，以群众喜闻乐见的形式告诉受众我们党要"举什么旗、走什么路、以什么样的精神状态、担负什么样的历史使命、实现什么样的奋斗目标"。

（一）十九大报告理论政策解读的基本原则

党的重要会议关乎国计民生，会上领导的报告、代表发言和会议选举都是极具历史和现实意义的，决定了未来中国的发展走向，每一页白纸黑字都和人民的生活息息相关，党代会报告一定会在理论上"拓展新视野、作出新概括"。那么这些极富创见的治国理政新理念新思想新战略是否能有效准确地传达，全倚仗媒体对政治话语的表达能力和传播能力，可见会议报道的重要地位。

在以往很长一段时间，不少会议报道往往采用单一的叙事视角和固化的语态表达，受众很难从文件语言中找到跟自己切身利益相关的内容，或者由于长时间形成的"对抗性解码"习惯而干脆不去关注。受众需求的多元化呼唤新闻产品叙事视角和语态表达的多元化，如果仅仅刻板地进行文件摘登，就会使报道缺乏传播效果。

在媒体融合发展的今天，人们对信息的需求是立体化的。受众既想知道"发生了什么""提出了什么新的亮点"，更想知道"为什么发生""新亮点跟我有什么关系"。对于亮点的解读，不能停留在"亮点是何"的呈现层面，还应该通过充分发挥媒体的"解释力"，力求打造"为何是亮点"的第一解释权，对新视野、新概括的背景、原因、价值影响以及与人的关系进行阐释。

当今人们的社会决策需求越来越大，但对于日益复杂的社会现象，单纯信息量的增加、单纯的告知式报道，已经不能满足决策者的需要。对会议新闻的报道来说，由于会议中政策的出台、理论的阐释往往是重大而复杂的政治、经济、社会等问题的反映，因此除了政策理论的本身，人们更想了解政策理论产生的原因、经过、结果、意义。媒体要担起解读会议新闻和会议报告的重任，通过报道让受众觉得这些会议内容跟自己有很大关系，并可能会影响到自己的工作生活。因此，要将单纯的信息报道理念逐渐向深度和解读的报道理念转变。

（二）会议解读类新闻的发力点

受众喜欢"有料"的新闻，他们需要更多来自高层的资讯助力自己的决策，以便在社会转型的浪潮中对工作和生活有更清晰的定位。编辑记者在进行党代会报告的解读类新闻采写、编排的时候，可以从以下4个方面进行把握。

1. 原因（目的）解读：为什么报告中会提到这个政策？有时新闻事实本身非常简单，但新闻背后的新闻比新闻事件本身还重要，这主要是指一个新政策制定出台的原因或目的。给新闻附上更多的背景才能带给事实更多的理解。在解读新闻的时代，原因、目的等新闻背景不能固守"倒金字塔"统统放在最后一段进行衬托式处理了，而应该成为重点解读与挖掘的对象。这样更容易让观众理解政策制定的大背景，提高科学性认知。

2. 内涵解读：这个政策的新提法通俗些怎么讲？党代会报告中经常出现一些专业性的新概念、新范畴、新表述，这些专业性词汇对于普通受众特别是外宣受众的理解容易造成障碍，媒体需要把单一新闻事件放在产生新闻的环境中去解析这个政策通俗些讲到底是什么，目的是让观众能够轻松地读懂政策文件中所要表达的内容。编辑记者要有敏锐的政治洞察力，并且站在政策的接受者立场上，通过二次加工，对新提法等及时做出准确、全面、深层的解读，鲜明地报道政策所要解决的主要问题，从而使人们更方便地理解和把握新闻的核心内容，起到释疑解惑的作用。

3. 对比解读：这个政策提法与其他（以往政策、国外……）有什么异同？事件的意义和影响常常要通过事物的相互对比、联系才能显现出来，因此媒体对政策的解读要突出事物之间的关联性。例如，可以将政策的作用范围进行辐射，把一个局部或一个行业、一个地区发生的事件对更广泛范围内的事物，或对全局所产生的影响凸显出来。同时，还可以将不同时间、不同地点的政策进行对比，在比较中加深理解。

4. 影响解读：这个政策对受众有什么影响、该怎么办？影响解读是政策解读新闻的核心，政策的实施会带来哪些实惠，这直接影响到受众的切身利益。这就需要解读报道进行视野收缩，把非常宏观的政策具体化，通过科学的数据等价换算，将解读视角延伸到每一个行业、每一个个体。人们获取政策信息的目的是供自身决策。一般新闻报道多是以已经发生和正在发生的事件为主，但面对日益复杂的社会、瞬息万变的世界，人们不仅要了解已经发生和正在发生的事件，还要求媒体对重大的、影响面广、涉及人们切身利益的事件的走向、未来作出分析、预测。政策发布后，利益相关者该如何乘势而进，这样的解读内容十分必要。

以上我们对基于党代会报告的政策解读类新闻需要关注的重点方面进行了梳理，解读报道不一定将这些方面全部涵盖，但在具体的新闻生产过程中，可以用以上多方面的发问——对报道进行检视，让党代会解读类报道真正起到良好效果。

会议中的人：故事细节提升政治表达的温度

近年来，对于包括会议报道在内的时政报道，主流媒体越来越力求把个人话语与国家话语相联结，找到二者的共鸣点。对于党代会报道而言，党和国家层面的政策话语原本宏大，很长一段时期以来，媒体缺乏对政策话语的解读，只是将其一股脑地抛给受众，导致政策与人们的生活世界是割裂的。然而再重大的理论、再宏大的政策，最终也要落到个人的身上。在党代会报道中，对人的关注，具体体现在对故事与细节的挖掘和对报道语言的处理上，要努力将抽象的政治成就和宏观的时代风采变成可感的故事和具象化的表达。

（一）**让党代会代表充当阐释者讲述者**

关注会议中的人，需要编辑记者在会前做好案头准备工作，提前熟悉出席党的十九大的代表并进行分类,为会议期间的采访报道备好一份资料库。新媒体还可以从名单本身出发进行数据的整理分析,例如关注这些代表的基本身份构成、新老代表的比例等,挖掘名单背后的新闻。

党代会报道中,涉及大政方针、政治理论方面的内容比较多,媒体的报道除了要具备权威性外,还需要兼顾贴近性和可读性,让普通受众也能感受到十九大与自己的生活密切相关。因此,在解读十九大报告时,可以让来自基层的代表充当阐释者,把故事和细节融入政策解读报道中,把因政策而受益的某个人的故事报道出来,将个体利用政策受益的细节报道出来,讲故事、说细节,变宏观为微观,特别能引发人的共鸣。

新闻本身就是反映社会结构变化和时代历史变迁最直接的公共文化产品,也是观照政治理念与人的观念变化的最便捷、最显著的实践载体。将政策解读寓于新闻事实中,通过讲故事来体现政策的好处,这比直接报道成就更易让人接受,更易减少观众的"对抗性解读"。

(二)从"政治生活"到"生活政治"的话语表达

会议中的人,除了参会的代表外,还有与党代会息息相关的每个普通公众。通过会议报道为公众提供一个关注、讨论、参与政治的公共平台,对政治生态进行深入解读,对纷繁复杂的会议信息进行及时有效梳理,并以恰当的政治表达呈现在公众面前,这些同样是媒体在会议报道中应该发挥的功能。要实现这一功能,媒体在会议报道中所采用的叙事表达方式尤为重要。

传统意义上,会议新闻往往是板着面孔、冷冰冰的。然而,看似冷冰冰的政治是和热腾腾的生活紧密联系在一起的。当前,社会发展呈现出新的面貌,在党代会这样一场盛会的报道中,新闻生产应该更加紧密地把生活中蕴藏的点滴与国家、社会层面的发展合理地融合,去揭示背后的逻辑,让"政治生活"的宏大叙事转向"生活政治"的微观表达,努力使人民生活的改善与提高真正被当作最大的政治来经营。在新闻操作层面,需要媒体提高政治话语的表达力。

当前,"接地气"的话语表达已经成为新闻机构的主流操作观念,这正是符合普通人接受度的论述方式。在会议新闻文本的叙事创作中,"接地气"的生活小事牵动的往往是官方和民间、权力和规则、治理和自治这些大问题,寻找二者的平衡点,更应该采用以小叙事反映大问题的叙事方式,既不单纯以小言小,也不一味以大化大,而这种操作方式也正是会议报道中政治话语表达的基本逻辑。

在新闻生产中，让原本宏大的议题和叙事变得更加可感、微观，通过唤起社会各相关主体的多元参与，让人的生活世界的利益博弈更多地指向规则和共识，这本就是人与国家发生内在联系的最佳选择。因此，会议报道的政治表达与叙事也应在注重权威性的同时，兼顾人文关怀和思想启蒙，实现"高起点，低落点"，从单纯一事一报的思维中解放出来，用大时政观指导题材的选择与整合，去表达政治话语背后的新闻话语，让政治回归常识。

会议融媒态：传统会议新闻借新媒体东风

党的十九大宣传报道是在中央2014年提出和推动传统媒体和新兴媒体融合发展改革后，各媒体经历的首次党代会报道。当前在新媒体引领的媒介话语革命的冲击下，传统媒体的新闻生产，特别是以党代会、全国两会新闻等为代表的时政新闻领域在谋求改变，从思维模式到写作手段，与以往的新闻形成了鲜明的差异。特别是借助新媒体产品，一种有别于传统时政新闻报道的全新话语模式逐渐兴起。

从这两年的全国两会报道开始，各大媒体的会议新闻生产已经呈现出融媒体状态下的新特点，融合报道"爆款"不断涌现，核心就是使会议新闻报道产品化，这也为即将到来的十九大报道提供了借鉴。例如，结合会议重要议程节点，新媒体可以设计十九大日历，让会场外的受众全景式体验大会盛况；结合数百位中央委员的身份、简历等信息，可以设计制作交互式页面，让受众通过用不同维度的数据分类标准了解中央委员的基本情况。结合十九大报告中的新视野、新概括，制作微视频、微电影、微动漫，推出更多微内容、微信息，方便人们利用碎片化时间阅读……总之，会议报道虽严肃，但也要努力使有意义的内容有意思，增强融合传播力、影响力。当前已进入移动互联时代，终端随人走，信息围人转，信息传播呈现新态势。从阅报阅屏到阅移动终端，受众最有效的阅读时间集中在两三分钟，要考虑新媒体受众的阅读习惯，就需要报道理念的创新和报道方法的改进，解读中央政策、分析统计数据、反映基层心声，将会议话题通俗化、直观化、动感化，拉近与受众的距离。交互H5、短视频等移动终端产品无疑是单位时间内承载更多信息的优选方式。

适应移动互联时代的快阅读，不意味着要舍弃优质内容，二者并不冲突。短小精悍、鲜活快捷、"微言大义"的优质信息也可以让人们利用碎片化时间去接受。通俗来讲，使用新媒体产品来讲述和反映重大的政策议题，在试图改变会议报道的"容貌"和"卖相"，严肃的思想内容并不天然地和刻板的表达形式绑定。从可视化到动视化，从白纸黑字到视觉形象，主旋律的党代会也可以通过媒体的报道变得很有意思。

(原载《青年记者》2017年9月上)

融媒体时代，摄影记者如何变身

雷 声

随着媒体融合的深度推进，摄影记者既要面对报、网、端、微高度融合带来的职业规则和标准的改变，还要面对全民摄影与多元表达的自媒体时代的挑战。不少人发问，现在还需要摄影记者吗？融媒体条件下，摄影记者如何扬长避短、认清形势、积极应对？

全民性与专业性：全民摄影时代来临，优秀照片资源依然稀缺

没有图片和视频的新闻，至少是不完整的。那么，由谁来完成这些视频和图片的巨量生产呢？是普通手机用户吗？

是，也不是！

的确，现在仅中国就有数亿手机用户，他们每天都在拍摄、编发照片，表面上看，影像信息丰富庞杂，似乎可以满足各种需求，但仔细筛选会发现，真正能用的照片并不多，影像洪流中裹挟着的大多是影像垃圾。当然凡事无绝对，很多突发新闻，摄影记者无法及时赶到现场，媒体只能采用来自现场群众手机或相机拍摄的照片，但这些仅限于一般记录，往往不能保证新闻照片质量，很多时候，这些图片只能起到线索和提示作用。事实证明，当突发新闻发生时，真正有影响力、让人过目不忘的新闻照片大都是闻讯赶到的专业摄影记者拍摄的。汶川地震时，被亿万网友誉为"最柔情的微笑"照片《您是谁？》就是笔者震后赶到拍摄的。

人人都会拍照片，并不等于人人都能拍好照片。多年来，人民日报夜班编辑最为感慨的就是"找照片太困难了！"人民日报是从全国范围内选稿，图库里面缺的不是照片，而是缺乏表现准确、专业性强的好照片。可见，在全民摄影时代，优秀的照片依然是稀缺资源。

全民摄影时代，对专业摄影记者定会造成冲击。但应该看到，这既是压力，也是动力；既是挑战，更是机会。"海阔凭鱼跃，天高任鸟飞"，只有更多的摄影人在同一平台竞技，摄影记者方能显出英雄本色，只有拍出人无我有、人有我优、人优我绝的摄影图片，专业价值才能得以体现。

时代精神与专业精神：时代呼唤影像经典，专业精神不可替代

优秀照片的稀缺，首先源于优秀摄影记者的稀缺。培养出一名优秀摄影记者并不容易。过去常有人打趣说，优秀摄影记者都是用胶卷烧出来的！高超的摄影技术需要长期的实践锻炼和经验积累，甚至多次失败教训的磨砺。

与普通摄影人相比，摄影记者具备以下得天独厚的优势：

胸怀大局的政治眼光。摄影记者天天跑在新闻前沿，长期站在时代的摄影梯上，思维活跃、视野开阔，能近距离感知时代发展的方向与脉动，把握正确舆论导向，熟悉党的舆论宣传工作的指导思想和党报版面特性，了解新闻图片的专业要求，拍什么、不拍什么；发什么、不发什么；如何发、在哪里发，都能做到心中有数，方向明确，针对性强。

精专深透的新闻敏感。他们熟知新闻事件发展规律，有较强的新闻预知、新闻价值判断和瞬间抓取能力，他们善于寻找发现有形象价值的题材与画面，具有时刻保持对周围人物环境的警觉，随时准备捕捉那些正在或可能发生的瞬间。他们熟悉报纸网络、"两微一端"编采传播风格，了解编辑意向，知悉读者需求。他们专业素质高，装备精良，对新闻事件的认识能力、审美能力和表现能力强，能熟练地将新闻要素与镜头语言相结合，做出更准确、充分、有效的形象表达和传播。

吃苦耐劳的敬业精神。新闻摄影是一项十分辛苦的工作，出于对摄影事业的热爱，更出于高度的事业心和使命感，摄影记者大都具有不怕艰难困苦、不怕流血流汗的奉献精神和以苦为乐的乐观主义精神。他们是一支有灵魂、有血性、能打硬仗的队伍，他们身上有一种精益求精的倔劲犟劲，有时为拍摄一个画面，他们可以忍饥挨饿、彻夜坚守；为拍摄好一个题材，他们可以坚持几天、几月甚至几年。不管是炎炎烈日还是冰天雪地，不管是大型活动还是赛事会议，总能看到他们扛着沉重的器材，奔走转场、汗流浃背的身影，风餐露宿、毫无怨言。目的只有一个：拍好新闻照片，让报纸更好看，受众更满意！

媒介融合与价值重构：补齐短板重塑变身，方能肩负时代重任

对"今天我们还需不需要摄影记者"的存疑，至少反映了一点，就是觉得摄影记者的活大家都能干了！反过来，也说明一部分摄影记者自身不够努力，作品水平不高，专业精神、创新意识不强，跟普通人拍的没啥区别。媒体平台、传播技术，受众需求都在发生深刻变化，大家感觉自己原有的知识结构太单一了，许多新技术不会用了，工作起来费劲吃力了……摄影记者一定要顺应时代潮流，不断加强新理论、新技术的学习，迅速补齐新技术应用这块短板。利用互联网技术、互联网思维武装头脑，全面创新摄影理念、内容、形式、手段，运用现代传播技术，融合创新表达。

动静结合。摄影记者过去以静态的图片摄影为主，近几年随着短视频的井喷式发展，视频采编不仅成为新闻报道形态的标配，也正在成为摄影记者的职业技能标配。拍摄、编辑、制作视频是新时代摄影记者必须要掌握的新技能。

单团协同。在一些大型采访活动中，单个摄影记者只能站在事先指定的固定机位拍摄，他提供的画面再完美，也只能是单角度的、局部视野的。如果是团队协同，多处布点，其效果一定是立体的、全面的，能给受众带来角度新、画面新、体验新的全新感觉。在今年的沙场阅兵现场，央视除移动拍摄机位（直升机、车载机位）外，固定机位就有一百多处，新华社也有数十处，团体作战的传播效果、优越性可想而知！流行的短视频产品，追求的是短、新、精、快，在有限的时间内一个人很难独立完成，这就要依靠团队的力量，提高传播速度与效果。

空地一体。近年来，无人航拍飞行器的出现为新闻摄影插上了有力的翅膀，为摄影记者提供了全新的角度、全新的感受、全新的视野，舞台更高端了、天地更广阔了，尽快掌握使用航拍飞行器是摄影记者的当务之急！还有近年逐渐兴起的延时摄影、全景摄影、水下摄影等，摄影记者都要勇于实践和探索。

报网融合。过去摄影记者只需与版面编辑策划沟通对接，现在除了报纸，还要适应微博、微信、客户端等新媒体多元化的产品需求，任务更重了，对摄影记者的要求也更高了。

轻装上阵。数字技术的不断发展，摄影记者扮演的角色越来越多，携带

的器材也越来越重，摄影、摄像器材一大堆，还有航拍器、摄影梯、三脚架、无线传输设备等，已经超过人的负重极限，在执行采访任务时，可根据任务需求，最大限度地避繁就简，轻装上阵。在"9·3"抗战阅兵和迎接香港回归祖国20周年报道中，笔者既要拍摄图片，还要为新闻客户端完成录制全景视频、现场图片直播任务，携带了过多的摄影器材，乘车、安检、爬楼转场极不方便，消耗了大量时间和体力。

内容为王与工匠精神：新技术一日千里，坚守内容仍是王道

2016年2月19日，习近平在党的新闻舆论工作座谈会上强调："内容永远是根本，融合发展必须坚持内容为王，以内容优势赢得发展优势。"

摄影的真实性、瞬间生动性、形象独特性决定了好的新闻照片必然是在堆积如山、浩如烟海的照片中经过大浪淘沙之后被沉淀、被记忆、被精选出来的少数有思想分量、有情感温度、有时代气息的影像经典，它们已与历史对接，就像海潮退后的黑色巨礁，永远屹立在时代记忆的影像长河中。在全面建成小康社会、中华民族复兴的伟大征程中，每一次奇迹创造、每一步发展变迁都需要有专业摄影人来见证、记录，摄影需要工匠精神，时代需要经典见证！

在表达方式、传播手段快速发展的今天，优秀的新闻内容、优秀的新闻摄影作品仍然是王道。变的是技术，不变的是对新闻本质的诠释与追求。

（原载《新闻战线》2017年12月上）

好的标题就是内容的"广告词"
——侠客岛取标题的六点经验

张远晴

在人与人的交往中,我们常常会说"第一眼"的感觉。我们对外界事物的认知,一般都是从直观印象进而深入到理性认知的。同样,在媒体传播中,用户对一篇文章的认知,首先建立在对标题的直观印象上,扫一眼过去,几秒之间,就能决定是不是有阅读或观看的兴趣。这个几秒之间所做的决定,很难说是深思熟虑的结果,更可能是一种直觉。

在信息爆炸的时代,这种直觉在引导用户阅读上的作用越来越重要。直觉是潜意识的表现,它可能是存在用户头脑中的疑问,长久思考而不得其解;也可能是一种普遍的人性,爱恨情仇、窥私欲望、贪图便宜,等等。文章标题如果能戳中痛点或者兴奋点,就能激发读者产生阅读的欲望。

在这里,我们必须对标题的定义加以重新认识。《现代汉语词典》中对标题是这么定义的:标明文章、作品等内容的简短语句。也就是说,标题是内容的简短陈述。一篇文章往往有一个主题,但内容会非常丰富,如果仅仅把标题等同于主题,那就会出现"论某某问题""某某问题小议"等充满论文色彩的标题。这种标题在严谨的论文写作中经常用到,但放在新媒体的传播中,则容易让人觉得平淡,没法在海量信息中凸显。尤其对新闻生产来说,传播是第一位的,如果没有传播,一切精彩都是零。所以,从传播的立场上看,好的标题就是内容的"广告词",一句令人印象深刻的"广告词"是需要创意支撑的,需要我们洞悉用户心理,让用户一瞥,依靠直觉就能产生阅读欲望和情感共鸣。

作为在海内外舆论场有广泛影响力的时政新媒体,侠客岛一直非常强调标题的制作。我们常常会花费非常多的时间,群策群力,琢磨标题。好的标题,一方面要照顾到对内容的准确表述,另一方面,也要照顾到读者对标题的"第一眼"印象,再者,还要考虑当读者将文章转发到微信朋友圈后,这个标题是否还能激发起其他非侠客岛订户对文章的阅读兴趣，从而增加订阅人数。

我们总结，好的标题一定要"巧"，不能太平淡无奇，不能一眼望穿，当然，更不能文题不符，咋咋呼呼，搞"标题党"。因为，所有的传播都需要服务一个目的，即塑造品牌。"标题党"最大的问题就是不诚实，欺骗用户，遑论用户对品牌的忠诚度。

所以，我们先排除上述三个"不能"的负面清单，然后再思考怎么做好标题。

这里可以举些例子，供读者参考。

一、以偏概全

一般认为标题就是内容的简要概述，但做新闻标题，就是要将内容最精要的部分、最具传播力的语句、最新的表述等上题，这个思路同样适合新媒体的标题制作。切忌笼统的概述，否则标题会毫无亮点，平淡无奇。这个方法尤其体现在对通稿的摘用中。

比如，1月12日，中央政治局开会，听取《中共中央关于修改宪法部分内容的建议》，新华社发了通稿。通稿的标题是《中共中央政治局召开会议 讨论拟提请十九届二中全会审议的文件　中共中央总书记习近平主持会议》，这个标题用在新媒体上明显太长了，而且重点内容并不突出。通读通稿可以知道，这次会议最重要的新闻点就在于"修宪"，这是海内外舆论异常关注的热点，所以可以单拎出来上标题。而通稿中关于宪法问题有多层次的论述，包括宪法的重要性、此次修宪的意义等，但最新的提法是"修宪四原则"。所以，侠客岛把最重要的信息点拎出来上题，制作了标题《重磅！中央政治局确定修宪四大原则》，把新闻通稿中最具信息量的内容作了突出呈现。

二、激发好奇

激发好奇最常用的方法就是设问。有人统计过，新媒体上最常用的标题就是设问句。侠客岛的标题也是如此，设问句占了较大的比例。这主要是因为，设问能够更好地激发读者的问题意识，产生了解的冲动。

就侠客岛今年1月推送的文章来说，就有很多设问句标题：《真正懂行的老领导：东北困境的症结究竟在哪儿？》《大数据面前无隐私，到底谁才是老大哥？》《东海油轮相撞事故，为何世界如此关注？》……这些文章的新闻背景或是当时的新闻热点，又或是读者脑中长久的疑问，他们迫切需要寻找问题的答案，因此，设问是一个较好的方式，刚好应和了读者头脑中的问题。

当然，激发好奇的另一种方法就是在标题中组合关键词。这些关键词在读者的心目中，本身就具有神秘或者权威背景，比如中央、政治局、党报、信号等。侠客岛的时政解读是一大特色，已经在读者中形成了品牌，我们对中央政策的解读、高层动向的梳理都让读者产生不小的期待。比如，今年1月15日，我们解读《人民日报》当天刊发的署名"宣言"的文章，阐释历史机遇期的问题。我们用了一个标题：《今天人民日报的这篇重磅文章，大有来头》。标题中就用了"人民日报""重磅文章""大有来头"这三个词，虽然不是设问，但别有意味，同样获得了很高的阅读量。

三、欲说还休

侠客岛主要是做新闻热点的解读，所以，订阅户一般都对新闻有较高的熟悉度。但我们也会碰到自己想做的话题，并不一定是大众熟知或者认知度高的领域。所以，标题上如果直接将具体领域点出，恐怕会带给读者一定的识别困难。之前说过，很多读者对标题是直觉在先的，如果一个标题出现了他认知困难的词句，那么他很有可能下意识判断这个话题与他无关，就不会点击阅读。所以，我们的一些标题会采用设问的方式，同时避免把相对冷门的主要内容放入标题。

比如，前段时间，国务院派出督察组，督察一些省（区）的海洋生态保护，这个话题并不是很热，但对于我们环境保护、建设美丽中国具有非常重要的意义。如果我们把海洋生态保护上题，恐怕一些读者会觉得离他生活太远。所以，我们制作了一个标题：《中央为何近期密集出击这一领域？》。我们把新闻的主题"海洋生态保护"隐去了，用"这一领域"代替，突出了主体——"中央"，又加上了"密集出击"以显示不寻常。这样的组合能够较好地激发读者的阅读欲望。

四、长短相宜

很多人会争论，新媒体的标题是长好，还是短好。有段时间，网络论坛流行长标题，而现在一些娱乐类的微信公号也喜欢用长标题，因为标题信息量大，尤其是要凸显冲突性。但也有一些好文章，标题并不长，让人看完短短几字，意犹未尽。所以，好的新媒体标题并没有长短的成规。就侠客岛来说，我们的标题一般不超过 26 个字，主要是让用户在转发文章的时候，标题能够显示完整。但在标题制作中，文字越短，其实费的心力越多，因为要让读者看到标题中的"巧思"，以及"别有意味"。

比如，当年辽宁爆发贿选案，很多官员和人大代表涉案，一时间，辽宁官场地震。侠客岛当时就写了一篇文章，标题就四个字——《辽宁不宁》，读者一望便知。又如，当时河北省委书记周本顺落马，侠客岛的标题也是四个字——《本周不顺》，把周本顺的名字巧妙地嵌入标题，读者一看就心领神会。

当然，我们也有长标题，但这长标题一定要通俗，说大白话。比如我们解读京津冀协同发展战略，用了一个标题——《习总说了，北京不迁都，但这些东西要搬走》，效果也非常好。

五、引发共鸣

这一点主要是用于观点见长的文章，需要在标题中就亮明观点和态度，读者一望便能产生共鸣。这种话题，读者一般心目中已经有较明确和成熟的看法，只不过这种看法可能是模糊的、不完整的，需要更有逻辑的梳理和阐释。但他们的基本观点与我们是重合的，那不妨把共同的观点鲜明地亮出来。

比如，有段时间网络上炒作抵制洋节，这个问题背后是文化焦虑，但做法并不可取，在全球化的时代，文化只能是在开放中成长，不可能退回到封闭的老路上敝帚自珍。所以，我们写了篇文章《与其抵制，不如想想中国节日怎么跟洋节 PK》，标题就亮明了观点，引发很多读者共鸣。

六、不按套路

刚才说的都是套路，但有些时候，也可以不按套路出牌。不过，这必须建立在良好的粉丝互动基础上，因为它靠的是读者对文章稳定的期待，以及对新媒体品牌的强烈认同和对作者的情感依赖。所以，标题在有些时候完全可以做成与读者的一个俏皮的互动。

比如，去年12月25日，我们写了篇美国在联合国遇怼的文章，原因大家都知道，美国白宫承认耶路撒冷是以色列的首都，引发国际社会的轩然大波。当时取标题的时候，我们一直没考虑好，因为这个国际话题并不是"流量担当"，而且美国承认耶路撒冷是以色列首都的话题在前段时间已经做过解读，这次再解读，读者未必会觉得新鲜。我们为标题商讨了一个多小时，最后决定用一个俏皮的——《不好意思，今天的文章实在想不出好标题了……》，文末又挂上通知，号召读者开动脑筋给我们的文章取标题。一个较冷门的话题最后变成了"10万+"，还转化为一个很好的互动活动。

这种标题我们还用过几次，比如《我们很遗憾地告诉大家……》《我们很高兴地告诉大家……》等等，都是活动通知类的，阅读量都非常高。但这种标题跟"狼来了"一样，不能多用。

以偏概全、激发好奇、欲说还休、长短相宜、引发共鸣、不按套路，这六个方法只是我们非常粗浅的总结，在实际工作中，总归"运用之妙，存乎一心"，不能为定法所拘。

新媒体取标题的方法还有很多，不少成功的新媒体账号都有经验总结。但万变不离其宗，总有两条是普遍适用的：一要摸透读者心理，二要扎实做好内容。尤其后者，是好标题的根本，如果内容不行，再好的标题都难免落得"标题党"的恶名。

（原载《传媒评论》2018年第2期）

新时代开启中国报业新征程

张建星

春风未泯,徐徐又度。早春三月,中国报业协会迎来30周年华诞。

30年来,神州大地发生了天翻地覆的变化,中国由一个相对落后的国家,成为世界第二大经济体,在经济、科技、文化等领域开始引领世界,日益走近世界舞台的中央。欣逢盛世,见证不凡历程。中国报人不仅用笔记录了波澜壮阔的改革开放征程,更以激情与智慧创造了事业发展的奇迹。这是中国报业的光荣,也是从业者的幸运幸福。

今天的中国报纸,已经由单一的平媒,拓展到纸、网、端多渠道并进,成为文图、声音、影像等多介质呈现的全媒体。各级党报不仅是舆论宣传主阵地,而且基本组建了形态多样、手段先进的传媒集团,传播力、引导力、影响力、公信力大幅提升,社会效益与经济效益双丰收,中国报业已成为文化产业中一支重要力量。

30年来,中国报业协会团结组织会员单位,加强中国报业与相关行业及社会各界的联系和协作,积极发挥报业与党和政府之间的桥梁纽带功能,起到了社会组织应有的作用。

回望过去,不负时代,我们引以为自豪;展望未来,任重道远,我们永远在路上!

新时代,因势而谋,努力做好党的新闻舆论工作

中国报业是党的新闻事业的重要组成部分。作为党治国理政的重要工具,宣传党的主张、反映人民心声、引导社会舆论是中国报人的天然使命。

党的十八大以来,习近平总书记多次强调意识形态对中国社会稳定发展的重要性,从"治国理政、定国安邦"的高度科学审视新闻舆论工作,发

表了一系列重要讲话，系统构建了中国特色社会主义新闻传播理论的基本框架，对新闻媒体的性质地位、新闻宣传、国际传播、媒体融合和文化体制改革等诸多内容作出了深刻阐述，成为习近平新时代中国特色社会主义思想的重要组成部分，为党的新闻宣传事业揭开了新的篇章，也为我们报业工作者在新形势下做好党的新闻舆论工作指明了前进的方向。

面对新的新闻舆论形势，习近平总书记指出："面对改革发展稳定复杂局面和社会思想意识多元多样、媒体格局深刻变化，在集中精力进行经济建设的同时，一刻也不能放松和削弱意识形态工作，必须把意识形态工作的领导权、管理权、话语权牢牢掌握在手中，任何时候都不能旁落，否则就要犯无可挽回的历史性错误。"习总书记对意识形态极端重要性的科学判断高屋建瓴，令人鼓舞，对中国报业从业者和管理者有着深刻的指导、启迪作用。中国报业作为宣传思想战线的"排头兵"，必须把"四个意识"放在首位，"要按照高举旗帜、围绕大局、服务人民、改革创新的总要求，做好宣传思想工作，加强社会主义文化建设，壮大主流思想舆论，重点推动统一思想、凝聚力量"。

党的新闻舆论工作，事关旗帜和道路，事关党和国家的前途命运。习近平总书记为此明确提出了新的时代条件下党的新闻舆论工作的职责与使命："高举旗帜、引领导向，围绕中心、服务大局，团结人民、鼓舞士气，成风化人、凝心聚力，澄清谬误、明辨是非，联接中外、沟通世界。"承担起这个职责和使命，中国报人必须像习近平总书记要求的那样"把政治方向摆在第一位，牢牢坚持党性原则，牢牢坚持马克思主义新闻观，牢牢坚持正确舆论导向，牢牢坚持正面宣传为主"。

"新闻舆论工作各个方面、各个环节都要坚持正确舆论导向。各级党报党刊、电台电视台要讲导向，都市类报刊、新媒体也要讲导向；新闻报道要讲导向，副刊、专题节目、广告宣传也要讲导向；时政新闻要讲导向，娱乐类、社会类新闻也要讲导向；国内新闻报道要讲导向，国际新闻报道也要讲导向。"习总书记的谆谆教诲要求中国报业的从业者和管理者必须在围绕中心、服务大局中找准定位，把坚持正确政治方向放在首位，牢牢坚持正确舆论导向。

坚持正确的舆论导向，要站在党和人民的立场，坚定地履行党性和人民性的统一，以丰富多彩的报道形式，准确、有效地传达党的路线、方针、政策，深入报道人民群众的生产生活，进行建设性的监督报道，全面记录我国社会建设、经济发展、科技进步、文化繁荣等方面取得的成就。要了解社情民意，回应群众关切，凝聚社会共识，营造向上向善的舆论氛围，掌握意识形态领域的主导权和话语权。

新起点，应势而动，不断提升主流媒体"四力"

新时代，国内国际环境都在发生着深刻变化，增强党、国家、民族的凝聚力、向心力，为决胜全面建成小康社会、夺取新时代中国特色社会主义伟大胜利、实现中华民族伟大复兴的中国梦提供思想保证和强大精神力量，必须唱响主流声音，扩大主流舆论阵地，提升主流媒体影响力。

21世纪以来，从手机报、数字报、电子阅读器到微博、微信、移动客户端，中国报业一直在探索和找寻自己的发展道路。新形势下，如何加强党对新闻舆论工作的领导，如何确保主流媒体拥有强大的传播力、引导力、影响力、公信力，是我们必须深刻思考和主动实践的关键问题。

科技的发展和传播技术的更新换代，使信息生产的门槛不断降低，生产主体多元化，机构、个体纷纷进入传播领域。内容平台、关系平台、服务平台都成为媒体。传播结构更加复杂，媒体终端日趋多样化，社交化传播成为常态，新的媒体格局呈现出与传统媒体时代完全不同的新特征。移动互联时代，原有的媒体生态被打破，这对纸媒的颠覆程度更深、范围更广。生存空间受到挤压、规模不断缩小，市场份额持续下降，业务骨干流失严重，报业面临被边缘化、失去话语权的尴尬处境。

全面深化改革进入关键期，创新举措全面铺开，必然带来利益关系进一步调整。经济新常态下，改革越是深化，越会触及深层次的矛盾和问题，意识形态的引导力越需要增强。舆论越是嘈杂，意见越是多元，越需要理性引领。喧嚣的舆论环境中，壮大主流舆论阵地的需求更加迫切、任务更加艰巨。我们必须清醒地认识到新形势带来的新挑战，认识到报业传递正能量、唱响主旋律、团结稳定鼓劲的重要责任。

满足社会期待、引领社会舆论，内容建设是关键。互联网时代，信息严重过剩，但优秀的原创内容仍然十分稀缺。专业内容和权威信息是报业不可替代的优势。现实的问题不是内容没有需求，而是生产满足不了需求，我们必须努力做好内容，做好个性化的内容、做好用户需要的内容；现实的问题不是没有内容消费者，而是如何找到消费者，让内容抵达用户，影响受众，产生价值。

新媒体时代，技术一直在变，甚至大数据、算法、AI新闻大行其道，但新闻本身的标准没有变，对专业新闻的需求没有减少。内容生产是报业的核心竞争力，但是表达形式、呈现方式必须与时俱进。新的媒体生态中，从内容生产环节就要有全媒体意识，要由单纯文字、图片转向文、图、音视频等全介质，满足多元载体、多屏阅读和多方互动的需求。发挥专业人才优势，生产更多关注度高、吸引力强、权威快捷的新闻产品，才能起到宣传党的政策方针、廓清模糊认识、纠正错误看法、化解社会矛盾的作用，才能营造积极健康、向上向善的舆论环境，才能提升报业的影响力，壮大主流舆论阵地。

壮大主流舆论阵地，渠道建设十分重要，传播力决定影响力。新闻舆论工作是做人的工作的，人在哪儿，主流媒体就应该覆盖到哪儿。让党的声音到达用户，影响受众，凝心聚力，是新闻舆论工作者的使命，也是报业生存发展根本之所在。眼下，读者变成了信息消费者，有了充分的选择权，时时刻刻都能"货比三家"，随时随地可以用脚投票，看不看由内容决定，看谁的则是渠道和形式起决定作用。报业要适应分众化趋势，准确分析、定位自身读者群，突出专、精、深、特的内容特色，报网端等多渠道、多平台传播，运用视频、音频、图像等多种方式更生动、更直观地呈现内容，才能实现最广泛的覆盖。

壮大主流舆论阵地，要积极调整产品结构。随着社会的发展进步，媒体技术迭代迅速，新兴应用层出不穷，信息消费模式与行为也不断发生变化。对媒体新格局、传播新业态、发展新趋势，报业认识要到位、方法要对路、措施要得力，要关注、研究受众。现阶段，报业的产品黏住用户、影响用户甚至产生经济价值，既要重视用户的多样化需求，也要考虑使用场景符合受众的习惯；既要有内容产品，还要有社交产品和服务产品，特别是本地化服务产品。要在强化自身优势的同时，提升服务能力，拓展全新市场，增强传播力、引导力、影响力、公信力。

新报业，乘势而为，着力构建现代立体传播体系

报业是党治国理政的重要工具，具有鲜明的意识形态属性，同时，也是文化产业的重要组成部分，有产业属性。把事业做好，把产业做大，不仅是自身发展的需要，也是承担使命职责的保障。

传媒业是与时俱进的产业，不断创新是灵魂。面对新的媒体格局，报业如何应对，不一定有统一的方法；新时代，媒体产业将发生什么样的变化，未来的报业会是什么形态，我们也很难清晰描绘。但是，有形态多样的内容产品、有手段先进的传播渠道、有产业竞争力的媒体才称得上是新型主流媒体。在新兴渠道上拥有强大的传播力，在多元社会思想意识中具备一锤定音的影响力，在推动形成思想共识、情感共鸣、行动共进上有引导力，有为自身可持续发展提供支撑的经济实力，才是新时代的新报业。

建设新型主流媒体，报业要坚定地走融合发展之路。新时代，推动传统媒体与新兴媒体融合发展已纳入中央顶层设计，成为保障中国报业健康发展的重要战略之一，也是党在未来有效引领新闻舆论的大势所趋。

面对众声喧哗的舆论场，融合发展的着力点是吸引受众。利用专业专长，优化品牌架构，为日益成熟而庞大的消费群体定制信息产品和服务组合，这是报业应该把握的重要机遇。只有牢牢吸引读者和用户，才能提升传播力、引导力、影响力、公信力，才能担负起党的新闻舆论工作者的职责使命，才能实现自身事业的壮大。

面对新兴渠道的挑战，融合发展的关键是商业模式的改变。报业要用优质内容的刚需，用原有的品牌认知度，巩固既有用户、吸引新的用户，并通过互动式营销等经营形式的创新，探索产业发展新模式，实现经济效益最大化。

从认识上说，报业对融合的趋势十分认同，也取得了许多成果或经验。但是，实践中问题依然不少。有的满足现状、不思改变；有的缺乏信心、有畏难情绪；还有的依然用传统思维搞融合，要资金、等项目；也有的因为各种原因交了大笔学费，变得畏首畏尾，导致裹步不前。摸清规律，厘清思路，才能明确方向。报业需要深入探索新兴媒体发展规律，深刻了解在内容制作模式、传播渠道、传播平台、经营模式和管理模式等方面，新兴媒体与传统报纸的区别在哪里，有哪些相似之处。

新形势下，老报纸要转型新报业，必须寻找新的发展途径，通过建设新媒体，拓展传播渠道和平台终端，使各种媒介资源、生产要素得到有效整合，形成现代化的立体传播体系，不断扩大传播力和影响力，提升新闻传播的社会效益，构建舆论引导新格局；必须打破体制机制的约束和壁垒，弥补人才、技术、资金等方面的短板，解决好事业发展中遇到的突出矛盾和问题，获得新的发展动力；必须创新经营理念，探寻多元盈利模式，推进结构调整，不断开发新的经济增长点，努力增加经营收入，增强整体实力。

新时代，报业深化改革的难度加大、任务加重。新征程，报业面临重大挑战，也面临巨大的发展机遇。为实现持续发展的目标，达到从"量的积累"到"质的飞跃"，全国报业都在寻找发展的新机遇，寻求变革的新动力。当前，报业应对市场竞争的能力及规模化、科技化、专业化水平仍有待提高。未来，技术创新将是推动报业发展的重要支撑，我们必须高度关注媒体技术的发展趋势，重视技术人才的引进及培养，通过新技术手段转变发展和盈利方式，通过创新提高自身竞争力，从而使报业在激烈的市场竞争中立于不败之地。

中国报协曾提出"政治方向上把握精准，融合发展上发力精准，新兴产业上布局精准"和"优化资源配置，优化传统产业，优化体制机制"的"三精三优"工作部署，其目的就是更好地引领全国报业在融合发展上精准布局、精准施策。

几年来，许多报社在内容创新、传播互动、架构重组、流程再造等融合发展实践中积累了十分有益的经验，我们要认真总结推广，为全国报业提供范本，降低"试错"风险。今后，中国报协将大力引导报业通过跨界经营、多元发展、上市融资等渠道，不断延伸产业链，发现新的增长点，寻找新的盈利模式，促进产业的可持续发展。

"雄关漫道真如铁，而今迈步从头越。" 30年，中国报业有过辉煌的荣耀，也经历了转型的痛苦。新时代，新征程，困难和挑战依然很多。激流汹涌，挡不住勇者之舟。新时代的中国报人将在习近平新时代中国特色社会主义思想引领下，击楫奋进，谱写新时代党的新闻事业的新篇章。

（原载《新闻战线》2018年4月上）

新时代呼唤构建良好网络舆论生态
——深入学习贯彻习近平同志"4·19"重要讲话精神

王一彪

党的十八大以来,以习近平同志为核心的党中央高度重视互联网建设和发展,采取一系列措施大力推进网络强国建设。2016年4月19日,习近平同志主持召开网络安全和信息化工作座谈会并发表重要讲话,对推进我国网络安全和信息化事业作出全面部署。他特别指出:"网络空间是亿万民众共同的精神家园。网络空间天朗气清、生态良好,符合人民利益。网络空间乌烟瘴气、生态恶化,不符合人民利益。"强调要"建设网络良好生态,发挥网络引导舆论、反映民意的作用"。这为我们推进新时代网络舆论生态建设指明了正确方向、提供了根本遵循。

网络舆论向上向好发展态势正在形成

接入国际互联网20多年来,我国正确处理网络安全和发展、开放和自主、管理和服务的关系,互联网建设和发展取得令人瞩目的成就。近两年,各地区各部门特别是各级宣传和网信部门认真学习贯彻习近平同志"4·19"重要讲话精神,各级各类网站积极履行网络管理主体责任,共同推动我国网络治理科学化、制度化、规范化,网络空间日渐清朗,网络舆论向上向好发展态势正在形成。

网络空间治理格局日渐完善。网络用得好就会是取之不尽的宝库,管不好就可能是潘多拉魔盒。围绕加强网络空间治理、建设网络良好生态,中央出台相关战略纲要、发展规划、指导意见,基本确立起网络空间治理的"四梁八柱"。国家加快网络立法进程,先后颁布实施网络安全法等法律法规,为网络安全和信息化提供了坚强的法律保障。一分部署,九分落实。有关部门明确提出"重基本规范、重基础管理,强化属地管理责任、强化网站主体责任"的工作理念,制定网站落实主体责任、政府加强监管等制度,建立举报工作机制、网站快速联动处置机制等,形成齐抓共管、协同治理的新格局。

主流媒体主力军作用得到发挥。网络舆论阵地,如果我们不去占领,别人就会占领,就会对党在网上舆论的主导权和话语权形成挑战。主流媒体以导向引领、渠道拓展、流程再造、组织优化、体制机制改革为着力点,大力加强内容建设、推动媒体深度融合,传播力引导力影响力公信力显著增强,网上"风向标"作用彰显。仅以人民日报社为例,其全媒体矩阵累计覆盖用户总数已达7.05亿,推出了"中国一点都不能少""中国走进新时代"等现象级融媒体产品。针对网络传播平台多样化、传播内容多样性的实际,主流媒体坚持以传播习近平新时代中国特色社会主义思想为主线,唱响时代主旋律,在引导网上舆论方面发挥了"定音锤"作用。针对社会热点容易引发网上质疑和网下跟风的网络传播新特点,努力做到敢于亮剑、为民发声、引领舆论,主流媒体"压舱石"作用凸显。

党政机关成为网络生态建设重要主体。"群众在哪儿,领导干部就要到哪儿。"各地各级党政机关和领导干部带头走网上群众路线,积极主动利用互联网倾听民意、了解民情、接受监督、纾解舆情,有力推动党和政府决策透明化、科学化、民主化。人民网"地方领导留言板"新开通网民留言办理工作的市县逐年增长,2016年较上年增长80%,2017年又增长50%。全国31个省区市开通网民留言办理工作,累计有59位省委书记和省长、2400多位市县一把手对网民留言做出公开回复。群众少跑腿,信息多跑路。我国电子政务发展迅猛,截至2017年第三季度,"两微一端"政务账号总数已超过33.6万个。党政机关和领导干部践行网上群众路线,既提升了运用互联网和信息化手段开展工作的能力,也为建设网络良好生态发挥了重要作用。

清醒认识网上舆论形势依然严峻复杂

习近平同志指出,形成良好网上舆论氛围,不是说只能有一个声音、一个调子,而是说不能搬弄是非、颠倒黑白、造谣生事、违法犯罪,不能超越了宪法法律界限。近两年网络舆论生态整体趋好,但要看到网上舆论主体多元化、传播平台多样化和舆论交锋复杂化等特点,网络生态的污染源尚未根除,还存在局部的正能量缺失、违法错误言论不时出现等问题。所有这些,都给意识形态安全带来风险隐患,网上舆论形势依然严峻复杂。

个别极端表达激化网上舆论。网络是舆论斗争的主战场、最前沿。每遇热点问题和敏感时期，总有人歪曲历史、罔顾事实，在网上发表主观臆测的言论，强化或极化某种特定观点，渲染情绪，博取眼球。而这些网络偏激言论，又往往容易被恶意炒作。一些表面上看似伸张正义的偏激情绪和言论，很快就会被那些别有用心者所利用，进而将矛头指向中国共产党领导和社会主义制度。这两年，此类网络舆论事件虽未形成大气候，但潜在的有意带偏舆论的苗头依然存在。对于那些感性诉求超越客观事实影响公众意见的所谓"后真相"表达，对于那些试图推动舆论朝着非理性方向发展特别是在事实真相还在调查过程中就想主导网络舆论的噪音杂音，我们必须始终保持清醒认识和高度警惕。

网络水军逐利扰乱传播秩序。一个时期以来，各类商业资本在互联网快速发展过程中出于逐利目的，利用网络技术打造成千上万"网络水军"，已成为不可忽视的网上舆论制造者。一些"网络水军"盲目追逐商业利益最大化，打击竞争对手，为操纵舆论不惜造谣生事、侵犯公民合法权利、违法犯罪，对网络正常传播秩序造成干扰破坏。仅2017年，在有关部门组织的打击"网络水军"违法犯罪活动专项行动中，被破获的违法犯罪案件达40多起，涉案总金额上亿元，查获并关停涉嫌非法炒作的网络账号5000余个，关闭违法违规网站上万个，涉及网上欺骗、恶意炒作信息数千万条。"网络水军"规模之大可见一斑，危害之大也令人触目惊心。

网络平台为吸引流量大打"擦边球"。习近平同志指出，办网站的不能一味追求点击率，开网店的要防范假冒伪劣，做社交平台的不能成为谣言扩散器，做搜索的不能仅以给钱的多少作为排位的标准。这两年，管理部门监管力度不断加大，网站发布明显违法内容的现象减少。但为提高流量和关注度，一些信息服务平台故意打"擦边球"，发布有违社会伦理、公序良俗的不良内容，传播像"儿童邪典片"这类毒害人们心灵的文化垃圾。而少数互联网企业则曲解"避风港原则"，借口"技术中立"推卸社会责任，默许甚至纵容低俗庸俗恶俗文化和毒化社会风气的不良信息在网上传播以获取利益。

舆论正能量亟须壮大。网上思想舆论领域大致有红色、黑色、灰色"三个地带"：红色地带是我们的主阵地，一定要守住；黑色地带主要是负面的东西，要敢于亮剑，大大压缩其地盘；灰色地带要大张旗鼓争取，使其转化为红色地带。我们不搞网络"清一色"，但必须让正能量成为主色调、占绝对优势，这不仅体现在数量上，更要体现在质量上。两年来，主流媒体通过内容建设、渠道拓展、平台入驻触达更多网民，巩固扩大红色地带，大大压缩黑色地带，积极主动争取灰色地带。但网络空间极其宽广，仅微信公众号已超过2000万个且每天还以1万个左右在增长。主流媒体如何克服"高大上"内容传播与人们追求娱乐轻松这个矛盾，如何突破"网生代"与主流舆论疏离这个难点，切实抓好"新闻内容供给侧结构性改革"，真正让主流舆论通过网民自发传播延伸至更多网络新应用、新平台，让舆论正能量充盈网络空间，持续推动网络舆论生态形成良性循环，是亟须解决的严峻课题。

以更大力度推进新时代网络舆论生态建设

努力做好新时代网络舆论生态建设这篇大文章，要坚持以习近平新时代中国特色社会主义思想为指导，以"两个巩固"为目标，以服务党和国家工作大局为中心，以加强互联网内容建设、建立网络综合治理体系、营造清朗的网络空间为着力点，为决胜全面建成小康社会、实现"两个一百年"奋斗目标、夺取新时代中国特色社会主义新胜利提供强大的思想引领、舆论引导和精神力量。

牢牢掌握网络舆论生态建设工作领导权。网络舆论生态建设是一项系统工程，是网络综合治理体系的重要组成部分，必须在党的领导下依靠各级管理部门共同推进。目前我国有7亿多网民。党政部门和领导干部要主动关注网络舆论，学会通过网络走群众路线，多从网上了解老百姓所思所想所求，利用政务新媒体做好解疑释惑等工作，坚持以人民为中心推动实际工作，形成网上网下良性循环。以机构改革为契机完善网络治理体系和工作机制，相关主管部门要把落实"两个所有"责任扛在肩上，对各类舆论主体、不同传播平台进行积极引导、科学施策，让从事新闻信息服务、具有媒体属性和舆论动员功能的网络传播平台切实履行信息管理主体责任，与主流媒体良性互动、积极合作，共建良好网络舆论生态。

做大做强网络空间正能量。网上问题往往是现实问题、利益诉求的反映，现实问题的复杂性决定引导网络舆论的艰巨性。进入新时代，我国社会主要矛盾发生新变化，面对价值多元、利益多元的新形势，习近平同志强调"凝聚共识工作不容易做，大家要共同努力"。主流媒体要为社会公共议题的理性认知提供有效的议程设置、话语框架、观点表达、案例解析，成为网上正面舆论的引领者；更好发挥媒体桥梁纽带作用，促进各类群体之间的沟通对话，积极回应网民关切、解疑释惑，让凝心聚力的正能量充盈网络空间，不断为网络舆论生态提供源头活水；大力推进媒体深度融合，让传统媒体内容优势与新兴媒体传播优势融为一体、合而为一，并以创新表达赢得受众，为实现中华民族伟大复兴的中国梦凝聚起磅礴力量。

引导网民积极参与、理性表达。建设良好网络舆论生态，既要依靠主力军主阵地打好"阵地战"，也要深入社交平台、移动应用程序等各种生态子系统中，依靠广大网民打好"特种战"。只有当网民能理性看待网上舆论时，他们才会自觉维护网络空间的清朗，成为网络舆论生态建设的强大力量。比如，针对网上"高级黑"刘胡兰、狼牙山五壮士等历史虚无主义言论，广大网民义愤填膺，用自己多种多样的方式表达正义感、传递正能量。有什么样的网络，就有什么样的青少年；有什么样的青少年，就有什么样的未来。现在的大学生、中学生等"网生代"，对于网络可谓无人不会、无人不用。要切实教育和引导好我们的下一代，做到青少年在哪里、工作重点就在哪里。

聚天下网络英才而用之。媒体竞争关键是人才竞争，媒体优势核心是人才优势。做好网络新闻舆论工作，需要一支忠诚度、稳定性较高的高、精、尖人才队伍。而网络领域工作时间、空间更具弹性，人员流动性较强，这对主流网络媒体队伍建设构成不小冲击。为此，要聚天下网络英才而用之，既继承优良传统，以责任留人，以感情留人，以事业留人；又敢于创新，采取特殊政策，建立适应网络舆论工作特点的人事制度、薪酬制度，以实际能力作为人才衡量标准，突出专业性、创新性、实用性。结合网络运作的特点，改革绩效考核，激发创新活力，有条件的可利用股权激励等手段解决人才骨干流失问题，为建设良好网络舆论生态打造一支忠诚可靠、专业敬业的人才队伍。

(原载《人民日报》2018年4月19日)

后　记

为做好《人民日报 70 年新闻论文选》一书的选编工作，我们在发出通知向人民日报社同志征集文章的同时，查找了历年人民日报获得中国新闻奖论文奖的文章，并通过中国知网搜集本报员工发表过的研究论文，在本书初稿截稿之前共收集到 200 余篇文章，充分显示出报社多年来在研究工作方面所取得的丰硕成果。

由于篇幅的严格限制，我们按照人民日报社领导的指示意见，在优先选取获得中国新闻奖论文奖文章的基础上，既重点考虑那些具有全局高度、宏观视野、时代风貌、新颖观点的论文，又充分注意文章内容的导向性、作者和作品的代表性，同时对个别过长的文章做了适当删减，以尽可能多选用一些论文。本书所选文章编排以刊发时间为序。

在收集文章的过程中，不少离退休的老同志积极主动供稿，并打来电话热情提供相关文章和信息，这令我们深受感动，在此一并表示衷心感谢。限于图书篇幅，不能全部采用，在此深表歉意。

人民日报社研究部主任崔士鑫高度重视本书的选编工作，多次召集专题会议进行部署安排。新闻报道业务研究室的李凯、王向令、陈利云、寿川、苏长宏、程惠芬等同志，自始至终负责收集论文、联系作者、核对书稿等工作，付出了大量时间和精力。

鉴于时间紧张、手段有限，我们对人民日报社 70 年来新闻论文的收集难免挂一漏万，遴选工作也难免存在不足，还请读者谅解并提出宝贵意见。

本书编辑组

2018 年 5 月